경기도 공공기관 열린채용

일반상식(한국사 포함)

PREFACE

현대 사회는 지식정보사회로 노동력·자본에 이어 지식이 재산이 되는 시대이다. 세상은 하루가 다르게 바뀌고 있고 정체되어 있는 사람은 도태될 수밖에 없는 것이 현실이다. 이런 시대를 살아가는 데 있어 중요한 것은 변화하는 지식을 보다 빠르게 습득하는 것이다. 하지만 이보다 더 필요한 것은 그 많은 정보 중에서 자신에게 필요한 지식을 선별하여 자신의 것으로 체화할 수 있는 능력이다. 이와 같은 특성이 가장 두드러지게 나타나는 과목이 바로 상식이다.

본서는 경기도시공사, 경기도청소년수련원 등 이번 경기도 공공기관 열린채용에서 진행하는 공공기관의 필기시험에 출제되는 상식 과목에 대비하기 위해 다음과 같은 구성으로 출간되었다.

1. 방대한 양의 일반상식 영역을 체계적으로 구분하여 빈출 용어를 엄선·수록하였습니다.
2. 실제 시험에 출제가 예상되는 문제를 다각도로 분석하여 수록하였습니다.
3. 최근 들어 그 중요성이 점점 강조되고 있는 한국사를 별도로 정리하여 수록하였습니다.

신념을 가지고 도전하는 사람은 반드시 그 꿈을 이룰 수 있습니다. 서원각이 경기도 공공기관 취업에 도전하는 여러분의 꿈을 응원합니다.

STRUCTURE

01 정치 · 법률

정치 · 법률 단원은 한 나라의 근간이 되는 기본질서로서 국가와 국민 간의 역할을 기초로 일반상식 시험 에서 상시 출제되는 영역으로, 최근 급변하는 외교관계와 정치를 종합적으로 파악하여야 한다.

1 정치 · 행정 · 외교

＊ 소리상표 ＊＊
상품의 출처를 표시하기 위해 사용되는 소리에 상표권을 부여하는 것을 말하며 2012년 7월 상표법 개정으로 국내에 도입됐다. 소리상표의 대표적인 예는 각 통신사의 휴대전화 연결음이다. 각 통신사

합격을 위한 핵심용어정리

빈출 용어를 한 눈에 파악할 수 있도록 시험에 자주 출제되는 핵심적인 내용을 체계적으로 정리하여 수록하였습니다. 합격을 위해 꼭 필요한 내용만을 콕콕 집어 효율적으로 학습할 수 있도록 하였습니다.

정치 · 법률

01 출제예상문제

1. 권리에 대한 행사가 있음에도 불구하고 이를 행사시 않고 일정 기간을 계속함으로써 권리소멸의 효과를 생기게 하는 제도는?
   ① 출소기한   ② 감정정정
   ③ 소멸시효   ④ 복권

2. 홍콩의 민주화를 요구하며 시작된 홍콩 시민들의 반(反)중국 민주화 시위에 붙여진 이름으로 경찰의 공격을 이것으로 막아내 붙여졌다. 이 혁명은?

   ① 0개   ② 1개
   ② 2개   ④ 3개

5. 다음 중 우리나라가 최초로 수교를 맺은 사회주의 국가는?
   ① 중국   ② 헝가리
   ③ 쿠바   ④ 베트남

6. 다음 국정감사에 관한 설명 중 옳지 않은 것은?

적중률 높은 출제예상문제

실제 시험에 반드시 출제될 적중률 높은 예상문제를 수록하였습니다. 정성들여 만든 문제 하나로 수험생 여러분의 합격을 실현시켜드립니다.

● ANSWER ●

12. **섀도캐비닛**(shadow cabinet) … '그늘의 내각' 또는 '그림자 내각'으로 번역하기도 의원간부회의를 말한다.

13. (A)는 대통령제, (B)는 의원내각제이다.

14. **이원집정부제** … 평상시에는 의원내각제 정부형태를 취하나, 비상시가 되면 대통령이 속하고 강력하게 국정을 처리하는 제도로, 독일 바이마르공화국과 프랑스 제5공화국

15. 야경국가는 소극국가, 작은 정부론과 유사한 표현이다.

16. ② 국회가 폐회중일 때도 대통령은 이송된 법률안에 대하여 법률안거부권을 행사할

17. **지방자치단체** … 일정한 지역적 범위를 그 구역으로 하고 그 구역 안의 모든 주민들부터 상대적으로 독립하여 자주적으로 지방적 사무를 처리할 권능을 가지는 법인으로 는 국가 아래서 국가 영토의 일부를 그 구역으로 하고 있으며, 그 지배권(자치권)

학습효율을 쑥쑥! 상세한 해설

매 문제에 상세한 해설을 달아 혼자서도 어려움 없이 학습이 가능하도록 하였습니다. 본서 한 권만으로도 상식시험에 부족함이 없도록 충실하게 구성하였습니다.

CONTENTS

상식 파트는 일반상식 또는 시사상식에 대해 묻는 문제가 출제된다. 정치, 경제, 사회, 문화는 물론 과학, 스포츠 등 다양한 분야의 내용을 묻기 때문에 평소 사회적인 이슈에 대해 뉴스 또는 신문 등을 통해 알아둘 필요가 있다. 특히, 정치, 경제 분야의 최신 용어에 대한 숙지가 필요하며 빈출 용어들은 반복적으로 출제될 가능성이 있으므로 기출 용어에 대한 학습도 중요하다. 내용이 방대한 만큼 수험생 대다수가 부담스러워하는 영역으로 반짝 벼락치기보다는 꾸준한 준비가 필요하다.

일반상식

01 정치 · 법률

정치 · 법률 단원은 한 나라의 근간이 되는 기본질서로서의 국가와 국민 간의 역할을 기초로 일반상식 시험에서 상시 출제되는 영역으로, 최근 급변하는 외교관계와 정치를 중점적으로 파악해야 한다.

1 정치 · 행정 · 외교

✱ 한일청구권협정 ***

1965년 한일기본조약 중 청구권에 관한 협정으로 일본은 한국에 대해 조선에 투자한 자본과 일본인의 개별 재산 모두를 포기하고, 3억 달러의 무상 자금과 2억 달러의 차관을 지원하고, 한국은 대일 청구권을 포기하는 것에 합의했다. 일본은 이 조약을 체결하면서 이중적인 자세를 보였는데, 한국에 대해서는 이로써 전쟁 전의 역사를 청산하는 배상금의 성격임을 주장하면서 동시에 대내적으로는 경제협력의 일환이라는 입장을 취했다. 한국은 일본의 개인 보상을 인프라 투자에 유용한 것을 국민에게 공개하지 않았기 때문에 나중에 배상 청구의 견해 차이 등으로 한일 관계에 화근을 남겼다.

✱ 비둘기파 **

비둘기파란 정치 · 사상 · 언론 또는 행동 따위가 과격하지 않고 온건한 방법을 취하려는 사람을 뜻하는 말이다. 비둘기파는 온순한 비둘기의 비유적인 표현으로, 베트남전쟁의 확대 · 강화를 주장했던 매파에 대립하여 이들은 전쟁을 더 이상 확대시키지 않고 한정된 범위 안에서 해결할 것을 주장하였다. 월스트리트저널은 "김정은이 한국 · 미국과 (비핵화) 외교를 하면서 매파를 견제하고 비둘기파에 힘을 실어줘 자신의 권위를 공고히 하기 위한 것"이라며 "북한 지도자가 10만 명에 이르는 보위사령부를 표적으로 삼아 숙청한 것은 이번이 처음"이라고 했다.

✱ 패스트트랙 ***

상임위에서 재적 위원 5분의 3이 찬성하면 법안을 지정하고 총 330일이 지나면 합의가 되지 않아도 법안을 통과시킬 수 있는 제도를 말한다. 국회법 제85조의 2에 규정된 내용으로 발의된 국회의 법안 처리가 무한정 표류하는 것을 막고 법안의 신속처리를 위해 마련되었다.

Q 적국과 합세하여 대한민국에 항적함으로써 성립되는 범죄는?

✽ 의무투표제(義務投票制, Compulsory Voting) ***

의무적으로 유권자에게 투표에 참여하거나 선거일에 투표장에 오도록 하는 제도를 이른다. 의무투표제에서는 유권자들에게 투표가 권리일 뿐 아니라 의무이기도 하다는 취지에서 투표 불참자에게 일정한 벌칙이나 불이익을 부과한다. 벌칙으로는 과태료 또는 투표권 박탈이 있고, 불이익으로는 공공서비스 이용을 제한하는 나라들이 있다.

✽ 양출제입(量出制入) **

국가의 재정계획 작성 시 지출 규모를 사전에 정하고 수입을 맞추는 원칙이다. 정부가 한 회계연도의 지출을 먼저 결정한 후 이에 맞게 세금을 거두는 방식이다. 반면 수입을 먼저 계산한 후 지출 규모를 맞추는 원칙은 양입제출(量入制出)이라고 한다. 우리나라는 국가재정 편성 원칙으로 양출제입을 적용하고 있으나 2012년 이후 계속되는 세금 부족 현상에 대한 대응책으로 2015년 예산안부터는 양출제입에서 양입제출로 변환되었다.

✽ 사보임 **

사보임은 사임(맡고 있던 자리에서 물러남)과 보임(어떤 직책에 임명함)을 합친 말로, 국회 상임위원회나 특별위원회 위원을 교체하는 절차를 말한다. 기존 위원을 물러나게 하고 새 위원을 임명한다. 이는 원내대표의 고유 권한으로, 소속 의원들을 상임위원회에 배치, 상임위에서 물러나게 하는 권한도 있다. 사보임을 국회의장에 신청하고, 국회의장이 이를 승인하면 위원의 사보임이 완료된다.

✽ 여적죄(與敵罪) ***

형법 제93조에 명시되어 있는 내용으로 적국과 합세하여 대한민국에 항적함으로써 성립되는 범죄이다. 여기서 말하는 적국은 대한민국에 대적하는 외국 또는 외국인단체를 포함하며 항적은 동맹국에 대한 것도 포함한다. 본죄에 있어서 고의는 적국과 합세하여 대한민국에 항적한다는 인식을 필요로 하며, 본죄의 미수·예비·음모·선동·선전 등도 처벌한다. 국가정보원은 그동안의 감청 내용과 지난 서울 합정동 모임 녹취록 등을 바탕으로 이석기 의원 등이 전쟁 시 북한을 도와 국가 내 통신 및 물류시설 등 기간시설을 파괴하려 모의했다고 판단하여 내란음모 혐의 사건을 수사한 바 있다.

✽ 컨벤션 효과(convention effect) ***

전당대회나 경선대회 같은 정치 이벤트에서 승리한 대선후보 또는 해당 정당의 지지율이 전에 비해 큰 폭으로 상승하는 효과를 의미하는 것으로, 전당대회 효과라고도 한다.

✔ 상 / 식 / 문 / 제

경선대회 같은 정치 이벤트에서 승리한 대선후보의 지지율이 전에 비해 큰 폭으로 상승하는 효과를 무엇이라고 하는가?

① 넛지 효과
② 컨벤션 효과
③ 스티그마 효과
④ 피그말리온 효과

✱ 뉴 거버넌스(new governance) **

일반 시민사회를 정부의 영역에 포함시켜 파트너로 인정해줌으로써 정부조직, 기업, 시민사회, 세계체제 등 이들 전부가 공공서비스와 관련해 신뢰를 통한 네트워크 구축을 강조하는 개념으로 협력 체제에 중점을 두는 것이다. 정부부문과 민간부문 및 비영리부문 간 협력적 네트워크를 통한 공공서비스 전달 과정에 있어서의 효율성을 목표로 한다.

✱ 하마스(hamas) *

아랍어로 '열정'을 뜻하는 하마스는 이슬람 지하드와 함께 팔레스타인의 급진저항단체에 속한다. 1987년 인티파타(반이스라엘 봉기) 이후 원리주의자인 아메드 야신 주도 아래 결성되었으며, 최근 수년간 이스라엘에서 발생한 폭탄테러의 주범이었다. 특히, 산하 군사조직인 에제딘 알 카삼은 대규모 유혈테러를 저질러 왔다. 하마스는 원래 팔레스타인 해방기구(PLO) 산하의 무장조직이었으나 PLO지도부가 평화협상을 택하자 이에 반발하여 분리되어 나왔다. 이스라엘과의 평화협정에 반대하여 팔레스타인 땅에서 이스라엘을 완전히 몰아내고 이슬람국을 세우는 것이 목표이며 특히 젊은이들을 대상으로 자살테러학교를 운영하는 것으로 널리 알려져 있다. 2006년 1월 총선에서 승리하여 팔레스타인의 집권 세력이 되었다.

✱ 특별재난지역 **

특별재난지역은 크게 인적재난과 자연재난으로 나뉘며, 태풍·홍수·강풍·가뭄·지진·황사·적조 등의 자연재해나 화재·붕괴·폭발 등의 대형사고와 같은 인적재난, 에너지·통신·금융·의료·수도 등 국가기반체계의 마비와 전염병 확산 등으로 인해 극심한 피해를 입었을 경우 이의 수습 및 복구를 위해 특별한 조치 및 국가적 차원의 지원이 필요하다고 인정되는 지역을 말한다. 재난으로 인한 피해와 효과적인 수습과 복구를 위하여 특별한 조치가 필요하다고 인정되는 경우, 중앙사고대책본부장은 중앙안전대책위원회의 심의를 거쳐 재난지역을 특별재난지역으로 선포할 것을 대통령에게 건의할 수 있다(재난 및 안전관리기본법). 이 특별재난지역의 선포를 건의 받은 대통령은 당해 지역을 특별재난지역으로 선포할 수 있다. 특별재난지역으로 선포된 지역은 대통령령이 정하는 응급대책 및 재해구호와 복구에 필요한 행정·재정·금융·세제 등의 특별지원을 받을 수 있다. 1995년 7월 19일 삼풍백화점붕괴사고 지역, 2000년 4월 동해안의 고성·삼척·강릉·동해·울진 등에 발생한 사상 최대의 산불피해지역, 2003년 2월 18일 대구지하철화재참사를 겪은 대구 지역, 2007년 12월 7일 유조선과 해상크레인 충돌로 인한 원유유출사고 피해를 입은 충남 태안군 일대, 2008년 7월 태풍 및 집중호우 피해를 입은 경북 봉화군 등 67개 시·군·구, 2012년 10월 8일 불산가스 유출 사고로 피해를 입은 경상북도 구미지역 등이 특별재난지역으로 선포된 바 있으며, 2014년 4월 16일 세월호 침몰 사고와 관련하여 안산시와 진도군이 일곱 번째 특별재난지역으로 선포되었다.

Q 팔레스타인 땅에서 이스라엘을 몰아내고 이슬람국 성립을 위하여 젊은이들을 대상으로 자살테러학교를 운영하는 조직은?

✷ 한글공정 ***

한글공정은 동북공정에 빗대어 지은 이름으로 중국이 휴대폰 · 스마트폰 · 태블릿PC 등의 모바일기기에 한글 입력방식을 중국식으로 국제표준화하려는 움직임을 보인다는 언론보도에 소설가 이외수가 자신의 입장에 대해 말하면서 알려지게 되었다. 동북공정에 이어 한글의 문화까지 중국의 문화에 예속시키려는 중국의 이러한 움직임에 많은 논란이 일고 있다.

더 알아보기

- **동북공정** … 2002년부터 중국이 추진하고 있는 중국 국경 안 모든 역사 즉 고구려와 발해 등의 한반도와 관련된 역사를 중국의 역사로 편입시켜 한반도가 통일되었을 때 일어날 수 있는 영토분쟁을 미연에 방지하려는 연구 프로젝트를 말한다.
- **김치공정** … 2011년 3월 '동북공정'이나 '한글공정'에 빗대어 중국 청두시에서 생산되는 식초 술에 절인 채소를 두고 '청두파오차이협회'를 발족, 1500년 전 쓰촨성에서 만들어진 파오차이가 한국으로 넘어가 김치가 됐다고 주장하는 것을 말한다.

✷ 크림합병 **

친(親)러시아 성향이 강한 크림자치공화국은 우크라이나 과도 정부에 반발, 크림공화국으로 독립을 결의한 후 크림반도의 러시아 귀속을 위한 주민투표를 실시, 그 결과 러시아와의 합병이 결정되었다. 이후 푸틴 러시아 대통령과 크림자치공화국의 정상들이 만나 러시아-크림공화국 합병 조약에 서명함으로써 크림합병이 이루어졌다. 우크라이나를 포함한 국제사회는 대부분 러시아의 크림반도 합병을 인정하지 않고 있다.

> ✔ 상/식/문/제
>
> 크림반도를 사이에 두고 러시아와 국제적으로 긴장감이 돌고 있는 상대 국가는 어느 나라인가?
>
> ① 미국　　　② 중국
> ③ 우크라이나　④ 카자흐스탄

✷ 고노담화 *

1993년 8월 당시 관방장관이던 고노 요헤이가 일본군 위안부에 대해 사죄한 담화를 일컫는다. 그 주요 내용은 일본군 위안부 동원의 강제성을 인정한 것으로 1년 8개월 동안의 조사에 걸쳐 발표하였다. 한편, 아베 신조 일본 총리는 "위안부 문제는 필설로 다할 수 없을 만큼 가슴 아픈 일이며 고노담화를 부정하지 않고 계승하겠다"고 말한 바 있으나 책임 있는 사과나 보상 문제에 착수하겠다는 후속 발언은 끝내 나오지 않았다.

✷ 국정감사 **

국정감사는 국회가 국정 전반에 대한 조사를 행하는 것을 말한다. 이는 국회가 입법 기능뿐만 아니라 정부를 감시하고 비판하는 기능을 가지고 있는 것에서 인정된 것이다. 헌법과 국정 감사 및 조사에 관한 법률에서 정하고 있는 '국정'의 개념은 의회의 입법 작용뿐만 아니라 행정 · 사법을 포함하는 국가 작용 전반을 의미한다. 여기서 개인의 사생활이나 신앙 같은 사적사항은 제외된다. '국정'은 국정감사, 국정조사의 대상이 되며 국정감사는 국정의 전반, 국정조사는 국정의 특정사안을 대상으로 하게 된다. 현재 국정감사는 소관 상임위원회별로 매년 정기국회 집회일 이전의 감사 시작일 부터 30일 이내의 기간을 정하여 감사를 시행한다. 본회의 의결에 의해 정기회 기간 중에 감사를 실시 할 수 있다. 감사, 조사의 대상기관은 국가기관, 특별시, 광역시, 도, 정부투자기관, 한국은행 등, 그리고 본회의가 특히 필요하다고 의결한 감사원의 감사 대상기관이다.

✳ 5 · 16군사정변 *

1961년 5월 16일 박정희 육군소장과 김종필 등에 의해 발발한 군사쿠데타이다. 장면 정부의 무능으로 사회의 위기가 만연되었기 때문에 이를 극복하기 위한 것이라는 명분을 내세워 군사적인 폭력수단을 이용, 정권을 탈취한 것이다. 이로부터 한국 현대정치사는 군부체제의 성격을 띠게 되었다.

✳ 노변담화(爐邊談話, fireside chat) *

1933년 3월 12일부터 미국의 제32대 루스벨트(F. Roosevelt) 대통령이 라디오를 통하여 국민들에게 시작한 담화이다. 뉴딜(new deal)정책에 대한 국민의 지지를 호소하기 위해 시작한 이 담화는 공식적이고 딱딱한 형식이 아니라 난롯가에서 친지들과 정담(情談)을 나누는 듯한 친밀감을 불러일으킨 데서 이러한 이름이 붙여졌다.

✳ 레임덕 현상(lame duck) ***

보통 공직자 임기 말 권력누수 현상을 말한다. 미국 대통령선거에서 현직 대통령이 선거에서 패배하는 경우 새 대통령이 취임할 때까지 약 3개월 동안 국정공백기간이 생기는데, 이를 기우뚱 걷는 오리에 비유해 이르는 말이다.

✳ 게티스버그 연설(Gettysburg 演說) *

1863년 11월 미국의 제16대 대통령인 링컨(A. Lincoln)이 남북전쟁 희생자의 영령을 위로하기 위해 펜실베니아주의 게티스버그를 방문하여 그 곳에서 행한 연설이다. 그 연설 가운데 '국민의, 국민에 의한, 국민을 위한 정치(…government of the people, by the people, for the people)'라는 명언을 남겼는데, 이 말은 민주주의가 무엇인가를 잘 설명해 주고 있으며, 또한 민주정치의 실천이념이 되고 있다.

☑ 상/식/문/제

레임덕(Lame Duck) 현상에 관한 설명으로 옳은 것은?

① 집권자의 임기 말기에 나타나는 정치력 약화현상이다.
② 외채 상황이 어렵게 된 후진국의 경제혼란 현상이다.
③ 군소정당의 난립으로 인한 정치적 혼란현상이다.
④ 선진국과 후진국 사이에 나타나는 경제적 갈등현상이다.

Q 한 정당의 중추적인 실력자로서 사무총장, 원내대표, 정책심의회 의장을 가리키는 말은?

✻ 당 3역(黨三役) ***

한 정당의 중추적인 실력자, 즉 사무총장, 원내대표, 정책심의회의장을 가리킨다.

✻ 중우정치(衆愚政治) *

다수의 민중에 의해 지배되는 민주정치가 그 조직이 민주적일지라도 반드시 선정이 베풀어지는 것은 아니라는 뜻으로, 아리스토텔레스(Aristoteles)가 민주정치의 결함을 비꼬아서 한 말이다.

✻ 민주정치 *

자유와 평등을 기반으로 한 국민에 의한 통치형태를 말한다. 기본적 인권 또는 다수결원칙, 법치주의 등을 그 속성으로 하며 국민이 직접 정치에 참가하는 직접민주제와 국민의 대표에 의해 통치하는 간접민주제가 있으나, 모두 의회제와 권력분립 등을 수반하는 국민의 정치참여를 뜻한다.

더 알아보기

민주정치의 유형
- **직접민주정치** … 순수민주정치라고도 하며, 국민이 대표자를 통하지 않고 직접 국가의사를 결정하는 제도를 말한다. 이 제도는 국민발안(initiative)·국민투표(referendum)·국민소환(recall) 등의 형태로 나타나며, 현재 미국의 일부 주와 스위스의 Coaton에 있어서의 인민집회를 제외하고는 그 예가 드물다.
- **간접민주정치** … 대표민주정치라고도 하며, 대표자를 통해 국민의 의사가 간접적으로 정치에 반영되는 제도로서 내각책임제와 대통령중심제의 두 가지 형태가 있다.

✻ 책임총리제 **

한국은 대통령제를 채택하면서도 부통령 대신 국무총리라는 직책을 두고 있다. 헌법상 국무총리는 국정의 2인자로 행정부를 통괄하고, 국무회의 부의장으로서 국무위원의 임명·제청권, 해임 건의권 등을 행사할 수 있다. 책임총리제는 이러한 현실을 지양하고 대통령과 총리가 업무를 구체적으로 명료히 분담해 수행하는 분권형 국정운영체제의 일환이다.

✻ 국정조사권(國政調査權) ***

국회가 특정한 국정사안에 관한 조사를 할 수 있는 권한이다. 국회의원의 4분의 1 이상이 요구할 경우 국회는 조사 사안에 대한 특별위원회를 구성하거나 해당 상임위에서 조사위원회를 구성하며, 조사위 의결로 국회폐회 중에도 활동할 수 있다. 그 범위는 안건의 심의와 직접 관련된 보고, 서류의 제출요구, 참고인의 출석요구 등에 국한된다.

✻ 투키디데스 함정 *

투키디데스 함정이란 기존 패권국가와 빠르게 부상하는 신흥 강대국이 결국 부딪칠 수밖에 없는 상황을 의미한다. 원래 아테네와 스파르타의 전쟁에서 유래한 말이며 최근 미국과 중국의 상황을 설명하는 데 쓰여 주목받고 있다.

✱ 일대일로 [*]

중국에서 출발하여 아시아와 유럽 대륙을 연결하는 거대 프로젝트로, 2013년 시진핑 중국 국가 주석이 중앙·동남아시아 순방에서 제시한 '신(新) 실크로드 전략'을 지칭한다. 이 프로젝트는 중국에서 중앙아시아, 동남아, 중동 등 지역을 거쳐 유럽에 이르는 지역을 육로와 해로로 연결해 관련국과 경제협력을 강화하는 사업이다. 중앙아시아와 유럽을 잇는 육상 실크로드(일대)와 동남아시아와 유럽, 아프리카를 연결하는 해상 실크로드(일로)를 말한다.

✱ 선거구 [**]

① 대선거구제(大選擧區制) … 한 선거구에서 다수(보통 5인 이상)의 대표를 선출하는 제도이다. 이 제도는 전국적으로 큰 인물이 당선되기 쉬운 장점이 있으나, 선거구가 너무 넓어서 후보자의 인물·식견을 판단하기 어렵고 비용이 많이 드는 단점이 있다.

② 중선거구제(中選擧區制) … 한 선거구에서 2~4명의 대표자를 선출하는 제도이다. 우리나라는 자치구·시·군의원 선거에서 채택하고 있다.

③ 소선거구제(小選擧區制) … 한 선거구에서 한 사람의 대표를 선출하는 제도이다. 선거구가 작기 때문에 선거관리와 투표가 간단하고 비용이 비교적 덜 들며, 선거인이 후보자를 잘 알 수 있는 동시에 정국이 안정되기 쉬운 장점이 있다. 우리나라는 지역구 국회의원 및 시·도의원 선거에서 채택하고 있다.

✱ 사전투표 [*]

사전투표(事前投票) 또는 조기투표(早期投票)라고도 하며, 유권자가 지정된 선거일 이전에 투표를 할 수 있도록 하는 제도를 말한다. 우편을 통하거나, 사전투표를 위해 지정된 투표소에서 실시하며, 실시 방법과 기간은 관할 기관과 선거의 종류에 따라 다르다. 사전투표는 통상적으로 투표 참여율을 높이고, 선거 당일의 투표소 혼잡을 막기 위해 시행한다. 사전투표는 선거 기간 동안 투표 장소를 벗어난 곳에 있다거나, 투표 업무 종사자, 선거 운동원, 의료 일정 등의 사유로 인하여 선거일에 선거를 할 수 없는 유권자의 선거를 위해 도입되었다.

우리나라의 경우 공직선거법에 따라 선거일에 투표소에서 투표할 수 없는 사람은 사전에 서면으로 부재자 신고를 하고, 선거일 6일 전부터 2일간 부재자 투표를 실시한다. 부재자 투표소에서 투표를 실시할 수 없는 경우를 위해 우편을 통한 거소 투표나 선상 투표 제도를 마련하였다. 2012년 개정된 공직선거법에 따라, 2013년부터는 사전에 부재자 신고를 할 필요 없이 선거인은 누구든지, 부재자 투표 기간인 선거일 전 5일부터 2일간, 지정된 아무 부재자 투표소에서 투표를 할 수 있게 되었다.

✱ 게리맨더링(gerrymandering) [**]

선거구를 특정 정당이나 후보자에게 유리하게 인위적으로 확정하는 것을 말한다. 이것은 1812년 미국의 게리(Gerry)라는 매사추세츠 주지사가 자기의 소속 정당에 유리하게 선거구를 획정한 결과 샐러맨더(salamander : 희랍신화 속의 도롱뇽)와 비슷한 기형의 선거구가 된 데서 유래되었다.

Q 선거구를 특정 정당이나 후보자에게 유리하게 인위적으로 확정하는 것은?

✳ 보궐선거(補闕選擧) *

대통령이나 국회의원이 그 임기중에 사직·사망·실격함으로 인해 궐석(闕席)이 생길 경우, 그 자리를 보충하기 위하여 그 구역에 한해 실시하는 선거이다. 당선자는 전임자의 잔임기간만 재임하며, 보결선거(補缺選擧)라고도 한다.

✳ 로그롤링(logrolling) **

선거를 도와주고 그 대가를 받거나 이권을 얻는 행위를 의미한다. 원래는 '통나무 굴리기'라는 뜻으로, 서로 협력하여 통나무를 모은다든가 강물에 굴려 넣는 놀이에서 연유된 것이다.

✳ 선거권(選擧權) **

국가기관으로서의 국민이 각종 공무원을 선임하는 권리로서 선거에 참여할 수 있는 지위 또는 자격을 말한다. 우리나라의 경우 선거권을 갖는 요건으로는 대한민국 국민이어야 하고, 선거일 현재 19세 이상이어야 한다. 소극적 요건으로는 금치산 선고를 받지 않았어야 하며, 금고 이상의 형을 선고받고 그

> **상/식/문/제**
>
> 우리나라의 선거제도로 알맞지 않은 것은?
>
> ① 대통령 피선거권 45세 이상
> ② 국회의원 피선거권 25세 이상
> ③ 지방자치단체장 피선거권 25세 이상
> ④ 선거권 19세 이상

집행이 종료된 상태라야 하며, 선거범, 정치자금부정수수죄 및 선거비용관련 위법행위에 관한 벌칙에 규정된 자 또는 대통령·국회의원·지방의회의원·지방자치단체의 장으로서 그 재임 중의 직무와 관련하여 수뢰·사전수뢰 내지 알선수뢰, 알선수재에 규정된 죄를 범한 자로서 100만 원 이상의 벌금형을 선고받고 그 형이 확정된 후 5년 또는 형의 집행유예 선고를 받고 그 형이 확정된 후 10년 이상이 경과되어야 하고, 법원의 판결 또는 다른 법률에 의하여 선거권이 정지 또는 상실되어서도 안된다.

더 알아보기

피선거권 … 선거에 의해 일정한 공직에 취임할 수 있는 자격으로 단순히 입후보할 수 있는 자격과는 구별되고, 그 요건은 선거권보다 더욱 엄격한 자격을 요구한다.

- **대통령** … 선거일 현재 5년 이상 국내에 거주하고 있는 40세 이상의 국민
- **국회의원** … 선거일 현재 25세 이상의 국민
- **지방의회의원 및 지방자치단체장** … 선거일 현재 계속하여 60일 이상 당해 지방자치단체의 관할구역 안에 주민등록이 되어 있는 주민으로서 25세 이상의 국민

✱ 교차투표(cross voting) *

국회에서 의원들이 표결할 때 소속 정당의 당의(黨意)에 구애됨이 없이 자의(自意)에 따라 투표하는 것으로, 소속 정당의 정책노선과 반대되는 투표가 가능해진다. 특히 미국 의회에서 두드러지고 있다.

✱ 플레비사이트(plebiscite) *

직접민주주의의 한 형태로 국민이 국가의 의사결정에 참여하는 제도로 일종의 국민투표이다. 최고통치자가 권력의 계속유지와 관련해 신임을 물을 경우 채택하는 등 주로 항구적인 정치상태를 창출하는 데 쓰인다. 특정인의 통치나 영토의 변경에 대하여 임의적으로 국민의 표결에 부치는 것이다.

☆☆☆ 레퍼렌덤(referendum) … 일반적으로 헌법의 규정에 따라 국민이 입법과정에 직접 참여하는 경우를 말한다.

✱ 매니페스토(manifesto) **

선거 시에 목표와 이행 가능성, 예산 확보의 근거를 구체적으로 제시한 유권자에 대한 공약을 말하며, 어원은 라틴어 마니페스투(manifestus : 증거)이다. 공약의 달성 가능성(achievable), 검증 가능성(measurable), 구체성(specific), 타당성(relevant), 기한 명시(timed)의 다섯가지를 평가 기준으로 삼는다. 또 공약의 지속성(sustainability), 자치력 강화(empowerment), 지역성(locality), 후속조치(following)의 첫 글자를 딴 SELF지수도 평가 기준으로 삼는다. 이 지표는 대체로 유권자와 밀접한 지방선거에서 의의를 둔다.

✱ 출구조사(exit poll) **

투표를 마치고 나오는 유권자를 대상으로 면접 조사하여 투표자 분포 및 정당·후보자별 지지율 등의 정보를 얻는 선거여론조사를 말한다. 우리나라는 텔레비전, 라디오, 일간신문사에 한하여 투표소 50m 밖에서 출구조사를 허용하고 있다. 투표 마감 후 결과가 공표되어 선거 결과를 가장 빠르게 예측할 수 있다.

✱ 캐스팅보트(casting vote) **

의회의 표결에 있어서 가부동수(可否同數)인 경우 의장이 던지는 결정권 투표나, 2대 정당의 세력이 거의 같을 때 그 승패를 결정하는 제3당의 투표를 말한다.

✱ 섀도캐비닛(shadow cabinet) **

각료후보로 조직된 내각으로, 야당에서 정권을 잡는 경우를 예상하여 조직되는 것이다. 1876년에 생긴 제도로, 양당제가 잘 발달되어 있는 영국에서는 야당이 정권획득에 대비하여 총리 이하 각 각료로 예정된 멤버를 정해두고, 정권을 잡으면 그 멤버가 그대로 내각의 장관이 되는 경우가 많았다. '그늘의 내각' 또는 '그림자 내각'으로 번역되는데, 본래는 영국 야당의 최고지도부를 말하는 것이었다.

Q 야당에서 정권을 잡는 경우를 예상하여 각료후보로 조직된 내각은?

✱ 오픈프라이머리(open primary) *

개방형 경선제. 미국 대통령 선거에서 정당별 후보를 투표자가 자기의 소속 정당을 밝히지 않고 투표할 수 있는 예비 경선의 한 방식이다. 대선후보 선출권을 소속 당원에게 국한하지 않고 일반 국민으로 확대했다. 국민의 선거 참여 기회를 확대해 참여 민주주의를 실현하지만, 당원의 존재감이 약화되어 정당정치의 실현이 어려워질 수 있다.

✱ 캠파(kampaniya) *

정치단체가 선거운동 · 평화운동 · 재정모금운동 등에 대중을 참여하게 하는 특수한 조직활동으로, 당원에 국한하여 실시하는 교육캠파도 있으나 흔히 당 외의 대중을 대상으로 한다.

✱ 엽관제(獵官制) *

선거를 통하여 정권을 잡은 사람이나 정당이 직책을 담당하는 정치적 관행으로, 실적제도(merit system)에 대립되는 제도를 말한다. 본래 국민의 봉사자이어야 할 공무원이 일부의 봉사자로 전락하고 직무의 계속성이 저해받는 것에 대해 비판의 소리가 높자, 이에 대한 개선책으로 전문성과 기술성에 기초한 과학적 공무원제도인 실적제가 도입되었다. 우리나라의 경우 엽관주의현상은 이승만정권의 자유당 창당(1952)을 계기로 대두되었다.

✱ 원내교섭단체(院內交涉團體) *

국회에서 정당 소속 의원들이 개개인의 주장 혹은 소속 정당의 의견을 통합하여 국회가 개회되기 전 반대당과 교섭 · 의견조정을 하기 위하여 구성하는 의원단체를 말한다. 국회의원 20인 이상의 정당을 단위로 구성함이 원칙이나 다른 교섭단체에 속하지 않는 의원 20인 이상으로 구성할 수도 있다.

✱ 인권선언(人權宣言) *

봉건적 특권계급에 대한 근대 시민계급의 자유와 평등의 권리를 천명한 것으로, 1789년 8월 프랑스 혁명 당시 라파예트(M. Lafayette)가 기초한 '인간 및 시민의 권리선언(인권선언)'을 국민회의 결의로 발표한 것이다. 이 선언은 근대 시민정치의 3대 선언 중의 하나이다.

☆☆☆ 근대 시민정치의 3대 선언 … 영국의 권리장전, 미국의 독립선언, 프랑스의 인권선언

✱ 정당(政黨) **

정권획득을 목적으로 결성하는 단체로서, 국민의 이익을 위하여 책임있는 정치적 주장이나 정책을 추진하고 선거의 후보자를 추천 또는 지지함으로써 국민의 정치적 의사형성에 참여하게 된다.

✱ 차티스트운동(chartist movement) *

1837년 영국에서 보통선거권 등의 권리획득을 위해 일어난 노동자의 정치운동이다. 국민헌장을 작성하여 의회에 청원하고 서명·대중집회·동맹파업 등 대규모의 운동을 전개했으나, 정부의 탄압과 지도자의 분열 및 영국의 경제적 번영 등으로 실패로 돌아갔다.

✱ 신좌익운동(new left) *

1960년 이후 기존의 마르크스 사회주의운동을 비판하며, 대중사회에 있어서 새로운 좌익혁명을 부르짖은 운동이다. 1960년대 학생운동가에 대해 미국 언론에서 사용한 개념으로 버클리대학의 학원분쟁, 흑인차별 반대운동, 베트남 반전운동(反戰運動) 등이 미국에서는 신좌익운동으로 평가되며 1968년에는 프랑스 5월혁명운동으로 유럽에도 신좌익운동이 확산되었다. 신좌파는 주로 자유주의 지식층들을 중심으로 완벽한 인종통합, 군비축소, 반전(反戰), 타국의 내정불간섭, 급진적 사회개혁 등을 주장하고 있다.

✱ 도미노이론(domino theory) **

도미노 골패가 차례로 넘어지듯이 한 지역의 공산주의화가 차례로 인접지역에 파급되어 간다고 하는 논리를 말한다. 예컨대 베트남이 공산화되면 타이·캄보디아 등 동남아시아의 국가들이 차례로 공산세력에 점령당하게 되고, 이것은 결국 미국의 안보를 위태롭게 한다는 것이다. 미국이 베트남내전에 개입한것을 정당화하는 이론으로서, 1960년대에 미국 델레스국무장관에 의하여 제창되었다.

> **한번 되짚기** ✎
>
> **역(逆)도미노이론**
>
> 일국이 민주화되면 그 주변 인접국이 민주화될 가능성이 많아진다는 이론으로, 대표적인 예는 1989년 동구유럽의 민주화현상을 들 수 있다.

✱ 필리버스터(filibuster) **

의사방해를 뜻한다. 의회 등에서 합법적으로 의사진행을 방해하는 일로, 소수파에 의해서 흔히 사용된다. 법안의 통과·의결 등을 막기 위한 오랜 시간의 발언, 유회(流會)·산회(散會)의 동의, 불신임안 제출, 투표의 지연 등을 사용한다.

✱ 아파르트헤이트(apartheid) **

17세기 중엽 백인 이주와 함께 시작된 남아프리카공화국의 흑백인종차별 격리정책을 말한다. 전국민의 16% 밖에 안되는 백인이 법률로써 흑인 등 토착민에 대해 직업의 제한, 노동조합 결성의 금지, 도시 외의 토지소유 금지, 백인과의 결혼 금지, 승차분리, 공공시설 사용제한, 선거인명부의 차별작성 등 유색인종을 철저히 차별대우하여 세계적 비난을 받아 왔다. 그러나 1994년 5월 실시된 최초의 다인종 자유총선거 결과 만델라(N. Mandela)가 최초의 대통령에 당선됨에 따라 철폐되었다.

Q 지역·국가·국제적으로 조직된 자발적인 비영리시민단체는?

✳ 먼로주의(Monroe doctrine) *

1823년 당시 미국 대통령이던 먼로(J. Monroe)가 유럽 각국의 아메리카 대륙에의 불간섭주의를 표방한 데서 비롯된 말로서 외교상의 중립정책, 즉 일종의 고립주의이다. 이는 태평양 연안의 미국 영토에 대한 러시아의 남하와 라틴아메리카의 독립에 대한 빈체제의 간섭방지가 직접적 계기가 되었지만, 국내 산업자본을 위해 서반구 시장을 확보해야 한다는 잠재적 동기도 있었다. 먼로주의는 라틴아메리카 제국의 독립을 뒷받침하는 계기가 되었다.

✳ 불체포특권(不逮捕特權) **

국회의원은 현행범이 아닌 이상 회기중 국회의 동의없이 체포 또는 구금되지 아니하며, 회기 전에 체포 또는 구금된 때에도 현행범이 아닌 한 국회의 요구가 있으면 회기중에도 석방되는 특권이다. 면책특권과 더불어 헌법에서 보장한 국회의원의 2대 특권 중 하나이다.

✳ 불소추특권 **

대통령은 재직기간 중 헌법 제84조에 의해 내란·외환의 죄 이외의 범죄에 대하여 대통령의 재직기간 중 형사상 소추(訴追)를 받지 않는다. 이는 외국에 대하여 국가를 대표하는 지위에 있는 대통령의 신분과 권위를 유지하고 국가원수 직책의 원활한 수행을 보장하기 위함이다. 그러나 재직 중이라도 민사상, 행정상의 소추, 국회에 의한 탄핵소추는 받을 수 있다.

✳ 쿨링오프(cooling off)제도 ***

일정 기간 내에 소비자가 행한 계약을 취소해도 계약금을 다시 받을 수 있도록 한 제도를 의미한다. 영어로 cooling off는 '냉정히'라는 의미를 지니고 있다. 다시 말해 소비자가 계약 전 해당 상품에 대해 콩깍지가 씌어 제대로 된 판단을 하지 못해 일정 시간이 흐르고 '냉정함'을 갖고 판단했을 때, 후회가 된다면 취소를 할 수 있게 하는 제도인 것이다. 이러한 쿨링오프제도는 외판원 및 방문판매원들의 끈질긴 권유나 친척 및 친구 등을 통한 의리성의 계약 등으로 인해 계약의 내용을 잘 알지 못한 채 계약서에 도장을 찍는 사례들을 구제하기 위해서 만들어진 제도이다.

✳ 이원집정부제(二元執政府制) *

대통령제와 의원내각제의 요소를 결합하여 행정부가 이분화되어 있는 절충식 정부형태로, 평상시에는 국무총리(수상)가 행정권을 주도하지만 일단 비상사태가 발생하면 대통령이 행정권을 장악하여 단순한 국가원수로서의 지위뿐 아니라 실질적인 행정수반의 역할을 담당하게 된다.

✱ 일괄담보제 [**]

기계, 재고자산 및 지적 재산권을 한 번에 묶어 담보로 삼을 수 있는 제도. 현재 이런 동산담보는 각각 개별로만 담보를 설정할 수 있다. 기술력이 있지만 부동산 담보가 부족한 중소기업에 도움이 된다. 문재인 대통령이 여러 차례 언급하며 금융당국에 독려한 정책이다. 보통 기업들은 부동산, 매출채권, 동산 등의 담보를 이용하나 부동산담보의 비율이 가장 높다.

✱ 경찰국가(警察國家) [*]

17~18세기에 전제적 통치자인 군주가 입법·사법·행정의 모든 국가권력을 한 손에 쥐고 국민생활 전반에 걸쳐 경찰력으로 무제한 간섭했던 국가를 말하며, 절대주의국가라고 한다.

더 알아보기

- **법치국가(法治國家)** … 권력분립주의에 입각해 자유주의적 원리에 의하여 지배되는 국가로, 근대 민주국가의 대부분이 이에 속한다. 의회에서 제정한 법률에 의한 통치, 즉 합법적 지배가 행해지는 것이 특징이다.
- **야경국가(夜警國家)** … 자유주의가 성행하던 18~19세기 경 라살(F. Lassalle)이 한 말로서, 국민의 재산과 자유에 대하여 적극적으로 간섭하지 않고 통치를 위한 범위 내에서 소극적으로 사회의 치안만을 유지하려고 하던 국가를 말한다.
- **복지국가(福祉國家)** … 정치형태가 사회질서 유지에만 그치지 않고, 적극적으로 국민의 복리증진을 위해 힘쓰는 것을 목적으로 하는 국가를 말하며, 복리국가·문화국가·후생국가·사회시설국가라고도 한다.

✱ 지방자치(地方自治) [***]

일정한 지역공동체의 주민이 자치단체에 참가하여 지역공공사무를 자기책임 하에 스스로 또는 대표자를 통하여 처리하는 행위를 말한다. 지방자치는 자신이 속한 지역의 일을 주민 스스로가 처리한다는 민주정치의 기본적인 요구에 기초를 두고 있으며, 단체자치(團體自治)와 주민자치(住民自治)의 결합으로 본다.

> ☑ 상/식/문/제
>
> **다음 중 현행 지방자치제에 관한 기술 중 옳지 않은 것은?**
>
> ① 도는 광역자치단체이고, 시·군·구는 기초 자치단체이다.
> ② 지방자치단체장의 선임방법은 따로 법률로 정한다.
> ③ 광역시장은 법령의 범위 내에서 명령의 제정권을 가진다.
> ④ 지방자치단체는 주민의 복리에 관한 사무와 국가의 위임사무를 처리한다.

✱ 주민자치(住民自治) [**]

중앙집권적이며 관료적인 지방자치를 배제하고 주민이 지방자치의 주권자가 되어 문제해결의 주체가 되어야 한다는 것으로, 주민의 자치능력을 중요시하는 민주적·지방분권적인 지방제도이다. 본래 영국에서 형성되었으며 그 구체적인 제도는 단체자치보다 뒤떨어지지만, 영국에서 법제화되었고 미국에도 도입되었다.

Q 자기 지역에 이득이 되는 시설을 유치하려는 현상은?

✱ 포퓰리즘(populism) **

본래의 목적보다는 대중의 인기를 얻는 것을 목적으로 하는 정치의 행태로, 다수의 일반 대중을 정치의 전면에 내세워 집권세력의 권력을 유지하지만 실제로는 소수 집권세력의 권력을 공고히 하는 정치체제다. 포퓰리즘은 정치 지도자들의 정치적 편의주의(便宜主義)·기회주의(機會主義)를 근본으로 하여 개혁을 내세우므로 대중을 위함이 아닌 지나친 인기 영합주의에 빠지기 쉽고, 합리적인 개혁이 아닌 집권세력의 권력유지나 비 집권세력의 권력획득 수단으로서 악용되기도 한다. 엘리트주의와 대립되는 개념이다.

☆☆☆ 엘리트주의(elitism)…소수의 엘리트가 국가, 사회를 지배하고 이끌어가야 한다고 믿는 태도·입장

✱ 폴리페서(polifessor) **

한국의 정치상황에서 생겨난 신조어로, 정치(politics)와 교수(professor)의 합성어이다. 현실 정치에 적극적으로 활동하여 자신의 학문적 성취를 실현하거나, 정치 활동을 통해 정계에서 고위직을 얻으려는 교수를 가리킨다.

✱ 지역이기주의(地域利己主義) ***

자기 지역의 이익만을 고집하는 현상을 말한다. 자치권의 확대와 함께 이러한 양상이 더욱 증가할 전망이며, 한국에서도 지방의회가 부활되면서 지방의회를 중심으로 지방자치단체가 중앙정부나 다른 지방자치단체를 상대로 갈등을 유발하는 경우가 증가하고 있다. 원인으로는 정치와 행정에 대한 불신과 상호 의사전달체계의 부재, 정책담당자의 조정능력 미비, 주민의 지나친 이기심과 공동체의식의 약화로 정치권력의 통제성 약화 등이 있다.

더 알아보기

지역이기주의의 예

- **님비현상(NIMBY)** …'Not in my back yard'의 약어로 자신이 거주하는 지역 주변에 산업폐기물 또는 핵폐기물 처리시설 등의 환경시설이나 장애인수용시설 등 특수한 시설의 설치를 반대하는 행위이다. 님비현상과 반대되는 용어로 핌비(PIMBY : Please in my back yard)가 있다.
- **바나나현상(banana syndrome)** …'Build Absolutely Nothing Anywhere Near Anybody'에서 나온 말로, 유해시설 설치 자체를 반대하는 현상이다.
- **임피현상(IMFY)** …'In My Front Yard'에서 나온 말로, 자기 지역에 이득이 되는 시설을 유치하거나 관할권을 차지하려는 현상으로 유사한 표현으로는 핌피현상(PIMFY : Please In My Front Yard)이 있다.

✱ 자치경찰제 **

시·도 단위의 지방경찰기관이 경찰조직의 최고 기관인 경찰청으로부터 독립, 현지 실정에 맞게 자율적으로 범죄수사와 치안질서 확립 등의 업무 전반을 수행하는 제도를 말한다. 우리나라에서는 경찰청이 전국 산하조직의 업무 전반을 총괄 지휘·감독하는 국가경찰제를 운영중이나 현행법상 제주특별자치도는 자치경찰제이며, 일본 등 일부 선진국에서도 자치경찰제를 채택하고 있다.

✴ 전방위외교(全方位外交, omnidirectional diplomacy) *

각 나라가 취하고 있는 이념에 관계없이 모든 나라와 외교관계를 수립하려는 정책으로, 냉전체제가 존재함으로 인해 생겨났다. 대표적으로 일본이 경제와 정치의 분리원칙을 고수하면서 중국과 구소련 등의 사회주의 국가와 통상관계를 수립했다. 일본의 전방위외교전략은 우리나라에도 적용되어 초기에 한국의 안전이 자국의 안전에 필요하다는 입장을 보이다가 점차 한국의 표현을 한반도로 바꿔 사용하게 되었는데, 이는 북한과 우리나라 두 개의 한국정책을 추구하려는 일본의 전방위외교로서 행동반경을 넓히는 정책이라 볼 수 있다. 우리나라도 제6공화국에 들어서 미국 등의 서방국가 중심의 외교에서 벗어나 사회주의 국가에 대한 '북방외교'를 강화하기 시작하였는데, 이는 전 세계적으로 냉전체제가 완화된 세계의 흐름과 북방대륙과 연결되어 있는 우리나라의 지정학적 위치에 초점을 두어 북방국가와의 관계를 개선하는 것이 좋을 것이라는 판단에 따른 것이다. 그리하여 1989년 우리나라는 헝가리·폴란드와 수교를 맺었고, 1990년에는 구소련, 1992년에는 베트남과 중국의 대사급 외교관계를 맺었다.

✴ 제1·2·3·4·5세계 ***

제1세계는 미국·러시아의 초강대국, 제2세계는 일본·유럽의 국가, 제3세계는 중국·개발도상국, 제4세계는 개발도상국 중 자원도 없고 공업화를 위한 자본이나 기술도 없는 후발개발도상국, 제5세계는 1973년 석유위기에 의해 가장 많은 영향을 받은 제4세계보다 더 빈곤한 최빈국이다.

✴ 비동맹주의(非同盟主義) *

평화공존, 반식민주의, 동서의 군사블록 또는 조약에의 불참을 기본으로 하는 개발도상국의 외교노선이다. 이는 자유진영 또는 공산진영 그 어느 편에도 가담하지 않고 자국의 정치적 자립을 스스로 확보하려는 움직임으로, 국제무대에서 약소국으로서 당하는 여러가지 불이익을 배제하기 위한 것이다. 1961년 제1회 비동맹국 수뇌회의를 개최한 이래 각국이 다양한 외교노선을 취하면서도 동서 간의 긴장완화와 남북문제의 해결을 위하여 상당한 역할을 수행해 왔다.

✴ 신남방정책 **

신남방정책은 문재인 대통령의 아세안 회원국의 협력관계를 강화하는 외교정책이다. 사람(People)·평화(Peace)·번영(Prosperity) 등 이른바 '3P'를 중심으로 인도 및 아세안 회원국들과의 정치적·경제적·전략적 협력관계를 미국·중국·일본·러시아 등 주변 4강 수준으로 높이겠다는 것을 뜻한다. 이 정책은 한국외교 관계의 다변화를 모색해 우리의 외교적 입지를 확대하고 이를 통하여 강대국이 지배하는 국제정치에서 한국의 자율성과 발언권을 제고하기 위한 것이다.

Q 석유 등의 유력한 자원이 없는 후발개발도상국은?

✳ 연락사무소 *

아직 정식으로 외교 관계를 수립하지 않은 국가 간 외교 관계를 수립하기 위한 전 단계로 상호간에 설치하는 사무소를 의미한다. 국제 사회에서 두 나라간의 외교 관계 수립은 절차상 처음부터 대사관을 설치하는 경우는 드물고 사전에 연락사무소나 상주대표부 설치 등으로 시작하는 게 보통이다.

✳ 3불정책(三不政策) **

1949년 이후부터 대만 정부가 중국 공산정권과의 정치적 접촉을 금한 정책으로, 부담판(不談判)·부접촉(不接觸)·불타협(不妥協)을 말한다.

더 알아보기

3불통정책(三不通政策) … 중국이 우편·통신, 교통, 무역과 관련해 대만측과 교류하겠다는 3통정책에 대해 대만이 이 3분야의 직접 접촉을 금지해 온 정책이다. 대만은 1994년 7월 3불통정책을 공식 포기하고 중국 본토와의 통신·항공 및 선박 운행의 직교류를 허용했다.

✳ 대사(ambassador) *

국가를 대표하여 외교교섭을 행하기 위하여 외국에 파견되는 외교사절의 제1계급으로, 특명전권대사의 약칭이며, 전권대사라고도 한다. 대사는 경력직 공무원인데 그 중 특정직 공무원으로서 국가의 원수로부터 다른 국가의 원수에게 파견된다.

☆☆☆ 공사(minister) … 국가를 대표하여 외교교섭을 하기 위해 외국에 파견되는 제2급 외교사절로, 특명전권공사의 약칭이다. 그 아래에 변리공사·대리공사가 있다.

✳ 영사(consul) *

자국의 통상과 국민보호를 위해 외국에 파견하는 공무원을 말한다. 본국에서 파견되는 파견영사와 다른 나라에 거주하는 사람 중에서 선임되는 명예영사(선임영사)가 있다.

✳ 인도·태평양 전략 **

동아시아 제1세계 동맹의 주 활동무대인 태평양과, 인도가 지역 강국으로 군림중인 인도양을 연결하려는 전략과 그 일련의 시도를 일컫는 말이다. 인도·태평양을 주도하는 국가는 인도, 미국, 일본, 오스트레일리아로 중국의 강대국화를 견제하는 데 인도의 역할이 클 것이라는 기대에 바탕을 두고 있다. 인도는 중국이 일대일로 계획의 일환으로 인도양으로의 진출을 확대하는 것을 경계하고 있으며, 이에 대응하는 차원에서 아시아-태평양 지역으로의 전략적 개입을 강화하겠다는 의지를 피력하고 있다.

✳ 페르소나 논 그라타(persona non grata) **

대사나 공사 등의 외교사절, 기타 외교직원이 어떤 이유로 접수국 정부로서 받아들이기 어렵게 되었을 때 이유를 밝히지 않고 '호감이 가지 않는 사람(persona non grata)' 또는 '받아들이기 곤란한 자'임을 선언할 수 있다. 이 선언이 있을 때 파견국은 즉시 소환 또는 해임해야 한다.

✳ 영해(領海) *

자국의 주권이 미치는 범위의 해역을 말한다. 국제법상 바다로써 이루어지는 국가영역은 연안해·만·내해·해협 등이다. 연안해는 종래에는 해안선으로부터 3해리까지의 바다로 되어 국제사회에서 채용되고 있었으나, 어족보호·지하자원·국방 등의 이유로 대부분의 국가들이 12해리를 영해로 주장하고 있다. 우리나라도 1978년 9월 20일을 기해 12해리 영해를 선언하였다.

✳ 영토고권(領土高權) *

국내법 및 국제법의 범위 내에서 영토 안에 존재하는 모든 사람과 물건을 배타적으로 지배하는 국가권력을 말한다. 이는 사유재산제도를 인정하는 국가에서 사유물에 대한 지배권을 의미하는 것이 아니라 대외적인 관계에서 토지 및 그 부속물건을 보호하는 통치권의 행사를 의미한다.

✳ 팔레스타인해방기구(PLO : palestine liberation organization) *

1964년 결성된 이스라엘로부터의 팔레스타인 해방을 목표로 하는 압바스 자치정부 수반의 통합체로서, 팔레스타인 난민의 최고집행기관이다. 최고지도자는 아라파트이며, 최고의결기관은 팔레스타인민족평의회(PNC)이다. 직속군사기관인 팔레스타인해방군(PLO)을 가지고 있으며, 아랍 여러 나라에 외교대표부를 두고 있다. 1974년 11월 UN으로부터 옵서버자격을 얻어 팔레스타인 민족의 자결권과 독립국가의 주권을 인정받았다.

✳ 아세안(ASEAN : Association of South-East Asian Nations) *

동남아국가연합으로 1967년 8월 태국·인도네시아·말레이시아·필리핀·싱가포르·브루나이·베트남·미얀마·캄보디아·라오스 10개국으로 결성된 지역기구이다. 동남아의 지역협력 촉진, 외국으로부터의 간섭을 배제하고 역내국가의 평화와 안정수호, 경제·사회·기술·문화 각 분야에서의 상호원조 등을 목적으로 한다. 상설기관으로는 자카르타에 사무국이 있다.

✳ 국제연합(UN : United Nations) ***

국제연맹을 계승한 국제평화기구로, 미국의 대통령 프랭클린 루스벨트(Franklin Delano Roosevelt)가 UN의 명칭을 고안해 1945년 10월 24일 공식 출범, 매년 10월 24일을 국제연합의 날로 기념하고 있으며, 본부는 미국 뉴욕에 있다. 평화유지·군비축소·국제협력 등의 주요활동을 하며, 주요기구·전문기구·보조기구로 구성되어 있다. 2011년 1월 현재 회원국은 192개국이며, 공용어는 영어·불

Q 자국의 주권이 미치는 범위의 해역은?

어 · 스페인어 · 러시아어 · 아랍어 · 중국어이다. 우리나라는 1991년 9월 17일 제46차 UN총회에서 북한 다음으로 161번째 회원국으로 가입하였다. 2001년 세계평화에 기여한 공로가 인정되어 전 UN사무총장 코피 아난과 공동으로 노벨평화상을 받았다. 특히 반기문 사무총장은 2006년 10월 UN 사무총장에 임명되어 2007년 1월 1일부터 제8대 UN 사무총장으로서의 업무를 수행했다.

① **주요기구** … 총회, 안전보장이사회, 경제사회이사회, 국제사법재판소, 신탁통치이사회, 사무국

② **전문기구** … ILO(국제노동기구), FAO(국제연합식량농업기구), UNESCO(국제연합교육과학문화기구), WHO(세계보건기구), IMF(국제통화기금), IBRD(국제부흥개발은행), IFC(국제금융공사), IDA(국제개발협회), ICAO(국제민간항공기구), UPU(만국우편연합), IMO(국제해사기구), WMO(세계기상기구), ITU(국제전기통신연합), WIPO(세계지적소유권기구), IFAD(국제농업개발기금), UNIDO(국제연합공업개발기구), IAEA(국제원자력기구), WTO(세계무역기구)

③ **보조기구** … 국제연합개발계획, 국제연합환경계획, 국제연합난민고등판무관, 국제연합인권고등판무관, PKO(평화유지활동)

✱ 국제철도협력기구(OSJD) **

사회주의 국가 위주의 철도협력기구로, 서유럽 중심의 국제철도 수송정부 간 기구(OTIF)와 함께 양대 국제철도협약으로 꼽힌다. 1956년 6월 러시아(당시 소련) · 중국 · 카자흐스탄 · 북한 등 구소련 체제의 사회주의 국가 및 동유럽 국가를 중심으로 구성됐으며, 본부는 폴란드 바르샤바에 위치해 있다. 북한, 러시아, 중국, 폴란드, 슬로바키아, 알바이나, 카자흐스탄 등 정회원 28개국과 제휴 회원 40개 철도 회사 등이 참여하고 있다.

✱ 국제연합안전보장이사회(UNSC : United Nations Security Council) ***

국제평화와 안전유지에 책임과 권한을 갖는 국제연합의 주요기관으로 유엔안보리라 불리기도 하며 5개의 상임이사국(미국 · 프랑스 · 영국 · 러시아 · 중국)과 10개의 비상임이사국으로 구성된다. 비상임이사국의 임기는 2년, 재선 불가능하며 총회에서 선출된다. 안전보장이사회의 권한으로는 국제평화를 위협하는 분쟁이 있을 시 분쟁당사자국들이 평화적 방법으로 해결하도록 권고하고 이 권고의 효력이 없을 시에 강제적 개입이 가능하며, 평화에 대한 위협 · 침략행

> **상/식/문/제**
>
> 국제연합안전보장이사회에 대한 설명으로 바르지 않은 것은?
>
> ① 상임이사국은 미국, 프랑스, 영국, 러시아, 중국이다.
> ② 국제평화와 안전유지가 주목적이다.
> ③ 분쟁 발생시 평화적 해결이 불가하면 강제적 개입도 가능하다.
> ④ 비상임이사국의 임기는 3년이다.

위가 있을 시에 평화유지와 회복을 위해 잠정이나 군 개입의 강제조치 결정을 할 수 있다. 이 강제조치는 법적 구속력을 지닌다. 2012년 10월 19일, 미국 뉴욕에서 열리는 총회에서 우리나라는 인도를 대신하여 캄보디아 · 부탄과 경쟁을 벌인 끝에 비상임이사국으로 선출되었다.

2 법률

✱ 국회선진화법 [**]

국회선진화법이란 다수당의 일방적인 법안이나 안건 처리를 막기 위해 2012년 제정된 국회법 개정안을 말한다. 새누리당과 민주당 소속의원 등 여야 의원들이 주도해 발의, 19대 국회 임기 개시일에 맞춰 시행됐다. 국회의장 직권상정 제한, 안건조정위원회 설치, 안건 자동상정, 국회 폭력금지, 국회의원 겸직 금지 등의 내용이다.

✱ 공수처법 [***]

정식 명칭은 고위공직자비리수사처 설치에 관한 법률안으로 2019년 11월 현재 국회 법제사법위원회에 계류 중이다. 이 법안은 2016년 7월 故노회찬 정의당 원내대표가 대표 발의한 것으로 고위공직자 등의 범죄행위를 상시적으로 수사·기소할 수 있는 고위공직자비리수사처를 설치하여 고위공직자 등의 부정부패와 권력남용을 방지함을 목적으로 한다. 이 법안에서 규정하고 있는 고위공직자란 차관급 이상의 공무원 및 국가공무원법에 따른 고위공무원단에 속하는 공무원, 국회의원, 지방자치단체의 장, 법관 및 검사, 교육감, 준장급 이상의 장교, 경무관급 이상의 경찰공무원 등으로 해당 직에서 퇴임한 날로부터 3년이 지나지 아니한 자를 포함한다.

✱ 국민참여재판(國民參與裁判) [**]

2008년 1월 1일부터 시행된 한국형 배심원 재판제도를 말한다. 배심원은 만 20세 이상의 대한민국 국민으로 해당 지방법원 관할구역에 거주하는 주민 중 무작위로 선정돼 법적 구속력이 없는 평결을 내리고, 선고 형벌에 대해 토의하는 등의 재판참여의 기회를 갖는다. 2008년 2월 12일 대구지방법원에서 처음 열렸다. 국민참여재판은 형사재판으로 특수공무집행방해치사, 뇌물, 배임수재, 특수강도강간의 사건들에 적용되며, 배제결정이 있거나 피고인이 원하지 않을 경우 해당하지 않는다. 법정형이 사형·무기징역 등에 해당할 경우 9명, 그밖의 사건은 7명, 피고인·변호인이 공소사실의 주요내용 인정 시엔 5명으로 하며, 5명 이내의 예비배심원을 둔다. 판사가 배심원과 다른 선고를 할 경우, 판사가 피고인에게 배심원의 평결 결과를 알리고, 다른 선고를 한 이유를 판결문에 밝힌다.

✱ 국민소환제 [*]

부적격한 국회의원을 임기 전 파면할 수 있도록 하는 제도를 의미한다. 일정 기준 이상의 유권자가 지역구·비례대표 국회의원에 대한 국민소환투표에 찬성하면, 투표가 진행되고 그 결과에 따라 해임이 가능하다. 국민의 손으로 선출된 대표를 다시 국민의 손으로 내칠 수 있다는 것으로 '국민파면' 혹은 '국민해직'이라고도 한다.

Q 한국형 배심원 재판제도는?

✱ 헌법 ***

헌법은 국가의 통치조직과 통치의 기본원리 그리고 국민의 기본권을 보장하는 법이다. 형식적 의미의 헌법은 성문헌법으로서 규정되어 있는 내용과 관계 없이 헌법이라는 이름을 가진 규범을 말하며, 영국과 같은 불문헌법 국가에서는 형식적 의미의 헌법이 존재하지 않는다. 우리나라는 성문헌법 · 민정헌법 · 경성헌법으로서 국민주권주의, 자유민주주의, 복지국가의 원리, 국제평화주의, 조국의 평화적 통일의 지향 등을 기본으로 한다.

① 헌법의 개정절차

절차	내용
제안	대통령 : 국무회의의 심의, 국회의원 : 재적 과반수
공고	대통령이 공고, 20일 이상
국회의결	공고된 날로부터 60일 이내, 재적의원 3분의 2 이상 찬성
국민투표	국민투표로 확정, 국회의원 선거권자 과반수의 투표와 투표자 과반수의 찬성, 국회의결 후 30일 이내
공포	대통령의 공포, 즉시 공포(거부권 없음)

② 헌법의 개정과정

시기	주요 내용	공화국
제1차(1952)	대통령직선제, 국회양원제	제1공화국 (대통령제)
제2차(1954)	초대대통령 중임제한 철폐, 국민투표제 채택	제1공화국 (대통령제)
제3차(1960)	내각책임제, 대법원장 · 대법관선거제	제2공화국 (의원내각제)
제4차(1960)	반민주행위자 · 부정축재자 · 부정선거관련자 처벌을 위한 소급입법의 근거인 헌법 부칙 마련	제2공화국 (의원내각제)
제5차(1962)	대통령제, 단원제, 법원에 위헌법률심사권 부여	제3공화국 (대통령제)
제6차(1969)	대통령 3선 취임 허용, 대통령 탄핵소추요건 강화	제3공화국 (대통령제)
제7차(1972)	통일주체국민회의 신설, 대통령 권한 강화, 국회 권한 조정, 헌법 개정 절차 이원화	제4공화국 (유신헌법)
제8차(1980)	대통령 간선제, 단임제(7년), 구속적부심 부활, 연좌제 금지, 국정조정권 부여, 헌법 개정 절차 일원화	제5공화국 (대통령제)
제9차(1987)	대통령 직선제, 단임제(5년), 국정조사권 부활로 국회 권한 강화, 비상조치권 국회해산권 폐지로 대통령 권한 조정	제6공화국 (대통령제)

✻ 헌법재판소(憲法裁判所) ***

헌법에 관한 분쟁 또는 의의(疑義)를 사법적으로 풀어나가는 재판소로, 1960년 제2공화국 헌법에 헌법재판소 설치가 규정되었으나 무산되고, 1987년 10월 말 공포된 개정 헌법에서 헌법위원회가 헌법재판소로 바뀌어 1988년 최초로 구성되었다. 헌법재판소는 대통령·국회·대법원장이 각각 3명의 위원을 선임해 9인의 재판관으로 구성되고 대통령이 국회의 동의를 얻어 재판관 중에서 위원장을 임명한다. 헌법재판소는 법원의 제청에 의한 법률의 위헌여부 심판, 탄핵의 심판, 정당의 해산 심판, 국가기관 상호간과 국가기관과 지방자치단체 간 및 지방자치단체 상호간의 권한쟁의에 관한 심판, 법률이 정하는 헌법소원에 관한 심판을 담당한다.

✻ 위헌제청(違憲提請) **

소송을 진행 중인 소송당사자가 당해 사건에 적용될 법률이 헌법에 위반된다고 주장하거나 법원의 직권에 의해 헌법재판소에 위헌법률심판을 제청하는 제도이다. 위헌제청의 대상은 대한민국의 모든 법률·긴급명령·조약 등이고, 대상이 되지 않는 것은 명령·규칙·조례·관습법 등이다. 법원이 위헌법률심판을 제청한 때에는 당해 소송사건은 정지되나 법원이 긴급하다고 인정하는 경우, 종국재판 외의 소송절차 진행이 가능하다. 위헌제청신청을 기각하는 결정에 대하여는 민사소송에 의한 항고나 재항고를 할 수 없다. 헌법재판소의 결정이 내려지면 제청법원은 그 결정에 따라 중단된 소송절차를 속개한다.

✻ 헌법소원(憲法訴願) **

공권력의 행사 또는 불행사에 의해 헌법상 보장된 기본권을 침해당했다고 생각되는 개인이나 법인이 권리를 되찾기 위해 헌법재판소에 그 심판을 요구하는 것을 말한다. 이때의 공권력에는 입법·사법·행정이 모두 포함되는 것이 원칙이지만, 현행「헌법재판소법」법원의 판결을 대상에서 제외하고 있어 법원의 판결을 뒤엎는 헌법소원을 낼 수는 없다.

✻ 집단소송제 *

기업의 허위공사·분식결산 등으로 피해를 입은 투자자가 손해배상청구소송을 제기해 승소하면 같은 피해를 입은 다른 사람들도 별도의 재판절차 없이 동일한 배상을 받을 수 있도록 하는 제도이다. 원래 집단소송제는 파산·제조물책임·환경·시민권·소비자취업차별 등 광범위한 사안에 대해 적용되는 것이지만, 우리 정부는 증권거래와 관련된 사안에 대해서만 도입하였다. 구체적으로는 유가증권신고서와 공개매수신고서의 허위·부실기재, 사업보고서 및 반기·분기보고서의 허위·부실기재, 수시공시와 조회공시사항의 허위·부실공시 등이다. 대표소송제와 혼동되는 경우가 많은데 대표소송제는 회사를 대표해 경영진을 대상으로 제기하는 소송으로 승소시 보상금도 회사로 돌아가는 반면, 집단소송제는 피해를 본 투자자들이 직접 보상받는다.

Q 헌법에 관한 분쟁 또는 의의를 사법적으로 풀어나가는 재판소는?

✱ 죄형법정주의(罪刑法定主義) ***

어떤 행위가 범죄가 되고 또 그 범죄에 대해 어떠한 처벌을 할 것인가를 미리 법률로써 명문화시켜야 한다는 원칙이다. 이 원칙은 현대형벌제도의 기초이며, 국가권력의 남용을 방지하여 국민의 자유와 인권을 보장하려는 데에 그 목적이 있다. 관습형법금지의 원칙, 소급효금지의 원칙, 명확성의 원칙, 유추해석금지의 원칙, 적정성의 원칙을 내용으로 한다.

✱ 죄수의 딜레마(prisoner's dilemma) **

2명 이상의 공범을 분리하여 경찰관이 취조할 경우 범인이 자백하지도, 또 끝까지 범행을 부인하지도 못하는 심리적 모순 상태를 말한다. 죄를 인정하는 자백을 할 수도 없고, 끝까지 부인하자니 다른 공범의 자백에 자신이 더 큰 피해를 당할까 두렵기 때문에 범인은 난처한 입장에 처하게 된다. 이때 대부분의 피의자들은 심리적인 갈등상태에서 자백을 선택하는 경우가 많다. 이는 각 개인이 자기의 이득만을 생각하고 의사결정을 내릴 때, 사회 전체에 손실을 야기시킬 수 있다는 것을 설명하는 좋은 예가 된다.

✱ 법조브로커 *

변호사, 법무사의 법률 서비스 업무에 대해 중개를 해 주는 알선업자를 말한다. 호주와 뉴질랜드에서는 비법률가의 법조브로커가 합법이다. 한국에서는 변호사와 법무사만이 법률사무에 대한 알선, 중개를 유료로 할 수 있고, 비법률가의 알선 중개는 변호사법 위반으로 형사 처분된다.

✱ 경제활성화법안 **

경제활성화법안이란 경제 관련 2개 법률안, 노동 관련 5개 법률안 등의 7개 법안에 고용노동부 지침 2개를 포함하여 포괄적으로 이르는 용어이다. 경제 관련 법률안은 기업활력제고특별법(원샷법)과 서비스산업발전기본법이며, 노동 관련 5개 법률안은 근로기준법·고용보험법·산업재해보험법·기간제 및 단시간근로자 보호 등에 관한 법률·파견근로자보호 등에 관한 법률의 일부 개정안을 이른다.

✱ 원샷법 ***

기업들이 인수합병(M&A) 등 사업 재편을 쉽게 할 수 있도록 상법·세법·공정거래법 등의 관련 규제를 특별법으로 한 번에 풀어주는 법이다. 정식 명칭은 '기업활력제고를 위한 특별법'이다. 2015년 7월 9일 국회 산업통상자원위원회 소속 이헌재 새누리당 의원이 '기업활력제고를 위한 특별법' 제정안을 대표 발의했다. 발의된 제정안은 그동안 지주회사의 선제적 구조조정을 가로막았던 계열사 출자 제한 규정 등을 완화하는 내용을 담고 있다. 원샷법 지원 대상은 과잉공급 업종으로 제한된다.

✳ 특별검사제(特別檢事制) **

정치적 중립성을 지키기 위하여 고위 공직자의 위법 혐의나 비리가 발견되었을 때 수사와 기소를 행정부로부터 독립된 변호사가 담당하게 하는 제도이다. 미국에서 먼저 정착되었으며, 우리나라의 경우 1999년 옷로비 사건에 특별검사제를 처음 도입하였고, 대북 송금에 관한 조사를 조사하기 위하여 실시하였다.

✳ 사면(赦免) ***

대통령의 고유권한으로, 형의 집행을 면제해주거나 형 선고의 효력을 없애주는 조치를 말한다. 특정죄목에 대해 일괄적으로 처벌을 면해주는 일반사면과 사면의 대상을 일일이 정해 취해지는 특별사면의 두 가지가 있다. 특별사면은 다시 가석방 또는 복역중인 피고인의 남은 형 집행을 면제해주는 조치인 잔

☑ 상/식/문/제

다음 중 행정권을 견제하기 위해 국회에 주어진 권한이 아닌 것은?

① 특별사면동의권
② 국군해외파견동의권
③ 국무총리임명동의권
④ 조약체결·비준동의권

형집행면제, 집행유예를 받은 사람에게 형의 선고를 없었던 일로 해주는 형선고실효 두 가지 방법이 있다. 또 행정처분취소는 경찰청 등 행정기관의 처분을 면해주는 조치이며, 징계사면은 말 그대로 징계받은 사실을 없던 일로 하는 것이다. 파면이나 해임을 뺀 정직, 견책, 감봉을 받은 전·현직 공무원들의 징계기록이 없어지고 호봉승급 등 인사상 불이익을 받지 않게 된다.

✳ 복권(復權) *

상실된 특정 권리·자격을 회복시키는 것으로 헌법 및 사면법상 대통령의 명에 의해, 형법에 의한 형의 선고, 파산법에 의한 파산선고로 상실 또는 정지된 자격을 회복시키는 것이다. 복권은 형의 집행을 종료하거나 집행면제를 받은 자에 한해서만 행해지는 것인데, 형의 선고에 의한 기성의 효과는 복권이 되어도 변경되지 않는다. 일반복권은 대통령령으로 하고, 특정한 자에 대한 복권은 대통령이 행하되 법무장관의 상신과 국무회의의 심의를 거쳐야 한다. 특별복권은 검찰총장의 신청으로, 형의 집행종료일 또는 집행이 면제된 날로부터 3년이 경과된 자에 대해 법무부장관의 상신을 거쳐 대통령이 행한다.

✳ 감청영장(監聽令狀) *

수사기관에서 공공연하게 이루어졌던 도청을 엄격히 금지하고 수사상 필요할 때에만 제한적으로 피의자 등의 통화내용을 엿들을 수 있게 한, 일종의 '합법화된 도청'을 말한다. 1993년 12월 제정된 「통신비밀보호법」에 도입해 1994년 6월부터 시행되었다.

✱ 소멸시효(消滅時效) *

권리를 행사할 수 있음에도 불구하고 권리를 행사하지 않고 일정 기간 계속함으로써 권리소멸의 효과를 생기게 하는 제도를 말한다. 시효제도(時效制度)는 사회질서의 안정, 채증(採證)의 곤란 등의 이유로 인정되고 있으나 점유권, 일정한 법률관계에 필연적으로 수반되는 상린권, 담보물권 등은 소멸시효에 걸리지 않는다.

✱ 플리 바겐(plea bargain) **

사전형량조정제도를 말한다. 유죄를 인정하는 대신 형량을 경감받는 것으로 '플리 길티(plea guilty)'라고도 한다. 우리나라의 경우 플리 바겐에 대한 법적 근거는 없으나 기소에 대한 검사의 재량을 폭넓게 인정하는 기소편의주의와 기소독점주의를 채택하고 있어 수사의 형태가 암묵적으로 플리 바겐과 비슷하게 이루어지고 있다. 뇌물사건이나 마약범죄 등의 수사에 주로 활용된다.

✱ 유추해석(類推解釋) *

어떠한 사항을 직접 규정한 법규가 없을 때 그와 비슷한 사항을 규정한 법규를 적용하는 법의 해석을 말한다. 형법에서는 죄형법정주의의 원칙상 금지된다.

☆☆☆ 법의 해석에는 크게 유권해석과 학리해석(무권해석)이 있다. 유권해석은 해석하는 기관에 따라 입법해석·행정해석·사법해석으로 구별되고, 학리해석은 문리해석·체계해석·논리해석으로 구별된다. 유추해석은 논리해석에 해당하며, 논리해석에는 확장해석·축소해석·반대해석 등이 있다.

✱ 위임명령(委任命令) *

법률 또는 상위명령에 의하여 위임된 사항을 규정하는 법규명령을 말하는 것으로, 수탁된 범위 내에서는 새로이 개인의 권리·의무에 관한 사항, 즉 법률사항에 관하여 규정할 수 있다.

더 알아보기

집행명령(執行命令) … 일반적으로 시행령 혹은 시행규칙이란 이름으로 많이 쓰이는 것으로, 법률을 집행하기 위하여 필요한 세칙(細則)을 정하는 명령을 말한다. 명령은 법률의 위임에 의한 경우 외에는 집행명령으로서만 허용된다.

✱ 알선수재죄 **

돈이나 물건의 대가를 받고 다른 사람의 업무처리에 관한 것을 잘 처리해 주도록 중간에서 알선한 경우 성립하는 죄. 처벌규정은 형법상 알선수뢰죄, 특정범죄가중처벌법상 알선수재죄, 특정경제범죄가중처벌법상 알선수재죄 등 3가지 규정이 있다. 형법상 알선수뢰죄는 공무원이 지위를 이용, 다른 공무원의 직무처리에 직·간접 영향을 미쳤을 때 적용된다. 이는 다른 공무원의 직무처리에 영향을 미친다는 점에서 공무원 자신의 직무에 관한 청탁을 받는 뇌물죄와 다르다. 또 특정범죄가중처벌법상 알선수재죄는 공무원이 아니더라도 공무원처럼 영향력을 행사할 수 있는 사람이 공무원의 직무에 대해 알선하고 돈을 받았을 경우에 적용되며, 특정경제범죄가중처벌법상 알선수재죄는 알선대상이 공무원이 아니라 금융기관일 경우 적용된다.

✻ 초상권(肖像權) ***

자기의 얼굴이나 모습이 함부로 그림으로 그려지거나 사진으로 촬영당하지 아니할 권리, 또는 자기의 그림이나 사진이 함부로 신문 · 잡지 및 서적 등에 게재당하지 아니할 권리를 말한다.

✻ 심급제도(審級制度) *

심급을 달리하는 법원에서 두 번 또는 세 번까지 재판을 받을 수 있게 하는 제도로서, 국민의 자유와 권리보호에 신중을 기하고 공정하고 정확한 재판을 받게 하기 위한 목적에서 만들어진 제도이다. 우리나라에서도 다른 민주국가와 마찬가지로 4계급 3심제이며, 제1심과 제2심은 사실심을 원칙으로 하고 제3심은 법률심이다.

✻ 상소(上訴) **

소송법상 법원의 판결 또는 결정에 대하여 억울하다고 생각하는 당사자가 그 재판의 확정 전에 상급법원에 대하여 다시 심판해 줄 것을 요구하는 소송행위를 말하며, 항소 · 상고 · 항고가 있다.

✻ 항소(抗訴) *

지방법원이나 그 지원(支院)에서 받은 제1심 판결에 대하여 억울하다고 생각하는 당사자가 그 재판이 확정되기 전에 고등법원이나 또는 지방법원 본원 합의부에 다시 재판을 청구하는 것을 말한다. 항소기간은 민사소송의 경우에는 2주일, 형사소송은 7일 이내이며, 항소기일이 지나면 선고는 확정된다. 또한 보통 군법회의 판결에 대한 고등군법회의에서의 상소도 항소라 한다.

✻ 상고(上告) *

고등법원이나 지방법원 합의부의 제2심 판결에 대하여 억울하게 생각하는 당사자가 그 재판의 확정 전에 대법원에 다시 재판을 청구하는 것을 말한다. 상고심에서는 법심판의 법령위반만을 심사대상으로 하기 때문에 당사자는 법적 평가의 면에 한하여 불복을 신청할 수 있으므로 보통 상고심을 법률심이라고 한다. 상고를 할 수 있는 재판은 원칙적으로 항소심의 종국판결에 한하지만 불항소합의가 있을 때의 비약적 상고(민사소송법), 또는 특수한 사건에서 고등법원이 제1심이 되는 때(행정소송법)에는 예외가 인정되고 있다. 상고를 할 수 있는 자는 원판결의 파기로 이익이 있는 자에 한하며, 상고제소기간은 항소의 경우와 같은 제한이 있다.

> **한번 되짚기** 🖊
>
> **비상상고와 비약상고**
>
> • **비상상고(非常上告)** : 형사소송에서 판결이 확정된 후에 그 사건의 심리가 법령에 위반된 것을 발견한 경우에 한해 검찰총장이 대법원에 불복신청을 하는 제도이다. 이때 피고인의 구제를 주된 목적으로 하지 않으며, 다만 법령의 해석 · 적용의 시정이 주목적이다.
>
> • **비약상고(飛躍上告)** : 형사 또는 민사소송에 있어서 제1심 판결에 대한 항소를 제기하지 않고 직접 상고법원인 대법원에 상소하는 것을 말한다.

✽ 항고(抗告) *

지방법원의 결정이나 명령에 대하여 불복(不服)이 있는 당사자 또는 제3자가 상급법원에 상소하는 것을 말한다. 불복을 신청할 수 없는 결정·명령이라도 헌법해석의 착오, 기타 헌법위반이 있음을 이유로 할 때는 대법원에 특별항고를 할 수도 있다.

✽ 체포영장제 *

임의동행과 보호유치 등 탈법적 수사관행을 막기 위한 제도를 말한다. 체포영장제는 피의자가 죄를 범했다고 의심할 만한 상당한 이유가 있을 때 사전에 판사로부터 체포영장을 발부받아 체포하고 48시간 내에 구속영장을 청구하지 않을 경우 즉시 석방하는 제도로, 기존 긴급구속제도는 긴급체포제로 대체된다.

더 알아보기

- **영장실질심사제** ··· 법관이 구속영장을 발부하기 전 피의자를 직접 불러 심문한 뒤 영장발부 여부를 결정하는 제도이다.
- **피의자석방제** ··· 구속적부심 청구시 보증금 납입을 조건으로 하는 것으로 보석제도를 기소전단계까지 확대하고 피고인에게 소송계류중인 증거서류 등에 대한 열람청구권을 인정해 피고인의 방어권을 강화한 것이다.

✽ 법률행위(法律行爲) *

사법상 법률요건의 하나로, 법에 의하여 행위자가 마음먹은 그대로의 법률효과가 인정되는 행위를 말한다. 법률행위가 성립하기 위해서는 당사자·내용·의사표시의 3개 요건을 필요로 하며, 이 성립요건이 갖추어져 있지 않으면 법률행위는 성립하지 않는다. 법률행위의 형태는 단독행위·계약·합동행위 등의 세 가지로 나뉜다.

✽ 청원권(請願權) *

국가기관이나 지방자치단체에 대하여 국민이 희망을 진술할 수 있는 권리를 말한다. 공무원의 비위시정에 대한 징계나 처벌의 요구, 손해의 구제, 법령 또는 규칙의 제정·폐지·개정 등에 관하여 그 희망을 문서로써 진정할 수 있다. 청원을 접수한 국가기관은 공정 신속히 심사·처리하여 청원인에게 그 결과를 회답해 줄 의무가 있다. 그러나 반드시 청원의 내용대로 실행할 의무는 없다.

✽ 인정사망제도(認定死亡制度) *

수재나 화재 등 사망확률이 높은 사고의 경우, 시신이 발견되지 않더라도 이를 조사한 관공서 등이 사망으로 인정하면 별도의 재판을 거치지 않고 사망신고를 할 수 있도록 하는 제도이다.

✱ 속인주의(屬人主義) **

국민을 기준으로 하여 법을 적용하는 주의를 말한다. 즉, 한 나라 국민은 자기 나라에 있든지 외국에 있든지 그가 소속한 나라의 법에 적용을 받는다는 것이다. 우리나라 국적법은 속인주의를 원칙으로 하되, 예외적으로는 속지주의를 보충하고 있다. 국적법에서는 혈통주의라고도 한다.

✱ 알 권리(right to know) *

모든 정보원으로부터 일반적인 정보를 수집할 수 있는 권리로 국민이 정치적·사회적 문제에 관한 정보를 자유롭게 접할 수 있고 쉽게 알아볼 수 있는 권리이다. 개인의 경우 공공기관과 사회집단에 대해 정보를 공개하도록 청구할 수 있는 권리를 의미하며, 언론기관의 경우 정보를 공개하도록 청구할 권리뿐만 아니라 취재의 자유를 의미한다.

✱ 액세스권(right of access) *

국민이 자신의 사상이나 의견을 발표하기 위해 언론매체에 자유로이 접근하여 이용할 수 있는 권리로, 매체접근권이라고도 한다.

✱ 필요적 변론사건(必要的辯論事件) *

법에 정해진 형량이 사형·무기 또는 최하 3년 이하의 징역·금고형인 죄목으로 피고인이 기소된 사건을 말하는 것이다. 이러한 사건들은 피고인이 유죄로 인정될 경우 무거운 처벌을 받기 때문에 형사소송법에서 변호인 없이 재판을 열 수 없도록 규정하고 있다.

✱ 즉결심판 *

범증이 명백하고 죄질이 경미한 범죄사건(20만 원 이하의 벌금, 구류, 과료에 해당)에 대하여 정식 형사소송절차를 밟지 않고 「즉결심판에 관한 절차법」에 의거, 경찰서장의 청구로 순회판사가 행하는 약식재판이다. 주로 「경범죄처벌법」 위법사범(무임승차, 무전취식, 허위신고, 음주소란, 새치기 등), 가벼운 폭행죄, 단순도박죄, 「도로교통법」상의 자동차주정차금지위반, 「향토예비군설치법」상의 예비군 훈련불참자 등을 들 수 있다. 즉결심판의 청구는 관할 경찰서장이 서면으로 하는데 검사의 기소독점에 대한 예외이다. 즉결심판에 있어서는 피고인의 자백만으로써 유죄를 인정할 수 있고 피고인이 피의자신문조서의 내용을 부인하더라도 유죄를 인정할 수 있도록 증거조사의 특례가 인정된다. 즉결심판에 불복하는 경우 피고인은 고지를 받은 날로부터 7일 이내에 소관 지방법원 및 지방법원 지원에 정식재판을 청구할 수 있다. 정식재판의 판결이 나면 즉결심판은 효력을 잃는다.

Q 국민을 기준으로 하여 법을 적용하는 주의는?

✱ 일사부재리(一事不再理)의 원칙 *

「형사소송법」에서 일단 판결이 확정되면 같은 사건에 관하여 다시 공소의 제기가 허용되지 않는다는 원칙으로, 이에 위배된 공소는 면소판결을 받는다. 단, 「민사소송법」에서는 이 원칙이 적용되지 않는다.

✱ 불고불리(不告不理)의 원칙 *

법원은 원칙적으로 검사가 공소제기를 하지 않으면 공판을 개시할 수 없고, 또 검사로부터 공소가 제기된 사건에 한하여 심리할 수 있다는 원칙이다. 다만, 준기소절차의 경우에는 예외이다.

✱ 구인영장(拘引令狀) *

법원이 심문을 목적으로 피고인이나 그 밖의 관계인을 강제로 부르기 위해 발부하는 영장이다. 구속영장의 '구속'은 구인과 구금(拘禁)을 포함하는 개념이며, 흔히 말하는 구속영장은 구금영장을 가리킨다. 이 때 구금은 구치소에 인치시켜 수사하는 것이고, 구인은 구치소가 아닌 지정된 장소에서의 조사를 말하며 구금할 필요가 없다고 판단될 때에는 24시간 이내에 석방하도록 되어 있다.

✱ 배임죄(背任罪) *

타인의 사무를 맡아서 처리하는 자가 자기나 제3자의 이익을 위하여 또는 본인(주인)에게 손해를 가하기 위해서 그 임무에 위배되는 행위를 하는 죄를 말한다.

✱ 반의사불벌죄(反意思不罰罪) **

친고죄와 달리 고소없이 처벌 가능하나 피해자가 처벌을 희망하지 않는다는 의사를 표시하면 처벌을 할 수 없는 범죄로, 단순존속폭행죄 · 과실상해죄 · 단순존속협박죄 · 명예훼손죄 등이 있다.

더 알아보기

친고죄(親告罪) … 범죄의 피해자나 기타 법률이 정한 자의 고소가 있어야만 공소 가능한 범죄로, 형법상 간통죄 · 강간죄 · 준강간죄 · 강제추행죄 · 준강제추행죄와 미성년자 간음죄, 모욕죄 등이 있다. 고소는 범인을 알게 된 날로부터 6개월 안에 해야 한다. 단, 성폭력 범죄의 처벌 및 피해자보호에 관한 법률상의 친고죄에 해당할 경우에는 1년 안에 해야 한다.

✱ 미필적 고의(未必的故意) **

어떤 결과가 발생할지도 모르나 경우에 따라서는 그렇게 되어도 상관없다고 생각하는 경우에 존재하는 고의를 가리킨다. 즉, 범죄사실이 발생할 가능성을 인식하고도 이를 용인하는 것을 말한다. 이런 경우에는 과실범이 아니라 고의범으로서 처벌된다.

✱ 명예훼손죄(名譽毁損罪) *

형법 307조의 명예훼손죄는 공연히 구체적인 사실이나 허위 사실을 적시(摘示)하여 사람의 명예를 훼손함으로써 성립하는 범죄를 말한다. '공연히'는 불특정 다수인이 인식할 수 있는 상태를, '명예'는 사람의 인격에 대한 사회적인 평가로서 명예의 주체에는 자연인·법인·기타 단체가 있다. 오로지 공공의 이익에 관한 사실을 적시한 경우에는 처벌하지 아니하나, 진실한 사실을 적시한 경우에 2년 이하의 징역·금고나 500만 원 이하의 벌금에 처하고, 허위의 사실을 적시한 경우는 5년 이하의 징역·10년 이하의 자격정지나 1,000만 원 이하의 벌금에 처한다. 형법상 명예훼손죄는 '반의사불벌죄'로 피해자가 원치 않으면 처벌할 수 없다. 민법상 명예훼손은 불법행위로 간주되어 위자료를 청구할 수 있다.

✱ 인 두비오 프로 레오(in dubio pro reo) *

'의심스러울 때는 피고인에게 유리하게 판결하라'는 법언(法諺)을 말한다. 형사소송에서 법원이 검사의 입증이 부족하여 유죄의 심증을 얻지 못할 경우 피고인에게 유리하게 무죄 판결을 해야 한다는 원칙이다. 유·무죄의 판단에 국한되며 소송법상의 사실의 존부에는 적용되지는 않는다.

✱ 과태료(過怠料) *

법률질서에 대한 위반이기는 하지만 형벌을 가할 만큼 중대한 일반 사회법익의 침해가 아니라고 인정되는 경우에 부과하는 현행 질서상의 질서벌을 말한다. 예를 들면 출생신고를 하지 않아서 「가족관계의 등록 등에 관한 법률」을 위반하였을 경우 해당 관청에 물게 되는 돈 따위를 말한다. 즉, 과태료는 행정법상 법령위반자에 대한 금전적인 벌로서 형(刑)은 아니다.

☆☆☆ 과료(科料) … 경범죄에 과하는 재산형으로 형법이 규정하는 형벌의 일종이다. 그 금액이 적고 또는 비교적 경미한 범죄인에 대해 과한다는 점에서 벌금과 차이가 있다.

✱ 공동정범(共同正犯) *

공동실행의 의사와 공동실행의 사실이 있을 때 두 사람 이상이 공모하여 죄를 범하는 경우, 누가 정범이고 종범인지를 구별할 수 없는 상태의 범죄를 말한다.

✱ 간접정범(間接正犯) *

본인 스스로가 범죄를 행하지 아니하고 타인을 이용하여 간접적으로 범죄행위를 하게 하는 범인을 말한다. 예를 들면 사정을 전혀 모르는 간호사로 하여금 환자에게 약 대신 독물을 주게 한다든지, 광인(狂人)을 시켜 사람을 죽이는 행위 같은 것이다.

✱ 공소시효(公訴時效) ***

확정판결 전에 시간의 경과에 의하여 형벌권이 소멸하는 제도를 말한다. 공소시효의 기산점은 범죄행위가 종료된 때부터 시작된다. 현행법상 인정되는 공소시효는 7종류가 있으며, 공소가 제기된 범죄는 판결의 확정이 없이 공소를 제기한 때로부터 25년을 경과하면 공소시효가 완성한 것으로 간주한다. 2015년 8월 형사소송법 개정안이 시행되면서 살인죄에 대한 공소시효를 폐지했다.

더 알아보기

공소시효의 종류
- 사형에 해당되는 범죄 … 25년
- 무기징역 또는 무기금고 … 15년
- 장기 10년 이상의 징역 또는 금고 … 10년
- 장기 10년 미만의 징역 또는 금고 … 7년
- 장기 5년 미만의 징역 또는 금고, 장기 10년 이상의 자격정지 또는 벌금 … 5년
- 장기 5년 이상의 자격정지에 해당하는 범죄 … 3년
- 장기 5년 미만의 자격정지, 구류, 과료 또는 몰수에 해당하는 범죄 … 1년

✱ 선고유예(宣告猶豫) *

영미법에서 비롯된 형사정책적 제도로서 일정한 범인에 대하여 범죄를 인정함에 그치거나 또는 일정 기간 유죄의 판결을 하는 것을 유예하고, 그 기간을 무사히 경과한 경우는 그 유죄의 판결을 언도하지 않는 제도를 말한다. 선고유예는 형의 선고를 유예한다는 점에서 형의 집행을 유예하는 집행유예와 다르다.

✱ 집행유예(執行猶豫) *

형사정책적 입장에서 인정한 제도로서 유죄를 인정한 정상에 의하여 일정 기간 그 형의 집행을 유예하여 유예기간 중 특별한 사고없이 그 기간을 경과한 때에는 형의 선고는 효력을 상실하게 하고 형이 없었던 것과 동일한 효과를 발생케 하는 제도이다. 집행유예는 3년 이하의 징역 또는 금고의 형을 선고할 경우 정상에 참작할 사항이 있을 때, 1년 이상 5년 이하의 기간 동안 형의 집행을 유예하는 제도이다.

✱ 기소편의주의(起訴便宜主義) **

기소에 있어 검사의 재량을 인정하는 것으로 공소제기에 필요한 정도의 혐의가 있고 또 소송조건을 구비하였다고 하더라도 반드시 기소하는 것이 아니라 검사에게 기소·불기소에 대한 재량의 여지를 인정하는 것을 말한다. 우리나라 현행법은 기소편의주의를 취하고 있으며 1심 판결 전이라면 검사는 언제든지 공소를 취소할 수 있다.

출제예상문제

1. 권리에 대한 행사가 있음에도 불구하고 이를 행사치 않고 일정 기간을 계속함으로써 권리소멸의 효과를 생기게 하는 제도는?

① 플리바겐 　② 감청영장
③ 소멸시효 　④ 복권

2. 홍콩의 민주화를 요구하며 시작된 홍콩 시민들의 반(反)중국 민주화 시위에 붙여진 이름으로 경찰의 공격을 이것으로 막아내 붙여졌다. 이 혁명은?

① 카네이션 혁명 　② 벨벳 혁명
③ 샤프란 혁명 　④ 우산 혁명

3. 다음 중 UN에 대한 설명으로 바르지 않은 것은?

① 우리나라의 반기문 사무총장이 제8대 UN 사무총장으로서의 업무를 수행했었다.
② 상임이사국 5개국과 비상임이사국 7개국으로 구성된다.
③ 상임이사국 5개국은 미국, 영국, 러시아, 프랑스, 중국이다.
④ 비상임이사국 중 아랍 국가 1개국은 반드시 아프리카와 아시아 가운데 선출된다.

4. 다음 중 권력분립에 대한 설명으로 옳은 것은 모두 몇 개인가?

┌─────────────────────────────┐
│ ㉠ 견제와 균형의 원리가 적용된다.
│ ㉡ 로크는 2권분립으로 주장하였다.
│ ㉢ 몽테스키외는 3권분립을 주장하였다.
│ ㉣ 현대에는 입법부의 기능이 점차 강화되고 있다.
└─────────────────────────────┘

① 0개 　② 1개
③ 2개 　④ 3개

5. 다음 중 우리나라와 최초로 수교를 맺은 사회주의 국가는?

① 중국 　② 헝가리
③ 쿠바 　④ 베트남

6. 다음 국정감사에 관한 설명 중 옳지 않은 것은?

① 국정감사는 장관의 모든 사생활을 포함하여 국가 작용 전반을 감사한다.
② 본회의의 의결이 있다면 정기회 기간 중에도 감사 실시가 가능하다.
③ 국회의 행정부 견제방법이다.
④ 매년 정기국회 집회일 이전의 감사 시작일부터 30일 이내가 감사기간이다.

7. 다음 중 차티스트(chartist)운동의 성격은?

① 참정권확장운동 　② 민족단결운동
③ 종교부흥운동 　④ 신사회주의운동

8. 레임덕(lame duck)현상이란 무엇인가?

① 군소정당의 난립으로 인한 정치적 혼란현상
② 임기 후반에 나타나는 정치력 약화현상
③ 국가부도의 위기에 처한 후진국의 경제혼란현상
④ 선진국과 개발도상국 사이에 나타나는 정치적 갈등현상

9. 다음 중 란츠게마인데(landsgemeinde)란?

① 스위스 일부 주의 주민자치회
② 프랑스의 하원
③ 그리스 도시국가의 민회
④ 독일의 연방의회

10. 다음 중 경제로부터 정치의 극소화를 주장하는 이론은?

① 수정자본주의   ② 케인스이론
③ 자유방임주의   ④ 사회주의

11. 다음 내용이 설명하고 있는 것은?

> 이는 인적재난 및 자연재난으로 구분되며 대형사고 및 국가기반체계의 마비 및 전염병 확산 등으로 인해 많은 피해를 입었을 경우에 이에 대한 수습 및 복구 등을 위해 특별조치 및 국가적 지원이 필요할 시에 인정되는 지역이다.

① 보통재난지역   ② 특별재난지역
③ 보통침수지역   ④ 일부침수지역

● ANSWER ●

1. 취득시효에 대비되는 개념으로 권리자가 권리행사를 할 수 있음에도 일정기간 동안 권리를 행사하지 않는 경우 그 권리가 실효되는 제도를 말한다.

2. 우산 혁명 … 홍콩의 민주화를 요구하며 시작된 홍콩 시민들의 반(反)중국 민주화 시위에 붙여진 이름이다. 수천 명의 시민들이 시위를 하고 있는 장소에 홍콩경찰이 시민들을 해산시키기 위해 최루가스를 살포했고, 시민들은 이러한 경찰의 공격을 우산으로 막아냄으로써 홍콩의 시위가 '우산혁명(Umbrella Revolution)'이라는 이름을 얻게 되었다.

3. ② 5개의 상임이사국과 10개의 비상임이사국으로 구성된다.

4. ㉣ 현대에는 복지국가원리에 따라 행정부의 권한이 강화되는 경향을 보이고 있다.

5. 1948년 남·북한 동시에 사회주의 국가인 헝가리와 최초로 수교를 맺었으며, 이후 1989년 우리나라와 단독 수교를 맺었다.

6. ① 개인의 순수한 사생활이나 신앙은 제외된다.

7. 1837년 영국에서 일어난 노동자의 정치운동으로 보통선거권의 획득을 목적으로 하였다.

8. 레임덕(lame duck) … 현직 대통령이 선거에 패배할 경우 새 대통령이 취임할 때까지 국정정체상태가 빚어지는 현상을 기우뚱 걷는 오리에 비유해서 일컫는 말이다.

9. 란츠게마인데 … 스위스에서 1년에 한 번씩 성년 남녀가 광장에 직접 모여 주의 중요한 일들을 결정하는 모임을 말한다.

10. 자유방임주의 … 개인의 경제적 자유경쟁을 최대한으로 존중하고 이에 대한 국가의 간섭을 가능한 한 배제하려는 경제사상 및 정책이다.
   베이징컨센서스란 정부의 폭넓은 개입과 각국의 특수성에 맞는 점진적인 경제개혁 및 균형 잡힌 개발전략 등을 내세운 모델

11. 특별재난지역은 재난으로 인해 특별조치가 필요하다고 인정될 시에 심의를 거쳐 특별재난지역으로 선포할 것을 대통령에게 건의할 수 있다.

1. ③   2. ④   3. ②   4. ④   5. ②   6. ①   7. ①   8. ②   9. ①   10. ③   11. ②

12. 섀도캐비닛(shadow cabinet)이란 무엇인가?

① 각외대신　　　　② 후보내각

③ 각내대신　　　　④ 야당내각

13. 다음은 정부형태에 관한 그림이다. (A)와 (B)에 대한 설명으로 옳지 않은 것은?

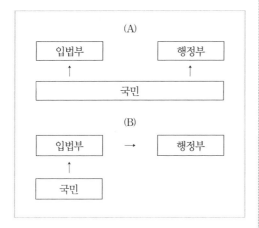

① (A)는 의원내각제, (B)는 대통령제이다.
② 구분기준은 입법부와 행정부의 관계이다.
③ (A)는 엄격한 권력분립이 이루어지며, 정국이 안정된다.
④ (B)는 의회의 다수당이 내각을 구성하며, 수상에게 실권이 있다.

14. 대통령제와 의원내각제의 요소를 결합한 절충식 정부형태를 무엇이라 하는가?

① 연방정부제　　　　② 연립내각제

③ 이원집정부제　　　④ 혼합민주주의

15. '값싼 정부', '최소의 정치가 최고의 정치'는 다음 중 어떤 국가와 관계있는 표현인가?

① 복지국가　　　　② 입헌국가

③ 경찰국가　　　　④ 야경국가

16. 대통령의 **법률안거부권**에 대한 설명 중 옳지 않은 것은?

① 대통령은 국회에서 이송된 법률안에 대하여 이의가 있을 때는 15일 이내에 이의서를 첨부, 국회로 환부하여 재의를 요구할 수 있다.
② 국회가 폐회중일 때는 법률안거부권을 행사할 수 없다.
③ 재의의 요구가 있을 때에는 국회는 재의에 붙이고, 재적의원 과반수의 출석과 출석의원 3분의 2의 찬성으로 의결하면 그 법률안은 법률로서 확정된다.
④ 확정된 법률이 정부에 이송된 후 5일 이내에 대통령이 공포하지 아니할 때는 국회의장이 이를 공포한다.

17. 다음 중 우리나라의 지방자치에 관한 설명으로 옳지 않은 것은?

① 지방자치단체는 독자적인 법인격은 없다.
② 지방자치단체의 자주재원은 지방세와 세외수입으로 구성된다.
③ 주민의 직접적인 참여와 통제를 강화시킨다.
④ 중앙정부의 전제정치에 대한 방어기능을 도모한다.

18. 국회가 국정 전반에 관한 조사를 행하는 것을 무엇이라고 하는가?

① 재난감사　　　　② 회계감사

③ 국정감사　　　　④ 국민감사

19. 다음 중 엽관주의와 관련있는 것은?

① 권력행정의 강화　　② 실적제의 확립

③ 정당정치의 발전　　④ 정치·행정의 분리

20. 다음 중 압력단체에 대한 설명으로 틀린 것은?

① 로비활동 중에서 특히 매수를 목적으로 하는 로비를 소시얼 로비(Social Lobby)라고 한다.

② 정부의 어떤 정책을 채택 또는 거부하도록 하기 위하여 파업을 이용하기도 한다.

③ 로비활동으로 성과를 거두지 못하면 대중선전 활동을 통해 목적을 관철시키기도 하는데, 이것을 풀뿌리 로비(grass-roots lobbying)라고 한다.

④ 연좌시위, 동맹파업, 가두행진, 불매운동 등은 근로자의 이익추구를 위한 비정치적 행위로서 압력단체의 활동수단으로 볼 수 없다.

21. 다음 중 헌법재판소의 권한을 바르게 묶은 것은?

> ○ 법원의 위헌법률심사제청이 있을 때 법률이 헌법에 위반되는지의 여부를 심판한다.
> ○ 국회로부터 탄핵소추를 받은 자가 있을 경우 이를 심판한다.
> ○ 명령 · 규칙 · 처분이 헌법이나 법률에 위반되는지의 여부를 최종적으로 심판한다.

① ○
② ○, ○
③ ○, ○
④ ○, ○

---

12. 섀도캐비닛(shadow cabinet) … '그늘의 내각' 또는 '그림자 내각'으로 번역하기도 하며, 영국 야당의 최고지도부인 의원간부회의를 말한다.

13. (A)는 대통령제, (B)는 의원내각제이다.

14. 이원집정부제 … 평상시에는 의원내각제 정부형태를 취하나, 비상시가 되면 대통령에게 강력한 대권을 부여하여 신속하고 강력하게 국정을 처리하는 제도로, 독일 바이마르공화국과 프랑스 제5공화국이 실제로 채택하였다.

15. 야경국가는 소극국가, 작은 정부론과 유사한 표현이다.

16. ② 국회가 폐회중일 때도 대통령은 이송된 법률안에 대하여 법률안거부권을 행사할 수 있다.

17. 지방자치단체 … 일정한 지역적 범위를 그 구역으로 하고 그 구역 안의 모든 주민들에 의해 선출된 기관이 국가로부터 상대적으로 독립하여 자주적으로 지방적 사무를 처리할 권능을 가지는 법인격 있는 단체를 말한다. 자치단체는 국가 아래서 국가 영토의 일부를 그 구역으로 하고 있으며, 그 지배권(자치권)은 시원적인 것이 아니라 국가로부터 전래된 것이다.
　○ 보통지방자치단체 … 특별시 · 광역시 · 도, 시 · 군 · 자치구가 있다.
　○ 특별지방자치단체 … 특수한 광역적 사무를 처리하기 위해 설치된 자치단체(자치단체조합)로 특별일선기관과는 구별된다.

18. 국정감사는 국회가 국정 전반에 대한 조사를 실시하는 것으로 국회가 입법 기능 외에 정부를 감시 및 비판하는 기능을 지니는 데서 인정된 것이다.

19. 19세기 미국에서 발달한 엽관주의는 정당에 대한 기여도, 충성도를 기준으로 공직을 임면하는 제도로서 정당정치의 발전과 연계된다.

20. 정상적인 영향력 행사방법이 난관에 부딪히면 연좌시위, 동맹파업, 가두행진, 불매운동 등을 하게 되는데 이러한 행동은 매스미디어의 초점을 받아 일반대중과 주요단체 등의 주의를 환기시켜 여론을 일으키고 결국 정책결정자에게 영향을 끼치게 된다.

21. ○ 명령 · 규칙 · 처분 등의 심사권은 대법원의 권한이다.

22. 다음 중 설명이 타당하지 않은 것은?

① 남북한 경합을 위한 4대 합의서에는 이중과세방지합의서, 상사분쟁합의서, 투자보장합의서, 청산결제합의서가 있다.

② 남북한은 '남북공동성명'에서 자주·평화·민족대단결의 세 가지 통일원칙을 발표했다.

③ 남북정상이 '6·15공동선언'의 제2항에서 남측이 주장하는 한민족공동체와 북의 고려연방제 안에서 공통점을 인정하였다.

④ 남북을 연결하는 철길은 경의선(서울~신의주), 경원선(서울~원산), 금강산선(철원~내금강)의 3개 노선이다.

23. 다음 중 근대 시민정치의 3대 선언에 해당하지 않는 것은?

① 미국의 독립선언

② 영국의 권리장전

③ 프랑스의 인권선언

④ 북한의 핵 선언

24. 기본권은 인간의 권리와 국민의 권리로 나누어 설명할 수 있다. 다음 중 성격이 다른 하나는?

① 종교의 자유

② 평등권

③ 행복추구권

④ 선거권

25. 헌법상 국가기관이 아닌 것은?

① 감사원

② 헌법재판소

③ 법원

④ 정당

26. 7·7선언의 배경이 아닌 것은?

① 공산권의 개혁과 개방

② 국민적 통일열망

③ 북한의 개혁과 개방

④ 국력신장에 따른 자긍심

27. 다음 보기의 설명과 가장 관련이 높은 것은?

> 1930~40년대 아르헨티나의 페론 대통령 등 라틴 아메리카 정치인들이 노동자, 농민 등 대중을 기반으로 한 정책을 추진한 데서 비롯된 것으로 일반적으로 확고한 정책적 가치관이나 기준이 없이 상황에 따라 민중의 뜻에 영합해 정책을 펴는 것을 의미하는 것으로 선거에서 표로 의식해 경제논리에 반해 선심성 정책을 펴는 행동이 대표적인 경우이다.

① 1884년 창립된 영국의 민주적 사회주의자들의 단체인 페이비언 협회가 주장한 것으로 이상주의, 점진주의, 의회주의를 특징으로 하는 사회주의 이념이다.

② 1890년 미국의 양대 정당인 공화당, 민주당에 대항하기 위해 생겨난 인민당(populist party)이 농민과 노조의 지지를 얻기 위해서 경제적 합리성을 도외시한 정책을 표방한 것에서 연유하였다.

③ 민족의 생활·전통·문화를 보전하여 국민국가를 형성하고, 국가의 성립 후에는 그 독립성 통일성을 유지·발전시킬 것을 추구하는 사상원리·정책 및 운동이다.

④ 국제정치에서 어떤 지역 또는 어떤 국가가 무력이나 다른 힘으로 남의 나라를 지배하는 경우에 그 우월적인 지위를 규정짓는 용어이다.

28. Pax Sinica란 무엇인가?

① 중국이 주도하는 세계평화
② 미·소 간의 새로운 세계평화질서 확립
③ 미국의 지배에 의한 세계평화
④ 세계 곡물수출을 통한 미국의 경제부흥

29. UN에 관한 설명으로 옳지 않은 것은?

① 총회, 안전보장이사회, 경제사회이사회, 신탁통치이사회, 국제사법재판소, 사무국 등 6개의 주요기구가 있다.
② UN의 정기총회는 매년 9월 셋째 화요일에 개최한다.
③ 주요 의제는 투표참가국의 3분의 2 다수찬성제, 그 밖의 의제는 단순다수찬성제이다.
④ UN의 FAO는 국제식량농업기구로 5개년 계획을 통해 기아해방을 위해 일한다.

● ANSWER ●

22. 故김대중 전대통령과 김정일 국방위원장은 남측이 주장해온 '국가연합−연방국가−통일국가'의 3단계 통일방안의 첫 단계인 국가연합과 북측이 주장해온 '고려연방제'의 초기 단계가 비슷한 형태를 띠고 있다는 점을 인정하였다.

23. 근대 시민정치의 3대 선언으로는 미국의 독립선언, 영국의 권리장전, 프랑스의 인권선언 등이 있다.

24. 인간의 권리는 내국인·외국인을 불문하고 적용하는 천부인권이며 국민의 권리는 국내법에 따라 적용되는 국가 내적인 국민의 권리이다.
④ 선거권은 국가 내적인 참정권이다.

25. 우리나라 통설과 헌법재판소의 판례는 중개적 기관설로 정당은 국민과 국가 간의 정치적 의사를 매개하는 기관이라고 본다.

26. 7·7선언 … 국민적 자신감과 성숙된 민족공동체의식이 뒷받침된 보다 현실적이고 포용력 있는 대북정책을 위한 민족자존과 통일번영에 관한 특별선언이다. 남북한 관계를 대결관계가 아닌 동반자관계, 나아가서는 함께 해야 할 민족공동체 관계로 규정하고, 자주·민주·평화·복지의 원칙에 입각하여 민족성원 전체가 참여하는 사회·문화·경제·정치공동체를 이룩하여 민족자존과 통일번영의 새 시대를 함께 열 것 등이 그 내용이다.

27. ① 페이비어니즘 ② 포퓰리즘 ③ 내셔널리즘 ④ 패권주의

28. 팍스 시니카(Pax Sinica)
㉠ 중국의 지배에 의한 세계질서의 유지를 이르는 표현으로 팍스 로마나, 팍스 브리태니카, 팍스 아메리카나에 이어 등장하였다. 중국은 홍콩·마카오의 반환을 계기로 고속성장을 이루고 있으며, 동남아시아뿐만 아니라 전세계 화교들의 경제력을 바탕으로 중국이 세계를 중화사상을 중심으로 개편하려고 할 것으로 보고 그 시기를 이르는 표현이다.
㉡ 과거 청대의 강희제부터 건륭제가 지배하던 130년간의(1662~1795) 중국은 티베트, 내·외몽고까지 영토를 확장시켰다. 이렇게 넓은 영토, 평화와 번영이 지속된 시기를 팍스 시니카라고 칭하기도 한다.

29. ③ 주요 의제는 투표참가국의 3분의 2 다수찬성제, 그 밖의 의제는 과반수찬성제이다.

22.③ 23.④ 24.④ 25.④ 26.③ 27.② 28.① 29.③ Ⓐ

30. 제4세계(DLDC)란 무엇인가?

① 유럽경제공동체를 중심으로 새롭게 형성된 유럽통합국가군을 말한다.
② 개방조치에 반대하는 중국, 북한, 루마니아 등을 지칭하는 말이다.
③ 개발도상국가들 중에서도 가장 뒤떨어진 후진개발도상국을 말한다.
④ 제1·2·3세계에 포함되지 않는 영세중립국가군을 말한다.

31. 내용을 읽고 괄호 안에 들어갈 말로 가장 적절한 것을 고르면?

> 도시계획시설 상 도시공원으로 지정만 해놓고 ( ) 공원 조성을 하지 않을 경우 땅 주민의 재산권 보호를 위해 도시공원에서 풀어주는 것을 말한다.

① 3년간
② 10년간
③ 15년간
④ 20년간

32. 국제정치에 있어서 도미노이론이란 무엇인가?

① 도미노 골패가 차례로 넘어지듯이 한 나라가 공산화되면 인접국가도 공산화된다.
② 국제세력 균형에 있어서 공동시장결성이 중요하다.
③ 적국과 국교를 맺는 나라와는 외교관계를 끊는다.
④ 이념에 상관없이 모든 나라와 외교관계를 수립하는 외교이론이다.

33. 아그레망이란 무엇인가?

① 외교사절 임명에 앞서 행하는 접수국의 동의 절차이다.
② 외교사절 임명에 앞서 자국 원수의 동의절차이다.
③ 남아프리카에서 행해져온 인종차별과 인종격리정책을 말한다.
④ 유엔가입 신청시 안전보장이사회에서 동의하는 절차이다.

34. 다음 외교사절에 대한 설명 중 옳지 않은 것은?

① 상주대사란 특명전권대사로서 재외공관의 장이다.
② 외교사절의 제2계급은 특명전권공사이다.
③ 영사는 자국의 경제적 이익과 자국민 이익의 보호를 임무로 하는 공무원이다.
④ 공사는 직무, 외교특권, 명예 그리고 지위에 있어서 대사 밑에 있다.

35. 다음 보기 중 외교사절의 파견절차를 바르게 연결한 것은?

> ㉠ 임명   ㉡ 아그레망
> ㉢ 파견   ㉣ 신임장 부여

① ㉠-㉡-㉢-㉣
② ㉠-㉡-㉣-㉢
③ ㉡-㉠-㉣-㉢
④ ㉡-㉢-㉠-㉣

36. 다음 중 의회에서 제정한 법률에 의한 통치, 다시 말해 합법적 지배가 행해지는 특징이 있는 것은?

① 복지국가
② 야경국가
③ 법치국가
④ 공산국가

37. "미국은 이슬람의 땅과 재산을 강탈했다. 모든 미국인은 공격대상이며 미국에 대한 저항은 테러가 아니다."라고 주장하면서, 아프가니스탄을 기반으로 이슬람 극단주의들을 지원한 사람은?

① 칼 마르크스(Karl Marx)

② 체 게바라(Che Guevara)

③ 레나토 쿠르치오(Renato Curcio)

④ 오사마 빈 라덴(Osama Bin Laden)

38. 다음 중 자유권의 보장을 가장 잘 표현한 말은?

① 최대다수의 최대행복

② 국민의, 국민에 의한, 국민을 위한 정치

③ 신문없는 정부보다 정부없는 신문

④ 요람에서 무덤까지

30. **제4세계(DLDC)** … 개발도상국 가운데 자원도 없고 공업화를 위한 자본도 기술도 갖추지 못한 후발도상국을 가리키는 말로, 이는 1974년 4월 유엔자원총회에서 유래된 말이다.

31. 1999년 장기미집행 도시계획시설에 대해 사유재산권 침해에 대한 헌법불합치 판결로 도시계획시설(공원)결정 이후 20년이 경과되면 효력이 상실되는 제도이다.

32. **도미노이론** … 한 국가가 공산화되면 그 인접국가도 공산화된다는 이론으로, 베트남이 공산화되자 캄보디아, 라오스 등이 연쇄적으로 공산화된 것이 그 예이다.

33. 타국의 외교사절을 승인하는 절차로, 새로운 대사를 파견할 때 사전에 상대국에 그 인물을 받아들일지의 여부를 조회하는 것을 아그레망(agrément)이라고 한다.

34. **외교사절**
   ㉠ **대사(ambassador)** … 특명전권대사의 약칭으로, 국가를 대표하여 외교교섭을 행하기 위해 외국에 파견되는 외교사절의 제1계급이다.
   ㉡ **공사(minister)** … 특명전권공사의 약칭으로, 국가를 대표하여 외국에 파견되는 외교사절 중 제2계급이다.
   ㉢ **영사(consul)** … 외국에서 자국의 통상과 국민의 보호를 담당하는 공무원으로, 직무영사(또는 파견영사)와 명예영사(또는 선임영사)가 있다.
   ㉣ 대사와 공사는 의전이나 석차에 관한 경우 이외에는 차별되지 않는다.

35. 외교사절의 파견은 아그레망 – 임명 – 신임장부여 – 파견의 순으로 이루어진다.

36. 법치국가는 권력분립주의에 입각해 자유주의적 원리에 의해 지배되는 국가로 근대 민주국가의 대부분이 이에 해당한다. 또한 의회에서 제정한 법률에 의한 통치, 다시 말해 합법적 지배가 행해지는 특징을 지닌다.

37. 오사마 빈 라덴에 관한 설명으로 2011년 5월 2일 미해군 특수부대(네이비실)에 의해 사살당했다.
   ② 체 게바라는 아르헨티나 출신의 쿠바정치가 · 혁명가로 카스트로와 쿠바혁명에 참여하여 쿠바의 요직을 두루 거친 후 쿠바를 떠나 볼리비아의 게릴라부대를 조직 · 활동하였던 사람으로, 후에 정부군에 잡혀 1967년 10월 사형당했다.

38. ① 사회적 기본권(벤담) ② 민주정치(링컨) ③ 언론의 자유(토머스 제퍼슨) ④ 사회적 기본권(베버리지 보고서)

39. 법의 효력에 대한 설명 중 옳지 않은 것은?

① 신법은 구법에 우선하여 적용된다.

② 특별법은 일반법에 우선하여 적용된다.

③ 법은 법률에 특별한 규정이 없는 한 공포한 날로부터 20일이 경과함으로써 효력을 발생한다.

④ 대부분의 국가는 속인주의를 원칙으로 하고, 속지주의를 보충적으로 적용한다.

40. 다음 중 법의 효력발생요건은?

① 타당성과 임의성

② 타당성과 실효성

③ 강제성과 목적성

④ 정당성과 타당성

41. 일정 기간 내에 소비자가 행한 계약을 취소해도 계약금을 다시 받을 수 있도록 한 제도를 무엇이라고 하는가?

① 쿨링오프제도

② 언론자유제도

③ 복수정당제도

④ 국가배상제도

42. "사회 있는 곳에 법이 있다."라고 할 때의 법이 내포하고 있는 뜻은?

① 종교적 규범을 의미한다.

② 모든 사회의 규범을 의미한다.

③ 국가의 최고규범인 헌법을 의미한다.

④ 국가기관에 의해 성문화된 실정법을 의미한다.

43. 판례법에 대한 내용 중 옳지 않은 것은?

① 영미법계는 그 법원성(法源性)이 인정된다.

② 우리나라의 경우 판례의 실질적 구속력은 인정되나, 형식적 구속력은 인정되지 않는다.

③ 법률규정의 공백에 대하여 스스로 규율하는 기능도 수행할 수 있다.

④ 헌법재판소 결정은 행정기관도 구속한다.

44. 다음의 효력 중 가장 하위에 있는 것은?

① 헌법   ② 대통령령

③ 국제법   ④ 법률

45. 법의 해석에 있어서 "악법도 법이다."라는 말이 있는데, 이는 다음 어느 것을 나타내는가?

① 법의 윤리성   ② 법의 강제성

③ 법의 타당성   ④ 법의 규범성

46. 유권해석(有權解釋)이란 무엇인가?

① 주권자인 국민의 해석

② 관계 국가기관의 해석

③ 저명한 법학자의 해석

④ 권리 당사자의 해석

47. 다음 중 입법권으로부터 기본적 인권이 침해되었을 때 가장 유효한 구제수단은?

① 형사보상청구권   ② 위헌법률심사제도

③ 행정소송제도   ④ 손해배상청구권

48. 다음 설명 중 옳지 않은 것은?

① 특별한 규정이 없는 한 범죄사실을 사전에 인식하지 못한 과실범은 처벌하지 않는다.

② 훗날 예상되는 법적 이익의 침해를 대비해 취한 방위행동은 정당방위로 인정되지 않는다.

③ 노동자 또는 노동조합이 정당한 법적 절차를 거치지 않고 사용자에게 불이익을 주는 행위는 부당노동행위에 포함된다.

④ 행정소송의 1심은 행정법원에서 맡는다.

49. 다음 중 우리 헌법상 법치주의원리의 요소로 볼 수 없는 것은?

① 복수정당제　② 권력분립
③ 위헌법률심판　④ 국가배상

50. 이탈리아의 '마니풀리테'를 주도한 인물은?

① 실비오 베를루스코니
② 안토니오 디 피에트로
③ 프란체스코 코시가
④ 줄리오 안드레오티

51. 다음 중 당 3역에 해당되지 않는 직책은?

① 원내대표　② 정책위의장
③ 사무총장　④ 대변인

39. 대부분의 국가는 영토고권을 내세워 속지주의를 원칙으로 하고 보충적으로 속인주의를 채택하고 있다. 우리나라에서도 형법의 경우 속지주의를 원칙으로 하고 속인주의를 보충적으로 채택하고 있다.

40. 법은 규범적 타당성과 실효성을 확보해야 한다.

41. 쿨링오프제도는 소비자가 계약 전 해당 상품에 콩깍지가 씌어 제대로 된 판단을 하지 못해 일정 시간이 흐르고 '냉정함' 을 갖고 판단했을 때, 후회가 된다면 취소를 할 수 있게 하는 제도인 것이다.

42. "사회 있는 곳에 법이 있다."는 법언은 인간이 공동생활을 영위하기 위해서는 무엇인가 통일적인 사회질서가 존재하지 않으면 안된다는 의미이다. 여기에서 법은 일체의 사회규범을 뜻한다.

43. ③ 판례의 기능으로 일반 법률규정의 해석은 가능하나, 그 공백에 대하여 스스로 규율하는 것은 실질적으로 입법작용을 하는 것으로 권력분립원칙에 의해 불가능하다.

44. 법의 단계 … 헌법 → 법률 → 명령 → 조례 → 규칙

45. "악법도 법이다(소크라테스)."는 법의 강제성, 법적 안정성, 준법의식을 강조한 말이다.

46. 유권해석(有權解釋) … 국가기관이 행하는 법 해석을 뜻하며, 해석하는 기관에 따라 입법해석 · 행정해석 · 사법해석으로 구별된다.

47. 법률이 헌법에 규정된 기본적 인권을 침해한다는 것은 곧 위헌법률의 판단문제를 의미한다.

48. ① 범죄사실을 사전에 인식하지 못한 과실범이라도 고의성이 없다는 것뿐이지 처벌받지 않는 것은 아니다. 단지 형이 감경될 뿐이다.

49. ① 복수정당제도는 민주적 기본질서와 관계있는 요소이다.

50. 마니풀리테(mani pulite) … '깨끗한 손'이란 뜻으로, 안토니오 피에트로 검사가 추진한 이탈리아의 부정부패추방운동이다.

51. 당 3역이란 원내대표, 사무총장, 정책위의장을 이르는 말이다.

39.④　40.②　41.①　42.②　43.③　44.②　45.②　46.②　47.②　48.①　49.①　50.②　51.④　Ⓐ

52. 우리나라 헌법전문이 직접 언급하지 않은 것은?

① 기회균등
② 권력분립
③ 평화통일
④ 상해임시정부의 법통개승

53. 헌법 제6조 제1항의 '일반적으로 승인된 국제법규'로 국내법과 같은 효력을 가지는 것은?

① 국제연합의 인권선언
② 포츠담선언
③ 국내문제 불간섭의 원칙
④ 미 · 일 안보조약

54. 우리나라 헌법의 편제순서는?

① 국회 – 정부 – 국민의 권리의무 – 법원 – 헌법재판소
② 법원 – 정부 – 국회 – 헌법재판소 – 국민의 권리의무
③ 국민의 권리의무 – 국회 – 정부 – 법원 – 헌법재판소
④ 정부 – 국회 – 법원 – 헌법재판소 – 국민의 권리의무

55. 법률이 시행시기를 정하고 있었는데, 법률이 정한 시행일 이후에 법률을 공포한 경우는?

① 법률은 효력을 발생하지 않는다.
② 법률을 공포한 때부터 효력을 발생한다.
③ 법률이 정한 시행시기부터 효력을 발생한다.
④ 법률을 공포한 때부터 20일이 지나야 효력을 발생한다.

56. 우리나라 헌법에서 국민의 권리인 동시에 의무인 것은?

① 납세 · 교육　　② 국방 · 교육
③ 납세 · 국방　　④ 교육 · 근로

57. 생존권을 기본권에 포함시킨 최초의 헌법은?

① 1919년 독일의 바이마르헌법
② 프랑스 제4 · 5공화국헌법
③ 미국 버지니아주헌법
④ 이탈리아헌법

58. 베트남 전쟁의 확대 · 강화를 주장했던 매파에 대립하여 전쟁을 더 이상 확대시키지 않고 한정된 범위 안에서 해결할 것을 주장한 이들은?

① 까마귀파　　② 앵무새파
③ 다람쥐파　　④ 비둘기파

59. 국회에서 발의된 안건의 신속한 처리를 위한 제도를 뜻하며 '안건신속처리제도'로 불리기도 하는 이 용어는?

① 노룩패스　　② 패스트트랙
③ 스프드랙　　④ 코리아패싱

60. 2018년 6월 12일 도널드 트럼프 미국 대통령과 김정은 북한 국무위원장이 만나 이루어진 사상 최초의 북미 정상회담의 장소는?

① 싱가포르　　② 베트남
③ 필리핀　　　④ 말레이시아

52.

헌법전문에 규정된 이념(내용)	헌법전문에 규정되지 않은 내용
• 국민주권주의 • 자유민주주의 • 평화통일원리 • 문화국가원리 • 국제평화주의 • 민족의 단결 • 기회균등, 능력의 발휘 • 자유화 권리에 따르는 책임과 의무 완수	• 권력분립제도 • 5 · 16혁명 • 국가형태〈헌법 제1조〉 • 대한민국의 영토〈헌법 제3조〉 • 침략전쟁의 부인〈헌법 제5조 제1항〉 • 민족문화의 창달〈헌법 제9조〉

※ 대한민국 헌법전문 … 유구한 역사와 전통에 빛나는 우리 대한민국은 3·1운동으로 건립된 대한민국임시정부의 법통과 불의에 항거한 4·19민주이념을 계승하고 조국의 민주개혁과 평화적 통일의 사명에 입각하여 정의·인도와 동포애로써 민족의 단결을 공고히 하고, 모든 사회적 폐습과 불의를 타파하며, 자율과 조화를 바탕으로 자유민주적 기본질서를 더욱 확고히 하여 정치·경제·사회·문화의 모든 영역에 있어서 각인의 기회를 균등히 하고 능력을 최고도로 발휘하게 하며, 자유와 권리에 따르는 책임과 의무를 완수하게 하여 안으로는 국민생활의 균등한 향상을 기하고 밖으로는 항구적인 세계평화와 인류공영에 이바지함으로써 우리들과 우리들의 자손의 안전과 자유와 행복을 영원히 확보할 것을 다짐하면서 1948년 7월 12일에 제정되고 8차에 걸쳐 개정된 헌법을 이제 국회의 의결을 거쳐 국민투표에 의하여 개정한다.

53. 일반적으로 승인된 불문의 국제관습법으로는 포로의 살해금지와 그 인도적 처우에 관한 전쟁법의 일반원칙, 대사·공사의 국제법상 특별지위에 관한 원칙, 국내문제 불간섭의 원칙, 민족자결주의원칙, 조약준수의 원칙(Pacta Sunt Servanda) 등이 있다. 일반적으로 성문의 국제법규 및 조약으로는 UN헌장의 일부, 포로에 관한 제네바 협정, 집단학살의 금지협정, 부전조약, 세계우편연맹규정, UN인권보장규정 등을 들 수 있다.

54. 우리나라 헌법은 전문과 총강-국민의 권리와 의무-국회-정부(대통령, 행정부), 법원, 헌법재판소-선거관리-지방자치-경제-헌법개정으로 편제되어 있다.

55. 공포가 없는 한 법률의 효력은 발생하지 않으며, 또 법률에 시행일이 명시된 경우에도 시행일 이후에 공포된 때에는 시행일에 관한 법률규정은 그 효력을 상실하게 된다. 따라서 본 사안에서는 시행일에 관한 규정이 효력을 상실하므로 헌법 제53조 제7항에 의해 공포한 날로부터 20일을 경과함으로써 효력을 발생한다.

56. 헌법상 권리인 동시에 의무인 것은 교육, 근로, 환경보전, 재산권행사이다.

57. 바이마르헌법은 자본주의사회에서 인간다운 생존을 최초로 규정한 복지국가헌법의 효시이다.

58. 비둘기파는 정치·사상·언론 또는 행동 따위가 과격하지 않고 온건한 방법을 취하려는 사람을 의미한다.

59. **패스트트랙(fast track)** … 원래는 "목표를 달성하기 위한 빠른 길"이라는 영어 표현으로 여러 분야에서 일을 신속하게 처리하기 위한 절차를 일컫는다. 우리나라 정치 분야에서는 국회에서 발의된 안건의 신속한 처리를 위한 제도를 뜻하며 '안건신속처리제도'로 불리기도 한다.

60. 6·12북미정상회담은 싱가포르에서 열렸으며 완전한 비핵화, 평화체제 보장, 북미 관계 정상화 추진, 6·25 전쟁 전사자 유해송환 등 4개 항에 합의했다.

02 경제 · 경영

경제 · 경영은 일반상식 시험에서 가장 출제빈도가 높은 단원으로서 최근 시사를 중심으로 경제전반에 걸쳐 흐름을 파악하여 대비해야 한다.

1 경제 · 금융

✱ 기저효과 **

특정 시점의 경제 상황을 평가할 때 비교의 기준으로 삼는 시점에 따라 주어진 경제상황을 달리 해석하게 되는 현상이다. 호황기의 경제상황을 기준시점으로 현재의 경제상황을 비교할 경우, 경제지표는 실제 상황보다 위축된 모습을 보인다. 반면, 불황기의 경제상황을 기준시점으로 비교하면, 경제지표가 실제보다 부풀려져 나타날 수 있다.

✱ 기업공시(IR : investor relation) *

투자자관리. 기업이 투자자와의 관계에서 신뢰를 쌓기 위해 기업에 대한 모든 정보를 제공하는 활동을 말한다. 증권시장에서의 주식투자는 다른 저축수단과는 달리 기업에 대한 각종 정보를 바탕으로 투자의사를 결정하게 된다. 따라서 투자자의 현명한 투자의사를 결정시키기 위해서 발행회사의 경영상태나 재무상황을 정확하게 알려주어야 한다. 이로써 증권시장에서의 공정한 가격형성에도 도움이 되는 것이다. 만일 그릇된 정보나 루머에 의해서 주식의 가격이 결정되고 올바른 정보는 일부세력이 독점하게 되면 결국 주식의 가격형성은 왜곡을 일으켜 주식시장은 투기경향을 나타내게 되는 것이다. 그래서 〈증권거래법〉이나 〈상법〉에 의해서 기업공시에 대한 각종 제도를 마련하고 증권거래소가 직접 나서서 기업 내용을 알려주도록 되어 있다. 증권거래소의 기업공시 내용은 정기적인 공시, 수시 공시, 풍문조회 등으로 구분된다. 정기적인 공시란 증권거래소가 상장회사에 대한 기업공시실을 마련하여 신주를 발행할 때는 제출된 유가증권 신고서, 사업설명서, 유가증권 발행실적 보고서와 함께 매 결산기 마다 제출된 재무제표, 반기 결산보고서 등을 비치하여 열람하게 하는 제도이다.

✱ 디폴트(default) **

채무자가 공사채나 은행 융자, 외채 등의 원리금 상환 만기일에 지불 채무를 이행 할 수 없는 상태를 말한다. 채무자가 민간 기업인 경우에는 경영 부진이나 도산 따위가 원인이 될 수 있으며, 채무자가 국가인 경우에는 전쟁, 혁명, 내란, 외화 준비의 고갈에 의한 지급 불능 따위가 그 원인이 된다.

Q 국민들이 실제로 느끼는 경제적 생활의 고통을 계량화하여 수치로 나타낸 것은?

✳ 골든크로스 **

주가나 거래량의 단기 이동평균선이 중장기 이동평균선을 아래에서 위로 돌파해 올라가는 현상을 말한다. 이는 강력한 강세장으로 전환함을 나타내는 신호로 받아들여진다. 이동평균선이란 특정 기간 동안의 주가의 평균치를 이어놓은 선을 말한다. 일반적으로 증권시장에서는 골든크로스 출현을 향후 장세의 상승신호로 해석한다. 또 골든크로스 발생 시 거래량이 많을수록 강세장으로의 전환 가능성이 높다는 의미를 지닌다.

✳ 가마우지 경제 **

핵심 부품과 소재를 일본에서 수입해 다른 나라에 수출하는 우리나라 산업경제의 구조적 특성상 수출하면 할수록 정작 이득은 일본에 돌아간다는 의미를 지닌 용어. 이 말은 중국이나 일본 일부 지방에서 낚시꾼이 가마우지 새의 목 아래를 끈으로 묶어두었다가 새가 먹이를 잡으면 끈을 당겨 먹이를 삼키지 못하도록 하여 목에 걸린 고기를 가로채는 낚시방법에 빗댄 용어다. 1980년대 말 일본 경제평론가 고무로 나오키(小室直樹)가 「한국의 붕괴」라는 책에서 처음 사용하였다.

✳ 경제고통지수 **

국민들이 실제로 느끼는 경제적 생활의 고통을 계량화하여 수치로 나타낸 것으로 보통 일정 기간 동안의 소비자물가상승률(CPI)과 실업률을 합하여 소득증가율을 빼서 나타낸다. 경제고통지수는 미국 브루킹스연구소의 경제학자 아서 오쿤(Arthur Okun)이 고안한 것으로 고통지수의 수치가 높다는 것은 실업률이나 물가의 상승이 높아져 국민이 느끼는 경제적 어려움도 수치가 높은 만큼 크다는 것이며, 수치가 낮다는 것은 경제적 어려움도 그만큼 적다는 것이다.

✳ G20 ***

G7을 확대개편한 세계경제협의기구로, 주요 국제 금융현안을 비롯하여 특정 지역의 경제위기 재발 방지책 등을 논의하기 위한 선진·신흥경제 20개국 재무장관 및 중앙은행 총재 회의의 모임을 말한다. G7과 한국, 중국, 인도, 아르헨티나, 브라질, 멕시코, 러시아, 터키, 호주, 남아프리카공화국, 사우디아라비아 등 11개 주요 신흥 시장국이 첫 회의 때 회원국으로 결정되었고 이후 인도네시아, 유럽연합(EU) 의장국이 들어가 모두 20개국이 되었다. 그리고 국제기구로 IMF(국제통화기금), IBRD(세계은행), ECB(유럽중앙은행)이 참여한다. G20 정상회의는 처음 경제위기 극복을 위한 한시적 협의기구라는 성격이 강했으나 제3차 피츠버그 정상회의 이후 세계경제 문제를 다루는 최상위 포럼으로 격상되었고, 제5차 정상회의가 2010년 11월 11~12일 한국의 서울에서 열렸다.

✳ 애버취–존슨효과 **

애버취–존슨효과란 수익률 규제 하에서 이윤극대화를 추구하는 기업이 규제가 없을 경우와 비교하
여 자본은 과다하게 투입하고 노동은 과소하게 사용하는 것을 의미한다. 경영자는 높은 회계적 이윤
을 실현시켰을 때 능력 있는 경영자로 인정받을 수 있기 때문에, 회계적 이윤을 증가시킬 동기가 존
재한다. 수익률 규제 하에서는 회계적 이윤이 자본 투입량과 연계되어 있으므로 생산과정에서 더 많
은 자본을 투입하면 보다 높은 회계적 이윤을 실현할 수 있기 때문이다.

✳ 다보스포럼(Davos forum) **

세계경제포럼 연차총회의 통칭으로 민간 재단이 주최하지만 세계 각국의 정계(政界) · 재계(財界) · 관
계(官界)의 유력 인사들이 모여 공식적인 의제 없이 참가자의 관심분야에 대한 각종 정보를 교환하
고 세계경제 발전 방안에 대하여 논의한다. 매년 1~2월 스위스의 고급 휴양지인 다보스에서 회의를
하기 때문에 일명 '다보스 회의'라고도 한다. 1971년 독일 출신의 하버드대 경영학교수 클라우스 슈
바브(K. Schwab)에 의해 만들어져 독립적 비영리재단 형태로 운영되고 있고 본부는 제네바에 있으
며, 기관지 「월드링크(World Link)」를 격월간으로, 「세계경쟁력 보고서」를 매년 발간한다.

✳ 자유무역협정(FTA : Free Trade Agreement) ***

국가와 국가 사이에 무역장벽을 완화하거나 철폐하여 무역자유화를 실현하기 위한 양 국가 또는 지
역사이에 체결하는 특혜무역협정으로 각 나라가 무역을 자유화함으로써 무역거래와 국제간의 분업이
확대돼 서로의 이익이 증대될 것이라는 자유주의 경제이론에서 출발한다. FTA는 상품분야의 무역자
유화와 관세인하에 중점을 두고 있었으나 WTO 체제 이후 상품의 관세철폐이외에도 서비스 및 투자
자유화까지 포괄하는 것이 일반적인 추세다. 그 밖에 지적재산권, 정부조달, 무역구제제도 등 정책
의 조화부문까지 협정의 대상 범위가 확대되었고 다자간 무역 협상 등을 통하여 전반적인 관세수준
이 낮아지면서 다른 분야로 협력영역을 늘려가게 된 것도 이 같은 포괄범위 확대의 한 원인이다.

Q 소득이 높았을 때 굳어진 소비 성향이 소득이 낮아져도 변하지 않는 현상은?

✳ 피구효과(Pigou effect) ***

임금의 하락이 고용의 증대를 가져온다는 피구(A.C. Pigou)의 이론을 말한다. 즉, 기업의 임금인하는 사람들이 보유하고 있는 현금이나 예금잔고의 실질가치를 인상하는 결과가 되어 일반물가수준은 하락하게 된다. 이러한 실질현금잔고의 증가는 소득에 변화가 없더라도 소비지출을 증가시키므로 결과적으로 고용을 증대시킨다.

✳ 톱니효과(ratchet effect) ***

관성효과. 소득이 높았을 때 굳어진 소비 성향이 소득이 낮아져도 변하지 않는 현상을 말한다. 관성효과가 작용하면 소득이 감소하여 경기가 후퇴할 때 소비 성향이 일시에 상승한다. 소비는 현재의 소득뿐만 아니라 과거의 소득에도 영향을 받고 있어 소비자의 소비지출은 소득과 동반하여 변동하는 것이 아니라 안정적인 경향을 보여 경기후퇴 시에도 빠르게 변동을 보이진 않는다. 이처럼 소비의 상대적 안정성으로 경기가 후퇴하여도 소비가 소득의 감소와 같은 속도로 줄어들지 않게 되어 경기 후퇴속도는 상당히 완화된다.

✳ 베블렌효과(veblen effect) *

허영심에 의해 수요가 발생하는 것으로, 가격이 상승한 소비재의 수요가 오히려 증가하는 현상이다. 예를 들면 다이아몬드는 비싸면 비쌀수록 여성의 허영심을 사로잡게 되어 가격이 상승하면 수요가 오히려 증대한다.

✳ 리카도효과(Ricardo effect) *

일반적으로 호경기 때에는 소비재 수요증가와 더불어 상품의 가격상승이 노동자의 화폐임금보다 급격히 상승하게 되므로 노동자의 임금이 상대적으로 저렴해진다. 이 경우 기업은 기계를 대신하여 노동력을 사용하려는 경향이 발생하는데, 이를 리카도효과라 한다.

✳ 립스틱효과(lipstick effect) ***

경기불황일 때 저가상품이 잘 팔리는 현상으로 저가제품 선호추세라고도 한다. 본래 립스틱만 발라도 분위기를 바꾸는 효과를 얻는다는 뜻으로 불황일 때 립스틱처럼 저렴한 가격으로 만족할 수 있는 제품이

> ✅ 상/식/문/제
>
> 불황 시 적은 돈으로 만족을 추구하는 현상은?
>
> ① 언더독효과　　② 밴드왜건효과
> ③ 립스틱효과　　④ 네트워크효과

인기를 끄는 현상을 의미하게 되었다. 특히 여성의 어려운 경제여건을 나타내는 것으로, 저렴한 립스틱만으로도 만족을 느끼며 쇼핑을 알뜰하게 하는 데에서 유래된 말이다.

✱ 전시효과(demonstration effect) **

후진국이나 저소득자가 선진국이나 고소득자의 소비양식을 본떠 그 소비를 증대시키는 경향으로, 신문·라디오·영화·TV 등의 선전에 대한 의존도가 크다. 근대 경제이론에서는 전시효과에 의해 소비성향이 상승함으로써 저축률이 저하되므로 자본축적을 저지한다고 하여 문제시하고 있다. 듀젠베리효과라고도 한다.

✱ 밴드왜건효과(band-wagon effect) **

밴드왜건이란 유행에 따른 소비성향을 뜻하는 말로, 악대를 앞에 두고 사람들을 끌고 다니는 차량을 의미한다. 미국 서부 개척시대에 금광이 발견됐다는 소식을 들으면 많은 사람들이 밴드왜건을 따라 길을 나섰는데, 금광발견의 유무를 떠나서 사람들이 가니까 나도 따라갔다고 한다. 즉, 일종의 군중심리가 작용한 것이다. 정치에서 보자면, 소위 말하는 '대세론'으로 후보자가 일정수준이상의 지지율을 얻으면 그 후보를 따라가게 되는데 이를 밴드왜건효과라 한다. 또 어떤 소비재가 가격하락이 됐을 때 새로운 소비자가 이 소비재의 수요자로 등장해 수요량이 증가하게 되는데 이것도 밴드왜건효과라 한다. 따라서 가격의 하락에 수반한 수요량의 증가는 가격효과의 부분과 밴드왜건효과의 부분으로 나눌 수 있다.

✱ 개인워크아웃제도(개인신용회복지원제도) **

금융기관간 맺은 '신용회복지원협약'에 따른 신용불량자구제제도이다. 최저생계비 이상의 소득이 있는 개인 또는 개인사업자가 채무과다로 현재의 소득으로는 채무상환을 할 수 없어 신용불량자로 등재되어 있는 경우 신용회복지원위원회에 개인워크아웃신청을 하면, 금융기관의 채무를 일정 부분 조정하여 줌으로써 신용불량자가 경제적으로 회생할 수 있도록 도와주는 제도이다. 개인워크아웃제도는 사회적으로 신용불량자가 급증하자 금융감독원이 신용불량자 증가 억제 및 금융이용자보호대책의 일환으로 마련한 제도로 2002년 10월 도입되었다.

✱ 트리플위칭데이(triple witching day) *

주가지수선물, 주가지수옵션, 개별주식옵션의 만기가 동시에 겹치는 날로 3개의 주식파생상품의 만기가 겹쳐 어떤 변화가 일어날지 아무도 예측할 수 없어 혼란스럽다는 의미에서 생긴 말이다. 트리플위칭데이는 현물시장의 주가가 다른 날보다 출렁일 가능성이 상존하는데 이를 가리켜 만기일효과(expiration effect)라고 부른다. 또한 결제일이 다가오면 현물과 연계된 선물거래에서 이익을 실현하기 위해 주식을 팔거나 사는 물량이 급변, 주가가 이상 폭등·폭락하는 현상이 나타날 가능성이 크다. 특히 결제 당일 거래종료시점을 전후해서 주가의 급변동이 일어날 수 있다. 미국의 경우는 S&P500 주가지수선물, S&P100 주가지수옵션, 개별주식옵션 등의 3가지 파생상품계약이 3·6·9·12월 세 번째 금요일에, 한국은 3·6·9·12월의 두 번째 목요일에 트리플위칭데이를 맞게 된다.

✱ 소비자기대지수(消費者期待指數, consumer expectation index) ***

경기에 대한 소비자들의 기대심리를 반영한 지수를 말한다. 기준점수를 100으로 하고 이를 웃돌면 6개월 이후의 경기가 현재보다 개선될 것으로 보는 가구가 나빠질 것으로 보는 가구보다 많다는 것을 의미한다. 매월 통계청에서 작성하는데, 주요 기대지수는 경기 · 가계생활 · 소비지출 · 내구소비재 및 외식 · 문화 · 오락 등이고 소득계층 및 연령대별로 분석해서 작성한다.

✱ 사이드카(side car) **

선물시장이 급변할 경우 현물시장에 대한 영향을 최소화함으로써 현물시장을 안정적으로 운용하기 위해 도입한 프로그램 매매호가 관리제도의 일종으로, 주식시장에서 주가의 등락폭이 갑자기 커질 경우 시장에 미치는 영향을 완화하기 위해 주식매매를 일시 정지시키는 제도인 서킷 브레이커(circuit braker)와 반대되는 개념이다. 주가지수 선물시장을 개설하면서 도입하였는데, 지수선물가격이 전일 종가 대비 5% 이상 상승 또는 하락해 1분간 지속될 때 발동하며, 일단 발동되면 발동시부터 주식시장 프로그램 매매호가의 효력이 5분간 정지된다. 그러나 5분이 지나면 자동적으로 해제되어 매매체결이 재개되고, 주식시장 후장 매매 종료 40분 전(14시 20분) 이후에는 발동할 수 없으며, 또 1일 1회에 한해서만 발동할 수 있도록 되어 있다.

✱ 서킷브레이커(circuit breakers) ***

주식거래 시 주가가 급격하게 하락할 때 매매를 일시적으로 중단하는 제도이다. 뉴욕증권거래소에서 1987년 10월 이른바 블랙먼데이(Black Monday)의 증시폭락이후 최초로 도입되었으며, 우리나라에서는 유가증권시장에 1998년 12월 7일부터 국내주식가격 제한폭이 상하 15%로 확대되면서 도입되었고 코스닥시장은 2001년 9 · 11테러 이후 이 제도가 도입되어 그날 처음 발동되었다. 서킷브레이커는 주가가 폭락하는 경우 거래를 정지시켜 시장을 진정시키는 목적으로 주가지수가 전일종가 대비 10% 이상 하락한 상태로 1분 이상 지속될 경우 발동된다. 서킷브레이커가 발동되면 처음 20분 동안 모든 종목의 호가 접수 및 매매거래가 정지되며, 향후 10분 동안 새로 동시호가만 접수되고, 하루 한번만 발동할 수 있으며, 장 종료 40분 전에는 발동할 수 없다.

✱ 생산자물가지수(PPI : Producer Price Index) *

대량거래로 유통되는 모든 상품의 가격변동을 측정하기 위해 작성된 지수이다. 도매물가지수를 사용해 오다 1990년부터 생산자물가지수로 바뀌었다. 이 지수는 1차 거래단계가격을 대상으로 한다. 국내 생산품은 생산자 판매가격을, 수입품의 경우는 수입업자 판매가격을 기준으로 하고 이것이 불가능할 경우 다음 거래단계인 대량도매상 또는 중간도매상의 판매가격을 이용한다. 소비자물가지수와 같은 특수목적지수와는 달리 상품의 전반적인 수급동향을 파악할 수 있고 포괄범위가 넓기 때문에 국민경제의 물가수준측정에 대표성이 가장 큰 지수이다. 한편 생산자물가지수는 기업 간의 중간거래액을 포함한 총거래액을 모집단으로 하여 조사대상품목을 선정하였기 때문에 원재료, 중간재 및 최종재에 해당되는 품목이 혼재되어 있어 물가변동의 중복계상 가능성이 크다고 할 수 있다. 이러한 생산자물가지수의 한계를 보완하기 위하여 한국은행은 '가공단계별 물가지수' 또한 편제해 오고 있다.

✱ 소비자물가지수(CPI : Consumer Price Index) *

전국 도시의 일반소비자가구에서 소비목적을 위해 구입한 각종 상품과 서비스에 대해 그 전반적인 물가수준동향을 측정하는 것이며, 이를 통해 일반소비자가구의 소비생활에 필요한 비용이 물가변동에 의해 어떻게 영향받는가를 나타내는 지표이다.

✱ 인플레이션(inflation) **

상품거래량에 비해 통화량이 과잉증가함으로써 물가가 오르고 화폐가치는 떨어지는 현상이다. 과잉투자 · 적자재정 · 과소생산 · 화폐남발 · 수출초과 · 생산비증가 · 유효수요의 확대 등이 그 원인이며, 기업이윤의 증가 · 수출위축 · 자본부족 · 실질임금의 감소 등의 결과가 온다. 타개책으로는 소비억제, 저축장려, 통화량수축, 생산증가, 투자억제, 폭리단속 등이 있다.

✱ 디플레이션(deflation) *

상품거래에 비하여 통화량이 지나치게 적어 물가는 떨어지고 화폐가치가 오르는 현상이다. 지나친 통화량수축, 저축된 화폐의 재투자 부진, 금융활동의 침체, 구매력저하 등이 원인이며 생산위축, 실업자증가, 실질임금증가 등의 결과가 나타난다. 이를 타개하기 위해서는 유효수효확대, 통화량증대, 저리금리정책, 조세인하, 사회보장, 실업자구제 등의 정책이 필요하다.

✱ 스태그플레이션(stagflation) ***

stagnation(침체)과 inflation의 합성어로, 경기침체 하의 인플레이션을 의미한다. 경기가 후퇴함에 따라 생산물이나 노동력의 공급초과현상이 일어남에도 불구하고 물가가 계속해서 상승하는 현상을 말한다.

> ☑ 상/식/문/제
>
> 다음 중 경기침체와 물가상승이 동시에 발생하고 있는 상태를 나타내는 용어는?
>
> ① 택스플레이션 ② 스태그플레이션
> ③ 인플레이션 ④ 디플레이션

✱ 슬럼플레이션(slumpflation) *

slump와 inflation의 합성어로, 불황중의 인플레이션을 말한다. 흔히 스태그플레이션보다 그 정도가 심한 상태이다.

✱ 기펜의 역설(Giffen's paradox) *

재화의 가격이 하락하면 수요가 증가하고 가격이 상승하면 수요가 감소하는 것이 일반적이나, 열등재의 경우 그 재화의 가격이 하락해도 오히려 수요가 감소하는 경우가 있다. 이러한 현상을 기펜의 역설이라고 하며, 이러한 재화를 기펜재라고 한다.

✱ 모라토리엄(moratorium) ***

전쟁 · 천재(天災) · 공황 등으로 경제가 혼란되어 채무이행에 어려움이 생길 때 국가의 공권력에 의해 일정 기간 채무의 이행을 연기 또는 유예하는 것을 뜻한다. 이는 일시적으로 안정을 도모하기 위한 채무국의 응급조치로서, 채무의 추심이 강행되면 기업도산의 수습을 할 수 없게 되는 우려에서 발동한다. 모라토리엄을 선언하면 국가신인도가 직강하되고 은행 등 금융업체들의 신용도가 사실상 제로 상태에 빠지므로 대외경상거래가 마비된다. 이에 따라 수출이 힘들어지고 물가가 상승하며 화폐가치가 급락한다. 대규모 실업사태와 구조조정의 고통이 장기화되며, 외채사용이 엄격히 통제된다.

✱ 국민총생산 **

GNP(Gross National Product)는 국민총생산으로, 한 나라에 있어서 일정 기간(1년) 동안 국민들이 생산한 재화와 용역의 최종생산물의 합계를 화폐액으로 표시한 것이다.

✱ 국내총생산 *

GDP(Gross Domestic Product)는 국내총생산으로, 외국인을 포함하여 국내에서 거주하는 모든 사람이 생산하는 부가가치의 총액이다. 따라서 GDP에서 해외지불소득(임금 · 이자 · 로열티 등)을 빼고, 해외수취소득을 합하면 GNP가 된다.

☆☆☆ 한국은행의 경제성장률 발표기준은 1995년부터 GNP에서 GDP로 바뀌었다.

✱ 국민소득(NI : National Income) **

원래 한 나라에서 1년 동안 생산한 모든 재화와 용역을 화폐가치로 표시한 것을 말하며, 좁은 의미로는 1년 동안 생산한 것 중 순수입액의 합을 말하는 것으로 분배국민소득의 개념이다.

✱ 국민순생산(NNP : Net National Product) *

1년 동안 각 기업이 순수하게 새로 생산한 재화와 용역의 부가가치를 말한다. 국민총생산물에서 자본의 감가상각분을 뺀 잔액을 말하며, 그것은 그 해의 생산활동의 결과로서 그 연도의 것만 볼 수 있는 최종생산물의 순가치를 시장가치로 평가한 것이다.

더 알아보기

국민소득의 개념표

- **국민총생산**(GNP) = 총생산물 − 중간생산물 = 부가가치의 총계
- **국민순생산**(NNP) = GNP − 감가상각비 = 순부가가치의 합계
- **국민소득**(NI) = NNP − 간접세 + 정부보조금
- **개인소득**(PI) = NI − 법인세 − 법인유보 + 이전소득
- **가처분소득**(DI) = PI − 개인세 = 소비 + 저축
- GNP > NNP > NI > PI > DI

✳ 스시지수(Sushi Index) *

평균적인 일본 가정이 고등어에 비해서 참치를 얼마나 소비하느냐를 나타내는 지표를 의미한다. 다시 말해 스시의 재료로서 고등어보다 참치를 선택하는 사람이 늘어나게 되면 소비심리가 개선되고 있다는 것을 뜻한다.

✳ 세이의 법칙(Say's law) *

프랑스 경제학자 세이(J. S. Say)가 주장한 이론으로서, 판로설이라고도 불린다. "공급은 스스로 수요를 창조한다."라고 하여 자유경쟁의 경제에서는 일반적 생산과잉은 있을 수 없으며 공급은 언제나 그만큼의 수요를 만들어 낸다는 주장이다. 이 이론은 고전학파 경제학의 기본명제가 되었던 것으로, 공황발생 이후부터는 설득력을 잃고 케인스의 유효수요이론이 그 위치를 대신하였다. 판매와 구매의 통일면만 보고 화폐의 유동성을 무시한 것이라는 비판을 받는다.

✳ 일물일가(一物一價)의 법칙 *

완전경쟁이 행해지는 시장에서는 동일한 시기, 동일한 시장에서 동일한 품질의 물품에는 동일한 가격이 붙여진다는 법칙이다. 제본스(W.S. Jevons)는 이를 무차별의 법칙이라고 하였다.

✳ 엥겔의 법칙(Engel's law) *

독일의 통계학자 엥겔(E. Engel)은 가계지출에 대해 음식물비의 비율을 조사한 결과 그 비율의 크기가 생활정도를 나타내는 지표가 된다고 했다. 즉, 소득이 낮은 가정일수록 전체의 생계비에 대한 음식물비의 비율이 높고, 소득의 증가에 따라 음식물비의 비율이 감소하고 문화비의 비율이 증가한다는 것이다.

☆☆☆ 엥겔계수 $= \dfrac{\text{음식물비}}{\text{총생계비}} \times 100$

☑ 상/식/문/제

다음에서 엥겔지수가 가장 높은 가정은?

구분	수입	지출
㉠	120만 원	식료품53만 원, 교육20만 원, 의류5만 원
㉡	180만 원	식료품41만 원, 교육40만 원, 의류10만 원
㉢	200만 원	식료품74만 원, 교육30만 원, 의류18만 원
㉣	220만 원	식료품82만 원, 교육25만 원, 의류17만 원

① ㉠   ② ㉡
③ ㉢   ④ ㉣

✳ 슈바베의 법칙(Schwabe's law) *

19세기 후반 슈바베(H. Schwabe)에 의해 주장된 것으로, 생계비 중에서 주거비가 차지하는 비율을 통계적으로 설명한 법칙이다. 즉, 가난할수록 전체 생계비에서 차지하는 주거비의 비율이 높다는 것이다.

✱ 그레샴의 법칙(Gresham's law) *

"악화(惡貨)가 양화(良貨)를 구축한다."는 그레샴(S.T. Gresham)의 이론이다. 실질가치가 서로 다른 두 가지 종류의 화폐가 동시에 유통될 경우, 실질가치가 우량한 화폐는 용해·저장·수축 등으로 유통계에서 자취를 감추고 악화만이 남아서 유통된다는 것이다.

✱ 디노미네이션(denomination) *

관리통화제 하에서 화폐의 호칭단위를 낮추는 것을 말한다. 인플레이션에 의하여 팽창한 통화의 계산단위를 바꾸는 것으로, 엄밀한 의미에서는 평가절하라 할 수 없다.

✱ 리디노미네이션(redenomination) ***

디노미네이션은 화폐, 채권, 주식 등의 액면금액을 의미한다. 따라서, 리디노미네이션은 디노미네이션을 다시 한다는 것으로, 한 나라의 화폐를 가치의 변동 없이 화폐, 채권, 주식 등의 액면을 동일한 비율의 낮은 숫자로 표현하거나, 새로운 통화단위로 화폐의 호칭을 변경하는 것으로, 우리나라에서는 1953년에 100원을 1환으로, 화폐개혁이 있었던 1962년에 10환을 1원으로 바꾼 일이 있으며, 2004년에 1,000원을 1원으로 바꾸는 안이 논의되기도 했다. 리디노미네이션을 실시할 경우에 거래 편의의 제고, 통화의 대외적 위상재고, 인플레이션 기대심리 억제, 지하자금의 양성화 촉진 가능성 등의 장점 등이 있으나, 새 화폐 제조와 컴퓨터시스템·자동판매기·장부 변경 등에 대한 큰 비용, 물가상승 우려, 불안심리 초래 가능성 등의 문제가 있다.

✱ 빈곤의 악순환(vicious circle of poverty) *

후진국은 국민소득이 낮기 때문에 국내저축이 미약하므로 높은 투자가 형성될 수 없다. 따라서 국민소득의 성장률이 낮으며, 이런 현상이 되풀이되는 과정을 빈곤의 악순환이라고 한다. 미국의 경제학자 넉시(R. Nurkse)가 '저개발국의 자본형성 제문제'에서 처음 사용한 용어이다.

✱ 패리티가격(parity price) **

농산물가격을 결정함에 있어서 생활비로부터 산출해 내지 않고 공산가격과 서로 균형을 유지하도록 뒷받침해주는 가격을 말한다. 패리티가격은 최저공정가격의 일종으로, 농가보호가 그 목적이다.

더 알아보기

• 패리티지수 $= \dfrac{\text{농산물가격지수(농가수취가격지수)}}{\text{공산가격지수(농가구입가격지수)}}$

✱ 레인지 포워드 *

레인지 포워드란 불리한 방향의 리스크를 헤지하기 위해 옵션을 매입하고 그에 따른 지급 프리미엄을 얻기 위해 유리한 방향의 옵션을 매도하여 환율변동에 따른 기회이익을 포기하는 전략이다. 환율변동으로 인해 발생할 수 있는 이익과 손실을 모두 일정 수준으로 제한함으로써 환 리스크는 일정 범위 내로 제한된다.

✱ 위미노믹스(womenomics) *

여성(Women)과 경제학(Economics)의 합성어로 여성이 소비의 주력으로 떠오르며 생긴 용어로 골드만삭스의 일본지사 여성 수석 전략분석가 마쓰이 게이시가 일본 경제의 침체 요인을 분석하면서 쓰기 시작했다. 결혼 연령이 높아지고, 알파걸, 골드미스 등 경제력이 있는 독신여성이 늘어나면서 여성의 소비가 크게 늘고 있다. 남성의 전유물로 인식되던 자동차는 물론 주택, 가전제품의 경우도 여성 소비자가 구매결정권을 가지게 됨으로서 많은 상품들이 감각적이면서 섬세함을 따지는 여성소비자를 만족시키려는 경향을 보이고 있다.

✱ 위키노믹스(wikinomics) **

인터넷 무료 백과사전인 위키피디아(Wikipedia)의 위키(Wiki)와 경제학(Economics)의 합성어로 내부 인재만의 지식의존에서 벗어나 아마추어를 포함한 불특정 다수인 외부인의 지식을 널리 활용하는 것을 말한다. 위키노믹스 시대에는 대중의 지혜와 지성이 경제구조를 지배하는데, 기업의 연구개발도 극비리에 진행하지 않고 외부 네트워크와 협력하여 기업경쟁력을 끌어 올린다. 기업은 경영 정보를 외부에 적극 개방하고, 외부인의 창의와 역량을 조직 내부로 끌어들이는 장점이 있어, 웹 2.0 시대에는 대중들의 협업이 중심적 역할을 하는 비즈니스 패러다임이 자리 잡을 것임을 상징하고 있다.

✱ 왝더독(wag the dog) **

꼬리가 개의 몸통을 흔든다는 뜻으로, 앞뒤가 바뀌었다는 말이다. 증권시장에서 주가지수 선물가격이 현물지수를 뒤흔드는 현상으로 주식시장이 장 마감을 앞두고 선물시장의 약세로 말미암아 프로그램 매물이 대량으로 쏟아져 주가가 폭락하는 경우를 나타내는 현상을 일컫는다. 여기서 프로그램 매물이란 선물과 현물의 가격차이가 벌어졌을 때 상대적으로 싼 쪽을 사고 비싼 쪽을 팔아 이익을 남기는 거래방식이다. 주로 투신사 등의 기관투자자의 거래에서 이용되고 컴퓨터로 처리하기 때문에 프로그램 매매라고 한다.

✱ 보완재(補完財) *

재화 중에서 동일 효용을 증대시키기 위해 함께 사용해야 하는 두 재화를 말한다. 이들 재화는 따로 소비할 경우의 효용합계보다 함께 소비할 경우의 효용이 더 크다. 보완재의 예로는 커피와 설탕, 버터와 빵, 펜과 잉크 등이 있다.

Q 재화 중 동일 효용을 증대시키기 위해 함께 사용해야 하는 두 재화는?

✳ 대체재(代替財) *

재화 중에서 동종의 효용을 얻을 수 있는 두 재화로, 경쟁재라고도 한다. 대체관계에 있는 두 재화는 하나의 수요가 증가하면 다른 하나는 감소하고, 소득이 증대되면 상급재의 수요가 증가하고 하급재의 수요는 감소한다. 예를 들어 버터(상급재)와 마가린(하급재), 쌀(상급재)과 보리(하급재), 쇠고기(상급재)와 돼지고기(하급재) 등이다.

✳ 경제 4단체 **

전국경제인연합회, 대한상공회의소, 한국무역협회, 중소기업중앙회를 말한다. 전국경제인연합회는 순수민간단체이며, 나머지 단체는 반관반민(半官半民)의 성격을 띤 대(對)정부 압력단체의 역할을 한다.

더 알아보기

- **경제 5단체** … 전국경제인연합회, 대한상공회의소, 한국무역협회, 중소기업중앙회, 한국경영자총협회
- **경제 6단체** … 전국경제인연합회, 대한상공회의소, 한국무역협회, 중소기업중앙회, 한국경영자총협회, 한국중견기업연합회

✳ 유럽연합(EU : European Union) **

유럽의 정치와 경제를 통합하기 위해 1993년 11월 1일 마스트리히트조약의 발효에 따라 유럽 12개국이 참가하여 출범한 연합기구로 1994년 1월 1일 이후 사용하기 시작한 EC의 새로운 명칭이다. EU 회원국 수는 27개국으로 오스트리아, 벨기에, 불가리아, 키프로스, 체코, 덴마크, 에스토니아, 핀란드, 프랑스, 독일, 그리스, 헝가리, 아일랜드, 이탈리아, 라트비아, 리투아니아, 룩셈부르크, 몰타, 네덜란드, 폴란드, 포르투갈, 루마니아, 슬로바키아, 슬로베니아, 스페인, 스웨덴, 크로아티아이다.

✳ 유럽자유무역연합(EFTA : European Free Trade Association) *

EU에 참가하지 않은 스위스, 아이슬란드, 노르웨이, 리히텐슈타인으로 구성된 자유무역체제이다. 유럽 전체를 자유무역지역으로 설립하는 데 목적이 있었으나, 현재는 각 회원국의 독자적인 통상정책을 구성한다.

✳ 북미자유협정(NAFTA : North America Free Trade Agreement) *

미국·캐나다·멕시코 등 북미 3국을 단일시장으로 묶는 자유무역협정을 말한다. 협정은 노동과 자본의 자유로운 이동, 동일한 노동법과 환경보전법 적용, 역내의 관세 및 수입제한을 단계적으로 낮춰 15년 이내에 원칙적으로 철폐할 것 등이다. 유럽공동체(EC)에 이어 두 번째로 진행된 대규모 경제통합으로 거대한 단일시장을 이루었다.

✻ 중국아세안자유무역협정(CAFTA : China-ASEAN Free Trade Agreement) **

차프타는 중국과 동남아시아국가연합인 아세안사이에 체결한 자유무역협정(FTA)이다. 아세안은 말레이시아, 인도네시아, 필리핀, 타이, 싱가포르, 브루나이, 캄보디아, 라오스, 미얀마, 베트남 등 10개국으로 2002년 11월 자유무역협정을 체결하기 위한 기본 협정에 서명하였고, 2004년 11월 상품 협상에 최종적으로 합의하여 2005년 7월 1일부터 그 효력이 공식적으로 발효되었다. 또한 이 협정으로 세계 인구의 3분의 1에 해당하는 중국-아세안 10개국의 18억 인구가 하나의 경제권으로 연결됨으로써 북미자유무역지대(NAFTA)와 유럽연합(EU)에 이어 또 하나의 거대 경제권이 탄생했다.

✻ 경제협력개발기구(OECD : Organization for Economic Cooperation and Development) *

자유시장경제를 추구하는 나라들이 모여 세계경제의 주요 현안들을 협의해 해결방안을 도출하는 기구이다. 제2차 세계대전 후 유럽의 부흥 및 경제협력을 추진해 온 유럽경제협력기구(OEEC)를 개편하여 1961년 발족되었으며, 재정금융상의 안정 · 고용생활수준의 향상 · 개발도상국의 경제발전 도모 · 세계무역의 다각적 확대 등을 목적으로 한다. 의사결정은 모든 회원국의 만장일치로 하며, 최고기관인 이사회와 각료이사회 및 상주대표회의로 구성되어 있다. 우리나라는 1996년 7월 6일 심사를 통과해 10월 19일 29번째 회원국이 되었다.

✻ 세계무역기구(WTO : World Trade Organization) **

기존의 GATT를 흡수 통합해 세계무역질서를 이끌어가고 UR협정의 이행을 감시하는 기구이다. WTO는 국가 간 경제분쟁에 대한 판결권과 그 판결의 강제집행권을 규범에 따라 행사함으로써 국가 간 분쟁이나 마찰을 조정한다. WTO의 결정이나 판결은 지금까지의 개별국가들의 무역보복이나 무역장벽조치들보다 상위의 권한을 가진다. 1995년 1월 1일 공식 발족돼 2년마다 회원국 전체 각료회의를 열게 된다. WTO의 최고의결기구는 총회이며 그 아래 상품교역위원회, 서비스교역위원회, 지적재산권위원회 등을 설치해 분쟁처리를 담당한다. 2001년 11월에 카타르 도하에서 열린 WTO각료회의에서 새로운 다자간 무역협상인 'DDA(도하개발아젠다)'를 출범시켰다.

✻ 마이너스 금리 *

일부 국가의 중앙은행이 금융 기관이 예치한 지급준비금에 제로(0) 금리보다 낮은 음(−)의 정책 금리를 적용한 것을 말한다. 이는 중앙은행이 금융 기관으로 하여금 적극적으로 자금을 운용하도록 하는 조치로서 2008년 글로벌 금융 위기 이후 비전통적인 통화 정책인 양적 완화와 함께 등장했다. 일부 국가에서는 상업은행들도 예금에 대해 일시적으로 마이너스 금리를 적용하기도 했다. 정책 금리를 마이너스로 유지할 경우 은행의 대출 금리가 하락하고 기업의 투자가 증가할 뿐만 아니라 자국의 통화 가치가 하락하여 순수출이 증가하여 실물 경제가 활성화되는 효과를 기대할 수 있다.

Q 아시아 · 태평양지역 최초의 범정부간 협력기구는?

✱ 통화지표 [*]

① **협의통화**(M1) ⋯ 지급수단으로서의 화폐의 기능을 중시한 통화지표로, 민간이 보유하고 있는 현금과 예금취급기관의 결제성예금의 합계이다[M1 = 민간보유현금 + 은행 요구불예금 + 은행 저축예금 + 수시입출식예금(MMDA) + 투신사 MMF].

② **광의통화**(M2) ⋯ 협의통화(M1)에 예금취급기관의 정기예금, 정기적금 등 기간물 정기예적금 및 부금, 거주자 외화예금 그리고 양도성예금증서(CD), 환매조건부채권(RP), 표지어음 등 시장형 금융상품, 금전신탁, 수익증권 등 실적배당형 금융상품, 금융채, 발행어음, 신탁형 증권저축 등을 포함한다. 다만, 유동성이 낮은 만기 2년 이상의 장기 금융상품은 제외한다(M2 = M1 + 정기 예·적금 및 부금 + 거주자외화예금 + 시장형 금융상품 + 실적배당형 금융상품 + 금융채 + 발행어음 + 신탁형 증권저축).

③ **총유동성**(M3) ⋯ 광의통화(M2)에 예금취급기관의 만기 2년 이상 정기예·적금 및 금융채, 그리고 유가증권 청약증거금, 만기 2년 이상 장기금전신탁 등과 생명보험회사, 증권금융회사 등 기타금융기관의 보험계약준비금, 환매조건부채권매도, 장단기 금융채, 고객예탁금 등이 포함되는 현재로서는 가장 넓은 의미의 통화지표이다(M3 = M2 + 예금은행 및 비은행금융기관 기타 예수금).

④ **유동성**(L) : 'Liquidity'의 머릿글자로 최광의의 통화지표이다. M3에 단기 국공채와 회사채(금융기관 보유분 제외) 등을 포함한다.

✱ 아시아·태평양경제협력체(APEC : Asia Pacific Economic Cooperation) [**]

1989년 환태평양지역의 주요 경제실체간 경제협력과 무역증진을 목표로 결성된 아시아·태평양지역 최초의 범정부간 협력기구이다. 같은 해 11월 한국 미국·일본·호주·뉴질랜드·캐나다와 동남아국가연합(ASEAN) 6개국 등 12개국이 호주 캔버라에서 제1차 각료회의를 열고 공식 출범했다. 현재 회원국은 미국·중국·일본·러시아·베트남·페루 등 21개국이다. APEC은 1980년대 세계경제의 블록화 추세에 맞서 이 지역 국가들도 어떤 형태로든 서로 협력할 수 있는 논의체를 만들자는 취지 아래 출발하였으며, 협력 초기 단계에서부터 경제·기술협력을 중시해 왔다. 회원국간 경제불균형을 해소하고 역내 경제·사회적인 복지를 개선함과 동시에 회원국들의 지속적인 성장과 균형된 발전을 도모하는 데 목적을 두고 있다. 한편 2005년 제13차 APEC 정상회의가 우리나라의 부산에서 개최되었다.

✱ 신용 붐[*]

신용 붐은 민간 부분 혹은 기업의 신용이 일반적인 경기 주기 혹은 사업 주기에 기대 이상으로 커지는 현상을 의미한다. 또는 그런 부분들의 신용이 역사적 추세에서 벗어나는 기간을 의미하기도 한다. 호황기에 민간 부분의 신용은 급격히 증가하고, 이에 대출이 증가하지만 이는 위험을 수반하기 때문에 신용 붐은 경고의 의미로 쓰이기도 한다.

✱ 캐리 트레이드(Carry trade)[**]

캐리트레이드란 금리가 낮은 통화로 자금을 조달해 금리가 높은 나라의 금융상품 등에 투자함으로써 수익을 내는 거래를 의미한다. 통상적으로는 금리 차 거래의 직접적인 대상이 되는 채권이나 대출자산 등에 대한 투자에 국한되지만, 보다 넓은 의미로는 주식이나 원자재, 부동산 등 수익을 낼 수 있는 다양한 종류의 자산에 대한 투자들을 두루 포괄한다.

✱ 임팩트 투자(Impact Investment)[**]

투자행위를 통해 수익을 추구하는 것뿐 아니라 사회나 환경에 긍정적인 영향을 미치는 사업이나 기업에 돈을 투자하는 행태를 말한다. 이전까지의 착한 투자는 사회적으로 '나쁜 기업'을 배제하고 '착한 기업'에 투자한다는 점에서 사회책임투자(SRI)와 유사하지만 임팩트 투자는 구체적인 수익률을 가지고 사회문제나 환경문제에 긍정적인 영향력을 발휘할 수 있는 사업이나 기업을 적극적으로 찾아나서 장기적으로 투자한다는 점이 다르다.

✱ 분수 효과[*]

분수 효과는 분수에서 물이 아래로부터 위로 솟구치는 것처럼 중산층과 저소득층을 대상으로 세금을 인하하거나 정부 지출을 확대하면 이들의 소득과 소비가 증가하여 경제가 활성화되고 이에 따라 고소득층의 소득도 늘어날 수 있다는 것을 말한다. 영국의 경제학자인 케인스는 중산층과 저소득층의 한계 소비 성향이 고소득층에 비해 높기 때문에 이들을 대상으로 세금을 인하하거나 정부 지출을 확대해야 총수요의 증가가 더 크다고 주장했다. 소득이 증가했을 때 고소득층에 비해 중산층과 저소득층의 소비 증가폭이 더 크기 때문에 정부 정책의 효과가 그만큼 더 크게 나타난다는 것이다. 이는 고소득층에 대한 세금 인하, 대기업의 투자 지원 등을 통해 경제가 활성화되면 중산층과 저소득층의 소득이 증가한다는 낙수 효과에 비해 성장보다는 분배에 중점을 두고 있다.

✱ 엔젤 투자(Angel Investment)[**]

개인들이 돈을 모아 창업하는 벤처기업에 필요한 자금을 대고 주식으로 그 대가를 받는 투자형태를 말한다. 통상 여럿의 돈을 모아 투자하는 투자클럽의 형태를 띤다. 투자한 기업이 성공적으로 성장하여 기업가치가 올라가면 수십배 이상의 이득을 얻을 수 있는 반면 실패할 경우에는 투자액의 대부분이 손실로 확정된다.

Q 개인들이 돈을 모아 창업하는 벤처기업에 필요한 자금을 대주고 주식으로 그 대가를 받는 투자형태는?

✱ 유동성 딜레마(liquidity dilemma) *

미국의 국제수지 적자는 해외의 소유 달러를 증가시켜 국제유동성을 활발하게 하는데, 그것은 동시에 달러의 신용을 동요시킨다. 그렇다고 해서 미국이 본격적으로 적자해소에 나서서 국제수지의 균형을 회복하면 이번에는 타국에의 달러공급이 정지되어 세계 전체로서는 국제유동성이 부족해서 고심하게 된다. 이를 유동성 딜레마라고 하는데, 1959년 미국 예일대 로버트 트리핀교수가 제기한 것으로 이러한 모순을 극복하기 위해 일국의 통화에 의존하지 않는 국제적으로 관리되는 통화 SDR(IMF 특별인출권)이 구상됐다. 그러나 미국이 국제수지의 균형을 유지, 달러의 공급이 미국의 단기 신용공여에 의해 행해지게 된다면 이와 같은 모순은 생기지 않는다.

✱ 헤징(hedging) *

환율이나 금리, 주가지수 등의 급격한 변동으로 인한 손실을 막기 위해 행하는 거래로 선물환거래가 대표적이다. 환위험 헤징에는 선물시장을 이용하는 방법과 금융시장을 이용하는 방법이 있는데, 선물시장을 이용하는 방법으로 선물환을 비롯, 통화선물·통화옵션 등이 있고 금융시장을 이용하는 방법으로 통화스와프가 있다. 급격한 금리변동으로 인한 손실을 막는 방법으로 금리선물·금리옵션·금리스와프 등이 있다.

✱ 헤지펀드(hedge fund) ***

국제증권 및 외환시장에 투자해 단기이익을 올리는 민간투자기금을 말한다. 100명 미만의 투자가들을 결성한 후 조세회피 지역으로 위장거점을 두어 자금을 운영하는데 대표적인 것으로는 소로스의 퀀텀펀드, 로버트슨의 타이거펀드 등이 있다. 모집은 물론

✓ 상/식/문/제
다음 중 국제증권 및 외환시장에 투자해 단기이익을 올리는 민간 투자기금을 무엇이라 하는가?
① 헤지펀드　　② 방카슈랑스
③ 코리아펀드　　④ 랩 어카운트

이고 투자대상과 실적 등이 베일에 싸여 있어 언제 어디서 투기를 할지 모른다는 점에서 '복병'으로 인식된다.

✱ 뮤추얼펀드(mutual fund) **

미국 투자신탁의 주류를 이루고 있는 펀드형태로, 개방형·회사형의 성격을 띤다. 개방형이란 투자자들의 펀드 가입 탈퇴가 자유로운 것을 의미하며, 회사형이란 투자자들이 증권투자를 목적으로 하는 회사의 주식을 소유하는 형태를 말한다. 즉, 뮤추얼펀드는 증권투자자들이 이 펀드의 주식을 매입해 주주로서 참여하는 한편 원할 때는 언제든지 주식의 추가발행·환매가 가능한 투자신탁이다. 투자방법에 따라 보통주펀드, 균형펀드, 수익펀드, 채권·우선주펀드로 구분되는데, 이 중 보통주펀드의 규모가 제일 크다.

✱ 인덱스펀드(index fund) **

특정 주가 지표 변동과 비례하게 포트폴리오를 구성하여 펀드의 수익률을 이들 지표와 동일하게 실현하고자 하는 투자 펀드로 주식시장의 장기적 성장 추세를 전제로 하여 주가지수의 변동에 따라 함께 움직이는 포트폴리오를 가능한 한 적은 종목으로 구성·운용하여 투자위험을 최대로 줄여 시장의 평균 수익률을 실현하는데 목적이 있다. 인덱스펀드는 매입하여 보유하는 것을 원칙으로 하여 일반펀드에 비해 거래 수수료나 비용이 적게 드는 반면, 시장이 침체될 경우 펀드 수익률도 동반 하락한다.

✱ 벌처펀드(vulture fund) **

기업구조조정펀드로 부실한 기업을 저가로 인수해 인원정리, 부동산매각, 유상증자 등의 구조조정을 통해 자산구조를 개선 후 고가로 되팔아 수익을 내는 투자방식이다. 이 펀드는 1980년대 미국 금융위기 과정에서 출현해 선진국에서는 보편화 되었고, 우리나라는 1999년에 회생이 힘든 업체의 구조조정 지연을 해결하기 위해 도입되었다.

✱ 리츠(REITs : Real Estate Investment Trusts) *

투자자의 자금을 모아 부동산이나 부동산 관련 대출에 투자하는 상품으로 수익은 부동산 임대수입에서 나오는 배당과 부동산 가격 상승분에 따른 차익에서 나오는 수익으로 이루어진다. 리츠펀드에 투자하는 방법에는 펀드공모에 직접 참여 또는 펀드가 증시에 상장된 후 거래중인 주식을 매입하는 것이 있다. 리츠펀드는 이익금의 90% 이상을 배당금으로 주주에게 돌려주어 투자자들은 은행예금·채권처럼 고정적 수입을 기대할 수 있고, 공모 참여 시 저렴하게 주식을 매입해 증시상장 후에 주가가 오르면 상당한 시세차익을 기대할 수 있으나, 잘못사면 투자원금을 손해 볼 수도 있다.

✱ 행동주의 헤지펀드 **

일정한 의결권을 확보하고 기업에 자산 매각, 배당 확대, 자사주 매입, 구조조정, 지배구조 개선 등을 요구해 단기간에 수익을 내는 투자 전략을 사용하는 헤지펀드를 의미한다. 저금리 및 저성장 장기화에 따라 행동주의 헤지펀드에 자금이 몰리면서 이 자금을 바탕으로 행동주의 헤지펀드가 주식을 대량 매입한 후 기업에 막강한 영향력을 행사하는 사례가 늘어 거래 투명성을 확보해야 한다는 비판이 있다.

✱ 관세장벽(tariff wall) *

수입을 억제하여 국내산업을 보호하고 또한 국가의 재정수입을 증대시킬 목적으로 수입상품에 높은 관세를 부과함으로써 국내 수입품가격을 높이는 것을 말한다.

Q 다자간 협상을 통해 국제적으로 공인된 관세는?

✳ 비관세장벽(non tariff barrier) *

정부가 국산품과 외국품을 차별하여 수입을 억제하려는 정책일반으로, 관세 이외의 방법이다. 전형적인 것은 수입수량제한, 국내산업보호정책, 수출에 대한 금융지원과 세제상의 감면 등 우대조치, 반덤핑정책 등으로 정부의 국내산업보호와 수출장려정책의 수단을 말한다.

✳ 양허관세(亮許關稅, bounded tariffs) *

다자간 협상을 통해 국제적으로 공인된 관세를 뜻한다. 일단 관세를 양허하면 그 이하로 낮출 수 있어도 더 이상의 관세를 부과할 수는 없다. 그러나 해당 산업을 보호하기 위한 목적으로 재협상할 여지는 있다. 다만 양허관세를 올리려 할 경우 해당 품목의 주요 수출국의 양해가 필요하며, 이때 양국 간에 이에 상응하는 보상수단 등이 논의된다.

✳ 탄력관세(elastic tariff) *

국내산업보호 · 물가안정 등을 위하여 정부가 국회의 위임을 받아 일정한 범위 내에서 관세율을 인상 또는 인하할 수 있는 권한을 갖도록 한 관세제도로, 우리나라에서는 1969년부터 채택하고 있다.

✳ 덤핑관세 *

덤핑방지를 목적으로 하는 관세이다. 어느 나라가 어떤 상품의 값을 크게 내려 수출함으로써 이것을 수입한 나라의 산업이 큰 타격을 받을 경우, 수입국 정부는 국내산업보호책으로 그 품목의 관세율을 인상하게 되는데 덤핑상품에 대해서는 징벌적인 관세로 부과하여 정상가격과 수출가격의 차액만큼 부과한다.

더 알아보기

덤핑(dumping) … 일반적으로 국내판매가격 이하의 가격으로 수출되는 경우를 말하나, 넓은 의미로는 시장을 달리함에 따라 의식적으로 판매가격에 차등을 두는 것을 말한다.

✳ 특혜관세(preferential duties) *

특정 국가에 대해 특히 관세율을 낮추거나 관세 그 자체를 폐지하여 타국보다 무역상 유리한 대우를 부여하는 제도이다. GATT의 일반적 최혜국대우의 원칙에 어긋나지만 세계무역의 현실에 비추어 예외적으로 인정되어 왔다.

✱ 엠바고(embargo) **

금수(禁輸)조치이다. 일정 국가와 직간접으로 교역·투자·금융거래 등 모든 부분의 경제교류를 중단하는 조치로, 보통 정치적인 목적에서 어떤 특정국을 경제적으로 고립시키기 위해 사용된다. 대상국과는 원칙적으로 모든 경제교류가 중단되나, 인도적 교류나 문화·체육분야의 교류에는 예외가 인정되는 것이 보통이다. 이 같은 국가 대 국가의 경우 이외에도 유엔결의에 의해 여러 국가가 특정국에 경제봉쇄조치를 실시하는 경우도 넓은 의미에서 금수조치에 포함된다. 걸프전쟁 당시 이라크에 대한 제재조치가 대표적인 예이다.

✱ 구매력평가설(PPP : Purchasing Power Parity) *

스웨덴의 카셀(G. Cassel)이 주장한 학설로, 두 나라의 화폐가 자국에서 가지는 구매력의 비율에 의하여 두 나라 사이의 환시세가 결정되고 변동된다는 학설이다. 국제대차설, 환심리설과 병칭되는 고전적 환시세 결정이론의 하나이다.

✱ 네거티브시스템(negative system) *

원칙적으로는 수출입을 자유화하고 예외적으로 수출입을 제한하여 금지하는 품목만을 규정하는 무역제도로, 이때 금지하는 품목을 네거티브리스트(negative list)라 한다. 이 제도의 목적은 무역자유화의 폭을 넓히고 국내산업의 체질을 개선하며 일반인의 소비생활을 향상시키는데 있으며, 우리나라에서도 채택하고 있다.

✱ 포지티브시스템(positive system) *

수출입 공고방법으로는 가능품목을 공고하고, 공고에 포함되지 않은 품목은 원칙적으로 수출입을 제한하는 제도이다. 수출입 허용품목 표시제라고도 하며, 네거티브시스템과 반대되는 제도이다.

✱ 국제통화기금(IMF : International Monetary Fund) *

통화에 관한 국제협력과 국제무역을 촉진하기 위해 1944년 브레튼우즈협정에 따라 설립된 UN 전문기구이며, 그 협정 가맹국의 출자로 설치된 국제금융 결제기관이다. 주로 단기자금을 융통하는데, 국제수지가 불균형한 나라에 대해 외환자금을 공여함으로써 국제수지의 균형을 꾀하는 한편, 환시세의 안정의 다각적 결제에 의한 환거래의 자유를 확립함으로써 국제무역의 균형적 성장을 꾀하려는데 그 목적이 있다. 본부는 워싱턴에 있으며, 우리나라는 1955년에 가입했다.

☆☆☆ 1997년 12월 3일 임창열 당시 부총리 겸 재경원장관과 미셸 캉드쉬 IMF총재가 '대기성 차관협약을 위한 양해각서'에 조인해 자금지원을 받았다.

Q 일정 국가와 직간접으로 경제교류를 중단하는 조치는?

❋ IBRD(International Bank for Reconstruction and Development) *

국제부흥개발은행 또는 세계은행이라고 한다. 전쟁으로 인하여 파괴된 가맹국의 경제부흥과 저개발국의 경제개발을 위하여 1944년 IMF(국제통화기금)와 함께 브레튼우즈협정에 의하여 설립된 기구이다. 본부는 워싱턴에 있으며, 우리나라는 1955년에 가입했다.

❋ 크림 스키밍(cream skimming) *

원유에서 맛있는 크림만을 골라 먹는데서 유래한 단어로 기업이 이익을 창출할 것으로 보이는 시장에만 상품과 서비스를 제공하는 현상을 뜻한다. 1997년 세계무역기구(WTO) 통신협상 타결 뒤 1998년 한국 통신시장이 개방하면 자본과 기술력을 갖춘 다국적 통신사가 국내 통신사업을 장악한다는 우려와 함께 '크림 스키밍'이 사용됐다. 통신사업자가 대도시나 아파트 단지 등 고수익-저비용 지역에만 서비스를 제공하는 현상에 사용하던 '크림 스키밍'은 의료시설 등 다양한 분야에서 사용된다.

❋ J커브효과 ***

환율이 변동해도 조정효과가 나타나기까지는 시간이 걸리므로, 당분간의 무역수지가 본래의 조정과정으로 들어가는 현상을 말한다. 무역수지개선을 위해 환율상승을 유도하더라도 그 초기에는 무역수지가 오히려 악화되다가 상당기간이 지난 후에야 개선된다. 그래프로 표시할 때 알파벳 J자를 거꾸로 한 모양이 되어 J커브라 한다.

❋ 래퍼곡선(laffer curve) *

미국의 경제학자 아더 B. 래퍼교수가 주장한 세수와 세율 사이의 역설적 관계를 나타낸 곡선으로, 보통 세율이 높아질수록 세수가 늘어나는데, 레퍼 교수에 따르면 래퍼곡선은 중간에 세수가 극대로 되는 점이 있다는 것이다. 그러나 세율이 일정 수준(최적조세율)을 넘으면 세수가 줄어드는 현상이 나타난다고 한다. 세율이 지나치게 올라가면 근로의욕의 감소 등으로 세원 자체가 줄어들기 때문인데, 이때는 세율을 낮춤으로써 세수를 증가시킬 수 있다는 것이다. 1980년대 미국 레이건 행정부의 조세인하정책의 이론적 근거가 되었으며, 이로 인해 미국 정부의 거대한 재정적자 증가를 초래하는 결과를 가져왔다.

✻ 리보(LIBOR) ✻✻

'London Interbank Offered Rate'의 약자로, 런던 금융시장에서 이루어지는 은행 간의 대출에 적용되는 금리이다. 통상 1주일, 1~6개월 및 1년 만기로 나뉘어져 기간별로 금리가 다르며, 유로달러 금리의 기준이 된다.

✻ 신보호무역주의(新保護貿易主義) ✻

미국의 만성적 국제수지 적자와 빈번한 국제통화 위기, 오일쇼크, 브레튼우즈 체제의 붕괴 등으로 선진국 국가들이 무역에 대한 규제조치를 강화해 보호무역주의화 하는 것을 말하며 전통적인 보호무역주의와 구별된다. 1988년 미국 상원 본회의를 통과시킨 종합무역법안이 신보호무역주의에서 비롯됐다.

✻ 세이프가드(safe guard) ✻

수입이 급증해서 국내의 경쟁업계에 중대한 손해를 입히거나 입힐 우려가 있다고 판단되는 경우 발동할 수 있는 긴급수입제한조치이다. GATT는 원칙적으로 가맹국이 무역에 대한 제한을 가할 수 없다고 금지하고 있지만, 세이프가드는 특례로서 GATT협정 제19조에 규정되어 있다.

✻ 부메랑효과(boomerang effect) ✻

선진국이 후진국에 대하여 제공한 경제원조나 자본투자결과 그 생산제품이 현지 시장수요를 초과하게 되어 선진국에 역수출됨으로써 선진국의 당해 산업과 경합하게 되는 것을 말한다.

✻ 녹다운(knockdown)방식 ✻

부품 또는 반제품형태로 수출하여 현지에서 조립, 판매하는 무역방식을 말한다. 수송·운반기기 등과 같은 플랜트류의 수출상품이 주로 이 수출방식을 택하고 있으며, 자국의 산업을 보호·육성한다는 입장에서 개발도상국가들이 주로 이용한다.

> **☑ 상/식/문/제**
>
> 무역형태 중 녹다운(knockdown)방식이란?
>
> ① 해외 진출시 부분품을 수출하여 현지에서 조립하여 판매하는 것
> ② 해외에서 덤핑하는 행위
> ③ 경쟁기업을 넘어뜨리기 위하여 품질개선 등의 비가격경쟁으로 대항하는 것
> ④ 경쟁기업을 넘어뜨리기 위하여 가격인하정책을 쓰는 것
> ⑤ 생산설비, 기술노하우까지 종합적으로 수출하는 것

✻ 플랜트수출(plant 輸出) ✻

기술지도와 병행하여 생산설비·대형기계·공업소유권·노하우 등과 조립·설치·운전 등 용역제공까지 포함한 종합적인 수출로, 일반적으로 선진공업국이 개발도상국에 수출하는 경우에 해당한다. 주로 거래기간이 길고 자금도 방대하므로 연불무역 형식을 취하는 경우가 많다.

✳ 글로컬리제이션 *

세계화(Globalization)와 현지화(Localization)의 합성어 또는 Global localization의 줄임말로 다국적 기업이나 외국계 기업의 현지화를 말하는 신조어이다. 이 용어는 1980년대 말 하버드 비즈니스 리뷰에 처음 나타났으나, 소니의 창업자인 모리타 아키오에 의해 유명해졌다. 기업 활동의 측면에서 사고와 전략은 전 세계를 대상으로 글로벌하게, 행동과 운영은 현지의 실정에 맞게 해야 한다는 의미를 내포한다. 글로컬리제이션 전략의 목적은 현지적응력을 바탕으로 현지 기업과 경쟁하면서 국가별 또는 지역별 이익을 극대화하여 세계시장에서의 이윤을 극대화하는 것이다.

✳ 블루칩(blue chip) **

일명 대형 우량주로, 미국 주식시장에서 건전한 재무구조를 유지하는 우량기업의 주식을 말한다. 포커에서 돈 대신 쓰이는 칩 가운데 가장 높은 것이 블루칩인 데서 유래되었다. 블루칩은 경기변동에 강하고 신용과 지명도가 높아 투자가 유망하여 우량주의 대명사로 불린다.

✳ 출구전략(exit strategy) *

1970년대 미국이 베트남전쟁에서, 승산없는 싸움에서 피해를 최소화하며 군대의 철수방안을 모색할 때 제기된 용어이다. 경제학에서는 경기침체나 위기로부터 경제지표가 되살아나는 경기회복의 조짐이 있는 경우, 침체기간 동안 시중에 풀린 과도한 유동성을 부작용이 생기기 전에 회수하려는 전략을 뜻한다.

✳ 콜금리(call 金利) **

금융기관끼리 1~30일씩 빌려주는 단기자금(콜) 가운데 하루짜리 콜자금에 붙는 금리이다. 콜금리는 금융시장의 수급사정에 따라 민감하게 변동하기 때문에 시중의 자금사정을 반영하고 다른 금리들의 변동을 예측하는 지표역할을 한다. 콜시장은 보통 오전 9시 30에서 밤 9시경까지 열리고 콜금리는 환율과 유사하게 시시각각 변한다.

✳ 랩 어카운트(wrap account) **

포장하다(wrap)와 계좌(account)의 합성어로 고객으로부터 투자를 위임받아 고객의 성향에 맞게 자산분배와 투자전략을 수립해 다양한 상품에 대신 투자해주는 맞춤형 종합금융 서비스이다. 랩어카운트는 고객명의의 계좌를 별도로 관리한다. 종합자산관리와 랩어카운트는 내용면에서는 비슷하나 이론적으로는 다르다. 전자가 자문이외의 주식 위탁매매·수익증권 판매 등에 대해 별도의 수수료를 징수하고 거래가 없을 시엔 수수료를 받지 않지만, 후자는 서비스 제공의 대가로 예탁자산의 평가액에 비례하여 단일수수료를 받고 거래가 없더라도 소정의 수수료를 부과한다.

✳ 주식회사(株式會社) [***]

1인 이상의 발기인에 의해 설립되며 유한책임의 주주로 구성되는 물적 회사이다. 자본금은 균일한 금액으로 표시되어 있는 주식으로 분할되고 매매 · 양도가 가능하다. 구성기관으로는 의결기관인 주주총회, 집행 및 대표기관인 이사회와 대표이사, 회계감사기관인 감사의 세 기관이 있다. 주식회사는 주식에 의한 대자본의 형성, 주주의 위험분산, 자본과 경영의 분리 등이 특징이라 할 수 있다.

더 알아보기

- **단자회사(短資會社)** … 8 · 3조치 이후 단기자금의 공급을 제도화할 목적으로 「단기금융업법」에 의하여 설립된 단기금융회사로, 제2금융이라 한다. 시중의 3개월 이내의 단기유혹자금을 고금리로 흡수하여 국내 기업체에 기업자금으로 공급해 준다. 주요 업무는 3개월 내의 단기융자, 어음할인 · 매매 · 인수 및 보증 등으로 은행과 유사한 업무를 한다.
- **지주회사(持株會社, holding company)** … 타회사의 주식을 많이 보유함으로써 그 기업의 지배를 목적으로 하는 회사로, 이를 모회사(母會社), 지배를 받는 회사를 자회사(子會社)라고 한다. 현행 「독점규제 및 공정거래에 관한 법률」에서는 한 회사가 다른 회사 주식의 50% 이상을 보유하고 있을 때 전자를 모회사, 후자를 자회사라 한다.

✳ 가젤형 기업(Gazelles Company) [*]

상시 근로자 10인 이상이면서 매출이나 순고용이 3년 연속 평균 20% 이상인 기업으로, 빠른 성장과 높은 순고용 증가율이 가젤(빨리 달리면서도 점프력도 좋은 영양류의 일종)과 닮았다는 데서 이름이 유래됐다. 자생적 성장을 이룬 기업을 지칭하므로 인수합병은 제외된다. 특히 가젤형 기업 중에서도 매출 1000억 원 이상의 기업은 슈퍼 가젤형 기업이라고 한다. 가젤형 기업은 규모가 작아 눈에 띄지 않지만, 틈새시장을 집요하게 파고들어 세계 최강자 자리에 오른 히든 챔피언과는 차이가 있다. 히든 챔피언이 매출 시장에 비중을 더 두는 데 비해 가젤형 기업은 안정적인 일자리 창출에 중추적인 역할을 하고 있기 때문이다.

✳ 고객관계관리(CRM : Customer Relationship Management) [***]

기존고객의 정보를 분석해서 고객의 특성에 맞는 마케팅을 전개하는 것으로 고객관계관리라고 한다. 전산시스템과 인터넷의 발달로 다양한 고객관리를 할 수 있게 되면서 새로운 마케팅기법으로 각광받고 있다. 고객에 대한 정보자료를 정리 · 분석해 마케팅 정보로 변환함으로써 고객의 구매패턴을 지수화하고, 이를 바탕으로 마케팅프로그램을 개발 · 실현 · 수정하는 고객 중심의 경영 기법을 의미한다. 다시 말해 기업이 고객의 성향과 욕구를 미리 파악해 이를 충족시켜 주고, 기업이 목표로 하는 수익이나 광고효과 등 원하는 바를 얻어내는 기법을 말한다. 영화관을 예로 들자면, 회원카드를 통하여 고객이 어떤 영화를 얼마나 자주 보고 언제 보는가를 CRM을 통해 고객의 취향을 파악해, 취향에 맞는 영화가 개봉될 때를 맞춰 할인쿠폰이나 개봉정보를 알려줄 수 있다. 이 경우 무작위로 정보를 보내는 것보다 비용과 효과 면에서 유리할 것이다.

Q 기존고객의 정보를 분석하여 고객의 특성에 맞는 마케팅을 전개하는 것은?

✳ 고객경험관리(CEM : Customer Experience Management) *

고객이 어떻게 생각하고 느끼는지를 파악하고, 이를 토대로 고객의 경험을 데이터 하여 구축한 것으로, 기업은 모든 접점에서 고객과 관계를 맺고 각기 다른 고객 경험 요소를 서로 통합해준다. 그리고 고객에게는 감동적인 경험을 갖도록 해주어 기업 가치를 높인다. 고객은 단순히 가격과 품질만을 검토하여 이성적으로 제품을 구매하는 것이 아니라, 친절한 매장 직원이나 편리한 주문시스템 같은 감성적 요인으로 구매를 하는 경향이 있다는 측면에서 등장한 고객관리기법으로 콜롬비아 비즈니스 스쿨의 번트 슈미트 교수(Bernd. Schmitt)가 그의 저서 「CRM을 넘어 CEM으로」에서 처음 소개하였다.

✳ 나노 경영 *

맥이트(McIT) 이론에 기초하여 지속적 고용 유지와 부가가치 창출을 동시에 성취한다는 경영이론이다. 맥이트(McIT)란 경영(Management), 문화(Culture) 그리고 정보기술(Information technology)의 앞 글자를 딴 것이다. 나노는 '10억분의 1'을 의미하는 것으로 나노기술은 원자와 분자를 직접 조작하고 재배열하여 기존에 존재하지 않던 신물질을 개발하는 기술이다. 나노기술처럼, 나노 경영은 기업이 수행하는 아주 작은 세부 활동들을 분석하여, 이를 보다 큰 차원에서 결합·응용하여 보다 효율적으로 기업을 경영하는 것을 의미한다. 창조·지식경영과 함께 주 30시간의 업무활동과 10시간의 학습활동을 목표로 한 스피드 경영 및 시간 관리가 그 핵심이다.

✳ B2B · B2C ***

B2B는 Business to Business(기업 對 기업)의 줄임말로 기업과 기업이 전자상거래를 하는 관계를 의미하며, 인터넷 공간을 통해 기업이 원자재나 부품을 다른 기업으로부터 구입하는 것이 대표적이다. 일반소비자와는 큰 상관이 없지만 거래규모가 엄청나서 앞으로 전자상거래를 주도할 것으로 보인다. B2C는 Business to Consumer의 줄임말로 기업이 개인을 상대로 인터넷상에서 일상용품을 판매하는 것이 대표적이다. 현재 인터넷에서 운영되고 있는 전자상거래 웹사이트의 대부분이 B2C를 겨냥하고 있다. 이밖에도 전자상거래의 유형 중에는 C2B, C2C도 있으나 차지하는 비중은 미미한 편이다.

✳ 서브프라임 모기지(sub-prime mortgage) **

미국에서 신용등급이 낮은 저소득층을 대상으로 높은 금리에 주택 마련 자금을 빌려 주는 비우량 주택담보대출을 뜻한다. 미국의 주택담보대출은 신용도가 높은 개인을 대상으로 하는 프라임(prime), 중간 정도의 신용을 가진 개인을 대상으로 하는 알트 A(Alternative A), 신용도가 일정 기준 이하인 저소득층을 상대로 하는 서브프라임의 3등급으로 구분된다. 2007년 서브프라임 모기지로 대출을 받은 서민들이 대출금을 갚지 못해 집을 내놓아 집값이 폭락하며 금융기관의 파산 및 글로벌 금융위기를 야기시켰다. 시사주간지 타임에서 서브프라임 모기지를 '2010년 세계 50대 최악의 발명품'으로 선정하였다.

✳ 자기자본투자(PI : Principal Investment) **

증권사들이 고유 보유자금을 직접 주식·채권·부동산 및 인수·합병(M&A) 등에 투자해 수익을 얻는 것으로 주식거래 중개와는 별도로 한다. 해외 투자은행들은 위탁수수료 수익 비중에 비해 자기자본투자의 비중이 높지만 국내 증권사들의 경우 위탁수수료 수익 비중이 자기자본투자에 비해 높다.

✳ 역모기지론(reverse mortgage loan) *

고령자들이 보유하고 있는 주택을 담보로 금융기관에서 일정액을 매월 연금형식으로 받는 대출상품이다. 주택연금 또는 장기주택저당대출이라고 한다. 부동산을 담보로 주택저당증권(MBS)을 발행하여 장기주택자금을 대출받는 제도인 모기지론과 자금 흐름이 반대이기 때문에 역모기지론이라고 한다. 주택은 있으나 경제활동을 할 수 없어 소득이 없는 고령자가 주택을 담보로 사망할 때까지 자택에 거주하면서 노후 생활자금을 연금 형태로 지급받고, 사망하면 금융기관이 주택을 처분하여 그동안의 대출금과 이자를 상환 받는다. 역모기지론의 가입조건은 부부가 모두 65세 이상이여야 하고, 6억원 미만의 주택을 가진 사람을 대상으로 한다. 고령자가 사망시 또는 계약시까지 주택에 살면서 노후생활비를 받으므로 주거안정과 노후소득보장을 받을 수 있다. 우리나라는 2006년부터 종신형 역모기지론이 도입되었으며, 주택금융공사의 공적보증으로 대출기간을 종신으로 늘렸으며, 현재 조건이 완화되어 담보대출이나 전세보증금이 끼어 있는 집도 이용할 수 있다.

✳ 주택담보대출비율(LTV : Loan To Value ratio) **

금융기관에서 주택을 담보로 대출해 줄때 적용하는 담보가치대비 최대대출가능 한도를 말한다. 주택담보대출비율은 기준시가가 아닌 시가의 일정비율로 정하며, 주택을 담보로 금융기관에서 돈을 빌릴때 주택의 자산 가치를 얼마로 설정하는 가의 비율로 나타낸다.

✳ 파킹(parking) 통장 **

잠시 주차를 하듯 짧은 시간 여유자금을 보관하는 통장을 의미한다. 일반 자유입출금 통장처럼 수시입출금이 가능하면서 비교적 높은 수준의 금리를 제공하는 게 특징이다. 정기예금이나 적금과 달리 상당기간 자금이 묶이지 않기 때문에 최근 각광받고 있다. 파킹(parking) 통장은 불안한 투자환경과 시장 변동성 속에서 잠시 자금의 휴식처가 필요하거나 당장 목돈을 사용할 계획이 없는 투자자들에게 유용하다. 특히 하루만 맡겨도 금리 수익을 거둘 수 있다는 게 장점으로 꼽힌다. 일반적인 자유입출금 통장이 연 0.1~0.2%(세전) 수준의 이자를 주는 반면 파킹통장은 일정 금액 이상이 통장에 '파킹'되어 있으면 연 2%이상의 높은 금리를 지급한다.

✳ BCG매트릭스 **

BCG매트릭스는 컨설팅 전문회사인 'Boston Consulting Group'에 의해 개발된 것으로 기업 경영전략 수립의 분석도구로 활용된다. 이는 사업의 성격을 단순화, 유형화하여 어떤 방향으로 의사결정을 해야 할지를 명쾌하게 얘기해 주지만, 사업의 평가요소가 상대적 시장점유율과 시장성장률뿐이어서 지나친 단순화의 오류에 빠지기 쉽다는 단점이 있다. X축은 상대적 시장점유율, Y축은 시장성장률을 놓고 각각 높음·낮음의 두 가지 기준을 정한 매트릭스로 구성하여 사업을 4가지로 분류했다.

① star사업 … 수익과 성장이 큰 성공사업으로 지속적인 투자가 필요하다.

② cash cow 사업 … 기존 투자에 의해 수익이 지속적으로 실현되는 자금 원천사업으로 시장성장률이 낮아 투자금이 유지·보수에 들어 자금산출이 많다.

③ question mark 사업 … 상대적으로 낮은 시장 점유율과 높은 성장률을 가진 신규사업으로 시장점유율을 높이기 위해 투자금액이 많이 필요하며, 경영에 따라 star사업이 되거나 dog 사업으로 전락할 위치에 놓이게 된다.

④ dog 사업 … 수익과 성장이 없는 사양사업으로 기존의 투자를 접고 사업철수를 해야 한다.

✳ 페트로 달러(Petro Dollar) **

석유에 대한 주된 결제통화로서 달러의 위상을 상징하는 용어를 의미한다. 국제 원유는 오로지 달러로만 거래되는데, 이는 사우디아라비아와 미국이 함께 구축한 '페트로 달러' 체제 때문이다. 최대 산유국인 사우디는 지정학적 이유와 달러 확보를 위해 오로지 달러로만 원유를 결제받기로 했고 덕분에 미국은 무려 40년간 원자재 시장은 물론 실물경제 시장에서 달러 패권을 누렸다. '페트로 달러'는 '석유를 팔아 얻은 달러'를 뜻하지만 좀 더 폭넓은 국제 정치경제학적 의미에서는 달러로만 석유 대금을 결제할 수 있게 하는 현 체제를 의미하기도 한다. 페트로 달러 체제는 1970년대 중반 미국과 사우디아라비아의 비공식 계약에 근거한 것이다.

✱ 팹리스 *

팹리스(Fabless)란 반도체를 설계만 하고 제작은 하지 않는 기업을 말한다. '공장(Fab)이 없다(less)' 는 뜻의 팹리스는 중앙처리장치(CPU)나 모바일프로세서(AP), 통신모뎀 · 이미지센서 같은 시스템 반도체(비메모리) 칩의 설계를 맡는다. 팹리스의 설계에 따라 반도체를 생산만 하는 기업은 파운드리(Foundry)라고 한다.

✱ 레이더스(raiders) *

기업약탈자 또는 사냥꾼을 뜻한다. 자신이 매입한 주식을 배경으로 회사경영에 압력을 넣어 기존 경영진을 교란시키고 매입주식을 비싼값에 되파는 등 부당이득을 취하는 집단이다. 즉, 여러 기업을 대상으로 적대적 M & A를 되풀이하는 경우를 말한다.

✱ 스핀오프(spin-off) *

정부출연연구기관의 연구원이 자신이 참여한 연구결과를 가지고 별도의 창업을 할 경우 정부보유의 기술을 사용한데 따른 로열티를 면제해 주는 제도를 말한다. 이를 실시하는 국가들은 기술이 사업화하는데 성공하면 신기술연구기금을 출연토록 의무화하고 있다. 또 기업체의 연구원이 사내창업(社內創業)을 하는 경우도 스핀오프제의 한 형태로 볼 수 있다.

✱ 풋백옵션(putback option) *

일정한 실물 또는 금융자산을 약정된 기일이나 가격에 팔 수 있는 권리를 풋옵션이라고 한다. 풋옵션에서 정한 가격이 시장가격보다 낮으면 권리행사를 포기하고 시장가격대로 매도하는 것이 유리하다. 옵션가격이 시장가격보다 높을 때는 권리행사를 한다. 일반적으로 풋백옵션은 풋옵션을 기업인수합병에 적용한 것으로, 본래 매각자에게 되판다는 뜻이다. 파생금융상품에서 일반적으로 사용되는 풋옵션과 구별하기 위해 풋백옵션이라고 부른다. 인수시점에서 자산의 가치를 정확하게 산출하기 어렵거나, 추후 자산가치의 하락이 예상될 경우 주로 사용되는 기업인수합병방식이다.

✱ 아웃소싱(outsourcing) **

제품생산 · 유통 · 포장 · 용역 등을 하청기업에 발주하거나 외주를 주어 기업 밖에서 필요한 것을 조달하는 방식을 말한다. 특히 업무가 계절적 · 일시적으로 몰리는 경우 내부직원, 설비를 따로 두는 것보다 외부용역을 주는 것이 효율적이다. 주로 기업에서 활용됐으나 최근에는 정부부문도 일상적 관리업무나 수익성이 있는 사업 등을 민간에 맡기거나 넘겨 효율성을 높이면서 조직을 줄이는 것이 세계적인 추세이다.

Q 적대적 M & A의 대상이 된 기업에게 우호적인 기업인수자는?

✱ 워크아웃(workout) **

기업가치회생작업으로, 기업과 금융기관이 서로 합의해서 진행하는 일련의 구조조정과정과 결과를 말한다. 미국의 GE사가 1990년대 초 개발한 신(新)경영기법이다. 사전적 의미로는 운동·훈련 등으로 몸을 가뿐하게 하는 것으로, 종업원들이 근무장소에서 벗어나 회사 내 문제점에 대한 토론을 벌이고 이를 통해 회사의 발전방안을 도출해 내는 의사결정방식이다.

✱ 법정관리(法定管理) *

기업이 자력으로 회사를 운영하기 어려울 만큼 부채가 많을 때 법원에서 제3자를 지정하여 자금을 비롯한 기업활동 전반을 관리하게 하는 것을 말한다. 법정관리신청을 하면 법정관리체제의 전단계 조치인 재산보전처분결정을 내려 이날부터 회사와 관련된 모든 채권·채무가 동결되고, 법정관리결정을 내려 법정관리자를 지정하면 법정관리체제로 전환된다. 법정관리신청이 기각되면 파산절차를 밟거나 항고·재항고를 할 수 있는데, 항고·재항고기간중엔 법원의 회사재산보전처분결정이 그대로 효력을 발생, 시간벌기작전으로 파산위기를 넘기기 위한 목적으로 이용되는 경우도 있다. 부도위기에 몰린 기업을 파산시키기보다 살려내는 것이 단기적으로는 채권자의 이익을 희생시키는 대신 장기적으로는 기업과 채권자에게는 물론 국민경제 전반에 바람직한 경우가 많다는 점에서 이 제도를 시행하고 있다. 또 회사의 경영을 계속 유지시켜 줌으로써 인적 자원이나 경영노하우를 보호하는 측면도 있다. 그러나 법정관리가 부실기업의 도피처로 악용되거나 남용되는 사례가 많다는 비판도 있다.

✱ 스톡옵션(stock option) ***

주식매입선택권으로 기업이 전문경영인이나 핵심기술자를 고용하면서 일정 기간 후 채용할 때의 약속한 가격으로 주식을 살 수 있도록 하는 제도를 말한다. 입사 후 기업성장으로 주가가 오르면 주식차익을 챙길 수 있어 고급인력을 초빙하는데 유리하다.

✱ 백기사(white knight) **

경영권 다툼을 벌이고 있는 기존 대주주를 돕기 위해 나선 제3자이다. 이때 우호적인 기업인수자를 백기사라고 한다. 백기사는 목표기업을 인수하거나 공격을 차단해 주게 된다. 백기사처럼 기업을 인수하는 단계까지 가지 않고 기업의 주식확보를 도와주는 세력을 백영주(white squire)라고 한다.

✱ 그린메일(green mail) **

기업사냥꾼(green mailer)이 대주주에게 주식을 팔기 위해 보낸 편지를 말한다. 기업사냥꾼들이 상장기업의 주식을 대량 매입한 뒤 경영진을 위협해 적대적 M&A를 포기하는 대가로 자신들이 확보한 주식을 시가보다 훨씬 높은 값에 되사들이도록 강요하는 행위이다.

✳ 종업원지주제도(從業員持株制度) *

회사가 종업원에게 자사주의 보유를 권장하는 제도로서 회사로서는 안정주주를 늘리게 되고 종업원의 저축을 회사의 자금원으로 할 수 있다. 종업원도 매월의 급여 등 일정액을 자금화하여 소액으로 자사주를 보유할 수 있고 회사의 실적과 경영 전반에 대한 의식이 높아지게 된다.

✳ CEO(Chief Executive Officer) *

미국 대기업의 최고의사결정권자로 우리나라의 대표이사와 같은 의미이다. 최고경영자가 회장직을 겸하는 경우도 있으나 두 직책이 분리되는 경우도 있다. 분리되는 경우 회장이 단지 이사회를 주재하는 권한만을 행사하는데 반해 최고경영자는 경영 전반을 통괄한다. 실권은 최고경영자에게 있다.

더 알아보기

- CIO(Chief Information Officer) ⋯ 최고정보경영자 또는 정보담당임원을 말한다. 경영환경이 정보 중심으로 급변함에 따라 각 기업들은 정보화문제를 총괄하는 고위직 책임자를 필요로 하게 되었고, 이를 CIO라 부르게 되었다. 미국에서는 일반적으로 부사장급에서 선임되고 있으며, 도입 초기단계인 우리나라에서는 이사급에서 선임된다.
- CKO(Chief of Knowledge Officer) ⋯ 최고지식경영자 혹은 지식경영리더로 불리며 신세대에 맞는 독특하고 기발한 아이디어를 내는 것이 주된 업무이다.
- COO(Chief of Operating Officer) ⋯ 개발된 제품을 사업으로 연결시키는 역할을 담당하면서 회사내 사업추진의 총책임자로 활약하는 경영자를 일컫는 용어이다.
- CDO(Chief of Distribution Officer) ⋯ 최고경영자인 CEO보다 한 단계 상위개념이다. 단순한 최고경영자에서 벗어나 회사 내의 A부터 Z까지 모든 업무를 하나하나 꼼꼼히 챙기는 전문경영자를 의미한다.
- CFO(Chief of Finance Officer) ⋯ 벤처기업 내의 재무에 관련된 모든 업무를 담당하는 경영자로서 다양한 루트를 통해 자금을 원활히 조달하는 전문화된 인력을 말한다.
- CCO(Chief of Contents Officer) ⋯ 벤처기업의 콘텐츠 기획과 운영에 관한 모든 책임과 권한이 부여된 전문경영자를 말한다.
- CTO(Chief of Technology Officer) ⋯ 기업내 기술총책임자를 의미한다.

✳ 콘체른(konzern) *

동종(同種) 또는 이종(異種)의 각 기업이 법률상으로는 독립하면서 경제상으로는 독립을 상실하고 하나의 중앙재벌 밑에서 지배를 받는 기업집중의 형태로, 재벌이라고도 한다. 일반적으로 거대기업이 여러 산업의 다수기업을 지배할 목적으로 형성된다.

✳ 카르텔(cartel) *

기업연합을 뜻하는 것으로, 같은 종류의 여러 기업들이 경제상·법률상의 독립성을 유지하면서 상호 간의 무리한 경쟁을 피하고 시장을 독점하기 위해 협정을 맺고 횡적으로 연합하는 것을 말한다. 협정의 내용에 따라 구매카르텔, 생산카르텔(생산제한·전문화 등), 판매카르텔(가격·수량·지역·조건·공동판매 등)이 있다. 우리나라에서는 「독점규제 및 공정거래법」에 의해 원칙적으로 금지되어 있다.

Q 카르텔 중 가장 결합이 강한 형태는?

✱ 신디케이트(syndicate) *

카르텔 중 가장 결합이 강한 형태로, 중앙에 공동판매소를 두어 공동으로 판매하고 이익을 분배하는 기업집중의 형태이다. 공동판매카르텔이라고도 한다.

✱ 콤비나트(combinat) *

국내의 독립된 기업이 생산공정에 있어서 낭비축소, 부산물의 공동이용 등 기술합리화를 위해 지역적·다각적으로 결합하여 기업을 경영하는 기업집단의 형태를 말한다. 콤비나트화의 목적은 원재료의 확보, 생산의 집중화, 유통과정의 합리화 등으로 원가절감을 기하는 것이다.

✱ 트러스트(trust) *

동종 또는 유사한 기업의 경제상·법률상의 독립성을 완전히 상실하고 하나의 기업으로 결합하는 형태로, 이는 대자본을 형성하여 상대경쟁자를 누르고 시장을 독점지배할 수 있다. 일반적으로 거액의 자본을 고정설비에 투자하고 있는 기업의 경우에 이런 형태가 많다. 트러스트의 효시는 1879년 미국에서 최초로 형성된 스탠더드 오일 트러스트(standard oil trust)이다.

✱ CI(Corporate Identity) *

기업이미지 통합을 말한다. 상품구입에서 직장을 고르는 경우에 이르기까지 기업·소비자·취직자 등은 그 기업의 이미지에 따라 선택판단을 내리게 되는 경우가 많다. 이 때문에 각 기업들은 기업의 명칭에서부터 종업원의 복장에 이르기까지 통일된 이미지를 주는, 즉 같은 회사의 제품이라는 것을 식별할 수 있도록 해주는 기업활동과 전략을 수립하고 있다. 본격적으로 도입된 것은 1980년대부터인데 여기에는 VI(Visual Identity : 시각이미지 통일), BI(Behavioral Identity : 행동양식 통일), MI(Mind Identity : 심리 통일) 등이 있다.

✱ IR(Investor Relations) ***

기업설명회를 뜻한다. 기관투자가, 펀드매니저 등 주식투자자들에게 기업에 대한 정보를 제공하여 투자자들의 의사결정을 돕는 마케팅활동의 하나이다. 기업입장에서는 자사주가가 높은 평가를 받도록 함으로써 기업의 이미지를 높이고 유상증자 등 증시에서의 자금조달이 쉬워지는 효과를 거둘 수 있다. IR은 효과를 극대화하기 위해 기업의 장·단점과 계량화되지 않은 정보를 신속·정확·공평하게 계속적으로 알려야 한다.

> ✔ 상/식/문/제
>
> 해당 기업이 기관투자자들이나 개인투자자들에게 새로운 경영지표와 사업계획 같은 기업정보를 정확하게 알려주는 제도는?
>
> ① IR   ② PR
> ③ OR   ④ DR
> ⑤ CR

✳ ISO 9000시리즈 *

국제품질보증제도이다. 국제표준화기구(ISO)가 1987년 제정한 '품질경영 및 품질보증에 관한 품질보증모델' 국제규격에 의해 제품 또는 서비스를 공급하는 공급자의 품질시스템을 평가해 품질보증능력과 신뢰성을 인정해 주는 제도를 말한다. 즉, 단순히 제품의 품질규격 합격 여부만을 확인하는 일반 품질인증과는 달리 해당 제품이나 서비스의 설계에서부터 생산시설·시험검사·애프터서비스 등 전반에 걸쳐 규격준수 여부를 확인하여 인증해 주는 제도이다. ISO 9000시리즈는 제품의 설계·생산시설·시험검사 등의 인증대상을 어디까지 포함시키느냐에 따라 9001, 9002, 9003, 9004 4가지로 분류되는데, 9001규격이 가장 포괄적인 규격이다. 우리나라는 1993년부터 시행하고 있다.

✳ 개인종합자산관리계좌(ISA : Individual Savings Account) **

하나의 통장으로 예·적금은 물론 주식·펀드 등 파생 상품 투자가 가능한 통합계좌이다. 근로자와 자영업자, 농어민의 재산 형성 등을 위해 2016년에 도입한 것으로 운용 지시를 가입자가 직접 하는 신탁형과 전문가에게 운용을 맡길 수 있는 일임형으로 나뉜다.

✳ 리콜(recall) *

소환수리제로, 자동차에서 비행기까지 모든 제품에 적용되는 소비자보호제도로서 자동차와 같이 인명과 바로 직결되는 제품의 경우 많은 국가에서 법제화해 놓고 있다. 2만여개의 부품으로 구성된 자동차의 경우 부품을 일일이 검사한다는 것은 기술적으로 불가능하며 대부분 표본검사만 하기 때문에 품질의 신뢰성이 완벽하지 못해, 이에 대한 사후보상으로 애프터서비스제와 리콜제가 있다. 애프터서비스제가 전혀 예기치 못한 개별적인 결함에 대한 보상임에 비해 리콜제는 결함을 제조사가 발견하고 생산일련번호를 추적, 소환하여 해당 부품을 점검·교환·수리해 주는 것을 말한다. 리콜은 반드시 공개적으로 해야 하며, 소비자에게 신문·방송 등을 통해 공표하고 우편으로도 연락해 특별점검을 받도록 해야 한다.

✳ 제조물책임법(PL : Product Liability) *

소비자가 상품의 결함으로 손해를 입었을 경우 제조업자는 과실이 없어도 책임이 있다는 무과실책임이 인정되어 기업이 배상책임을 지도록 하는 것이다. 우리나라 현행 민법에서는 피해자측이 과실을 입증하지 못하면 기업은 책임을 면할 수 있게 되어 있다. 그러나 수입품에 의한 소비자피해가 발생했을 때에는 해당 외국기업이 배상책임을 지도록 하고 있다.

✳ 윈윈전략(win win 戰略) *

경쟁관계에 있는 기업이라도 공조하지 않으면 모두 위태로울 수 있다는 점에서 나와 상대편이 모두 승리하는데 주안점을 둔 경영전략이다. 단순한 전략적 제휴와는 달리 기업간 경쟁관계를 유지하면서 서로 손잡고 새로운 시장 및 수요를 창출하는 것으로 전략적 제휴를 포함하는 개념이다.

ⓠ 제조사가 제품의 결함을 발견하고 수리해주는 소비자보호제도는?

✳ 오픈프라이스제(open price 制) *

최종판매업자가 제품의 가격을 표시해 제품가격의 투명성을 높이는 제도를 말한다. 그동안 제조업자가 턱없이 높은 권장소비자가격을 매겨 놓고 유통업자가 소비자에게 판매할 때 이를 대폭 할인해 주는 식으로 영업을 했다. 이 제도를 도입하면 판매자 간의 가격경쟁을 유도할 수 있어 최종소비자는 더욱 싼값으로 제품을 구입할 수 있게 된다. 제조업자가 가격을 편법으로 인상할 필요도 없어진다.

✳ X이론·Y이론·Z이론 *

미국의 맥그리거(D. McGregor)가 인간행동의 유형에 대해 붙인 이론이다. 그의 이론에 따르면 X이론형 인간은 일하기를 싫어하고 명령받기를 좋아하며 책임을 회피하는 등 일신의 안정만을 희구하며, Y이론형 인간은 사람에게 있어 일은 자기능력을 발휘하고 자기실현을 이룩할 수 있는 것이므로 오히려 즐거운 것이어서 스스로 정한 목표를 위해 노력한다는 것이다. Z이론은 Y이론에서 한걸음 발전한 형태로, 윌리엄 오우치(William Ouchi)가 일본 경영자들의 호의적 Y이론을 Z이론이라고 불렀다. Z이론형 인간은 전체 구성원들이 합의적 의사결정 과정에 참여, 근로자와 경영자가 품질분임조를 구성·공동작업을 통한 품질개선을 추구하는 등 자신과 회사를 개선시키는데 적극 참여하게 된다는 것이다.

✳ 헤일로효과(halo effect) ***

헤일로(halo)란 후광을 뜻하는데, 인물이나 상품을 평정할 때 대체로 평정자가 빠지기 쉬운 오류의 하나로 피평정자의 전체적인 인상이나 첫인상이 개개의 평정요소에 대한 평가에 그대로 이어져 영향을 미치는 등 객관성을 잃어버리는 현상을 말한다. 특히 인사고과를 할 경우 평정자가 빠지기 쉬운 오류는 인간행동이나 특성의 일부에 대한 인상이 너무 강렬한 데서 일어난다. 헤일로효과를 방지하기 위해서는 감정·선입감·편견을 제거하고, 종합평정을 하지 말고 평정요소마다 분석 평가하며, 일시에 전체적인 평정을 하지 않을 것 등이 필요하다.

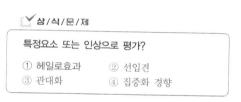

✓ 상/식/문/제

특정요소 또는 인상으로 평가?

① 헤일로효과　　② 선입견
③ 관대화　　④ 집중화 경향

✳ 시너지효과(synergy effect) *

기업의 합병으로 얻은 경영상의 효과로, 합병 전에 각 기업이 가졌던 능력의 단순한 합 이상으로 새로운 능력을 갖게 되는 결과를 말한다. 각종 제품에 대해 공통의 유통경로·판매조직·판매창고·수송시설 등을 이용함으로써 생기는 판매시너지, 투자시너지, 생산시너지, 경영관리시너지 등이 있다. 시너지란 본래 인체의 근육이나 신경이 서로 결합하여 나타내는 활동, 혹은 그 결합작용을 의미한다.

✷ 3S운동 *

생산성의 향상·품질의 개선을 추진하기 위해서 부품규격 등의 표준화(standardization), 제품의 단순화(simplification), 제조공정 및 작업의 전문화(specialization) 등을 기업 내에서 실행하려는 경영합리화운동을 말한다.

✷ ZD운동(Zero Defects) *

무결점운동이다. QC(품질관리)기법을 제조부문에만 한정하지 않고 일반관리사무에까지 확대적용하여 전사적(全社的)으로 결점이 없는 일을 하자는 것이다. 구체적으로는 전(全)종업원에게 경영참가의식을 갖게 하여 사기를 높임으로써, 전원이 결점을 없애는데 협력해 나가도록 하는 운동이다.

✷ 등대공장(Lighthouse Factory) **

세계경제포럼(WEF)이 2018년부터 글로벌 컨설팅 업체 맥킨지와 함께 매년 두 차례 선정하고 있는 혁신 공장으로 빅데이터, 사물인터넷(IoT), 인공지능(AI), 등 4차 산업혁명의 핵심기술을 적극적으로 도입해 제조업의 미래를 이끌어 가는 공장을 뜻한다.

☆☆☆ 우리나라 포스코가 2019년 7월 등재된 것을 비롯해 지멘스(산업자동화), BMW(자동차), P&G(생활용품), 하이얼(가전) 등 26곳이 선정됐다. 등대공장에 뽑힌 한국 기업은 포스코가 유일하다.

✷ 4·5차 산업 *

산업구조의 변화와 관련하여 3차산업이 분화된 형태를 말한다. 정보·교육·의료 등 지식집약적 서비스산업을 4차산업, 취미·오락·패션산업을 5차산업으로 분류하였다. 1차 산업은 농림·수산업, 2차 산업은 광공업, 3차 산업은 서비스업 등이다.

✷ 핀테크 *

금융(Financial)과 기술(Technology)의 합성어로, 금융과 IT의 결합을 통해 새롭게 등장한 산업 및 서비스 분야를 말한다. 금융서비스의 변화로는 모바일, SNS, 빅 데이터 등 새로운 IT기술 등을 활용하여 기존 금융기법과 차별화된 금융서비스를 제공하는 기술기반 금융서비스 혁신이 대표적이며 최근 사례는 모바일뱅킹과 앱카드 등이 있다. 산업의 변화로는 혁신적 비금융기업이 보유 기술을 활용하여 지급결제와 같은 금융서비스를 이용자에게 직접 제공하는 현상이 있는데 애플페이, 알리페이, 카카오페이 등을 예로 들 수 있다.

✻ 애그플레이션(agflation) **

농업(agriculture)과 인플레이션(inflation)의 합성어이다. 영국의 경제주간지 이코노미스트에서 처음 사용한 용어로 농산물가격이 상승하면 소비자물가와 생산자물가가 상승하는 현상이다. 지구온난화로 인한 식량 생산량의 감소와 급속한 도시화로 세계의 경작면적이 줄어들고, 게다가 옥수수나 사탕수수를 이용한 바이오 연료 붐이 불면서 식량부족을 더욱 부채질하고 있다. 또한 옥수수 등 바이오 에탄올을 만드는 과정에서 원료 수요를 증가시킬 것으로 예상되며, 이러한 옥수수 가격의 상승은 옥수수 사료를 먹는 가축 사육비에 영향을 주고, 육류는 물론 우유, 버터 등 각종 유제품 가격을 상승시킨다. 결국 빵, 과자 값까지 높아져 심각한 애그플레이션으로 이어질 수 있다. 애그플레이션은 세계적인 현상이기 때문에 국내대책으로는 근본적인 대책에 한계가 있으며, 일반적인 공급부족으로 애그플레이션이 나타난 것이 아니므로 생산 및 공급 측면뿐만 아니라 소비 측면의 대응도 동시에 추진해야 된다는 특징을 가지고 있다.

✻ 녹색혁명(綠色革命) *

수확량이 많은 개량품종을 도입해서 식량의 증산을 꾀하는 농업정책으로 농업생산에 획기적인 전환을 가져왔다. 1960년대 중반기에 인도와 파키스탄 및 멕시코에서 종자개량으로 밀과 쌀의 획기적인 증산을 가져온 데서 비롯되었다. 녹색혁명이라고 하는 이유는 세계 각국이 농업을 녹색으로 표시하고 있기 때문이며 이를 농업혁명이라고도 한다.

✻ 산업재산권 **

창작자의 산업 활동에 의해 발명된 기술에 대한 권리로 특허청에 등록을 하고 그 독점적인 권리를 누릴 수 있으나 기간 경과 후엔 누구나 이용 가능하다. 이는 기술진보에 의해 산업발전을 추구하는 데 의의가 있으며 등록한 나라에서만 보호된다. 산업재산권의 종류로는 특허법, 실용신안법, 디자인법, 상표법이 있다.

① **특허권** ⋯ 특허 존속기간은 출원일로부터 20년이며, 새로운 제품이나 제조방법을 산업상 이용 가능하고 발전가능성이 있는 경우 출원하여 부여받는 권리

② **실용신안권** ⋯ 존속기간은 출원일로부터 10년이며, 기존 물품을 개량하여 실용성을 높인 고안을 출원하여 부여받는 권리로 특허보다는 기술수준이 약간 낮다.

③ **디자인권** ⋯ 존속기간은 디자인권 설정 등록일로부터 15년이며, 디자인을 창작한 자가 그 디자인을 등록해 갖는 독점적 권리

④ **상표권** ⋯ 전용기간은 상표권 설정 등록일로부터 10년이며, 상품 제조자가 타사의 제품과 식별하기 위해 도형·기호 등을 넣는 상표를 특허청에 출원하여 부여받는 권리

✽ 오일쇼크(oil shock) *

제1차 오일쇼크는 1973년 10월에 제4차 중동전쟁을 계기로 OAPEC(아랍석유수출국기구)에 가맹한 아랍 산유국들이 석유를 무기화하는 전략을 발동하여 석유의 대량 감산과 미국에 대한 수출금지를 단행하고, 아라비아 만안 6개국은 원유공시가격을 배럴당 3.011달러에서 5.119달러로 인상하고 곧이어 동년 말에 11.651달러로 인상해 세계가 석유 부족으로 세계경제를 강타, 심각한 인플레와 불황을 가져왔다.

더 알아보기

- **제2차 오일쇼크** … 1978년 12월부터 1979년 3월까지 이란의 석유수출정지에 기인한 석유수급의 불균형으로 가격이 상승하고 세계경제의 혼란을 야기했다. 단지 1981년 이후에 석유수요의 감퇴가 표면화하면서 수급이 대폭 완화됐다. 2006년에는 미국 경기 회복과 중국의 부상 그리고 원유 생산량 감소로 국제유가가 70달러에 육박하는 등 제3차 오일쇼크에 대한 우려가 나타나기도 했다.
- **역오일쇼크**(reverse oil shock) … 석유가격 하락 시 소비국은 플러스 효과를 갖지만, 산유국은 소득이 줄어 세계경제에 문제를 발생시키는 것을 말한다.

✽ 원유의 종류 **

현재 세계 70여 개 국에서 생산되는 수십 종의 원유 중 국제 원유가격의 기준이 되고 있는 유종은 서부텍사스중질유, 브렌트유, 두바이유 등의 3개 유종이다.

① 서부텍사스중질유 … WTI(West Texas Intermediate)는 미국 서부 텍사스(West Texas) 중간지역(Intermediate)에서 생산된다. WTI는 미국 내에서 주로 거래되지만 세계 최대 선물거래소인 뉴욕상품거래소(New York Mercantile Exchange : NYMEX)에 상장된 중심 유종으로 국제유가를 선도하는 가격지표로 가장 많이 활용되고 있다. 3대 원유 중 품질이 좋고, 원유 정제 시 가격 비싼 휘발유ㆍ나프타 등이 생산되어 높은 가격으로 형성된다.

② 브렌트유 … 영국 북해 지역에서 생산되고 가장 광범위한 지역으로 수출되는 국제적인 유종으로 유럽과 아프리카 지역에서 거래되는 원유 가격의 기준이 되어 유럽 현물시장과 런던 선물시장에서 거래된다.

③ 두바이유 … 아랍에미리트의 두바이 지역에서 생산되고, 극동지역으로 수출되며 중동산 원유의 가격 기준이 된다. 두바이유와 오만유는 현물시장에서 거래되는 아시아 지역의 대표적인 유종이다.

✽ 원유거래소 **

원유는 선물 또는 현물로 거래되는데 주로 뉴욕, 런던, 싱가포르 시장에서다. 뉴욕시장에서는 서부텍사스중질유를 지표로 삼아 뉴욕상품거래소(NYMEX)에서 거래되고, 런던시장에서는 북해산 브렌트유를 지표로 영국 국제석유거래소(IPE)에서 거래된다. 싱가포르시장에서는 연료유가 싱가포르 국제통화거래소(SIMEX)에서 주로 거래되고, 중동에서는 아시아시장으로 판매되는 타지역 원유가를 매기는 기준으로 두바이유를 지표로 삼고 있다.

Q 세계 3대 유종은?

① NYMEX … 뉴욕상품거래소(New York Mercantile Exchange)로 1872년 뉴욕 버터 · 치즈거래소(Butter and Cheese Exchange of New York)로 출범 후 명칭이 변경됐다. 버터와 달걀로 선물거래 시작, 난방유 · 휘발유 · 원유 선물을 각각 상장 후 뉴욕귀금속거래소인 코멕스(COMEX)를 합병해 코멕스와 니멕스 분야로 구분 · 운영해오고 있다. 현재 거래소 전체 거래량의 90%는 원유와 석유제품이고 이중 원유는 세계 상품선물 중에서 제1의 거래량을 자랑하고 있다.

② IPE … 국제석유거래소(International Petroleum Exchange of London Ltd)로 1981년 4월 유가변동의 위험을 감소시킬 목적으로 설립, 북해 브렌트 원유 · 경유, 가스오일, 천연가스를 취급하는 선물 · 옵션시장이다.

③ SIMEX … 싱가포르국제통화거래소(Singapore International Monetary Exchange)는 1978년 싱가포르 금거래소로 출발, 1984년 명칭이 변경됐다. 아시아 최초의 금융선물거래소로 현재 아시아에서 가장 많은 선물 · 옵션상품을 상장하고 있으며, 선박용 중유를 주로 취급한다.

✳ EEZ(Exclusive Economic Zone) *

배타적 경제수역으로 자국의 연안으로부터 200해리(370.4km)까지의 모든 자원에 대한 독점적 권리를 인정하는 국제해양법상의 개념이다. 1994년 12월에 발효돼 1995년 12월 정기국회에서 비준된 유엔 해양법협약은 연안국의 EEZ권리를 인정하고 있다. 협약에서 인정하는 EEZ의 경제주권으로는 어업자원 및 해저광물자원에 대한 주권적 권리, 해수 · 해풍을 이용한 에너지 생산, 탐사권, 해양과학조사관할권, 해양환경보호에 관한 관할권 등이 있다. 따라서 다른 나라 어선이 EEZ 내에서 조업하려면 연안국의 허가를 받아야 하고 이를 위반하면 나포, 처벌된다. 일본이 독도에 대한 영유권을 주장하면서 독도를 포함하는 EEZ선포를 강행하게 된 것도 한국어선의 일본 연해 불법조업을 차단하고 자신들의 EEZ를 넓히려는 데 가장 큰 목적이 있다. 경제수역이 200해리까지 배타적 권리를 인정해주고 있으나, 사실상 한국과 일본 사이에는 거리가 400해리가 되는 곳이 없어 200해리 EEZ는 서로 중복될 수밖에 없다.

✳ 스마일 커브(Smile Curve) *

상품의 개발 − 제조 − 판매 − A/S로 이어지는 일련의 가치사슬에 따라 부가가치를 그려보면 최고의 가치는 핵심 부품과 소재, 마케팅 서비스에서 나오고 그 중간단계인 제조의 가치는 가장 낮다는 개념이다. 단계별 부가가치의 정도를 그래프로 나타내면 웃는 모양의 곡선이 나오는데서 본따서 스마일 커브라고 부른다.

출제예상문제

1. 채무자가 공사채나 은행 융자, 외채 등의 원리금 상환 만기일에 지불 채무를 이행할 수 없는 상태를 무엇이라고 하는가?

   ① 디폴트　　　　② 환형유치
   ③ 엠바고　　　　④ 워크아웃

2. 제3의 산업혁명'이라 불리며 전 세계인의 관심을 받고 있는 에너지 자원은?

   ① 에테인　　　　② 메테인
   ③ 셰일가스　　　④ 타이트가스

3. 나카모토 사토시가 만든 디지털 통화인 비트코인에 대한 설명으로 바르지 않은 것은?

   ① 통화를 발행하고 관리하는 중앙 장치가 존재하는 구조이다.
   ② 익명성과 공개성을 가지고 있다.
   ③ 지갑 파일의 형태로 저장되고 이 지갑에는 고유 주소가 부여되어 거래가 이루어진다.
   ④ 공개 키 암호 방식을 이용해 공개된 계정 간에 거래한다.

4. 경기 침체나 위기 이후 회복될 쯤 경기 부양을 위해 내놓았던 정책을 거둬들이며 경제에 미치는 영향을 최소화하는 전략적 경제 정책은 무엇인가?

   ① 출구전략
   ② 양적완화
   ③ 워크아웃
   ④ 세일 앤드 리스 백

5. 기업합병에 성공한 기업이 주가가 떨어지거나 경영이 어려워지는 등의 후유증을 겪는 것을 의미하는 용어는 무엇인가?

   ① 승자의 저주　　② 보이지 않는 손
   ③ 리카도효과　　　④ 블랙스완

6. 다음에서 설명하는 효과로 적절한 것은?

   > 물건 구매에 망설이던 소비자가 남들이 구매하기 시작하면 자신도 그에 자극돼 덩달아 구매를 결심하는 것을 비유한 현상이다.

   ① 펭귄 효과　　　② 악어 효과
   ③ 판다 효과　　　④ 제비 효과

7. 다음 중 빈곤의 악순환'이란 말을 한 학자는?

   ① 넉시(R. Nurkse)
   ② 로스토(W. W. Rostow)
   ③ 클라크(C. Clark)
   ④ 맬더스(T. R. Malthus)

8. 소비지출의 변화가 투자에 미치는 파급효과를 무엇이라 하는가?

   ① 승수효과　　　② 가속도원리
   ③ 전시효과　　　④ 규모의 경제

9. 로스토의 경제발전 5단계에서 세 번째인 도약단계의 다음 단계는?

① 대중적 고도소비기 ② 신용경제기
③ 도시경제기 ④ 성숙기

10. 소셜덤핑을 하는 경우 가장 타격을 받는 사람은?

① 기업가 ② 소비자
③ 자본가 ④ 노동자

11. 가격이 상승한 소비재의 수요가 오히려 증가하는 현상은?

① 립스틱 효과
② 전시효과
③ 베블렌 효과
④ 리카도 효과

● ANSWER ●

1. 채무자가 공사채나 은행 융자, 외채 등의 원리금 상환 만기일에 지불 채무를 이행할 수 없는 상태. 채무자가 민간 기업인 경우에는 경영 부진이나 도산 따위가 원인이 될 수 있으며, 채무자가 국가인 경우에는 전쟁, 혁명, 내란, 외화 준비의 고갈에 의한 지급 불능 따위가 그 원인이 된다.

2. 셰일가스 … 엄청난 매장량으로 인해 '제3의 산업혁명'이라 불리며 전 세계인의 관심을 받고 있는 에너지 자원이다. 오랜 세월 동안 모래와 진흙이 수평으로 쌓여 단단하게 굳은 탄화수소가 퇴적암층에 매장되어 있는 가스로 현재 석유의 대체자원으로 주목받고 있다.

3. 2009년 나카모토 사토시가 만든 디지털 통화로 미국, 독일 등 세계 각국 정부와 언론의 주목을 받았다. 통화를 발행하고 관리하는 중앙 장치가 존재하지 않고 익명성과 공개성을 가지며 공개 키 암호 방식을 이용해 공개된 계정 간(PC나 스마트폰 등)에 거래가 이루어진다.

4. 경기 침체나 위기가 끝나갈 쯤 입구전략을 끝내고, 물가의 급격한 상승을 동반한 인플레이션과 같은 부작용을 막기 위해 시장에 공급된 통화를 거둬들이고, 금리를 올리며, 세제 감면 혜택을 줄이고, 정부의 적자 예산을 흑자 예산으로 바꾸는 등의 조치를 펴게 되는데, 이를 출구전략이라고 한다.

5. M&A에 성공한 기업이 주가가 떨어지거나 경영이 어려워지는 등의 후유증을 겪는 것을 말하는 용어로 미국의 행동경제학자인 리처드 세일러의 「승자의 저주(The Winner's Curse」(1992)를 통해 널리 알려졌다. M&A 과정에서 공격하는 기업이 인수하려는 기업을 시장가치보다 더 비싸게 샀는데 그 거품이 빠지면서 주로 발생한다.

6. 펭귄 효과 … 상품에 대한 구매 확신이 없어 구매하지 않다가 남들이 구매하면 자신도 자극받아 덩달아 구매하는 현상을 말한다.

7. 빈곤의 악순환 … 후진국은 국민소득이 낮으므로 국내저축이 미약하여 높은 투자가 이루어질 수 없고 따라서 국민소득 성장률이 낮아지는데, 이것이 되풀이되는 현상을 말한다.

8. 가속도원리 … 사무엘슨(P. Samuelson)의 이론으로 소득의 증대, 즉 소비수요의 증가가 그 몇 배에 해당하는 투자를 유발하는 현상을 말한다.

9. 로스토의 5단계설 … 전통사회 → 도약준비기 → 도약기 → 성숙기 → 대중적 고도소비기

10. 소셜덤핑(social dumping) … 국제수준보다 현저히 낮은 임금수준을 유지하며 절감된 원가의 제품을 해외시장에서 염가로 판매하는 행위이다.

11. 베블렌 효과는 허영심에 의해 수요가 발생하는 것으로서 가격이 상승한 소비재의 수요가 오히려 증가하는 현상을 의미한다.

1.① 2.③ 3.① 4.① 5.① 6.① 7.① 8.② 9.④ 10.④ 11.③ Ⓐ

12. 소득소비곡선상의 X재의 수요가 증대할 때 Y재의 수요는 감소하는 경우 X재에 대해서 Y재를 무엇이라 부르는가?

① 보통재   ② 보완재
③ 대체재   ④ 열등재

13. 다음은 경제발전단계를 나열한 것이다. 오래된 순서로 나열된 것은?

| ㉠ 신용경제 | ㉡ 물물교환경제 |
| ㉢ 자급자족경제 | ㉣ 화폐경제 |

① ㉠ － ㉡ － ㉢ － ㉣
② ㉠ － ㉡ － ㉣ － ㉢
③ ㉢ － ㉡ － ㉣ － ㉠
④ ㉣ － ㉢ － ㉡ － ㉠

14. 다음 중 BCG 매트릭스에서 고성장 저점율의 형태는 무엇인가?

① 별 사업부
② 개 사업부
③ 젖소 사업부
④ 물음표 사업부

15. 우회생산이 이루어지게 되는 가장 근본적 원인은?

① 무역의 발달과 국민소득의 증대
② 생산의 기계화 및 분업의 발달
③ 국내산업의 발전과 수출증대
④ 교통기관의 발달과 대량수송

16. 다음 내용 중 옳은 것은?

① 열등재는 항상 기펜의 역설현상을 나타낸다.
② 정상재는 절대로 기펜의 역설현상을 나타낼 수 없다.
③ 대체효과는 항상 가격의 변화와 같은 방향으로 나타난다.
④ 소득효과는 항상 가격의 변화와 같은 방향으로 나타난다.

17. 기업이 생산물을 해외시장에서는 낮은 가격에 판매하고, 국내시장에서는 높은 가격에 판매하여 이윤을 증대시킬 수 있는 경우로 옳은 것은?

① 수요의 가격탄력성이 해외시장에서는 높고 국내시장에서는 낮은 경우
② 수요의 가격탄력성이 해외시장에서는 낮고 국내시장에서는 높은 경우
③ 수요의 소득탄력성이 해외시장에서는 높고 국내시장에서는 낮은 경우
④ 수요의 소득탄력성이 해외시장에서는 낮고 국내시장에서는 높은 경우

18. 생산요소의 투입량과 생산량 간의 관계가 다음과 같다면 알 수 있는 것은?

구분	노동 = 1	노동 = 2	노동 = 3
자본 = 1	60	90	110
자본 = 2	80	120	150
자본 = 3	90	140	180

① 규모에 대한 수확체감, 한계생산성 체감
② 규모에 대한 수확체감, 한계생산성 불변
③ 규모에 대한 수확불변, 한계생산성 체감
④ 규모에 대한 수확불변, 한계생산성 불변

19. 다음 중 직접세에 관한 설명으로 옳지 않은 것은?

① 조세저항이 적다.
② 징수하기가 까다롭다.
③ 소득재분배 기능을 수행한다.
④ 조세의 전가가 없다.

20. 다음 중 중앙은행의 기능이 아닌 것은?

① 정부의 은행   ② 화폐발생
③ 상업어음 재할인   ④ 신용창조

21. 물가상승률이 지나치게 높은 시기에 가장 바람직하지 않은 경제정책은?

① 세율 인하   ② 통화량 감축
③ 정부지출 삭감   ④ 공무원봉급 동결

12. 대체제(경쟁제) … 재화 중에서 동종의 효용을 얻을 수 있는 두 재화를 말한다. 대체관계에 있는 두 재화는 하나의 수요가 증가하면 다른 하나는 감소하고, 소득이 증대되면 상급재의 수요가 증가하고 하급재의 수요는 감소한다. 예를 들어 버터(상급재)와 마가린(하급재), 쌀(상급재)과 보리(하급재), 쇠고기(상급재)와 돼지고기(하급재) 등이다.
② 재화 중에서 동일 효용을 증대시키기 위해 함께 사용해야 하는 두 재화를 말한다. 예를 들어 커피와 설탕, 버터와 빵, 펜과 잉크 등이 있다.
④ 소득이 증가할수록 그 수요가 줄어드는 재화를 의미한다.

13. 힐데브란트(B. Hildebrand)의 견해이다.

14. 물음표 사업부는 높은 성장률을 지닌 사업부이나 동시에 시장 점유율을 높이기 위해 많은 자금을 필요로 하게 되는 사업부이다.

15. 우회생산 … 고도로 분업화된 자본주의 생산형태로, 하나의 재화가 여러 사람의 사회적 · 기술적 분업에 의해서 생산되는 것을 말한다.

16. ① 열등재이면서 대체효과보다 소득효과가 더 큰 것이 기펜재이다.
③ 대체효과는 재화와 관계없이 항상 가격효과는 부(−)의 효과이다.
④ 소득효과는 정상재는 정(+)의 효과이고, 열등재 · 기펜재는 부(−)의 효과이다.

17. 가격차별에 따른 이윤증대방법 … 가격차별이란 동일한 재화에 대하여 서로 다른 가격을 설정하는 것으로, 수요의 가격탄력성에 따라 이루어지는데, 기업은 수요의 가격탄력성에 반비례하도록 가격을 설정해야 한다.
㉠ 가격탄력성이 높은 시장 … 낮은 가격을 설정해야 한다.
㉡ 가격탄력성이 낮은 시장 … 높은 가격을 설정해야 한다.
※ 가격차별 결과 소비자들에게 미치는 영향 … 가격차별이 이루어지면 수요가 탄력적인 소비자들은 유리해지는 반면에, 수요가 비탄력적인 소비자들은 오히려 불리해진다.

18. 모든 생산요소 투입량이 x 배 증가하였을 때 생산량이 정확히 x 배 증가하는 경우를 규모에 대한 수확(수익)불변이라고 한다. 한계생산물이란 가변요소 1단위를 추가적으로 투입하였을 때 총생산물의 증가분을 의미하는데, 자본투입량이 일정하게 주어져 있을 때 노동의 한계생산물은 점점 감소하므로 한계생산성은 체감하고 있다.

19. 직접세와 간접세

구분	직접세	간접세
특징	• 담세자와 납세자가 동일 • 조세 전가가 안됨 • 누진세율 적용	• 소비지출에 기준을 둠 • 담세자와 납세자가 분리 • 조세 전가가 잘됨 • 비례세율 적용
장 · 단점	• 소득재분배의 효과 • 조세저항이 강함 • 징수하기가 까다로움	• 세 부담의 역진적 효과 • 조세저항이 약함 • 징수하기가 용이함
종류	소득세, 법인세, 상속세, 취득세, 등록세 등	부가가치세, 특별소비세, 주세, 전화세, 인지세 등

20. ④ 민간개인의 예금을 흡수하고 예금창조, 즉 신용창조를 함으로써 대출에 필요한 자금을 조달하는 것은 시중은행의 기능이다.

21. 물가상승률이 지나치게 높은 시기에는 경기를 안정시키는 정책이 필요하다. 이 시기 정부는 재정지출을 줄이고, 금리와 세율을 인상하여 민간투자와 소비를 억제함으로써 경기를 진정시키는 안정화정책을 활용해야 한다.
① 세율을 인하하게 되면 가처분소득이 증가하여 소비가 증가하므로 경기가 더욱 과열된다.

22. 기업의 지급능력을 판단하는 대표적인 비율은?

① 당좌비율　　　② 배당률
③ 유동비율　　　④ 이익률

23. 한국종합주가지수의 영문 약자는?

① KOSPI　　　② KAIST
③ KDFC　　　④ KFX

24. 로렌츠곡선에 대한 설명이다. 옳지 않은 것은?

① 소득의 불평등 정도를 측정하는 방법이다.
② 소득의 누적점유율과 인구의 누적점유율 간의 관계이다.
③ 지니 집중계수는 로렌츠곡선의 단점을 보완한다.
④ 로렌츠곡선은 가치판단을 전제하는 측정방법이다.

25. 다음 중 모라토리움이란?

① 통화개혁　　　② 지불유예
③ 채무청산　　　④ 약정이율

26. 다음 설명 중 옳지 않은 것은?

① 약속어음은 인수절차가 필요없으나 환어음은 인수절차가 필요하다.
② 연속해서 생산규모가 커지고 생산량이 순차적으로 증대하는 현상을 확대재생산이라 한다.
③ 자본의 3대 원칙은 자본불변의 원칙, 자본확정의 원칙, 자본유지의 원칙이다.
④ 주식회사의 세 기관은 주주총회, 사원총회, 이사회이다.

27. 수입 200,000원, 저축 40,000원, 음식물비 80,000원일 때 엥겔계수는?

① 40%　　　② 45%
③ 50%　　　④ 60%

28. 로렌츠곡선에서 완전평등선을 접근시키는 방법으로서 선진국이 주로 채용하는 정책은?

① 독점금지법　　　② 공공투자
③ 보호관세　　　④ 누진세

29. 소득이 200,000원일 때 150,000원을 소비하던 사람의 소득이 250,000원으로 오르자 소비는 180,000원으로 올랐다고 하면, 그 사람의 한계소비성향은?

① 0.2　　　② 0.6
③ 0.72　　　④ 0.9 □

30. 다음 중 공급의 탄력성과 수요의 탄력성이 비교적 작은 것은?

① 쌀　　　② 영화관람
③ 시계　　　④ 책

31. 패리티지수(parity index)란 주로 어떤 부문에 적용되는가?

① 환율　　　② 농산물가격
③ 공산물가격　　　④ 임금상승률

32. 다음의 내용이 설명하고 있는 것은?

> 이것은 평균적인 일본의 가정이 전쟁이에 비해 참다랑어(참치)를 얼마나 소비하느냐를 나타내는 지표를 의미하는 것이다.

① 세이의 법칙
② 스시지수
③ 엥겔지수
④ 패리티가격

33. 임금은 노동자와 그 가족의 최저생계비에서 결정된다는 임금철칙설을 주장한 사람은?

① J. M. Keynes ② A. Smith
③ J. S. Mil ④ F. Lassalle

34. 긴급하고 특별한 상황이 빚어져 관세율을 인상 또는 인하할 필요가 있을 경우 그때그때 국회에서의 법 개정이 어렵기 때문에 제한된 범위 내에서 행정부가 조정할 수 있게 한 세율은?

① 탄력관세 ② 할당관세
③ 긴급관세 ④ 조정관세

● ANSWER ●

22. **유동비율** … 유동자산을 유동부채로 나눈 비율로, 회사의 지불능력을 판단하기 위해 사용되는 분석지표이다. 비율이 높을수록 지불능력이 커지며, 200%가 이상적이다.

23. **KOSPI(Korea Composite Stock Price Index)** … 한국종합주가지수를 나타내며, 국내 거래소에 상장되어 거래되는 모든 주식을 대상으로 산출하여 전체 장세의 흐름을 나타낸다.

24. **로렌츠곡선** … 미국의 경제학자 로렌츠(M.O. Lorenz)가 소득분포의 상태를 나타내기 위하여 작성한 도표로, 소득이 사회계층에 어떤 비율로 분배되는가를 알아보기 위한 것이다. 가로축에 저소득인구로부터 소득인구를 누적하여 그 백분율을 표시한 결과 45°선의 균등분포선과는 다른 소득불평등곡선이 나타났다.

25. **모라토리움(moratorium)** … 전쟁, 천재, 공황 등으로 경제가 혼란되어 채무이행이 어려울 때 국가가 일정 기간 채무이행을 연기 또는 유예시키는 것을 뜻한다.

26. 주식회사의 구성기관은 주주총회(의결기관), 이사회의 대표이사(집행 및 대표기관), 감사(회계감사기관)이다.

27. 엥겔계수 $= \dfrac{80,000}{(200,000 - 40,000)} \times 100 = 50(\%)$

28. **누진세** … 과세대상의 금액이 많을수록 높은 세율을 적용하는 조세로, 소득재분배의 효과가 크다.

29. 한계소비성향 $= \dfrac{\text{소비의 증가분}}{\text{소득의 증가분}} = \dfrac{30,000}{50,000} = 0.6$

30. 필수품일수록 탄력성이 작고, 사치품일수록 탄력성이 크다.

31. **패리티가격(parity price)** … 농산물가격을 결정함에 있어서 공산품가격과 서로 균형을 유지하도록 뒷받침해 주는 가격으로, 농가보호가 그 목적이다.

32. 스시지수는 평균적인 일본의 가정이 전갱이에 비해 참다랑어(참치)를 얼마나 소비하느냐를 나타내는 지수를 의미한다. 스시의 재료로 전갱이와 참다랑어가 많이 쓰인다는 것에 착안하여 아베노믹스의 효과를 분석하기 위해 개발한 지수이다. 경기 불황이 예상되면 값싼 전갱이를, 호황이 예상되면 값비싼 참치를 더 많이 소비할 것이며 이를 통해 일본의 경기 상황을 예측할 수 있다.

33. **임금철칙설** … F. Lassale의 저서 'Offenenes Antwortschreiben'에서 주장한 것으로 임금을 결정하는 데에는 수요와 공급의 제력이 영향을 미치지만 한 나라의 평균임금의 경우 노동자의 생계유지 및 자손의 번식을 위해 필요한 수준에서 결정된다고 하였다.
   ㉠ **임금이 최저생계비보다 높을 경우** : 노동자 생활의 향상→결혼과 출산으로 인한 노동가능인구의 증가→노동공급 증가→임금 하락
   ㉡ **임금이 최저생계비보다 낮을 경우** : 노동자의 생활 악화→결혼감소·출산제한 및 해외이주의 증가→노동가능인구의 감소→노동공급 감소→임금상승

34. **탄력관세(elastic tariff)** … 국내산업보호·물가안정 등을 위하여 정부가 국회의 위임을 받아 일정한 범위 내에서 관세율을 인상 또는 인하할 수 있는 권한을 갖도록 한 관세제도로, 우리나라에서는 1969년부터 채택하고 있다.

35. 통화량이란 일반적으로 무엇을 말하는가?

① 은행권발행고 − 은행보유은행권
② 은행권유통량 + 지불준비금
③ 은행권발행고 + 예금통화량
④ 은행권유통량 + 예금통화량

36. 주로 설비투자의 변동에 의해 초래되며, 10년 전후의 주기를 가진 경기순환주기를 뜻하는 용어는?

① juglar cycle　　② kitchin cycle
③ procuct life cycle　④ kondratieff cycle

37. UR협상 타결 후 자유무역 · 무한경쟁시대의 개막을 의미하는 새로운 세계경제질서, 즉 뉴라운드(New Round)에 해당하지 않는 것은?

① 그린라운드(Green Round)
② 블루라운드(Blue Round)
③ 경쟁라운드(Competition Round)
④ 휴먼라운드(Human Round)

38. 다음 중 설명이 잘못된 것은?

① 패리티지수는 농가구입 가격지수에 대한 농가판매 가격지수의 비율이다.
② 턴키(turn key)란 건설공사의 설계에서 시공까지 일괄수주한 계약방식이다.
③ 임팩트론(impact loan)은 외국의 차관 중에서 조건이 붙지 않는 차관이다.
④ 연불수출은 부품상태로 제품을 수출하여 현지에서 조립, 판매하는 방식이다.

39. 중앙은행이 재할인율을 인상할 경우에 나타나는 효과는?

① 이자율의 하락과 통화량의 증가
② 이자율의 상승과 통화량의 감소
③ 이자율의 상승과 통화량의 증가
④ 이자율의 하락과 통화량의 감소

40. 가격차별화가 실시되는 시장에서 나타나는 현상이 아닌 것은?

① 두 시장의 수요탄력성의 차이
② 두 시장에 판매되는 재화의 질적 차이
③ 두 시장이 상호 분리될 수 있는 진입여건
④ 두 시장 간의 상호 재판매가 불가능한 조건

41. 다음은 국민소득을 나타내는 개념들이다. 그 크기가 가장 큰 것부터 순서대로 된 것은?

① GNP>NI>PI>NNP>DI
② GNP>NNP>NI>PI>DI
③ GNP>DI>NNP>PI>NI
④ GNP>NNP>DI>NI>PI

42. 다음의 설명 중 옳은 것은?

① 독점기업들이 시장지배를 목적으로 결합한 연합체를 카르텔(cartel)이라 한다.
② 독점적 경쟁시장에서는 수많은 기업들이 존재하므로 시장지배력이 없다.
③ 과점시장에서의 한 기업의 행동은 경쟁기업의 행동에 전혀 영향을 못 미친다.
④ 독점적 경쟁시장에서 기업은 단기적으로는 이윤을 얻을 수 있으나 장기적으로는 이윤을 얻을 수 없다.

43. 다음 중 인플레이션 상태에서 이득을 보는 사람은 누구인가?

㉠ 채무자	㉡ 현금소지자
㉢ 부동산소유자	㉣ 봉급생활자

① ㉠, ㉡　　　　② ㉠, ㉢
③ ㉠, ㉣　　　　④ ㉡, ㉢

44. 일반물가가 연간 100% 이상 상승하는 인플레이션을 무엇이라고 부르는가?

① 서행성 인플레이션
② 두 자리 숫자의 인플레이션

③ 초과수요인플레이션

④ 하이퍼인플레이션

45. 국제금융시장에서 금리나 수익률을 나타내는 기본 단위인 'bp'는 무엇인가?

① basic point ② band point

③ basis point ④ basket point

46. 다음 중 경제 5단체에 속하지 않는 것은?

① 한국무역협회

② 대한상공회의소

③ 한국산업인력공단

④ 전국경제인연합회

● ANSWER ●

35. 통화량(M1) = 현금통화 + 예금통화
     = 민간보유시재금 + 은행보유시재금
     = 은행권유통량 + 예금통화량

36. ② 40개월 주기(단기파동)
    ③ 제품수명주기
    ④ 50~60년 주기(장기파동)

37. 포스트 UR시대 … UR협상 타결 이후의 새로운 세계경제질서, 즉 뉴라운드(New Round : GR·TR·BR·CR)가 이끄는 자유무역 및 무한경쟁시대의 개막을 의미한다.

38. ④ 녹다운(knockdown)방식에 대한 설명이다.

39. 재할인율 … 시중은행이 기업들로부터 할인매입한 어음을 한국은행이 다시 할인매입할 때 적용하는 금리를 의미한다.
    ㉠ 재할인율 인상 … 일반 은행의 이자율 상승 → 대출 감소 → 통화량 감소
    ㉡ 재할인율 인하 … 일반 은행의 이자율 이하 → 대출 증가 → 통화량 증가

40. 가격차별화란 동일한 재화를 서로 다른 가격으로 판매하는 것이므로, 독점시장에서만 가능하다.

41. ㉠ GNP(국민총생산) … 한 나라의 국민이 국내와 국외에서 생산한 것의 총합
    ㉡ NNP(국민순생산) … 국민총생산에서 감가상각비를 제외한 금액으로 국민경제의 순생산액
    ㉢ NI(국민소득) … 국민순생산에서 간접세를 빼고 정부보조금을 더한 합계액으로 요소소득의 합계액
    ㉣ PI(개인소득) … 개인이 실제로 받는 소득
    ㉤ DI(가처분소득) … 개인이 자유롭게 처분할 수 있는 소득

42. ① 과점기업들의 연합체 ② 약간의 시장지배력 유지 ③ 상호 의존성의 원리에 입각

43. 화폐로 자산을 소지하는 자는 불리하고 실물자산을 소지하는 자가 유리하다.

44. 하이퍼인플레이션(hyper inflation) … 초인플레이션이라고 하며, 일국 경제의 생산능력이 한계에 도달하였기 때문에 신용창조에 의한 유효수요의 증가가 물가를 더욱 등귀시켜 화폐에 대한 사회적 신뢰가 붕괴되어 가는 상태이다.

45. BP … 국제금융시장에서 이자율을 표시할 때 사용하는 최소의 단위이다. 국제금융시장에서 1%의 금리는 수억원에서 수천억원의 가치를 지니기 때문에 100분의 1%를 쓴다.

46. 경제 5단체로는 전국경제인연합회, 대한상공회의소, 한국무역협회, 중소기업중앙회, 한국경영자총협회 등이 있다.

35.④ 36.① 37.④ 38.④ 39.② 40.② 41.② 42.④ 43.② 44.④ 45.③ 46.③ **A**

47. 경제의 세 가지 문제 중 현대복지국가에서 가장 문제가 되고 있는 것은?

① 무엇을 얼마만큼 생산하느냐의 문제
② 재화 및 용역을 어떻게 생산하느냐의 문제
③ 생산방법에 관한 문제
④ 생산된 재화와 용역을 누가 사용하도록 하느냐의 문제

48. 다음 중 조세부담이 다른 사람에게 전가되는 것은?

① 부당이득세   ② 법인세
③ 상속세   ④ 부가가치세

49. 국내 산업의 개선 및 무역자유화의 폭을 넓히고 일반인들의 소비생활을 높이려는 데 있으며 우리나라의 경우에도 채택하고 있는 이 방식은 무엇인가?

① 포지티브시스템   ② 네거티브시스템
③ 엠바고   ④ J 커브효과

50. 다음 중 유동성선호란 무엇인가?

① 현금을 빌리고 이자를 받으려는 경향
② 상품을 현금으로 사려는 경향
③ 현금을 기업에 투자하려는 경향
④ 자산을 현금으로 보유하려는 경향

51. 주주총회의 권한이 아닌 것은?

① 정관의 변경
② 회사의 임의해산
③ 이사에 대한 겸업의 승인
④ 신주발행의 결정

52. 실권주(失權株)란 무엇을 말하는가?

① 의결권이 박탈된 주식
② 명의는 있으나 배당금이 없는 주식
③ 주주들이 인수를 거부한 주식
④ 유·무상 증자할당이 없는 주식

53. 다음 중 주식회사의 특징이 아닌 것은?

① 자본의 증권화제도   ② 유한책임제도
③ 소유와 경영의 분리 ④ 인적 회사

54. 주가지수에 관한 설명 중 잘못된 것은?

① 일정 시기의 주식가격을 100으로 하여 산출한 지수이다.
② 상장된 모든 종목의 현 시가총액을 기준시점의 총액으로 나누어 100을 곱한 것이다.
③ 증권상황 뿐만 아니라 경제상황도 알려준다.
④ 경제의 전망을 예측하는 데 없어서는 안될 지수이다.

55. 북미자유무역협정(NAFTA)의 체결 이후 미국과 멕시코 간의 무역자유화가 크게 확대되었다. 미국은 멕시코보다 자본이 풍부한 반면, 멕시코는 미국보다 노동이 풍부하다고 할 때, 이와 같은 무역의 자유화가 멕시코의 자본가와 노동자 간의 소득분배에 어떠한 영향을 미치는가?

① 소득분배에 영향을 주지 않는다.
② 소득의 격차를 확대시킨다.
③ 소득의 격차를 줄인다.
④ 소득분배에 미치는 영향이 불확실하다.

56. 다음 중 관세의 효과가 아닌 것은?

① 소비억제효과
② 산출량증가효과
③ 국제수지개선효과
④ 소비자후생 및 사회후생증대효과

57. 원화가치의 하락을 초래하는 요인이 아닌 것은?

① 국내 경기의 호전
② 국내 물가의 상승
③ 국내 이자율의 상승
④ 국내 한계수입성향의 증가

58. 구체적 수익률을 지니고 사회문제 또는 환경문제 등에 긍정적인 영향력의 발휘가 가능한 사업 및 기업 등을 능동적으로 찾아서 장기적으로 투자하는 것은?

① 엔젤 투자
② 뮤추얼 펀드
③ 헤지 펀드
④ 임팩트 투자

47. 현대복지국가에서는 생산물을 누구에게 분배해야 할 것인지를 결정하는 공평분배의 문제(형평성)가 주목받고 있다.

48. 간접세를 말하며 부가가치세, 특별소비세, 전화세, 주세, 인지세, 증권거래세 등이 있다.

49. 네거티브 시스템은 원칙적으로 수출입을 자유화하고 예외적으로 수출입을 제한해 금지하고자 하는 제품 품목만을 규정하는 무역제도이다.

50. **유동성선호설(流動性選好說)** … 화폐공급량과 자산의 일부를 유동성이 가장 높은 화폐로 보유하려는 사람들의 욕구와의 관계에서 이자율이 결정된다는 이론이다.

51. **주주총회** … 정기총회시 계산서류의 승인, 이익의 배당에 관한 결의, 임시총회시 영업의 양도, 이사의 해임 등을 결정한다.

52. **실권주** … 증권거래소에 주식이 상장된 기업의 주주들이 주식시세가 액면가를 밑돌아 인수하기를 거부하는 신주를 말한다.

53. ④ 주식회사는 물적 회사이다.

54. 주가지수는 분자를 주식가액(시가), 분모를 유통주식수로 하여 산정하고, 계산방법에 따라 단순주가지수와 가중주가지수로 나뉜다. 우리나라의 코스피지수는 1980년 1월 4일을 기준시점으로 종합주가지수를 100으로 하고, 개별종목의 주가에 상장주식수를 가중한 기준시점의 시가총액과 비교시점의 시가총액을 대비하여 산출한다.

55. **자유무역의 효과** … 자유무역을 통해 각국에서 상대적으로 풍부한 요소의 소득은 증가하고 희소한 요소의 소득이 감소하므로 요소소득격차가 감소한다.
　　㉠ **자본풍부국** … 상대적으로 풍부한 자본의 소득 증가
　　㉡ **노동풍부국** … 상대적으로 풍부한 노동의 소득 증가
　　③ 멕시코의 경우 노동이 풍부하므로 노동의 소득은 증가하고 희소한 자본의 소득은 감소하므로 자본가와 노동자 간의 소득격차는 줄어드는 반면에, 미국의 경우 자본이 풍부하므로 자본의 소득은 증가하고 희소한 노동의 소득은 감소하므로 자본가와 노동자 간의 소득격차가 커진다.

56. 관세를 부과하면 국내의 생산이 증가하므로 산출량증가효과가 발생하고 국내소비가 감소하므로 소비억제효과가 발생한다. 또한 정부의 재정수입이 증가하므로 재정수입증대효과가 나타난다. 그리고 관세를 부과하면 수입이 감소하고 교역조건이 개선되므로 국제수지개선효과도 기대할 수 있다. 그러나 관세부과는 소비자잉여를 감소시키고 사회후생손실을 가져오는 문제점이 있다.

57. 원화가치의 하락은 곧 환율인상을 의미한다. 국내 경기의 호전, 국내 물가의 상승, 국내 한계수입성향의 증가는 환율인상을 초래하지만, 국내 이자율이 상승하면 외환이 유입되어 환율하락을 초래한다.

58. 임팩트 투자는 투자행위를 통해서 얻은 수익 뿐만 아니라 사회 및 환경 등에 긍정적 영향을 끼치는 사업 또는 기업 등에 돈을 투자하는 행태를 의미한다.

59. 한국의 한 MP3 제조회사가 중국에 공장을 세우고 한국인과 중국인 노동자를 고용하는 경우, 다음 설명 중 옳은 것은?

① 한국의 GNP와 중국의 GNP가 증가한다.
② 한국의 GDP와 중국의 GDP가 증가한다.
③ 중국의 GNP는 증가하지만 한국의 GNP는 증가하지 않는다.
④ 중국의 GDP는 증가하지만 한국의 GDP는 감소한다.

60. 다음의 경제상황 중 통화량을 증가시키는 것은?

① 한국은행이 기업구조조정에 필요한 공적자금을 마련하기 위해 국채를 대폭 발행하였다.
② 증시침체로 외국 투자자들의 국내 주식투자가 감소하였다.
③ 신용카드, 현금카드, 체크카드 등의 보급으로 사람들의 현금보유가 감소하였다.
④ 정부가 IMF의 권고에 따라서 재정적자를 감축시켰다.

61. 환율이 달러당 1,200원으로부터 1,180원으로 하락하였다. 그 원인에 대한 설명으로 옳지 않은 것은?

① 외국인의 국내 주식투자가 증가하였다.
② 중국의 경기호황으로 수출이 증가하였다.
③ 포드자동차가 국내 채권시장에서 자금을 조달하였다.
④ 미국 기업이 부산에 대규모 공장을 신축하였다.

62. 다음 설명 중 옳은 것은?

① '사이버증권사'란 주식투자자들이 자신의 컴퓨터를 이용해 인터넷에 개설된 증권사의 매매시스템을 통해 주문을 내면 증권사가 이를 증권거래소에 전달하는 시스템이다. 각종 투자정보와 증시관련 뉴스도 제공하는 장점은 있으나, 수수료가 비싸다는 단점이 있다.

② '인프라(infra)'란 사회적 생산기반을 뜻하는 말로 도로, 하천, 공항과 같이 경제활동과 밀접한 사회자본을 가리킨다. 학교나 병원 같은 사회복지시설을 말하는 사회간접자본(SOC)과는 다르다.

③ '상업차관'은 민간기업이 국제기구 이외의 외국인으로부터 직접 차입하는 자금으로, 해외에서 시설재를 도입하거나 외채를 조기상환하기 위한 용도로 들여온다. 금리가 낮아 국내통화관리에 부담이 되므로 우리나라는 전면 금지하고 있다.

④ '바이아웃 펀드(buyout fund)'란 부실기업의 경영권을 인수해 구조조정이나 다른 기업과의 M&A 등을 통해 기업가치를 높인 뒤 되팔아 수익을 거두는 펀드이다.

63. 코리아펀드(Korea fund)란 무엇을 뜻하는가?

① 우리나라가 제3세계에 대여하는 단기외채
② 우리나라에서 투자활동할 수 있는 외국인들의 수익증권
③ 해외에 설립하는 우리나라 투자신탁회사 또는 그 기금
④ 국내업체의 차관도입시 적용되는 이자율

64. 1980년대 말 일본 경제평론가 고무로 나오키(小室直樹)가 「한국의 붕괴」라는 책에서 처음 사용된 경제 관련 용어는?

① 원앙 경제   ② 가마우지 경제
③ 기러기 경제   ④ 투 빈 경제

65. 다음 설명에 해당하는 것은?

> 누구나가 잘못되었다는 것을 알고 있으면서도 먼저 그 말을 꺼내서 불러오게 될 위험이 두려워 아무도 먼저 말하지 않는 커다란 문제

① 방 안의 코끼리   ② 샤워실의 바보
③ 회색코뿔소   ④ 검은 백조

59. ① 한국인과 중국인 노동자를 고용하여 생산하므로 두 국가의 GNP는 모두 증가하며, 중국 내에서 생산활동이 이루어지므로 중국의 GDP도 증가한다.
  ※ GDP와 GNP
    ㉠ GDP … 일정 기간 동안에 한 나라의 국경 내에서 생산된 최종총생산의 시장가치
    ㉡ GNP … 일정 기간 동안에 한 나라의 국민에 의해서 생산된 최종생산물의 시장가치

60. 신용화폐로 인해 현금보유가 감소하면 현금통화비율이 감소하므로 통화승수가 커진다. 통화승수가 커지면 통화량은 증가한다.

61. ③ 포드자동차가 국내 채권시장에서 자금을 조달하면 외환수요가 증가하므로 외환수요곡선이 우측으로 이동하여 환율이 상승하게 된다.

62. ① 사이버증권사의 성공은 저렴한 수수료에 있다.
  ② 일반적으로 인프라는 사회간접자본(SOC)과 같은 개념으로 사용된다.
  ③ 한국은 공공시설재 도입에만 허용하다가 1998년부터 만기 3년 이상의 100만 달러가 넘는 상업차관의 도입을 허용하고 있다.

63. **코리아펀드** … 한국증권시장에서 투자활동을 할 수 있는 외국인들의 수익증권으로 미국에서 자금을 모아 설립한 기금으로 투자하여 미국측 관리자가 직접 운용한다.

64. 가마우지 경제는 핵심 부품과 소재를 일본에서 수입해 다른 나라에 수출하는 우리나라 산업경제의 구조적 특성상 수출하면 할수록 정작 이득은 일본에 돌아간다는 의미를 지닌다.

65. 제시된 내용은 방 안의 코끼리에 대한 설명이다.
  ② **샤워실의 바보** : 경기과열 또는 경기침체에 대응하는 정부의 시장개입이 섣부를 경우 발생하는 역효과를 경고하는 말
  ③ **회색코뿔소** : 지속적인 경고로 충분히 예상할 수 있지만 쉽게 간과하는 위험 요인
  ④ **검은 백조(블랙스완)** : 도저히 일어날 것 같지 않지만 만약 발생할 경우 시장에 엄청난 충격을 몰고 오는 사건

03 사회 · 노동

사회 · 노동 단원에서는 기본적인 출제빈도에 맞춰 다양하게 일어나는 사회현상에 대한 개념정리와 이들이 각 분야에 미치는 영향을 파악하고, 군사안보의 현황에 대한 흐름을 분석해야 한다.

1 사회

✻ 바이토 테러 *

바이토 테러는 음식점 등의 아르바이트 직원이 음식이나 집기로 불쾌한 행동을 하고 이를 촬영해 소셜미디어로 유포하는 행위를 가리킨다. 바이토 테러로 기업들의 이미지가 훼손되고 실제 피해를 보면서 일본에서 사회 문제가 되고 있다.

✻ 고령사회(高齡社會) ***

노령인구의 비율이 높은 수준에서 기복이 없는 안정된 사회를 말하며, 고령화사회(高齡化社會)는 노령인구의 비율이 현저히 높아져 가는 사회를 말한다. 인구의 고령화 요인은 출생률과 사망률의 저하에 있다. 사회가 발전함에 따라 선진국에서는 평균수명이 연장돼 장수하는 노령인구가 늘고 있어 고령에 따르는 질병 · 고독 · 빈곤 등의 사회경제적 대책이 시급한 상황에 이르고 있다. 고령에 대한 정의는 일정치 않는데, 우리나라의 경우 고령자고용법 시행령에서 55세 이상을 고령자, 50~55세 미만을 준고령자로 규정하고 있다. 우리나라는 지난 2018년 65세 이상 인구가 총인구의 14%를 넘어 고령사회로 진입했다.

더 알아보기

UN이 분류한 고령에 대한 정의
• 고령사회(aged society) … 65세 이상 인구가 총인구를 차지하는 비율이 14% 이상
• 고령화사회(aging society) … 65세 이상 인구가 총인구를 차지하는 비율이 7% 이상
• 초고령사회(post-aged society) … 65세 이상 인구가 총인구를 차지하는 비율이 20% 이상

Q 노령인구의 비율이 높은 수준에서 기복이 없는 안정된 사회는?

✱ 노플라이 제도 ***

항공기 기내에서 폭력 및 폭언 등으로 항공기 운항 안전을 방해하거나 승무원이나 승객을 대상으로 난동을 부리는 행위, 기내에서 금하는 행위를 한 승객에게 일시적이나 영구적으로 해당 항공기 탑승을 거부하는 제도를 의미한다. 노플라이 제도는 일본항공, 델타항공, 네덜란드항공 등에서 운영하고 있으며 대한항공도 시행하고 있다.

✱ 핑프족 **

'핑거 프린세스(finger princess)' 또는 '핑거 프린스(finger prince)'를 줄인 말로 간단한 정보조차 스스로 찾아보거나 조사하지 않고 온라인이나 다른 이들에게 물어 지식을 습득하려는 사람을 의미한다. 또한, 핑프족들은 스스로 고민하거나 해결하려 하기보다는 남에게 의존해 그 상황을 쉽게 넘어가려는 성향을 보이곤 한다.

✱ 코피노(kopino) *

한국인 남성과 필리핀 여성 사이에서 태어난 아이로 '코리안 필리피노'의 줄임말이다. 여행, 사업, 연수, 성매매 등을 목적으로 필리핀에 간 한국인 남성들이 현지 여성들과 성관계 후 아이가 생기면 책임을 회피하는 식의 잘못된 성문화로 탄생한 것이다. 이러한 코피노는 대략 3만 여명 정도로 추정된다.

> ✓ 상 / 식 / 문 / 제
>
> 한국인 남성과 필리핀 여성 사이에 태어난 아이를 일컫는 용어는 무엇인가?
>
> ① 코피노 　　② 라이따이한
> ③ 자피노 　　④ 코시안

✱ 실버 택배 **

노인계층을 뜻하는 실버(Silver)와 택배의 합성어로, 인근 지역 거주 노인 인력을 활용한 택배 서비스를 뜻한다. 택배사가 아파트 단지 입구까지 수화물을 배송하면, 단지 내에서는 실버택배 요원이 각 세대에 방문 배송하는 식으로 이루어지며 이러한 실버택배는 노년층 일자리 확충이라는 공익적 목적으로 도입되었다.

✱ 하이티즘(Heightism) *

키가 큰 사람들이 사회적으로 누리게 되는 특혜를 의미한다. 프랑스 사회학자 니콜라 에르팽은 자신의 저서 〈키는 권력이다〉를 통해 하이티즘을 소개했다. 그는 남자의 큰 키는 신분이나 연봉, 결혼 등 많은 요인에서 사회적으로 유리하게 작용하는 신체적 자본이라고 말하며 '키는 곧 권력'이라고 말했다.

✱ 효과별 분류 **

구분	내용
베르테르효과 (werther effect)	유명인이나 자신이 롤 모델로 삼고 있던 사람이 자살할 경우, 자신과 동일시해서 자살을 시도하는 현상. 독일의 문호 괴테가 1774년에 출간한 「젊은 베르테르의 슬픔」에서 유래했는데, 이 작품에선 남주인공 베르테르가 여주인공 로테를 사랑하지만 그녀에게 약혼자가 있다는 것을 알고 실의에 빠져 권총자살을 하게 된다. 시대와의 단절로 고민하던 젊은 세대의 공감으로 자살이 급증하자 이를 연구한 미국의 사회학자 필립스(D. Phillips)가 이름을 붙였다.
루핑효과 (looping effect)	사람들이 이전에 관심이 없다가 새로운 사실을 인식하게 되면 이러한 사실들이 상호작용하게 되어 사람이 변해 새로운 사실에 영향을 받은 다른 종류의 사람이 만들어지는 현상. 예를 들어 유명인의 자살을 언론보도를 통해 접하고 관심을 갖게 돼 개개인의 불안심리가 조성되면서 우울감이나 단절감이 자살로 이어지게 된다.
나비효과 (butterfly effect)	브라질에 있는 나비의 날갯짓이 미국 텍사스에 토네이도를 발생시킬 수도 있다는 과학이론. 기상 관측한 데이터를 통해 처음 이야기된 효과로, 어떤 일이 시작될 때 있었던 아주 미묘한 양의 차이가 결과에서는 매우 큰 차이를 만들 수 있다는 이론이다. 이는 후에 카오스 이론의 토대가 되었다.
낭떠러지효과	자신이 정통한 분야에 대해서는 임무수행능력이 탁월하지만 조금이라도 그 분야를 벗어나면 낭떠러지에서 떨어지듯이 일시에 모든 문제해결능력이 붕괴되는 현상을 말한다. 낭떠러지효과는 기계문명에 대한 맹신에서 벗어날 것을 인류에게 촉구하는 미래학자들의 경고이기도 하다.
넛지효과 (nudge effect)	어떠한 금지나 인텐시브 없이도 인간 행동에 대한 적절한 이해를 바탕으로 타인의 행동을 유도하는 부드러운 개입을 뜻하는 말. 행동경제학자인 선스타인(C.R. Sunstein)과 리처드 탈러(R.H. Thaler)가 공저한 「넛지」에 의하면, 팔을 잡아끄는 것처럼 강제에 의한 억압보다 팔꿈치로 툭 치는 부드러운 개입으로 특정 행동을 유도하는 것이 더 효과적이라고 한다.
디드로효과 (diderot effect)	하나의 제품을 구입하면 그 제품과 연관된 제품을 연속적으로 구입하게 되는 현상. 소비자는 단순히 기능적인 연관성뿐만 아니라 제품과 제품사이에 정서적 동질성을 느껴서 구입하게 된다.
피그말리온효과 (pygmalion effect)	타인의 관심이나 기대로 인해 능률이 오르거나 결과가 좋아지는 현상. 그리스신화에 나오는 조각가 피그말리온의 이름에서 유래한 심리학 용어로 '로젠탈효과'라고도 한다.
스티그마효과 (stigma effect)	타인에게 무시당하거나 부정적인 낙인이 찍히면 행태가 나빠지는 현상. 스티그마효과가 부정적 행태를 보인다면 피그말리온효과는 긍정적 행태를 보인다. '낙인효과'라고도 한다.
래칫효과 (ratchet effect)	소득수준이 높았을 때의 소비성향이 소득수준이 낮아져도 낮아진 만큼 줄어들지 않게 하는 저지작용

✱ 프로파일러(profiler) **

일반적 수사 기법을 통해 해결되기 어려운 연쇄살인사건 수사나 범행동기가 불분명하여 상식적이지 않은 범죄사건 등에 투입, 범죄사건의 정황·단서를 분석하여 용의자의 성별·연령·직업·성격·행동유형·콤플렉스 등을 추론해 범위를 좁혀 수사방향을 설정하는 범죄심리분석관을 말하며, 이러한 수사기법을 프로파일링(profiling)이라 한다. 1956년 '미친 폭파범' 조지 메트스키 사건에서 미국 정신과의사 A. 브뤼셀의 심리적 추정에 의한 사건해결로 등장하여, 1972년 미국연방수사국(FBI)에서 프로파일링 기법을 공식 도입했다. 우리나라는 2000년부터 도입해 프로파일러가 활동 중이다.

Q 하나의 제품을 구입하면 그 제품과 연관된 제품을 연속적으로 구입하게 되는 현상은?

✳ 생활임금제(生活賃金制) **

최저임금보다 다소 높은 수준으로 저소득 근로자들이 최소한의 인간다운 삶을 유지할 수 있는 수준의 임금을 보장하는 제도다. 즉, 근로자들의 주거비, 교육비, 문화비 등을 종합적으로 고려해 최소한의 인간다운 삶을 유지할 수 있을 정도의 임금수준으로 노동자의 생계를 실질적으로 보장하려는 정책적 대안이다. 현재 일부 지자체가 조례 형태로 제정해 공공근로자 등에게 적용하고 있다. 그 동안은 지자체가 생활임금제 조례 제정을 추진할 때마다 상위법에 근거 조항이 없어 상위법 위반 논란이 일었다.

✳ 랜선 집사 *

애완동물을 직접 키우는 대신 인터넷상에서 영상, 사진 등을 통해 동물을 보며 대리 만족을 즐기는 소비자를 뜻한다. 1인 가구 증가로 인해 반려동물을 기르기 힘들어지자 온라인을 통해 반려동물을 접하는 것으로 대리만족하는 사람이 늘어난 것이다.

✳ 도넛현상(doughnut) *

대도시의 거주지역과 업무의 일부가 외곽지역으로 집중되고 도심에는 상업기관·공공기관만 남게 되어 도심은 도넛모양으로 텅 비어버리는 현상이다. 이는 도시 내의 지가상승·생활환경의 악화·교통혼잡 등이 원인이 되어 발생하는 현상으로 도심 공동화현상이라고도 한다.

✳ 스프롤현상(sprawl) **

도시의 급격한 팽창에 따라 대도시의 교외가 무질서·무계획적으로 주택화되는 현상을 말한다. 교외의 도시계획과는 무관하게 땅값이 싼 지역을 찾아 교외로 주택이 침식해 들어가는 현상으로 토지이용면에서나 도시시설정비면에서 극히 비경제적이다.

✳ U턴현상 **

대도시에 취직한 시골 출신자가 고향으로 되돌아가는 노동력 이동을 말한다. 대도시의 과밀·공해로 인한 공장의 지방 진출로 고향에서의 고용기회가 확대되고 임금이 높아지면서 노동력의 이동현상이 나타나고 있다.

✳ J턴현상 *

대도시에 취직한 시골출신자가 고향으로 돌아가지 않고 지방도시로 직장을 옮기는 형태의 노동력이동을 말한다. U턴현상에 비해 이 현상은 출신지에서의 고용기회가 적을 경우 나타나는 현상이다.

✳ 무리별 분류 ***

구분	내용
여피족(yuppie)	young urban, professional. 도시에서 자란 젊고 세련된 전문직업인
더피족(duppie)	depressed urban professional. 우울한 도시 전문직 종사자들
이피족(yiffie)	young(젊은), individualistic(개인주의적인), freeminded(자유분방한), few(사람 수가 적은). 1990년대 여피에 이어 등장. 여유있는 삶, 가족관계, 다양한 체험 등 자신의 목적을 위해 직장을 마다하고 자신의 행복과 만족을 추구하는 청년들
예티족(yettie)	young(젊고), entrepreneurial(기업가적인), tech-based(기술에 바탕을 둔), internet elite. 신경제에 발맞춰 일에 대한 열정으로 패션에 신경을 쓰지 않는 20~30대의 신세대 인간형
댄디족(dandy)	자신이 벌어서 규모 있는 소비생활을 즐기는 젊은 남자들. 방송·광고·사진작가·컴퓨터 프로그래머 등의 전문직에 종사
시피족(cipie)	character(개성), intelligence(지성), professional(전문성). 오렌지족의 소비 지향적·감각적 문화행태에 반발. 지적 개성을 강조하고 검소한 생활을 추구하는 젊은이
슬로비족(slobbie)	slower but better working people. 성실하고 안정적인 생활에 삶의 가치를 더 부여하는 사람들
니트족(neet)	not in education, employment or training. 교육이나 훈련을 받지 않고 일도 하지 않으며 일할 의지도 없는 청년 무직자
좀비족(zombie)	대기업·방대한 조직체에 묻혀 무사안일에 빠져있는 비정상적인 사람
딩크족(dink)	double income, no kids. 정상적인 부부생활을 영위하면서 의도적으로 자녀를 갖지 않는 젊은 맞벌이 부부
딘스족(dins)	dual income, no sex couples. 성생활이 거의 없는 맞벌이 부부
듀크족(dewks)	dual employed with kids. 아이가 있는 맞벌이 부부
딘트족(dint)	double income no time. 경제적으로 풍족하지만 바쁜 업무로 소비생활을 할 시간이 없는 신세대 맞벌이
네스팅족(nesting)	단란한 가정을 가장 중시하고 집안을 가꾸는 신가정주의자들
싱커즈족(thinkers)	젊은 남녀가 결혼 후 맞벌이를 하면서 아이를 낳지 않고 일찍 정년퇴직해 노후생활을 즐기는 신계층
통크족(tonk)	two only no kids. 자식은 있되 자식뒷바라지에 의존하지 않고 취미·운동·여행 등으로 부부만의 생활을 즐기는 계층
우피족(woopie)	well of older people. 자식에게 의지하지 않고 경제적인 여유로 풍요롭게 사는 노년세대
유미족(yummy)	young upwardly mobile mummy. 상향 지향적이고 활동적인, 특히 자녀에 대해 정열을 쏟는 젊은 어머니들
나오미족	not old image. 안정된 결혼생활을 누리며 신세대 감각과 생활을 보여주는 30대 중반 여성들
루비족(ruby)	refresh(신선함), uncommon(비범함), beautiful(아름다움), young(젊음). 평범·전통적인 아줌마를 거부해 자신을 꾸미는 40~50대 여성들
나우족(now)	new old women. 40~50대에도 젊고 건강하며 경제력이 있는 여성들
노무족(nomu)	no more uncle. 나이와 상관없이 자유로운 사고와 생활을 추구하고 꾸준히 자기개발을 하는 40~50대 남자들

🅠 도시에서 자란 젊고 세련된 전문직업인은?

✳ 쿼터리즘(quarterism) **

4분의 1을 뜻하는 영어 쿼터(quarter)에서 나온 말로, 인내심을 잃어버린 요즘 청소년의 사고·행동양식을 지칭한다. 최근의 10대들은 자극에는 즉각 반응을 하지만 금새 관심이 바뀌는 감각적 찰나주의가 한 특징으로, 이는 순간적 적응력을 요구하는 고속정보통신과 영상매체의 급격한 팽창이 한 가지 일에 진지하게 접근하고 집중하는 능력을 점차 잃게 한 원인으로 지적되고 있다. 그러나 직관적 사고나 감각적이고 순발력이 필요한 아이디어를 창안해 내는 데는 천재적이라는 긍정적 결과도 있다.

✳ 큐 그레이더(Q-Grader) **

커피의 원재료인 생두와 원두의 맛, 특성 등을 감별해 커피의 등급을 결정하는 직종을 의미한다. 다시 말해 커피 감별사라고 하는데, 여러 가지 조건들로 커피를 감별해 커피의 등급(grade)을 결정하는 역할을 담당한다. 이러한 큐 그레이더가 되기 위한 방법은 국가마다 조금씩 차이를 보이고 있으며 각국에 그들만의 자격시험이 있는데 비교적 체계적인 나라는 미국, 유럽, 일본, 콜롬비아, 브라질, 에티오피아 등의 국가들이 이를 시행하고 있다. 국내의 경우에도 이에 대한 자격시험이 있는데 원두 분별, 후·미각, 커피 구분, 커피 평가 테스트 등 22가지의 과정이 치러지며, 3년마다 한 번씩 재시험을 통해서 자격증을 갱신하는 방식이다.

✳ 치킨게임(chicken game) ***

경쟁을 할 때 어느 한 쪽이 양보하지 않을 경우 상대가 무너질 때까지 출혈 경쟁을 해서 결국 양쪽 모두 파국으로 치닫게 되는 극단적인 게임이론이다. 1950년대 미국 젊은이들 사이에서 유행하던 자동차 게임의 이름이 치킨게임이며, 한밤중에 도로에서 마주보고 두 명의 경쟁자가 자신의 차를 몰고 각각 정면으로 돌진하다가 충돌 직전에 핸들을 꺾는 사람이 지는 경기로 어느 한 쪽도 핸들을 꺾지 않으면 모두 승자가 되지만 결국 충돌해 양쪽 모두 파멸하게 된다. 이때 핸들을 꺾는 사람이 치킨으로 몰려 명예롭지 못한 사람의 취급을 받는다. 이 용어는 1950~1970년대 미국과 구 소련 사이의 극심한 군비경쟁에 대해 비판하면서 차용되었다.

✳ 젠더폭력 ***

상대의 성에 대한 혐오를 담고 저지르는 신체적·정신적·성적 폭력을 의미한다. 이에는 여성폭력과 남성폭력이 있는데 대부분이 젠더폭력이라 하면 여성폭력으로 통하고 있으며 성폭력, 가정폭력, 성매매 등이 대표적인 형태이다.

✱ 증후군의 분류 [**]

구분	내용
빈 둥지 증후군 (empty nest syndrome)	공소증후군. 중년의 가정주부가 어느 날 갑자기 빈 둥지를 지키고 있는 듯 허전함을 느끼며 자신의 정체성에 대해 회의를 품게 되는 심리적 현상
모라토리엄 증후군 (moratorium syndrome)	지식 수준이나 육체적으로 한 사람의 몫을 충분히 할 수 있음에도 불구하고 사회인으로서 책무를 기피하는 현상. 대개 고학력 청년들로 대학 졸업 후 사회로 나가기 두려워 취직하지 않고 빈둥거리는 것을 말한다.
파랑새 증후군 (bluebird syndrome)	현재의 일에 만족이나 정열을 느끼지 못하고 미래의 행복만을 꿈꾸는 증후군
피터팬 증후군 (peter pan syndrome)	무기력증을 보이는 남성들의 심적 증후군. 어른이면서도 어린이 같은 언행을 일삼는 현상을 말한다.
슈퍼우먼 증후군 (superwoman syndrome)	직장여성 중 엘리트를 지향하는 여성들에게서 보이는 스트레스 증후군. 모든 일에 완벽하려고 지나친 신경을 써서 지쳐버리게 되는 증상을 말한다.
신데렐라콤플렉스 (cinderella complex)	자신의 능력으로 자립할 자신이 없는 여성이 일시에 자신의 일생을 변화시켜 줄 존재의 출현만을 기다리는 심리로, 남자의 인생에 의지하여 마음의 안정을 찾고 보호받기를 원하는 여성의 심리적 의존을 말한다.
LID 증후군 (loss isolation depression syndrom)	핵가족화로 인해 노인들에게 발생할 수 있는 고독병의 일종. 자녀들은 분가해서 떠나고 주변의 의지할 사람들이 세상을 떠나면 그 손실에 의해 고독감과 소외감을 느낀다. 이런 상태가 지속되면 우울증에 빠지게 되는데 이를 고독고(孤獨苦)라 한다. ※ 노인의 4고(苦) : 빈고(貧苦), 고독고(孤獨苦), 병고(病苦), 무위고(武威苦)

✱ 사회보장제도 [*]

국민이 빈곤·질병·생활불안의 경우에 처하더라도 최소한의 인간다운 생활을 하면서 살 수 있도록 국가가 정책적으로 보장하는 것을 말한다. 우리나라의 국가적 규모의 사회보장제도의 실시는 1947년 과도정부 법령 제4호 미성년자 노동보호법이 효시이며, 1959년에는 한국사회보장제도 창설의 모태가 된 '건강보험제도 도입을 위한 연구회'가 보건복지부 주관 하에 발족되었고, 그 연구결과 1962년 3월에 사회보장제도 심의위원회가 정식 법적 기구로 탄생되었다. 국제노동기구(ILO)에서는 사회보장의 내용을 '사회보험'과 '공공부조'로, 우리나라와 일본에서는 '사회보험', '공공부조', '사회복지서비스'로 나누고 있다.

구분	사회보험	공공부조
목적	산업재해, 실업, 사망 등에 따른 소득의 중단이나 상실의 불안 해소	보험료의 부담능력이 없는 생활무능력자의 생활보호
대상	보험료 부담능력이 있는 사람	자산상황, 건강상태 등 조사 후 결정
종류	재해보험, 실업보험, 의료보험, 양로보험, 각종 연금제도	구호대상자에 대한 각종 보호사업, 사회복지사업, 공중위생사업 등
부담	피보험자, 기업주 또는 국가	비용 전부를 국가가 부담
특징	강제가입, 능력별 부담, 근로의욕 고취, 상호부조의 성격	소득재분배효과, 국가재정의 팽창, 근로자 투자의욕의 상실

Q 현재의 일에 만족을 느끼지 못하고 미래의 행복만을 꿈꾸는 현상은?

✱ 세대별 분류 **

구분	내용
A세대	aspirations(욕구)의 첫 글자에서 따온, 아시아·라틴아메리카 등의 신흥경제국가의 도시에 살고, 연간 2천만 파운드를 벌며 계속 소득이 늘어 소비욕구가 강해 세계경제의 메가트렌드를 주도하는 30~40대 중산층
C세대	컴퓨터 보급의 일반화로 탄생하여 반도체칩과 카드, 케이블 속에 사는 컴퓨터 세대. 또는 자신이 직접 콘텐츠를 생산·인터넷 상에서 타인과 자유롭게 공유하며 능동적으로 소비에 참여하는 콘텐츠 세대.
E세대	enterpriser(기업가)의 첫 글자에서 따온, 스스로가 사업체를 세워 경영인이 되고 싶어 하는 사람들
G세대	green과 global의 첫 글자에서 따온, 건강하고 적극적이며 세계화한 젊은 세대
L세대	luxury(사치)의 첫 글자에서 따온, 세계적으로 유명한 고가의 고급 브랜드를 일상적으로 소비하는 명품족
M세대	휴대전화를 통화 이외의 다양한 용도로 사용하는 나홀로족인 모바일세대 또는 1980년대 초반 이후 출생한 덜 반항적, 더 실질적, 팀·의무·명예·행동을 중시하는 밀레니엄세대
N세대	1977~1997년 사이에 태어나 디지털 기술과 함께 성장, 기기를 능숙하게 다룰 줄 아는 자율성·능동성·자기혁신·개발을 추구하는 디지털 문명세대
P세대	passion(열정)·potential power(힘)·participation(참여)·paradigm-shifter(패러다임의 변화를 일으키는 세대)의 첫 글자에서 따온, 열정과 힘을 바탕으로 사회 전반에 적극적으로 참여해 사회 패러다임의 변화를 일으키는 세대. 자유로운 정치체제 하에서 성장하여 긍정적인 가치관을 가지며, 386세대의 사회의식·X세대의 소비문화·N세대의 생활양식·W세대의 공동체의식 등이 모두 포괄해서 나타난다.
Y세대	컴퓨터를 자유자재로 다루고 다른 나라 문화나 인종에 대한 거부감이 없는, 전후 베이비붐 세대가 낳은 2세들인 10대 전후의 어린이
X세대	50% 정도가 이혼·별거한 맞벌이 부모 사이에서 자라 가정에 대한 동경과 반발 심리를 가지며 개인적인 삶에 큰 의미를 두는 1961~1984년 사이에 출생한 세대
IDI세대 (I Deserve Its generation)	내 몫 챙기기에 철저한 미국의 젊은 세대. 산업화·현대화 이후 개인주의적 태도와 함께 드러나기 시작한 이기적인 사고가 매우 심해진 형태로 개인적인 요구와 욕망, 자기 권리만 내세운다.
부메랑세대	사회에 진출했다가 곧 독립을 포기하고 부모의 보호 아래로 돌아가는 젊은이들. 실패한 성인, 훈련 중인 성인으로 불린다.
캥거루세대	경제적·정신적으로 부모에 의존해 생활을 즐기는 젊은 세대. 자라증후군
미 제너레이션 (me generation)	자기주장이 강하고 자기중심적으로 생각하고 행동하는 요즘의 젊은층

2 노동

❋ 근로장려세제[**]

일정소득 이하의 근로 소득자를 대상으로 소득에 비례한 세액공제액이 소득세액보다 많은 경우 그 차액을 환급해 주는 제도. 저소득층의 세금 부담을 덜어주고 더 나아가 소득이 적은 이들일수록 보조금까지 받을 수 있어 '징세'라기 보다는 '복지'의 개념이 강하다. 이 제도는 원천징수 당한 세금을 되돌려 받는다는 점에서 연말정산과 비슷하나, 세금을 전혀 내지 않은 사람이라 하더라도 공제액과의 차액을 받을 수 있다는 점에서 연말정산과 차이가 있다.

❋ 노동3권(勞動三權)[***]

노동자가 가지는 세 가지 권리로 단결권·단체교섭권·단체행동권을 말한다. 노동자의 권익(權益)을 위해 헌법상 보장되는 기본권으로서 사회권에 속하며, 단체행동권의 행사는 법률이 정하는 범위 내에서만 보장된다. 공무원의 경우 법률로 인정된 단순 노무에 종사하는 공무원 외에는 노동3권이 보장되지 않으며, 공무원에 준하는 사업체에 종사하는 근로자의 단체행동권은 법률에 의해 제한 또는 인정하지 않을 수 있다.

구분	내용
단결권	노동자가 근로조건 향상을 위해 단결할 수 있는 권리
단체교섭권	노동자의 노동시간, 임금, 후생복리 등의 조건에 관한 문제를 사용자 측과 단체적으로 협의할 수 있는 권리
단체행동권	단체교섭이 이루어지지 않을 경우 노사 간의 분쟁을 해결하기 위한 파업 등을 할 수 있는 권리

☆☆☆ 사회권 … 개인의 생존, 생활의 유지·발전에 필요한 모든 조건을 확보하도록 국가에 요구할 수 있는 국민권리의 총칭으로 사회적 기본권 또는 생존권적 기본권이라고도 한다.

❋ 블랙 코미디(black comedy)[**]

아이러니한 상황 또는 사건 등을 통해 웃음을 유발하는 코미디를 의미한다. 이는 주로 부조리, 죽음과 같은 어두운 소재나 정치·사회적으로 비난받을 만한 소재를 풍자하며 웃음을 유발한다. 블랙 코미디라는 용어는 1940년, 프랑스 시인 앙드레 브르통(André Breton)의 '블랙 유머 선집(Anthology of Black Humor)'이라는 책을 통해 처음으로 등장하였으며, 하나의 장르로 활용되기 시작했다. 이후 1960년대부터 본격적으로 여러 분야에서 쓰이기 시작한 것으로 알려지고 있다. 이러한 블랙 코미디는 웃기지만 생각해보면 상황을 지독히 현실적이고 냉정하게 바라보는 것이 특징이다.

Q 보육체계를 종일반과 맞춤반으로 이원화한 제도는?

✻ 체크 바캉스 [**]

정부와 기업이 직원들의 휴가비를 지원하는 제도를 의미한다. 정부가 발표한 '경제정책방향'에서 민생경제 회복을 위한 방안 중 하나로 포함되었으면 이러한 체크 바캉스 제도는 노동자와 기업이 공동으로 여행 자금을 적립하고 정부가 추가 지원해주는 방식으로 운영된다.

✻ 펫시터(petsitter) [**]

반려동물(pet)과 아이를 돌보는 직업을 지칭하는 영어단어 베이비시터(babysitter)의 합성어로, 말 그대로 펫시터는 아이 대신 반려동물을 돌보는 직업을 의미한다.

✻ 과로노인 [*]

늦은 나이에도 돈이 필요해 어쩔 수 없이 죽기 직전까지 일해야 하는 노인들을 의미한다. 연금이 모자라 신문 배달을 하고, 정리해고를 당해 편의점에서 일하는 노인, 치매에 걸린 어머니를 간병하느라 일을 계속해야만 하는 노인 등 그 유형은 다양하다.

✻ 숍제도의 분류 [**]

노동조합이 사용자와 체결하는 노동협약에 조합원 자격과 종업원 자격의 관계를 규정한 조항(shop clause)을 넣어 조합의 유지와 발전을 도모하는 제도를 숍제도(shop system)라 한다.

구분	내용
오픈숍(open shop)	조합가입 여부에 관계없이 고용이나 해고에 차별대우를 하지 않은 제도로, 사용자는 노동자를 자유로 채용할 수 있고 노동자의 조합가입 여부도 자유의사인 것
유니언숍(union shop)	회사와 노동조합의 협정에 의해 일단 채용된 노동자는 일정한 기간 내에 의무적으로 조합에 가입해야 하는 제도로, 미가입자·조합탈퇴자 및 조합에서 제명된 자는 사용자가 해고하도록 하는 것
클로즈드숍(closed shop)	이해(利害)를 공통으로 하는 모든 노동자를 조합에 가입시키고 조합원임을 고용의 조건으로 삼는 노사 간의 협정제도로, 노동조합의 단결 및 사용자와의 교섭력을 강화하여 유리한 노동조건을 획득하려는 의도에서 나온 것
프레퍼렌셜숍(preferential shop)	조합원 우선숍 제도로, 조합원은 채용이나 해고 등 단체협약상의 혜택을 유리하게 대우하기로 하고, 비조합원에게는 단체협약상의 혜택을 주지 않는 것
메인터넌스숍 (maintenance of membership shop)	조합원 유지숍 제도로, 조합원이 되면 일정기간 동안 조합원자격을 유지해야 하고, 종업원은 고용계속조건으로 조합원 자격을 유지해야 하는 것
에이전시숍(agency shop)	조합이 조합원과 비조합원에게도 조합비를 징수하여 단체교섭을 맡는 것

✱ 동맹파업(同盟罷業, strike) ***

노동조합 및 기타 노동단체의 통제 하에 조합원이 집단적으로 노무제공을 거부하면서 그들의 주장을 관철시키려는 가장 순수하고 널리 행하여지는 쟁의행위(爭議行爲)이다. 우리나라는 헌법에 근로자의 단체행동권을 보장하고 노동조합 및 노동관계조정법으로 쟁의행위의 합법성을 인정하는데 헌법이 보장하는 쟁의권 행사의 범위를 일탈하지 않으면 쟁의행위에 대한 손해배상청구권은 면제된다. 동맹파업의 분류는 다음과 같다.

구분	명칭	내용
목적	경제파업	가장 일반적인 파업으로 근로자의 근로조건, 경제적 지위향상 도모 파업
	정치파업	정부에 대해 근로자의 일정한 요구의 실현을 촉구하는 파업(헌법상 정당성을 인정받지 못함)
	동정파업 (sympathetic strike)	노동자가 고용관계에 있는 사용자와는 직접적인 분쟁이 없음에도 불구하고 다른 사업장의 노동쟁의를 지원하기 위하여 벌이는 파업(파업의 효과상승, 조합의식 강화)
규모	총파업 (general strike)	총동맹파업으로 동일 기업·산업·지역의 전체 또는 전 산업이 공동의 요구를 관철시키고자 통일적으로 단행하는 파업
	지역파업	일부 지역만이 행하는 파업
	부분파업	특정의 일부 기업이나 분야에서만 행하는 파업
방법	walk out	노동자를 공장이나 사업장 밖으로 철수시켜 행하는 파업
	농성파업 (sit-down strike)	노동자가 사용자가 있는 곳이나 작업장, 교섭장소 등을 점거하여 주장을 관철시키기 위해 행하는 파업(강한 단결과 결의, 상대를 위압하여 유리한 교섭 촉진목적)
기타	살쾡이파업 (wild cats strike)	노동조합이 주관하지 않고, 기층 근로자에 의해 자연발생적으로 일어나는 파업(미국의 노동운동이 제2차 세계대전을 고비로 노골적인 노사유착의 경향을 띠며 일어났고, 기습적·산발적인 형태로 전개된다는 점에서 살쾡이의 이름이 붙여짐)

✱ 공허노동 *

공허노동은 스웨덴의 사회학자 롤란드 폴센이 최초로 정의한 개념으로, 근무시간 중에 딴짓을 하는 것으로, 인터넷 쇼핑몰을 서핑하거나 SNS를 하는 등 업무와 무관한 일을 하는 행위를 뜻한다.

Q 사용자가 행하는 유일한 쟁의행위는?

✱ 노동쟁의(勞動爭議) *

근로자 단체와 사용자 사이의 근로시간 · 임금 · 복지 · 해고 등의 근로조건에 관한 주장의 불일치로 일어나는 분쟁상태를 말하며, 사전의 단체교섭 실시를 전제로 한다. 노동쟁의는 파업, 태업, 불매운동, 직장폐쇄 등의 방법이 있다.

구분	내용
총파업(general strike)	총동맹파업으로 동일 기업 · 산업 · 지역의 전체 또는 전 산업이 공동의 요구를 관철시키고자 통일적으로 단행하는 파업
사보타지(sabotage, 태업)	파업과는 달리 출근을 하여 정상근무를 하는 것처럼 보이나 실제로는 완만한 작업태도로 사용자에게 손해를 주어 요구조건을 관철시키려는 쟁의의 한 수단으로 조직적 · 계획적으로 행해질 경우에만 쟁의수단이 됨
보이콧(boycott, 불매운동)	어떤 특정한 요구를 들어주지 않는 기업의 제품을 노동자들, 나아가 일반대중까지 단결하여 구매하지 않음으로써 상대방으로 하여금 요구를 들어주도록 하는 쟁의
피케팅(picketing)	총파업이나 보이콧 등의 쟁의행위를 보다 효과적으로 행하기 위하여 파업에 동참하지 않은 근로희망자들의 공장이나 사업장 출입을 저지하여 파업에의 참여를 요구하는 행위
직장폐쇄	사용자가 노동자의 요구를 거부하고 공장을 폐쇄하여 그 운영을 일시적으로 중단함으로써 노동쟁의를 보다 유리하게 해결하려는 행위

☆☆ 직장폐쇄만이 사용자가 행하는 유일한 쟁의행위이다.

✱ 국제노동기구(ILO : International Labour Organization) **

사회정의의 실현과 노동조건의 개선을 목적으로 1919년 베르사유조약에 의해 국제연맹의 한 기관으로 제네바에서 창설되었으며 1946년 12월 유엔 최초의 전문기관으로 발족하였다. 각국의 노동입법, 적절한 노동시간, 임금노동자의 보건 · 위생에 관한 권고나 그 밖의 지도를 하고 있다. 우리나라는 1991년 12월 9일 151번째로 가입했다.

✱ 경제사회노동위원회 *

신뢰와 협조를 바탕으로 근로자, 사용자, 정부가 노동 · 경제 · 사회 정책을 협의하기 위해 설립된 사회적 대화기구이자 대통령 자문기구. 노동자의 고용안정과 근로조건 등에 관한 노동정책 및 이에 중대한 영향을 미치는 산업 경제 및 사회정책, 공공부문 구조조정의 원칙과 방향, 노사관계 발전을 위한 제도 개선 등에 대해 협의하는 역할을 담당한다.

✱ 노동자의 분류 ***

구분	내용
골드 칼라 (gold collar)	두뇌와 정보를 황금처럼 여기는 신세대를 상징하는 고도 전문직 종사자. 창의적인 일로 부가 가치를 창출하는 인재로서 빌 게이츠와 스티븐 스필버그 감독 등이 있다. ※ 골드회사 : 직원의 창의성을 높이기 위해 근무시간과 복장에 자율성을 보장해 주는 회사
다이아몬드 칼라 (diamond collar)	지혜, 봉사심, 체력, 인간관계, 자기관리 능력의 다섯 가지 미덕을 고루 갖춘 인간형으로 성공할 가능성이 큰 경영인 또는 관리자
화이트 칼라 (white collar)	육체적 노력이 요구되더라도 생산과 전혀 무관한 일을 하는 샐러리맨이나 사무직노동자. 블루 칼라와 대비된다.
블루 칼라 (blue collar)	생산, 제조, 건설, 광업 등 생산현장에서 일하는 노동자. 노동자들의 복장이 주로 청색인 점에 착안하여 생겨나 화이트칼라와 대비된다.
그레이 칼라 (gray collar)	화이트 칼라와 블루 칼라의 중간층으로 컴퓨터 · 전자장비 · 오토메이션 장치의 감시나 정비에 종사하는 근로자
논 칼라 (non collar)	손에 기름을 묻히는 것도 서류에 매달려 있는 것도 아닌 즉, 블루 칼라도 화이트 칼라도 아닌 무색세대로 컴퓨터 세대
핑크 칼라 (pink collar)	가정의 생계를 위해 사회로 진출하는 주부. 예전에는 점원이나 비서직에 종사하는 여성들을 뜻했으며 자아 성취를 위해 일하는 직장 여성과는 거리가 있다. 남성 노동자인 블루 칼라와 대비된다.
퍼플 칼라 (purple collar)	빨강과 파랑이 섞인 보라색으로 가정과 일의 균형과 조화를 추구하는 근로자
레인보우 칼라 (rainbow collar)	참신한 아이디어와 개성으로 소비자의 욕구를 만족시켜주는 기획관련 업종을 지칭하는 광고디자인, 기획, 패션업계 종사자. 1993년 제일기획(광고회사)에서 '무지개 색깔을 가진 젊은이를 찾는다.'는 신입사원 모집공고에서 유래됐다.
네오블루 칼라 (neo-blue collar)	새로운 감성미학을 표현해내고 개성을 추구하는 등 특유의 신명으로 일하는 영화 · CF업계의 감성세대
르네상스 칼라 (renaissance collar)	세계 정치 · 경제 · 문화의 다양한 콘텐츠들을 섭렵하여 자신의 꿈을 좇아 변신한 인터넷 사업가
일렉트로 칼라 (electro collar)	컴퓨터의 생활화에 따라 새롭게 등장하고 있는 직종으로 컴퓨터에 대한 이해도와 기술수준이 뛰어난 엘리트
실리콘 칼라 (silicon collar)	창의적인 아이디어와 뛰어난 컴퓨터 실력으로 언제라도 벤처 창업이 가능한 화이트 칼라의 뒤를 잇는 새로운 형태의 고급 노동자
스틸 칼라 (steel collar)	사람이 하기 힘든 일이나 단순 반복 작업을 하는 산업용 로봇. 국내에서 전자와 자동차업종을 중심으로 1만여 로봇이 산업현장에 배치됐다.

Q 두뇌와 정보를 황금처럼 여기는 신세대를 상징하는 고도 전문직 종사자는?

✱ 실업의 종류 *

노동할 능력과 의욕을 가진 자가 노동의 기회를 얻지 못하고 있는 상태를 실업(失業)이라고 한다. 대표적으로 실업의 원리를 설명하는 이론에는 J.M. 케인스의 유효수요의 이론과 K. 마르크스의 산업예비군 이론이 있다.

구분	내용
자발적 실업 (自發的 失業)	취업할 의사는 있으나, 임금수준이 생각보다 낮다고 판단하여 스스로 실업하고 있는 상태를 말한다. 케인스(J.M. Keynes)가 1930년 전후 대공황기에 발생한 대량실업에 대해 완전고용을 전제로 설명하려 했을 때 분류한 개념의 하나로 비자발적 실업과 대비된다.
비자발적 실업 (非自發的 失業)	자본주의에서 취업할 의사는 있으나 유효수요(有效需要)의 부족으로 취업하지 못하는 상태를 말한다. 수요부족실업 또는 케인스적 실업이라고도 한다. 케인스는 불황기의 대량실업 구제책으로 확장적 금융·재정정책에 의한 유효수요 증가정책을 써야한다고 주장했다.
마찰적 실업 (摩擦的 失業)	일시적인 결여나 산발적인 직업 간의 이동에서 발생하는 시간적 간격 등에 의해 발생하는 실업형태이다. 기업의 부도로 근로자들이 직장을 잃는 경우가 해당되며 케인스가 분류했다.
경기적 실업 (景氣的 失業)	경기변동의 과정에 따라 공황이 발생하면 실업이 급증하고 번영기가 되면 실업이 감소하는 실업형태로, 장기적 성격을 가진다.
계절적 실업 (季節的 失業)	산업의 노동력 투입이 자연적 요인이나 수요의 계절적 편재에 따라 해마다 규칙적으로 변동하는 경우에 생기는 실업형태이다.
구조적 실업 (構造的 失業)	일반적으로 선진국에서 자본주의의 구조가 변화하여 생기거나 자본축적이 부족한 후진국에서 생산설비의 부족과 노동인구의 과잉으로 생기는 실업형태이다. 경제구조의 특질에서 오는 만성적·고정적인 실업이며 경기가 회복되어도 빨리 흡수되지 않는 특징이 있다.
기술적 실업 (技術的 失業)	기술진보에 의한 자본의 유기적 구성의 고도화로 인해 발생하는 실업형태이다. 주로 자본주의적 선진국에서 나타나며 자본수요의 상대적 부족으로 인해 발생한다. 마르크스형 실업이라고도 하며 실물적 생산력의 향상으로 노동수요가 감소한데 기인한다.
잠재적 실업 (潛在的 失業)	원하는 직업에 종사하지 못하여 부득이 조건이 낮은 다른 직업에 종사하는 실업형태로 위장실업이라고도 한다. 노동자가 지닌 생산력을 충분히 발휘하지 못하여 수입이 낮고, 그 결과 완전한 생활을 영위하지 못하는 반(半) 실업상태로, 영세농가나 도시의 소규모 영업층의 과잉인구가 이에 해당한다.
산업예비군 (産業豫備軍)	실업자 및 반실업자를 포함하는 이른바 상대적 과잉인구를 말한다. 자본주의가 발달해 자본의 유기적 구성이 고도화함에 따라 노동을 절약하는 자본집약적인 생산방법이 널리 채용되어 노동력이 실업으로 나타나는 것을 말한다. 마르크스는 이것을 자본주의 발전에 따르는 필연적 산물이라 하였다.

3 군사 · 안보

✳ 전시작전통제권 [***]

한반도에서 전쟁발발(勃發)시 한국군의 작전을 통제할 수 있는 권리를 말한다. 작전권은 평시작전통제권과 전시작전통제권으로 나뉘어 있다. 우리나라의 경우 6 · 25전쟁 발발 직후인 1950년 7월 17일 이승만대통령이 맥아더 국제연합 사령관에게 작전지휘권을 위임하면서 이양된 후 1954년 11월 한미상호방위조약이 발효되면서 작전지휘권이 작전통제권으로 명칭이 변경됐다. 1978년 11월 한미연합사령부가 창설되면서 작전통제권이 다시 국제연합군 사령관으로부터 미군 4성 장군이 맡고 있는 한미연합사령관으로 위임되었다. 평상시에는 작전통제권을 우리 군이 독자적으로 행사하지만, 전쟁이 일어난다면 대북정보태세인 '데프콘'이 적의 도발징후가 포착되는 3단계로 발령되면서 한국군의 수도방위사령부 예하부대를 제외한 모든 부대는 한미연합사령관의 작전통제권 안에 들어간다. 평시작전통제권은 1994년 12월 1일 한국군에 환수되었다.

☆☆☆ 전시작전통제권은 2015년 12월 1일에 환수될 예정이었으나 잠정 보류되었다.

✳ 워치콘(watchcon) · 데프콘(defcon) [**]

워치콘은 북한의 군사활동을 추적하는 정보감시태세를 말하며, 데프콘은 워치콘에 따른 방어준비태세를 말한다. 상황이 긴박해질수록 낮은 숫자의 단계로 격상되는데 모두 5단계이다.

구분	워치콘(watch condition)	데프콘(defense readiness condition)
성격	한 · 미 양국의 대북 정보감시태세	워치콘 상태의 분석결과에 따라 정규전에 대비하여 발령하는 전투준비태세
특징	한 · 미 양국의 정보당국간 워치콘 격상 합의, 단계 높아질수록 첩보수집 · 정보분석요원 보강	한미연합사령관에게 발령권한이 있고, 우리나라는 평상시 데프콘4의 상태 유지
단계	• 워치콘5 : 징후정보 없는 정상준비태세 • 워치콘4 : 잠재적 위협존재로 계속적 감시요구상태 • 워치콘3 : 국가안보에 중대한 위협 초래상황, 전원이 정위치에서 근무 • 워치콘2 : 국가이익에 현저한 위협 초래상황, 비상태세 갖춰 다양한 감시와 분석활동 • 워치콘1 : 적의 도발이 명백한 상황	• 데프콘5 : 적의 위협이 없는 안전한 상태 • 데프콘4 : 대립하고 있으나 군사개입 가능성 없는 상태 • 데프콘3 : 긴장상태 전개, 군사개입 가능성 있는 상태 • 데프콘2 : 부대 편제인원 100%충원, 전군 탄약 지급 • 데프콘1 : 동원령 선포된 전시체제

Q 한반도에서 전쟁발발 시 한국군의 작전을 통제할 수 있는 권리는?

✽ 원자력발전소 ***

전기를 생산하는 한 가지 방법으로 원자핵이 분열될 때 나오는 에너지를 이용하여 증기를 만들고 이 증기로 터빈을 돌려 전기를 얻는 방식이 원자력발전이다. 원자력발전소는 원자로 속에서 일어나는 핵분열반응의 속도를 조절하는 데 사용되는 감속재와 냉각수 및 냉각방식 등에 따라 그 종류를 구분하고 발전용원자로는 비등경수로(BWR), 가압경수로(PWR), 가압중수로(PHWR), 고온가스냉각로(HTGR) 등이 있다. 국내에서 건설된 대부분의 원전은 가압경수로로 경수(물)를 감속재와 냉각제로 사용하고 있으며, 월성원전의 1~4호기만 가압중수로이다. 연료는 우라늄 235의 농도가 2~4%인 저농축우라늄을 사용한다.

① 우리나라 원자력발전소 현황

구분	발전소명	위치	원자로형	설비용량(MW)	상업운전
고리	고리2호기	부산광역시 기장군 장안읍	가압경수로	650	1983.07.25.
	고리3호기			950	1985.09.30.
	고리4호기			950	1986.04.29.
	신고리1호기			1,000	2011.02.28.
	신고리2호기			1,000	2012.07.20.
새울	신고리3호기	울산광역시 울주군 서생면		1,400	2016.12.20.
	신고리4호기			1,400	2019.08.29.
월성	월성1호기	경상북도 경주시 양남면	가압중수로	679	1983.04.22.
	월성2호기			700	1997.07.01.
	월성3호기			700	1998.07.01.
	월성4호기			700	1999.07.01.
신월성	신월성1호기		가압경수로	1,000	2012.07.31.
	신월성2호기			1,000	2015.07.24.
한빛	한빛1호기	전라남도 영광군 홍농읍	가압경수로	950	1986.08.25.
	한빛2호기			950	1987.06.10.
	한빛3호기			1,000	1995.03.31.
	한빛4호기			1,000	1996.01.01.
	한빛5호기			1,000	2002.05.21.
	한빛6호기			1,000	2002.12.24.
한울	한울1호기	경상북도 울진군 북면	가압경수로	950	1988.09.10.
	한울2호기			950	1989.09.30.
	한울3호기			1,000	1998.08.11.
	한울4호기			1,000	1999.12.31.
	한울5호기			1,000	2004.07.29.
	한울6호기			1,000	2005.04.22.

② 원자력발전소 정지 현황

발전소명		원자로형	설비용량(MW)	상업운전	비고
고리	1호기	가압경수로	587	1978.04.29.	영구정지(2017.06.18.)
월성	1호기	가압중수로	679	1983.04.22.	전기설비폐지(2018.06.20.)

✱ **방사성폐기물(放射性廢棄物, radioactive waste)** [**]

핵에너지를 사용하는 과정에서 생기는 불필요한 방사성물질로 원자력시설이나 방사성물질 관련 작업장 또는 실험실 등에서 나오는 냉각수·핵분열생성물 등의 폐기물과 작업에 사용된 도구들이다. 방사성폐기물의 폐기 및 처리는 이것에 의한 주변의 자연방사능에 대한 영향이 최대 허용선량의 1/10 이하여야 한다고 법적으로 규정되어 있다.

구분		내용
방사능	퀴리(Ci)	종전단위 : $1Ci = 3.7 \times 1010Bq$
	베크렐(Bq)	국제단위(SI) : Bq=붕괴횟수/s
사선 흡수선량	라드(rad)	종전단위 : 1rad=0.01Gy
	그레이(Gy)	국제단위(SI) : Gy=J/kg
선량당량	렘(rem)	종전단위 : 1rem=0.01Sv
	시버트(Sv)	국제단위(SI) : Sv=J/kg

☆☆☆ **선량당량** ··· 방사선의 생물학적 효과를 나타내는 양

① **방사성폐기물의 종류** ··· 방사성핵종의 특성에 따라 고준위 방사성폐기물과 저준위 방사성폐기물로 나뉜다. 고준위 방사성폐기물은 핵연료로 사용하고 난 후의 핵연료와 이의 재처리과정에서 나오는 폐기물로 95% 이상 재활용하므로 폐기물로 간주하지 않는다. 저준위 방사성폐기물은 비교적 방사능 준위가 높은 중준위 폐기물(원전에서 나오는 폐필터, 폐윤활유 등)과 저준위 폐기물(병원·연구소에서 나오는 작업복, 장갑, 폐부품 등 방사성 동위원소 폐기물)로 나뉜다.

② **방사성폐기물의 처리방법** … 저준위 방사성폐기물 중에서 원전에서 발생하는 폐기물을 '원전수거물'이라고 하며 그 형태에 따라 기체, 액체, 고체로 구분하고 저장방법에는 차이가 있다. 기체폐기물은 밀폐탱크에 저장 후 방사능이 기준치 이하로 떨어지면 고성능 필터에 여과 후 대기에 방출시키고 필터는 고체처리한다. 액체폐기물은 저장조에 모았다가 증발장치를 이용하여 깨끗한 물은 재활용하고 찌꺼기는 고체로 만들어 철제드럼에 넣어 밀봉하여 저장하거나 폐액을 대량의 잡배수와 희석해 방출하기도 한다. 고체폐기물은 가연성의 경우는 소각하고, 불연성은 압축·용융·고화하여 철제드럼에 넣어 밀봉 후 발전소나 저장고에 보관한다.

✱ C4I ***

지휘(command)·통제(control)·통신(communication)·컴퓨터(computer)·정보(information)의 약칭으로 전술지휘를 컴퓨터와 유기적으로 연결해 모든 군의 전력을 입체적으로 활용하기 위한 자동화체계를 말한다. 우리나라의 공군과 육군은 2007년을 기점으로 전력화 작업을 구축했으며, 해군과도 연동된다.

더 알아보기

C3I … 군부대가 작전을 수행할 경우의 중요한 사항으로 지휘(command)·통제(control)·통신(communication)·정보(information)의 약칭이다. 이 체계는 전쟁지휘부가 육·해·공군의 작전상황을 한눈에 지켜보면서 지위·통제할 수 있도록 한 컴퓨터시스템으로, 미국이 걸프전쟁에서 첫선을 보였다. 1995년 2월 우리나라 국방부가 1980년대 중반부터 개발해 온 국방부·합참지위통제시스템(C3I)을 처음 공개한 바 있다.

✱ 키리졸브연습(key resolve) **

한미연합사령부가 매년 봄에 연례적으로 한반도 이외의 지역에서 증원된 미군을 수용하여 유사시 신속하게 전개할 수 있는 능력을 연습하기 위한 합동훈련을 말한다. 한미 합동 군사훈련이 1976년에 '팀 스피릿'을 시작으로 1994년엔 'RSOI(한미연합전시증원연습)'이 시작되었고, 2008년부터 2012년의 전시작전권 이양에 대비하여 그동안 미군이 작전을 주도하던 것을 한국군 지원업무 위주로 전환하면서 '중요한 결의'라는 뜻의 지금의 명칭으로 바뀌었다. 한미연합사령부가 주관, 주한미군 사령부와 각 구성군 사령부 요원들이 참여하며 2002년부터 야외 기동훈련인 독수리연습과 통합 실시하고 있다. 이는 유사시 한반도 이외의 지역에서 미군 증원 전력을 수용·대기·전방이동·통합 등을 포함한 다양한 전술에 숙달하도록 훈련하고, 한국군의 지원·상호 군수 지원·동원·후방지역 조종관 업무 등을 익히는 것을 목적으로 한다.

✱ 한미주둔군지위협정 ***

주한미군에 관한 한·미간의 협정으로 '대한민국과 아메리카 합중국 간의 상호방위조약 제4조에 의한 시설과 구역 및 대한민국에서의 합중국 군대의 지위에 관한 협정'이 정식명칭이며, SOFA(Status of Forces Agreement)는 약칭이다. 1953년 7월 6·25전쟁의 휴전이 성립된 후 미국군대가 계속 주둔함에 따라 한미 양국 간 합의의 필요성으로 1966년 7월 9일 서울에서 한국정부의 외무부장관과 미국정부의 국무장관 간에 조인되어 1967년 2월 9일에 발효된 협정이다. 협정 성립 이전인 1950년 7월 12일에 주한 미군의 재판관할권을 미국군법회의가 가진다고 규정한 '재한 미국군대의 관할권에 관한 대한민국과 미합중국간의 협정'이 대전에서 체결되었다. 한미주둔군지위협정은 전문 31조로 된 본문과 합의의사록·합의양해사항·교환서한 등의 3개 부속문서로 구성되어 있으며 2001년 4월 2일 이후 2차 개정이 공식 발효 중이다. 협정 제22조에 의한 형사재판은 '주한 미국군대의 구성원·군속·가족이 한국 내에서 죄를 범한 경우, 미국법령에 의해 처벌할 수 있으나 한국법령에 의해서는 처벌할 수 없는 범죄일 때에는 미국이 전속적 재판권 행사의 권리를 가지며, 한국법령에 의해서 처벌할 수 있으나 미국법령에 의해서는 처벌할 수 없는 범죄일 때에는 한국이 전속적 재판권을 행사할 권리를 가진다.'고 하였다. 또한 한국이 1차적 재판권을 갖고 있는 범죄라 하더라도 미군 측의 재판권 포기를 요청 시 고려토록 규정하고 있고, 합의의사록을 통한 미군 측의 요청이 있을 시엔 특별한 이유가 없는 한 재판권을 포기하도록 규정하고 있다. 2차 개정에서 살인·강간·마약거래 등의 12개 중요범죄에 대한 미군 피의자의 신병인도 시기를 '재판 종결 후'에서 '기소시점'으로 앞당기고, 살인·강간 등의 흉악범의 경우 한국경찰이 피의자를 체포할 시 계속 구금토록 하였다.

✱ 을지프리덤가디언연습(UFG : Ulchi Freedom Guardian) *

매년 8월말 실시되는 야외기동훈련 없이 워게임 등으로 이뤄지는 모의지휘소 연습으로 1975년부터 실시되어 온 을지포커스렌즈연습의 명칭을 변경한 것이다. 한·미 양국뿐 아니라 한국 정부기관들도 참가해 정부 및 군수뇌부가 서울 인근지역의 B-1 벙커에 들어가 전쟁을 지휘한다. 한·미 연합사령부에서 미국 본토는 물론 서유럽지역까지 연결하는 대규모 워게임을 통해 연합사와 예하 사령부·지휘관 및 참모요원들을 훈련시킨다.

✱ 스윙전략(swing strategy) ***

미국의 기본적 군사방침으로 유럽이 소련으로부터 공격을 받을 시 아시아에서 활동 중인 항공모함이나 수륙양용함, B52폭격기, 해병대 등을 유럽으로 불러들인다는 전략이다.

☆☆☆ 역스윙전략…1983년에 제시된 미국의 군사방침으로 서남아시아와 한반도가 소련으로부터 공격을 받을 시 유럽주둔미군을 전면 동원한다는 전략이다.

✱ 스마트전쟁(smart war) ***

기존의 무차별 공격이나 살상이 아닌 정보 네트워크를 통해 적국 군사신경망을 부분 파괴하는 전쟁의 한 형태이다. 주요 목표물에 의한 집중 공격으로 민간인의 피해를 줄이고, 지상군의 투입을 지연시킨다. 토마호크 미사일이나 무인정찰기 등이 이에 속한다.

✱ 토마호크(tomahawk) *

걸프전 때 바그다드 근교 핵농축시설 부품공장 공격에 사용된 미국의 최첨단 순항미사일이다. 길이 7m, 직경 53㎝ 크기의 이 미사일은 최저 7m에서 최고 100m의 고도로 날아 레이더에도 잘 포착되지 않으며, 사정거리는 450 ~ 2,500㎞로 잠수함·항공기·지상발사대 등 어떤 장소에서든 발사가 가능하다. 토마호크란 원래 북미 인디언이 쓰던 도끼를 말한다.

✱ 7·4남북공동성명(七·四南北共同聲明) ***

1972년 7월 4일 남북한 당국이 국토분단 이후 최초로 외세에 의존하지 않고 대결구도에서 탈피하여 정부당국자들 간의 비밀 회담을 통해 통일과 관련한 합의를 발표한 역사적인 공동성명을 말한다. 국민의 합의 없이 정부당국자들 간의 회담을 통한 합의라는 한계성에도 불구하고 평화적인 통일의 원칙을 도출해냈다는 점에 의의를 둔다. 중앙정보부장 이후락과 노동당 조직지도부장 김영주가 서울과 평양에서 동시에 모두 7개항으로 된 남북공동성명서를 발표하였는데, 이 내용에는 조국통일의 3대 원칙과 상호 중상비방과 무력도발의 금지 및 다방면의 교류실시 등이 포함되며 이 내용에 합의하여 남북조절위원회를 구성·운영하기로 했다.

더 알아보기

조국통일의 3대 원칙
첫째, 외세에 의존 또는 간섭받음 없이 자주적으로 해결하여야 한다.
둘째, 서로 상대방을 반대하는 무력행사가 아닌 평화적 방법으로 실현하여야 한다.
셋째, 사상과 이념·제도의 차이를 초월한 하나의 민족으로서의 민족 대단결을 도모하여야 한다.

✱ 7·7선언(七·七宣言) ***

1988년 7월 7일 전 노태우 대통령이 언론을 통해 발표한 '민족자존과 통일번영을 위한 특별선언'을 말한다. 이 선언의 주요 6개항은 ① 남북한 동포·해외동포들의 상호교류 및 자유로운 남북왕래, ② 이산가족 연락·상호방문 주선, ③ 남북한 간 문호개방·물자거래, ④ 북한과 우방국과의 무역찬성, ⑤ 대결외교를 지양하고 국제무대에서의 협력, ⑥ 한국은 중국·소련과 북한은 미국·일본과의 관계 개선 등이다.

✳ 6·15남북공동선언(六·一五南北共同宣言) ***

2000년 6월 15일 분단 55년 만에 백화원 영빈관에서 처음 만난 대한민국의 전 김대중 대통령과 북한의 김정일 국방위원장이 정상회담 후 합의하여 발표한 공동선언을 말한다. 이 선언의 주요 5개항은 ① 남과 북의 자주적 통일문제 해결, ② 남측 연합제안과 북측 연방제안의 공통성으로 통일지향, ③ 2000년 8·15에 즈음 이산가족 상봉 및 비전향 장기수문제 해결, ④ 경제협력 및 사회·문화·체육·보건·환경 분야 교류 활성화, ⑤ 합의사항 실천 및 당국 대화개최 등이다.

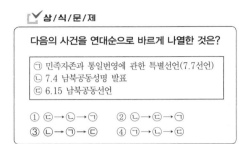

✓ 상/식/문/제

다음의 사건을 연대순으로 바르게 나열한 것은?

ㄱ 민족자존과 통일번영에 관한 특별선언(7.7선언)
ㄴ 7.4 남북공동성명 발표
ㄷ 6.15 남북공동선언

① ㄷ→ㄴ→ㄱ   ② ㄴ→ㄷ→ㄱ
③ ㄴ→ㄱ→ㄷ   ④ ㄱ→ㄴ→ㄷ

✳ 2007남북정상회담(南北頂上會談) **

2007년 10월 2~4일까지 전 노무현 대통령이 북한의 평양을 방문해 김정일 국방위원장과 함께 채택·서명한 남북공동선언으로 '10·4남북공동선언'이라고도 한다. 2000년 6월 평양에서 열린 첫 남북정상회담에 이어 두 번째로 열렸다. 선언문의 내용을 보면 6·15공동선언의 정신 구현, 군사적 적대관계 종식, 한반도 핵문제 해결을 위한 정상회담 추진, 남북 경제협력사업의 활성화, 사회·문화 분야의 교류 및 협력발전, 이산가족 상봉 확대 등이다.

✳ 북방한계선(NLL : Northern Limit Line) ***

1953년 7월 27일 정전협정 직후 주한 유엔군 사령관 클라크(M.W. Clark)가 북한과의 협의 없이 일방적으로 설정한 해상경계선을 말한다. 서해5도의 북단과 북한 측에서 관할하는 옹진반도 사이의 중간선으로 북위 $37°35'$ 와 $38°03'$ 사이에 해당된다. 1973년에 북한이 서해5도 주변수역이 북한 연해라고 주장하고 북방한계선을 넘어오면서 충돌이 일기도 했다.

☆☆☆ 서해5도···인천광역시 옹진군에 위치한 백령도, 대청도, 소청도, 연평도, 우도를 가리킨다. 우리나라 해병대가 상시 주둔하고 있으며, 북한의 공격 등 유사시에는 5도 주민들에게도 화기를 지급한다.

✳ 비무장지대(DMZ : Demilitarized Zone) *

군사비무장지대 또는 완충지대로, 양국 간의 협정의 의해 군사적 행동이나 시설이 금지된 지역을 말한다. 우리나라의 경우 군사분계선을 중심으로 남북 각 2km에 걸쳐 설치되어 있다.

Q 1953년 정전협정 직후 설정된 해상경계선은?

✱ 판문점 공동경비구역(JSA : Joint Security Area) *

판문점 군사분계선상에 세워진 회담장을 축으로 하는 반경 400m의 원형지대로 지난 1954년 UN측과 북한측의 협정에 따라 쌍방이 판문점 남측지역과 북한 선전촌 마을인 기정동마을과 마주하고 있는 대성동 자유의 마을을 경비한다. 우리 지역은 UN사 직할 공동경비구역 경비대(JSA-SF)가 경비를 담당하고, 북측지역은 인민무력성 직할경비대가 맡고 있다.

✱ 천궁 *

우리나라는 1980년대 말, 단거리 지대공유도무기 '천마'를, 1990년대엔 휴대용 지대공유도무기 '신궁'을 개발했다. 2000년부터 중거리 지대공유도무기 '천궁' 개발을 시작했고, 기존의 방공유도무기인 '호크'보다 성능이 뛰어난 중거리 지대공유도 미사일 '천궁'이 탄생했다. 미사일, 발사대, 교전통제소, 레이더로 이루어져있으며, '다기능레이더-능동호밍' 유도 방식은 미국, 러시아, 프랑스, 일본 등 일부만 개발한 흔치 않은 기술이다. '한국형 패트리엇'으로 불리며, 고도 40㎞ 이하로 접근하는 적 항공기와 미사일 요격에 동원된다.

✱ 이지스 어쇼어(Aegis Ashore) *

이지스 어쇼어는 지상 배치형 이지스 시스템으로 해상의 이지스 구축함에서 운용하는 레이더와 미사일 발사대 등의 미사일 요격 체계(이지스 BMD)를 지상에 적용한 것으로서 현재 루마니아 남부의 미 공군 데베셀루 공군기지에 실전 배치돼 있다. 최근 일본이 차기 지상 방공체계로 도입을 확실시하고 있는 무기다.

✱ 유엔평화유지활동(PKO : Peace-Keeping Operation) **

유엔이 관계당사국의 동의를 얻어 일정한 군대 등으로 구성된 유엔평화유지군이나 감시단 등을 현지에 파견해 휴전·정전의 감시 또는 치안유지 임무를 수행하는 일을 말한다. 사태의 진정이나 재발방지 등의 역할을 한다. 조직형태는 정전감시단과 평화유지군으로 나눌 수 있다. 정전감시단은 정전의 감시·감독을 위해 분쟁지역에 파견되며, 정전을 위반하는 행위가 일어나면 이를 즉시 안보리에 보고하는 것이 임무이다. 위반행위를 억압하는 것이 임무가 아니기 때문에 무기를 휴대하지 않으나, 반면 평화유지군은 개인화기·장갑차 등으로 경무장하며 대규모이다. 때로는 UNTAC(캄보디아 잠정행정기구) 등 대규모 PKO의 경우처럼 민간인도 대거 참여한다.

출제예상문제

1. 다음 빈칸에 들어갈 내용으로 적절한 것은?

> 최근 화제가 된 아이스 버킷 챌린지는 (   )에 대한 관심을 환기하고 치료에 필요한 비용에 대한 기부를 활성화 하려는 사회적 이슈라고 할 수 있다.

① 루게릭병
② 알츠하이머병
③ 파킨슨병
④ 모겔론스병

2. 현대인의 고질병인 '손목터널증후군'과 일맥상통하는 질병으로 미국에서는 CEO들에게 많이 나타나 정식 직업병으로 인정되고 있는 이것은 무엇인가?

① 블랙베리증후군
② 핑거페인증후군
③ 아이폰증후군
④ 디지털증후군

3. 수학의 노벨상이라 불리는 이 상은 올해 첫 여성 수학자가 선정되어 눈길을 끌었다. 이 상의 이름은 무엇인가?

① 필즈상
② 노벨 수학상
③ 울프상
④ 발잔상

4. 대출을 받아 무리하게 장만한 집 때문에 빚에 허덕이는 사람들을 이르는 말은?

① 렌트 푸어
② 하우스 푸어
③ 워킹 푸어
④ 실버 푸어

5. 지하철의 낙서를 지우는 것이 그 주변 범죄율을 감소시킨다는 것과 같은 맥락의 법칙은?

① 아노미이론
② 디테일법칙
③ 깨진 유리창 법칙
④ 게임이론

6. 다음 중 시대와의 단절로 고민하던 젊은 세대의 공감으로 자살이 급증하게 되자 이를 연구한 미국의 사회학자 필립스(D. Phillips)가 명명한 효과는?

① 베르테르 효과
② 넛지효과
③ 디드로효과
④ 래칫효과

7. 다음 중 선진국형 인구구성형태는?

① 표주박형
② 별형
③ 피라미드형
④ 종형

8. 다음 중 기계문명에 대한 맹신에서 벗어날 것을 인류에게 촉구하는 미래학자들의 경고 효과는?

① 스티그마 효과
② 피그말리온 효과
③ 낭떠러지 효과
④ 나비효과

9. 다음 중 일반적인 사회문제에 해당하지 않는 것은?

① 노동문제
② 선거문제
③ 실업문제
④ 인구문제

1. **아이스 버킷 챌린지** … 근위축성 측색 경화증(루게릭 병)에 대한 관심을 환기하고 기부를 활성화하기 위해 한 사람이 머리에 얼음물을 뒤집어쓰거나 기부금을 내는 방식으로 이루어진 사회 운동으로 릴레이 형식으로 진행된다.

2. **블랙베리증후군(BlackBerry Thumb)** … 과도하게 문자를 보내고 답하느라 팔이 저리고 엄지나 약지, 중지 등이 무기력해지는 일종의 디지털 질병

3. **필즈상** … 수학의 노벨상이라 불리는 상. 올해에는 첫 여성 수학자를 포함하여 총 4명의 수상자가 선정되었다.

4. **하우스 푸어(House Poor)** … 서울과 수도권을 중심으로 무리하게 대출을 받아 집을 장만했기 때문에 내 집은 있으나 대출이자와 원금에 허덕이며 힘겹게 살고 있는 사람들을 말한다. 심지어 집값이 떨어지면서 매매가보다 낮은 가격으로 내놓아도 거래가 되지 않는 상황에 이르는 경우도 있다.

5. ① 사람들의 목표성취를 위한 사회문화구조의 긴장상태가 범죄의 원인이라고 보는 이론으로 사회해체 등의 원인으로 문화적 목표가 과잉 강조되거나 제도적 수단에 대한 접근 기회가 차단될 때 범죄가 발생한다고 한다.
   ③ 건물주인이 깨진 유리창을 그대로 방치하면 지나가는 행인들이 또 돌을 던져 나머지 부분도 모조리 깨뜨리고, 그 건물에서 절도나 강도 같은 강력범죄가 일어날 확률까지 높아진다는 이론이다.
   ④ 일정 조건에서 경쟁자간의 경쟁상태를 모형화하여 참여자의 행동을 분석함으로써 최적전략을 선택하는 것을 수학적으로 분석하는 이론이다.

6. 베르테르 효과는 유명인이나 자신이 롤 모델로 삼았던 사람이 자살할 경우에 자신과 동일 시 해서 자살을 시도하는 현상을 의미한다.

7. ① 도시형과 반대로 생산연령인구의 유출로 나타나는 형태로, 유소년층·노년층인구가 많다.
   ② 생산연령인구의 전입에 의해 나타나는 형태로, 대도시·신개척지에서 나타나는 현상이다.
   ③ 출생률·사망률이 모두 높은 형태로, 후진국형이다.
   ④ 출생률·사망률이 모두 낮고 인구가 정체하는 형태로, 선진국형이다.

8. 낭떠러지 효과는 자신이 정통한 분야에 대해서는 임무수행능력이 탁월하지만 조금이라도 해당 분야를 벗어나게 되면 낭떠러지에서 떨어지듯이 한번에 모든 문제해결능력이 무너지게 되는 현상을 의미한다.

9. **사회문제** … 인구문제, 자원·환경문제, 실업문제, 근로문제, 청소년문제, 노인문제 등이다.

10. 다음 중 사회보험이 아닌 것은?

① 생명보험

② 고용보험

③ 의료보험

④ 산업재해보상보험

11. 다음 중 블루라운드(blue round)에 관한 설명으로 옳은 것은?

① 연안의 수자원을 오염의 위험으로부터 보호하기 위한 국제수자원보전협상

② 세계무역기구협정에 노동자의 권리와 국제노동기준을 포함시키려는 노동협상

③ 보호무역주의를 극복하기 위한 개발도상국들의 다자간 무역협상

④ 환경문제를 국제무역에 연계시킨 다자간 협상

12. 결혼 후부터 남편 뒷바라지, 자녀양육으로 바쁜 일정을 보냈던 가정주부가 문득 남편도 자식도 모두 자신의 품 안에서 떠나버렸음을 깨닫고, 자신의 정체성(identity)에 대해 회의를 느끼는 심리적 현상을 무엇이라고 하는가?

① 피터팬증후군

② 공소증후군

③ 신데렐라증후군

④ 님비현상

13. 도시의 급격한 팽창에 따라 도시의 교외(校外)지역이 무질서하게 주택화하는 현상은?

① sprawl현상

② bed town

③ NIMBY현상

④ 공동화현상

14. 5대 사회악을 말한 사람은?

① W. H. 베버리지

② H. A. 사이먼

③ E. 사이먼

④ E. 윌리엄스

15. 다음 중 맞벌이를 하면서 자녀를 두지 않고 돈과 출세를 인생의 목표로 삼는 부부는?

① YUMMY족

② TONK족

③ DINS족

④ DINK족

16. 일단 대도시에 취직한 시골출신의 근로자가 다시 출신지로 이동하는 형태의 노동력이동현상은?

① 부메랑현상

② U턴현상

③ J턴현상

④ 뉴니치현상

17. 자기중심적 사고를 갖는 현세대를 일컫는 말은?

① 딩크(DINK)족

② 여피(YUPPIE)족

③ 좀비(zombie)족

④ 미 제너레이션(me generation)

18. 사회보장제도는 무엇의 실현을 위하여 필요한 제도인가?

① 근대사회

② 복지사회

③ 경제재건

④ 빈민구제

19. 결혼한 자녀들이 노부모와 함께 거주하지는 않지만 가까이에서 모시면서 상호 원조와 애정적인 관계를 유지하는 생활방식은?

① 핵가족제도

② 수정핵가족제도

③ 확대가족제도

④ 수정확대가족제도

20. '공익을 위하여'라는 라틴어 줄임말로 미국에서 소외 계층을 위해 무료 변론을 하는 변호사를 일컫는 말로 쓰이면서 대중화된 개념은?

① 애드호크(ad hoc)

② 페르소나 논 그라타(persona non grata)

③ 프로보노(probono)

④ 마니페스투스(Manifestus)

21. 다음 중 근로자의 경영참가제도가 아닌 것은?

① 공모주제도

② 경영협의회제도

③ 근로자책임제도

④ 노사공동의사결정제도

● ANSWER ●

10. **사회보험** … 국민의 최저생활보장과 생활안정을 위한 사회보장을 목적으로 만들어진 보험으로, 고용·의료·산업재해보상·연금보험 등이 이에 속한다.

11. **블루라운드** … 세계무역기구(WTO) 출범 이후 무역과 연개하여 여러 가지 문제가 제기되었다. 블루라운드는 세계의 근로조건을 표준화하기 위해 추진되는 다자간 무역협상으로 아직 공식적인 의제로 상정되지는 않았다.

12. **공소증후군**(empty nest syndrome)은 여성들의 사회참여가 활발하지 못한 사회에서 심각한 문제로 제기된다.

13. ② 도시의 팽창에 따라 주변의 소도시나 농촌이 대도시 주민의 주택지로 변하면서 이루어진 대도시 주변의 주택지대를 말한다.
    ③ 혐오시설이 자기지역 내 설치되는 것을 반대하는 공공성 결핍현상이다.
    ④ 공해·소음·고지가(高地價) 등으로 도심의 인구가 외곽으로 진출함으로써 도심이 텅 비게 되는 현상을 말한다.

14. **5대 사회악** … 베버리지(W.H. Beveridge)는 인간생활의 안정을 위협하는 궁핍·무지·질병·불결·태만을 5대 사회악으로 지적했다.

15. **딩트(DINK)족** … Double Income, No Kids의 약어로, 정상적인 부부생활을 영위하면서 의도적으로 자녀를 두지 않고 맞벌이하는 세대를 말한다.
    여피(Yuppie)족 … 도시나 그 주변을 기반으로 지적인 전문직에 종사하는 젊은이를 일컫는 말

16. **U턴현상** … 일단 대도시로 취직한 시골 출신자가 고향으로 되돌아가는 형태의 노동력이동으로, 대도시의 과밀한 공해로 도시생활에 지친 사람이 늘고 있는 것이 그 요인이다.

17. **미 제너레이션**(me generation) … 자기주장이 강하고 자기중심으로 생각하고 행동하는 현대의 젊은 층을 일컫는 말로, 1970년대 중반 톰 울프가 지칭했다.

18. **사회보장제도** … 저소득·질병·재난 등의 이유로 생활이 곤란한 국민에게 최저생활을 보장하여 복지사회를 이루려는 제도이다.

19. **수정확대가족**은 핵가족을 기본으로 하되 확대가족적 경향이 일반화된 것이다.

20. **프로보노(Probono)** … 라틴어 'Pro Bono Publico'의 줄임말로서 '정의를 위하여'라는 뜻이다. 지식이나 서비스 등을 대가없이 사회 공익을 위하여 제공하는 활동을 말한다.

21. 근로자의 경영참가제도에는 종업원지주제도, 이윤분배제도, 경영협의회제도, 공모주제도, 노사공동의사결정제도 등이 있다.

10.① 11.② 12.② 13.① 14.① 15.④ 16.② 17.④ 18.② 19.④ 20.③ 21.③

A

22. 사용자가 조합원이든 비조합원이든 자유로 노동자를 고용할 수 있지만, 일단 채용된 노동자는 일정한 기간 내에 조합에 가입해야 하는 제도는?

① 클로즈드숍(closed shop)
② 유니언숍(union shop)
③ 프리숍(free shop)
④ 오픈숍(open shop)

23. 집안에서 온종일 가사활동을 하는 주부는 다음 중 어떻게 분류되는가?

① 실업자로 분류된다.
② 취업자로 분류된다.
③ 노동력으로 간주된다.
④ 비경제활동인구로 분류된다.

24. 다음 중 4대 사회보험을 알맞게 짝지어 놓은 것은?

① 고용보험, 사학연금, 국민연금, 생명보험
② 국민연금, 건강보험, 산재보험, 고용보험
③ 건강보험, 고용보험, 생명보험, 사학연금
④ 생명보험, 국민연금, 산재보험, 건강보험

25. 국민연금 가입자의 연령 최고한도는?

① 만 55세   ② 만 65세
③ 만 60세   ④ 만 69세

26. 8시간 노동제가 국제적으로 정식 선포된 것은?

① 와그너법   ② 국제노동헌장
③ 제1인터내셔널   ④ 태프트하틀리법

27. 다음 중 UN의 국제노동기구는?

① ILO   ② WFTU
③ CIO   ④ ICFTU

28. 러다이트운동이란?

① 생산성 향상운동
② 노동자의 기계파괴운동
③ 농업의 생력화운동
④ 노동자의 복지향상운동

29. 저소득 근로자들이 최소한의 인간다운 삶을 유지할 수 있는 수준의 임금을 보장하는 제도를 무엇이라고 하는가?

① 성과급제
② 최고임금제
③ 최저임금제
④ 생활임금제

30. 노사분쟁시 당사자가 구속력을 가지는 조정방법은?

① 알선
② 중재
③ 긴급조정
④ 조정

31. 노동쟁의에 있어 제너럴 스트라이크란?

① 동일산업 전체의 전면적 파업
② 단식투쟁에 의한 파업
③ 노동조합원의 노동 거부
④ 의식적으로 작업을 태만히 하는 것

32. 근로자가 행할 수 있는 가장 강력한 쟁의행위는?

① 사보타주
② 피케팅
③ 보이콧
④ 스트라이크

33. 산업예비군이란?

    ① 앞으로 산업에 종사할 사람

    ② 13세 미만의 어린이

    ③ 비자발적 실업자

    ④ 직업을 가졌다가 입대한 군인

● ANSWER ●

22. **유니언숍제도** … 고용주가 근로자를 채용할 당시에는 조합원의 자격 유무를 고려하지 않지만 일단 채용이 되면 일정 기간 내에 노동조합에 가입하여야 하는 제도이다. 이 제도하에서 사용자는 노동시장에 자유로이 접근하여 자신이 원하는 사람을 채용할 수 있으며, 조합가입의무는 일단 고용계약이 이루어진 후에 발생한다.

23. **비경제활동인구** … 가사에 종사하는 주부, 학생, 불구자, 노인 등이 해당한다.

24. **사회보험** … 국가가 국민들의 불의의 재난 또는 예상되는 장래의 궁핍에 대한 생활을 보장하기 위해 생명, 상해, 퇴직, 화재, 양로보험 등의 보험을 만들어 국민의 생활안정을 기하도록 하는 제도이다.
4대 사회보험은 국민, 건강, 고용, 산재보험이다.

25. 국민연금은 1988년 1월부터 시행되고 있는 사회보장제도로, 18세 이상 만 60세 미만의 전근로자를 의무가입대상으로 한다.

26. 1919년에 마련된 국제노동헌장에서 정식으로 선포되었다.
    ① 조합의 조직운동에 관한 법률
    ③ 국제적인 노조의 연락기관
    ④ 와그너법을 수정한 미국의 현행 노동기본법

27. **국제노동기구**(ILO … International Labour Organization) … 1919년 베르사유조약에 의해 국제연맹의 한 기관으로 제네바에서 창설되었으며, 1946년 12월에 유엔 최초의 전문기관으로 발족하였다.
    ② 세계노동조합연맹   ③ 최고경영자 · 정보담당임원   ④ 국제자유노동연합

28. **러다이트운동**(luddite movement) … 19세기 초 영국에서 산업혁명으로 기계공업이 발달하여 대량생산이 이루어지자, 이로 인해 실직한 노동자들이 직물공장에서 일으킨 기계파괴운동을 말한다.

29. 생활임금제는 근로자들의 주거비, 교육비, 문화비 등을 종합적으로 고려해 최소한의 인간다운 삶을 유지할 수 있을 정도의 임금수준으로 노동자들의 생계를 실제로 보장하려는 정책적 대안을 의미한다.

30. 중재판정은 법적 구속력이 있는 조정방법으로, 단체협약과 동일한 효력을 갖게 된다.

31. **제너럴 스트라이크**(general strike) … 총파업을 뜻하는 것으로, 노동조합 전국연합체가 어떤 입법조치나 사회정책적 요구를 관철시키기 위해 행사하는 쟁의행위이다.

32. ① **사보타주**(sabotage) … 태업, 태만한 작업수행으로 사업운영을 방해하는 쟁의행위이다.
    ② **피케팅**(picketing) … 효율적인 쟁의를 위해 방해행위를 감시한다.
    ③ **보이콧**(boycott) … 불매운동, 사용자 제품을 집단적으로 구매거부한다.
    ④ **스트라이크**(strike) … 파업, 노무제공을 일체 거부하는 강력한 쟁의행위이다.

33. **산업예비군** … 자본주의적 산업에서 기계의 도입 및 개량의 결과로 생긴 실업 노동자군으로, 과잉노동인구를 말하며 마르크스적 실업이라고도 한다.

34. 유사시 미군이 한국에 증파될 경우 병력을 효율적으로 투입·배치할 수 있도록 한국은 군수병참을 지원·제공하는 것을 주요내용으로 한 협정은?

① 한·미협정
② 한·미상호방위조약
③ 을지포커스렌즈연습
④ 전시접수국지원협정

35. 실업의 유형 중 현재 직장에 만족하지 못하고 이직을 고려하거나 준비하고 있는 사람과 관련이 있는 것은?

① 마찰적 실업
② 경기적 실업
③ 구조적 실업
④ 비자발적 실업

36. 주로 자유로운 정치체제에서 성장해 정적인 가치관을 지니고 있으며, 386세대의 회의식·X세대의 소비문화·N세대의 생활양식·W세대의 공동체의식 등이 포괄해 나타나는 세대는?

① X세대
② P세대
③ E세대
④ M세대

37. ABC병기란?

① 화생방병기
② 핵을 기본으로 한 병기
③ 특수전 개인병기
④ 특수전 공군병기

38. 다음 중 스팅어미사일(stinger missile)에 대한 설명이 아닌 것은?

① 어깨에 메고 발사한다.
② 1인용 적외선 미사일이다.
③ 프로펠러기, 제트기, 헬리콥터 등에 위협적인 무기이다.
④ 각기 다른 목표를 공격할 수 있는 구소련의 최신형 무기이다.

39. 1986년 유럽군축회의(CDE) 35개국이 우발전쟁 방지를 목적으로 체결한 협정은?

① 스톡홀름협정　　② SALT Ⅱ 협정
③ 헬싱키협정　　　④ INF협약

40. 세계 최초의 원자력 잠수함은?

① 노틸러스호　　　② 엔터프라이즈호
③ SMM　　　　　④ 마리샛 1호

41. 1982년 국내에서 처음으로 생산된 제트전투기의 이름은?

① 제공호　　　　　② 이글호
③ 비상호　　　　　④ 태극호

42. 미국 정부가 1983년 소련의 핵미사일을 비행도중에 격추시키기 위해 수립하였으나 소련의 붕괴로 무용론이 대두하여 1993년 5월에 용도폐기를 선언한 연구계획은?

① SALT　　　　　② BMDO
③ GPALS　　　　④ SDI

43. 베가톤이란 어느 정도의 폭발력인가?

① TNT 1백만톤　　② TNT 1천만톤
③ TNT 1억톤　　　④ TNT 10억톤

44. 자신의 몫 챙기기에 철저한 미국의 젊은 세대를 일컬어 무엇이라고 하는가?

① IDI 세대
② 캥거루 세대
③ 부메랑 세대
④ Y세대

45. 공식적 핵보유국을 바르게 나열한 것은?

① 미국, 러시아, 일본, 인도, 중국
② 미국, 러시아, 프랑스, 일본, 중국
③ 미국, 러시아, 독일, 프랑스, 중국
④ 미국, 러시아, 영국, 프랑스, 중국

● ANSWER ●

34. ④ 전시접수국지원협정(WHNS)은 1991년 11월 한·미연례안보회의(SCM)에서 정식 서명되었다.

35. 실업의 유형
　㉠ 자발적 실업
　　• 개념 … 일할 능력을 갖고 있으나 현재의 임금수준에서 일할 의사가 없어서 실업 상태에 있는 것
　　• 유형
　　　– 마찰적 실업 : 일시적으로 직장을 옮기는 과정에서 실업상태에 있는 것
　　　– 탐색적 실업 : 보다 나은 직장을 찾기 위해 실업상태에 있는 것
　㉡ 비자발적 실업
　　• 개념 … 일할 의사와 능력은 갖고 있으나 현재의 임금수준에서 일자리를 구하지 못하여 실업상태에 있는 것
　　• 유형
　　　– 경기적 실업 : 경기침체로 인해 발생하는 대량의 실업
　　　– 구조적 실업 : 일부 산업의 급속한 사양화와 노동공급과잉으로 발생하는 실업

36. P세대는 열정 및 힘을 바탕으로 사회 전반에 적극적으로 참여해 사회 패러다임의 변화를 일으키는 세대를 의미한다.

37. ABC병기(Atomic, Biological, and Chemical weapons) … 원자·생물·화학무기의 약칭으로, 대량살상무기를 포괄적으로 총칭하며, 화생방(CBR)병기와 같은 말이다.

38. ④ 스팅어미사일은 미국의 무기이다.

39. 스톡홀름협정 … 1986년 9월 22일 스톡홀름의 35개국 유럽군축회의(CDE)에서 우발전쟁방지를 목적으로 체결된 협정으로, 세계 최대의 지상 군사력 집중지역인 유럽에서 오해로 인해 발발할 가능성이 있는 우발적인 전쟁을 상호·통보·감시로써 억제한다는 점이 그 성과이다.

40. 노틸러스(nautilus)호는 미국이 개발한 세계 최초의 원자력 잠수함이다.

41. 제공호(制空號) … 1982년 국내 민간기술진에 의해 처음으로 제작·생산된 초음속 제트전투기로, 일명 타이거 Ⅱ라고 한다.

42. 전략방위구상(SDI ; Strategic Defense Initiative) … 대륙간 탄도탄(ICBM)을 비롯한 소련의 핵미사일을 비행도중에 격추시키는 방법에 관한 연구계획으로, 1983년 3월 미국 레이건 대통령이 발표하였다. 1993년 클린턴정부는 소련의 붕괴로 더 이상 SDI의 존재이유가 없어졌다고 보고 이 계획을 대폭 축소조정, 새로운 탄도미사일방위계획(BMD)을 발표했다.

43. 베가톤(begaton)은 TNT 10억톤급, 메가톤(megaton)은 TNT 100만톤급의 폭발력이다.

44. IDI 세대는 산업화·현대화 이후 개인주의적 태도와 함께 드러나기 시작한 이기적인 사고가 심한 형태로 개인적 요구와 욕망, 자기 권리만을 내세우는 세대를 말한다.

45. 핵확산금지조약(NPT)에 따르면 공식적 핵보유국은 미국·러시아·프랑스·영국·중국 등 5개국이다.

46. 핵무기에 관한 NCND정책은?

① 방어는 하지만 공격은 하지 않는 것

② 더이상 개발하지 않고 동결하는 것

③ 존재를 시인도 부인도 하지 않는 것

④ 협조와 방해를 모두 하지 않는 것

47. 방사선을 막는데 적당한 물질은?

① 납　　　　　② 아연

③ 고무　　　　④ 철

48. 다음은 한국형 경수로(輕水爐)에 대한 설명이다. 옳지 않은 것은?

① 미국 컴버스엔지니어링의 버디원전을 우리 특성에 맞게 설계를 변경시킨 것이다.

② 한국형 표준원전은 울진 3호기와 4호기를 일컫는다.

③ 핵분열의 연쇄반응을 늦춰주는 감속재료는 흑연을 사용하고, 냉각수는 탄산가스와 바닷물을 사용한다.

④ 핵무기를 제조할 수 있는 순도의 플루토늄을 생산할 수 없다.

49. 전시작전통제권을 행사할 수 있는 자는?

① 한국 대통령

② 미국 대통령

③ 한미연합사령관

④ 유엔군사령관

50. 다음 중 핵무기의 취급 부주의로 인해 발생할 수 있는 우발전쟁을 방지하기 위한 대비책은?

① Hot Line

② Black Bag

③ Piket Line

④ Atlas

51. NPT에 대한 설명으로 잘못된 것은?

① 모든 조약국이 의무적으로 IAEA와 safe- guard 협정을 체결해야 하는 것은 아니다.

② 25년마다 조약효력의 갱신 여부를 결정한다.

③ 북한은 1985년 가입했으나 현재는 탈퇴하였다.

④ 조약상 핵보유국은 미·러·영·프·중 5개국이다.

52. 북한의 노동 1호 미사일에 대처하고자 하는 전역 미사일 방위시스템으로서 미국·일본 등을 중심으로 논의되고 있는 것은?

① MD

② MTB

③ ISDN

④ TMD

53. 근로기준법이 정한 근로자 최저연령은?

① 13세　　　　② 15세

③ 18세　　　　④ 19세

54. 다음 설명에 해당하는 것은?

> 화려하고 자극적인 것에 질린 20대가 보통의 존재에 눈을 돌리게 되는 현상으로, 공감할 수 있는 소소한 콘텐츠에 반응하고, 소박한 골목길을 오히려 멋지다고 생각하며, 평범한 사람들의 강연에 관심을 갖는 등의 형태로 나타난다.

① 노멀크러시　　② 소확행

③ 킨포크 라이프　④ 반농반X

55. 다음 중 2019년 현재 가동 중인 발전기가 아닌 것은?

① 신고리 1호기　② 월성 1호기

③ 한빛 1호기　　④ 한울 1호기

46. **NCND(Neither Confirm Nor Deny)정책** … 핵무기에 관한 제반 사항에 대해서는 시인도 부인도 하지 않는다는 미국의 외교정책이다.

47. 원자력시설이나 방사선작업장 등에서 바깥으로 새어나가는 방사선을 차단시키는 일을 방사선차폐라 하는데, 산화납을 함유한 납유리는 방사선차폐에 유효하며, γ 선 조사실의 투시창 등에 사용된다. 이외에 중정석콘크리트, 산화붕소를 콘크리트에 섞어 사용하기도 한다.

48. 감속재와 냉각재로 경수, 즉 보통의 물을 사용한다.

49. **전시작전통제권** … 한반도 유사시 한국군의 작전을 통제할 수 있는 권리로, 현재 평시에는 작전통제권을 우리가 독자적으로 행사하지만 유사시 대북정보태세인 '데프콘'이 적의 도발 징후가 포착되는 상황인 3단계로 발령되면 미군 4성 장군이 맡고 있는 한미연합사령관에게 통제권이 넘어가도록 되어 있다. 다만 수도방위사령부 예하부대 등 일부 부대는 작전통제권이 이양에서 제외돼 유사시에도 한국군이 독자적으로 작전권을 행사할 수 있다. 그런 이유로 완전한 '군사 주권' 확보를 위해서는 대북 안보상황 등을 고려해 적절한 시기에 이를 환수해야 한다는 주장이 제기되어 왔다. 한미양국도 2003년 7월 미래한미동맹정책구상(FOTA) 3차 회의에서 한미연합지휘관계연구를 의제화하는 데 합의하고 그 해 11월부터 공동연구를 해왔다. 한국군의 작전통제권 문제는 6·25 전쟁 발발 직후인 1950년 7월 17일 당시 이승만 대통령이 맥아더 유엔군사령관에게 작전지휘권을 이양하면서 시작됐다. 이렇게 이양된 작전지휘권은 1954년 한미상호방위조약이 발효되면서 작전통제권으로 명칭이 변경됐으며, 1978년 한미연합사령부가 창설되면 유엔군사령관으로부터 한미연합사령관에게 이전됐다. 정부는 1950년 당시 이승만 대통령이 맥아더 유엔군사령관에게 작전지휘권을 이양한 지 44년만인 1994년 12월 1일자로 평시작전통제권을 되돌려 받았다.

50. **핫라인(Hot Line)** … 1963년 우발전쟁이나 착오에 의한 전쟁을 방지하기 위해 워싱턴의 백악관과 모스크바의 크레믈린궁 사이에 개설된 미국과 구소련 간의 직통 통신선으로 케네디와 흐루시초프가 설치하였으며, 이에 두 사람의 머리글자를 따서 KK라인이라고도 한다.

51. ② 1995년 3월로 25년간의 유효기간이 만료된 NPT는 유엔본부 전체회의에서 무기한 연장이 결정됐다.

52. **TMD(Theater Missile Defence)** … 전역 미사일방위체제로, 적의 전략전술 탄도미사일을 공중에서 요격하는 시스템을 말한다.

53. 「근로기준법」에 의거 노동시간은 1일 8시간, 1주일에 40시간을 초과할 수 없으며, 15세 이상 18세 미만의 자는 1일 7시간, 1주일 40시간을 초과하지 못한다. 다만 당사자의 합의에 의해 1일 1시간, 1주일 6시간을 연장할 수 있다. 또한 15세 미만자는 원칙적으로 근로자로 고용하지 못하나 대통령령이 정하는 기준에 따라 노동부장관이 발급한 취직인허증을 소지한 자는 그러하지 아니한다.

54. 노멀크러시란 Normal(보통의) + Crush(반하다)의 합성어로, 화려하고 자극적인 것에 질린 20대가 보통의 존재에 눈을 돌리게 된 현상을 설명하는 신조어이다.
    ② **소확행** : 작지만 확실한 행복의 줄임말로, 무라카미 하루키는 그의 수필에서 소확행을 '갓 구운 빵을 손으로 찢어 먹는 것, 서랍 안에 반듯하게 접어 넣은 속옷이 잔뜩 쌓여 있는 것, 새로 산 정결한 면 냄새가 풍기는 하얀 셔츠를 머리에서부터 뒤집어쓸 때의 기분…'이라고 정의했다.
    ③ **킨포크 라이프** : 미국 포틀랜드의 라이프스타일 잡지 「킨포크(KINFOLK)」의 영향을 받아 자연친화적이고 건강한 삶을 추구하는 현상을 말한다.
    ④ **반농반X** : 일본에서 주창된 것으로 농사를 짓지만 농사에 올인하지 않고 반은 다른 일을 하며 사는 라이프스타일을 말한다.

55. 월성 1호기는 2018년 6월 전기설비폐지로 가동이 중단되었다.

46.③ 47.① 48.③ 49.③ 50.① 51.② 52.④ 53.② 54.① 55.②

04 과학 · 기술

과학 · 기술 단원에서는 신기술의 발달에 따른 과학 문제와 컴퓨터·정보통신에 대한 광범위한 내용이 출제되고 있어 기본용어 파악에 중점을 두어야 한다.

1 기초과학

✱ 라이고(LIGO, 고급레이저간섭계중력파관측소) ✱✱

고급레이저간섭계중력파관측소로 100여 년 전 아인슈타인이 주장했던 중력파를 최초로 검출한 것은 라이고 중력파 검출기를 통해서다. 라이고는 2016년 2월 워싱턴 D.C. 외신기자클럽에서 기자회견을 열어 공간과 시간을 일그러뜨리는 것으로 믿어지는 중력파의 존재를 직접 측정 방식으로 탐지했다고 발표했다. 이번에 검출된 중력파는 블랙홀 두 개로 이뤄진 쌍성이 지구로부터 13억 광년 떨어진 곳에서 충돌해 합쳐지는 과정에서 나온 것으로, 중력파가 직접 검출된 것은 인류 과학역사상 처음이다.

✱ HDR(High Dynamic Range) ✱✱

디지털 영상의 계조도 신호 표현 범위가 보다 넓은 명암 영역에 대응되도록 하여 밝은 부분은 더 밝게, 어두운 부분은 더 어둡게 표현할 수 있는 기술이다. 가장 보편적인 HDR 10, 구글의 독자 방식인 VP9-Profile2, 돌비 비전 등 다양한 HDR 규격이 존재한다.

✱ 네가와트 ✱

전력 단위인 메가와트(Megawatt)와 부정적인, 소극적인이라는 의미의 네거티브(Negative)가 합쳐진 것을 의미한다. 다시 말해 새롭게 전기를 생산하는 대신 공장, 빌딩 등의 시설에서 전기를 절약하는 것이다. 네가와트는 1989년 국제학회에서 미국의 환경과학자 아모리 로빈스에 의해 처음 사용되었는데, 그는 새로운 발전소를 세워 공급을 늘리는 기존의 방식 대신 정확한 수요 관리와 에너지 관리를 통해 에너지 효율을 높이자고 주장했다. 전력의 특성상, 전력사용은 사용량이 높은 시간대와 낮은 시간대에서 차이를 보이고 계속된 전력생산은 잉여에너지를 만들게 되는데, 네가와트는 에너지 수요를 관리하고 잉여에너지를 그대로 낭비하지 않는 등의 효율적인 에너지관리에 집중하는 방식이다.

✳ 쿼크(quark) **

소립자의 기본 구성자로 업·다운·스트레인지·참·보텀·톱의 6종(種)과 3류(類)가 있다. 종(種)은 향(flavor)을 류(類)는 색(color)을 말하며, 하나의 향은 세 가지의 색을 가지고 있다. 업과 다운, 스트레인지와 참, 보텀과 톱은 각각 쌍을 이뤄 존재한다.

✳ 동위원소(同位元素) *

원자번호는 같으나 질량수가 다른 원소로 일반적인 화학반응에 화학적 성질은 같지만 물리적 성질이 다르다. 1906년 방사성원소의 붕괴과정에서 처음 발견되었으며 방사성 동위원소, 안정 동위원소가 있다. 예를 들면 수소의 동위원소로는 경수로($_1H^1$)·중수소($_1H^2$)·3중수소($_1H^3$) 등이 있다.

✳ 방사성원소(放射性元素) **

원자핵으로부터 방사선(α선, β선, γ선)을 방출하고 붕괴하는 방사능을 가진 원소의 총칭이다. 천연방사성원소와 인공방사성원소로 나뉘며 좁은 뜻에서의 천연방사성 원소만을 가리키거나 그 중에서 안정 동위원소가 없는 라듐이나 우라늄의 원소를 지칭하기도 한다. 1896년 베크렐은 최초로 우라늄(u)을 발견하였으며, 1898년 퀴리부부는 광석 속에서 우라늄보다 강한 방사능을 가진 라듐(Ra)을 발견하였다. 원소가 처음 만들어졌을 때는 방사성원소와 비방사성원소가 존재했을 것으로 추정하는데, 이 중에서 반감기가 짧은 것은 모두 붕괴하고 반감기가 긴 원소만이 남아 존재한다고 추정한다.

☆☆☆ 반감기(半減期) … 방사성원소가 붕괴하여 처음 질량의 반으로 줄어드는데 걸리는 시간을 말한다. 온도·압력 등의 외부조건에 영향을 받지 않고, 방사성원소의 종류에 따라 일정하므로 그 물질 고유의 성질이 없어짐을 파악하는 척도가 된다.

✳ 임계실험(臨界實驗) **

원자로 속에서 최소의 연료를 사용하여 '원자의 불'을 점화하는 것이다. 핵연료를 원자로 안에 조금씩 넣어가면 그 양이 어느 일정한 값을 넘었을 때 핵분열의 연쇄반응이 일어나기 시작한다. 즉, '원자의 불'이 점화된다. 이와 같이 핵분열이 지속적으로 진행되기 시작하는 경계를 '임계(critical)', 이 핵연료의 일정량을 '점화한계량', 즉 '임계량'이라 부른다.

더 알아보기

- 냉각재(冷却材) … 원자로에서 발생한 열을 적당한 온도로 냉각시켜 외부로 끌어내어 사용하게 하는 재료. 원자력발전소에서는 이 열로 증기를 만들어 터빈을 돌린다. 천연우라늄원자로에는 탄산가스나 중수, 농축우라늄원자로에는 경수·중수·금속나트륨 등을 사용하고 있다.
- 감속재(減速材) … 원자로의 노심(爐心)에서 발생하는 고속 중성자의 속도를 줄여서 열중성자로 바꾸기 위해 쓰이는 물질이다. 중성자는 원자핵반응에 중요한 역할을 맡고 있는데, 속도가 빠른 중성자는 원자핵에 포착되기 어려워 원자핵 반응을 효율적으로 할 수 없다. 따라서 중성자의 속도를 줄이기 위해 적당한 원소의 원자핵과 충돌시켜야 하는데, 이때 쓰여지는 것이 중수나 흑연 등의 감속재이다.

✳ pH(hydrogenion exponent, 수소이온농도) *

어떤 용액 속에 함유되어 있는 수소이온의 농도를 말하는 것으로 pH = 7일 때 중성, pH > 7일 때 알칼리성, pH < 7일 때 산성이라고 한다. 물고기가 살 수 있는 담수의 pH는 보통 6.7 ~ 8.6이며, pH는 폐수를 중화 또는 응집시켜 화학적으로 처리할 때 그 기준이 된다.

한번 되짚기 ✎

법정계량단위

구분	종류	
기본단위	길이	미터(m)
	질량	킬로그램(kg)
	시간	초(s)
	온도	켈빈(K)
	광도	칸델라(cd)
	전류	암페어(A)
	물질	몰(mol)
부기본단위	평면각	라디안(rad)
	입체각	스테라디안(sr)

✳ 마하(mach) **

비행기, 로켓 등 고속으로 움직이는 물체의 속도를 음속으로 나타낸 단위이다. 마하 1이란 소리가 1시간에 도달할 수 있는 거리를 말하며, 15℃일 때 소리의 속도가 초속 340m이므로 시속 1,224km를 말한다.

✳ 나노(n : nano) *

10억분의 1을 의미하는 접두어이다. 나노 테크놀로지는 분자나 원자 하나하나의 현상을 이해하고 이를 직접 조작하려는 기술이다. 1나노미터에는 보통 원자 3~4개가 들어 있다. 나노미터는 10^{-9}m, 나노초(nano 秒)는 10^{-9}초가 된다.

☆☆☆ 기타 단위
- 기가(Giga) ··· 미터계 단위 109(10억배)을 나타내는 접두어이다. 보통 단위명 앞에 붙여 109배를 나타낸다.
- 테라(tera) ··· 기가(giga)의 1,000배, 즉 1조를 나타낸다.

✳ 제5의 힘 *

우주에 있는 중력, 전자기력, 약력, 강력 등 기본 4력 외에 또 하나의 새로운 힘으로, 과부하(過負荷)라고 불린다. 이 힘은 중력과 반대방향으로 작용하며 물체의 질량 및 원자 구성상태에 좌우되는 것이기 때문에 깃털보다는 동전에 더 강하게 작용하여 진공상태에서 깃털이 동전보다 더 빨리 떨어진다는 것이다.

더 알아보기

제4의 힘
- 통일장이론 ··· 자연계에 존재하는 네 가지의 힘, 즉 강력 · 약력 · 중력 · 기력의 관계를 한 가지로 설명하려는 이론이다.
- 핵력 ··· 강력과 약력을 합해 이르는 말이다.

✳ 조명도(照明度) *

어떤 물체의 단위면적이 일정한 시간에 받는 빛의 양으로, 조도라고도 한다. 단위는 럭스(lux)로 표시하며 이는 1촉광의 광원에서 1m만큼 떨어진 거리에서 직각이 되는 면의 조명도를 말한다. 독서나 일반사무실은 75~150lux, 응접실·안방·부엌·실험실은 50~100lux, 공부방 또는 제도·타이핑·재봉 등을 하는 데는 150~300lux의 밝기가 적당하다.

✳ 운동법칙(運動法則 : law of motion) ***

뉴턴이 1687년 「프린키피아」에 발표한 물체의 운동에 관한 기본법칙으로 물체의 질량과 힘의 개념이 세워지면서 고전역학의 기초가 확립되었다.

① 제1법칙(관성의 법칙) ⋯ 물체가 원래의 상태를 계속 유지하려는 성질을 관성이라 한다. 즉, 외부로부터 힘을 받지 않는 한 정지상태의 물질은 계속 정지하려 하고, 운동중인 물체는 계속 등속직선운동을 한다는 것이다. 관성의 크기는 질량에 비례한다.

☆☆☆ 정지상태를 계속하려는 관성의 예 ⋯ 정지하고 있던 버스가 갑자기 출발하면 서 있던 사람은 뒤로 넘어진다. 쌓아놓은 나무토막 중 하나를 망치로 치면 그 나무토막만 빠진다.
운동상태를 계속하려는 관성의 예 ⋯ 달리던 버스가 갑자기 정지하면 서 있던 승객은 앞으로 넘어진다. 뛰어가던 사람의 발이 돌부리에 걸리면 넘어진다.

② 제2법칙(가속도의 법칙) ⋯ 어떤 물체에 힘을 가하였을 때 생기는 가속도(a)의 크기는 작용하는 힘(F)의 크기에 비례하고 질량(m)에 반비례한다. 즉, $F = ma$

③ 제3법칙(작용·반작용의 법칙) ⋯ 물체에 힘을 작용시키면 원래 상태를 유지하기 위해 물체는 반대방향으로 힘을 작용(반작용)한다. 이와 같은 물체에 힘을 가할 때 나타나는 작용과 반작용은 크기가 같고 방향은 반대이며, 동일직선상에서 작용한다.

☆☆☆ 작용과 반작용의 예 ⋯ 포탄이 발사되면 포신이 뒤로 밀린다. 가스를 뒤로 분사하면서 로켓이 날아간다.

✳ 케플러의 법칙(Kepler's laws) **

① 제1법칙(타원궤도의 법칙) ⋯ 모든 행성은 태양을 중심으로 타원궤도를 그리며 공전한다.
② 제2법칙(면적의 법칙) ⋯ 태양과 행성을 연결하는 선분(동경)이 같은 시간에 그리는 면적은 일정하며, 행성의 속도가 근지점에서는 빨라지고 원지점에서는 느려진다.
③ 제3법칙(주기의 법칙) ⋯ 행성의 공전주기의 제곱은 타원궤도의 긴 반지름의 세제곱에 비례한다. 즉, 태양에 가까운 행성일수록 공전주기가 짧다.

✳ 상대성이론(theory of relativity) ***

미국 물리학자 아인슈타인(A. Einstein)에 의하여 전개된 물리학의 이론체계이다. 그는 1905년 기존의 뉴턴역학에 의하여 알려졌던 상대성이론을 시간·공간의 개념을 근본적으로 변경하여 물리학의 여러 법칙에 적용한 특수상대성이론과, 1915년 뉴턴의 만유인력 대신 특수상대성이론을 일반화하여 중력현상을 설명한 일반상대성이론을 완성하였다.

✱ 초전도(超電導, super conductivity) **

어떤 물질을 절대온도 0˚K(−273℃)에 가까운 극저온상태로 냉각시켰을 때 갑자기 전기저항이 0이 되는 물리적 현상을 말한다. 초전도를 나타내는 물질을 초전도체라 하며 납 등의 금속이나 합금, 화합물 등 약 1,000여 종류가 있다.

더 알아보기

- **절대온도**(絕對溫度: absolute temperure) … 물질의 특성과는 상관없이 정의되는 온도(˚K)로 섭씨 영하 273˚를 0˚로 하여 보통의 섭씨와 같은 눈금으로 잰 온도이며, 절대온도의 0˚K(절대영도)는 물리적으로 생각될 수 있는 가장 낮은 온도이다. 절대온도는 분자의 열운동에너지를 나타내는 척도로, 절대온도 0˚K(−273℃)는 모든 열운동이 없어진 상태를 말한다.
- **임계온도**(臨界溫度 : critical temperature) … 열역학적으로 온도와 부피, 압력을 변화시켰을 때 기체의 액화나 액체의 기화 등의 변화가 일어나지만, 특정 온도 이상이 되면 상태변화가 일어나지 않게 되는데, 이 특정 온도를 가리켜 임계온도라 한다.

✱ 열의 이동 **

열은 물체의 고온부에서 저온부로 흐른다. 열의 이동에는 세 가지가 있다.

① **대류**(對流) … 열이 유체를 통하여 이동하는 현상으로, 이는 유체의 열팽창으로 인한 밀도변화에 의해 일어나는 물질의 순환운동이다.

② **전도**(傳導) … 저온부와 고온부의 온도차에 의해 일어나는 열의 이동현상이다.

③ **복사**(輻射) … 열이 중간에 다른 물질을 통하지 않고 직접 이동하는 현상을 말한다.

> ✔ 상/식/문/제
>
> 다음 중 태양열이 전도되는 방법은?
>
> ① 대류　　　② 반사
> ③ 복사　　　④ 액화열

✱ 청색기술 **

자연에서 영감을 받거나 자연을 모방해서 만든 기술을 의미한다. 다시 말해 생물의 구조와 기능을 연구해 경제적 효율성이 뛰어나면서도 자연 친화적인 물질을 만드는 기술로 예를 들어 일본의 고속열차 신칸센은 물총새를 본뜬 디자인으로 소음 문제를 해결한 사례가 있다. 동시에 청색기술은 온실가스 등 환경오염 물질의 발생을 사전에 막는 기술이라는 의미도 지니고 있다.

Q 열이 중간에 다른 물질을 통하지 않고 직접 이동하는 현상은?

✳ 옥탄가(octane number) **

가솔린 속에 함유되어 있는 이물질이 정제된 정도를 표시하는 수치로, 가솔린의 품질을 결정하는 요소이다. 옥탄가가 높을수록 엔진의 기능을 저하시키는 노킹현상이 일어나지 않으며 열효율이 높다.

☆☆☆ 노킹(knocking) … 내연기관의 기통 안에서 연료가 너무 빨리 발화하거나 이상폭발하는 현상을 말한다.

✳ LPG(Liquefied Petroleum Gas, 액화석유가스) *

일반적으로 프로판가스로 통칭되며, 프로판이나 부탄 등 탄화수소물질을 주성분으로 액화한 것이다. 가정용·업무용 연료, 도시가스의 성분으로 사용되고 있다.

✳ LNG(Liquefied Natural Gas, 액화천연가스) *

천연가스를 대량수송 및 저장하기 위해 그 주성분인 메탄의 끓는점(−162℃) 이하로 냉각하여 액화한 것이다. 운반비와 시설비가 많이 들지만 사용이 간편하고 열량이 높아, 청정에너지(클린에너지)로 주목받고 있다.

✳ 표면장력(表面張力) *

액체의 표면에 가지고 있는 자연상태에 있어서의 표면에너지를 말하는 것으로, 그 표면을 수축하려는 힘을 말한다. 이는 액체의 분자간 인력의 균형이 표면에서 깨지고 액면 부근의 분자가 액체 속의 분자보다 위치에너지가 크기 때문에 이것을 될 수 있는 대로 작게 하려는 작용이 나타나는 것이다.

✳ 빛의 성질 **

종류	내용
직진(直進)	빛이 입자이기 때문에 일어나는 현상(일식, 월식, 그림자 등)
반사(反射)	빛이 입자이기 때문에 어떤 매질의 경계면에서 다시 처음 매질 속으로 되돌아가는 현상
굴절(屈折)	한 매질에서 다른 매질로 통과할 때 그 경계면에서 방향이 바뀌는 현상(무지개, 아지랑이, 신기루 등)
간섭(干涉)	빛이 파동성을 갖기 때문에 일어나는 현상(물이나 비누방울 위에 뜬 기름의 얇은 막이 여러 색으로 보이는 것)
회절(回折)	빛이 파동성을 갖기 때문에 일어나는 현상으로, 틈이 좁거나 장애물의 크기가 작을수록 잘 발생
분산(分散)	빛이 복색광이기 때문에 굴절체를 통과하면서 굴절률에 따라(파장의 길이에 따라) 여러 개의 단색광으로 되는 현상(프리즘에 의한 분산 등)
산란(散亂)	빛이 공기 속을 통과할 때 공기 중의 미립자에 부딪쳐서 흩어지는 현상(저녁노을, 하늘이 파랗게 보이는 현상 등)
편광(偏光)	자연광은 여러 방향의 진동면을 갖지만, 전기석과 같은 결정축을 가진 편광판을 통과시키면 결정축에 나란한 방향으로 진동하는 빛만 통과(입체영화, 광통신 등)

✻ 전자파(電磁波) *

전자장의 변화가 주위의 공간에 전파되는 파동이다. 진동회로에 전기진동이 일어나면 주위에 전장과 자장이 생기며, 진동전류의 주기적인 변화로 전자장도 주기적인 변화를 한다. 이 진동변화가 파동으로 주위의 공간에 전파되며, 그 성질은 빛과 같아서 진행속도도 같고 반사·굴절·간섭·회절 등의 현상을 일으킨다.

☆☆☆ 독일 물리학자 헤르츠(H. R. Herz)에 의해 1888년 전기진동회로로부터 전자기파를 발생시키는데 성공, 전자기파의 존재가 실험적으로 증명되었다.

✻ 블랙홀(black hole) **

물질이 극단적인 수축을 일으켜 그 안의 중력이 무한대가 되어 그 주변의 모든 물체를 끌어 당길 뿐만 아니라 빛까지도 흡수하여 빠져나갈 수 없는 천체를 의미한다. 강한 중력으로 인해 내부는 전파가 한쪽으로만 향하는 특수한 시공구조(時空構造)가 형성되며, 외부와는 전혀 연결되지 않는 하나의 독립된 세계를 이루게 된다.

✻ 전자기 법칙 *

구분	내용
쿨롱(Coulomb)의 법칙	두 전하 사이에 작용하는 전기력(척력·인력)은 두 전하 사이의 거리의 제곱에 반비례하며, 두 전하량의 곱에 비례한다.
옴(Ohm)의 법칙	도체에 흐르는 전류의 세기는 도체 양 끝의 전압에 비례하며, 전기저항에 반비례한다.
줄(Joule)의 법칙	저항이 큰 물체에 전류를 통과하면 열과 빛을 발생하는데, 일정한 시간 내에 발생하는 열량은 전류의 세기의 제곱과 도선의 저항에 비례한다.
앙페르(Ampère)의 법칙	도선에 전류가 흐르면 주위에 자기장이 형성되는데, 자기장의 방향은 전류의 방향을 오른나사의 진행방향과 일치시킬 때 나사의 회전방향이 된다.
플레밍(Fleming)의 법칙	• 왼손법칙 … 전류가 흐르는 도선이 자기장 속을 통과하면 그 도선은 자기장으로부터 힘을 받게 된다. 왼손 세손가락을 직각이 되게 폈을 때 검지를 자기장의 방향으로, 중지를 전류의 방향으로 가리키면 엄지는 힘, 즉 전자기력의 방향이 된다. • 오른손법칙 … 유도전류의 방향을 결정 시 오른손 세손가락을 직각이 되게 폈을 때 엄지는 도선의 방향을, 검지는 자기장의 방향을 가리키면 중지는 유도전류의 방향이 된다.
패러데이(Faraday)의 법칙	• 전자기 유도법칙 … 전자기유도로 회로 내에 발생되는 기전력의 크기는 회로를 관통하는 자기력선속의 시간적 변화율에 비례한다. • 전기분해법칙 … 전해질용액을 전기분해 시 전극에서 추출되는 물질의 질량은 전극을 통과한 전자의 몰수에 비례하고, 같은 전기량에 의해 추출되는 물질의 질량은 물질의 종류에 상관없이 각 물질의 화학 당량에 비례한다.
렌츠(Lenz)의 법칙	자석을 코일 속에 넣었다 뺐다 하면 코일에 유도전류가 생기는데, 이때 생긴 유도전류의 방향은 코일을 통과하는 자력선의 변화를 방해하는 방향으로 발생한다.

Q 전자장의 변화가 주위의 공간에 전파되는 파동은?

✱ 가이아(geia)가설 **

지구는 하나의 거대한 유기체로서, 지구상의 생물권은 단순히 주위환경에 적응하는 소극적인 존재가 아니라 지구의 물리·화학적 환경을 적극적으로 변화시키는 능동적인 존재라는 이론이다. 1978년 영국의 과학자 제임스 러브록이 지구상의 생명을 보는 새로운 관점을 통해 주장했다.

✱ 팡게아(pangaea) *

대륙이동설에서 주장하는 초거대 원시대륙이다. 독일의 베게너(A. Wegener)는 1924년 현재의 아메리카 대륙과 아프리카 대륙의 모양이 서로 잘 맞는다는 점을 근거로, 최초에는 큰 원시대륙인 팡게아가 있었고 이것이 분리·이동하여 현재와 같은 대륙분포를 이루었다는 대륙이동설을 주장했다.

☆☆☆ **판구조론** … 지각은 몇 개의 조각(板)으로 되어 있으며 이 맨틀의 대류 때문에 판들의 상대적인 운동으로 지구상의 여러 현상이 나타난다는 설

✱ 허리케인(hurricane) **

에스파냐어 '우라칸(huracan, 강대한 바람)'에서 유래된 싹쓸바람으로, 대서양 서부에서 발생하는 열대저기압을 말한다. 허리케인은 북대서양·카리브해·멕시코만에서 발생하는데 연간 10회 정도 출현하며, 그 밖에 5~10회 발생하기도 한다. 8~10월에 가장 많고 태풍보다 출현수가 상대적으로 적으나 월별 빈도로 보면 비슷하다. 대체적으로 소형이나 중심기압이 낮을수록 우세해서 최대풍속이 강해 그 구조는 태풍과 같다.

✱ 쓰나미(tsunami) **

해저에서 급격한 지각변동으로 해수가 급격히 이동할 때 형성되는 천해파로 지진해일이다. 이는 대개 얕은 진원을 가진 진도 6.3 이상의 지진과 함께 일어나기도 하고, 해저의 화산폭발·빙하의 붕괴·토사 함몰·핵폭발 등으로 발생하기도 한다.

☆☆☆ **폭풍해일** … 저기압이나 태풍에 의해 발생하는 해일로 저기압해일이라고도 한다.

✱ 서버용 D램 *

저장되어진 각종 정보들이 시간의 흐름에 따라 소멸되어져 가는 휘발성 메모리를 의미한다. 이는 S램에 비해 구조가 간단하며, 또한 작동 속도가 빨라 고밀도 집적에 유리하다. 더불어서 전력 소모가 적고, 가격이 낮아 대용량 기억장치에 많이 활용된다. 서버용 D램은 주로 데이터센터로 공급되는데, 데이터센터 하나 당 평균 1천~2천만GB의 서버용 D램을 필요로 한다. 현재 가장 큰 데이터센터 시장은 미국, 캐나다 등 북아메리카 지역으로 지난해 구글, 아마존웹서비스, 페이스 북, 마이크로소프트 등에서 데이터센터건립 계획을 발표하며 수요가 급격히 늘어나고 있는 추세이다. 더불어서 최근에는 중국까지 정부에서 데이터 센터 건립 지원정책을 펼치며 바이두, 알리바바, 텐센트 등의 D램 수요가 클 것으로 예상되고 있다.

✱ **배사구조(背斜構造)** *

퇴적 당시에는 수평이었던 지층이 습곡작용에 의해 물결모양으로 산봉우리처럼 볼록해진 부분을 말한다. 정립배사·비대칭배사·횡와배사·돔(dome)구조로 분류되며, 특히 유전지대에 배사구조가 있게 되면 이 지역에 석유가 모이게 된다.

✱ **게놈(genome)** ***

한 생물이 지닌 모든 유전정보의 집합체로 유전체라고 해석된다. 1920년 독일의 식물학자 윙클러(H. Winkler)가 gene(유전자)와 chromosome(염색체)를 합쳐 게놈이라는 단어를 만들었다. 일부 바이러스의 RNA를 제외한 모든 생물은 DNA로 유전정보를 구성하고 있어 DNA로 구성된 유전정보를 지칭하기도 한다. 인간 게놈은 23개의 반수체 염색체를 말하며, 부모로부터 자식에게 전해지는 유전물질의 단위체이다.

✱ **DNA(Deoxyribo Nucleic Acid)** **

염색체 안에 유전정보를 가지고 있는 유전자의 본체로 데옥시리보핵산이라 한다. 염기와 당류 및 인산으로 된 고분자화합물이며 1953년 왓슨(J.D. Watson)과 크릭(F.C. Crick)에 의해 이중나선형의 분자구조를 이루고 있는 것이 밝혀졌다.

더 알아보기

- **RNA** … 리보핵산으로 DNA의 유전정보에 따라 단백질을 합성한다.
- **리보솜** … RNA와 단백질로 이루어져 세포질 속에서 단백질을 합성한다.
- **DNA · RNA의 공통염기성분** … 아데닌, 구아닌, 시토신

✱ **포스트게놈프로젝트** **

① **암게놈해부프로젝트**(CGAP : Cancer Genome Anatomy Project) … 미국의 국립암연구소가 주도적으로 추진중인 CGAP는 인간의 정상조직, 암 전단계조직, 암 조직에 대한 유전자 성질을 규명하고 유전자 수준에서 암 연구를 하기 위한 정보와 기술을 확립해 수용자에게 제공하는 것을 목표로 한다. 암 환자들로부터 염색체변이와 관련유전자를 도출, 각종 암에 적용할 수 있는 공통 암 유전자를 규명하는 것이 목표다. 미국인이 가장 많이 앓고 있는 전립선 암을 비롯해 난소암, 유방암, 간암, 대장암 등 5개 암을 대상으로 연구중이다.

② **환경게놈프로젝트**(EGP : Environmental Genome Project) … 미국의 국립환경보건과학연구소가 추진중인 연구이다. 암 등 난치병을 포함한 모든 질병은 선천적인 유전자의 이상에서 비롯되지만 식습관, 환경, 약물, 화학물질 등 환경적 요인이 추가로 작용하면서 유전자변이를 촉발시켜 질병에 걸리는 경우가 대부분이다. 환경적 요인에 노출됐을 경우 기능의 변이를 일으키는 개인의 유

전자변이들을 찾아내고, 유전자와 환경적 요인의 상호 관계를 찾아내 전염성질환의 치료에 적용하는 것이 목표이다. 환경에 민감하게 반응하는 염기의 변이들을 찾아내는 방식으로 수행하고 있다.

③ **프로테옴프로젝트**(proteom project) … 유전자의 염기서열을 구명하듯 단백질의 아미노산서열과 3차원적 구조를 밝혀내 세포에서 일어나는 모든 생명현상을 이해하기 위한 단백체학(프로테오믹스)을 주로 연구한다. 프로테옴 연구가 중요한 것은 혈당을 조절하는 인슐린, 적혈구에서 산소를 운반하는 주체인 헤모글로빈 등 인체의 온갖 생리현상을 조절하는 주역이 단백질이기 때문이다. 변수가 헤아릴 수 없이 많지만 신약개발과 직결되기 때문에 셀레라 제노믹스에서도 단백질 구조 및 기능연구에 막대한 예산을 설정해 놓고 있다.

✱ 줄기세포(stem cell) ***

줄기세포란 인간의 몸을 구성하는 서로 다른 세포나 장기로 성장하는 일종의 모세포로 간세포라 불리기도 한다. 이 줄기세포에는 사람의 배아를 이용해 만들 수 있는 배아줄기세포(복수기능줄기세포)와 혈구세포를 끊임없이 만드는 골수세포와 같은 성체줄기세포(다기능줄기세포)가 있다.

종류	내용
배아줄기세포 (embryonic stem cell)	수정한지 14일이 안된 배아기의 세포로, 장차 인체를 이루는 모든 세포와 조직으로 분화할 수 있기 때문에 전능세포로 불린다. 1998년 이전까지 과학자들은 줄기세포가 배아가 성장하는 짧은 단계에만 존재하고 이를 몸에서 격리해서 살아있게 하는 데는 특별한 장치가 필요하기 때문에 격리·배양이 불가능하다고 믿었다. 그러나 1998년 존 기어하트(J. Gearhart) 박사와 제임스 토마스(J. Thomas) 박사의 연구팀은 각각 서로 다른 방법을 써서 인간의 줄기세포를 분리하고 배양하는 데 성공했다. 따라서 과학자들은 배아줄기세포를 이용하여 뇌질환에서 당뇨병, 심장병에 이르기까지 많은 질병을 치료하는 데 줄기세포를 이용할 수 있을 것으로 기대를 걸고 있다.
성체줄기세포 (adult stem cell)	탯줄이나 태반 외에 탄생 후에도 중추신경계 등 각종 장기에 남아 성장기까지 장기의 발달과 손상시 재생에 참여하는 세포이다. 성체줄기세포는 배아줄기세포와 달리 혈액을 구성하는 백혈구나 적혈구세포처럼 정해진 방향으로만 분화하는 특성이 있다고 알려져 왔다. 최근에는 뇌에서 채취한 신경줄기세포를 근육세포, 간세포, 심장세포로 전환시킬 수 있다는 사실이 알려지면서 성체줄기세포를 이용해 다양한 질병을 치료할 가능성이 밝혀지고 있다.

✱ 대륙간탄도미사일(ICBM: Intercontinental Ballistic Missile) ***

핵탄두를 장착하고 한 대륙에서 다른 대륙까지 공격이가능한 탄도미사일로, 대륙간탄도탄이라고도 한다. 사정거리 5,500㎞ 이상으로, 대기권 밖을 비행한 후 핵탄두로 적의 전략목표를 공격한다. 최초의 대륙간탄도미사일은 1957년 소련에서 개발한 'R-7'으로, 세계 최초의 인공위성인 스푸트니크 1호가 이 미사일에 실려 발사되었다.

✱ B-52 폭격기 **

보잉사에서 제작된 미국의 전략폭격기로 정식명칭은 B-52 스트래토포트리스이다. 1952년 초도비행 이후 미군에서 가장 오래 운용해온 기종으로 현재까지 운용되는 폭격기 중 규모가 가장 크다. B-52 폭격기는 최대 27톤 이상의 폭탄을 싣고 6,400km 이상을 날아가 폭격하고 돌아올 수 있다. 대륙간 탄도미사일(ICBM), 잠수함 발사 탄도미사일(SLBM)이 탑재된 핵잠수함과 함께 미국의 3대 핵우산으로 불린다.

✱ 보행자 알림(Pedestrian Notifications) **

무인자동차가 주변 행인에게 음성이나 전광판으로 위험을 알리는 기술로 구글에서 개발했다. 구글에 따르면 차량 내 인공지능(AI)을 이용해 차량 주변 사람 및 사물을 파악하고 어떻게 대처할지를 결정하며 이를 보행자에게 알리는 시스템으로, 보행자는 무인차가 속도를 줄일 것인지, 더 빨리 교차로를 지날 것인지 아니면 차량을 멈추고 사람이 지나는 것을 기다릴 것인지 등의 내용을 확인할 수 있다.

✱ 퓨전메모리(fusion memory) **

D램의 고용량 · S램의 고속도 · 플래시메모리의 비휘발성 · 논리형 반도체의 일부 특성과 장점을 통합적으로 갖춘 차세대 신개념의 반도체를 말한다. 다양한 형태의 메모리와 비메모리를 하나의 칩에 결합시킨 것으로 디지털TV나 휴대폰 등 디지털가전의 발달에 따른 고성능 · 다기능화에 대응하기 위하여 개발됐다.

✱ 탄소나노튜브(Carbon nanotube) **

1991년 일본전기회사(NEC)의 이지마 스미오박사가 전기방법을 사용하여 흑연의 음극 상에 형성시킨 탄소덩어리를 분석하는 과정에서 발견된, 탄소 6개로 이루어진 육각형 모양들이 서로 연결되어 관 형태를 이루고 있는 신소재를 말하며, 관의 지름이 수십 나노미터에 불과해 이 이름이 붙여졌다. 구리와 비슷한 전기 전도 · 다이아몬드와 같은 열전도율 · 철강의 100배인 강도를 지녀 15%가 변형되어

Q D램과 플래시메모리의 장점을 통합한 반도체는?

도 끊어지지 않는다. 이 물질을 이용한 반도체와 평판 디스플레이, 배터리, 텔레비전브라운관 등의 장치가 계속 개발되고 있으며, 나노크기의 물질을 옮길 수 있는 나노집게로 활용되고 있다.

✷ 반도체(半導體, semiconductor) ***

물질은 크게 도체, 반도체, 부도체로 나뉜다. 반도체는 불순물의 첨가 유무에 따라 전기전도성이 늘기도 하고, 빛 또는 열에너지에 의한 일시적인 전기전도성을 갖기도 한다. 실리콘, 갈륨비소, 인듐인 등이 있으며 1948년 미국에서 트랜지스터가 개발됐고, 1958년에는 집적회로인 IC가 개발됐다. 전류를 한쪽 방향으로만 흐르게 하고, 그 반대 방향으로는 흐르는 못하게 하는 정류작용의 특성을 갖는 반도체 부품을 다이오드(diode)라고 하며, 이것이 반도체 소자의 기본이 된다. 반도체는 트랜지스터와 다이오드 등으로 이루어진 집적회로소자 외에도 열전자방출소자, 발광소자 등의 첨단 전자산업에 응용되고 있다.

① 메모리반도체의 종류

구분	내용
D램	전기를 넣은 상태에서도 일정 주기마다 동작을 가하지 않으면 기억된 정보가 지워지는 휘발성메모리. 빠른 속도로 모바일기기나 PC의 시스템 메모리로 사용
S램	충전없이도 일정기간 기억내용이 지워지지 않으므로 같은 집적도의 D램보다 고도화된 기술을 필요로 하는 반도체
플래시메모리	D램·S램과 달리 전원 꺼져도 저장정보가 지워지지 않는 비휘발성메모리. 디지털카메라, PDA, MP3플레이어 등에 사용
F램	D램(고집적도), S램(고속동작), 플래시메모리(비휘발성)의 장점만을 모아 제작된 통합메모리. PDA, 스마트폰, 스마트카드 등에 사용

② 집적회로(IC : integrated circuit) … 많은 전자회로 소자가 하나의 기판 위에 분리할 수 없는 상태로 결합되어 있는 초소형의 전자소자로 두께 1㎜, 한 변이 5㎜의 칩 위에 전자회로를 형성시켜 만들며 보통 마이크로칩이라 불린다.

✷ 비메모리반도체 **

반도체는 데이터 저장에 활용되는 메모리반도체(D램, 플래시 등)와 정보처리·연산기능에 활용되는 비메모리반도체(PC의 중앙처리장치)로 나뉜다. 비메모리반도체는 특정 응용분야의 기기를 위한 주문형 반도체(ASIC)·마이크로 컨트롤러·디지털신호처리(DSP) 칩 등으로 가전, 통신기기, 자동화 등에 폭넓게 활용된다. 비메모리반도체는 다품종 소량생산의 고부가가치 사업으로 반도체 시장의 70%를 차지한다.

☆☆☆ ASIC(Application Specific Integrated Circuit) … 주문형 반도체로 사용자가 특정용도의 반도체를 주문하면 반도체업체가 이에 맞춰 설계·제작해 주는 기술이다. 반도체산업이 발달하면서 이 기술의 비중이 급속도로 확산되고 있다.

✳ 나노기술(nano-technology) **

100만분의 1을 뜻하는 마이크로를 넘어 10억 분의 1 수준의 극 미세가공 과학기술로, 1981년 스위스 IBM연구소에서 원자와 원자의 결합상태를 볼 수 있는 주사형 터널링 현미경을 개발하면서 등장하였다. 1나노미터는 사람 머리카락 굵기의 10만분의 1로 대략 원자 3~4개의 크기에 해당한다. 이 나노기술은 지금까지 알려지지 않았던 극 미세세계에 대한 탐구를 가능케 하고, DNA구조를 이용한 복제나 강철섬유 등의 신물질을 개발, 전자공학에서 정밀도가 실현되면 대규모 집적회로(LSI) 등의 제조기술을 크게 향상시킬 수 있다. 선진국에서는 1990년대부터, 우리나라는 2002년 나노기술개발촉진법을 제정하여 국가적으로 나노기술을 육성하고 있다.

✳ 안티몬 **

안티모니(Antimony)라고도 불리며 원소기호는 Sb, 원자번호 51의 양성 원소를 의미한다. 이는 반금속성의 성질을 띠고 있으며, 끓는점은 1635℃, 녹는점은 630.63℃이다. 안티몬에 중독되면 주로 피부염과 비염 증세가 나타나며 눈 자극과 두통, 가슴통증, 목통증, 호흡곤란, 구토, 설사, 체중감소, 후각 장애 등의 증세가 나타나게 되며 산화안티몬 농도 $4.2mg/m^3$와 $3.2mg/m^3$에 하루 6시간씩 매주 5일, 1년 동안 노출된 실험용 쥐에게서 폐암이 발생하는 것으로도 알려지고 있다.

✳ 외골격 로봇 **

로봇 팔 또는 다리 등을 사람에게 장착해서 근력을 높여주는 장치를 의미한다. 다시 말해 인간의 몸을 지탱하는 기계 골격이 밖에 있다고 해서 붙여진 이름이다. 로봇을 입는다는 의미로 '웨어러블 로봇(wearable robot)'이라고도 한다. 외골격 로봇의 근본적인 목적은 팔에 로봇을 장착하여 무거운 포탄을 용이하게 옮기기 위함으로 1960년대 미 해군이 처음 개발하였다. 그 후 미 국방부 지원을 받은 버클리대가 2004년에 '버클리 다리 골격'을 만들면서 본격적인 제작이 시작되었다. 이후 일본 사이버다인의 할, 이스라엘의 리웍 등 환자를 위한 외골격 로봇이 나오기 시작하였다. 외골격 로봇은 뇌졸중 환자의 재활 운동에 사용가능한데, 뇌졸중을 앓으면 뇌의 운동 영역 일부에 손상을 입어 팔다리가 마비되게 된다. 이런 사람들에게 뇌-컴퓨터 기술을 접목하여 신체를 예전과 같이 사용하게 할 수 있는 외골격 로봇이 개발되고 있다.

❋ 사이버네틱스(cybernetics) *

키잡이(舵手)를 뜻하는 그리스어 kybernetes에서 유래된 말로, 생물 및 기계를 포함하는 계(系)에서 제어와 커뮤니케이션에 관한 문제를 종합적으로 연구하는 학문을 말한다. 1947년 미국의 수학자 위너(N. Wiener)에 따르면, 사이버네틱스란 어떤 체계에 두 종류의 변량이 있는데 하나는 우리가 직접 제어 불가능한 것이고 다른 하나는 우리가 제어할 수 있는 것으로 한다. 제어할 수 없는 변량의 과거로부터 현재까지의 값을 바탕으로 제어할 수 있는 변량의 값을 정하여 인간에게 가장 편리한 상황을 가져오게 하기 위한 방법을 부여하는 것이라고 한다. 직접적으로 자동제어이론·정보통신이론 등이 있고, 생리학·심리학·사회학·경제학·우주탐험 등 광범위한 영역에까지 학제적 연구가 이루어지고 있으며, 특히 피드백과 제어로 특징되는 사이보그 등의 컴퓨터 연구에서 활발하다.

더 알아보기

- **사이보그**(cyborg) … cybernetic과 organism의 합성어로 생물과 기계장치의 결합체를 뜻하며, 뇌(腦) 이외의 부분을 교체한 개조인간을 말한다.
- **휴머노이드**(humanoid) … 인간의 신체와 비슷한 형태를 지녀 인간의 행동을 가장 잘 모방할 수 있는 로봇으로, 인간을 대신하거나 인간과 협력하여 다양한 서비스 제공을 목표로 한다. 우리나라 최초의 휴머노이드는 휴보(HUBO)로 2004년 KAIST 오준호 교수팀에 의해 개발되었다.

❋ 토카막 **

핵융합 때 물질의 제4상태인 플라스마 상태로 변하는 핵융합 발전용 연료기체를 담아두는 용기(容器)로서, 토로이드 형태의 장치 내부에 나선형 자기장을 형성하기 위해 유도전기장을 사용한다. 토카막은 핵융합 실험장치 중 하나이다.

❋ 리튬 – 이온전지(Lithium—ion battery) *

컴퓨터·휴대전화 등에 널리 사용되는 충전해서 사용할 수 있는 2차 전지를 말한다. 가벼움·큰 기전력·자가방전에 의한 적은 전력손실·미 방전 시에도 충전 가능한 특징이 있으나, 온도에 민감·제조 후 노화시작·폭발의 위험 등이 있다.

✳ LCD(Liquid Crystal Display) **

2개의 유리판 사이에 액정을 주입해 인가전압에 따른 액정의 광학적 굴절변화를 이용하여 각종 장치에서 발생되는 여러 가지 전기적 정보를 시각정보로 변화시켜 전달하는 전기소자로 액정표시장치를 말한다. 기술수준에 따라 STN(Super Twisted Nematic)과 TFT(Thin Film Transistor) 두 종류가 주로 사용되며, STN제품은 가격이 싼 반면 화질이 떨어져 보급형에 주로 쓰이고 TFT제품은 응답속도가 빠르고 화질이 정밀해 노트북 컴퓨터 등 전문가 제품에 쓰이나 상대적으로 비싸다. LCD는 CRT와는 달리 자기발광성이 없어 후광이 필요하나 소비전력이 낮고 편리한 휴대성으로 손목시계, 계산기, 컴퓨터 등에 널리 사용되고 있으나 영하 20도의 저온과 영상 70도 이상의 고온에서는 작동하지 않는 단점이 있다.

☆☆☆ TFT-LCD(Thin Film Transistor Liquid Crystal Display) … 아주 얇은 액정을 통해 정보를 표시하는 초박막액정표시장치(超薄膜液晶標示裝置)이다. 소비전력이 적고, 가볍고 얇으면서 해상도가 높아 노트북컴퓨터, 휴대폰, 텔레비전, 디지털카메라 등의 디스플레이로 사용된다.

✳ AM OLED(Active Matrix Organic Light-Emitting Diode) **

능동형 유기발광다이오드라고 하며, 백라이트에 의해 빛을 발하는 LCD와는 달리 자체에서 빛을 발하는 디스플레이다. OLED는 형광이나 인광 유기물 박막에 전류를 흘리면 전자와 정공이 유기물 층에서 결합하며 빛이 발생하는 원리를 이용한 디스플레이다. 이는 수동형 PM(passive matrix) OLED(하나의 라인이 한꺼번에 발광하는 구동방식)와 능동형 AM OLED(발광소자가 각각 구동하는 개별 구동방식)로 나뉜다. AM OLED는 TFT LCD에 비해 무게·두께가 3분의 1 수준이며, 동영상 응답속도가 1,000배 이상 빨라 동영상 잔상을 해결해주며, 화면이 선명하게 보이나 제조 단가가 비싼 것이 흠이다.

✳ 세빗(CeBIT) ***

세계적인 정보통신기술전시회로 독일 하노버에서 매년 개최된다. 미국의 컴덱스와 함께 세계 정보통신 분야를 대표하는 전시회로, 유무선 네트워크·디지털 및 온라인 이동통신 등의 통신분야에 주력하고 있다. 이미 소개된 제품 및 기술을 놓고 바이어들의 구매 상담을 벌여 시장의 환경변화를 가늠할 수 있다.

✳ 에어택시 *

교통 체증을 피해 하늘을 나는 택시 서비스이다. 도심 속에서 자유로이 이륙과 착륙을 해야 해서 수직 이착륙이 가능해야 하며 환경오염과 소음을 줄이기 위해 대부분 모터를 적용한다. 때문에 적합한 것이 바로 눈부신 발전을 거듭해 오고 있는 드론이고 이런 드론 기술을 이용하여 조종하는 사람이 없이 운행되는 것이 바로 '자율주행 에어택시'이다.

✻ 차량자동항법장치(車輛自動航法裝置, car navigation system) **

자동차에서 사용하도록 개발된 지구위성항법시스템으로, 이 장치가 내장되어 차량의 위치를 자동으로 표시해 주며 일반적으로 내비게이션이라 부른다. 내비게이션은 현재 위치를 파악하고, 도로지도·바탕지도·시설물DB 등의 전자지도를 구성하여 경로안내를 제공한다.

☆☆☆ 텔레매틱스(telematics) … telecommunication과 informatics의 합성어로 자동차와 무선통신을 결합한 신개념의 차량 무선인터넷 서비스이다.

✻ 핵융합(核融合, nuclear fusion) **

태양에서 에너지가 방출되는 원리가 핵융합이다. 수소의 원자핵인 양성자가 융합하여 헬륨 원자핵을 생성하는 핵융합 반응이 일어난다. 이 과정에서 반응물과 생성물의 질량 차이인 질량결손이 질량-에너지 등가원리에 의해 에너지로 생성된다. 이 과정을 사용하여 수소폭탄이 만들어졌는데, 이 무한하고 방사능도 적으며 방사성 낙진도 생기지 않는다.

> **☑ 상/식/문/제**
>
> 가벼운 원자핵이 서로 충돌·융합하여 보다 무거운 원자핵을 만드는 과정에서 에너지를 만드는 핵융합 현상을 일으키는 원소는?
>
> ① 토륨　　　　② 라듐
> ③ 우라늄 235　④ 중수소

☆☆☆ 지구에서 구현할 핵융합 연료로 수소의 동위원소인 중수소와 삼중수소가 있다. 중수소는 양성자와 중성자, 삼중수소는 양성자와 중성자 2개로 구성된다.

✻ 칼리머(kalimer) **

차세대 원자로로 한국형 액체금속로를 말한다. 고속의 중성자를 핵반응에 이용, 우라늄을 플루토늄으로 재순환시키는 고속증식로의 일종으로서 물이 아닌 금속인 액체나트륨을 냉각재로 이용하여 액체금속로라고 한다. 핵연료를 계속 증식하며 핵반응을 일으켜서 같은 원자로 속에서 에너지와 연료를 동시에 생산해 내 기존 경수로보다 70배나 많은 에너지를 얻을 수 있다. 그러나 경수로에 비해 높은 건설단가와 액체나트륨 취급의 어려움, 안전문제, 핵연료 처리문제가 제기되고 있다. 한국원자력연구소가 1997년부터 개념설계를 시작으로 실용화를 계획하고 있다.

✻ 바이오세라믹스(bioceramics) *

무기 비금속원료를 성형한 후 고온 처리한 것을 세라믹스라고 하고, 뼈나 경질 조직을 대체 할 때 사용되는 생체용 세라믹스가 바이오세라믹스이다. 이것은 주위의 생체조직과 어떤 화학 반응을 하지 않는 생불활성 세라믹스와 생체의 표면조직을 자극하여 칼슘의 축적을 촉진시켜 삽입된 세라믹스와 생체조직과의 접착력을 증가시키는 생활성 세라믹스로 나뉜다. 생불활성 세라믹스에는 고밀도·고순도의 알루미나(산화알루미늄)가 있고, 생활성 세라믹스에는 바이오유리·하이드록시아파타이트(hydroxyapatite)가 있다. 치과용 재료, 중이소골의 성형, 뼈 보강재 등 오늘날 바이오세라믹스의 사용범위가 넓어지고 있다.

✱ 맞춤아기(designer baby) *

생명과학 기술이 발달하면서 생겨난 새로운 형태의 아기로, 희귀병을 앓고 있는 자녀를 치료하는데 필요한 줄기세포를 얻기 위해 시험과 수정을 통하여 질환 자녀의 세포조직과 똑같은 특정배아 중 질병 유전자가 없는 정상적인 배아를 선택하여 탄생시킨 아기이다. 2000년 미국에서부터 맞춤아기에 대한 생명윤리 논쟁이 지속되고 있다.

✱ 나로우주센터(Naro Space Center) ***

우리나라 최초의 우주발사체 발사기지로 전남 고흥군 봉래면 예내리에 위치해있다. 1999년부터 정밀조사를 거쳐 2001년 1월 예내리 하반마을인 외나로도가 최종건설기지로 선정되었고, 2002년부터 공사에 들어가 2009년 6월 11일 준공식을 마쳤다. 이로써 세계 13번째 우주센터보유국이 된 우리나라는 우주개발 선진국의 대열에 들어서게 되었다. 이곳에서는 우주발사체와 위성의 최종 조립·점검, 발사준비·발사, 비행 안전관리·통제, 비행 데이터 원격측정 등의 임무를 수행한다.

✱ 나로호(羅老號, NARO) **

나로호는 100kg급의 인공위성을 지구 저궤도에 진입시킨 대한민국 최초의 우주발사체이다. 1단 액체엔진과 2단 고체 킥모터로 구성되는 2단형 발사체이며, 발사체 조립과 발사 운용은 한국항공우주연구원과 러시아 흐루니체프가 공동으로 수행하였다. 한국항공우주연구원은 우주개발중장기기본계획에 의거하여 2002년 이후 로켓 발사를 계획하였고, 2013년 1월 30일 3차 시도만에 고흥군 나로우주센터에서 나로과학위성을 나로호에 실어 지구 저궤도에 쏘아올리는 데 성공하였다. 이로써 대한민국은 세계 11번째로 자국 기술로 우주발사체를 성공적으로 발사한 국가가 되었다.

✱ 미국항공우주국(NASA : National Aeronautic and Space Administration) ***

1958년 창설된 미국의 우주항공연구개발기구로 본부는 워싱턴에 있고 부속기관으로 케네디 우주센터, 마샬 우주센터 등이 있다. 우주과학의 응용, 우주항공기술 및 비행의 지도·기획·실시, 유인 우주정거장 설치 등의 임무를 수행한다.

✓ 상/식/문/제

다음 중 미항공우주국을 나타내는 말은?

① ESA　　　② NASA
③ 가가린　　④ 뉴 호라이즌스

✱ 호킹 복사(Hawking radiation) ***

스티븐 호킹이 주장한 양자 중력 이론의 하나로 블랙홀이 방출하는 열복사선을 의미한다. 블랙홀이란 거대한 중력장으로 인해 빛조차 탈출할 수 없는 '사건의 지평선(Event-horizon)'으로 둘러싸인 시공간 영역이다. 기존의 블랙홀은 모든 것을 빨아들이기만 하는 존재였을 뿐이었으나 호킹 박사는 양자 역학 이론을 통해 기존 블랙홀이 빨아들이는 것뿐만 아니라 방출하기도 하는 존재라고 주장했다.

✳ 국제우주정거장(ISS : International Space Station) ***

1986년 쏘아 올렸던 러시아의 우주정거장 미르(Mir)의 수명이 다하면서 건설하기 시작한 ISS는 1998년 11월 20일 러시아가 우주정거장 구조물의 한 부분인 자랴 모듈을 쏘아 올리면서 시작되었다. 러시아, 미국, 유럽연합, 프랑스, 독일, 이탈리아, 영국, 덴마크, 스웨덴, 벨기에, 스페인, 노르웨이, 네덜란드, 스위스, 캐나다, 일본 등 세계 16개국에서 참여했다. 현재 세계에서 유일한 우주정거장으로 시속 27,740km의 속도로 15.78회 지구를 공전하고 있으며, 6~7명의 우주인이 머무를 수 있도록 건설 중이다. 우리나라 최초의 우주인 이소연 씨가 2008년 4월에 이곳에 머물며 과학실험을 수행하였다.

☆☆☆ 우주정거장(space station) … 일반적으로 초대형의 유인우주선. 특히 우주공간의 중간기지 역할을 하는 것을 가리키나 때때로 달이나 행성의 무인탐사기를 가리키기도 한다. 우주정거장에는 주거시설과 왕복우주선 도킹시설 등이 갖춰져 있다.

✳ 무궁화1호 ***

1995년 8월 발사한 우리나라 최초의 방송·통신 복합위성으로 KT에서 주관, 발사 당시 실수로 위성의 수명이 10년에서 4.5년 정도로 단축된 상태에서 시작하였다. 방송통신위성의 수요급증과 함께 통신방송위성의 사업화 여론이 형성되어 1991년부터 본격적인 무궁화 위성사업을 시작하여 세계에서 22번째 상용위성을 보유한 나라가 되었다.

✳ 천리안위성 ***

우리나라 기술로 개발한 최초의 정지궤도위성으로 2010년 6월 27일 남미 프랑스령 기아나에서 발사됐다. 적도 36,000km 상공에서 한반도 주변의 바다 기상관측과 해양감시 임무를 수행하는데 해양관측 정지궤도 위성으로는 세계 최초이다. 우리나라는 미국·중국·일본·유럽연합·인도·러시아에 이어 세계 7번째의 기상관측위성 보유국이 되었다.

더 알아보기

정지궤도위성(Geo-Stationary Orbital Satellite) … 고도 약 35,800km인 적도상공에서 원궤도를 도는 인공위성으로, 지구의 자전과 같은 속도(24시간)·같은 방향(서→동)으로 회전하기 때문에 지상에서 보면 한 점에 정지해 있는 것처럼 보이며 실용상 가장 중요한 궤도이다.

✳ 우리나라의 인공위성 **

구분	발사일	위성이름	특징
과학위성	1992.08	우리별1호	• 우리나라 최초의 소형 실험위성 • 한국과 영국이 공동 설계·제작
	1993.09	우리별2호	• 지구 오존층 탐사 목표용 소형 실험위성 • KAIST 인공위성연구센터에서 제작
	1999.05	우리별3호	• 지구관측·우주환경측정실험용 저궤도 소형위성 • 국내 최초 순수기술로 제작
	2003.09	과학기술위성1호	우리나라 최초의 우주관측위성(우리별4호)
	2009.08	과학기술위성2호	• 우리나라 땅에서 발사된 첫 번째 위성 • 궤도진입에 실패
	2013.11	과학기술위성3호	고도 600km의 태양동기궤도에 우주관측, 우주기술검증을 수행하는 저궤도 위성
	2013.01	나로호	과학기술위성 2호를 지구 저궤도에 올려놓는 임무를 위해 개발한 한국 최초의 우주발사체
통신방송위성	1995.08	무궁화1호	우리나라 최초의 방송·통신 복합위성
	1996.01	무궁화2호	중계기가 방송용3기·통신용12기
	1999.09	무궁화3호	• 중계기가 방송용 6기·통신용 27기의 대용량 • 동남아지역까지 서비스 확대가능
	2006.08	무궁화5호	우리나라 최초의 민·군 공용 통신위성
	2017.10	무궁화5A호	고출력 글로벌 해양통신 전용빔 탑재
	2010.12	무궁화6호(올레1호)	HD와 3D방송 전담
	2017.05	무궁화7호	일본, 동남아시아, 인도, 및 중동 일부까지 고출력으로 커버
다목적실용위성	1999.12	아리랑1호	국가정밀지도 제작·GIS·국토관리·재해예방사용
	2006.07	아리랑2호	고해상도 카메라 탑재, 지리정보시스템에 사용
	2012.05	아리랑3호	국내 최초의 서브미터급(해상도 1m 이하) 지구관측 위성
	2015.03	아리랑3A호	기후변화 분석, 재해·재난, 국토·환경 감시 등에 활용될 고품질 위성영상을 24시간 공급
	2013.08	아이랑5호	국내 최초 전천후 영상레이더 탑재
통신해양기상위성	2010.06	천리안	우리나라 최초의 정지궤도위성, 기상·해양관측

✳ 실용위성(applications satellites) *

실용적 용도를 주임무로 삼는 인공위성이다. 통신위성·기상위성·항행위성이 대표적이다.

① 통신위성 ··· 마이크로웨이브를 사용하는 장거리통신의 중계국이 되는 인공위성으로, 공중의 일점에 정지하고 있는 정지통신위성과 움직이는 저·중·고도 통신위성의 두 가지가 있다.

② 기상위성 ··· 구름의 분포 따위를 알기 위하여 지상의 사진을 촬영하여 이를 전송하는 인공위성으로, 장기적인 기상예보에 큰 도움을 주고 있다.

③ 항행(항해)위성 ··· 전파를 발사하여 그 전파를 수신한 선박·비행기로 하여금 제 위치를 알게 하는 인공위성이다.

Q 지구를 초점으로 타원 또는 원 궤도를 비행하는 인공의 천체는?

✱ 인공위성(artificial satellites) **

지구에서 하늘로 쏘아 올려져 지구를 초점으로 타원 또는 원 궤도를 비행하는 인공의 천체로서, 매초 7.9 ~ 11.2km의 속도를 주어 지구의 주위를 돌도록 만든다. 인공위성은 다단식 로켓이나 스페이스 셔틀로 쏘아 올려지며, 태양전지 등을 에너지원으로 하여 지상국과의 사이에서 전파에 의한 통신이나 데이터 전송을 행한다.

☆☆☆ 인공위성을 쏘아올리는 데 작용하는 힘…구심력, 원심력, 만유인력

✱ 보고타선언(Bogota declaration) ***

적도 밑에 있는 일부 국가들의 자국 영역의 상공에 있는 정지위성궤도에 대한 관할권을 요구하는 선언으로, 지구 정지궤도는 천연자원으로서 국가의 주권에 속하며 공해 위의 정지궤도는 국가 관할권 밖에 있어 공동소유라는 내용이다. 1976년 12월 콜롬비아 보고타에서 콜롬비아·콩고·케냐·우간다·에콰도르·자이르·인도네시아·브라질 등 8개국이 공동으로 발표하였고, 그 후에 가봉·소말리아 등이 합류하였다. 현재까지 지구 정지궤도는 우주자원으로서 인류 공동소유로 보는 견해가 지배적이다.

✱ 파이오니아계획(Pioneer project) ***

미국의 무인 인공행성 탐사계획으로 1호에서 3호까지는 실패하였고, 1959년 3월 발사한 4호가 발사 및 궤도진입에 성공하여 미국 최초의 달 탐측기 및 인공행성이 되었다. 5호는 지구궤도와 금성궤도 간을 운행하는 인공행성이 되었으며, 1972년 발사된 10호는 최초의 목성탐지우주선으로 목성과 화성 사이에 있는 소혹성대를 관측했다. 1973년 발사된 11호는 토성의 위성이 10개가 아니라 11개라는 자료를 보내기도 했다.

✱ 아폴로계획(Appollo project) **

달을 정복하기 위한 미국항공우주국(NASA)의 인간비행계획으로, 1969년 7월 인간이 처음으로 달에 착륙하였다. 1967년 1월부터 시작된 아폴로계획은 1972년 12월 아폴로 17호를 마지막으로 성공리에 끝냈다.

☆☆☆ 고요의 바다 … 인류 최초로 달에 착륙한 아폴로 11호의 선장 닐 암스트롱이 첫발을 디딘 곳이다.

✱ 보이저계획(Voyager project) ***

미국의 목성형 행성(목성·토성·천왕성·해왕성) 탐사계획을 말한다. 1977년 8월 보이저 2호, 9월 보이저 1호가 각각 발사되었는데, 1·2호 모두 목성·토성에 접근하여 행성표면 모양과 대기의 조성·온도·자장·위성의 형태 등을 적외선 감지기, TV 카메라 분광계, 자력계 등으로 상세히 관측해 그 자료를 지구로 보내는 데 성공했다.

3 컴퓨터 · 정보통신

✱ 소셜 커머스(social commerce) ***

소셜 네트워크 서비스(SNS)를 이용한 전자상거래로, 일정 수 이상의 상품 구매자가 모이면 정해진 할인가로 상품을 제공·판매하는 방식이다. 2005년 야후의 장바구니 공유서비스인 쇼퍼스피어 사이트를 통해 소개되어, 2008년 미국 시카고에서 설립된 온라인 할인쿠폰 업체인 그루폰(Groupon)이 소셜 커머스의 비즈니스 모델을 처음 만들어 성공을 거둔 바 있다. 일반적인 상품 판매는 광고의 의존도가 높지만 소셜 커머스의 경우 소비자들의 자발적인 참여로 홍보와 동시에 구매자를 모아 마케팅에 들어가는 비용이 최소화되므로, 판매자는 소셜 커머스 자체를 마케팅의 수단으로 보고 있다. 국내에 티켓 몬스터, 쿠팡 등의 업체가 있으며 최근 스마트폰 이용과 소셜 네트워크 서비스 이용이 대중화되면서 새로운 소비 형태로 주목받고 있다.

☆☆☆ 소셜 네트워크 서비스(SNS : social network service) … 웹에서 이용자들이 개인의 정보공유나 의사소통의 장을 만들어 폭넓은 인간관계를 형성할 수 있게 해주는 서비스로 트위터, 페이스북 등이 있다.

✱ GPS(global positioning system) ***

자동차·비행기·선박뿐만 아니라 세계 어느 곳에 있더라도 인공위성을 이용하여 자신의 위치를 정확히 파악할 수 있는 시스템으로 위성항법장치라고 한다. GPS수신기로 3개 이상의 위성으로부터 정확한 거리와 시간을 측정, 삼각 방법에 따라 3개의 각각 다른 거리를 계산해 현재의 위치를 나타낸다. 현재 3개의 위성으로부터 거리와 시간 정보를 얻어 1개 위성으로 오차를 수정하는 방법이 널리 쓰이고 있다. GPS는 처음 미국 국방성의 주도로 개발이 시작되었으며, 위성그룹과 위성을 감시·제어하는 지상관제그룹, 사용자그룹의 세 부분으로 구성돼 있다. 이는 단순한 위치정보 뿐만 아니라 항공기·선박의 자동항법 및 교통관제, 유조선의 충돌방지, 대형 토목공사의 정밀 측량 등 다양한 분야에 응용되고 있다.

☆☆☆ 위치기반서비스(location based service) … 위성항법장치나 이동통신망 등을 통해 얻은 위치정보를 기반으로 이용자에게 여러 가지 서비스를 제공하는 서비스 시스템을 말한다.

✱ 비콘 **

근거리에 있는 스마트 기기를 자동으로 인식하여 필요한 데이터를 전송할 수 있는 무선 통신 장치이다. 블루투스 비콘(Bluetooth Beacon)이라고도 한다. 근거리 무선 통신인 NFC가 10cm 이내의 근거리에서만 작동하는 반면, 비콘은 최대 50m 거리에서 작동할 수 있다. 비콘 기술을 이용하면 쇼핑센터, 음식점, 박물관, 미술관, 영화관, 야구장 등을 방문한 고객의 스마트폰에 할인 쿠폰이나 상세 설명 등의 데이터를 전송할 수 있다.

Q 일정 수 이상의 상품 구매자가 모이면 정해진 할인가로 상품매매를 하는 방식은?

✷ 패스트 폰(fast phone) **

스마트폰 시장에서 통신업체들이 기획·판매하는 가성비(가격 대비 성능)가 좋은 스마트폰을 말한다. 패션 업종에서 유행한 SPA(Specialty store retailer of Private label Apparel, 제조·유통 일괄형 의류) 브랜드는 유행에 따라 빠르게 제작되어 즉시 유통된다는 의미로 '패스트 패션(fast fashion)'이 라고 불렸는데, 이것이 통신업계에 접목되면서 '패스트 폰'이라는 용어가 탄생했으며 하나의 흐름으로 자리 잡았다. '루나', '쏠', '갤럭시 J7', 'Y6'등 통신사 전용폰이 패스트 폰에 해당한다.

✷ 와이브로(WiBro : wireless broadband internet) ***

무선광대역인터넷 또는 무선초고속인터넷으로, 노트북컴퓨터·PDA·차량용 수신기 등에 무선랜과 같은 와이브로 단말기를 설치하여 이동하면서도 휴대폰처럼 초고속인터넷을 이용할 수 있는 무선 휴대인터넷 서비스이다. 외국에서는 Mobile WiMAX라고 불리며, 우리나라에서는 2002년 10월 정보통신부가 무선가입자용으로 사용하던 2.3㎓ 대역의 주파수를 휴대인터넷용으로 재분배하면서 개발이 시작되었다. 이에 한국전자통신연구원과 삼성전자 등이 순수 국내 기술로 기술표준 'HPi'를 개발, 2005년 미국 전기전자학회(IEEE)에 의해 국제표준으로 채택되었다. 그리고 2007년에 국제전기통신연합(ITU)이 와이브로를 3세대 이동통신의 6번째 기술표준으로 채택했다. 우리나라에서 2006년 KT·SK텔레콤이 서울과 수도권 일부 지역에서 세계 최초로 와이브로 상용서비스를 시작한 바 있다. 휴대전화에 인터넷 통신과 정보검색 등 컴퓨터 지원 기능을 추가한 지능형 단말기로서 사용자가 원하는 애플리케이션을 설치할 수 있는 것이 특징이다. 이동 중 인터넷 통신, 팩스 전송 등이 가능하며, 국내에서는 삼성전자와 LG정보통신에서 개인정보 관리 기능을 갖춘 제품을 출시하였다.

✷ 쿠키(cookie) ***

인터넷 사용자가 특정 홈페이지를 접속할 때 생성되는 정보를 저장한 4KB 이하의 임시파일로 인터넷 웹사이트의 방문기록을 저장해 사용자와 웹사이트를 연결해 주는 정보이다. 인터넷 사용자들의 홈페이지 접속을 돕기 위해 만들어져 온라인 광고업체는 쿠키를 이용해 마케팅전략수립에 유용하게 사용하지만, 사용하는 웹브라우저가 이용자가 본 내용이나 구입 상품 심지어 회원번호나 비밀번호 등의 자동생성·갱신·기록전달 등을 하기도 해 개인의 사생활 침해의 소지가 있다.

> ✓ 상/식/문/제
>
> 인터넷 사이트를 방문하는 사람들의 컴퓨터로부터 사용자 정보를 얻어내기 위해 사용되는 것으로, ID와 비밀번호 등 네티즌 정보를 담은 임시파일을 말한다. 암호화되어 있긴 하나 이를 통해 개인 신상정보가 노출될 위험을 가지고 있는 것은?
>
> ① Proxy   ② Cookie
> ③ Cache   ④ KSS

✱ 태블릿(tablet) ***

평면판 위에 펜이나 퍽으로 그림을 그리면 컴퓨터 화면에 커서가 그에 상응하는 이미지를 그려내게 할 수 있도록 한 장치로 웹패드보다 처리속도가 빠르며 윈도우·애플·안드로이드 등의 OS를 사용하고 있어 성능이 뛰어나다. 노트나 키보드를 부착하여 노트북 컴퓨터로 쓸 수 있어 2000년 마이크로소프트에서 처음 선보인 후에 여러 기능을 추가하여 개발되고 있다. 주문자의 요구대로 사양을 바꿀 수 있는 장점이 있으나 전력소모가 많고 무거운 단점이 있다.

✱ 크롤링 *

무수히 많은 컴퓨터에 분산 저장되어 있는 문서를 수집하여 검색 대상의 색인으로 포함시키는 기술. 어느 부류의 기술을 얼마나 빨리 검색 대상에 포함시키냐 하는 것이 우위를 결정하는 요소로서 최근 웹 검색의 중요성에 따라 발전되고 있다.

✱ CDMA(code division multiple access) ***

코드분할다중접속 또는 부호분할다중접속으로, 이동통신에서 다수의 사용자들이 동시에 주파수와 시간을 공유하며 접속 가능한 다중접속방식의 하나이다. 한정된 주파수를 여러 사람이 효율적으로 사용할 수 있도록 해주는 다중접속이 이동통신에서 필수적인 기술에 해당되며, CDMA·FDMA(주파수분할다중접속)·TDMA(시분할다중접속) 등의 방식이 있다. CDMA는 각각의 데이터에 고유번호(코드)를 붙여 정보를 전송하고 받는 쪽에서 이를 해독하는 방식으로 통화품질과 보안성이 뛰어나며, 하나의 주파수로 10명 이상이 통화할 수 있는 장점이 있다. 이보다 먼저 개발된 TDMA는 데이터를 시간단위로 3등분 해 전송하는 방식으로 안정성과 보편성을 무기로 유럽을 비롯해 세계 이동통신시장에서 상대적으로 높은 점유율을 기록하고 있다.

☆☆☆ 앱스토어(app store) … Application Store의 준말로, 모바일 애플리케이션(휴대폰에 탑재되는 콘텐츠 응용프로그램)을 판매하는 온라인상의 모바일 콘텐츠 시장이다.

✱ 5G이동통신 ***

5G이동통신은 이동통신의 다섯 번째 세대란 뜻으로 우리나라에서는 국내 이동통신 3사가 2018년 12월부터 5G 전파를 발사했다. 28GHz의 초고대역 주파수를 사용하며 최대속도가 20Gbps에 달한다. 이는 1초에 최대 20GB 이상의 데이터를 전송할 수 있는 수준이다. 5G 기술은 자율주행차, 사물인터넷, 무선 광대역 등 분야에 이용된다.

✱ 클라우드 컴퓨팅(cloud computing) ***

인터넷상의 서버에 정보를 영구적으로 저장하고, 이 정보를 데스크톱·노트북·스마트폰 등을 이용해 언제 어디서나 정보를 사용할 수 있는 컴퓨팅 환경을 말한다. 인터넷을 이용한 IT 자원의 주문형 아웃소싱 서비스로 기업이나 개인이 컴퓨터 시스템의 유지·관리·보수에 들어가는 비용과 시간을 줄일 수 있고, 외부 서버에 자료가 저장되어 자료를 안전하게 보관할 수 있으며 저장공간의 제약도 해결될 수 있다. 그러나 서버가 해킹당할 경우 정보유출의 문제점이 발생하고, 서버 장애가 발생하면 자료 이용이 불가능하다는 단점이 있다. 2000년 대 후반에 들어 새로운 IT 통합관리모델로 등장하여 네이버·다음 등의 포털에서 구축한 클라우드 컴퓨팅 환경을 통해 태블릿PC나 스마트폰 등의 휴대 IT기기로 각종 서비스를 사용할 수 있게 되었다.

✱ DNS(domain name system) ***

네트워크에서 도메인이나 호스트 이름을 숫자로 된 IP 주소로 해석해주는 TCP/IP 네트워크 서비스로, 각 컴퓨터의 이름은 마침표에 의해 구분되고 알파벳과 숫자의 문자열로 구성되어 있다. 예를 들어, 국가 도메인은 kr(한국), kp(북한), jp(일본), au(호주), ca(캐나다), uk(영국) 등이다.

> ✔ 상/식/문/제
>
> 네트워크에서 도메인이나 호스트 이름을 숫자로 된 IP주소로 해석해주는 TCP/IP 네트워크 서비스의 명칭으로 알맞은 것은?
>
> ① 라우터　　　　② 모블로그
> ③ CGI　　　　　④ DNS

✱ DDoS(distributed denial of service) **

분산서비스거부공격으로, 여러 대의 공격자를 분산·배치하여 동시에 서비스 거부를 동작시켜 특정 사이트를 공격하여 네트워크의 성능을 저하시키거나 시스템을 마비시키는 해킹방식의 하나이다. 이용자는 해당 사이트에 정상적으로 접속이 불가능하고, 주컴퓨터의 기능에 치명적 손상을 입을 수 있으며, 수많은 컴퓨터 시스템이 해킹의 숙주로 이용될 수도 있다. 공격은 대체로 이메일이나 악성코드로 일반사용자의 PC를 감염시켜 좀비PC를 만든 후 명령제어(C&C) 서버의 제어를 통해 특정 시간대에 동시에 수행된다.

✱ 파밍(pharming) **

피싱(phishing)에 이어 등장한 인터넷 사기수법으로, 피싱이 금융기관 등의 웹사이트에서 보낸 이메일로 위장하여 사용자가 접속하도록 유도한 뒤 개인정보를 빼내는 방식인데 비해, 파밍은 해당 사이트가 공식적으로 운영 중인 도메인 자체를 중간에서 가로채거나 도메인 네임 시스템(DNS) 또는 프락시 서버의 주소 자체를 변경하여 사용자들로 하여금 공식 사이트로 오인하여 접속토록 유도한 뒤 개인정보를 빼내는 새로운 컴퓨터 범죄수법이다.

더 알아보기

스푸핑(spoofing) … 외부의 악의적 네트워크 침입자가 임의로 웹사이트를 구성하여 일반 사용자의 방문을 유도해 인터넷 프로토콜인 TCP/IP의 결함을 이용, 사용자의 시스템 권한을 확보한 뒤 정보를 빼가는 해킹수법이다.

✱ 해커(hacker) **

컴퓨터 시스템 내부구조나 컴퓨터 프로그래밍에 심취하여 이를 알고자 노력하는 기술자로서 뛰어난 컴퓨터, 통신 실력을 갖춘 네트워크의 보안을 지키는 사람이다. 1950년대 말 미국 MIT의 동아리 모임에서 유래했으며, 애플컴퓨터를 창업한 스티브 워즈니악(S. Wozniak)과 스티브 잡스(S. Jobs), 마이크로소프트를 창업한 빌 게이츠(B. Gates)도 초기에 해커로 활동했다. 해커는 정보의 공유를 주장하는 고도의 컴퓨터 전문가로서 컴퓨터 프로그램의 발전에 기여한 공로가 크며, 크래커와 구별하여야 한다.

☆☆☆ **크래커(cracker)** … 고의나 악의적으로 다른 사람의 컴퓨터에 불법적으로 침입하여 정보를 훔치거나 데이터 · 프로그램을 훼손하는 사람으로 침입자(intruder)라고도 한다.

✱ 챗봇 *

사람처럼 자연스러운 대화를 진행하기 위해 단어나 구(句)의 매칭만을 이용하는 단순한 챗봇부터 복잡하고 정교한 자연어 처리 기술을 적용한 챗봇까지 수준이 다양하다. 챗봇은 채터봇(chatterbot), 토크봇(talkbot) 등의 이름으로도 불린다.

✱ 안드로이드 ***

세계 각국의 이동통신 관련 회사 연합체인 '오픈 핸드셋 얼라이언스(OHA ; Open Handset Alliance)'가 2007년 11월에 공개하였다. 실질적으로는 세계적 검색엔진 업체인 구글(Google)사가 작은 회사인 안드로이드사를 인수하여 개발하였으며, 따라서 '구글 안드로이드'라고도 한다. 안드로이드는 리눅스(Linux) 2.6 커널을 기반으로 강력한 운영체제(OS ; operating system)와 포괄적 라이브러리 세트, 풍부한 멀티미디어 사용자 인터페이스, 폰 애플리케이션 등을 제공한다.

✱ 웹 2.0(Web 2.0) ***

블로그, 위키디피아 처럼 데이터의 소유자나 독점자 없이 어느 누구나 쉽게 데이터를 제작하고 인터넷에서 공유할 수 있도록 만든 사용자 참여 중심의 인터넷 환경을 말한다. 정보제공만을 보여주던 웹 1.0에서 진화해 웹 2.0은 데이터를 제공하는 플랫폼이 더 쉽게 공유하고 서비스 받을 수 있도록 만들어져 있으며, UCC가 대표작이라 할 수 있다.

✱ UCC(user created contents) ***

사용자가 직접 제작한 콘텐츠를 온라인상에 제공하는 비상업적 콘텐츠를 말한다. 정보통신 분야가 다양하게 발달함에 따라 전문가가 아닌 일반인이 기존의 미디어 보다 빠르고 의미있는 정보들을 제작해 내면서 확산되었다. 초기에는 단순히 글과 사진위주의 엔터테인먼트 콘텐츠 형태에서 동영상 위주의 정보제공 콘텐츠 위주로 발전하고 있으며, 최근 전문가와 아마추어의 합성어인 프로추어(proteur)들이 자신의 블로그를 통해 콘텐츠를 제공하는 PCC(Proteur Created Contents)도 등장했다. 미국의 유튜브(YouTube)와 우리나라의 판도라TV, 곰TV 등이 있다.

더 알아보기

- **블로그**(blog) ⋯ web log의 줄임말로, 일반인들이 자신의 관심사에 따라 자유롭게 글이나 사진 등을 올릴 수 있는 웹 사이트이다.
- **마이크로블로그**(microblog) ⋯ 짧은 텍스트를 통해 소식을 주고받고 실시간으로 업데이트되는 블로그 서비스의 한 종류로 소셜 네트워크 서비스이다.
- **트위터**(twitter) ⋯ 블로그의 인터페이스와 미니홈피의 친구맺기 · 메신저 기능을 통합한 글자수 최대 140자 짧은 공간의 소셜 네트워크 서비스이다.

✱ IPv6(Internet Protocol version 6) ***

IPv4에 이은, 주소체계 128비트의 차세대 인터넷 프로토콜 주소표현방식이다. IPv4가 32비트 주소체계라는 단점을 개선하기 위해 개발된 새로운 IP주소체계로 차세대 인터넷통신규약(IPng : IP next generation)이라고도 한다. IPv6는 폭발적으로 늘어나는 인터넷 사용에 대비하기 위하여 IP주소를 128비트로 늘리고, 네트워크의 속도를 증가시켰으며, 특정한 패킷 인식을 통해 높은 품질의 서비스를 제공하며, 헤더 확장을 통한 패킷 출처 인증과 비밀의 보장 등의 장점을 가지고 있다.

✱ 텔넷(telecommunication network) *

인터넷을 통해 원격지의 호스트 컴퓨터에 접속 시 지원되는 인터넷 표준 프로토콜을 말한다. 거리에 관계없이 쉽게 원격시스템에 접속할 수 있어 텔넷 응용서비스로 전세계의 다양한 온라인 서비스를 제공받을 수 있다.

✱ TCP / IP(Transmission Control Protocol / Internet Protocol) *

서로 기종이 다른 컴퓨터들 간의 통신을 위한 전송규약이다. 일반 PC와 중형 호스트 사이, IBM PC와 매킨토시 사이, 제조회사가 다른 중대형 컴퓨터들 사이의 통신을 가능하게 해주는 역할을 한다. 네트워크를 통한 자료전송이 이루어질 때 자료는 패킷(packet)이라는 단위로 잘라져서 전송되는데, IP는 데이터 패킷을 한 장소에서 다른 장소로 옮기는 역할을 하고 TCP는 데이터의 흐름을 관리하고 데이터가 정확한지 확인하는 역할을 한다.

✱ 프로토콜(protocol) *

통신회선을 이용하여 컴퓨터와 컴퓨터, 컴퓨터와 단말기계가 데이터를 주고받을 경우의 상호약속이다. 현재의 컴퓨터는 메이커가 다른 경우는 물론, 같은 메이커라도 기종이 다르면 통신회선을 연결해도 상호통신이 불가능한 경우가 많다. 따라서 다른 기종 간의 교신을 위해서는 데이터를 전송받는 상대에 따라 편지의 수신인 주소에 해당하는 규약을 따로따로 정할 필요가 있다. 각 컴퓨터 메이커들은 자사의 표준프로토콜을 설정하여 독자적인 컴퓨터 네트워크를 구축하고 있다.

> ☑️ 상/식/문/제
>
> 네트워크에 연결된 컴퓨터들이 상호간에 정보를 주고받는 방법에 관한 규칙으로서 인간으로 치면 언어와 같은 구실을 하는 것을 무엇이라 하는가?
>
> ① PROTOCOL   ② DNS
> ③ HTML   ④ JAVA

Q 하이퍼텍스트의 구조를 서술하는 일종의 컴퓨터언어는?

✳ 하이퍼텍스트(hypertext) *

사용자에게 내용의 비순차적인 검색이 가능하도록 제공되는 텍스트이다. 문서 내에 있는 키워드나 특정단어가 다른 단어나 데이터베이스와 링크돼 있어 사용자가 관련문서를 넘나들며 원하는 정보를 얻을 수 있다. 백과사전처럼 방대한 분량의 데이터를 처리하는데 유용하며, 인터넷상에서는 월드와이드웹이 하이퍼텍스트 서비스를 제공하고 있다.

✳ HTTP(Hyper Text Transfer Protocol) *

마우스 클릭만으로 필요한 정보로 직접 이동할 수 있는 방식을 하이퍼 텍스트라고 한다. http는 이 방식의 정보를 교환하기 위한 하나의 규칙으로, 웹사이트 중 http로 시작되는 주소는 이런 규칙으로 하이퍼텍스트를 제공한다는 의미를 담고 있다.

✳ HTML(Hyper Text Markup Language) *

하이퍼텍스트의 구조를 서술하는 일종의 컴퓨터언어이다. 직접 프로그램을 제작하는 데에 사용되는 C나 PASCAL과 달리 웹에서 사용되는 각각의 하이퍼텍스트 문서를 작성하는데 사용되며, 우리가 인터넷에서 볼 수 있는 수많은 홈페이지들은 기본적으로 HTML이라는 언어를 사용하여 구현된 것이다.

✳ XML(eXtensible Markup Language) *

차세대 인터넷 언어로서 인터넷 붐을 몰고 온 HTML(Hyper Text Markup Language)은 쉽게 홈페이지를 만들 수 있는 장점은 있지만 검색하기가 쉽지 않고 표현형식의 변환이 어렵다는 단점이 있다. 이같은 한계를 뛰어넘은 것이 XML로 HTML이 제한된 태그(항목)로만 분류돼 있는 것과 달리 XML은 내용과 표현양식이 분류되어 문서구조를 마음대로 할 수 있으며 내용을 다양한 방식으로 표현하는 것이 가능하다.

✳ 자바(java) *

선(sun)마이크로시스템사에서 만든 일종의 컴퓨터언어이다. 형태는 C^{++}나 HTML과 비슷하지만, 무엇보다 통신망을 통해 전송되어 실행된다는 것이 강점이다. 또한 HTML의 경우 고정된 모습의 페이지만 보낼 수 있는데 비해 자바는 실제 프로그램을 전송할 수 있고 받아보는 쪽에서 그 프로그램을 실행할 수 있으며, 인터넷을 통해 컴퓨터 기종에 관계없이 실행될 수 있으므로 이를 이용하면 지금까지 수동적으로 보기만 하는 정적인 것에서 탈피, 동적인 통신환경을 구축할 수 있다. 넷스케이프 2.0부터는 자바를 지원해 HTML소스에 포함되어 있는 자바코드를 해석, 하이퍼텍스트 문서에 동영상이나 음성, 게임, 영상효과 등 다양한 연출이 가능해졌다.

✻ 허브사이트(HUB Site) *

다양한 인터넷 사이트를 마치 하나의 사이트처럼 사용할 수 있도록 한 서비스로서 별도로 하나씩 가입해야만 이용할 수 있는 여러 사이트를 한 개의 ID와 패스워드로 쓸 수 있는 기능을 제공한다. 사용자는 물론 업체도 공동마케팅의 효과를 가져오고 비용절감의 장점이 있다.

✻ 아이핀(i-PIN) *

Internet personal identification number, 즉 인터넷상 주민번호를 대체하는 개인 식별 번호로 2005년 정보통신부가 개인의 주민등록번호 유출과 오남용 방지를 목적으로 마련한 사이버 신원 확인번호이다.

✻ 디지털 디바이디드(digital divide, 정보격차) **

디지털 경제시대에 지식정보를 공유하지 못한 다수의 노동자 계층이 중산층에서 떨어져 나가 사회적·경제적으로 빈부격차가 심화되는 현상을 말한다. 디지털을 제대로 활용하는 계층은 지식도 늘고 소득도 증가하지만, 디지털을 제대로 이용하지 못하는 사람들은 발전할 수가 없어 격차가 심화된다. 정보화 초기단계에서 지구촌이 가까워질 것으로 예상했던 것과는 반대로 최근 정보화에 따른 격차가 커져 앞으로 사회 안정에 악영향을 미칠 것으로 전문가들은 보고 있다.

✻ 디지털 컨버전스(digital convergence) *

디지털 융합으로, 하나의 기기·서비스에 정보통신기술을 통합한 새로운 형태의 융합상품을 말한다. 디지털 기술이 발전함에 따라 등장한 것으로 유선과 무선의 통합, 통신과 방송의 융합, 온라인과 오프라인의 결합 등 세 가지로 압축된다. 유선과 무선의 통합은 휴대폰과 와이브로를, 통신과 방송의 융합은 DMB를, 온라인과 오프라인의 결합은 인터넷의 생활화로 나타나는 등 산업의 모든 분야에서 활발히 진행되고 있다. 앞으로는 인간 중심의 지능형 서비스가 가능한 유비쿼터스 사회로 진입하는 데에 디지털 컨버전스가 기본 전제가 된다.

✻ 사이버스쿼팅(cybersquatting) *

유명한 조직·단체·기관·기업 등의 이름과 같은 인터넷 주소를 투기나 판매를 목적으로 선점하는 행위를 말한다. 인터넷 주소는 공유할 수 없다는 점을 이용해 미리 주소를 등록해 놓아, 해당 기업이 그 주소를 소유하고자 할 때 등록자에게 비용을 지불하기도 한다. 현재 국제 도메인과 인터넷 주소자원은 민간 국제기구인 ICANN(Internet Corporation for Assigned Names and Numbers)이 맡고 있다.

Q 지적 창작물에 대한 권리를 모든 사람들이 공유할 수 있도록 하는 것은?

✱ 유비쿼터스(ubiquitous) **

라틴어로 '언제 어디서나 존재한다'는 뜻의 유비쿼터스는 사용자가 네트워크나 컴퓨터를 의식하지 않고 장소에 구애없이 자유로이 네트워크에 접속할 수 있는 정보통신환경을 말한다. 1988년 제록스 팰러앨토연구소의 마크 와이저(M. Weiser)가 처음 제시한 '유비쿼터스 컴퓨팅'이 효시다. 컴퓨터에 어떤 기능을 추가하는 것이 아니라 냉장고·시계·자동차 등과 같이 어떤 기기나 사물에 컴퓨터를 집어넣어 커뮤니케이션이 가능하도록 해주는 정보기술환경을 의미한다. 유비쿼터스화가 이루어지면 정보기술산업의 규모와 범위가 확대될 것임에 분명하지만, 정보기술의 고도화와 함께 광대역통신과 컨버전스 기술의 일반화가 이루어져야 한다.

☆☆☆ 광대역통신(廣帶域通信) …1초 동안 200만개 이상의 전기신호를 전달하는 통신으로 정보와 통신이 결합한 디지털 통신기술이다. 케이블을 통해 동영상 등을 동시에 전송할 수 있다.

✱ 핵티비즘(hacktivism) **

hacker와 activism의 합성어로 자신들의 정치적·사회적인 목적을 달성하기 위해 자신과 노선을 달리하는 특정 정부나 기관, 기업, 단체 등의 웹 사이트를 해킹해 서버를 무력화 시키는 일련의 행위나 활동방식을 말한다. 2000년 이후 급속도로 늘어나 전 세계에서 광범위하게 활동하고 있는데, 인터넷에 자신들의 주장과 요구사항을 게재하거나 특정국가의 인터넷사이트에 침범하여 자료를 삭제하는 등 투쟁대상을 조롱함으로써 심리적인 효과도 거둔다.

✱ 웹홀릭(webaholic) *

인터넷 중독자를 가리키는 말로 웨바홀리즘(Webaholism)과 같은 뜻이다. 컴퓨터가 급속도로 보급되면서 순기능 이외에 역기능 또한 증가하게 되는데, 네트워크 환경과 웹 브라우저의 출현으로 인터넷의 접근이 쉬워져 사회문제로까지 대두되게 되었다. 인터넷에 중독된 사람들은 웹에 매달려 있는 시간이 길어지면서 작업효율이 떨어지는 내성현상을 보이고, 금단현상이 나타나기도 하는데, 컴퓨터 앞에 앉아서 인터넷에 연결되는 순간 안도감과 쾌감을 느끼게 된다. 이는 사람의 행동양식을 중독의 극대화로 몰고 갈 수 있어 우려를 낳고 있다.

✱ 카피레프트(copyleft) **

지적 창작물에 대한 권리를 모든 사람들이 공유할 수 있도록 하는 것을 말한다. 자유소프트웨어(free software)라고도 하며, 지적재산권 즉 저작권을 의미하는 카피라이트(copyright)와 반대되는 개념이다. 1984년 미국의 리처드 스톨먼(R. Stallman)이 지식과 정보가 소수에게 독점되어서는 안 되며, 모두가 자유롭게 사용할 수 있어야 한다며 저작권으로 설정된 정보의 독점을 거부했다. 이어 리누스 토르발즈(L. Torvalds)가 유닉스를 기반으로 개발한 리눅스 운영체제를 공개하면서 이 운동이 알려지기 시작했다. 기업이 검색 소프트웨어를 무상으로 나눠주고 복제를 허용한 뒤 검색에 필요한 검색장비 시장을 공략하는 등의 전략을 사용해 기업의 이윤을 극대화하기도 한다.

✻ 블루리본(blue ribbon) **

인터넷 웹사이트에 파란리본을 붙여 공권력의 구속에서 탈피하는 표현의 자유를 주장하는 운동을 말한다. 정보와 표현의 자유를 주장하는 운동으로서 캠페인에 참가한 사람들이 이름을 붙였다. 1995년 미국의회에서 통신망에 저속한 내용을 올렸을 때 형사처벌을 할 수 있다는 내용의 법안이 상정되면서부터 시작되었다. 인터넷의 특성상 정보교환이 쉽게 이루어지는 가상공간에서 표현의 자유에 대한 네티즌의 자유로운 수위조절이 필요하다.

✻ 컴퓨터 바이러스(computer virus) **

컴퓨터의 운영체제나 소프트웨어에 몰래 침투하여 시스템이나 사용자의 프로그램에 자신을 복제하여 그 컴퓨터 시스템과 파일을 파괴하는 일종의 나쁜 의도를 지닌 컴퓨터 프로그램이다. 이 용어는 프레드릭 코헨박사가 1983년 개최된 보안세미나에서 발표한 '컴퓨터 바이러스 ; 이론과 실험(Computer Virus : Theory and Experiment)'이라는 논문에서 처음 사용하였다. 일단 컴퓨터 바이러스에 감염된 프로그램과 접촉한 컴퓨터는 바이러스를 내장하고 있다가 새로 입력되는 프로그램을 오염시킨다.

더 알아보기

컴퓨터 바이러스의 종류

구분	내용
CIH바이러스	체르노빌 원전사고일인 4월 26일에 작동하는 체르노빌바이러스로 BIOS와 하드디스크의 내용을 삭제시켜 부팅을 불가능하게 함
트로이목마 (Trojan horse)	자료삭제 · 감염된 컴퓨터의 정보탈취 등 사이버테러를 목적으로 사용되는 악성프로그램. 해킹의 기능을 가지고 있으나 다른 파일에 전염시키지 않음
슬래머 웜	특정 포트를 이용해 MS SQL 서버를 공격하는 신종 웜바이러스
브레인바이러스	최초의 MS-DOS용 컴퓨터 바이러스로 기본 메모리를 7KB 감소시키는 부트바이러스

✻ 가상사설망(假想私設網, virtual private network) **

기업들은 지금까지 본사와 지사, 영업소의 근무자가 지역적 제한 없이 업무를 수행할 수 있도록 통신 사업자에게 전용회선을 임대하여 원격지까지 연결하는 방식으로 사설망을 확충했으나, 고비용과 비효율성의 문제가 대두되어 이에 따른 해결책으로 인터넷망을 마치 전용선으로 사설망을 구축한 것처럼 사용하는 방식을 채택하게 되었다. 이를 가상사설망이라고 하며, 기존의 사설망 연결보다 비용과 효율성이 증대되고, 본 · 지사간의 자료정보 공유가 훨씬 용이해지나 인터넷 공중망을 사용하므로 정보보안 · 적절한 통신속도 · 대역폭의 보장 등이 단점으로 나타나고 있다.

✳ GUI(graphical user interface) *

사용자가 컴퓨터와 정보 교환 시 키보드를 통한 명령어 작업이 아닌 그래픽을 통해 마우스 등을 이용하여 작업할 수 있는 환경을 말한다. GUI에는 윈도, 아이콘 이미지, 단추, 스크롤바 등을 포함한다.

✳ EDPS(Electronic Data Processing System) *

컴퓨터를 사용하여 사무나 경영관리를 위한 데이터를 처리하는 전자자료처리시스템이다. 이것은 경영 내에 발생하는 데이터를 대형컴퓨터에 집중시켜 기억·계산·분류·추출·판단 등의 작업을 고속도로 수행하는 방식이다. 1950년대까지는 펀치카드시스템을 도입·실시했으나 오늘날 EDPS는 사무 기계화의 제2 혁명이라고 할 수 있다.

✳ 전자상거래(EC : Electronic Commerce) ***

인터넷상에서 금융, 컴퓨터 소프트웨어, 영상자료 등 서비스상품과 통관절차를 거쳐야 하는 실물제품을 거래하는 새로운 무역형태이다. 인터넷상에 비디오와 그래픽으로 구성된 가상시장에서 세계 각국의 생산자와 소비자가 직접 만나 중간상없는 교역을 할 수 있으며, 신용카드나 전자화폐를 통한 대금결제가 가능하다. 인터넷으로 무역을 할 경우 신용장발행, 수출입신청과 승인, 보험증권 발행 등 복잡한 절차가 모두 사라진다. 선진국에서는 인터넷상거래가 크게 활성화하고 있다.

더 알아보기

전자상거래의 종류

구분	내용
m-커머스	이동통신 단말기와 통신 네트워크를 사용해 무선 인터넷으로 각종 정보와 서비스 이용, 상품 구매를 할 수 있는 전자상거래
t-커머스	인터넷TV를 이용한 전자상거래
u-커머스	유비쿼터스 컴퓨팅 환경에서의 전자상거래

✳ eCRM(electronic CRM) *

실시간으로 고객의 성향에 따라 차별화된 서비스를 신속하게 제공하기 위해 1대1 마케팅을 실현해주는 인터넷 고객관계관리를 말한다. 초기 구축비용과 관리비용이 적게 들며, 시간과 공간의 한계를 탈피할 수 있고, 신규사업으로의 진출이 쉬워져 가치네트워크를 지원하는 필수적인 기술이다. 야후나 아마존 등이 기존사업과 동시에 쇼핑몰 사업 등으로 영역을 넓히는 등 인터넷을 통한 전자상거래가 급성장하면서 등장하게 되었다.

 **출제예상문제**

1. 2014년 완공된 우리나라 제2의 남극 해양과학기지는?

   ① 이율곡기지 　　② 장보고기지
   ③ 장영실기지 　　④ 이순신기지

2. 다음 설명에 해당하는 것은?

   > • 기질 특이성이 있다.
   > • 온도와 pH의 영향을 받는다.
   > • 생물체 내 화학반응이 잘 일어나도록 촉매 역할을 한다.

   ① 핵산 　　　　　② 효소
   ③ 뉴런 　　　　　④ ATP

3. 다음 중 구심력에 대한 설명이 옳지 않은 것은?

   ① 원심력은 가상의 힘이지만, 구심력은 실제로 존재하는 힘이다.
   ② 자동차가 커브길을 돌 때 구심력은 만유인력이다.
   ③ 롤러코스터에서 물체의 구심력은 물체에 작용하는 중력과 수직항력의 합이다.
   ④ 인공위성의 구심력은 지구가 당기는 만유인력이다.

4. 다음 중 물의 특성에 대한 설명이 옳지 않은 것은?

   ① 영양소의 용매로서 체내 화학반응의 촉매 역할과 삼투압을 조절하여 체액을 정상으로 유지시킨다.
   ② 체온의 항상성을 유지한다.
   ③ 신체의 노폐물을 대, 소변, 땀, 호흡 등을 통해 배설시킨다.
   ④ 체중의 약 16%를 차지하고 있다.

5. KEDO의 공식 한국어명칭은?

   ① 한국에너지발전기구
   ② 한반도경제발전기구
   ③ 한국경제개발기구
   ④ 한반도에너지개발기구

6. 방사성원소가 아닌 것은?

   ① 우라늄 　　　　② 라듐
   ③ 헬륨 　　　　　④ 토륨

7. 다음 중 골다공증에 대한 적절한 설명은?

   ① 성생활을 많이 하면 생긴다.
   ② 뼈세포가 생겨나는 것보다 소실되는 양이 많아 발생한다.
   ③ 뼈 골절 경험이 많은 사람들에게 주로 생긴다.
   ④ 에스트로겐을 남용할 경우 생긴다.

8. 비행기, 로켓 등 고속으로 빠르게 움직이는 물체의 속도를 음속으로 나타낸 단위를 나타내는 것은?

   ① 나노
   ② 마하
   ③ 제3의 힘
   ④ 제4의 힘

9. 간에 작용하여 포도당을 글리코겐으로 변하게 하고 체내의 포도당 소비를 촉진시킴으로써 혈당량을 낮춰 주는 호르몬은?

① 인터페론
② 인슐린
③ 구아닌
④ 아데닌

10. 세균과 바이러스의 차이점에 대한 설명 중 옳지 않은 것은?

① 바이러스는 숙주에 기생해서만 증식하므로 세균보다 진화론적으로 열등하다.
② 항생제는 세균성 질환에 탁월한 효과를 발휘하나 바이러스에는 속수무책이다.
③ 바이러스는 조건이 나쁜 환경에서 단백질 결정형태로는 수백년 이상 생존가능하다.
④ 뇌염과 홍역은 세균성 질환이고, 페스트와 결핵은 바이러스성 질환이다.

● ANSWER ●

1. **장보고 과학기지** … 우리나라의 해양연구원 부설기관인 극지연구소에서 운영하는 극지과학연구시설이다. 세종과학기지에 이어 대한민국에서 건설된 두 번째 과학기지로 2014년 2월에 완공되었다.

2. **효소의 특징**
   ㉠ 효소가 작용하는 물질을 기질이라 하며, 한 종류의 효소는 특정한 기질에만 반응하는 기질 특이성이 있다.
   ㉡ 효소는 적절한 pH 범위에서 활성이 크게 나타나며, 효소마다 최적 pH가 다르다.
   ㉢ 효소는 적절한 온도 범위에서만 활성을 나타낸다(최적 온도 : 35 ~ 40℃).

3. ② 자동차가 커브길을 돌 때 구심력은 정지마찰력이다.

4. ④ 단백질에 대한 설명이다.
   ※ **기타 물의 역할**
   ㉠ 완충제, 윤활제로서 음식을 삼킬 때 타액이 분비되며, 관절 활액을 형성하여 인체 각 관절의 완충제로 작용한다.
   ㉡ 눈, 코, 귀, 입 등 피부와 점막을 건조하지 않게 적셔 준다.
   ㉢ 영양소(아미노산, 포도당, 비타민, 미네랄)를 용해시켜 소화 흡수하게 한다.
   ㉣ 산소와 영양분을 혈관을 통해 혈액을 매개로 60조개의 세포로 빠짐없이 운반한다.

5. KEDO(Korean peninsula Energy Development Organization) … 한반도에너지개발기구로 1995년 3월 뉴욕에서 한 · 미 · 일 3국이 북한 경수로지원을 목적으로 설립한 국제컨소시엄

6. **방사성원소** … 방사능을 가지고 있어 방사선을 방출 · 붕괴하여 새로운 안정된 원소로 되는 원소로, 우라늄 · 라듐 · 악티늄 · 토륨 등이 있다.

7. **골다공증** … 조기폐경에 따른 여성호르몬인 에스트로겐의 급격한 감소, 흡연, 과다한 음주, 칼슘 등의 저하로 생긴다. 또 활동이 거의 없거나 체중이 적고 키가 작은 사람, 갑상선질환자, 스테로이드제 장기복용자 등에게도 발병하기가 쉽다.

8. 마하 1이란 소리가 1시간에 도달할 수 있는 거리를 의미하며, 15℃일 때 소리의 속도가 초속 340m이므로 시속 1,224km를 말한다.

9. **인슐린(insulin)** … 췌장에서 분비되는 호르몬으로, 포도당을 글리코겐으로 바꾸어 간에 저장한다. 부족하게 되면 혈액 중의 당 농도가 지나치게 높아져 소변으로 나오는데, 이것이 당뇨병이다.

10. ④ 뇌염과 홍역은 바이러스성 질환이고, 페스트와 결핵은 세균성 질환이다.

11. 쥐라기는 다음 중 어느 지질시대에 해당되는가?

① 원생대 ② 고생대

③ 중생대 ④ 신생대

12. 돌리라는 복제양을 만든 동물복제의 개념은?

① 체세포로 동일형질의 자손을 만드는 것

② 수컷의 '정자'를 증식시켜 동일형질의 자손을 만드는 것

③ 착상된 '난자'를 이용해 동일형질의 자손을 만드는 것

④ 유전자조작을 통해 동일형질의 자손을 만드는 것

13. 다음 중 뉴턴의 운동의 제3법칙(작용·반작용의 법칙)과 가장 관련이 깊은 것은?

① 정지하고 있던 버스가 갑자기 출발하면 사람은 뒤로 넘어진다.

② 대팻날을 뽑을 때 대패를 두들긴다.

③ 삽에 흙을 떠서 버린다.

④ 가스를 뒤로 분사하면서 로켓이 날아간다.

14. 시속 50km로 달리고 있는 기차를 택시가 뒤에서 시속 70km로 따라잡으려 한다. 이때 바람이 불지 않는다면 택시 승객에게는 기적소리가 어떻게 들리는가?

① 본래 음보다 낮은 음으로 들린다.

② 본래 음보다 높은 음으로 들린다.

③ 본래 음과 차이가 없다.

④ 위 조건으로는 알 수 없다.

15. 봄철에 일어나는 아지랑이는 무슨 현상인가?

① 빛의 간섭 ② 빛의 반사

③ 빛의 흡수 ④ 빛의 굴절

16. 비온 뒤 무지개가 나타나는 것은 다음 중의 빛의 어떤 성질 때문인가?

① 간섭 ② 굴절

③ 반사 ④ 산란

17. 다음 중 전류의 크기를 표시하는 단위는?

① Ω(오옴) ② W(와트)

③ A(암페어) ④ V(볼트)

18. 원 운동시 원심력과 구심력과의 관계는?

① 크기는 같고, 방향은 반대이다.

② 크기도 같고, 방향도 같다.

③ 크기는 다르고, 방향은 같다.

④ 크기도 다르고, 방향도 반대이다.

19. 4차원의 세계란 3차원의 세계에 무엇이 더해지나?

① 거리 ② 시간

③ 속도 ④ 느낌

20. 옥탄가(octane number)란?

① 가솔린의 품질을 결정하는 요소

② 내연기관 내의 연료소모

③ 유전이나 탄광에서 나오는 가연성(可燃性)

④ 산성이나 알칼리성에서 색이 변하는 물질

21. 다음 (   ) 안에 들어가기에 적합한 것을 고르면?

> 액화천연가스는 지하로부터 채취한 천연가스에서 불순물을 제거한 후 대량수송 및 저장을 위해 (   )(으)로 냉각하여 그 부피를 (   )(으)로 압축시킨 무색 투명한 초저온 액체이다.

① −273℃, 1/600 ② −162℃, 1/600

③ −273℃, 1/400 ④ −162℃, 1/400

22. 물체의 가속도가 '0'이란?

① 속도가 점점 줄어든다.
② 일정한 속도로 달린다.
③ 움직이던 물체가 정지한다.
④ 속도가 점점 빨라진다.

23. 다음 중 10억분의 1을 의미하는 것은?

① 기가
② 메가
③ 테라
④ 나노

● ANSWER ●

11. 중생대는 트라이아스기, 쥐라기, 백악기로 나뉘어진다.

12. 복제양 '돌리'는 복제할 양(암양 A)으로부터 유전자를 채취하고 다른 양(암양 B)의 난자를 채취하여 유전자를 제거한 뒤 이를 결합시켜 수정란을 또 다른 양(암양 C)의 자궁에 이식하여 탄생하였다.

13. **작용ㆍ반작용의 법칙(뉴턴의 운동 제3법칙)** … 물체에 힘을 작용시키면 원래 상태를 유지하기 위해 물체는 반대방향으로 힘을 작용(반작용)한다. 두 물체 사이에서 작용과 반작용은 크기가 같고 방향이 반대이며 동일 직선상에서 작용한다.

14. **도플러(Doppler)효과** … 파원(波源)에 대하여 상대속도를 가진 관측자에게 파동의 주파수가 파원에서 나온 수치와 다르게 관측되는 현상이다.

15. 아지랑이는 복사열로 공기의 밀도가 고르지 않아, 빛의 진로가 불규칙하게 굴절되어 보이는 현상이다.

16. **굴절** … 소리나 빛이 한 매체에서 다른 매체로 들어갈 경우 경계면에서 그 방향이 꺾이는 현상으로 물속에 막대기가 굽어보이는 것이나 신기루, 무지개도 같은 원리이다.

17. ① 전기저항의 단위 ② 전력의 단위 ④ 전압의 단위

18. **구심력** … 등속 원 운동하는 물체는 속력은 일정하지만 방향이 변하므로, 가속도가 생기는데, 이 구심가속도를 생기게 하는 힘이 구심력이다. 구심력과 크기가 같고 방향이 반대인 힘이 원심력이다.

19. **4차원** … 공간 3차원과 시간 1차원의 분리된 개념이 아닌 시간과 공간의 연속체 개념으로, 시공간(space time)을 말한다.

20. **옥탄가(octane number)** … 가솔린 속에 함유되어 있는 이물질이 정제된 정도를 표시하는 수치이다. 옥탄가가 높은 것일수록 엔진의 기능을 저하시키는 노킹현상이 일어나지 않으며, 열효율이 높다.

21. 액화천연가스(LNG)는 천연가스를 그 주성분인 메탄의 끓는점(−162℃) 이하로 냉각시켜 액화한 것이다. 또한 액화된 메탄의 부피는 표준상태인 기체상태의 메탄부피의 600분의 1 정도로, 이 천연가스는 전용탱커로 유전지대에서 반출된다.

22. 가속도는 단위시간(1초) 동안에 일어나는 속도의 변화량으로 가속도가 '0'이라는 것은 물체의 속도가 변하지 않았음을 의미한다.

23. 나노는 10억분의 1을 의미하는 접두어인데, 나노 테크놀로지는 분자나 원자 하나하나의 현상을 이해하고 이를 직접 조작하려는 기술을 의미한다.

11.③ 12.④ 13.④ 14.② 15.④ 16.② 17.③ 18.① 19.② 20.① 21.② 22.② 23.④ **A**

24. 다음 중 페트병의 뚜껑을 열고 뜨거운 물에 담갔을 때 생기는 변화에 대하여 바르게 예측한 것은?

① 페트병 내부의 공기 분자의 부피가 커진다.
② 페트병이 가라앉는다.
③ 페트병 내 공기 분자의 운동이 위축된다.
④ 페트병 내 공기의 부피가 커진다.

25. 빛의 전반사(全反射)가 일어날 수 있는 경우는?

① 물에서 유리로 입사할 때
② 얼음에서 물로 입사할 때
③ 유리에서 물로 입사할 때
④ 공기에서 얼음으로 입사할 때

26. 용액의 산성 및 알칼리성에 대해 옳지 않은 것은?

① $H+$이온이 $OH-$이온보다 많으면 산성이다.
② 알칼리성이 높을수록 pH의 값이 높다.
③ 중성용액에는 $H+$이온이나 $OH-$이온이 없다.
④ pH값이 1만큼 큰 것은 수소이온농도가 10분의 1만큼 작은 것에 해당한다.

27. 다음 중 일정한 시간 내에 발생하는 열량은 전류의 세기의 제곱과 도선의 저항에 비례하는 법칙은?

① 쿨롱의 법칙
② 렌츠의 법칙
③ 줄의 법칙
④ 옴의 법칙

28. 다음 중 비타민(vitamin)이 인체에 미치는 영향은?

① 무기물의 합성을 돕는다.
② 열량원으로 사용된다.
③ 몸의 구성물질이 된다.
④ 생리작용을 돕는다.

29. 생물이 생명을 유지하기 위해 외부로부터 물질을 섭취하여, 신체의 구성 물질로 바꾸며 이 과정 중에 생긴 노폐물은 체외로 배출하는 작용은?

① 동화작용
② 신진대사
③ 원형질유동
④ 이화작용

30. 세포에 대해서 기술한 내용 중 옳지 않은 것은?

① 생명체의 기본조직단위이다.
② 염색체가 들어 있다.
③ 분열에 의하여 번식한다.
④ 세포막으로 둘러싸여 있어서 물이 드나들 수 없다.

31. K. 란트슈타이너에 의한 ABO식 혈액형법에 따르면 O형인 사람에게 수혈이 가능한 혈액형은?

① O
② A
③ B
④ AB

32. 혈장에서 피브리노겐 섬유소를 제외한 액체로 영양분, 면역성 등을 함유하고 있는 것은?

① 백혈구
② 적혈구
③ 림프액
④ 혈청

33. 다음 중 가장 강산인 것은?

① pH=3
② pH=5
③ pH=7
④ pH=8

34. 다음 비타민 중 열에 가장 약한 것은?

① 비타민 A
② 비타민 B
③ 비타민 C
④ 비타민 D

35. 다음 중 항원·항체반응이 아닌 것은?

① 생선을 먹고 두드러기가 났다.

② 투베르쿨린반응이 양성이었다.

③ A형과 B형의 혈액이 응집되었다.

④ 혈액을 몸에서 채취하여 공기 중에 두었더니 응고되었다.

36. 생물의 생존에 필요한 최소한의 염색체는?

① DNA

② Cell

③ interferon

④ genome

● **ANSWER** ●

24. ① 공기 분자의 부피는 일정하다.
    ② 페트병이 위로 뜬다.
    ③ 공기 분자의 운동은 활발해진다.

25. **빛의 전반사(全反射)** … 빛의 굴절률이 큰 매질에서 작은 매질 쪽으로 들어갈 때 어떤 각도 이상이 되면 굴절하여 들어가지 못하고 모두 반사되는 현상으로 광섬유가 그 예이다.

26. ③ 중성용액은 H^+이온과 OH^-이온이 같은 경우로 이때의 pH값은 7이다.

27. 줄의 법칙은 저항이 큰 물체에 전류를 통과하면 열과 빛을 발생하는데, 일정한 시간 내에 발생하는 열량은 전류의 세기의 제곱과 도선의 저항에 비례하는 법칙을 의미한다.

28. **비타민(vitamin)** … 자체생산이 소량이거나 불가능하여 꼭 식품을 통해 반드시 섭취해야 하는 것으로 에너지원이나 몸의 구성 물질은 되지 않지만, 생리작용과 물질대사를 조절한다.

29. ① 흡수한 무기물을 유기물로 합성하는 생체 내의 화학변화작용을 말한다.
    ③ 여러 원인에 의해 세포의 원형질이 일정한 방향으로 움직이는 작용을 말한다.
    ④ 동화작용에 의해 생긴 체물질이나 외부에서 유입된 유기화합물을 간단한 물질로 분해하여 소비하는 작용을 말한다.

30. 세포막은 액체를 자유로이 통과시키며 운공·유연물공이라고 하는 연락공을 가지고 있다.

31. 수혈법에 따르면 O형은 O·A·B·AB형에게, A형은 A·AB, B형은 B·AB형, AB형은 AB형에게 수혈할 수 있다.

32. **혈청요법** … 다른 동물에 병원균을 주사해서 항체를 생성시킨 뒤 이 혈청을 병에 걸린 사람에게 주사해서 치료하는 방법이다.

33. pH(hydrogen exponent)는 어떤 용액 속에 함유되어 있는 수소이온의 농도를 말하는 것으로 pH=7일 때 중성, pH>7일 때 알칼리성, pH<7일 때 산성이라고 한다.

34. 비타민 C는 녹황색 채소나 과일에 많이 들어 있는데, 비타민류 중 열에 가장 약하므로 녹황색 채소를 조리할 때에 주의해야 한다.

35. 혈액의 응고는 프로트롬빈, 트롬빈 등 여러 효소에 의한 반응이다.

36. 게놈(genome)은 생물의 생존에 필요한 최소한의 유전자군(1쌍의 염색체)을 말한다.

24.④ 25.④ 26.③ 27.③ 28.④ 29.② 30.④ 31.① 32.④ 33.① 34.③ 35.④ 36.④ **A**

37. 모세관현상에서 모세관의 물의 높이는?

① 모세관의 반지름에 반비례한다.
② 모세관이 반지름에 정비례한다.
③ 모세관의 반지름의 제곱에 정비례한다.
④ 모세관의 반지름의 제곱에 반비례한다.

38. 다음 중 간(肝)의 작용과 거리가 먼 것은?

① 해독작용   ② 요소 합성
③ 쓸개즙의 형성   ④ 백혈구 재생

39. 혈액의 응고에 필요한 비타민은?

① 비타민 B   ② 비타민 C
③ 비타민 E   ④ 비타민 K

40. 땅 밑에 감자가 달리고 땅 위에 토마토가 열리는 포메이토에 해당하는 유전자 조작은?

① 핵이식   ② 세포융합
③ 조직배양   ④ 염색체 조작

41. 지구는 하나의 거대한 유기체이며 지구생물권은 단순히 주위환경에 적응하기만 하는 소극적인 존재가 아니라, 오히려 지구의 물리화학적 환경을 적극적으로 변화시키는 능동적인 존재라는 주장은?

① 진화론   ② 마크로가설
③ 지구생물론   ④ 가이아가설

42. 유도전류의 방향은 코일을 통과하는 자력선의 변화를 방해하는 방향으로 발생하게 되는 법칙은?

① 패러데이의 법칙
② 렌츠의 법칙
③ 만유인력의 법칙
④ 플레밍의 법칙

43. 육지에 가까운 섬이 연안류의 작용으로 발달하는 사주에 의하여 육지와 이어진 것을 무엇이라 하는가?

① 선상지   ② 범람원
③ 이어도   ④ 육계도

44. 대륙사면이란?

① 해저 0~200m까지의 부분
② 해저 200~3,000m까지의 부분
③ 해저 3,000~6,000m까지의 부분
④ 해안선을 따라 계단상으로 배열된 대지

45. 표준화석이 아닌 것은?

① 암모나이트   ② 삼엽충
③ 필석   ④ 산호

46. 역전층이란?

① 상공의 기온이 지상의 기온보다 높은 곳
② 공기의 대류가 매우 심한 공기층
③ 극동 상공에 불고 있는 제트기류와의 경계층
④ 고온지대와 저온지대의 경계선

47. 퇴적암이 아닌 것은?

① 심성암   ② 유기암
③ 쇄설암   ④ 석회암

48. 다음 중 시상화석이 될 수 없는 조건은?

① 생존기간이 짧다.
② 환경의 변화에 예민한 종류
③ 특별한 곳에만 생존
④ 물속에 사는 종류

49. 염기와 당류 및 인산으로 된 고분자화합물로 1953년 왓슨과 크릭에 의해 이중나선형의 분자구조를 이루고 있는 것이 밝혀진 것은?

① DNA   ② 배사구조
③ 줄기세포   ④ 성체줄기세포

37. **모세관현상** … 가느다란 관을 액체 속에 넣으면 액체가 관을 따라 올라가 액면의 높이에 차이가 생기는 현상이다. 모세관 내부의 물의 높이는 표면장력에 비례하고, 관의 반지름에 반비례한다.

38. **간의 기능** … 글리코겐 저장(혈당량 조절), 지방과 단백질의 교대, 쓸개즙의 형성, 요소의 생성, 해독작용 등이다.

39. **비타민** … 동물의 물질대사나 생리작용을 조절하는 영양소로, 사람의 체내에서 합성되지 않기 때문에 외부(음식물)에서 보충해야 한다. 비타민 D가 결핍되면 구루병, 비타민 B1이 결핍되면 각기병, 비타민 C가 결핍되면 괴혈병, 비타민 E가 결핍되면 불임증, 비타민 K가 부족하면 혈액응고가 지연된다.

40. ① 세포에서 핵을 꺼내 미리 핵을 제거한 난자에 넣어 발생시키는 기술이다.
③ 생물의 조직 일부나 세포를 떼어 내어 영양배지에서 키우는 것을 말한다.
④ 염색체 수를 인위적으로 조작하여 목적하는 형질을 얻어내는 것을 말한다.
※ **세포융합** … 서로 다른 두 세포를 합쳐 새로운 잡종세포를 만드는 것을 말한다. 잡종세포의 예로 포메이토를 들 수 있는데 크기나 질이 감자나 토마토에 못 미치는 것으로 알려져 있다.

41. **가이아가설**(Gaia theory) … 1978년 영국의 과학자 제임스 러브록이 주장한 새로운 가설로 지구를 생물과 무생물이 상호작용하는 생명체로 바라보면서 지구가 생물에 의해 조절되는 하나의 유기체임을 강조한다. 이 이론은 하나의 가설에 지나지 않지만, 지구온난화현상 등 최근의 지구환경문제와 관련해 새롭게 주목받고 있다.

42. 렌츠의 법칙은 자석을 코일 속에 넣었다 뺐다 하면 코일에 유도전류가 생기는데, 이때 생긴 유도전류의 방향은 코일을 통과하는 자력선의 변화를 방해하는 방향으로 발생하게 되는 법칙을 의미한다.

43. **육계도** … 육지와 섬 사이의 바다가 얕을 때 모래가 퇴적되어 사주가 형성되고 이로 인해 육지와 섬이 연결된다. 섬은 육계도, 사주는 육계사주라고 한다.

44. **대륙사면** … 대륙붕과 대양저의 평탄면 사이에 경사가 급한 해저를 말한다.
① 대륙붕 ③ 대양저 ④ 해안단구

45. 산호는 시상화석의 대표적인 예이다.

46. **역전층** … 대기의 온도는 지표 부근이 가장 높고 100m 상승할 때마다 0.6℃씩 낮아지는 것이 보통이나, 역전층은 이와 반대의 현상이 일어나고 있는 대기층을 말한다. 따라서 대기의 교류가 일어나기 어려우므로 하층 부근에 안개나 대기오염이 발생하기 쉽다.

47. **퇴적암** … 풍화작용 등으로 생긴 돌조각, 생물의 유해 등이 침전·퇴적하여 생긴 것을 말한다.
① 심성암은 화산활동시의 마그마(암장)가 땅속 깊은 곳에서 굳어져 생성된 화성암의 일종이다.

48. **시상화석** … 지층의 퇴적 당시의 환경상황을 나타내는 화석으로, 어느 한정된 환경에서만 서식하는 화석을 이용하는데, 산호초가 대표적이다.
① 생존기간이 짧으면 화석이 나타나기 어렵다.

49. DNA는 염색체 내 유전정보를 가지고 있는 유전자의 본체로 데옥시리보핵산이라고도 한다.

50. 다음 중 두 개의 대륙판의 충돌과 가장 관련이 깊은 것은?

① 일본과 같은 호상열도
② 대서양의 중앙해령
③ 히말라야산맥
④ 태평양의 화산군도

51. 더운물과 찬물을 섞으면 미지근한 물이 되나, 이 미지근한 물이 저절로 찬물과 더운물로 나누어지지 않는 현상을 설명할 수 있는 법칙은?

① 보일·샤를의 법칙
② 열역학 제2법칙
③ 에너지보존의 법칙
④ 줄의 법칙

52. '절대온도란 물질 중의 열운동의 에너지를 나타내는 척도로서…' 여기서 사용되는 절대온도의 기준온도, 즉 절대영도를 섭씨로 나타내면?

① 섭씨 영하 268.15도
② 섭씨 영하 273.15도
③ 섭씨 영하 270.65도
④ 섭씨 영하 275.65도

53. 수소폭탄제조에 이용되는 반응은?

① 핵융합반응
② 핵분열반응
③ 수소결합
④ 핵자기반응

54. 제5의 힘은?

① 과부하
② 중력
③ 전자기력
④ 강력

55. 초전도체란 무엇인가?

① 극저온의 일정 온도까지 냉각시키면 전기저항이 0이 되는 물체이다.
② 전자기 자장을 이용하여 레일 위를 떠서 달리는 물체이다.
③ 전기, 전자의 흐름을 완벽하게 차단하는 뉴세라믹의 일종이다.
④ 지구 대기권 밖에서의 위성행속전성을 말한다.

56. 예측불가능한 현상, 즉 언뜻 보아 무질서하게 보이는 복잡한 현상의 배후에 있는 정연한 질서를 밝혀내는 이론은?

① 퍼지이론(fuzzy set theory)
② 카오스이론(chaos theory)
③ 빅뱅이론(big bang theory)
④ 엔트로피이론(entropy theory)

57. 카본파이버(carbon fiber)의 특성에 대한 설명 중 옳지 않은 것은?

① 화학섬유
② 합성수지제품
③ 플라스틱·강철 등의 강화제
④ 합성섬유를 탄화한 것

58. 1997년 2월 탄생한 복제양 '돌리'는 유전공학기술 중 어느 기법을 이용한 것인가?

① 핵이식법　　　② 세포융합법
③ 유전자재조합법　　④ 핵치환기법

59. 다음 중 공기 중에 떠있는 고체나 액체입자를 총칭하는 표현은?

① 안개　　　② 스모그
③ 하이드로졸　　④ 에어로졸

60. 컴퓨터의 소프트웨어는 상용화과정을 거치는 동안 여러 버전을 통해 일반인들에게 공개되거나 사용할 수 있는 기회를 준다. 이런 버전에는 각기 명칭이 있는데, 다음 중 그 설명이 옳지 않은 것은?

① 베타버전 : 정식으로 프로그램을 공개하기 전에 테스트를 목적으로 한정된 집단 또는 일반에 공개하는 버전이다.

② 셰어웨어 : 일정 기간 동안 사용해 보고 계속 사용하고 싶은 경우에만 정식등록을 통해 구입할 수 있는 방식으로 일부 기능 또는 사용 가능기간에 제한을 둔다.

③ 프리웨어 : 무료로 사용할 수 있는 소프트웨어로 사용권뿐만 아니라 프로그램을 임의로 수정할 수 있다.

④ 트라이얼 : 셰어웨어와 같은 개념으로 일부 기능만을 사용할 수 있도록 만들어 둔 버전이다.

● ANSWER ●

50. 판구조론에 따르면 판과 판이 부딪치는 곳에 습곡산맥이 형성되어 화산작용과 지진현상이 일어나게 되고, 맨틀대류가 상승하여 새로운 판을 성장시키는 곳이 해령(海嶺)이며, 판이 움직여 다른 판 밑으로 침강이 시작되는 곳이 해구(海溝)에 해당된다. 히말라야산맥, 알프스산맥은 인도판과 아프리카판이 유라시아판과 충돌함으로써 형성된 것이고 역시 여기에도 지진과 화산작용이 수반되고 있다.

51. 열역학 제2법칙 … 열은 스스로 고온에서 저온으로 이동하며, 그 반대로는 이동하지 않는다.

52. 절대온도(絕對溫度) … 물질의 특성과는 상관없이 정의되는 온도(°K)로, 섭씨 영하 273℃를 0℃로 하여 보통의 섭씨와 같은 눈금으로 잰 온도이다.

53. 핵융합반응 … 원자번호가 작은 몇 개의 원자핵이 상호작용하여 원자번호가 큰 무거운 원자핵을 만들어 내는 핵반응이다. 이때 고온이 필요하며, 그것을 원자폭탄의 폭발에서 얻어 이용한 것이 수소폭탄이다.

54. 제5의 힘 … 중력 · 전자기력 · 약력 · 강력의 기본 4력 외에 중력과 반대방향으로 작용하는 새로운 힘으로, 과부하라고 한다.

55. 초전도체 … 어떤 물질을 절대온도를 0°K(-273℃)에 가까운 극저온상태로 냉각시키면 전기저항이 0이 되는 물질을 말한다. 전기저항이 0이 되면 전류를 거의 무제한으로 흘려보낼 수 있으며 이는 강력한 자석을 만들거나 전력손실이 없는 송신선을 만들 수 있다.

56. 퍼지(fuzzy)가 주관인인 결정을 하는데 비해 카오스(chaos)는 객관적인 이론체계를 만든다.

57. 카본파이버(carbon fiber, 탄소섬유) … 합성섬유를 탄화시켜 표면에 카본의 피막을 형성시킨 다음 이 섬유를 실처럼 꼬아서 강인성을 높인 화학섬유로, 복합재료의 보강재로 많이 사용된다.

58. 핵치환기법은 DNA가 들어있는 세포핵을 제거하고 다른 DNA를 결합시켜 새 세포를 만드는 기법이다.

59. ① 수증기가 지면 가까운 기층에서 응결되어 떠있는 현상이다.
② somke와 fog의 합성어로 대기 중의 오염물질이 안개처럼 떠있는 현상이다.
③ 물을 분산물로 하는 클로이드 용액이다.

60. 프리웨어(freeware)는 아무런 금전적 대가없이 배포되는 형태의 소프트웨어로서 재배포상의 모든 통제권리는 저작권자(제작자)가 갖는다.

61. 다음 중 경영정보처리기술의 발전과정으로 옳은 것은 무엇인가?

① MIS—DSS—EDPS—SIS

② SIS—MIS—DSS—EDPS

③ EDPS—DSS—MIS—SIS

④ EDPS—MIS—DSS—SIS

62. 원시프로그램에서 목적프로그램으로 번역하는 과정에서 발생하는 오류를 찾아 수정하는 것을 의미하는 것은?

① editing   ② debugging

③ coding   ④ searching

63. 제5세대 컴퓨터개발 프로젝트의 하나로 개발하고 있는 컴퓨터는?

① 미니컴

② 노이만형 컴퓨터

③ 바이오 컴퓨터

④ 비노이만형 컴퓨터

64. 전화회선을 이용하여 컴퓨터의 데이터를 송수신할 때 컴퓨터와 전화선 사이에 넣는 변조·복조장치는?

① modem   ② channel

③ scanner   ④ CPU

65. 위성통신·광섬유 등 대용량 통신기술과 디지털 전송기술을 이용한 통신망으로서, 전화·전신·화상 등 모든 정보의 교환과 전송을 디지털 통신망에서 가능케 하는 종합정보통신망은?

① videotex

② ISDN

③ LAN

④ optical communication

66. 다음 중 반도체의 주원료로만 짝지어진 것은?

① 규소, 비소, 텅스텐

② 규소, 마그날륨, 비소

③ 규소, 텅스텐, 실리콘

④ 규소, 게르마늄, 갈륨비소

67. 다음 중 통신의 내용을 0과 1의 신호로 변환하여 송수신하는 고속도의 통신방식은 어느 것인가?

① 아날로그 통신방식   ② 디지털 통신방식

③ 진폭변조 통신방식   ④ 주파수변조 통신방식

68. IC는 무엇을 뜻하는가?

① 트랜지스터   ② 대형콘덴서

③ 집적회로   ④ 통신매체

69. 우리나라 최초의 상업용 통신위성인 '무궁화호'에 대한 설명으로 옳지 않은 것은?

① 정지궤도위성이다.

② 디지털위성으로 세계에서 두 번째이다.

③ 아리안로켓에 의해 발사되었다.

④ 무궁화1호는 수명이 당초 10년에서 4년 5개월로 단축되었다.

70. 지구에서 다른 은하까지의 거리측정에 사용되는 것이 아닌 것은?

① 세페이드 변광성

② 허블의 법칙

③ 도플러효과

④ 샤를·보일의 법칙

71. 우주에 관한 설명 중 가장 타당성이 적은 것은?

① 스펙트럼의 적색편이를 보면 현재 우주는 팽창한다고 생각된다.
② 태양은 수축하면서 에너지를 발생한다.
③ 별은 생성되었다가 사라진다.
④ 혜성은 크게 주기혜성과 비주기혜성으로 나눌 수 있다.

72. 다음 중 바르게 연결되어 있지 않은 것은?

① NASA - 미국항공우주국
② 핫라인(hot line) - 미·소 직통통신선
③ SALT - 미·소간 전략무기제한협정
④ 펜타곤(pentagon) - 미국 항공기지 사령부

73. 최초의 스타워즈실험과 관련이 있는 우주선은?

① 디스커버리호
② 보스토크호
③ 소유즈호
④ 챌린저호

● ANSWER ●

61. **경영정보시스템의 발전순서** … 전자자료처리시스템(EDPS) → 경영정보시스템(MIS) → 의사결정지원시스템(DSS) → 전략정보시스템(SIS)

62. debugging … 사용자 프로그램이나 시스템 프로그램 등의 소프트웨어 및 하드웨어에 존재하는 오류를 검출하여, 그것을 수정하는 과정을 말한다.

63. 비노이만형 컴퓨터 … 프로그램으로 결정된 순서대로 데이터를 처리하는 노이만형에 대해 복수의 명령을 동시에 병렬적으로 처리할 수 있으며, 추측·판단 등이 가능한 컴퓨터이다.

64. 모뎀(modem) … 디지털신호를 아날로그신호로 변환(변조)시키거나 그 반대로 변환(복조)시키는 장치를 말한다.

65. ISDN(Intergrated Services Digital Network) … 음성·데이터 및 영상신호를 하나의 통신망으로 연결시킴으로써 서로 다른 여러 개의 서비스를 공유할 수 있는 디지털통신망이다.

66. 반도체의 물질로는 규소(실리콘), 게르마늄, 갈륨비소 등이 있다.

67. ① 곡선 또는 그래프로 변환 ③ AM ④ FM

68. IC(Integrated Circuit) … 집적회로로서 제3세대 전자계산기 회로소자이다.

69. ③ 무궁화호는 델타로켓에 실려 발사되었다.

70. 샤를·보일의 법칙 … 샤를법칙과 보일법칙을 종합한 것으로, 기체의 체적은 압력에 반비례하고 절대온도에 비례한다는 법칙이다.

71. 태양 중심부는 초고온·초고압의 기체로 이루어졌고, 가장 많은 수소의 원자핵(양성자)이 충돌해서 열핵융합반응을 일으키는데, 이때 질량의 0.7%가 소실하여 에너지로 바뀌는 것이다.

72. 펜타곤(pentagon)은 미국의 국방성을 일컫는 말이다.

73. 1985년 발사되어 지구를 선회하던 디스커버리5호를 지상발사 레이저광선으로 명중시킴으로써 미국의 SDI계획(스타워즈)실험에 성공하였다.

61.④ 62.② 63.④ 64.① 65.② 66.④ 67.② 68.③ 69.③ 70.④ 71.② 72.④ 73.① **A**

05 지리 · 환경

지리 · 환경 단원은 다양한 분야의 상식을 다루고 있기 때문에 학습하기에 자칫 부담스러울 수 있다. 하지만 일반상식 시험에서 빠지지 않고 출제되고 있다.

1 지리 · 교통

✱ 웨더 쇼크(Weather Shock) **

날씨가 갑작스럽게 변화하여 그 결과로 사회 · 경제적 피해가 발생하는 것을 말한다. 2016년 1월 미국의 수도 워싱턴에는 100년 만에 폭설이 내렸고, 13개 주에 전기가 끊겼다. 폭설과 한파의 영향으로 미국은 2014년 1분기 마이너스 0.9%의 성장률을 기록했고 2015년 1분기에도 0.6% 증가에 머물렀다.

✱ 계절풍기후(季節風氣候, monsoon climate) ***

한국 · 일본 · 중국 · 동남아시아 등 계절풍의 영향을 받는 지역의 기후로, 몬순기후라고도 한다. 계절풍은 여름과 겨울에 대조적인 기후를 발생시키는데, 열대해양기단과 찬대륙기단의 영향으로 여름철에는 비가 많고 고온다습하며 겨울철에는 춥고 맑은 날이 많으며 저온건조하다. 우리나라는 여름에는 남동계절풍의 영향을 받아 고온다습하며, 겨울에는 북서계절풍의 영향을 받아 한랭건조하다.

> **한번 되짚기** ✎
>
> **계절풍(monsoon)**
> 계절을 대표할 만큼 그 계절 안에서의 출현빈도가 높으며, 넓은 지역에 나타나고 여름과 겨울에는 대개 풍향이 반대가 되는 바람이다. 이는 대륙과 해양, 남반구와 북반구 등 지역적인 기압 차이에서 생긴다. 우리나라에서는 여름에 남동계절풍이, 겨울에 북서계절풍이 분다.

✱ 해양성기후(海洋性氣候) *

해양의 영향을 받아 상대적으로 여름에는 서늘하고 겨울에 따뜻한 기후로, 대륙 동안에 비하여 연교차가 작고 연중 강수량이 고르며 편서풍이 탁월하다. 주로 위도 40~60° 범위의 대륙 서안에 위치한 나라에서 볼 수 있어 서안해양성기후라고도 하며 영국, 독일, 프랑스, 스칸디나비아 3국 등이 이에 속한다. 또한 북아메리카 북서안과 뉴질랜드, 칠레 남부 등지에서도 나타난다.

Q 열대지방에서 거의 매일 오후에 볼 수 있는 소나기는?

✱ 대륙성기후(大陸性氣候) **

대륙 내부에서 육지의 영향을 받아 나타나는 기후로 내륙성 기후라고도 한다. 해양성 기후에 비해 바다의 영향을 받지 않기 때문에 공기 중의 수증기량이 적고 이로 인해 맑은 날씨를 보이는 날이 많으며, 일교차·연교차가 크고 기압과 바람 이외의 기후요소에 의해서도 기후변화가 심하게 나타난다. 대륙 내부에 위치한 대부분의 나라가 대륙성 기후의 영향을 받으며 우리나라 역시 대륙성 기후로, 여름에는 북태평양기단의 영향을 받아 몹시 더우며 겨울에는 시베리아기단의 영향을 받아 몹시 춥다.

더 알아보기

우리나라에 영향을 주는 기단

기단	계절	특성	영향
시베리아기단	겨울	한랭건조	북서풍 한파, 삼한사온
오호츠크해기단	초여름	한랭다습	높새바람
북태평양기단	여름	고온다습	남동계절풍, 무더위
양쯔강기단	봄가을	온난건조	이동성고기압

✱ 열대우림기후(熱帶雨林氣候) *

연중 고온다우한 기후로, 거의 매일 스콜이 내리며 월강우량이 최소 60㎜ 이상이다. 이 기후대에서는 원시농업·수렵 등이 행해지며, 서구의 자본가들이 현지인의 값싼 노동력을 이용하여 고무·야자·카카오 등의 특정 농산물을 대량으로 생산하는 재식농업(플랜테이션)이 이루어진다. 분포지역은 아마존강 유역, 콩고강 유역, 말레이반도, 인도네시아제도, 기니만 연안의 아프리카 등이다.

✱ 스콜(squall) **

열대지방에서 거의 매일 오후에 볼 수 있는 소나기를 말한다. 바람의 갑작스러운 변화나 강한 햇볕에 의해 공기 중의 일부가 상승하고 그로 인해 발생한 상승기류에 의해 비가 내린다.

✱ 라사열 *

서아프리카 열대 우림지대의 풍토병적인 바이러스성 급성 출혈열을 의미한다. 1969년 나이지리아의 라사마을에서 발견되어 미국, 영국, 독일로 퍼졌다. 전염력이 강하고 치사율이 35~50%정도로 높으므로 엄중한 격리치료를 해야 하는 국제전염병으로 알려져 있다. 이러한 라사 바이러스가 퍼지는 경로는 주로 아프리카 사바나 지대에서 서식하고 있는 다유방쥐의 침 또는 오줌이다. 이 쥐들은 금광붐으로 인해 산림이 파괴되어 삶의 터전을 잃고 사람이 사는 마을로 나오게 되면서 쉽게 주거 공간에 침입해 사람에게 라사열을 옮긴다.

✳ 스텝(steppe) *

대륙 온대지방의 반건조기후에서 발달한 초원지대로, 습윤한 삼림지대와 사막과의 중간대이다. 주로 키가 작은 화분과의 풀이 자라는데, 비가 많이 내리는 봄철에는 무성해지나 여름철 건계에는 말라 죽는다. 즉, 건조한 계절에는 불모지이고, 강우계절에는 푸른 들로 변한다.

✳ 툰드라(tundra) *

타이가(taiga)지대의 북에 접한 북극권 내의 지표로 대부분의 낮은 얼음으로 덮여 있다. 여름에는 지표의 일부가 녹아서 습지가 되며, 지의류 · 선태류 · 작은 관목 등의 식물과 순록같은 동물이 살 수 있다. 유라시아 북부 · 캐나다 북부 · 시베리아 북부 · 알래스카 북부 등지에 위치하고 있다.

☆☆☆ 타이가(taiga)는 북반구의 경작한계와 툰드라지대 사이로, 연교차가 60℃ 이상이며 포드졸 토양이다. 시베리아와 캐나다의 침엽수림대가 대표적이다.

✳ 외쿠메네(ökumene) *

지구상에서 인간이 거주할 수 있는 지역을 말한다. 지구표면의 육지에서 사막 · 고산지대, 극지방의 빙설지대 · 동토(凍土) 등을 제외한 지역으로, 약 87% 가량이 해당되는데 세계인구의 자연증가율에 비추어 볼 때 이의 증대가 시급하다. 근래 들어 농경법의 개량, 자연개발의 진척, 내한 · 내건기술의 발달 등으로 외쿠메네의 확대가 이루어지고 있다.

☆☆☆ 아뇌쿠메네(anökumene) … 인간 비거주지역으로, 고산 · 극지 · 설선 · 사막지역을 말한다.

✳ 와디(wadi) *

아라비아 및 북아프리카 지방의 건조지역에 많이 있는 간헐하천으로 비가 내릴 때 이외에는 물이 마르는 개울이다. 건조지대, 특히 사막에 있는 하상(河床)은 늘 물이 없으므로 마른강이라고도 한다. 폭우가 쏟아지면 모래와 자갈이 섞인 물이 흐르나 비가 그치면 곧 마른다. 빗물이 지하수가 되어 오아시스가 생기는 수도 있으므로, 대상(隊商)들이 이곳을 길로 이용한다.

✳ 크레바스(crevasse) **

빙하가 갈라져서 생긴 좁고 깊은 틈새를 말한다. 급경사를 이루는 빙하도랑을 이동할 때에는 빙하를 가로지르는 크레바스가, 넓은 골짜기나 산기슭으로 나가는 곳을 이동할 때에는 빙하가 이동하는 방향에 평행하는 크레바스가 나타난다.

✳ 블리자드(blizzard) **

남극지방에서 볼 수 있는 차고 거센 바람을 동반한 눈보라 현상으로 우리말로는 폭풍설(暴風雪)이라고도 한다. 이러한 현상이 발생하는 이유는 남극지방의 급격한 기온변화 때문이라고 볼 수 있는데, 몇 시간 사이에 영하 10도에서 영하 20도로 기온이 급강하하면서 동시에 초속 40~80m의 강풍이 불며 눈이 몰아친다.

⬛Ⓠ 적도 부근 해수면 온도가 평년보다 낮아지는 현상은?

✱ 북대서양진동(NAO : North Atlantic Oscillation) *

북대서양진동은 아이슬란드 근처의 기압과 아조레스(azores) 근처의 기압이 서로 대비되는 변동으로 구성된다. 평균적으로 아이슬란드의 저기압 지역과 아조레스의 고기압 지역 사이에 부는 편서풍은 유럽 쪽으로 전선시스템을 동반한 저기압을 이동시키는 역할을 한다. 그러나 아이슬란드와 아조레스 사이의 기압차는 수일에서 수십년의 시간 규모상에서 섭동(攝動)을 하는 현상을 보이므로 때때로 역전될 수도 있다.

✱ 기온의 연교차 · 일교차 *

기온의 연교차는 가장 따뜻한 달과 가장 추운 달의 평균기온의 차를 말하며, 기온의 일교차는 하루 중 가장 기온이 낮을 때와 높을 때의 차를 말한다. 연교차는 저위도지방보다는 고위도지방에서 크게 나타나고 해양보다는 대륙에서 더 크게 나타난다. 일교차도 마찬가지이며, 평지보다 분지가 더 크고 고도가 높아질수록 작게 나타난다.

✱ 엘니뇨(el nino)현상 ***

남미 에콰도르와 페루 북부연안의 태평양 해면온도가 비정상적으로 상승하는 현상으로, 아프리카의 가뭄이나 아시아 · 남미지역의 홍수 등을 일으키는 원인이다. 엘니뇨는 스페인어로 '신의 아들'이란 뜻인데, 크리스마스 때 이 현상이 가장 현저해서 붙여진 이름이다.

> ✓ 상 / 식 / 문 / 제
>
> 엘니뇨(el nino) 현상으로 맞는 것은?
>
> ① 인구가 밀집된 도심지역이 다른 지역보다 온도가 높게 나타나는 현상
> ② 남미의 페루 및 에콰도르의 연안의 열대 해상에서 수온이 평년보다 높아지는 현상
> ③ 예년보다 강한 무역풍이 지속될 때 일어나는 기후변동현상
> ④ 고층빌딩 사이에서 일어나는 풍해현상

✱ 라니냐(la nina)현상 ***

적도 부근의 표면 해수온도가 갑자기 낮아지는 현상이다. 엘니뇨와 번갈아 대략 4년 주기로 일어나며, 이 현상으로 인한 대기순환 교란은 1 ~ 3년간 여파를 미친다. 반(反)엘니뇨현상으로도 불린다.

✱ 에어포켓(air pocket) **

대기 중에 국지적인 하강기류가 있는 구역을 말하며, 이 구역에서 비행중인 항공기에는 수평자세로 급격히 고도가 낮아지는 현상이 발생하게 된다. 이는 적운 계통의 구름, 강, 늪, 삼림의 상공, 산악이나 높은 건물의 바람맞이 상공에 생기는 것으로 우리나라 대관령 상공에서도 자주 일어난다.

☆☆☆ 선박 또는 해상구조물이 침몰하였을 경우 내부에 공기가 남아있는 공간도 에어포켓이라 한다.

✳ 극와동(極渦動) *

극지방에서 볼 수 있는 회오리바람처럼 갑작스레 변화하는 기상현상으로, 불과 수 시간의 타임스케줄을 갖는다. 이 때문에 우리나라를 비롯한 동아시아는 기상변화에 큰 영향을 받는다.

✳ 블로킹(blocking)현상 *

저지현상(沮止現象) 혹은 블로킹 고기압이라고도 하며 중위도 지역의 대류권에서 우세한 고기압이 이동하지 않고 장기간 한 지역에 머물러 동쪽으로 움직이는 저기압의 진행이 멈추거나 역행되는 현상을 말한다.

✳ 선상지(扇狀地, fan) *

하천상류의 산지에서 평지로 바뀌는 경사의 급변점(곡구)에서 유속이 감소하여 골짜기 어귀에 자갈이나 모래(토사)가 퇴적되어 이루어진 부채꼴 모양의 완만한 지형이다. 골짜기 어귀에 중심을 선정, 선상지 말단부를 선단, 그리고 그 중간을 선앙이라고 부른다. 토지의 이용면에서 볼 때, 선정은 산림취락의 입지와 밭으로 사용되며, 선앙은 과수원으로, 선단은 물이 용천하기 때문에 취락 입지와 논으로 사용한다. 우리나라는 구례·사천·추가령 지구대의 석왕사 등 선상지가 많은 편이나, 산지의 대부분이 저산성 산지로 경사의 급변점이 낮아 선상지의 발달은 미약하다.

✳ 범람원(汎濫原, flood plain) *

하천이 홍수 등으로 인해 주변으로 범람하여 토사가 퇴적되어 생긴 평야를 말한다. 범람원은 장년기 이후의 지형에서 특히 넓게 나타나며, 그 안에 자연제방이나 후배습지가 생겨 강이 자유롭게 곡류하게 된다. 충적평야의 일종으로 토지가 비옥하여 주로 농경지로 이용된다.

☆☆☆ 우리나라의 경우 연강수량의 변화나 계절적 강수량의 변화차가 크기 때문에 발달이 탁월하다.

✳ 삼각주(三角洲, delta) *

하천이 호수나 바다와 만나는 지점에서 하천을 따라 운반되어 온 토사가 퇴적하여 만들어진 충적평야로, 토양이 매우 기름져서 일찍부터 농경이 발달하였다. 나일강 하구, 미시시피강 하구, 낙동강 하구 등이 이에 속한다.

✳ 카르스트(karst)지형 ***

석회암지대에 생기는 특수한 지형으로, 빗물이나 지하수에 의해 침식되어 형성된다. 지하에 생긴 동굴은 종유동이라 하는데, 돌리네·종유석·석순·석회주 등 기암괴석이 많으며 우리나라에서는 연변의 동룡굴, 울진의 성류굴, 제주도의 만장굴 등이 유명하다.

⊙ 석회암지대에 지반의 용해로 형성되는 특수한 지형은?

✱ 라피에(lapies) *

석회암이 나출된 대지 등에서 석회암의 용식에 의하여 형성된 작은 기복이 많은 지형으로 카르스트 지형 중에서 가장 일반적인 것이다. 영국에서 부르는 '크린트'는 석회암이 나출된 면을 일컫고, '그라이크'는 수직인 파이프 모양의 구멍을 일컫는다. 또, 석회암의 나출면이 절리 등을 따라서 홈이 파이는 경우도 있다. 석회암이 움푹 들어간 부분에 토양이 메워지고, 튀어나온 부분이 묘석을 세워 놓은 것 같은 모양을 나타내기도 한다. 이들 라피에가 집합되어 있는 지역을 '카렌펠트(karrenfelt)'라고 부른다.

✱ 싱크홀(sink hole) *

과테말라시티의 싱크홀

지하 암석이 용해되거나 기존에 있던 동굴이 붕괴되면서 생긴 움푹 파인 웅덩이를 말한다. 장기간의 가뭄이나 과도한 지하수 개발로 지하수의 수면이 내려가 지반의 무게를 견디지 못해 붕괴되기 때문에 생기는 것으로 추정되며, 주로 깔때기 모양이나 원통 모양을 이룬다. 석회암과 같이 용해도가 높은 암석이 분포하는 지역에서 볼 수 있다.

☆☆☆ 블루홀(blue hole) … 바닷속에 위치한 동굴 또는 수중의 싱크홀을 일컫는다.

✱ 모레인(moraine) *

빙하에 의하여 운반된 점토·모래·자갈 등의 암설(巖屑)을 말한다. 이것은 하천과 바닷물에 의하여 운반된 토양과 달리, 층리가 없고, 또 대소의 암층을 혼합한 채로 퇴적한다. 빙하의 표면·내부·적부·종단부 등 그 위치에 따라, 표퇴석·내부퇴석·저퇴석·중앙퇴석으로 구분된다. 또 단퇴석은 빙하의 선단에 있었던 암설이 빙하가 녹았기 때문에, 그대로 그곳에 퇴적한 것을 말한다. 현재 퇴석은 독일·구소련·북미 등지에서 많이 볼 수 있다.

✱ 이수해안(離水海岸) *

육지의 융기 또는 해면의 저하로 생긴 해안을 말한다. 예로부터 융기지역의 해안에 생기는 경우가 많으며, 일반적으로 해안선이 평탄하고 얕은 해저의 앞바다에는 연안주, 석호 등이 발달한다.

✱ 해안단구(海岸段丘) *

해안지형에 있어 해식애·단층해안 등이 점차적으로 융기되어 육지화된 계단 모양의 지형으로 바닷가 취락의 형성, 교통로 등으로 이용되고 있다.

✱ 대륙붕(大陸棚) **

해안에 접속되는 수심 200m 이내의 얕은 해저지형으로, 대륙의 연장부분에 해당되는 완경사면이다. 해양면적의 8%에 불과하나 수산·광산자원이 풍부하고, 생물의 종류가 매우 많아 그 양은 해양 전체의 대부분을 차지하는 바다생물의 보고이다.

✳ 석호(潟湖) *

해안에 연안사주와 사취에 의해 외해로부터 격리된 호수로, 해안선이 복잡한 침수해안이나 이수해안에 모두 생길 수 있다. 침수해안에 형성되는 석호는 일시적이며 육상퇴적물과 해저퇴적물로 덮여 육지화된다.

✳ 파랑(波浪) *

심해파와 구분해 표면파로 일컬어지는 것으로, 바람에 의해 생긴 수면의 풍랑(風浪)과 풍랑이 진행하면서 세력이 줄어 생긴 너울을 포함한다. 풍랑은 마루가 뾰족하고 파도 사이의 간격이 짧은 데에 비해 너울은 마루가 둥글고 파도 사이의 간격이 길다.

✳ 사빈(砂濱) *

주로 강에서 흘러온 모래가 퇴적되어 형성되거나, 해식애 근처에서 해안의 침식으로 생긴 모래들이 파랑이나 연안류에 의하여 운반·퇴적되어 생긴 모래해안이다. 온대지방에서는 그 구성물이 주로 석영이고 열대지방에서는 조개껍데기, 산호파편 등으로 이루어진 석회질 모래가 대부분이며 해수욕장으로 개발된다.

✳ 푄(föhn)현상 ***

바람이 산지를 넘어가게 되면 그 반대쪽에서는 고온건조한 바람이 되어 내리부는 현상을 말한다. 예를 들어 수증기가 포화점에 달한 15℃의 바람이 높이 2,000m의 산에 불면 산의 높이 100m에 따라 0.5℃씩 냉각되어 바람이 산꼭대기에 달했을 때에는 5℃가 되고, 이 때 수증기는 응결하여 비가 되어서 떨어지므로 산을 넘어서 내리부는 바람은 반대로 100m에 대하여 1℃씩 더워져서 지상에 이르렀을 때에는 25℃의 건조열풍이 된다.

✳ 루트맵(route map) **

지질조사를 위해 그 탐사노선에 따라 관찰할 사항을 기입하여 놓은 지도로, 지형도가 완비되어 있는 지역은 그 지형도에 기입하나 지형도가 없는 지역은 지형도를 만들어서 기입하여야 한다. 또한 지표에 노두가 있는 부분은 관찰할 부분만 기입하고, 그렇지 않은 부분은 공백으로 둔다.

✳ 태풍의 눈(eye of typhoon) **

태풍 중심부의 구름이 적고 고요한 무풍지대로 중심부로 하강기류가 있어 상층운은 볼 수 없으나 하층에는 층적운이 있으며, 바람이 약한 원모양의 구역이다. 태풍의 눈 주변은 적란운의 벽이 있어 비가 많이 내리며 바람 또한 최대풍속을 기록한다.

✱ 태풍명칭의 변화 [**]

태풍은 명칭은 괌에 있는 미국 태풍합동경보센타(JTWC : Joint Typhoon Warning Center)가 붙인다. 이 기관은 92개의 이름을 마련해 놓고 태풍발생 때마다 순서대로 이름을 부여하고 있다. 번호는 연도별로 발생한 순서대로 1호부터 시작해 새로 번호가 붙여진다. 태풍이름은 Q · U · X를 제외한 23개의 알파벳으로 시작하는 사람이름이 한 벌로서 모두 네 벌이 만들어져 있으며, A~Z까지 알파벳 순서대로 여성 · 남성의 이름이 교대로 매겨졌다. 그러나 2000년부터는 우리나라를 비롯한 아시아태평양 지역 14개 국가별로 이름을 10개씩 선정해 자국말로 된 태풍이름을 사용하기로 했다.

더 알아보기

우리나라와 북한의 태풍이름
• **남한** … 나리, 개미, 장미, 수달, 노루, 제비, 고니, 너구리, 메기, 나비
• **북한** … 기러기, 도라지, 갈매기, 메아리, 봉선화, 소나무, 날개, 매미, 민들레, 버들

✱ 후지와라현상 [**]

동시에 존재하는 둘 이상의 태풍이 서로 영향을 미칠 수 있는 범위에 접근해 상호작용을 하면서 이상 현상을 일으키는 것으로, 일본 기상학자인 후지와라가 발견해 낸 기상현상이다.

✱ 세계 4대 강풍 [***]

① 태풍(typhoon) … 우리나라와 일본에서는 최대풍속이 17㎧ 이상 33㎧ 미만인 것을 열대폭풍, 33㎧ 이상으로 북서태평양에 있는 것을 태풍으로 구별한다.

> ✔ 상/식/문/제
>
> 다음 중 세계 4대 강풍이 아닌 것은?
>
> ① 태풍　　　　② 윌리윌리
> ③ 허리케인　　④ 블리자드

② 허리케인(hurricane) … 대서양 서부에서 발생하여 북미대륙으로 부는 열대성 저기압으로, 싹쓸이 바람이라고도 한다.

③ 사이클론(cyclone) … 인도양 · 아라비아해에서 발생하여 뱅골만으로 부는 열대성 저기압이다.

④ 윌리윌리(willy-willy) … 오스트레일리아 북부 주변 해상에서 발생하는 열대성 저기압이다.

✱ 폭풍해일(storm surge) [**]

극단적인 기상조건(낮은 기압, 강한 바람)으로 인하여 특정 장소에서 바다의 고도가 일시적으로 상승하는 것, 그 장소와 시간에서 조위 변동에 의해서만 예상되는 수위 이상으로 초과하는 것으로 정의된다.

✱ 제로미터지대 **

지면의 높이가 평균해수면의 높이와 같거니 낮은 곳으로, 해발 제로미터지대라는 의미이다. 지반의 침하에 의해서 생성되는 것으로, 무리한 지하수 개발 등이 증가하면서 이에 따른 지반침하가 격심해지면 인공적인 제로미터지대를 형성하는 결과를 낳는다. 지면의 높이가 낮기 때문에 호우 때마다 침수 피해가 일어난다.

✱ 멕시코만류(gulf stream) *

멕시코만 부근에서 따뜻하게 데워진 물이 대서양의 북서부에서 북동쪽으로 올라가는 해류이다. 유속은 빠르며 유량 또한 방대하다. 이 영향으로 대서양의 북서부와 북동부에 어장이 생기며, 고위도지방에서도 온난다습한 해양성 기후를 형성한다.

✱ 반 알렌대(van allen belt) ***

적도를 중심으로 하여 이중으로 지구를 둘러싸고 있는 방사능대이다. 내층의 높이는 적도 약 3,000 km 상공을 중심으로 높은 에너지의 양자로 구성되어 있고, 외층은 약 20,000km 상공에 중심이 있어 높은 에너지의 양자와 전자로 되어 있다.

☆☆☆ 1958년 미국의 익스플로러 1호와 소련의 스푸트니크 3호 달로켓에 의해 발견되었다.

✱ 표준시(standard time) **

영국의 그리니치 천문대의 시각이 지구에서의 총 표준시가 된다. 이는 지구의 자전으로 인해 어느 지역이 밤이면 어느 지역은 낮이 되므로, 이를 환산하기 쉽게 하기 위하여 만든 것이다. 세계 각지의 시간차는 지구의 둘레인 360°를 하루 24시간으로 나누면 15°이므로, 경도 15°를 1시간의 시간차로 계산한다. 우리나라는 동경 135°의 본초 자오선을 기준시로 사용하고 있어 세계 표준시보다 9시간이 빠르다.

더 알아보기

본초자오선 … 지구상의 경도를 측정하는 기준이 되는 자오선으로, 영국의 그리니치 천문대를 통과하는 자오선을 0°로 한다. 이로부터 동으로 180°, 서로 180°까지 측정하여 전자는 동경, 후자는 서경으로 정했다.

✱ 날짜변경선 *

지구상에서 각지의 지방시(地方時)는 경도에 따라 다르므로 동서를 왕래하는 사람이 사용하는 날짜를 일치시키기 위해 정해 놓은 경선(經線)으로, 지구상의 경도 180°선을 말한다. 일부(日附)변경선이라고도 한다.

Q 적도를 중심으로 하여 지구를 둘러싸고 있는 방사능대는?

✳ 회귀선(回歸線) *

지구상 적도를 중심으로 남북 위도 23°27'의 위선으로 북쪽을 북회귀선 또는 하지선(夏至線), 남쪽을 남회귀선 또는 동지선(冬至線)이라 한다. 태양이 이 위선상을 직사할 때까지 남북으로 전진한 후 적도로 향하여 회귀하므로 회귀선이라 불린다. 두 회귀선 사이는 열대기후에 속한다.

✳ 역전층(逆轉層) *

기온이 지표 부근에서 공중으로 올라갈수록 낮아지는 보통의 현상에 반해 상공의 기온이 오히려 높아져서 기온이 역전하는 경계층을 말한다. 이 층의 상하공기가 서로 교환되지 못하기 때문에 아래쪽의 먼지나 수분이 굳어져서 안개가 되기 쉽다.

✳ 화구호 *

화산폭발로 흘러나온 마그마가 분화구 가장자리에 높은 담처럼 쌓인 후 굳어서 만들어진 화구의 움푹 파인 중심에 물이 고여 형성된 호수를 말한다. 화산활동이 활발하지 않은 우리나라에는 한라산의 백록담 외에는 소규모의 화구호가 몇 개 있을 뿐이다. 호수의 기슭은 급경사를 이루고 있지만 중앙부는 평평하며 면적에 비하여 깊이가 깊다.

☆☆☆ 화구호는 물에 영양염류가 적은 빈영양호(貧營養湖)가 보통이다.

✳ 칼데라호 **

지름 3㎞ 이상의 대형 화구인 칼데라에 물이 고여서 만들어진 호수로 호수의 기슭은 경사가 급하며 수심이 깊고 밑바닥은 대체로 평탄하다. 화구호와 마찬가지로 영양물질이 적고 산성이 강한 빈영양호(貧營養湖)가 대부분이다. 우리나라에서는 백두산의 천지가 유일한 칼데라호이다.

✳ 백야(白夜) **

고위도지방에서 일몰과 일출 사이에 반영(反映)하는 태양광선으로 인해 희미한 밝음이 계속되는 밤 또는 그 현상이다. 북극지방에서는 하지, 남극지방에서는 동지 경에 일어난다. 백야가 계속되는 시간은 위도에 따라 다른데, 긴 곳에서는 반년이나 계속되기도 한다.

✳ 지오이드(geoid) ***

지구의 등중력면(等重力面)으로 지표면의 70%를 차지하는 해수면의 평균을 잡아서 육지까지 연장한 것이다. 어디에서나 중력방향에 수직이며, 해양에서는 평균해수면과 일치하고 육상에서는 땅속을 통과하게 된다. 또한 그 높이가 항상 0m로 해수면과 일치하기 때문에 산의 높이나 바다의 수심을 재는 기준면이 된다. 측지학에서는 측지좌표(위도·경도·해발고도)의 기준면으로서 중요성을 갖는다.

✱ 지구대(地溝帶) *

지반의 단층작용에 의해 침하되어 생긴, 평행하는 두 단층 사이에 끼어 있는 좁고 깊게 파인 지대이다. 라인지구대, 동아프리카지구대, 형산강지구대, 추가령지구대 등이 그 예이다.

✱ 환태평양조산대 ***

세계의 지형에서 태평양을 둘러싸고 있는 지대로 안데스산맥, 로키산맥, 알류산열도, 일본열도, 쿠릴열도, 필리핀제도, 뉴기니섬, 뉴질랜드섬 등으로 연결되는 지대이다. 오늘날까지도 지진·화산 등의 지각변동이 계속되고 있다.

✱ 코리올리의 힘 *

1828년 프랑스의 코리올리(G. G. Coriolis)가 체계화한 이론으로, 회전하고 있는 물체 위에서 운동하는 물체를 생각할 때 상정하는 겉보기의 힘을 말한다. 보통 전향력(轉向力)이라고 하는데, 지구의 자전에 의해 생기는 코리올리의 힘에 의하여 태풍이 북반구에서는 시계방향으로, 남반구에서는 시계반대방향으로 소용돌이치게 되는 것을 설명할 수 있다.

✱ 인공강우 *

구름에 어떤 영향을 주어 인공적으로 비를 내리게 하는 방법 또는 그 비를 말한다. 인공강우의 과학적인 기초는 베르제론(T. Bergeron) 등이 제창한 빙정설이며, 미국의 랭뮤어(I. Langmuir)가 처음으로 실험하였고, 1946년에 실제로 성공하였다. 랭뮤어의 실험은 옥화은(AgI)의 연기와 드라이아이스(-60℃ 이하)를 혼합하여 구름 위에 뿌린 것이었다.

✱ 블랙박스(black box) **

비행기에 장착되어 사고시 그 원인을 밝혀내는 장비로, 여객기의 이륙부터 착륙까지 무선교신 내용·고도·속도·방위각·풍속·날개 및 엔진상태 등 모든 운항 상황이 자동으로 기록된다. 비행자료기록(flight data record)과 조종실 음성 및 교신내용기록(voice record)의 두 부분으로 구성되어 있다.

☆☆☆ 최근에는 차량용 블랙박스도 개발되어 차량에 부착된 각종 센서를 통해 운행 상황을 기록하고, 교통사고 발생 때 당시의 상황을 자동으로 저장하여 정확한 사고 원인을 규명하고 책임 소재를 가리는데 이용되고 있다.

✱ 유사 석유 제품 **

석유 및 석유대체연료사업법에 의한 것으로 조연제·첨가제 그 밖에 명칭 여하를 불문하고 제조된 것으로 자동차관리법의 규정에 의한 자동차 및 대통령령이 정하는 차량·기계의 연료로 사용하거나 사용할 목적으로 제조된 것을 말한다. 2007년 7월 28일부터 유사석유제품의 판매자뿐만 아니라 이를 구입하여 사용하는 운전자도 처벌을 받으며 적발된 운전자는 사용량에 따라 최소 50만 원, 운수회사와 같이 사용량이 많은 경우 최대 3,000만 원까지 과태료를 물게 되었다.

✱ 차도 *

차도와 보도를 구분하는 돌 등으로 이어진 연석선과 안전표지, 그와 비슷한 공작물로써 그 경계를 표시하여 모든 차의 교통에 사용하도록 된 도로의 부분이다. 차로는 차마가 한 줄로 도로의 정하여진 부분을 통행하도록 차선에 의하여 구분되는 차도를 부분이며 여기서 차선은 차로와 차로를 구분하기 위해 그 경계지점을 안전표지에 의하여 표시한 선을 말한다.

한번 되짚기 ✎

> **보도**
>
> 연석선 · 안전표지, 그와 비슷한 공작물로써 그 경계를 표시하여 보행자, 유모차 및 신체장애자용 의자차의 통행에 사용하도록 된 도로의 부분을 말한다.

✱ 길가장자리구역 *

보도와 차도가 구분되지 아니한 도로에서 보행자의 안전을 확보하기 위하여 안전표지 등으로 그 경계를 표시한 도로의 가장자리 부분을 말한다.

✱ 안전지대 *

도로를 횡단하는 보행자나 통행하는 차마의 안전을 위하여 안전표지나 그와 비슷한 공작물로 표시한 도로의 부분을 말한다.

✱ 어린이보호구역 *

유치원과 초등학교의 주된 출입문을 중심으로 반경 300m 내의 지역으로 이곳에서는 신호등 · 교통안전표시 · 노면표시 등 안전시설과 과속방지시설 · 미끄럼 방지시설 · 도로반사경 · 울타리 등 도로부속시설이 설치된다. 시장 등은 교통사고의 위험으로부터 어린이를 보호하기 위하여 어린이보호구역으로 지정하여 차의 통행을 제한하거나 금지하는 등의 조치를 할 수 있다.

✱ 하이재킹(hijacking, 항공기납치) **

항공기에 승객으로 가장해서 탑승하여 무력으로 조종사와 승객을 위협, 정규항로가 아닌 지역에 불시착시키거나 폭발시킬 목적으로 납치하는 행위를 말한다.

✱ bird strike ***

조류충돌을 일컫는 용어이다. 항공기의 이 · 착륙시 사람까지 빨아들일 정도의 강한 흡입력을 갖고 있는 항공기 엔진에 새가 빨려 들어감으로써 엔진이 파괴되는 등 대형사고가 발생하기도 한다.

2 환경 · 공해

✱ 유엔인간환경회의(UNCHE : United Nations Conference for Human Environment) ***

1972년 스웨덴의 스톡홀름에서 '하나뿐인 지구'라는 슬로건 하에 개최된 국제회의로, 스톡홀름회의라고도 한다. 지구의 환경파괴를 막고 천연자원이 고갈되지 않도록 국제적인 협력 체제를 확립하는 것을 목적으로 하며, 따라서 환경오염 물질의 규제, 천연자원의 보호, 국제기구설치 문제 등을 주요 의제로 다루었다. 인간의 경제활동으로 인한 공해 · 오염 등의 문제를 국제적 수준에서 다루기 위해서 '인간환경선언(스톡홀름선언)'과 109개 항의 권고로 이루어진 행동계획을 채택하였으며, '유엔환경계획(UNEP)'을 설치하고 환경기금을 조성하는 등의 합의를 이끌어 냈다. 또한 이 회의가 개최된 6월 5일은 '세계 환경의 날'로 제정되었다.

✱ 유엔환경계획(UNEP : United Nations Environment Program) **

유엔인간환경회의(UNCHE)의 결의에 따라 1973년 케냐의 나이로비에 사무국을 설치한 유엔의 환경 관련활동 종합조정기관이다. 환경 관련 지식을 증진하고, 지구환경 상태의 점검을 위해 국제적인 협력을 촉진하는 것을 목적으로 한다. 선진국의 공해와 개발도상국의 빈곤 등 인간거주문제가 환경문제의 최우선이라 보고 환경관리가 곧 인간관리라고 규정하며, 인구와 도시화, 환경과 자원, 환경생태에 관한 연례보고서를 작성하고 5년마다 지구 전체의 환경 추세에 대한 종합보고서를 발간하는 등의 활동을 전개하고 있다. 1987년 오존층 파괴 물질에 대한 '몬트리올의정서'를 채택하여 오존층 보호를 위한 국제협력체계를 확립하였으며, 지구환경감시시스템 및 국제환경정보조회시스템을 구축하였고 '글로벌 500'을 제정하는 등 다양한 활동을 전개하고 있다. 우리나라는 1972년에 가입했다.

✱ 몬트리올의정서(Montreal protocol) ***

지구 오존층 파괴 방지를 위하여 염화불화탄소(CFC, 프레온가스) · 할론(halon) 등 오존층 파괴 물질 사용에 대해 규정한 국제환경협약이다. 1974년 미국 과학자들의 CFC 사용 규제에 대한 논의로부터 시작되었으며, 1985년 '비엔나협약'에 근거를 두고 1987년 캐나다 몬트리올에서 정식 채택되었다. CFC의 사용 및 생산금지, 대체물질 개발 등을 주요 골자로 하고 있으며 1992년 코펜하겐에서 열린 제4차 회의에서 '코펜하겐의정서'를 채택하였다. 우리나라는 1992년에 가입하였다.

더 알아보기

- **비엔나협약** … 1958년 채택된 오존층 보호에 관한 협약으로 오존층 파괴 예방을 위한 법적 · 행정적 조치 실시, 오존층 보호를 위한 조사 · 관찰 및 연구 · 정보교환 등 추상적인 의무를 당사국에만 부과하는데 그쳤다.
- **코펜하겐의정서** … 몬트리올의정서의 개정의정서로 당초 2000년에 전폐하기로 했던 계획을 1996년으로 앞당기고, 규제대상 물질도 20종에서 95종으로 확대했다.

Q '노벨환경상'으로도 불리는 환경분야의 가장 권위있는 상은?

✳ 글로벌(global) 500 ***

1978년 당시 유엔환경계획(UNEP)의 사무총장이었던 모스타파톨바 박사의 제안으로 제정된 환경 분야의 가장 권위 있는 상으로, 노벨환경상으로도 불린다. 환경보호에 특별한 공로가 있는 개인 또는 단체를 선정하게 되는데, 1992년까지 모두 500명의 수상자가 선정되었고, 2단계로 1993년부터 새로운 500명 선정이 시작됐다.

✳ 유엔환경개발회의(UNCED : United Nations Conference on Environment and Development) ***

인간환경회의 20주년을 기념하여 1992년 브라질의 리우데자네이루에서 열린 지구환경보전회의로 114개국의 국가정상, 185개국의 정부대표 및 3만여 명의 환경전문가 · 민간 환경단체 등이 참가한 인류 최대의 환경회의이다. 정부 대표가 중심이 된 유엔환경개발회의와 각국 민간단체 및 환경전문가가 중심이 된 지구환경회의가 함께 개최되었는데, 이를 'Earth Summit' 또는 '리우회의'라고도 한다. 이 회의의 주제는 '자연환경 보전과 경제개발의 양립', '환경적으로 건전하고 지속가능한 발전(ESSD)'이었으며, '리우선언', '의제 21', '기후변화협약', '생물다양성협약', '산림보존원칙' 등을 채택하였다.

✳ 지속가능한 개발(ESSD : Environment Sound and Sustainable Development) **

미래세대가 그들의 필요를 충족시킬 가능성을 손상시키지 않는 범위에서 현재 세대의 필요를 충족시키는 개발로, 환경보전과 경제개발을 조화시켜야 한다는 의미이다. '환경과 개발에 관한 세계위원회(WCED)'가 1987년에 발표한 '우리의 미래(Our Common Future)'라는 보고서에서 공식화되어 유엔환경개발회의에서 세계 환경 정책의 기본 규범으로 정식 채택되었다.

✳ 리우선언(Rio宣言) ***

1992년 브라질의 리우데자네이루에서 열린 유엔환경개발회의(UNCED, 리우회의)에서, 환경보전과 개발전략의 조화 등 선언적 사항을 규정한 지구헌장이다.

☆☆☆ 의제 21(agenda 21) … 1992년 유엔환경개발회의(UNCED)에서 채택된 21세기를 향한 '지구환경보전행동계획'의 별칭이다.

✳ 탄소중립 *

탄소제로라고도 한다. 온실가스를 흡수하기 위해서 배출한 이산화탄소의 양을 계산하고 탄소의 양만큼 나무를 심거나 풍력 · 태양력 발전과 같은 청정에너지 분야에 투자해 오염을 상쇄한다. 산업자원부에서는 2008년 2월 18일부터 대한상공회의소, 에너지관리공단, 환경재단 등 21개 기관과 공동으로 개최하는 제3차 기후변화 주간에 탄소중립 개념을 도입해 이산화를 상쇄하고자 하는 노력을 하고 있다.

✽ 생물다양성협약(CBD : Convention on Biological Diversity) **

지구상의 동·식물을 보호하고 천연자원을 보존하기 위한 국제협약으로 유엔환경개발회의(UNCED)에서 정식 채택되었다. 멸종위기의 동·식물은 물론 생물이 지닌 유전자를 포함 지구상의 모든 생태계를 보존하려는 것이 그 목적이며 각 국가별 지침을 별도로 마련해 실천하도록 하여 생물자원의 주체적 이용을 제한하고 있다. 선진국의 우위에 있는 기후변화협약에 비하여 개발도상국이 비교적 우위에 있으며 우리나라는 154번째로 서명했다.

✽ 환경호르몬 **

정식 명칭은 외인성 내분비교란물질로 인체에 들어가면 여성호르몬과 똑같은 작용을 한다고 해서 이런 이름이 붙었다. 남성의 정자수를 감소시키고, 성장억제·생식이상 등을 일으키는 것으로 의심받고 있다. 1996년 3월 미국에서 「잃어버린 미래(Our Stolen Future)」라는 책이 출판되면서 세계적인 관심을 끌게 되었다. 다이옥신 등 70여 종의 화학물질이 여기에 해당되는 것으로 알려져 있다.

✽ 비오토프(biotope) *

야생생물이 서식하고 이동하는데 도움이 되는 숲·가로수·습지·하천·화단 등 도심에 존재하는 다양한 인공물이나 자연물로, 지역생태계 향상에 기여하는 작은 생물서식공간을 말한다. 도심 곳곳에 만들어지는 비오토프는 단절된 생태계를 연결하는 징검다리 역할을 하는데, 독일을 비롯해 프랑스·일본·미국 등에서 비오토프 조성이 활발하다.

✽ GWP(Global Warming Potential) *

잘 혼합되는 온실가스의 복사 특성을 기술하는데 있어서 이러한 기체들이 대기에 존재하고 있는 시간이 서로 다르다는 것과, 외부로 방출되는 적외복사를 흡수하는 데 있어서 상대적인 유효성을 가지고 있음을 복합적으로 고려한 효과를 기술하는 지구온난화지수이다. 이 지수는 이산화탄소의 온난화효과를 기준으로 이에 상대하여 현재 대기에서 주어진 온실가스의 단위 질량당 온난화효과를 근사적으로 시간 적분한 것이다.

✽ 그린라운드(Green Round) *

국제적으로 합의된 환경기준을 설정하여 이것에 미달하는 무역상품은 관세부과 등 각종 제재를 가하기 위한 환경문제 다자간협상을 뜻한다. 1991년 미국의 막스 상원의원이 환경문제를 세계적으로 논의하고 해결해야 할 시기라고 주장하며, 이전의 GATT체제(현재는 WTO체제) 속에 환경관련규범을 신설할 것을 처음으로 제안하였다. 환경문제의 세계화에 의해 지구를 보호하기 위한 목적이나, 국가간의 환경기술이나 소득의 차이 등에 의해 환경보호기준의 차이가 심해 선진국의 무역장벽의 역할을 할 수 있다는 우려도 있다.

Q 물새 서식지로 중요한 습지보호에 관한 국제협약은?

✻ 세계물포럼(WWF : World Water Forum) [*]

물 위기의 심각성을 지적하고, 공통의 해결방안을
모색하는 지구촌 최대의 물 관련 행사이다. 1997년
모로코 마라케시를 시작으로 3년마다 열리고 있으
며, 정부·비정부기구·전문가·시민 등의 각계각층
이 21세기 물문제해결을 논의하고 그 중요성을 세계
에 인식시키기 위한 목적으로 세계수자원회의(WWC :
World Water Council)에 의해 제창되었다. 1997년 제
1차 물포럼에서는 마라케시선언을 채택하였고, 2000
년 네덜란드 헤이그에서 열린 제2차 물포럼에서 각
국 정부는 식량안보의 선행조건으로서의 수자원 중
요성에 인식을 같이 하고, 지속 가능한 수자원관리
를 통한 생태계 보전을 다짐하는 헤이그선언을 채택
하였다. 2003년 3차 물포럼에서는 130여 개국 정부

> **한번 되짚기** ✎
>
> **물부족국가**
>
> UN의 국제인구행동연구소(PAI : Population Action International)에서 전 세계 국가를 대상으로 평가해 물이 부족하다고 분류한 일군의 나라를 일컫는다. 이 연구소의 분석에 따르면 연간 물 사용가능양이 1,000㎥ 미만은 물기근국가, 1,000~1,700㎥는 물부족국가, 1,700㎥ 이상은 물풍요국가로 분류된다. 이 연구소의 분석 자료에 따르면, 한국의 경우 1993년 1인당 물 사용가능량이 1,470㎥로 물부족국가에 해당하였고 2000년 사용가능량도 1,488㎥로 역시 물부족국가에 해당하였다. 한편, 2025년에는 많게는 1,327㎥, 적게는 1,199㎥가 될 것으로 분석되는 등 갈수록 물 사정이 어려워질 것이라고 전망했다.

대표와 비정부기구 등이 참가하여, 헤이그선언을 구체적으로 어떻게 실천할지를 논의하고 또 물과
기후, 물과 식량 등 17개 이슈에 대한 토론과 참가 정부대표들의 수자원 각료회의가 열렸다.

☆☆☆ 논의 결과는 '교토각료선언'과 '세계물행동보고서'로 정리되어 각국의 수자원정책에 심대한 영향을 미치게 된다.

✻ 람사협약(Ramsar convention) [***]

물새서식지로 중요한 습지보호에 관한 협약으로 1971년 2월 이란 람사르에서 채택돼 1975년 12월
발효됐다. 국경을 넘어 이동하는 물새를 국제자원으로 규정하고 가입국에 습지를 보전하는 정책을
펴도록 의무화하고 있으며, 협약에 가입한 국가들은 보전가치가 있는 습지를 1곳 이상씩 협약사무국
에 등록하고 지속적인 보호정책을 펴야 한다. 협약은 습지를 바닷물이나 민물의 간조시 수심이 6m
를 넘지 않는 늪과 못 등 소택지와 개펄로 정의하고 있다. 습지는 육상 동·식물의 안식처 역할을
할 뿐 아니라 수중생태계 환경을 조절하는 소중한 자원이지만 그동안 농지와 택지개발 명분에 밀려
파괴되는 경우가 많았다. 우리나라는 1997년 7월 28일 람사협약이 국내에서 발효되어 세계 101번째
가입국이 됐다.

✻ 런던협약(London convention) [*]

폐기물 및 기타 물질의 투기에 의한 해양오염방지에 관한 조약이다. 1972년 영국 런던에서 채택되어
1975년에 발효된 런던덤핑조약이 1992년에 런던협약으로 개명된 것이다. 국제해상기구(IMO)가 협약
을 담당하고 있으며, 우리나라는 1993년에 가입하였다.

✱ 워싱턴협약(CITES : Convention on International Trade in Endangered Species of Wild Fauna and Flora) *

멸종위기에 처한 야생 동·식물의 국제거래에 관한 협약으로, 세계적으로 멸종위기에 처해 있는 야생 동·식물의 상업적인 국제거래 규제 및 생태계 보호를 목적으로 한다. 정식 명칭은 '멸종위기에 처한 야생 동·식물의 국제거래에 관한 협약'이지만 1973년 워싱턴에서 채택되어 워싱턴 협약이라 불린다. 야생 동·식물을 멸종위기 정도에 따라 3등급으로 구분하여 차등 규제하고 있으며 우리나라는 1993년에 이 협약에 가입했다.

✱ 바젤협약(Basel convention) **

1989년 스위스 바젤에서 채택된 것으로 유해폐기물의 국가간 이동 및 처리에 관한 협약이다. 가입국은 동·아연·카드뮴 등 47종의 폐기물을 국외로 반출해서는 안되며, 자국 내에서도 폐기물 발생을 최소화하고 충분한 처리시설을 확보해야 한다. 1992년에 발효되었으며, 우리나라는 1994년에 가입했다.

✱ 골드만 환경상(Goldman environment prize) ***

1990년 리처드 골드만 부부에 의해서 제정된 상으로 환경 분야에서 뛰어난 업적을 세운 환경운동가에게 수여되는 세계 최대 규모의 환경상이다. 매년 각 대륙(북미·중남미·유럽·아시아·아프리카·기타 섬나라)을 대표하는 환경활동가 1명씩을 선정하여 12만 5천 달러씩의 상금과 함께 상을 수여한다. 수상 대상자는 과학자나 학자, 정부 관료보다도 주로 개인적인 풀뿌리 환경운동가에게 우선권이 주어지며, 환경보호에 대한 최근의 업적에 대해 시상하고 평생에 걸친 업적이 그 대상은 아니다. 또한 죽은 사람에게는 시상하지 않는다.

> ☆☆☆ 우리나라에서는 1995년 환경운동연합의 최열 사무총장이 한국의 환경운동을 사회문제로 대두시킨 공로로 이 상을 수상한 바 있다.

✱ 생물안전의정서(the caragena protocol on biosafety) **

유전자변형작물(GMO)의 교역을 규제하는 첫 국제규정으로 유전자변형작물의 안전한 교역과 취급·이용을 보장하는 내용을 담고 있다. 1992년 유엔환경개발회의에서 채택된 생물다양성협약에 기초한 것으로 미국과 캐나다 등 주요 곡물 수출국의 반대에 미뤄지다가 2000년 캐나다 몬트리올에서 채택되었다. 이 의정서에 따라 규제를 받는 품목은 유전자조작을 거친 동물, 씨앗이나 사료 등을 포함한 식물, 박테리아·백신 등과 같은 미생물과 의약품, 식품·가공품 등으로 유전자조작 관련 품목의 수출국이나 수출업자들은 선적화물에 유전자조작 여부를 반드시 표시해야 한다. '카르타헤나의정서', '바이오안전성의정서'라고도 한다.

✳ 그린피스(green peace) ***

국제적인 자연보호단체이다. 남태평양 폴리네시아에서의 프랑스 핵실험에 항의하기 위해 선박을 출항시킨 운동을 계기로 1970년에 조직되었으며, 본부는 네덜란드의 암스테르담에 있다. 전멸위기의 야생동물 보호, 원자력발전 반대, 핵폐기물의 해양투기 저지운동 등 폭넓은 활동을 전개하고 있다.

✳ 로마클럽(club of Rome) ***

1968년 이탈리아의 실업가 아우렐리오 페체이의 제창으로 출범한 미래연구기관이다. 천연자원의 고갈, 공해에 의한 환경오염, 개발도상국의 인구증가 등 인류가 직면하는 모든 문제에 관해 연구하고 그 타개책을 모색하며 널리 알리는 것이 주된 활동이다.

> **☑ 상/식/문/제**
>
> 다음 중 1972년 '성장의 한계'라는 보고서를 발표하여 천연자원의 고갈, 환경오염 등을 경고하며 제로성장의 실현을 주장했던 단체는?
>
> ① G7 　　　　② 유니세프
> ③ 로마클럽 　　④ 파리회의

✳ 내셔널트러스트(national trust) **

환경이나 경관이 파괴될 우려가 있는 지역을 국민의 기탁금으로 매입해 보존해 나가는 제도를 말한다. 영국에서 시작되었으며, 특히 영국의 내셔널트러스트가 자연해안의 보존을 위해 시작한 특별모금운동을 넵튠계획(neptune plan)이라고 한다.

✳ 시빅트러스트(civic trust) *

주민이나 기업이 자금을 출자해 도시의 환경정비를 하는 제도로, 내셔널트러스트에 비해 비교적 소규모의 사업을 벌인다. 자연보호나 지역환경개선이 필요한데도 재정사정이 나빠 국가가 직접 이러한 사업을 하기 어렵기 때문에 민간의 힘으로 사업을 추진하자는 것이 목적이다.

✳ 리사이클링시스템(recycling system) ***

자원의 순환 이용에 의해 공해를 방지하고 자원이용의 효율성을 높이기 위한 인공자원순환시스템이다. 1973년 오일쇼크 이래 세계 각국에서 생활하수를 정제시켜 세척용수나 살수용수로 사용하는 중수도와 폐기물에서 유용물질을 회수하거나 폐기물을 에너지원으로 사용하는 방법 등을 개발하여 실용화하고 있다.

더 알아보기

중수도(中水道) … 산업배수나 하수 등을 생척용수·공업용수 등으로 재활용할 수 있도록 다시 처리하는 시설을 말한다. 상수도와 하수도 중간에 위치한다는 뜻에서 비롯된 말로, 주로 수세식 화장실용수, 냉각용수, 청소용수, 세차용수, 살수용수(撒水用水), 조경용수, 소방용수 등 잡용도로만 쓰이기 때문에 잡용수라고도 한다. 중수도는 수돗물 소비량을 줄이고 하수 발생량을 감소시켜 수질보전의 효과를 얻을 수 있고, 물 부족으로 인한 어려움을 덜 수 있다.

* **그린에너지(green energy)** *

석탄·석유·원자력과 달리 환경을 오염시키지 않는 깨끗한 에너지로 태양열·지열·풍력·파력(波力)·조류(潮流) 등 자연에너지를 말한다. 현재 세계 각국은 석유를 대신할 에너지원으로 그린에너지 개발연구를 서두르고 있다.

* **에코에티카(ecoethica)** *

생태학(ecology)적 바탕 위에 만들어야 할 새로운 윤리학(ethics)으로, 에코에티카는 과학기술의 발달로 삶의 공간이 혁명적으로 변화함에 따라 근본적인 세계관의 변화를 요구하는 대안적인 가치체계이다.

* **배출부과금(排出賦課金)** **

허용기준을 넘는 오염물질을 배출한 업체에게 환경부가 물리는 일종의 벌금이다. 오염물질의 기준 초과정도, 배출기간, 오염물질의 종류, 배출량, 위반횟수에 따라 부과금의 요율이 달라진다. 부과 대상 오염물질은 아황산가스 등 대기오염물질, 생화학적 산소요구량 등 수질분야, 그리고 악취가 포함된다.

* **자연휴식년제(自然休息年制)** *

오염상태가 심각하거나 황폐화가 우려되는 국·공립공원 등을 지정해 3년간씩 출입을 통제해 자연의 생태계파괴를 막고 복원하기 위한 제도이다.

* **교토의정서(Kyoto Protocol)** **

기후변화협약에 따른 온실가스 감축목표에 관한 의정서로 효율적인 온실가스 감축을 위해 가입당사국으로 하여금 이산화탄소(CO_2), 메탄(CH_4), 아산화질소(N_2O), 불화탄소(PFC), 수소불화탄소(HFC), 불화유황(SF6)의 여섯 가지를 줄이기 위해 노력하도록 요구한다.

더 알아보기

교토의정서의 메커니즘

구분	내용
국제배출권거래제 (International Emission Trading)	감축 목표의 효율적 이행을 위해 감축의무가 있는 선진국들이 서로의 배출량을 사고 팔 수 있도록 허용하는 제도
공동이행(Joint Implementation)	선진국 사이에서 한 국가가 다른 국가에 투자하여 달성한 온실가스 감축분도 투자국의 감축실적으로 인정하는 제도
청정개발체제 (Clean Development Mechanism)	선진국과 개발도상국 사이에서 선진국이 개도국에 투자하여 발생된 온실가스 감축분도 선진국의 감축실적에 반영하여 인정하는 제도

✱ 국제배출권거래제(International Emission Trading) **

각국이 자국에 허용된 배출량 중 일부를 거래할 수 있는 것으로서 탄소배출권을 주식이나 채권처럼 시장에서 거래할 수 있도록 만든 제도를 말한다. 2005년 2월부터 발효된 교토의정서에 따르면, 유럽연합(EU) 회원국과 일본 등 38개국은 제1차 의무공약기간(2008~2012년)동안 연평균 온실가스 배출량을 1990년 배출량 기준 대비 평균 5.2% 감축시켜야 하는 법적 의무를 규정하고 있다. 이 목표를 채우지 못한 국가나 기업들은 벌금을 내거나 거래소에서 탄소배출권을 사야하고, 감축의무대상국이 아니거나 배출량이 적은 개도국은 배출권을 거래할 수 있다. 배출권의 발급권한은 유엔이 갖고 있으며 청정개발체제(CDM)는 선진국(부속서 1국가, Annex 1 Party)이 개도국(비부속서 1국가, Non-Annex 1 Party)내에서 온실가스 배출 감축 프로젝트를 통해 온실가스 배출을 줄이면 그에 상응하는 배출권을 거래할 수 있도록 한 시스템을 갖춰 배출권 거래를 촉진시키고 있다.

✱ 탄소배출권 *

지구 온난화를 유발하는 대표적인 온실가스로는 이산화탄소(CO_2), 메탄(CH_4), 아산화질소(N_2O), 수소불화탄소(HFC), 불화탄소(PFC), 불화유황(SF_6) 등이 있는데 이 중 이산화탄소가 전체 배출량의 비중이 가장 높고 인위적인 제어가 가능하기 때문에 이들을 대표하며, 이러한 이산화탄소 등의 온실가스를 배출할 수 있는 권리를 탄소배출권이라 한다. 기상 이변, 재난 및 엘니뇨에 의한 이상 기온, 대규모 홍수·지진해일 등과 같은 천재지변 등 지구 온난화에 대한 폐해가 현실로 나타나고 있어, 지구 환경 문제에 대해 범지구적인 해결 노력이 필요하다는 점을 깨닫게 되면서 국제적 협력으로 구체화된 것이 1997년 12월 교토의정서(Kyoto Protocol)이다.

✱ 환경개선부담금제(環境改善負擔金制) *

오염원인자부담원칙에 따라 오염물질을 배출한 오염원인자에게 오염물질 처리비용을 부담하게 하는 제도이다. 부과대상자는 폐수나 대기오염물질을 많이 배출하는 호텔·병원·백화점·수영장·음식점 등의 건물과 경유자동차이며, 지방자치단체는 이들로부터 3월과 9월 1년에 두 차례 부담금을 징수한다. 환경개선부담금이 면제되는 건물은 단독주택·아파트 등 공동주택, 160㎡ 미만의 시설물·공장·창고·주차장 등이다. 지방자치단체가 징수한 환경개선부담금은 징수비용(징수금액 중 10%)을 제외하고는 전액 환경부의 환경개선특별회계로 귀속된다.

✱ PPP(Polluter Pays Principle) **

오염자 비용부담원칙이다. 환경자원의 합리적인 이용과 배분을 조장하는 동시에 국제무역이나 투자의 왜곡현상을 바로잡기 위해 오염방지비용을 오염자에게 부담시키자는 구상으로, 1972년 OECD(경제협력개발기구) 이사회가 가맹국에게 권고했다. 최근에는 오염방지비용뿐만 아니라 환경복원·피해자 구제·오염회피비용까지 오염원이 부담해야 한다는 견해가 대두되고 있다.

✳ 환경권(環境權) *

건강하고 쾌적한 환경 속에서 인간답게 생존할 수 있는 권리를 말한다. 이는 환경의 침해를 거부할 수 있는 배타적 권리로서, 생존권적 기본권의 하나이다. 1972년 스웨덴의 스톡홀름에서 'UN인간환경선언'이 채택된 이후 환경권의 개념이 세계 각국의 법체계에 흡수되었고, 종래의 사후(事後) 피해방지나 단순한 위생법적(衛生法的)·공해법적(公害法的)인 성격을 넘어서 보다 적극적인 적정관리체제로의 변화를 모색하게 되었다.

✳ 환경영향평가제(環境影響評價制) ***

정부기관 또는 민간에서 대규모 개발사업계획을 수립하는 경우 환경보존 측면에서 사전에 이를 평가·심의하는 제도이다. 즉, 공장·댐·고속도로 등의 건설은 인간에게 유익한 수단이 되고 산업발전에 도움을 주는 한편, 주변의 생태계와 주거환경에 큰 영향을 주게 된다. 따라서 어떤 건설이나 개발이 인간에게 미치는 영향을 미리 측정하여 대책을 세우자는 것이다.

✳ 그린(green)GNP *

새로운 경제발전 측정방법으로, 경제성장과정에서 훼손된 환경을 원상태로 보존하는데 드는 비용을 GNP에서 덜어내는 방법으로 산출한다. 최초의 주창자는 네덜란드 환경조사통계국의 휘팅박사이다. 이것은 기존의 GNP가 환경오염과 공해비용을 고려하지 있지 않으므로 진정한 복지수준의 측정치가 될 수 없다는 점에 근거를 두고 있다.

✳ 열섬현상 **

인구가 밀집된 도심지는 일반적으로 다른 지역보다 온도가 높게 나타나는데, 이처럼 주변보다 온도가 높은 특별한 기온현상을 나타내는 지역을 열섬이라 한다. 열섬이 생기는 원인은 지표를 덮고 있는 대기의 성질, 상층을 덮고 있는 오염층, 도심의 가옥·건물 등에서 나오는 인공열 등이다. 특히 도시매연이 열섬의 가장 중요한 원인물질이 되고 있기 때문에 '오염의 섬'이라고도 한다. 풍속·구름의 양·도시의 크기도 영향을 미치는데, 가옥의 밀도가 10% 높아지면 도심의 온도는 0.16℃씩 높아진다. 도시기온의 특색인 열대야(熱帶夜)도 대부분 열섬에서 나타난다.

☆☆☆ 여름보다 기온의 교차가 심한 봄·가을이나 겨울에 뚜렷하며, 낮보다 밤에 심하게 나타난다.

✳ 온실효과(溫室效果) **

대기 중의 탄산가스와 수증기는 일반적으로 파장이 짧은 태양광선은 잘 통과시키나 파장이 긴 지구복사열은 거의 통과시키지 못하고 흡수하여 지구에너지의 방출을 막게 되는데, 이로 인해 지구의 대기가 보온되는 효과를 말한다. 지구온난화의 원인물질로는 이산화탄소(50%), 프레온가스(20%), 메탄 등이 있다.

Q 도심지가 주변보다 온도가 높게 나타내는 현상은?

✽ 2차공해(二次公害) **

공장 등의 고정발생원이나 자동차 등의 이동발생원에서 직접 배출되는 유해물질에 의한 일반적인 공해에 대해서, 공해방지나 환경정화를 목적으로 사용한 처리장치나 약품·첨가물 등에서 파생되는 2차적인 공해를 말한다.

✽ 공해수출 *

공해문제 때문에 자기 나라에 입지하기 곤란한 나라의 기업이 해외, 특히 개발도상국에 진출하여 환경을 오염시키는 것을 말한다. 개발도상국으로서는 공해보다 경제발전이 우선시되므로 부득이 받아들이는 경우가 있다.

한번 되짚기

공해덤핑(pollution dumping)
1970년 미국 베들레헴 철강회사의 사장이 처음 사용한 용어로 공해방지시설을 갖추지 않은 채 제품을 생산해 비용을 낮추고 그 결과 싼 값으로 해외시장에 수출하는 것을 이른다.

✽ 스모그(smog) *

'smoke(연기)'와 'fog(안개)'의 합성어로, 배기가스 중의 산화질소류·탄화수소류·이산화황 등이 빛을 받아 광화학반응을 일으켜 산화력이 매우 강한 오염물질이 되고, 이 생성물이 공기 중의 물방울과 결합하여 짙은 안개처럼 된 것을 말한다. 스모그는 햇빛을 차단하여 열의 손실을 가져오고 호흡기질환을 악화시키며, 식물을 고사시키기도 한다.

☆☆☆ 광화학스모그(photochemistric smog) … 대기 중의 탄화수소와 질소화합물이 자외선을 흡수하여 옥시던트를 발생시키는 현상으로, 대도시의 교통집중지역에서 주로 발생한다.

✽ 스모그 시장제 *

공해업체들이 서로 공해배출권을 사고 팔 수 있는 제도이다. 최근 미국에서 대기오염을 줄이기 위한 방법으로 배출허용한도가 남아있다고 판단되는 업체는 한도 이상으로 배출해야 하는 업체에 일정한 대가를 받고 공해배출권을 판매할 수 있게 된다.

✽ 원자력공해(atomic pollution) ***

원자력 개발로 인하여 생기는 피해이다. 원자력과 관계된 발전소·연구소·잠수함이나 핵연료 취급업체·핵연료처리장 등에서 방출되는 방사성 물질에 의한 해양·토양·대기 등의 오염을 말한다.

✽ 방사능비(radioactivity rain) **

핵폭발, 핵실험, 방사능누출 등에 의해 대기중에 방출된 방사성 물질을 함유한 비를 말한다. 대류권에서는 수주일 내지 수개월 동안 방사능물질이 빗방울, 눈 등에 묻어서 떨어진다. 그 성분은 스트론튬 90, 세슘 137 등 반감기가 긴 물질이 많이 섞여 있어 천연빗물을 사용하는 사람이나 동물·농작물 등에 피해를 일으킬 염려가 있다.

✷ PPM(Parts Per Million) *

100만분의 1을 의미하는 단위로 대기 또는 수질오염도 측정에 많이 사용되며, 주로 대기 중의 아황산가스·일산화탄소 등의 양을 표시한다. 1ppm은 1ℓ의 부피에 1mg의 오염물질이 함유되어 있음을 나타낸다.

✷ 산성비(acid rain) *

황이나 질소의 화합물, 할로겐화합물, 탄화수소 등의 오염물질을 함유하여 pH 5.6 이하의 산성을 나타내는 비를 말한다. 이 비는 하천을 산성화시켜 어패류를 감소시키고, 토양을 변질시키는 등의 폐해를 준다.

✷ 건성강하물(乾性降下物) ***

'죽음의 재'로 불리는 신종 공해물질로, 공해물질을 포함하여 내리는 산성비에 비해 건성강하물은 맑게 갠 하늘에서 내리는 눈에 보이지 않는 산성미립물질이다. 산성비보다 동·식물이나 건물에 미치는 피해가 크다.

✷ 염화불화탄소(CFC : Chloro-Fluoro-Carbon) ***

일명 프레온가스로도 불리며 주성분은 탄소·염소·불소·수소이다. 무색무취의 가스로 화학적으로 안정돼 있고 금속을 부식시키지 않으며, 불연성·불발성을 갖고 있어 냉매, 소화제(消火劑) 등에 쓰인다. 그러나 오존층파괴의 원인물질로 알려져 몬트리올의정서에 따라 단계적으로 생산 및 사용을 감축하고 있으며 대체할 수 있는 물질 개발을 활발하게 진행하고 있다.

  ☆☆☆ **수소불화탄소**(HFC : Hydero-Fluoro-Carbon) … 염화불화탄소의 대체하기 위해 개발된 물질로 대기권내에서의 수명이 짧고 염소를 포함하지 않아 성층권 오존 손실을 막을 수 있다.

✷ PSI(Pollutant Standard Index) 지수 **

대표적인 대기오염지수로 대기의 오염이 인체에 미치는 영향을 나타낸다. 부유분진, 아황산가스, 질소산화물, 오존, 일산화탄소, 부유분진과 아황산가스의 혼합물 등 6개의 오염도를 가지고 측정하며 51~100 수준을 보통으로 100을 초과하면 대기의 오염이 심한 것으로 본다.

✷ BOD(Biochemical Oxygen Demand, 생물화학적 산소요구량) **

생물화학적 산소요구량으로 물의 오염 정도를 나타내는 기준이다. 호기성 세균이 일정 기간(20℃에서 5일간 정도) 수중의 유기물을 산화·분해하여 정화시키는데 소비되는 산소의 양을 ppm으로 나타낸 것이다. 물의 오염 정도가 심하면 유기물의 양이 많아지므로 세균이 유기물을 분해하는데 필요한 산소의 양도 많아지게 된다. 따라서 BOD가 높을수록 오염이 심한 물이다.

✻ COD(Chemical Oxygen Demand, 화학적 산소요구량) ***

화학적 산소요구량으로 BOD와 함께 수질오염 정도를 나타내는 기준이 된다. 유기물질이 함유된 물에 과망간산칼륨이나 중크롬산칼륨을 투입하면 유기물질이 산화되는데, 이때 소비된 산화제의 양을 ppm으로 나타낸 값이다. 오염이 심할수록 COD의 값은 높아지게 된다.

✻ DO(Dissolved Oxygen, 용존산소량) **

용존산소량으로 물 1ℓ 속에 녹아 있는 분자상태의 산소량이다. 온도가 상승하면 감소하고 대기압이 오르면 증가한다. 수중생물은 용존산소로 호흡하며 물속에 있는 유기물을 분해하므로, 용존산소의 부족은 수중생물을 사멸시킬 뿐 아니라 유기물이 잔류하게 되어 물이 부패하게 된다.

☆☆☆ 수돗물은 보통 5ppm 이상이다.

✻ 부영양화(富營養化) *

하천이나 호수 등 폐쇄된 수역에 인·질소 등이 포함된 세제·농약·생활폐수의 유입으로 수질이 빈영양에서 부영양으로 변하는 현상이다. 이것은 물속에 필요 이상의 많은 영양분이 있어서 식물성 플랑크톤 등의 생물이 적정량보다 많이 번식함으로써 적조현상을 일으킨다.

✻ 생물농축 *

생물체 몸속에서 분해되기 어려운 DDT, BHC, 유기수은, PCB 등의 화학물질이나 방사능 물질이 먹이연쇄에 따라 생산자로부터 최종소비자로 옮겨가면서 생물체 몸속에 농축되는 현상을 말한다. 미나마타병의 경우에도 마름류→수생곤충→작은 물고기→육식어 그리고 이것을 먹은 인간이 중독을 일으킨 공해병이다.

✻ 블루벨트(blue belt) *

연안의 수자원을 보전하기 위하여 바다에 설정한 오염제한구역으로, 우리나라는 한려수도 일대와 서해안 일부에 지정하여 해수오염의 위협으로부터 보호하고 있다.

✻ 녹조 *

수온이 섭씨 30도 이상인 더운 날씨가 약 일주일 이상 지속될 때 수중에 남조류가 번식함으로써 발생하는 현상이다. 남조류는 보통 영양화가 과다하게 이루어져 수질이 나쁜 호수에서 여름에 서식하는 식물플랑크톤으로 수면에 뜨면 녹색을 띠므로 녹조현상이라 부른다. 녹조가 번식하면 물속의 용존 산소량이 감소하여 물고기가 떼죽음을 당하고 물에서 썩는 냄새가 나게 된다. 또한 독소를 가진 남조류가 많은 녹색의 호수물을 마시면 간에 손상이 가거나 구토, 복통이 일어나며, 많이 마시면 사망에 이를 수도 있다.

3 보건 · 건강

❋ 인보사 ***

코오롱생명과학이 개발한 세계 최초의 골관절염 세포유전자 치료제로, 2017년 국내에서 시판 허가를 받았다. 미국에서 임상 3상을 진행하고 있었으나 인보사의 주성분 중 하나가 허가 당시 코오롱생명과학이 제출한 연골세포와 다른 신장세포라는 의혹이 나오면서 2019년 3월 31일 유통 및 판매가 중단되었다. 식품안전처의 조사에 따르면 해당 세포는 신장세포로 확인되었으며, 특히 이 신장세포는 악성종양을 유발시킬 수 있는 것으로 알려져 파문이 일었다. 이후 식약처는 추가 조사를 거쳐 2019년 5월 인보사의 품목허가를 취소하였다.

❋ 세계보건기구(WHO : World Health Organization) **

보건 · 위생 분야의 국제적인 협력을 위하여 설립한 UN(국제연합) 전문기구이다. 세계의 모든 사람들이 가능한 한 최고의 건강 수준에 도달하는 것을 목표로, 1946년 61개국의 세계보건기구헌장 서명 후 1948년 26개 회원국의 비준을 거쳐 정식으로 발족하였다. 본부는 스위스 제네바에 있으며 총회 · 이사회 · 사무국으로 구성되어 있고 재정은 회원국 정부의 기부금으로 충당한다. 중앙검역소 업무와 연구 자료의 제공, 유행성 질병 및 전염병 대책 후원, 회원국의 공중보건 관련 행정 강화와 확장 지원 등을 주요활동으로 한다. 한국은 1949년 제2차 로마총회에서 가입하였다.

❋ 에이즈(AIDS : Acquired Immune Deficiency Syndrome) ***

면역결핍바이러스인 에이즈바이러스(HIV)에 감염되어 면역기능이 저하되는 질환으로 '후천성면역결핍증'이라고도 한다. 증상은 감기와 비슷한 증세인 발열, 체중 감소, 설사, 심한 피로감, 악성 종양, 호흡 곤란 등이며 면역력이 크게 떨어지기 때문에 세균 감염이 용이해지고, 이들을 방어할 수 없게 되어 결국 사망하게 된다. 에이즈바이러스가 전파되는 경로는

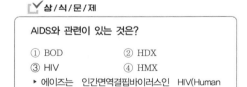

☑ 상/식/문/제

AIDS와 관련이 있는 것은?

① BOD ② HDX
③ HIV ④ HMX
▶ 에이즈는 인간면역결핍바이러스인 HIV(Human Immunodeficiency Virus)의 감염으로 유발된다.

성관계, 혈액을 통한 전파, 감염된 여성의 출산의 3가지이며 음식이나 물, 공기, 단순한 접촉만으로는 전염되지 않는다. 수혈이나 출산에 의한 감염이 아닐 경우 감염력이 0.03~0.5% 정도로 강하지 않은 편이나 유효한 치료법이 없어 치사율이 높다. 세계적으로 볼 때 지난 10년간 신규 감염자가 약 20% 정도 줄어들어 감소추세를 보이고 있다.

Q 신생아의 소두증을 유발하는 바이러스는?

✴ 유엔에이즈계획(UNAIDS : the United Nation Programme on HIV/AIDS) *

각 국가들의 에이즈 관리 및 예방사업을 돕기 위해 1996년 1월 창설한 UN산하의 에이즈 전담기구이다. 1990년 이후, 기하급수적인 에이즈 확산으로 인해 UN 기구 확대의 필요성이 대두되었다. 이에 UN 기구가 함께 하는 에이즈 프로그램을 실시하게 되었는데, 초기에 참여한 6개 기구는 UNICEF(유엔아동기금), UNDP(유엔개발계획), UNFPA(유엔인구활동기금), UNESCO(유엔교육과학문화기구), WHO(세계보건기구), World Bank(세계은행) 등이었으며 후에 WFP(세계식량계획), UNODC(유엔마약 및 범죄사무소), ILO(국제노동기구)가 추가로 참여하여 총 9개 기구가 함께 하고 있다. 각 국가에 에이즈에 대한 신속한 정보를 제공하고 HIV 확산 방지, 감염인 및 피해자를 위한 지원활동 등을 한다.

✴ 담배규제기본협약(FCTC : the Framework Convention on Tobacco Control) *

금연을 위한 국제 협력 방안을 골자로 한 보건 분야 최초의 국제협약이다. 흡연으로 해마다 500만 명 이상의 죽음을 초래하고 있다는 문제의식에서 비롯하였으며, 세계보건기구(WHO)의 추진으로 2003년 5월 열린 세계보건총회(WHA)에서 만장일치로 채택되어 2005년 2월 발효되었다. 흡연 통제를 위해 담배광고 및 판촉의 포괄적인 금지, 간접 흡연규제, 경고문구 제한 등을 주요내용으로 하며 협약의 당사국들은 담배의 광고나 판촉 금지조치를 발효일로부터 5년 이내에 도입하고 겉포장의 경고문도 3년 이내에 30% 이상으로 확대해야 할 의무를 지게 된다. 공중 보건과 위생에 관한 사상 최초의 국제협약이라는 점에서 큰 의의를 갖는다. 우리나라는 2005년 4월 비준, 8월부터 적용 중이지만, 우리나라 한 해 사망자의 25% 정도가 흡연 관련 질환으로 사망한 것으로 조사되었다.

✴ HACCP(Hhazard Analysis & Critical Control Point, 위해요소 중점관리기준) **

식품의 원료부터 제조, 가공 및 유통 단계를 거쳐 소비자에게 도달하기까지 모든 과정에서 위해물질이 해당 식품에 혼입되거나 오염되는 것을 사전에 방지하기 위한 식품관리 제도로, 식품의 안전성을 확보를 목적으로 한다. 이를 위해 단계별 세부 위해 요소(HA)를 사전에 제거하기 위한 중점관리 점검 항목(CCP)을 설정하고, 이를 바탕으로 종사자가 매일 또는 주기적으로 각 중점관리 항목을 점검해 위해 요인을 제거한다. HACCP의 개념은 1960년대 초 미국 우주계획의 식품 개발에 처음 적용된 이후 1993년 FAO, WHO의 국제식품규격위원회에서도 식품 위생관리 지침으로 택한 바 있다.

✴ 이력추적제 **

먹을거리 안전에 대한 국민들의 관심이 높아짐에 따라 각종 농산물로부터 국민의 안전을 보호 할 목적으로 도입하여 2005년부터 모든 농산물에 적용하였다. 농산물 생산에 사용한 종자와 재배방법, 원산지, 농약 사용량, 유통 과정 등이 제품의 바코드에 기록되기 때문에 소비자들도 농산물의 생산에서 유통에 이르기까지 모든 이력을 쉽게 알 수 있다.

> 한번 되짚기
>
> **소고기 이력추적제**
>
> 소의 출생에서부터 판매에 이르기까지의 정보를 기록·관리하여 위생이나 안전에 문제가 발생할 경우 그 이력을 추적하여 신속히 대처하는 제도이다.

✽ 감염병(感染病) ***

원충, 진균, 세균, 스피로헤타(spirochaeta), 리케차(rickettsia), 바이러스 등의 미생물이 인간이나 동물에 침입하여 증식함으로써 일어나는 병을 통틀어 이르는 말이다.

더 알아보기

감염병의 구분(2020. 1. 1. 시행 기준)

구분	특성 및 해당 질환
제1급 감염병	• 생물테러감염병 또는 치명률이 높거나 집단 발생의 우려가 커서 발생 또는 유행 즉시 신고하여야 하고, 음압격리와 같은 높은 수준의 격리가 필요한 감염병 • 해당 질환 : 에볼라바이러스병, 마버그열, 라싸열, 크리미안콩고출혈열, 남아메리카출혈열, 리프트밸리열, 두창, 페스트, 탄저, 보툴리눔독소증, 야토병, 신종감염병증후군, 중증급성호흡기증후군(SARS), 중동호흡기증후군(MERS), 동물인플루엔자 인체감염증, 신종인플루엔자, 디프테리아
제2급 감염병	• 전파가능성을 고려하여 발생 또는 유행 시 24시간 이내에 신고하여야 하고, 격리가 필요한 감염병 • 결핵, 수두, 홍역, 콜레라, 장티푸스, 파라티푸스, 세균성이질, 장출혈성대장균감염증, A형간염, 백일해, 유행성이하선염, 풍진, 폴리오, 수막구균 감염증, b형헤모필루스인플루엔자, 폐렴구균 감염증, 한센병, 성홍열, 반코마이신내성황색포도알균(VRSA) 감염증, 카바페넴내성장내세균속균종(CRE) 감염증
제3급 감염병	• 그 발생을 계속 감시할 필요가 있어 발생 또는 유행 시 24시간 이내에 신고하여야 하는 감염병 • 파상풍, B형간염, 일본뇌염, C형간염, 말라리아, 레지오넬라증, 비브리오패혈증, 발진티푸스, 발진열, 쯔쯔가무시증, 렙토스피라증, 브루셀라증, 공수병, 신증후군출혈열, 후천성면역결핍증(AIDS), 크로이츠펠트-야콥병(CJD) 및 변종크로이츠펠트-야콥병(vCJD), 황열, 뎅기열, 큐열, 웨스트나일열, 라임병, 진드기매개뇌염, 유비저, 치쿤구니야열, 중증열성혈소판감소증후군(SFTS), 지카바이러스 감염증
제4급 감염병	• 제1급감염병부터 제3급감염병까지의 감염병 외에 유행 여부를 조사하기 위하여 표본감시 활동이 필요한 감염병 • 인플루엔자, 매독, 회충증, 편충증, 요충증, 간흡충증, 폐흡충증, 장흡충증, 수족구병, 임질, 클라미디아감염증, 연성하감, 성기단순포진, 첨규콘딜롬, 반코마이신내성장알균(VRE) 감염증, 메티실린내성황색포도알균(MRSA) 감염증, 다제내성녹농균(MRPA) 감염증, 다제내성아시네토박터바우마니균(MRAB) 감염증, 장관감염증, 급성호흡기감염증, 해외유입기생충감염증, 엔테로바이러스감염증, 사람유두종바이러스 감염증
기생충 감염병	• 기생충에 감염되어 발생하는 감염병 중 보건복지부장관이 고시하는 감염병 • 회충증, 편충증, 요충증, 간흡충증, 폐흡충증, 장흡충증
세계 보건기구 감시대상 감염병	• 세계보건기구가 국제공중보건의 비상사태에 대비하기 위하여 감시대상으로 정한 질환으로서 보건복지부장관이 고시하는 감염병
생물테러 감염병	• 고의 또는 테러 등을 목적으로 이용된 병원체에 의하여 발생된 감염병 중 보건복지부장관이 고시하는 감염병
성매개 감염병	• 성 접촉을 통하여 전파되는 감염병 중 보건복지부장관이 고시하는 감염병
인수공통 감염병	• 동물과 사람 간에 서로 전파되는 병원체에 의하여 발생되는 감염병 중 보건복지부장관이 고시하는 감염병
의료관련 감염병	• 환자나 임산부 등이 의료행위를 적용받는 과정에서 발생한 감염병으로서 감시활동이 필요하여 보건복지부장관이 고시하는 감염병

✱ 알츠하이머병(Alzheimer disease) *

나이가 들면서 정신 기능이 점점 쇠퇴하여 일으키는 노인성 치매로 독일의 신경과 의사 올로이스 알츠하이머의 이름을 따서 명명한 신경질환이다. 이 병에 걸리면 특히 기억과 정서면에서 심각한 장애를 일으키며 현대 의학에서는 아직 알츠하이머병의 뚜렷한 예방법이나 치료 방법이 없는 상태이다.

한번 되짚기

> **치매(癡呆)**
>
> 한의학에서 매병이라 불리는 질환으로 뇌가 여러 가지 원인에 의해 손상을 받아 기억력이나 이해력, 판단력 등의 장애가 나타나는 상태를 말한다. 원인에 따라서 노인성 치매와 혈관성 치매, 알콜 남용 등에 의한 가역성 치매(치료가 가능한 치매) 등으로 구분할 수 있다.

✱ 중증 열성 혈소판 감소 증후군(SFTS) **

Severe Fever with Thrombocytopenia Syndrome(SFTS)인 중증 열성 혈소판 감소 증후군 바이러스에 의한 감염병이다. SFTS 바이러스는 Bunyaviridae과 Phlebovirus 속에 속하는 RNA 바이러스로, 주로 산과 들판의 풀숲에 살고 있는 작은소참진드기(살인진드기)에 물려서 감염되는 것으로 추정된다. 또는 감염된 환자의 혈액 및 체액에 의한 감염도 보고되고 있다. 감염 시 발열, 식욕 저하, 구역, 구토, 설사 등의 증상이 나타나며 잠복기는 약 1~2주이다. 효과가 확인된 치료제가 없고, 항바이러스제나 백신도 없어 대증요법으로 치료한다. 자연 회복되기도 하나 12~30%에서 중증화되어 사망하기도 한다. 진드기에 물리지 않도록 하는 것이 주된 예방법이다. 보건복지부는 SFTS를 법정 감염병으로 지정하여 신종 감염병을 체계적으로 관리할 계획이다.

✱ 류머티즘(rheumatismus) *

급성 또는 만성으로 근육이나 관절 또는 그 근접조직에 동통(疼痛), 운동장애, 경결(硬結)을 일으키는 질환을 말한다. 급성 관절류머티즘은 류머티즘열, 만성 관절류머티즘은 류머티즘성관절염, 변형성 관절증은 골관절염, 근육 류머티즘은 결합직염에 상당하는 것으로 보이나, 류머티즘열은 관절에 한하기 보다는 전신증세(全身症勢)를 주로 한 류머티즘이고, 류머티즘성 관절염에도 급성관절염을 주로 한 류머티즘이 있기도 하다.

✱ 조류인플루엔자(AI : Avian Influenza) **

닭, 오리, 칠면조 등과 같은 가금류와 야생 조류가 감염되는 급성 바이러스 전염병이다. 주로 철새의 배설물에 의해 전파되며 AI에 걸린 조류의 콧물, 호흡기 분비물, 대변에 접촉한 조류들이 다시 감염되는 형태로 조류 간에 퍼진다. 지구상에 존재하는 AI 바이러스는 모두 135종의 혈청형으로 분류되며 이 중 사람에게 가장 치명적인 것은 H5N1형이다. 1997년 홍콩에서 첫 인체 감염을 일으켜 6명이 사망하면서 주목을 받은 H5N1형은 변이가 빠르고 다른 동물에게 쉽게 전이되는 특징을 갖고 있다. 이는 감염된 조류를 통해 인체에도 전염될 수 있다는 것을 말한다. 발병하면 감기나 일반 독감에 걸렸을 때와 비슷한 증상이 나타나며 심하면 38도 이상의 고열을 동반한 기침, 인후통, 호흡 곤란 증세를 보인다. AI 바이러스는 섭씨 41도일 때 철새 등의 배설물에서 최소 35일간 살 수 있지만 75도 이상으로 5분 동안 가열하면 죽는다.

✳ 아프리카돼지열병(ASF) ***

돼지와 멧돼지에 감염 시 발열이나 전신의 출혈성 병변을 일으키는 국내 제1종 법정전염병으로, 최대 치사율이 100%에 이르지만 현재 치료제나 백신이 없다. 아프리카돼지열병의 주요 임상증상으로는 돼지들이 한데 겹쳐있거나, 급사하거나 비틀거리는 증상, 호흡곤란, 침울증상, 식욕절폐, 복부와 피부 말단 부위에 충혈 등이 있다. 2019년 9월 경기도 파주에서 국내 첫 아프리카돼지열병 발생 후 김포, 연천, 강화 등지로 계속 확산되어 당국이 차단방역에 나섰다.

✳ 구제역(口蹄疫) ***

소, 돼지, 양, 염소 등 발굽이 두 갈래로 갈라진 우제류 동물에게만 발생하는 전파력이 매우 강한 바이러스성 급성 전염병이다. 일단 감염이 되고 나면 치사율이 70~80%에 달하는 국제 1급 가축전염병으로 광우병과는 달리 감염된 고기를 먹어도 사람에게는 감염되지 않는 것으로 알려져 있다. 구제역 바이러스는 감염된 동물의 배설물 또는 사람의 옷이나 신발 등에 잠복해 있다가 해당 동물에 전염되기도 한다. 주로 동물의 호흡, 소화, 생식 행위를 통해 감염되며 잠복기는 3~5일 정도로 구제역에 걸리면 입술이나 혀, 잇몸, 콧구멍 등에 물집이 생기면서 다리를 절고 침을 흘리며 식욕이 급격히 감퇴하는 증상을 보이다 결국 폐사하게 된다.

✳ 국제수역사무국(OIE : Office International des Epizooties) *

정식 명칭은 세계동물보건기구(World Organisation for Animal Health)로 가축질병의 확산 방지와 근절을 위해 1924년에 설립되었다. 1995년 세계무역기구(WTO)의 설립과 동시에 '위생식물검역조치 적용에 관한 협정'이 발효되면서 OIE가 동물검역에 관한 국제기준을 수립하는 국제기관으로 공인됐다. 회원국은 130여 가지 가축전염병의 자국 내 발생현황을 보고할 의무가 있고, 국제적인 축산물교역은 OIE가 정하는 위생기준에 근거해야 한다. 2010년 기준 175개국이 가입해 있으며 우리나라는 1953년에 회원국이 되었다. OIE는 광우병위험등급에 따른 교역조건으로 광우병 위험 없음-교역조건 제한 없음, 광우병 위험통제-30개월 이상 소고기 SRM 제거, 위험도 미정-12개월 이상 소고기 SRM 제거 등으로 나누고 있다.

> ☆☆☆ 프리온(prion) … 바이러스처럼 전염력을 가진 단백질 입자로 생명체의 근원이라고 할 수 없는 유전자가 없는 상태에서도 복제를 통해 증식할 수 있다는 특징이 있다.

✳ 신종인플루엔자 A(novel swine-origin influenza A, H1N1) **

H1N1 또는 신종플루라고 한다. 사람, 돼지, 조류 인플루엔자 바이러스의 유전물질이 혼합되어 있는 새로운 형태의 바이러스로 2009년 4월 멕시코와 미국 등지에서 발생한 뒤 전 세계로 확산됐다. 감염된 사람의 기침이나 재채기를 통해 감염되므로 전염속도가 빠르고 발열, 콧물, 인후통, 기침 등의 증상이 나타나며 증상발현 후 7일까지 전염이 가능하다. 미국 질병통제예방센터(CDC)에 따르면 인플루엔자 치료제인 오셀타미비르(상품명 타미플루)와 자나미비르(상품명 릴렌자)가 신종플루 치료제로 효과가 있다고 보고되었다.

Q 우제류 동물에게만 발생하는 바이러스성 급성전염병은?

✱ 광우병(狂牛病) ***

의학적 명칭은 우해면양뇌증(牛海綿樣腦症, BSE : Bovine Spongiform Encephalopathy)으로 소의 뇌에 생기는 신경성 질환이다. 소가 이 병에 걸리면 방향감각을 잃고 미친 듯이 난폭해지기 때문에 일명 광우병(mad cow disease)이라고 하며 결국에는 전신마비와 시력상실을 일으키며 죽게 된다. 소의 뇌 조직에 미세한 구멍이 뚫리면서 마치 스펀지처럼 흐물흐물해지는 병으로, 사람을 포함한 모든 동물에서 정상적으로 발견되는 '프리온(prion)'이란 단백질이 변형됨에 따른 것으로 추정된다. 이 변형된 프리온이 뇌 조직에 침투, 작은 구멍들을 만들면서 뇌 기능을 마비시키고 변형된 형태의 프리온을 기하급수적으로 만들어 내는 것이다. 소에 생기는 변형 프리온은 양에게 양고기 사료를 먹여 발생한 '스크래피병'이 소에 옮겨 온 것으로 생각되며 새끼에게 유전되지는 않는다. 광우병에 걸린 소의 고기를 사람이 먹을 경우 인간광우병(변종 크로이츠펠트-야콥병)에 걸리는 것으로 알려져 있다. 1986년 영국 과학자들에 의해 처음 확인 됐으며 1996년과 2001년 초 유럽에서 대규모로 발생, 전 세계를 공포로 몰아넣었다. 정확한 발병 원인, 감염 경로, 구체적 위험성 등이 밝혀지지 않은 상태이다.

더 알아보기

① 전염성 해면상뇌증의 질병명
- 소 : 광우병 또는 소해면상뇌증
- 양산양 : 스크래피(Scrapie)
- 사슴류 : 만성소모성질병(CWD : Chronic Wasting Disease)
- 사람 : 크로이츠펠트-야콥병(CJD : Creutzfeldt-Jakob Disease)

② 광우병 유사질환
- **크로이츠펠트-야콥병(CJD)** … 전염병 형태의 퇴행성뇌질환으로 100만 명 중에 1명 꼴로 생기는 희귀병이다. 프리온을 만드는 유전자를 가진 부모로부터의 유전, 원인불명으로 신발적 발생, 장기이식, 수술기구로 인한 감염 등이 원인이다. 잠복기는 3~30년이며 발병시 피로, 우울증, 운동장애, 경련, 운동실조 및 치매가 빠르게 진행돼 보통 7개월이면 환자의 100%가 사망하며 근본적인 치료법이 없다. 광우병 소고기의 섭취와 무관하지만 광우병과 증세가 유사하며 2000년 말 법정전염병으로 지정되었다.
- **변종 크로이츠펠트-야콥병(vCJD)** … 광우병이 사람에게 전염된 것으로, '인간광우병'으로 불린다. 주로 광우병에 걸린 소의 고기나 그 추출물로 만든 식품을 먹었을 때 감염되는 것으로 추정된다. CJD와 증세가 비슷하나 CJD가 비교적 고령에 발생하는 것과 달리 20~30대 연령층에서도 발병하며, 증세가 서서히 진행되는 것이 특징이다. 초기에는 정신과 증세가 나타나다가 피부감각 이상, 운동신경 이상 등에 이어 건망증, 정신착란, 치매 증상 등이 나타난다. 환자의 90%가 1년 이내에 사망한다.

③ 광우병 관련 용어
- **광우병 특정위험물질(SRM : Specified Risk Material)** … 광우병을 일으키는 변형프리온단백질이 많이 들어 있는 부위로 뇌, 눈, 척수, 척추, 머리뼈, 편도, 회장원외부(소장 끝부분) 등이 이에 해당한다. 국제수역사무국(OIE)은 살코기나 우족, 도가니, 꼬리, 간, 우유 등 유제품은 SRM에 해당하지 않으며 안전하다고 규정한다. 그러나 100% 안전한 부위는 없다는 의견도 있다.
- **교차오염(cross-over)** … 반추동물의 고기와 뼈 등이 들어있는 닭·돼지·개용 사료를 소에게 고의 또는 실수로 먹여 광우병이 발생하는 것을 말한다.

✱ 브루셀라병(brucellosis) **

브루셀라균의 감염으로 발생되는 인축(人畜) 공통 전염병으로 제3군 법정전염병이다. 소·돼지·산양 브루셀라균이 원인체로 브루셀라병에 감염된 소는 유산과 사산, 불임 등의 증세를 보인다. 멸균되지 않은 우유나 전염된 가축과의 접촉 등을 통해 사람에게 옮겨지며 발열, 관절통 등의 증상을 동반한다. 사람의 경우 적절한 치료를 하지 않으면 계속하여 재발하기도 하며 감염자 중 2% 이하는 심장 내막에 염증이 생겨 사망하기도 한다.

✱ 렙토스피라증(leptospirosis) *

북극과 남극 외의 어느 지역에서나 발생할 수 있는 감염증으로 특히 가을철 농촌에서 자주 발생한다. 가축이나 야생 동물의 소변으로 전파되며, 감염된 동물(주로 쥐)의 소변이나 조직으로 오염된 하천이나 호수를 이용할 경우 집단으로 발생할 수 있다. 7월에서 11월 사이 잘 발생하며 감염되면 보통 7~10일간의 잠복기를 거치며 초기에는 발열, 두통, 오한 등의 증세를 보이고 심할 경우 황달, 혈담, 빈혈, 피부 출혈, 폐 출혈 등이 나타나기도 한다. 치사율은 20% 정도다.

✱ 노로 바이러스(norovirus) *

식중독을 일으키는 바이러스로 감염이 되면 메스꺼움, 구토, 설사, 복통 등의 증상을 일으킨다. 미국 오하이오주 노워크(norwalk) 지역에서 집단 발병한 데서 이름을 가져왔다. 주로 겨울에 발생하며 이 바이러스에 오염된 식품을 섭취하여 감염된다. 대부분 1~2일이면 증상이 호전되고 심각한 합병증은 없지만 노약자의 경우 탈수 증상을 보이기도 한다. 아직 예방 백신은 없으며 항생제도 효과가 없다.

더 알아보기

리스테리아균(listeria菌) ··· 식중독을 일으키는 원인균으로 이 세균에 오염된 우유나 유제품, 식육가공품, 야채 등을 통해 옮겨진다. 리스테리아균은 10도 이하 저온에서 잘 자라는 세균이므로 저온 보존식품도 위험하다.

✱ 콜레라(cholera) **

대표적인 수인성 전염병의 하나로 물과 음식물을 통해 감염되므로 주로 상수도 시설이 없는 지역에서 유행한다. 감염이 되면 2~3일 동안 쌀뜨물 같은 설사가 나면서 구토를 동반하는데 노약자는 발병 위험이 높을뿐더러 사망률도 10%가 넘는다. 다른 전염병과 달리 예방 접종의 효과가 없지만 열에 약하므로 물과 음식을 충분히 끓여 먹으면 예방할 수 있다.

✱ 살모넬라균(Salmonella菌) *

티푸스성 질환이나 식중독의 원인균이다. 티푸스성 질환을 일으키는 종류로는 장티푸스균·파라티푸스 A균·파라티푸스 B균·파라티푸스 C균이 있으며, 식중독의 원인균으로는 장염균·쥐티푸스균·

돼지콜레라균 · 살모넬라-나라시노균 등이 있다. 이러한 균에 오염된 음식물을 섭취하게 되면 8-24시간이 지난 뒤 급성장염을 일으켜 발열, 복통, 설사 등의 증상을 가져온다. 보통 3일 이내에 증세가 가벼워지며 치사율은 낮다.

✱ A형 간염 ***

간염 바이러스의 한 종류인 A형 간염 바이러스(HAV : Hepatitis A Virus)에 의해 발생하며 주로 급성 간염의 형태로 나타난다. A형 간염은 혈액을 통해 전염되는 B형 · C형 간염과는 달리 A형 간염 바이러스에 오염된 음식이나 물을 섭취함으로써 전염된다. A형 간염 바이러스에 감염된 환자와 접촉한 경우에 감염되며, 직접적인 원인은 아니지만 A형 간염을 가지고 있는 모체가 출산하는 과정에서 태아에게 전염될 수 있고, 수혈을 통해서 또는 남성 동성애자 등에서 비경구적인 감염에 의해서도 전염될 수 있다. 감염이 되면 30일 정도의 잠복기 후에 피로감이나 메스꺼움, 구토, 식욕부진, 발열, 우측 상복부의 통증 등 일차적인 전신증상이 나타나며 그 후 일주일 이내에 특징적인 황달 징후(검은색 소변, 탈색된 대변, 전신이 가려운 증상 등)가 나타난다.

✱ FAS(Fatalalcohol syndrome) *

태아 알코올 증후군으로 어머니의 음주가 태아에게 미치는 신체적 · 정신적 결함을 총칭하는 말이다. 몸집이 비정상적으로 작으며, 특히 머리 크기가 비정상적으로 작고 얼굴이 기형적인 경우가 많다. 태어난 뒤 1주일~6개월 동안 과민 반응, 경련 등의 알코올 금단증상을 보이며 뇌의 크기가 정상보다 작아 정신지체나 학습장애 · 발육장애 현상도 나타난다.

☆☆☆ 의학적으로 FAS를 일으키는 알코올의 양은 하루에 포도주 5잔 정도다.

✱ 성조숙증(precocious puberty) *

성호르몬이 이른 시기에 분비되어 신체에 영향을 미치는 경우로 유방 발달, 음모 발달, 고환 크기 증가 등과 같은 사춘기 현상이 여아 8세 이전, 남아 9세 이전에 나타나면 성조숙증으로 진단한다. 일반적으로 여아에서는 나쁜 원인 질환 없이 성조숙증이 발생하는 특발성이 80%로 가장 많고, 난소 종양이 원인인 경우가 15%, 대뇌 병소가 있는 경우가 5% 정도를 차지하고, 남아의 경우 나쁜 원인 질환이 없는 특발성이 50%, 대뇌 자체에 병소가 있는 경우가 20%, 부신 피질 과형성 혹은 종양이 25%, 고환 종양이 5% 등의 분포를 보인다. 신체적인 성장 외에도 원인 질환에 따라 매우 다양한 증상이 나타난다. 예로 맥큔-올브라이트 증후군(Mccune-Albright 증후군, 가족성 성선 중독증) 같은 경우에는 골절 등을 포함한 골격계 이상과 함께 몸에 커피색 반점 등이 나타나며, 시상하부 과오종(뇌의 이상으로 미친 듯이 웃어대는 웃음경련) 같은 경우에는 경련이 잘 동반되고, 뇌종양 등이 원인인 경우에는 위와 같은 사춘기 증상 외에도 두통, 구토, 시력 저하, 야뇨증 등의 증세를 보일 수 있다.

✱ 워너 증후군(werner syndrome) **

우리말로는 조로증(早老症)으로 염색체 8번의 돌연변이에 의해 발생하는 열성유전 질환이다. 일반적으로 유년기에는 특별한 이상을 보이지 않다가 사춘기 이후 조기 노화 현상을 보여 20~30대의 나이에 50~60대의 신체적 상태를 보인다. 이 질환을 가진 환자는 30대부터 동맥경화성 질환, 암 발생 등으로 조기 사망하는 경우가 많다.

✱ 이코노미 클래스 증후군(economy class syndrome) *

비행기의 이코노미 클래스 같은 좁은 좌석에 장시간 계속 앉아 있을 경우 다리 정맥에 혈전·혈괴가 생겨 폐색전(폐동맥을 막아 호흡 곤란이나 심폐 정지 등을 일으키는 것)을 일으키는 질환이다. 고령자나 비만증이 있는 사람, 기내에서 술을 마시는 사람 등에게 발생하기 쉬우며 심하면 사망에 이르기도 한다. 이러한 증세를 예방하기 위하여 장시간 비행기를 탈 경우 물을 충분히 마시고, 다리를 굽혔다 폈다 하는 등 움직여 주는 것이 좋다.

✱ VDT 증후군(Video Display Terminal syndrome) **

오랜 시간 컴퓨터를 사용하는 직장인들의 직업병으로 경견완(목·어깨·팔) 장애, 시력 저하 등의 증상을 일으킨다. 1994년 7월 노동부 요양급여 심의위원회에서는 이를 직업병으로 지정하였다.

✱ 대사증후군(代謝症候群) *

혈액 속에 있는 포도당을 분해하여 간, 근육 등으로 보내는 역할을 하는 인슐린이 제 기능을 못해 여러 가지 성인병이 복합적으로 나타나는 증상을 일컫는다. 보통 복부비만(허리둘레 남성 90㎝, 여성 80㎝), 혈압(수축기 130mmHg 이상 또는 이완기 85mmHg 이상), 공복혈당(110mg/dℓ 이상 또는 당뇨병 치료 중), 고밀도 콜레스테롤(남성 40mg/dℓ, 여성 50mg/dℓ 미만), 중성지방(150mg/dℓ 이상) 등 5개 지표 가운데 3개 이상에 해당하면 대사증후군으로 진단한다.

✱ TATT 증후군(Tired All the Time syndrome) **

신체적인 이상은 없는데 항상 피곤하다고 느끼는 증상을 말한다. 스트레스에 의한 무기력증 또는 초조감이 주된 원인이지만, 영양실조, 음주, 흡연, 신경안정제, 진통제, 피임약 등이 원인인 경우도 있다. 주로 주부나 직장인에게 많이 나타난다.

✱ 외상 후 스트레스 장애(PTSD : Post Traumatic Stress Disorder) **

정신의학에서 일컫는 '불안장애'의 일종으로 신체적인 손상 및 생명을 위협하는 심각한 상황에 직면한 후 보이는 정신적인 장애가 1개월 이상 지속되는 것을 말한다. 주로 전쟁, 천재지변, 신체적인 폭행, 교통사고 등으로 인해 받은 강한 정신적 충격이 스트레스 호르몬을 촉진시킴으로서 뇌에 장애를 일으켜 발생한다.

Q 신체적인 이상은 없는데 항상 피곤하다고 느끼는 증상은?

✱ 근골격계 질환 *

오랜 시간 반복적인 작업으로 발생하는 육체적인 질환이다. 질환은 장시간에 걸친 반복적 작업으로 근육, 혈관, 관절, 신경 등에 발생한 손상이 누적되어 손가락, 손목, 어깨, 목, 허리 등의 만성적인 통증과 감각 이상으로 발전되는 대표적인 직업성 질환이다. 노동부는 해마다 늘고 있는 이 질환을 줄이기 위해 근로자 1명이 다루는 물건의 무게가 남성 25kg, 여성 15kg 이상을 넘지 않도록 하는 등 사업주의 예방의무를 산업안전보건법에 명문화하고 2003년 7월부터 시행하였다.

✱ 스테로이드(steroid) *

담즙산, 심장독(心臟毒), 성호르몬, 비타민D, 부신피질호르몬 등 스테로이드핵이라는 특유의 화학구조를 가진 화합물이다. 주로 당질(糖質)의 대사를 맡고 있으며 항염증, 항알레르기 작용이 있어 의료에 널리 사용되고 있는 호르몬제인 콜티존계의 부신피질호르몬제를 일컫는다.

✱ CMIT · MIT ***

1960년대 말 미국 롬앤하스사(R&H사)가 개발한 유독 화학물질로 메칠클로로이소치아졸리논(CMIT)과 메칠이소티아졸리논(MIT)의 혼합물이다. 물에 쉽게 녹고 휘발성이 높으며 자극성과 부식성이 커 일정 농도 이상 노출 시 피부, 호흡기, 눈에 강한 자극을 준다. 국내에서는 1991년 SK케미칼이 개발한 이후 가습기살균제, 치약, 구강청결제, 화장품, 샴푸 등 각종 생활화학제품에 사용돼 왔다. 우리나라에서는 일반 화학물질로 분류되다가 가습기살균제 사건 발생 후인 2012년 환경부가 유독물질로 지정했지만 사용이 전면 금지되지는 않았다. 한국과 유럽에서는 의약외품 및 화장품 중 씻어내는 제품에 한하여 0.0015%(15ppm)로 희석하여 사용이 가능하고(한국의 경우 치약은 제외), 일본에서는 구강에 사용하는 제품을 제외한 씻어내는 제품에 0.1%로 희석하여 사용 가능하다. 미국에서는 업계에서 자율적으로 사용을 관리하고 있다. 특히 미국과 유럽 등에서는 치약 보존제로 사용할 수 있지만 국내에서는 치약 보존제로서의 사용이 금지된다.

✱ 안락사(安樂死, euthanasia) **

생존의 가능성이 없는 병자의 고통을 덜어주기 위해 인위적으로 죽음에 이르게 하는 것으로 안사술(安死術)이라고도 한다. 어원은 '좋다'는 의미의 'eu'와 '죽음'을 의미하는 'thanasia'를 합친 것으로 존엄한 죽음, 아름다운 죽음을 가리킨다. 시술자의 입장에 따라 적극적인 경우와 소극적인 경우로 나눌 수 있는데 불치 환자의 육체적 고통이 극심할 때 독극물이나 기타 방법으로 빨리 죽을 수 있는 처치를 취하는 것이 적극적인 경우에 해당하며, 불치병의 치료를 중단하거나 의식불명인 사람의 인공연명처치를 중지하는 것이 소극적인 경우에 해당한다. 최초로 안락사를 합법화한 것은 네덜란드로 미국의 오리건주, 벨기에, 스위스 등도 안락사를 합법화 하였다.

> **한번 되짚기**
>
> **존엄사(尊嚴死)**
>
> 소극적인 안락사와 유사한 개념으로 회복가능성이 없는 식물인간상태의 환자에게 단순한 연명조치에 불과한 의료행위를 중단해 인간으로서의 존엄을 유지하면서 자연적으로 죽음을 맞게 하는 것이다. 우리나라의 경우 2008년 11월 처음으로 존엄사 의사를 인정하는 법원의 판결이 있었다.

 **출제예상문제**

1. 지구 온난화가 환경에 영향을 준 사례로 옳지 않은 것은?

   ① 북반구에서는 작물 재배의 북한계선이 북상하고 있다.
   ② 대관령 일대의 고랭지 채소 재배 면적이 감소하고 있다.
   ③ 해수면 상승으로 해안 저지대의 침수 피해가 나타나고 있다.
   ④ 우리나라 근해에서는 한류성 어족의 어획량이 증가하고 있다.

2. 다음 중 온난전선과 관계없는 것은?

   ① 비가 간헐적으로 내린다.
   ② 온난전선이 통과하면 기온이 올라간다.
   ③ 차가운 기단 위에 따뜻한 기단이 있는 불연속성이다.
   ④ 털구름, 높층구름, 비층구름이 발생한다.

3. 다음 중 동태평양의 해수온도가 갑자기 낮아져 기상 이변을 일으키는 현상은?

   ① 엘니뇨현상   ② 부영양화
   ③ 열오염   ④ 라니냐현상

4. 다음 중 일교차가 가장 심한 곳은?

   ① 사막지방   ② 극지방
   ③ 온대지방   ④ 열대지방

5. 다음 중 일교차에 대한 설명으로 옳은 것은?

   ① 고원지대는 일교차가 크다.
   ② 흐린 날보다 맑은 날이 일교차가 크다.
   ③ 사막지대가 초원지보다 일교차가 작다.
   ④ 해안지방이 내륙지방보다 일교차가 크다.

6. 우리나라 겨울철 기상통보에 많이 등장하는 지역은?

   ① 미시간호   ② 아랄해
   ③ 바이칼호   ④ 카스피해

7. 우리나라 남서면에 여름철 비가 많은 이유는?

   ① 분지형이기 때문에
   ② 해안이 가까우므로
   ③ 원래 비가 많은 지역이므로
   ④ 여름에 계절풍을 받는 지역이므로

8. 다음 중 스콜(squall)에 대한 설명은?

   ① 열대지방에서 내리는 소나기
   ② 남극지방에서 일어나는 눈보라
   ③ 소림과 관목으로 이루어진 습윤한 열대초원
   ④ 해수면의 온도가 낮아지는 현상

9. 아래 지도에서 해당 지역의 기후적 특성은?

① 연중 편서풍이 불고 강우량이 많다.

② 여름은 고온다습하고, 겨울은 저온건조하다.

③ 겨울에는 편서풍이 강하여 온화하고 강우량이 많다.

④ 연중 고온다우하나 건기와 우기가 뚜렷하다.

● ANSWER ●

1. 지구 온난화의 영향으로 우리나라 근해에서는 명태, 대구와 같은 한류성 어족의 어획량이 감소하고 있다.

2. 온난전선과 한랭전선의 비교

구분		온난전선	한랭전선
전선면의 기울기		완만함	급함
전선의 이동속도		느림	빠름
강수위치		전선의 앞쪽(동쪽)	전선의 뒤쪽(서쪽)
구름		층운(넓은 지역)	적운(좁은 지역)
비		보슬비(장시간)	소나기(단시간)
전선통과 후의 일기변화	기온	상승(따뜻한 공기 접근)	하강(찬 공기 접근)
	기압	하강	상승
	풍향	남동풍→남서풍	남서풍→북서풍

3. ④ 라니냐(la nina)는 엘니뇨의 반대 현상이며 동태평양의 해수면 온도가 5개월 이상 0.5도 낮아지는 경우로 이런 현상이 발생하면 원래 찬 동태평양의 바닷물은 더욱 차갑게 되어 서쪽으로 이동하게 된다. 이로 인해 동남아 지역은 극심한 장마가 오고 남아메리카에서는 가뭄이 발생하며 북아메리카에서는 강추위가 나타날 수 있다.
   ① 엘니뇨(el nino)현상 … 남미 에콰도르와 페루 북부 연안의 태평양 해면온도가 비정상적으로 상승하는 현상
   ② 부영양화 … 강·바다·호수 등의 영양물질이 많아져 조류가 급속히 증가하는 현상
   ③ 열오염 … 온폐수의 영향으로 수온이 올라가고 수질이 악화되어 수중의 생물에 미치는 피해

4. 일교차(日較差)는 하루 중의 최고와 최저기온의 차를 말한다. 일교차가 가장 큰 곳은 사막지방이며 해안보다는 내륙이, 흐린 날보다는 맑은 날 일교차가 더 크다.

5. 저지(低地), 내륙지방, 사막지대, 맑은 날은 일교차가 크며, 위도가 높을수록, 고원지대, 해안지대, 초원지대, 흐린 날은 일교차가 작다.

6. ③ 우리나라의 겨울철 기후에 영향을 주는 것은 시베리아기단이며, 바이칼호는 시베리아 동남부에 위치하고 있다.

7. ④ 여름철에는 우리나라 남부에 고온다습한 열대성 저기압인 북태평양기단이 발생하여 남동계절풍이 불고, 7~9월 사이에 폭풍우를 일으키는 태풍 등으로 강우량이 많으며, 겨울철에는 한랭건조한 시베리아기단이 형성되어 북서계절풍이 불며 날씨는 맑고 기온이 낮다.

8. 스콜(squall)은 열대지방에서 거의 매일 오후에 나타나는 소나기로, 갑자기 불기 시작하여 갑자기 멈추는 강한 바람이나 강하게 내리쬐는 햇볕으로 공기의 일부가 상승하게 되는데, 그 상승기류에 의해 비가 내린다.
   ② 블리자드 ③ 사바나 ④ 라니냐

9. ③ 해당 지역은 지중해성 기후 지역이다. 지중해성 기후는 여름은 열대고기압의 영향으로 고온건조하고 겨울은 온난다습하며 편서풍이 강하여 비가 많이 내리는 특성을 보인다.
   ① 서안해양성 기후 ② 대륙성 기후 ④ 열대몬순기후

10. 다음에서 툰드라기후 지역에 해당되지 않는 것은?

① 남반구에는 거의 나타나지 않고 북반구에서만 나타난다.
② 최난월의 평균기온이 0℃ 이하의 지역이다.
③ 1년 중 대부분이 동토(凍土)를 이룬다.
④ 곡물재배는 현재로는 불가능한 곳이다.

11. 사바나기후와 관계가 없는 설명은?

① 관목으로 이루어진 습윤한 열대초원이다.
② 계절풍에 따르는 우량에 의하여 건기와 우기로 나뉜다.
③ 성장기에 고온다우, 성숙기에 건조한 기후를 요하는 사탕수수·목화·커피 등의 재배에 적합하다.
④ 세계 최대의 초원지대를 이루고, 세계적인 곡창과 기업적인 목축지대를 이루고 있다.

12. 다음 중 여름철에 번개가 치고 소나기를 내리게 하는 구름은?

① 적란운
② 층적운
③ 권층운
④ 난층운

13. 열대우림기후의 월강우량은 최소 몇mm 이상 인가?

① 20mm
② 40mm
③ 60mm
④ 80mm

14. 우리나라의 가장 보편적인 하천 퇴적지역은?

① 배사구조
② 선상지
③ 삼각주
④ 범람원

15. 선박의 대피에는 유리하나 배후지가 적기 때문에 큰 항만의 발달이 불리한 해안은?

① 피오르드식 해안
② 융기해안
③ 리아스식 해안
④ 달마치아해안

16. 태풍에 대한 설명이다. 옳지 않은 것은?

① 여름철에 열대지방 해상에서 흔히 발생하는 열대성 저기압으로, 중심 부근의 풍속이 초당 33m 이상의 것을 가리킨다.
② 태풍의 중심이 우리나라 해안선의 100km 범위 안에 들어오게 되면 태풍경보가 발표된다.
③ 태풍의 눈에 해당하는 지역에서는 하강기류가 있어 바람이 약하고 하늘이 맑게 된다.
④ 우리나라에 영향을 끼치는 태풍은 북태평양의 서부인 필리핀 동쪽의 넓은 해상에서 발생하는 것이 보통이다.

17. 다음 제트기류에 관한 설명 중 옳지 않은 것은?

① 위도 40° 부근에서 부는 강한 서풍으로, 열대기단과 극기단을 경계하는 일종의 전선이다.
② 우리나라의 강우와도 관계가 깊어 지표상의 강우전선과 일치될 때는 집중호우를 내리게 한다.
③ 계절에 따라 그 위치는 이동되며, 아시아 계절풍의 시기와 우기에도 관계가 깊다.
④ 적도지방에 발생하는 강한 저기압으로 우리나라 및 아시아에 빈번히 닥쳐온다.

18. 폭우가 쏟아지면 모래, 자갈이 섞인 물이 흐르나 비가 그치면 마르게 되고 빗물이 지하수가 되어 오아시스가 생기는 수도 있으므로, 대상(隊商)들이 이곳을 길로 이용하는 것은?

① 와디
② 크레바스
③ 툰드라
④ 스텝

● ANSWER ●

10. 툰드라기후는 최난월 평균기온이 0~10℃이고 여름에는 동토(凍土) 층의 표면만 녹아 이끼류·지의류가 자란다. 분포지역은 북극해 연안, 그린란드 해안지대이다.
　② 빙설기후지역에 대한 설명이다.

11. ④ 사바나기후 지역에서는 백인들이 열대나 아열대지방에서 원주민의 값싼 노동력을 이용하여 대규모의 농장을 건설하고 열대농작물을 단일 경작하는 플랜테이션이 성행한다.

12. ① 적란운은 소나기·우박·번개·천둥·돌풍 등을 동반하는 구름으로 여름철에 잘 발달하며 쌘비구름이라고도 한다.
　② 층적운 … 비 오기 전후에 자주 나타나는 구름으로, 층쌘비구름이라고도 한다.
　③ 권층운 … 면사포와 같은 모양으로 햇무리·달무리가 나타난다고 하여 면사포구름이라고도 한다.
　④ 난층운 … 비가 오기 전에 나타나는 어두운 흑색구름으로, 비구름이라고도 한다.

13. 열대우림기후는 연중 고온다우한 기후로, 거의 매일 스콜이 내리며 월강우량이 최소 60mm 이상이다.

14. ④ 범람원은 하천의 양쪽에 발달하는 저지로, 하천이 범람하면서 주변으로 토사를 퇴적시켜 형성된다.
　① 배사구조 … 습곡작용을 받은 지층에서 산봉우리처럼 볼록하게 올라간 부분
　② 선상지 … 곡구(谷口)에 토사 등이 퇴적되어 형성된 부채꼴 모양의 완만한 지형
　③ 삼각주 … 하천을 따라 운반되어 온 토사가 강 하류에 퇴적되어 만들어진 충적평야

15. ③ 리아스식 해안은 침강해안으로, 섬·반도·만 등이 많아 해안선이 복잡하다.
　① 피오르드식 해안 … 빙식곡(氷蝕谷)이었던 강 하류부가 해수로 침식되어 형성하는 좁고 긴 후미로, 협만(峽灣)이라고도 한다.
　② 융기해안 … 지반이 융기하여 생긴 해안만을 말한다. 융기 후 시간이 지나면 해안단구를 형성한다.
　④ 달마치아 해안 … 지중해 북부에 있는 이탈리아반도와 발간반도 사이의 좁고 긴 해역으로 아드리아해 연안을 달마치아 해안이라고도 한다.

16. ② 대체로 태풍의 중심이 우리나라 해안선의 500km 범위 안에 들어오게 되면 태풍경보가 발표된다.

17. 제트기류는 중위도지방에 부는 강한 바람으로, 지표면의 기단이동과 강수량에 영향을 주어 때때로 여름철 집중호우를 내리기도 한다.

18. 와디(wadi)는 아라비아 및 북아프리카 지방의 건조지역에 많이 있는 간헐하천으로 비가 내릴 때 이외에는 물이 마르는 개울을 의미한다.

19. 인도양에서 발생하여 벵골만으로 부는 바람은?

① 미스트랄　　　　② 태풍
③ 윌리윌리　　　　④ 사이클론

20. 계절풍(monsoon)기후의 특색은?

① 온화하며 강우량이 많다.
② 건조한 열풍이 특징이다.
③ 고온다우하며 건기와 우기가 뚜렷하다.
④ 여름은 고온다습하고 겨울에는 저온건조하다.

21. 지구의 표면은 구형이므로 면적, 거리, 형태의 왜곡 없이 지표면을 평면상에 그대로 나타낼 수 없으므로 여러 가지 지도투영법이 고안되었다. 다음 중 항해도, 해도 작성에 널리 이용되는 기법은?

① 정적도법　　　　② 정거도법
③ 구드도법　　　　④ 메르카토르도법

22. 우리나라 전관수역의 범위는?

① 3해리　　　　② 6해리
③ 9해리　　　　④ 12해리

23. 우리나라와 비슷한 위도 상에 있지 않은 나라는?

① 그리스　　　　② 터키
③ 멕시코　　　　④ 이란

24. 다음 중 연결이 잘못된 것은?

① 허리케인 – 카리브해
② 사이클론 – 대서양
③ 윌리윌리 – 오스트레일리아
④ 태풍 – 동남아시아

25. 우리나라의 서해와 동해로 흘러 들어와서 각각 황해난류와 동해난류를 이루는데 가장 관계가 깊은 해류는?

① 쿠로시오해류　　　② 리만해류
③ 서풍해류　　　　　④ 북태평양해류

26. 삼각주가 갖는 지형적 특색을 가장 바르게 설명한 것은?

① 해저가 융기해서 육지로 된 평야
② 계곡 어귀가 부채꼴인 완만한 경사지
③ 차별침식에 의해 형성된 계란 모양의 지형
④ 상류에서 운반된 토사가 하구에 퇴적하여 이룬 평야

27. 지도상에 나타난 산 높이의 기준이 되는 면은?

① 지구 타원체면
② 지구와 같은 부피를 가진 구의 표면
③ 표준중력을 나타내는 기상 타원체면
④ 지오이드

28. 타이가(taiga)에 해당하는 곳은?

① 부에노스아이레스를 중심으로 한 약 600km 반경의 초원
② 브라질의 내륙 고원에 전개되는 아열대성 초원
③ 툰드라지대 남쪽에 전개되는 침엽수림대
④ 베네수엘라의 오리노코강 유역의 열대초원

29. 사막지대에서 우기에만 물이 흐르는 일시적인 하천을 무엇이라고 하는가?

① 카르(kar)　　　　② 오아시스(oasis)
③ 바르한(barchan)　④ 와디(wadi)

19. ① 프랑스 중부에서 지중해 북서안으로 부는 한랭건조한 성질의 국지풍
　　② 필리핀 부근에서 발생하여 동북아시아로 부는 바람
　　③ 오스트레일리아 북부로 불어오는 바람

20. 계절풍기후는 몬순기후라고도 하며 여름철에는 비가 많고 고온다습하며 겨울철에는 춥고 맑은 날이 많으며 저온건조하다.
　　① 서안해양성 기후
　　② 푄 현상
　　③ 사바나 지역

21. ④ 메르카토르도법은 고위도에 이르면 거리나 면적이 몹시 커지기는 하나, 경선과 같은 각도에서 교차되면서 진행하는 항정선이 항상 직선으로 나타나는 유일한 투영법으로, 해도의 도법으로 널리 알려져 있다.
　　③ 구드도법 … 고위도 왜곡이 적은 몰바이데도법과 저위도 왜곡이 적은 시뉴조이달도법을 합쳐놓은 도법으로 면적과 형상이 어느 도법보다 정확한 세계전도를 나타낼 수 있어 세계 전체의 분포도 · 밀도도 등의 작성에 많이 이용되었으나 바다가 잘리기 때문에 근래에는 사용이 적어졌다.

22. 전관수역은 연안국에 한하여 어업권이 인정되는 독점적 어업수역을 말하는데, 우리나라는 1978년 9월 20일을 기해 12해리 영해권을 선언했다.

23. 우리나라는 북위 33~43°에 위치하고 있으며, 멕시코는 북위 15~30° 사이에 있다.

24. ② 사이클론은 인도양 · 아라비아해에서 발생하여 뱅골만으로 부는 열대성 저기압이다.

25. 우리나라 동해안은 한류인 리만해류와 난류인 쿠로시오해류가 교차되어 좋은 어장을 이룬다.
　　④ 북태평양해류 … 북태평양을 흐르는 냉온대 환류(環流)의 일부로 흐르는 폭이 넓고, 유속은 느리며 크고 작은 소용돌이를 포함하고 있다. 도중에 여럿으로 갈라진 해류가 남쪽으로 내려와 태평양 중앙을 흐르나 중심 해류는 동쪽으로 흘러 캘리포니아 앞바다에서 남쪽으로 방향을 바꿔 캘리포니아 해류가 된다.

26. ① 해안평야
　　② 선상지
　　③ 준평원

27. ④ 지오이드(geoid)는 지구의 각지에서 중력의 방향을 측정하여 이것에 수직한 면을 연결한 곡면으로서, 평균해수면과 일치하며 지구상의 여러 측정기준이 된다.

28. 타이가는 북반구의 경작한계와 툰드라지대 사이로 시베리아와 캐나다의 침엽수림대가 대표적이다.

29. 와디는 아라비아 및 북아프리카 지방의 건조지역에 많이 있는 간헐하천으로 비가 내릴 때 이외에는 물이 마르는 개울이다.
　　① 카르 … 산꼭대기가 깎여 사발 모양이 된 빙식지형
　　② 오아시스 … 건조지역의 특정한 위치에서 물 공급이 일어나 외부와 단절된 하나의 식생을 이루는 곳
　　③ 바르한 … 사막지대에서 생기는 초승달 모양의 모래언덕

30. 다음 설명 중 옳지 않은 것은?

① 선상지는 산지를 흐르던 하천이 갑자기 경사가 완만한 평지로 흘러나올 때 유속이 감소되어 운반물질이 그곳에 쌓여 형성되는 지형이다.

② 범람원은 하곡에 충적물이 퇴적되어 형성되는 지형으로, 여기에는 곡류하천이 흐르며 하적호 등이 곳곳에 분포한다.

③ 이수해안은 해수면에 대한 육지의 상대적인 융기에 의해서 생성된 것으로, 해안선이 비교적 단조롭다.

④ 인도 데칸고원의 면화재배지에는 현무암이 풍화된 테라로사가 널리 분포한다.

31. 한국의 남극 과학기지 세종기지가 건설된 곳은?

① 애들레이드섬

② 로스섬

③ 무라노섬

④ 킹조지섬

32. 다음 중 황금의 삼각지대(golden triangle)란?

① 남아프리카 공화국의 금광지역

② 메소포타미아에서 시리아, 팔레스타인, 아라비아 북부를 거쳐 페르시아만에 이르는 지역

③ 태국, 라오스, 미얀마의 양귀비 생산지역

④ 중국, 한국, 일본을 연결하는 황해 경제권

33. 다음 중 운전면허와 운전할 수 있는 차종에 관한 내용이 옳지 않은 것은?

① 3륜승용자동차는 1종 소형면허로 운전할 수 있다.

② 1종 보통으로 12톤 화물차를 운전할 수 있다.

③ 특수면허로 트레일러를 운전할 수 있다.

④ 1종 보통, 2종 보통으로 원동기장치자전거를 운전할 수 있다.

30. ④ 테라로사는 지중해성기후에서 발달하는 석회암이 풍화되고 남은 토양을 말한다. 인도의 데칸고원은 현무암이 풍화된 비옥한 검은색 토양인 레구르토이다.

31. ④ 세종기지(대한민국 남극 세종과학기지)는 남셔틀랜드 군도에서 제일 큰 섬인 킹조지섬(1,340㎢)에 위치하고 있다.

32. 황금의 삼각지대란 미얀마 산주(州) 일대를 이르는 표현이다. 태국, 라오스, 미얀마의 국경지대에 둘러싸여 있는 메콩강의 주변 비옥한 토지로 양귀비를 생산해왔다.

33. ② 1종 보통면허는 12톤 미만의 화물차를 운전할 수 있다.

운전면허와 운전할 수 있는 차의 종류

운전면허		운전할 수 있는 차의 종류
종별	구분	
제1종	대형면허	• 승용자동차, 승합자동차, 화물자동차 • 건설기계 　-덤프트럭, 아스팔트살포기, 노상안정기 　-콘크리트믹서트럭, 콘크리트펌프, 천공기(트럭적재식) 　-콘크리트믹서트레일러, 아스팔트콘크리트 재생기 　-도로보수트럭, 3톤 미만의 지게차 • 특수자동차(대형견인차, 소형견인차 및 구난차는 제외) • 원동기장치자전거
	보통면허	• 승용자동차 • 승차정원 15인 이하의 승합자동차 • 적재중량 12톤 미만의 화물자동차 • 건설기계(도로를 운행하는 3톤 미만의 지게차에 한함) • 총 중량 10톤 미만의 특수자동차(구난차 등은 제외) • 원동기장치자전거
	소형면허	• 3륜화물자동차 • 3륜승용자동차 • 원동기장치자전거
	특수면허 / 대형견인차	• 견인형 특수자동차 • 제2종 보통면허로 운전할 수 있는 차량
	특수면허 / 소형견인차	• 총 중량 3.5톤 이하의 견인형 특수자동차 • 제2종 보통면허로 운전할 수 있는 차량
	특수면허 / 구난차	• 구난형 특수자동차 • 제2종 보통면허로 운전할 수 있는 차량
제2종	보통면허	• 승용자동차(승차정원 10인 이하의 승합자동차 포함) • 적재중량 4톤 이하 화물자동차 • 총 중량 3.5톤 이하의 특수자동차(구난차 등은 제외) • 원동기장치자전거
	소형면허	• 이륜자동차(측차부 포함) • 원동기장치자전거
	원동기장치자전거면허	• 원동기장치자전거
연습면허	제1종 보통	• 승용자동차 • 승차 정원 15인 이하의 승합자동차 • 적재중량 12톤 미만의 화물자동차
	제2종 보통	• 승용자동차 • 승차 정원 10인 이하의 승합자동차 • 적재중량 4톤 이하의 화물자동차

34. 다음 중 교통안전표지의 종류로 옳은 것은?

① 주의, 규제, 안내, 경고, 보조표지
② 규제, 지시, 안내, 보조, 노면표지
③ 주의, 규제, 지시, 보조, 노면표지
④ 주의, 규제, 지시, 경고, 노면표지

35. 식중독을 일으키는 원인균으로 볼 수 없는 것은?

① 노로 바이러스
② 펠라그라
③ 리스테리아균
④ O-157

36. 다음 중 2종 보통면허를 취득할 수 있는 자는?

① 청각장애인
② 16세 미만인 자
③ 알콜중독자
④ 정신미약자

37. 중뇌 흑질 부위의 신경전달 물질인 도파민의 분비가 감소하여 뇌세포가 점점 괴사하는 질병은?

① 에이즈
② 알츠하이머병
③ 파킨슨병
④ 사스

38. 아프리카의 가뭄이나 아시아 · 남미지역의 홍수 등을 일으키는 원인으로 작용하는 것은?

① 라니냐 현상
② 엘니뇨 현상
③ 크레바스
④ 에어포켓

39. 비행(飛行)의 안전 확보 등을 목표로 결성된 유엔 전문기구는?

① IPI   ② IEA
③ ICPO   ④ ICAO

40. 다음 중 항공법에서 진로우선권이 제1위인 것은?

① 프로펠러 항공기   ② 비행선
③ 글라이더   ④ 제트기

41. 비행장 주변의 조류가 비행기 엔진에 빨려 들어가 발생하는 비행기 사고는?

① bird strike   ② air shock
③ bird shock   ④ air strike

42. 다음 중 무공해 제품에 붙이는 녹색마크는?

① E마크   ② KS마크
③ Q마크   ④ GD마크

43. 로마클럽이란?

① 핵전쟁 방지를 위한 국제의사회
② 반핵 및 환경보호를 표방하는 청년단체
③ 인류의 위기에 대처하려는 미래연구단체
④ 제3세계의 가난과 질병을 구제하려는 자선 단체

44. 2002년 10월 8일 세계자연보존연맹(IUCN)이 발표한 지구상에서 멸종위기에 처한 11,167종의 희귀 동 · 식물들의 리스트를 무엇이라고 하는가?

① 레드리스트   ② 블루리스트
③ 옐로우리스트   ④ 그린리스타

34. 도로교통표지판의 종류로는 주의표지, 규제표지, 지시표지, 보조표지, 노면표지가 있다.

35. ② **펠라그라(pellagra)병** … 니코틴산의 결핍으로 생기는 질병으로 어린이들에게 쉽게 발병한다. 기억력이 감퇴하고 정신력이 떨어지는 등 치매와 비슷한 증상이 나타나며 피부가 갈라지고 시커멓게 변하고 설사가 계속되는 질환이다. 비타민 B₃를 투여하면 효과가 있다.
　① **노로 바이러스(noro-virus)** … 식중독을 일으키는 바이러스로 감염이 되면 메스꺼움, 구토, 설사, 복통 등의 증상을 일으킨다. 심각한 합병증은 없지만 노약자의 경우 탈수 증상을 보이기도 한다.
　③ **리스테리아균(listeria菌)** … 식중독을 일으키는 원인균으로 이 세균에 오염된 우유나 유제품, 식육가공품, 야채 등을 통해 옮겨진다.
　④ **O-157** … 장출혈성 대장균의 하나로 병원성대장균에 속하는 식중독의 원인균이다. 감염되면 베로톡신이라는 독소가 발생하여 복통과 발열, 피 섞인 설사 등의 초기 증세가 나타나며 대부분 자연치유 되지만 5% 가량은 적혈구가 파괴되고 소변을 제대로 보지 못하는 용혈성 요독증(HUS)이라는 합병증으로 발전하기도 한다.

36. ① 듣지 못하는 사람은 1종 면허는 취득이 불가능하지만, 2종 면허는 가능하다(도로교통법 제82조 제1항 제3호).

37. ③ 영국의 의사 파킨슨이 1817년에 처음으로 보고한 질환으로 별칭은 진전마비(振顫痲痺)이다. 주로 50세 전후에 발병하며 처음에는 근경직, 운동 감소, 진전(무의식적으로 일어나는 근육의 불규칙한 운동) 등의 증세가 나타나다가 점차 전신의 수의(隨意)운동이 불가능해진다.

38. 엘니뇨 현상은 남미 에콰도르 및 페루 북부연안의 태평양 해면온도가 비정상적으로 상승하는 현상이다.

39. ④ ICAO(International Civil Aviation Organization) … 국제민간항공기구
　① IPI(International Press Institude) … 국제신문편집인협회
　② IEA(International Energy Agency) … 국제에너지기구
　③ ICPO(International Criminal Police Organization) … 국제형사경찰기구

40. 항공법에서는 비행기 간의 충돌 방지를 위해 보통 속도가 느릴수록 진로우선권을 가진다. 따라서 비행선이나 기구가 첫 번째, 글라이더(활공기), 프로펠러 항공기, 제트기의 순이다.

41. ① 조류충돌로 항공기의 이·착륙시 항공기 엔진에서 발생하는 강한 흡입력으로 인하여 새가 빨려 들어가 엔진이 파괴되는 등 대형사고가 발생하기도 한다.

42. ① **E마크** … 환경보전협회는 같은 기능의 상품과 비교하여 보다 환경에 좋은 상품을 인정해 E마크를 붙이고 있으며 현재까지 약 천 품목이 넘는 상품에 E마크를 붙였다.
　② **KS마크** … 한국산업규격에 합격한 제품임을 뜻한다.
　③ **Q마크** … 한국생활용품시험연구원의 심사기준에 합격한 상품에 부여하는 품질보증 표시제도이다.
　④ **GD마크** … 제품의 디자인·기능·안전성 등을 종합적으로 심사해서 우수디자인 포장센터에서 인증한다.

43. 로마클럽(club of Rome)은 1968년 출범한 미래연구기관으로 천연자원의 고갈, 공해에 의한 환경오염, 개발도상국의 인구증가 등 인류의 위기와 그 타개책을 모색하고 널리 알리는 것이 주된 활동이다.

44. 세계자연보존연맹(IUCN)은 생물다양성 보존에 대한 자료와 국제적인 동향, 관련 법률과 교육을 제공하는 국제기구로 2~5년마다 지구상에서 멸종위기에 처한 희귀 동·식물을 선별하여 레드리스트를 발표해 오고 있다.

45. 세계의 자동차증가의 영향, 대기오염에 관한 문제, 재해방지 등의 문제를 토의·검토하는 국제기구는?

① PPM
② CCMS
③ WHO
④ IATA

46. 그린피스(green peace)에 대한 설명이 옳은 것은?

① 세계 아동들의 기아와 질병의 구제를 위해 조직
② 국제적인 자연보호단체로, 남태평양 폴리네시아에서 프랑스의 핵실험에 항의하기 위한 선박을 출항시킨 운동이 계기가 되어 1970년 조직
③ 환경보호·반핵에 공감하는 이들이 모여 만든 유럽의 정당
④ 환경오염을 유발하는 각종 시설물과 경유사용 자동차에 대하여 오염유발 정도에 따라 환경개선금 부과

47. 지구를 공해로부터 보호할 것에 대한 대책을 협의한 유엔인간환경회의의 주요 내용이 아닌 것은?

① 환경오염물자의 적발과 규제
② 국제기구 설치 문제
③ 천연자원관리의 환경적 측면
④ 범국제적인 인종차별 폐지

48. 산화력이 강하여 살균, 소독, 표백 등에 쓰이는 것은?

① 오존
② 암모니아
③ 보오크사이트
④ 아세톤

49. 자연보호와 자원재활용과 관련된 세 가지 Re-에 해당되지 않는 것은?

① Reduce
② Reproduce
③ Reuse
④ Recycle

50. green GNP에 대한 설명 중 옳지 않은 것은?

① 경제개방에 따른 부정적인 결과를 계산한 새로운 GNP이다.
② 주창자는 영국의 뢰피 휘팅 박사이다.
③ 환경악화에 따른 건강피해 및 주택가격 하락 등과 같은 손실을 GNP에서 빼내 계산하는 방안도 있다.
④ 환경파괴 및 천연자원 감소 등의 비용을 GNP에서 뺀 것을 green GNP라 한다.

51. 세계에서 환경 분야의 가장 권위 있는 상으로, 노벨환경상으로 불리는 상의 이름은 무엇인가?

① 글로벌 500
② 골드만 환경상
③ 녹색당상
④ 몬트리올 환경상

52. 브라질의 리우데자네이루에서 열린 지구환경회의에서 우리나라가 가입한 2개 협약은?

① 생물다양성협약, 기후변화협약
② 바젤협약, 기후변화협약
③ 생물다양성협약, 산림보전협약
④ 바젤협약, 산림보전협약

53. 도시 쓰레기소각장에서 허용되는 발암물질 다이옥신의 배출기준은?

① 0.1ng-TEQ/Nm³
② 0.5ng-TEQ/Nm³
③ 0.1ug-TEQ/Nm³
④ 0.5ug-TEQ/Nm³

54. 다음 중 오존구멍(Ozone Hole)에 대한 설명으로 옳지 않은 것은?

① 산업공해로 인해 성층권의 오존층 구멍이 뚫린 현상을 말한다.
② 1968년 영국 남극탐사팀이 처음으로 남극대기권의 오존층에 구멍이 생겼음을 발견했다.
③ 오존구멍이 커질 경우 광합성작용의 억제, 식물엽록소의 감소 등의 우려가 있다.
④ 오존층의 파괴와 온실효과는 인과관계가 없다.

55. 지구 오존층이 파괴되어 오존홀이 생기는 원인에는 여러 가지 설이 있다. 다음 중 오존홀의 생성원인으로 볼 수 없는 것은?

① 태양활동설　　② 역학설
③ 프레온가스설　④ 지구온난화설

45. ② CCMS(Committee on the Challenges of Modern Society) … 현대사회의 도전에 관한 위원회의 약칭으로 1969년에 창설되었다. 세계의 자동차 증가에 따른 영향, 대기오염, 재해방지 등의 문제를 토의·검토한다.
　① PPM(Parts Per Million) … 100만분의 1을 의미하는 단위로 대기 또는 수질염도 측정에 많이 사용된다.
　③ WHO(World Health Organization) … 1948년 발족한 세계보건기구로, 보건위생 분야에서 국제협력을 하는 국제연합(UN) 전문기구 중 하나이다.
　④ IATA(International Air Transport Association) … 국제항공수송협회로 세계 각국의 민간항공회사 단체가 모여 1945년에 결성되었다. 국제항공 운임의 결정이나 회사 간의 운임 대차의 결제를 한다.

46. 그린피스(green peace)란 국제적인 자연보호단체로 남태평양 폴리네시아에서의 프랑스 핵실험에 항의하기 위해 선박을 출항시킨 것을 계기로 1970년에 조직되었으며, 본부는 네덜란드의 암스테르담에 있다. 전멸위기의 야생동물 보호, 원자력발전 반대, 핵폐기물의 해양투기 저지운동 등 폭넓은 활동을 전개하고 있다.
　① 유니세프
　③ 녹색당
　④ 환경개선부담금

47. 유엔인간환경회의(UNCHE)는 1972년 스웨덴의 스톡홀름에서 '하나뿐인 지구'라는 슬로건 하에 개최된 국제회의로 스톡홀름회의라고도 한다.

48. ① 오존(O_3)은 푸른색을 띤 산소 동소체로 미량은 인체에 해가 없으나 3ppm 이상의 오존에 오래 노출되면 폐에 출혈과 수종이 발생한다.

49. 3R운동은 정부가 민·관 합동으로 전개하는 물자절약 및 재활용운동으로 'Reduce(절약)', 'Reuse(재사용)', 'Recycle(재활용)'을 말한다.

50. green GNP란 경제성장과정에서 훼손된 환경을 원상태로 복구하는데 드는 비용을 GNP에서 덜어낸 것이다.

51. ① 글로벌 500 … 유엔환경계획(UNEP)에서 지구환경보호에 특별한 공로가 인정되는 단체 또는 개인에게 수여하는 상이다.
　② 골드만환경상 … 환경분야에서 뛰어난 업적을 세운 풀뿌리 환경운동가에게 수여되는 세계 최대 규모의 환경상

52. 1992년 리우회의(유엔환경개발회의)에서 지구상의 생물종을 보호하기 위한 생물다양성협약과 지구온난화 방지를 위해 온실가스의 인위적 방출을 규제하기 위한 협약인 기후변화협약에 정식 서명하였다.

53. 소각로는 0.5ng-TEQ/Nm³을 우선 달성한 뒤, 2003년 7월부터 선진국 수준인 0.1ng-TEQ/Nm³을 적용하였다. (ng : 나노그램, 1억분의 1g)

54. 오존층의 파괴는 자외선에 의한 지상 생태계의 파괴, 미생물 감소에 의한 물의 정화능력 감소 등의 원인이 되며 지구 산소부족에 영향을 미쳐 탄산가스를 대량 발생시키고 지구의 온실효과를 일으킨다.

55. ② 역학설은 질병을 집단형성으로 파악함으로써 질병의 원인이나 법칙성을 도출하고자 하는 학문으로 전염병이 그 대상이었으나 현재는 성인병, 공해, 약해(藥害)에 까지 대상이 확대되었다.

56. 화학비료와 농약의 대량사용은 생태계의 물질순환에 결정적인 방해요인이 되고 있는데 그 이유는 무엇인가?

① 생물농축   ② 생산자 감소
③ 분해자 사멸   ④ 1차소비자 감소

57. 세계적인 대기오염 발생시 공통적인 대기상태는?

① 저기압   ② 고기압
③ 기온역전   ④ 오염물질 증가

58. 연안의 수자원을 오염의 위험으로부터 보호하기 위해 설정한 것이 오염제한구역(blue belt)이다. 우리나라의 블루벨트는 어디인가?

① 해운대   ② 경상북도 영덕
③ 제주도   ④ 한려수도

59. 다음의 내용과 관련성이 가장 높은 것은?

> 나일강 하구, 미시시피강 하구, 낙동강 하구

① 선상지   ② 범람원
③ 카르스트 지형   ④ 삼각주

60. 이타이이타이병의 원인은?

① 수은 중독   ② 카드뮴 중독
③ 납 중독   ④ 우라늄 중독

61. 지구의 오존층 파괴와 가장 관계있는 물질은?

① 프레온가스   ② 일산화탄소
③ 과산화수소   ④ 할론가스

62. 원자력발전소나 공장에서 냉각수로 사용한 더운물의 유출로 인하여 해양이 오염되는데, 이러한 열오염이 문제시되는 원인은?

① DO의 급격한 감소
② 유기염류의 대량 유입
③ 일시적인 수온 상승
④ CO_2의 감소

63. 맑은 시냇물에 유기물이 흘러들게 되면 BOD 및 DO는 어떻게 되는가?

① BOD, DO 모두 작아진다.
② BOD는 커지고, DO는 작아진다.
③ BOD는 작아지고, DO는 커진다.
④ BOD, DO 모두 커진다.

64. 황갈색의 탁한 물로서 비교적 수질오염에 내성이 강한 물고기나 거머리 등이 살 수 있는 물은?

① 1급수   ② 2급수
③ 3급수   ④ 4급수

65. 물속의 용존산소량이 클수록 하천의 자정작용은 어떻게 되는가?

① 약해진다.   ② 강해진다.
③ 일정하다.   ④ 강해지다가 약해진다.

66. 오존층파괴를 막기 위한 국제적인 조약과 관련된 것은?

① 바젤조약   ② 워싱턴조약
③ 람사조약   ④ 몬트리올의정서

67. 스모그현상이 일어나는 이유는?

① 공장지대의 굴뚝에서 나오는 연기, 자동차 배기가스 등이 무풍상태로 인하여 지표 가까이 쌓여 안개같이 됨으로써 일어난다.
② 오염된 하천의 증발, 핵폭발에 의한 방사진이 엉켜서 일어난다.
③ 인구의 밀집으로 인한 담배연기, 사람들의 뱉어내는 침·가래·탄산가스 등에 의해 일어난다.
④ 바람에 의한 먼지, 가정에서 생성되는 연탄가스 등에 의하여 일어난다.

56. 화학비료와 농약의 대량사용은 분해자(생태계 내의 유기물을 무기물로 분해하여 다시 무기 환경으로 되돌려 보내는 생물)를 사멸시키는 결과를 가져온다.

57. 대기오염이 심한 대도시에서는 기온이 높이에 따라 역전되는 기온역전(temperature inversion)현상이 발생한다.
    ※ **역전층현상(逆轉層現象)** … 대기는 위로 올라갈수록 기온이 낮아지는 것이 통상적이나 그 반대의 경우도 있다. 이처럼 기온이 상공으로 올라갈수록 높아지는 공간을 역전층이라 하며 이런 상태에서는 위아래의 공기가 섞이지 않아 대기오염물질이 확산되지 않고 쌓이게 되어 안개나 스모그 현상이 발생하기 쉽다.

58. 블루벨트(blue belt)는 연안의 수자원을 오염의 위협으로부터 지킴으로써 수자원을 보호하려고 설정한 오염제한구역으로 한려수도 일대와 서해안 일부가 이에 속한다.

59. 삼각주는 하천이 호수나 바다와 만나는 지점에서 하천을 따라 운반된 토사가 퇴적해 만들어진 충적평야로, 토양이 매우 기름져서 일찍이 농경이 발달하였으며 나일강 하구, 미시시피강 하구, 낙동강 하구 등이 이에 해당한다.

60. 이타이이타이병은 뼈가 굽거나 금이 가 쉽게 골절되는 병으로 일본 도야마현 진즈강 연안에서 발병한 공해병이다. 카드뮴이 몸에 쌓여 만성 중독증상으로 나타나는 치명적 병이며, 공장폐수로 오염된 물고기나 오염된 농업용수를 사용한 농작물을 섭취하면 발병한다.

61. ① 프레온가스는 염화불화탄소(CFC : Chlore-Fluoro-Carbon)로 무색무취의 가스이다. 프레온가스가 대기 중에 올라가면 지구의 기류에 의해 남극에 모여 점차 퍼져 나가면서 오존층을 파괴한다. 그로 인해 자외선을 막지 못하므로 기상이상을 초래하고 피부암을 일으킬 가능성이 있는 것으로 알려지고 있다.

62. 더운 물일수록 산소를 적게 흡수하여 용존산소량(DO)이 부족하게 되는데, 이로 인해 수중생물이 사멸하게 되고 잔류하여 물이 부패된다.

63. 맑은 시냇물에 유기물이 흘러들게 되면 유기물을 분해하기 위하여 생화학적 산소요구량은 커지고, 용존산소량은 작아진다.
    • BOD(생화학적 산소요구량) … 호기성 세균이 일정기간 수중의 유기물을 분해하여 정화하는데 소비되는 산소의 양을 ppm으로 나타낸 것이다.
    • DO(용존산소량) … 물 1ℓ 속에 녹아 있는 분자상태의 산소량을 ppm으로 나타낸 것이다.

64. ③ 3급수는 더러운 물로 황갈색을 띄는 탁한 상태이며 물벌레, 거머리류가 산다.
    ① 1급수는 깨끗한 물로 민물게, 뱀잠자리류가 산다.
    ② 2급수는 비교적 깨끗한 물로 잠자리, 명주우렁이류가 산다.
    ④ 4급수는 몹시 더러운 물로 악취가 나고 물고기가 살 수 없으며 실지렁이 정도를 볼 수 있다.

65. 자정작용(自淨作用)은 유기물에 의해 오염된 물이 미생물에 의해 분해되어 스스로 깨끗해지는 현상을 말한다. 물속에 녹아있는 용존산소량(DO)이 클수록 유기물의 화학적 분해 활동이 활발해지기 때문에 자정작용은 점점 강해진다.

66. ④ 몬트리올의정서는 염화불화탄소(CFC), 할론(halon) 등의 가스방출에 따른 오존층파괴를 방지하기 위해 캐나다 몬트리올에서 채택한 의정서이다.
    ① 바젤조약 … 유해한 폐기물의 국가 간 이동 및 처리에 관한 국제협약
    ② 워싱턴조약 … 멸종 위기에 처한 야생 동·식물의 상업적인 국제거래를 규제하고 생태계를 보호하기 위하여 채택된 협약
    ③ 람사조약 … 물새의 서식지로 중요한 습지를 국제적인 차원에서 보호하기 위해 각국의 협력으로 맺어진 조약

67. 스모그(smog)현상은 배기가스 중의 산화질소류·탄화수소류·이산화탄소 등이 빛을 받아 광화학 반응을 일으켜 산화력이 강한 오염물질이 생성되고, 이것이 공기 중의 물방울과 결합하여 안개처럼 된 것으로 인체에 여러 가지 영향을 끼친다.

68. 연안 해역에 적조현상이 생길 때 다음 설명 중 옳지 않은 것은?

① 적조현상이란 식물성 플랑크톤의 이상증식으로 해수가 변색되는 것을 말한다.
② 적조를 일으키는 요소로서는 영양염도 중요하지만 유독성 중금속도 중요하다.
③ 적조는 정체해역에서 잘 일어나는 현상이다.
④ 적조현상 때문에 용존산소가 결핍하게 되어 어패류가 폐사하게 된다.

69. 제2차 공해란?

① 소음, 진동 등 사람에게 정신적 피해를 주는 공해
② 각종 오염물질이 먹이사슬을 매개로 인체에 농축되는 것
③ 공해처리시설에서 유해물질이 배출되어 주변을 오염시키는 것
④ 정보의 무질서한 범람이 초래하는 사회적인 해악

70. 남반구 오존층 분포도를 발표하여 오존층 파괴의 심각성을 경고한 기관은?

① UNEP
② WHO
③ NOAA
④ IOJ

71. 다음 중 새집증후군 원인물질이 아닌 것은?

① 포름알데히드
② 붕산염
③ 염화메틸렌
④ 암모니아 가스

72. 5장6부 중 5장에 해당하는 것이 아닌 것은?

① 신장
② 위장
③ 심장
④ 폐장

73. 사스(SARS)와 관련된 내용으로 옳지 않은 것은?

① 감염자의 기침이나 재채기 등을 통해 전파된다.
② 제4군 법정전염병으로 지정되었다.
③ 주로 내분비계 이상을 초래한다.
④ 치사율이 독감 수준이다.

74. 2008년 대한민국은 미국산 쇠고기 수입 협상으로 인해 광우병 파동을 겪은 바 있다. 다음 중 광우병에 대한 설명으로 잘못된 것은?

① 공식 명칭은 우해면양뇌증(牛海綿樣腦症)이다.
② 소의 뇌에 발생하는 신경성 질환이다.
③ 소에게 먹인 동물성 사료가 원인인 것으로 보고 있다.
④ 병원체로 추정되는 프리온은 섭씨 70도 이상에서 5분 이상 가열하면 죽는다.

75. 다음 중 지하 암석이 용해되거나 기존에 있던 동굴이 붕괴되면서 생긴 움푹 파인 웅덩이를 무엇이라고 하는가?

① 모레인
② 라피에
③ 싱크홀
④ 대륙붕

76. 다음 중 법정감염병 2군에 해당하는 것은?

① 파상풍
② 콜레라
③ 세균성 이질
④ 장티푸스

77. 헤모글로빈에 대한 설명으로 옳은 것은?

① 연체동물, 갑각류의 혈장에 있는 호흡효소이다.
② 철분을 포함하고 있으며 산소와 결합하면 붉은색을 띤다.
③ 척추동물의 혈장에서 산소를 운반한다.
④ 칼슘을 포함하고 있으며 물과 접촉하면 쉽게 녹는다.

78. WHO에 대한 설명으로 틀린 것은?

① 세계보건기구로 보건 · 위생 분야의 국제적 협력을 위해 발족하였다.

② 재정은 회원국의 기부금으로 충당한다.

③ 주요 기관으로 총회, 이사회, 사무국이 있다.

④ 본부는 뉴욕에 있다.

● ANSWER ●

68. 적조현상은 식물성 플랑크톤이 과다하게 번식하여 해수가 적색을 띠는 현상이다. 이 현상은 표층수의 온도가 상승한 경우, 영양염이 증가한 경우, 무풍상태가 계속되어 해수의 혼합이 저하한 경우에 발생하며 유독성 중금속 성분과는 관계없다.

69. 2차 공해란 공해방지나 환경정화를 목적으로 사용한 처리장치나 약품, 첨가물 등에 의해 파생적으로 발생하는 공해를 말한다.

70. ③ NOAA(National Oceanic and Atmospheric Administration)는 미해양대기국관리처로 미국 워싱턴에 있는 해양과 대기에 관련된 업무를 관할하는 연방정부기관이다. 지구환경변화를 예측하여 국가의 해안과 해양자원을 광범위하게 관리하는 것을 목적으로 한다.
  ① UNEP(United Nations Environment Programme) : 국제연합환경회의
  ② WHO(World Health Organization) : 세계보건기구
  ④ IOJ(International Organization of Journalists) : 국제기자기구

71. 새집증후군의 원인물질
  • 벽지, 장판(포름알데히드) … 피부질환, 점막 자극, 중추신경 장애, 호흡기장애, 각종 암 유발
  • 원목바닥(방부제의 붕산염) … 눈 자극, 생식능력 저하
  • 가구(접착제, 방부제의 포름알데히드) … 눈 자극, 의욕 저하, 현기증, 두통, 불면증, 천식
  • 소파(방부제, 염화메틸렌) … 호흡기질환, 피부 자극
  • 카펫의 곰팡이 등

72. 5장은 심장, 간장, 폐장, 비장, 신장을, 6부는 위, 담, 소장, 대장, 방광, 삼초(상초 · 중초 · 하초)를 일컫는다.

73. 사스는 중증급성호흡기증후군으로 38도 이상의 발열과 기침, 호흡 곤란, 비정형 폐렴 등의 증세를 동반하는 신종 전염병이다.
  ③ 코감기 등 주로 호흡기 질환을 유발한다.

74. ④ 광우병은 사람을 포함한 모든 동물에서 정상적으로 발견되는 '프리온(prion)'이란 단백질이 변형됨에 따른 것으로 추정된다. 이 변형된 프리온이 뇌 조직에 침투, 작은 구멍들을 만들면서 뇌 기능을 마비시키고, 변형된 형태의 프리온을 기하급수적으로 만들어 내는 것이다. 프리온은 127도 이상에서 1시간 이상 가열해야 죽는다.

75. 싱크홀은 장기간의 가뭄, 과도한 지하수 개발로 지하수의 수면이 내려가 지반의 무게를 견디지 못해 붕괴되기 때문에 생기는 것을 의미한다.

76. 법정감염병은 공중보건학적으로 관리되어야할 필요가 있어 법으로 규정하여 관리하는 감염병으로 ②, ③, ④는 1군에 해당한다. 2군 감염병에는 파상풍 외에 디프테리아, 백일해, 홍역, 유행성 이하선염, 풍진, 폴리오, B형 간염, 일본뇌염, 수두가 있다.

77. 헤모글로빈은 적혈구 내에서 산소를 운반하는 호흡색소로 철분(Fe)을 포함하고 있으며 산소와 결합하여 붉은색을 띤다.

78. ④ WHO의 본부는 스위스 제네바에 있다.

세계사 · 철학

세계사 · 철학 단원은 세계의 궁극적 근거를 연구하는 형이상학적 성격의 학문을 내용으로 한다. 따라서 학습하기에 어렵다는 인상을 받을 수 있지만, 일반상식 시험에서 관련 분야가 자주 출제되는 경향을 보이기 때문에 가볍게 볼 수는 없다.

1 세계사

✽ 세계 4대 문명 발상지 **

기원전 3,000년경을 전후하여 메소포타미아의 티그리스 · 유프라테스강유역, 이집트의 나일강유역, 인도의 인더스강유역, 중국의 황하유역에서 청동기 문명이 발생하였다.

☆☆☆ 4대강 유역에서 문명이 발생한 이유 … 기후온난, 교통편리, 토지비옥, 정기적인 강의 범람

✽ 고대문명 *

① 황하문명 … BC 3000년경부터 중국의 황하 유역에서 이룩된 고대문명으로, BC 1500년경에는 청동기와 문자를 가진 은왕조가 성립되면서 역사시대로 접어들었다. 갑골문자와 청동제기가 사용되었으며, 은허를 비롯한 유적지에서 그 흔적을 찾아볼 수 있다.

② 인더스문명 … 세계 4대 문명발상지의 하나로 인더스강 유역을 중심으로 발달한 고대문명을 말한다. 여기에는 드라비다 · 오스트로 · 아시아계 등 여러 민족들이 살았으며, 유적으로 모헨조다로와 하라파 등이 남아 있는데, 이는 BC 3000년경에 전개된 금석병용기의 도시국가이다.

③ 메소포타미아문명 … 티그리스 · 유프라테스강 유역의 메소포타미아에 번영한 고대문명이다. '비옥한 초승달 지대'의 중심부에 해당하는 이 지역에는 BC 6500년경부터 농경 · 목축이 시작됐고 수메르, 바빌로니아, 아시리아 등의 도시문명이 발달했다. 쐐기 모양의 설형문자를 사용했으며 바빌로니아왕국은 함무라비 법전을 편찬하였다. 점성술과 천문학이 발달하였으며, 태음력을 제정하고 60진법에 의한 시간측정법을 창안하였다.

④ 에게문명 … 고대 그리스에서 크레타섬을 중심으로 일어난 해양문명으로, 오리엔트문명을 그리스인에게 전해주는 역할을 했다. 에게문명은 크레타문명과 미케네문명으로 나뉘며, 크노소스궁전의 벽화나 도기의 무늬 등을 통해 명랑하고 신선한 해양예술의 극치를 느낄 수 있다.

⑤ 그리스문명 … 유럽 최초의 청동기문명인 에게문명을 바탕으로 하여 꽃핀 고대 그리스의 고전문명을 말한다. 그리스의 폐쇄적인 자연조건으로 폴리스가 생겨나고, 상공업이 발달하여 평민의 권력이 크게 신장됨으로써 민주주의가 발달하였다. 그리스문명은 알렉산더에 의해 오리엔트문명에 융합되어 헬레니즘문화로서 로마제국을 비롯하여 각지에 전파되었다.

Q 세계 4대 문명은?

✱ 함무라비법전[**]

BC 1700년경 바빌로니아의 함무라비왕이 만든 세계 최고(最古)의 법전으로, 전문 282조로 된 성문법이다. 민법·상법·형법·소송법·세법·노예법 등으로 나뉘어 있으며, 1901년에 페르시아에서 프랑스 발굴대에 의해 발견되었다.

✱ 12표법[*]

BC 451년에 제정된 로마 최초의 성문법이다. 이 법전은 로마의 귀족과 평민의 투쟁결과로서 제정되어 시장에 널리 게시되었다고 전해진다. 이는 로마법 발달의 출발점으로, 후대 로마인에 의하여 '전로마법체제'라고 불렸으며, 후대 법률의 기초를 이루었다.

✱ 춘추전국시대[*]

① 춘추시대(BC 770~403) … 지방제후들이 패자(覇者)를 자칭하고 존왕양이의 구호아래 천하를 통치
② 전국시대(BC 403~221) … 왕권이 약해지고, 하극상의 풍조가 팽배해짐

☆☆☆ 춘추전국시대의 문화 … 실력위주의 인재등용으로 제자백가라고 하는 많은 사상가들이 배출됨

✱ 진(秦)[*]

전국 7웅의 진(秦)이 전국시대의 혼란을 수습하고 중국을 통일하고 세운 국가로 중국 최초의 통일왕조이다. 시황제는 관료제·군현제를 실시하고 화폐와 도량형을 통일하였으며 법가 사상을 채택하고, 분서갱유를 통해 유가를 억압하였다. 대외적으로는 흉노를 축출하고 만리장성을 수축하였으며 남해 교역로를 개척하여 진(China)의 이름을 유럽에까지 알렸다. 그러나 시황제의 정책이 너무 급진적이고 대규모 토목공사, 무거운 조세부담으로 각지에서 반란이 일어나 멸망하였다.

> **한번 되짚기**
>
> **분서갱유(焚書坑儒)**
> 의약서·복서·농서를 제외한 민간의 서적을 불태우고 학자를 생매장한 일로, 유가 사상가를 탄압한 사건이다.

✱ 실크로드(silk road)[*]

후한 이후 중국 장안에서 시리아에 이르는 동서무역권을 연결한 대상무역로이다. 전한 때 장건에 의해 개척되어 동서 문화교류에 중요한 역할을 담당하였다. 실크로드는 중국의 명주·비단이 로마제국으로 수출되는 길이라는 데서 유래된 명칭으로, 원대에 가장 활발히 이용되었다.

✱ 남북조시대(南北朝時代) *

중국 송의 무제가 건국한 420년부터 수의 문제가 통일하게 된 589년까지 남북이 대립하였던 두 왕조 시대를 말한다. 곧 한인인 남조의 송·제·양·진과, 선비족인 북조의·북위·동위·서위·북제·북 주의 시대를 통칭한다. 이때부터 강남이 중국경제의 중심지로 전환되었다.

✱ 청일전쟁(淸日戰爭) **

1894~1895년에 일어난 청나라와 일본 사이에 발발한 전쟁이다. 조선의 동학혁명을 진압하기 위해 청이 출병하자 일본을 거류민의 보호를 구실로 조선에 상륙, 양국 군대가 충돌하게 되었다. 일본은 이 전쟁에서 승리하여 시모노세키조약에 따라 중국의 요동반도와 대만에서의 기업활동을 보장받았고, 조선에서의 우월권을 얻었다.

☆☆☆ 톈진조약…중국 톈진에서 청국과 여러 외국 간에 맺은 조약으로, 최초의 톈진조약은 애로호사건에 관련하여 1858년 6월 러 시아·미국·영국·프랑스 등 각 4개국과 맺은 조약이다.

✱ 왕안석의 신법(新法) **

송의 지나친 문치정치로 관료증가와 이민족 침입의 격화를 가져와 재정지출이 증대하자, 신종 때 재상 왕안석이 재정난 타개와 군사력 강화를 목적으로 부국강병책을 실시하였다. 부국책으로 균수 법·시역법·청묘법·모역법을, 강병책으로 보갑법·보마법을 실시하였으나 너무 급진적이어서 실 패했다.

✱ 아편전쟁(阿片戰爭) ***

1839 ~ 1842년에 걸쳐 영국과 청 사이에 일어난 전쟁이다. 아편수입의 피해와 은의 유출을 막기 위 하여 청의 선종은 아편무역금지령을 내리고, 린쩌쉬(林則徐)를 광동에 파견하여 영국 상인의 아편을 불태워 버렸다. 이에 영국은 보호를 구실로 해군을 파견해 전쟁을 일으켰으며, 그 결과 청이 패하고 난징조약이 체결되었다.

더 알아보기

난징조약… 아편전쟁의 종결을 위하여 1842년 청과 영국이 난징에서 체결한 조약이다. 내용은 홍콩을 영국에 할양, 배상금 지불, 상해·광동 등 5항의 개항, 공행의 폐지 등이며, 1843년 호문조약에서 치외법권 인정 등을 추가하였다. 중국 최초의 개국조약으로, 중국의 반식민지화의 발단이 되었다.

✷ 태평천국운동 **

1850년 청의 홍수취안(洪秀全)을 중심으로 광시성에서 일어난 농민운동으로, 1864년 지주·상인·외국자본의 연합군에 의하여 진압되었다. 크리스트교를 내용으로 하는 종교적 내란의 형태였으나, 본질은 이민족 청조타도·악습철폐·남녀평등·토지균분·조세경감 등을 주장한 농민전쟁적 성향을 띤다고 볼 수 있다.

✷ 양무운동(洋務運動) **

1862 ~ 1874년에 걸쳐 청의 이홍장(李鴻章)·증국번(曾國藩) 등의 지주관료층이 주동이 되어 중국의 근대화를 도모하였던 개혁운동을 말한다. 태평천국의 난과 애로호사건 등에 자극을 받아 제반 내정·군사·과학·통신 등을 개혁함과 동시에 서양문물을 도입하였다.

✷ 무술정변(戊戌政變) *

1899년 청나라 덕종 광서제가 등용한 캉유웨이(康有爲) 등의 개혁파가 전제정치를 폐지하고 정치개혁에 착수하였으나, 서태후를 비롯한 수구파 관료들의 반대로 실패, 덕종이 유폐되고 개혁파들이 체포되어 전제정치가 부활된 정변을 말한다. 무술변법 또는 변법자강운동이라고도 한다.

✷ 삼민주의(三民主義) *

1905년 쑨원이 중국혁명동맹회를 결성하면서 민족주의, 민권주의, 민생주의를 강령으로 한 중국혁명의 기본이념을 말한다. 민족주의는 외국의 침략을 배제하고 민족의 독립을 표방한다는 것이며, 민권주의는 민권의 신장을 도모하기 위함이고, 민생주의는 지주제도를 폐지하여 민생의 안정을 위하려는 것이다.

✷ 신해혁명(辛亥革命) **

청조 말(1911 ~ 1912) 한족(漢族)에 의해 중국에서 일어난 청조타도의 혁명운동이다. 쑨원의 민족·민권·민생의 삼민주의이론이 점차 국민 각계 각층에 널리 파급되었으며, 외국자본에 의한 식민지화를 비난하는 민족자본가와 민중의 맹렬한 반대운동이 전국으로 확산되었다. 이 혁명으로 청조가 무너지고 중화민국이 탄생하였다.

✷ 5·4운동 **

1919년 5월 4일 베이징에서 일어난 중국 민중의 반봉건·반제국주의 운동이다. 파리강화회의에 제출한 중국의 요구가 무시되자 학생과 지식인을 중심으로 일본과 그와 결탁한 군벌에 대한 반대시위로 시작되었는데, 후에는 상인·노동자도 합세함으로써 전국적인 대중운동으로 발전하여 중국 근대화를 추진시킨 원동력이 되었다.

✽ 문화대혁명(文化大革命) ***

1966년부터 1976년에 걸쳐 모택동의 지도하에 중국 전역에서 전개된 정치투쟁을 말한다. 당내의 실권파를 타도하기 위해 처음에는 문예작품비판에서 시작되어 모택동, 임호, 4인방(왕홍문·장춘교·강청·요문원) 등이 대규모의 이념투쟁 및 권력쟁탈투쟁을 벌였다. 1976년 모택동 사후 4인방이 체포되고 덩샤오핑(鄧小平)이 권력을 잡으면서 문화혁명은 종료되었다. 이 혁명으로 약 300만 명의 당원이 숙청되었고 정치·경제적 혼란을 가져왔다.

✽ 6·4 천안문사건(天安門事件) ***

1989년 6월 4일 중국정부가 천안문 광장에서 민주화를 요구하던 학생들과 시민들을 무력으로 진압, 유혈사태를 일으켜 중국 현대사에 큰 충격을 준 정치적 참극을 말한다. 4월 15일 호요방(胡耀邦) 전(前) 당 총서기가 사망하자 그의 명예회복을 요구하는 대학생들이 집회를 갖기 시작, 일반시민이 가세해 민주화운동으로 발전했다. 이후 민주화요구 시위는 전국적으로 확산되고 천안문에서는 지식인, 노동자, 일반시민 등 100만명이 연일 대대적인 집회를 개최했다. 이에 따라 온건파 조자양(趙紫陽) 총서기, 호계립(胡啓立) 정치국상무위원측과 강경파인 양상곤(楊尙昆) 국가주석, 이붕(李鵬) 총리측이 대립, 강경파의 우세로 6월 4일 새벽 계엄군이 천안문광장에서 무기한 농성을 벌이던 학생, 시민들에 대한 무력진압을 전개 군의 발포로 수천명의 희생자(시위대측 주장이며 정부는 200명 사망 주장)가 발생하는 최악의 유혈사태가 발생했다. 이 사태 이후 6월 제13기 4중전회에서 조자양총서기는 민주화시위를 지지, 당을 분열시켰다는 이유로 총서기와 중앙군사위 제1부주석 등 모든 공직에서 해임되고 장쩌민[江澤民] 상해시 당서기가 총서기로 선출됐다. 같은 해 11월 제13기 5중전회에서 최고실력자 덩샤오핑은 당중앙군사의 주석직을, 1990년에는 자신의 마지막 직책이던 국가중앙군사위 주석직을 사퇴, 장쩌민이 두 직책을 승계했다.

✽ 메이지유신(明治維新) **

일본 메이지왕 때 막부체제가 붕괴되고 이루어진 왕정복고와 그 정부에서 추진된 개혁을 총칭하는 표현이다. 1867년 급진적 귀족들과 하급무사들이 존왕양이(尊王讓夷)를 내세우며 에도막부정권을 굴복시켜 통치권을 국왕에 반환케 하였다. 메이지유신은 위로부터 시도된 정치·경제·사회상의 적극적인 서구화·근대화운동이었다.

✱ 러일전쟁 *

1904년 2월부터 1905년 10월까지 러시아와 일본 사이에 일어난 전쟁이다. 1905년 3월 무크덴의 마지막 전투에서 일본이 승리한 후, 1905년 9월 미국 대통령 루스벨트의 알선으로 포츠머스에서 휴전조약이 성립되었다. 이로 인해 일본은 당시 한국과 만주에 대해 정치 · 군사 · 경제상의 우월권을 가지게 되었다.

✱ 7년전쟁 *

프로이센 · 오스트리아의 대립에 영 · 프의 식민지전쟁이 얽힌 국제전쟁으로 제3차 슐레지엔전쟁이라고도 한다. 1755년 북아메리카에서 발발한 영 · 프전쟁을 배경으로 1756년 1월 프로이센 · 영국의 동맹이 성립된 한편 오스트리아의 마리아 테레지아는 러시아와 프랑스와의 동맹에 성공해 프로이센에 빼앗긴 슐레지엔의 탈환을 기도했다. 1756년 8월 작센에 진입한 프로이센의 프리드리히 2세는 1757년에 로스바하와 로이텐 싸움에 승리했으나 1759년 적군에 패해 궁지에 빠지다가 다시 1762년 러시아가 탈락하는 정세변동으로 슐레지엔 지역을 확보했다.

☆☆☆ 이 결과 프로이센은 독일의 주도권을 확립하고 영국은 북아메리카와 인도의 프랑스 영토를 빼앗아 세계제패를 결정적으로 만들었다.

✱ 포츠머스조약(treaty of portsmouth) *

러일전쟁의 결과로 맺어진 강화조약으로 1905년 미국의 루즈벨트 대통령의 조정에 의하여 일본과 러시아의 수석전권이 미국 포츠머스에서 체결하였다. 이 조약으로 일본은 한국에 대한 우선권을 인정받았고, 관동주의 조차, 남만주의 철도, 사할린 남반, 연해주의 어업권을 획득하였다.

✱ 종교개혁(宗敎改革) **

16세기경 로마 가톨릭교회의 지나친 세속화와 타락에 반발해 가톨릭으로부터 이탈하여 프로테스탄트 교회를 세운 크리스트교 개혁운동이다. 1517년 독일의 루터(M. Luther)가 교황청의 면죄부 판매에 반대하여 95개조 반박문을 발표한 것이 발단이 되어 일어났으며, 츠빙글리(V. Zwingli)와 칼뱅(J. Calvin) 등에 의해 전유럽으로 확산되어 프로테스탄트라는 신교가 성립되었다.

✱ 권리장전(權利章典) *

1689년 명예혁명으로 왕위에 오른 윌리엄 3세에게 영국 의회가 서명을 받아낸 법률로, 국왕은 의회의 동의 없이는 법률의 폐지 · 과세 · 상비군의 모집을 할 수 없다는 것과 의회의 언론자유 등을 보장해야 한다는 것이 주요 내용이다. 이로부터 국왕은 군림하나 통치하지 않는다는 전통적인 영국의 의회민주주의가 실현되었다.

> **한번 되짚기**
>
> **권리청원(權利請願)**
> 1628년 영국의 찰스 1세가 왕권신수설을 내세우고 전제정치를 하는 데 반발하여, 의회가 인민의 헌법상 권리를 주장하기 위해 제출한 청원서이다. 주요 내용으로는 의회의 동의없는 과세 · 이유의 명시가 없는 구속 · 병사의 민가숙박 등의 금지가 있다.

✱ 산업혁명(産業革命) ✱✱

1760년경부터 1830년경의 약 1세기에 걸쳐, 종래의 수공업적 소규모생산이 기계의 등장으로 인하여 대량생산의 공장제 기계공업으로 전환된 일대 변혁을 말한다. 방직기계의 등장으로 영국에서 제일 먼저 시작되었고, 차츰 세계 각국으로 확산되어 비로소 자본주의 경제체제가 확립되었다. 영국에서 산업혁명이 가장 먼저 일어나게 된 것은 자본의 축적, 풍부한 노동력·원료와 시장의 확보, 석탄·철 등의 풍부한 지하자원을 보유하고 있었기 때문이다.

✱ 청교도혁명(淸敎徒革命) ✱✱

1642 ~ 1660년에 걸쳐 청교도들을 중심으로 영국에서 일어난 무력혁명이다. 스튜어트왕조의 절대주의와 의회의 대립은 찰스 1세의 폭정으로 한층 격화되어 1642년에 내란이 일어났다. 크롬웰(O. Cromwell)을 주동으로 한 의회파가 왕당파를 물리쳐 찰스 1세를 죽이고 공화정치를 선언하여 혁명에 성공했으나, 크롬웰의 독재로 1660년에 왕정복고의 시대를 맞게 되었다.

✱ 명예혁명(名譽革命) ✱✱

1688년 영국에서 일어난 무혈혁명이다. 제임스 2세가 전제정치를 강화하고 가톨릭교회를 부활시키려 하자, 의회 지도자들이 제임스 2세를 추방하고 네덜란드 총독 윌리엄을 새로이 왕으로 추대하여 권리장전을 승인케 하였다. 이처럼 피를 흘리지 않고 성취되었다는 뜻에서 명예혁명이라 한다.

✱ 러시아혁명(Russia revolution) ✱✱

1917년 3월과 11월(러시아력에서는 2월과 10월)에 러시아에서 일어난 세계 최초의 사회주의혁명으로 이 두 혁명을 통칭하여 러시아혁명이라고 한다.

① 2월 혁명 : 1917년 3월 12일 러시아의 페테르스부르크에서 일어난 혁명이다. 차르 전제정부의 내외정책이 실패하자 진보주의자들이 주동이 된 일종의 민주주의적 혁명으로 로마노프왕조는 전복되고 뤼보프공의 임시정부가 수립되었으며, 같은 해 7월에 온건파 자유주의자인 케렌스키내각이 수립되어 볼셰비키혁명의 전주곡이 되었다.

② 10월 혁명 : 2월 혁명으로 성립된 정부가 약체여서 소비에트와의 2중 권력구조상태가 지속되었다. 이에 망명처로부터 귀국한 레닌은 '모든 권력을 소비에트로'라는 기치를 내걸고 민중의 지지를 넓혀, 11월 7일 무장봉기를 일으켜 볼셰비키가 정권을 장악하였다.

✳ 프랑스혁명(France Revolution) **

1789년 7월 14일 루이 16세 때 프랑스에서 일어난 대혁명으로, 왕정을 뒤엎고 공화제를 수립한 시민혁명이다. 앙시앵 레짐(구제도)의 사회적 모순을 지적하고 시민의 각성을 촉구한 계몽사상가들의 영향과 미국의 독립전쟁에 자극받아, 시민들이 바스티유 감옥을 습격함으로써 시작되었다. 8월 인권선언으로 봉건제가 붕괴되고, 1791년 신헌법이 공포되어 1792년에 공화제가 성립되었다.

✳ 미국독립전쟁 ***

미국의 13개 식민주가 영국 본토에 대항하여 일으킨 전쟁이다. 영국이 7년전쟁으로 피폐된 재정의 회복을 위하여 사탕조례 · 인지조례 등 과세를 주로 하는 식민지정책을 쓰게 되자, 미국은 '대표없는 과세없다'고 반발하여 보스턴 차(茶)사건을 일으켰다. 이 사건으로 영국과 미국 사이의 관계가 험악해져 미국은 대륙회의에서 워싱턴(G. Washington)을 사령관으로 임명하고 영국에 대한 무력투쟁을 시작하였고, 1776년 4월 7일 대륙회의에서는 제퍼슨(T. Jefferson)이 기초한 독립선언이 발표되었다.

☆☆☆ 1783년 미국은 요크타운에서 영국군의 항복을 받음으로써 승리하였고, 1783년 파리조약의 체결로 합중국의 독립이 인정되었다.

✳ 남북전쟁(南北戰爭) **

1861~1865년까지 미국에서 남부의 노예노동주의와 북부의 임금노동주의가 대립되어 일어난 노예해방전쟁이다. 당시 링컨대통령이 노예해방을 선언하자 남부에서 반기를 들고 합중국에서의 분리 · 독립을 주장하며 전쟁을 일으켰으나, 1865년 북부의 승리로 끝났다.

✳ 세포이반란 **

1857년 영국 동인도회사의 인도인 용병(세포이)이 영국의 학정을 물리치고자 일으킨 반란으로, 전인도의 세포이가 참가하여 델리를 정복하고, 무굴제국의 당주를 황제로 받들었으나 1859년 영국군에 의해 진압되었다. 이 결과 무굴제국이 멸망하고 인도는 영국정부의 통치하에 들어갔다.

✳ 스와라지(swaraji) · 스와데시(swadeshi) *

영국의 인도통치기에 인도에서 일어난 반영운동의 슬로건이다. 영국이 인도의 민족운동분열(벵골분할법)을 획책하자 인도 국민회의가 캘커타대회(1906)에서 보이콧(영국제품불매운동) · 스와라지(자치) · 스와데시(국산품애용) 등을 간디의 지도아래 전개했다.

✳ 카스트(Caste) 제도 **

BC 10세기경 인도에 침입한 아리아인이 원주민인 드라비다인을 지배하기 위하여 만들어 낸 종교적 · 사회적 신분제도이다. 승려계급인 브라만, 정치 · 군사를 맡은 왕족 · 사족(士族)인 크샤트리아, 농 · 공 · 상에 종사하여 납세의무를 가진 평민 바이샤, 노예인 수드라 등 4계급으로 이루어져 있다. 각 카스트는 세습되었고, 통혼은 물론 식사를 같이 하는 것도 금지되어 있었다.

✱ 길드(guild) *

중세후기에 서유럽의 도시상인이나 수공업자가 왕권 또는 영주권에 대항하여 생산과 판매를 통제함으로써 일정지역 내의 산업과 거래를 독점한 동업조합으로, 상인 길드와 수공업 길드가 대표적이다. 초에는 생산을 조직화하여 발달하게 되었으나, 후에는 오히려 생산의 자유로운 발전을 저해하게 되었다.

✱ 봉건제도(封建制度) *

8세기에서 11~13세기에 가장 성하였던 유럽 중세사회의 기본적 지배형태를 말한다. 지방권력자인 영주는 토지를 기사들에게 나누어 주고, 그 토지에 매인 농민들에게는 군사적 의무를 부여하여 봉토제에 입각한 주종관계를 이루었다.

✱ 마그나카르타(magna carta) **

대헌장으로 1215년 영국 존왕의 실정에 분격한 귀족·승려가 왕의 권한을 제한하고 인민의 자유와 권리를 보장하기 위하여 국왕에게 강요하여 받은 약정서이다. 영국헌법(불문법)의 기초가 되었으며, 세계 최초의 헌법으로 전문 63조로 되어 있다.

✱ 사라예보(sarajevo) 사건 **

1914년 6월 28일 오스트리아 황태자와 그의 비(妃)가 사라예보에서 두 명의 세르비아 청년에게 암살된 사건으로, 남(南) 슬라브족의 통일에 장애물이라고 판단된 황태자를 세르비아의 민족주의 비밀결사들이 계획하여 제거한 것이다. 오스트리아 정부는 이 사건에 세르비아 정부가 관련되어 있다고 보고 세르비아에 최후통첩을 보낸 이후 7월 28일에 세르비아에 선전포고를 함으로써 제1차 세계대전이 발발하였다.

✱ 제1차 세계대전 ***

1900년경 세계는 몇몇 제국주의 열강에 의해 분할되었으며 강대국들은 서로 자국의 세력권과 영토를 넓히고자 하여 충돌할 수 밖에 없었다. 제1차 세계대전은 이와 같은 제국주의적 영토재분할 전쟁이라 할 수 있으며, 1914년부터 1918년까지 유럽을 중심으로 30개국이 참가한 세계적인 전쟁이다. 전쟁의 직접적인 동기는 1914년 오스트리아 황태자 페르디난트 내외가 세르비아 청년에게 암살당한 사건으로, 오스트리아가 세르비아에 선전포고하여 발발하였다.

☆☆☆ 이는 독일·오스트리아·불가리아 등의 동맹국과 러시아·세르비아·프랑스·영국·일본 등 연합국간의 세계전쟁으로 확대되었으며, 1919년 베르사유조약으로 강화가 성립되었다.

✽ 동북공정(東北工程) ***

'동북변강역사여현상계열연구공정(東北邊疆歷史與現狀系列硏究工程)'의 줄임말로 중국 국경 안에서 전개된 모든 역사를 중국 역사로 만들기 위해 2002년부터 중국이 추진하고 있는 동북쪽 변경지역의 역사와 현상에 관한 연구 프로젝트이다. 연구는 중국 최고의 학술기관인 사회과학원과 지린성(吉林省)·랴오닝성(遼寧省)·헤이룽장성(黑龍江省) 등 동북3성 위원회가 연합하여 추진한다. 궁극적 목적은 중국의 전략지역인 동북지역, 특히 고구려·발해 등 한반도와 관련된 역사를 중국의 역사로 만들어 한반도가 통일되었을 때 일어날 가능성이 있는 영토분쟁을 미연에 방지하는 데 있다.

더 알아보기

동북공정의 핵심 쟁점

쟁점	중국의 주장	한국의 주장
고구려 민족	중국 고이(高夷)족의 후예	고조선, 부여와 같은 예맥(濊貊)족
조공의 성격	지방 정권(고구려)이 황제에게 바치는 조공	강대국과 약소국 간의 전근대적 외교 형식
수·당과의 전쟁	변방의 소수민족 세력을 통합하기 위한 중국의 통일 전쟁	고구려와 중국의 국가 간 전쟁
유민의 거취	고구려 멸망 후 다수의 지배층이 중국에 들어와 한(漢)족과 융합	신라로 유입되거나 발해 건국에 기여
고구려-고려 연계성	고구려와 고려는 별개	고려는 고구려를 계승한 국가

2 철학 · 종교

✱ 머머리즘(mummerism)*

영국의 등반가 머머리(Albert Frederick Mummery)가 1880년 주창한 등반 정신(사상)을 뜻하는 말로 등로주의(登路主義)라고도 하며, 산을 오를 때 정상에 올라가기만 하면 된다는 등정주의(登頂主義)와 상반되는 개념으로, 얼마나 어려운 루트를 직접 개척해 등반했는지를 더욱 중요하게 생각하는 정신을 뜻한다. 등로주의의 주요 목적은 쉬운 능선을 따라 정상에 오르기보다는 절벽 등 어려운 루트를 직접 개척해 가며 역경을 극복해 나아가는 것이다. 1900년대 초까지만 해도 세계 등반계에서는 머머리의 주장이 잘 받아들여지지 않았으나, 1931년 마터호른산의 북벽이 정복되고, 1960년대에는 히말라야산맥의 8,000m급 봉우리 14개가 모두 등정되면서 현대의 등반 사조로 정착되기 시작하였다. 오늘날 행해지는 알파인 스타일이나 무산소 등반 또한 머머리즘에 입각한 등산의 형태이며, 험준한 암릉(巖陵)이나 암벽 등의 난코스를 선택하는 정신도 이에 포함된다.

✱ 그리스철학(Greek philosophy) ***

그리스철학은 고대 그리스에서 발생하여 고대 로마에까지 계승된 철학을 통틀어 이른다. 그리스철학은 그 절정기라고 할 수 있는 소크라테스·플라톤·아리스토텔레스가 살았던 고전기를 전후하여 3기로 나눌 수 있다.

구분	특징
제1기 (창시기)	• '소크라테스 이전의 철학'이라고 불리는 필로소피아의 형성기 • 인간을 둘러싼 자연의 근원에 대한 관심 • 원리와 원인에 관한 지식의 추구 • 철학의 정초를 이룸
제2기 (고전기)	• 일명 '아테네 철학' • 페르시아전쟁 이후 아테네가 그리스 문화의 중심이 됨 • 관심의 초점이 대우주(자연)에서 소우주(인간)로 이동 • 그리스 철학이 꽃 핀 시기
제3기 (헬레니즘~로마기)	• 아리스토텔레스 이후의 시기 • 민족적 자주성을 잃은 세계시민의 입장과 개인주의적 탐구에 전념 • 고대 로마로 계승

✱ 귀납법(歸納法) **

각각의 특수한 것에서 일반적·보편적 원리로 나아가는 추리방법이다. 아리스토텔레스(Aristoteles)는 완전귀납과 불완전귀납으로 나누었으며, 베이컨(F. Bacon)에 의해 학문으로 체계화되었다. 이를 집대성한 이는 영국의 밀(J. S. Mill)인데, 그는 최고의 원리는 귀납으로 파악된다고 하였다.

Q 특수한 것에서 일반적인 원리로 추리해 나가는 방법은?

✱ 연역법(演繹法) **

이미 알려진 보편적 원리에서 개별의 법칙 또는 특수한 명제를 끌어내어 경험이 아닌 사유에 의하여 진실한 인식에 도달하는 추리방법이다. 데카르트(R. Descartes)는 연역의 최고원리는 지성의 직각(直覺)에 의하여 파악된다고 하였다.

✱ 변증법(辨證法) **

창시자 제논(Zenon)은 상대편의 입장에서 모순을 찾아내 논쟁하는 방법이라고 정의하였으나, 플라톤(Platon)은 개념의 분석으로 이데아(idea)의 인식에 도달하는 방법이라 하였고, 헤겔(G. Hegel)은 자연과 인간세계를 포함하는 전우주의 발전법칙이라고 하였다. 헤겔의 변증법에 따르면 전우주는 생성·발전하는 하나의 과정이며 궁극적인 최고원리는 절대정신(geist)이라 하여, 절대정신의 변증법적 자기발전과정이 바로 세계의 역사라는 것이다. 헤겔의 변증법은 정립(these)·반정립(anti-these)·종합(synthese)의 단계를 거쳐 전개된다.

> **한번 되짚기**
>
> **지양(aufheben)**
> 헤겔의 변증법에서 종합의 단계는 정립과 반정립의 단계를 거치면서 보다 고차원적인 입장으로 종합·통일하는 단계이다. 이와 같이 낮은 단계의 부정에 의하여 높은 긍정의 단계로 나아가는 것을 '지양(aufheben)'이라고 한다.

✱ 에피투미아(epithumia)·에로스(eros)·아가페(agape) *

에피투미아는 육체적인 쾌감과 욕망에 의해서 영위되는 자기본위(自己本位)의 생활로, 이는 공동생활이 불가능하여 자타공멸의 결과를 초래하게 된다. 에로스는 자기와 타인이 공동으로 번영해 나가기를 바라는 자타본위(自他本位)의 생활로, 진·선·미를 동경하며 참된 가치를 추구한다. 아가페는 자신을 희생하고 타인이나 영원한 존재를 위해 사는 타자본위(他者本位)의 생활로 타인을 위해 헌신하지만 현실을 초월한 데서 영원한 가치를 기대한다.

✱ 이데아(idea) **

본래는 보이는 것, 알려져 있는 것으로 '형상(形象)'이라는 뜻이나, 플라톤은 인간감성을 초월한 진실적인 존재로 보았으며, 소크라테스는 윤리적·미적 가치 자체를 표현하는 의미로 사용하였다. 근대에 와서는 특히 이성(理性)의 영원불변하는 최선의 의식내용을 뜻하는 말로 사용되고 있다.

✱ 대화법 **

소크라테스는 상대적이고 회의적인 윤리관을 극복하고 보편적이고 절대적인 진리를 추구해야 한다는 관점으로 지행합일설(知行合一說)과 지덕복합일설을 주장하였다. 절대적인 진리 추구를 위해서는 무지를 자각해야 하며 무지를 자각하게 하는 방법으로 대화의 상대자가 스스로 참된 지식에 도달하게 하는 대화법을 사용하였다. 대화법은 대화 속에서 발견되는 상대방의 모순이나 그릇된 지식에 대해 계속적으로 여러 가지 질문을 던짐으로써 벽에 부딪히게 해 스스로의 무지를 깨닫게 하는 방법(반어법)과 상대방이 이미 알고 있는 지식을 출발점으로 하여 마치 산파가 임산부의 출산을 돕듯이 상대방의 내면에 있는 진리를 끌어내 줌으로써 스스로 새로운 지식을 얻게 하는 방법(산파술)이 있다.

✱ 경험론(經驗論) **

베이컨 · 로크 · 흄 등에 의해 성립된 학문탐구의 방법으로, 인간의 인식은 감각을 통해 주어진 경험에 의해서 만들어진다는 입장이다. 인식의 근거를 경험에서 구하며 초경험적이고 이상적인 통로로 얻어진 인식을 인적하지 않는다. 귀납법을 중요시하며 주로 영국에서 발전되었고 20세기 미국 실용주의에 영향을 주었다.

✱ 관념론(觀念論) *

존재와 사유의 관계에 있어서 사유를 1차적이며 본원적인 것으로 보는 입장으로, 주관적 관념론과 객관적 관념론으로 나뉜다. 주관적 관념론의 대표자는 버클리, 객관적 관념론의 대표자는 플라톤이며, 근대에 이르러서는 데카르트에서 출발하여 라이프니츠 · 스피노자 등 대륙의 이성론으로 발전했다. 이후 칸트 · 헤겔에 이르는 독일 고전철학에서 절대적 관념론으로 이어졌다.

✱ 우상론(偶像論) **

영국의 경험론 철학자 베이컨(F. Bacon)이 말한 것으로, 선입견적인 편견과 망상을 우상이라 표현하고 4개로 나누었다. 종족(種族)의 우상은 자기 중심의 인간 본성에서 오는 편견, 동굴(洞窟)의 우상은 버릇 · 취미 · 성격 등 개인의 특수성에서 오는 편견, 시장(市場)의 우상은 인간의 사회적 교섭 · 언어에 의하여 나타나는 편견, 극장(劇場)의 우상은 전통 · 역사 · 권위를 무비판적으로 믿는 편견을 말한다. 그는 참된 경험과 지식을 얻기 위해서는 우상을 버려야 한다고 주장하였다.

✱ 합리론(合理論) **

참된 지식은 나면서부터 지니고 있는 이성(理性)에 의해서만 얻을 수 있다는 입장으로, 학문탐구의 방법으로서는 연역법을 사용하였다. 합리론은 비합리와 우연적인 것을 배척하고 도리와 이성과 논리가 일체를 지배한다는 세계관이다. 이것은 주로 유럽 여러 나라에서 발전했으며, 데카르트 · 파스칼 · 스피노자 · 라이프니츠를 거쳐 칸트와 헤겔의 관념론으로 발전했다.

☆☆☆ 합리론의 특징은 자연과학과 종교, 물질과 정신의 융합을 꾀한데 있다.

Q 베이컨의 우상론 중 전통 · 역사를 무비판적으로 믿는 것은?

✱ 순수이성(純粹理性) *

감각과 경험을 초월한 선천적 사유능력를 말하는 것으로, 칸트(I. Kant)의 비판철학의 중심개념이다. 이는 실천이성에 대립되는 개념으로, 이론이성이라고도 한다. 칸트는 그의 저서 순수이성비판에서 독자의 인식론을 수립함으로써 자연과학·형이상학의 근거를 존중하였다.

✱ 비판철학(批判哲學) **

기존 권위를 그대로 긍정하지 않고 자기이성에 호소하여 그 권위의 본질을 파악한 후 옳고 그름을 정하는 비판주의적 태도를 인식론에 이용, 과학적 인식의 본질이나 한계를 생각한 칸트(I. Kant)의 철학이다. 칸트는 생득적·초경험적인 것과 후천적·경험적인 것에 의한 종합판단의 문제를 정신작용의 분야인 지(知)·정(情)·의(意)의 세 측면(3대 비판)에서 비판적으로 연구하였다. 지적 측면의 연구가 순수이성비판

> **한번 되짚기** ◢
>
> **칸트의 이원론**
>
> 이성을 '순수이성'이라 했고 사회법칙, 즉 규범법칙을 만들어 내는 이성을 '실천이성'이라 하여 동일한 인간의 이성이 사유에 작용하면 순수이성, 의지에 작용하면 실천이성이 된다는 이원론을 확립하였다.

(인식론), 정적 측면의 연구가 판단력비판(미학), 의적 측면의 연구가 실천이성비판(도덕론)이다.

✱ 분석철학(分析哲學, analytic philosophy) **

언어를 논리적으로 분석하여 그 의미를 밝히고자 하는 것으로 논리실증주의에서 비롯하였다. 형이상학적인 명제들은 경험적으로 검증되지 않는 무의미한 것으로 이러한 무의미한 명제들은 철학자들이 애매한 일상 언어를 부당하게 확대하여 사용한 것에서 생겨났다고 보았다. 이를 타파하기 위해 형식언어(形式言語)의 구축을 통한 의미 분석, 철학적 언어의 명료화에 대한 요구, 일상 언어의 의미 분석 시도 등을 전개하였으며 이를 통해 '기호논리학'을 발전시켰다. 러셀, 비트겐슈타인 등이 대표적이다.

✱ 교부철학(敎父哲學, Patraistic Philosophy) **

초기 크리스트교 신학자들을 중심으로 교회의 건설 및 교의(敎義)의 발전에 공헌하고 기독교사상을 합리적으로 체계화하려는 목적에서 일어난 철학이다. 교부는 일반적으로 저작활동을 통해 크리스트교 교회와 신자들을 지도한 사람으로, 이들의 종교적 철학을 교부철학이라 한다. 교부철학의 중심과제는 신(神)의 계시와 인간의 이성을 혼합하여 파악하고자 하는 것이었으며, 특히 플라톤(Platon)의 이데아(idea)의 세계관을 주된 연구대상으로 삼았다. 클레멘스에 의해 창시되고 아우구스티누스에 의해 완성되었다.

✳ 스콜라(schola)철학 **

8~17세기에 걸쳐 중세유럽의 신학 중심의 철학을 총칭하는 것으로, 기독교의 교리를 절대적 진리로 전제하고 그 교리들을 체계화하기 위하여 아리스토텔레스(Aristoteles)의 철학을 바탕으로 삼은 철학이다. 대표적 사상가는 아퀴나스(T. Aquinas)로, 저서로는 신학대전이 있으며 신앙우위를 주장하는 '철학은 신학의 시녀'라는 말이 유명하다.

✳ 실용주의(實用主義, pragmatism) **

결정론적 세계관을 부정하고 행동과 실천을 중시하는 결과주의, 상대주의, 주관주의, 현실주의 철학이다. 구체적으로 실증적인 경험을 철학의 기초로 삼고 있는 실용주의는 영국의 경험론을 사상적 근원으로 하여 관념적이 아닌 실제생활과의 관련 속에서 사상을 생각하는 입장이다. 19세기 이후 미국에서 생성, 청교도주의와 함께 미국의 2대 사상적 기둥을 형성하였다. 퍼스에 의해 창시되어 제임스, 듀이 등에 의해 완성되었다.

✳ 실증주의(實證主義, Positivism) *

일체의 초경험적·관념적인 실재를 부정하고, 모든 지식의 근원을 경험적인 사실에 한정한다는 근대 철학의 한 사조이다. 프랑스의 콩트(A. Comte)의 저서 실증철학강의에서 처음 사용되었으며, 경험론과 계몽주의에 근원을 두고 있다.

✳ 실존주의(實存主義, Positivism) *

19세기 후반에 관념론·유물론 등의 반동으로 일어난 철학사상으로, 실존하는 것이 가치가 있으며 비본래적인 자기에 대하여 본래적인 자기의 존재방식을 탐구하려는 사상이다. 여기에는 키에르케고르, 야스퍼스 등의 유신론적 실존주의와 니체, 하이데거, 사르트르 등의 무신론적 실존주의가 있다.

✳ 공산주의(共産主義, communism) *

사유재산제도의 부정과 공유재산제도의 실현으로 빈부차를 없애려는 사상과 운동이다. 코뮤니즘(communism)은 라틴어 코뮌(commune)에서 유래된 말로, 사유재산제를 철폐하고 사회의 모든 구성원이 재산을 공동 소유하는 사회제도를 의미한다. 사유재산제도로부터 발생하는 사회적 타락과 도덕적 부정을 간파하고 재산의 공동 소유를 기초로 하여 보다 합리적이고 정의로운 공동사회를 실현하고자 한 공산주의의 소박한 이상은 인간의 정치적·사회적 사색이 시작된 때부터 싹튼 것으로 볼 수 있다. 오늘날의 공산주의사상은 19세기 후반에 자본주의사회를 근본적으로 전면 비판한 마르크스와 엥겔스에 의해 확립되었으며, 20세기 초 레닌에 의해 러시아의 특수한 조건을 바탕으로 실천적인 측면이 덧붙여졌다. 그런 의미에서 마르크스·레닌주의라 불린다.

✳ 수정자본주의(修正資本主義) *

원칙적으로는 자본주의 체제를 유지하면서 자본주의 발달에 의하여 발생한 모순을 극복하기 위한 보강책이다. 2차대선 후 영국 노동당의 정책이나 미국의 뉴딜정책(new deal 政策) 등이 이 이론이 적용된 예다. 케인스(J. M. Keynes)가 일반이론에서 설명한 개념이다.

✳ 과학적 사회주의(科學的社會主義) **

마르크스와 엥겔스가 주장한 사회주의이론으로, 역사적 인식에 대한 과학성을 주장하였다. 독일의 고전철학, 영국의 고전경제학, 프랑스의 사회주의 등에 의해 이루어진 이론들을 규합하여 주장된 것으로, 엥겔스(F. Engels)의 저서 공상적 사회주의에서 과학적 사회주의로에서 유래된 것이다.

✳ 공리주의(功利主義, Utilitarianism) **

18~19세기에 영국에서 발달한 윤리사상으로, 자기와 타인의 입장을 고려하여 어떻게 조화시킬 수 있는가를 탐구하고 나아가 개인의 행복을 사회 전체의 입장에서 고찰하려 한 사상이다. 개인주의와 합리주의를 사상적 기초로 공리를 증진시킴으로써 행위의 목적과 선악판단의 표준을 세우자는 공중적 쾌락주의이다. 공리주의는 '최대 다수의 최대 행복'을 주장한 벤담(J. Bentham)에 의해 창시되고 밀(J. S. Mill)에 이르러 완성되었다.

☆☆☆ 최대다수의 최대행복 … 모든 사람들이 제각기 자기의 쾌락과 행복만을 추구한다면 사회는 혼란상태에 빠지게 되므로 선한 행위란 가급적 많은 사람에게 행복을 주는 공리성을 전제로 해야 한다.

✳ 구조주의(構造主義) **

'구조(構造)'라는 개념을 중심에 두고 생각하는 철학의 한 입장으로, 실존주의의 퇴조 후에 특히 프랑스에서 성행한 철학사조이다. 실존주의가 인간을 중심으로 생각하고 인간의 실존을 문제삼았던 것에 대해, 구조주의에서는 인간을 주역으로 삼지 않고 오히려 다른 것과 같은 교환요소로만 생각한다. 대표적 사상가는 프랑스의 인류학자 스트로스(L. Strauss)이다. 구조주의는 인간의 주체성과 자유의 문제에 대한 마르크스주의와 실존주의의 견해를 비판하고 관계 개념에 주목하여, 구조를 형성하는 요소들간의 동질성이 전제된 '교환'이라는 사고방식을 중시하며, 이러한 견지에서 특히 사회구조와 체제, 의미론 등의 재구성을 시도하고 있다.

✱ 쇼비니즘(chauvinism) **

프랑스의 연출가 코냐르가 지은 속요 삼색모표(三色帽標)에 나오는 나폴레옹을 신과 같이 숭배하는 병사의 이름 니콜라 쇼뱅(N. Chauvin)에서 딴 용어로, 광신적 애국주의를 가리킨다. 조국의 이익과 영광을 위해선 방법과 수단을 가리지 않으며 국제정의도 고려치 않는 비합리적인 배외주의(排外主義)이다. 남성쇼비니즘이라는 말도 쓰이는데, 맹목적 남녀차별사상을 가리킨다.

✱ 에코페미니즘(ecofeminism) **

생태여성론으로 생명의 가치, 자연생태계라는 온 삶의 가치를 실현하고자 하며 동시에 고른 사람의 삶을 살리는 평등의 가치를 실현하고자 하는 사상이다. 또한 지금까지 세상을 지배하면서 황폐화시킨 남성중심·서구중심·이성중심의 가치와 삶의 방식을 뒤바꾸는 실천지침이기도 하다. 환경운동과 여성해방운동의 만남인 에코페미니즘은 여성의 억압과 자연(환경)의 위기는 유사한 속성을 가지고 있다는 문제의식에서 출발한다. 즉, 여성과 환경문제는 남성중심사회의 동일한 억압구조에서 비롯된 것으로 동시에 해결해야 할 문제라는 것이다. 에코페미니즘은 남성과 인간을 타도의 대상이 아닌, 남성과 여성, 자연과 인간이 원래 하나라고 보고 이들의 어울림과 균형을 통한 모든 생명체의 통합을 강조한다.

✱ 아타락시아(ataraxia) **

고대 그리스 철학자들이 말하는 정신적 평화의 상태를 의미한다. 데모크리토스, 에피쿠로스 등은 우주를 정확히 인식하면 근원적 공포에서 해방될 수 있고 이를 통해 아타락시아 상태를 획득할 수 있다고 하였다. 반면 회의론자인 피론은 모든 것에 무관심하게 되면 아타락시아의 상태에 이를 수 있다고 주장한다. 하지만 행동을 억누르고 정관(靜觀)에 가치를 둔다는 점에서 견해를 같이 한다고 볼 수 있다.

✱ 아포리아(aporia) *

'해결할 수 없는 문제' 또는 '막다른 골목'을 뜻하는 철학용어이다. 그리스어로 어떤 장소의 경우 통로가 없는 것, 사물의 경우 해결의 방도를 찾을 수 없는 데서 오는 어려움을 뜻한다. 아리스토텔레스의 철학에서는 어떤 문제에 대해 두 가지의 똑같이 성립한 대립된 합리적 견해에 직면하는 것을 가리킨다.

✱ 생디칼리즘(syndicalism) **

프랑스와 이탈리아의 정치상황 속에서 생겨난 사상으로, 국가통제에 반대하고 노동조합에 의해 산업을 관리하도록 하는 사회주의사상이다. 단순한 노동조합주의와 의회정치를 경시하고 지식인의 정치지도를 존중하지 않는다. 총파업에 의해 노동자의 정치적 주장을 펴고 공장의 탈취도 기도한다. 대표적인 이론가는 프랑스의 조르주 소렐(G. Sorel)이다.

Q 우리나라의 건국이념은?

✷ 시오니즘(zionism) **

고대 유대인들이 고국 팔레스타인에 유대 민족국가를 재건하려는 것을 목표로 하는 유대민족주의 운동을 의미한다. 19세기 후반 국가건설을 위해 투쟁하던 유대인은 성서에서 약속한 땅인 팔레스타인을 예정지로 정했으며, 팔레스타인의 시온산을 국가건설의 상징으로 정했다. 시오니즘은 이 산 이름에서 따온 말로 그 추진자를 '시오니스트'라고 했다. 1897년 스위스 바젤에서 제1회 시오니스트 대회가 개최된 이래 1948년 팔레스타인에 이스라엘 공화국을 세움으로써 그 염원을 달성하였다.

✷ 칼뱅이즘(Calvinism) ***

종교적 입장에서 자본주의 정신을 합리화 한 것으로 구제예정설과 직업소명설이 주된 내용이다. 구제예정설은 개인의 운명이란 신의 섭리에 의해 미리 예정되어 있어 개인은 신의 은총을 받지 않으면 저주를 받게 된다는 것이고, 직업소명설은 인간은 신의 은총을 확인하기 위해 근면하고 검소하게 생활하며 투철한 기업정신과 성실성 등을 통해 많은 부와 재화를 얻으려고 노력하게 된다는 것이다. 즉, 칼뱅이즘은 부의 축적을 도덕적, 종교적으로 합리화 한 이론이라고 할 수 있다.

✷ 뉴사이언스(new science) **

종래의 자연과학에 대한 사고방식을 반성하여, 새로운 과학적 사고방식을 모색하는 개혁운동이다. 미국에서 시작된 경향으로 '뉴에이지 사이언스'라고도 부르는데, 이것은 새로운 시대의 과학이라는 뜻으로 이러한 경향의 서적을 출판하는 '밴텀 뉴에이지 북스'라는 총서명에서 유래하였다. 카프라의 「타오 자연학」, 베이트슨의 「정신과 자연」, 리프킨의 「엔트로피 법칙」 등이 대표적인 저작으로 서구의 과학문명과 동양사상을 결부시키려는 시도를 발견할 수 있다.

✷ 홍익인간(弘益人間) **

널리 인간을 이롭게 한다는 뜻으로, 우리나라의 건국이념이다. 안으로는 민본사상과 통하고, 밖으로는 세계 인류애와 통한다.

더 알아보기

홍익인간의 이념

구분	내용	특징
근본정신	대승주의(大乘主義)	개인(小我)보다는 공동체(大我)를 강조한 대승적 가치관
정치이념	인본주의(人本主義)	널리 인간을 이롭게 한다는 인간 중심의 원리
윤리의식	이타주의(利他主義)	자기중심적 사고에서 벗어나 남을 먼저 생각하는 정신
	평등주의(平等主義)	사람은 누구나 같다는 만민 평등주의의 표상
	순수한 인간애	모든 사람을 사랑하는 인류애 사상
	상부상조 · 평화애호	서로 돕고 평화를 사랑함
	성자(聖者)의 원리	나라를 다스리는 인격(人格)을 정복의 상징인 호랑이가 아닌 참고 견디는 곰에 둠

✱ 성(誠)·경(敬) *

우리 겨레의 윤리생활의 바탕이 되는 것으로 성은 하늘의 이법이며 마음의 참모습으로, 참된 것이며 거짓이 없는 것을 말한다. 경은 인간이 성에 다다를 수 있도록 하는 일체의 실천행위라 할 수 있다.

☆☆☆ 신독(愼獨) … 남이 보지 않는 곳에서도 일에 거짓이 없고 도리에 어긋남이 없도록 삼가는 것을 말한다. 성과 경을 구현하는 실천적인 덕목으로 신독과 예(禮)가 있다.

✱ 주기론·주리론 ***

구분	주기론	주리론
성향	실제적·경험적 현실주의	이상적·도덕적 원리주의
선구자	김시습, 서경덕	이언적
집대성	이이를 중심으로 한 기호학파(조현, 김장생)	이황을 중심으로 한 영남학파(김성일, 유성룡)
당파	동인·북인 계열, 재야학자	서인·노론 등의 집권파
예법	가례집람(家禮輯覽)을 중시	주자가례(朱子家禮)를 중시
저서	성학집요, 동문호답, 격몽요결 등	주자서절요, 성학십도, 이학통록 등

✱ 사서삼경(四書三經) *

사서란 논어(論語)·맹자(孟子)·중용(中庸)·대학(大學)을 말하고, 삼경이란 시경(詩經)·서경(書經)·역경(易經)을 말한다.

☆☆☆ 오경 … 삼경에 춘추(春秋)·예기(禮記)를 더한 것을 의미한다.

✱ 삼강오륜(三綱五倫) *

유교의 기본적인 실천도덕으로서 삼강은 군위신강(君爲臣綱)·부위자강(父爲子綱)·부위부강(夫爲婦綱)이고, 오륜은 군신유의(君臣有義)·부자유친(父子有親)·부부유별(夫婦有別)·장유유서(長幼有序)·붕우유신(朋友有信)을 말한다.

✱ 사단(四端) **

사단은 맹자(孟子)가 주창한 인간 도덕성에 관한 학설로, 인간은 태어날 때부터 남을 사랑하여 불쌍히 여기는 마음인 '측은지심(惻隱之心)', 불의를 부끄러워하는 마음인 '수오지심(羞惡之心)', 서로 양보하고 공경하는 마음인 '사양지심(辭讓之心)', 옳고 그름을 판단하는 마음인 '시비지심(是非之心)'의 4가지 품성을 가지고 있다고 보았다. 이것이 발현된 것이 인(仁)·의(義)·예(禮)·지(知)의 사덕(四德)이다.

> 한번 되짚기 ✎
>
> **칠정(七情)**
>
> 「예기(禮記)」에서 나온 용어로서 희노애구애오욕(喜怒哀懼愛惡欲)등 인간의 감정을 통틀어 일컫는다. 유학에서는 희노애락애오욕(喜怒哀樂愛惡欲)의 일곱 가지를 꼽는데 사단이 도덕적인 감정이라면, 칠정은 욕망을 포함한 인간의 일반적인 감정을 의미한다고 할 수 있다.

✱ 중체서용론(中體西用論) *

청나라 대 '태평천국의 난' 이후 일어난 양무운동의 기본사상이다. 청나라 왕조 말기 외국 열강의 침입에 대한 대응책으로 일어난 양무운동은 '중국의 전통적 유교도덕을 중심'(中體)으로 하여 '서양의 과학기술과 그 성과를 도입하여 사용'(西用)하자는 이론이다. 대표적 저술로 장지동의 「권학편(勸學編)」이 있고, 조선의 「동도서기론(東道西器論)」도 같은 맥락이라고 볼 수 있다.

✱ 불함문화론(不咸文化論) **

동방문화는 백두산에서 비롯됐으며 한족(韓族)이 문화의 중심을 형성했다는 육당 최남선의 학설이다. 일본 관학자들의 단군말살론, 일선(日鮮)동조론, 문화적 독창성 결여론 등에 맞서 역사, 종교, 신화, 민속, 인류학 등을 통해 고대문화의 원류를 밝히는데 초점을 두고 있다. 육당은 동방문화의 원류를 '빠(park)사상'으로 파악했다. 육당에 의하면 백은 빠를 대신하는 고어로 신, 하늘, 해를 뜻한다. 또 빠의 가장 오랜 문자형이 불함이다. 동이족의 지명에 많이 나오는 백산(白山)은 태양신에 제사를 지내는 장소를 지칭하며, 태백산은 그 중심이 된다. 백(불함)을 숭상하는 모든 문화권이 불함문화권이며 조선은 중심에 해당된다고 주장한다. 그 증거로 태백산·소백산 등 한반도 각지에 백(白)자 들어간 산이 유달리 많은 점을 들고 있다. 육당은 한반도 주변지역의 지명을 분석, 서로 흑해에서 동으로 일본과 한국을 포함하는 지역을 불함문화권으로 규정했다. 그러나 육당의 주장은 사회에 대한 인식이 결여된 관념적 문화주의에 머물러 민족적 역량에 대해 회의를 갖게 했다는 비판을 받기도 했다.

✱ 크리스트교 **

예수 그리스도의 인격과 교훈을 중심으로 하는 종교이다. 천지만물을 창조한 유일신을 하느님으로 하고, 그 독생자 예수 그리스도를 구세주로 믿으며, 그리스도의 속죄와 신앙과 사랑의 모범을 추종하여 영혼의 구원을 따른다. 팔레스티나에 일어나 로마제국의 국교가 되었고, 다시 페르시아·인도·중국 등지에 전파되었다. 8세기에 고대 동방 헬레니즘의 전통 위에서는 그리스정교회가 갈려 나간 후 로마 가톨릭교회는 다시 16세기 종교개혁에 의해 구교(천주교)와 신교로 갈라져 현재 이 세 교회가 대립되어 있다.

✱ 프로테스탄트(protestant) **

16세기 부패한 가톨릭에 대항하여 루터·츠빙글리·칼뱅 등이 일으킨 종교개혁으로, 가톨릭에서 분리되어 나온 신교(新敎)를 말한다. 루터파·칼뱅파(장로교)·성공회·감리교 등 여러 종파가 있으며, 그 특징은 교의(敎義) 중심인 가톨릭에 비해서 개인의 신앙을 중요시하며 모든 의례를 세례와 성찬만으로 간소화한 데에 있다.

✳ 이슬람교(islam 敎) ***

이슬람이란 아랍어 살람(salam, 평화)에서 파생된 이슬라마의 명사형이다. 이슬람교는 그리스도교·불교와 함께 세계 3대 종교의 하나이다. 7세기경 아라비아의 예언자 마호메트(Mahomet)에 의해 창시된 정교일치(正敎一致)의 종교로, 유일신 알라(Allah)에 대한 절대신빙을 기초로 하여 계시록인 코란에 의한 신앙·기도를 중요시한다. 중세에 그리스문화를 계승하여 아라비아문화로서 발달하고, 근대 유럽문화의 탄생에 이바지하였다. 성지 메카를 중심으로, 아시아·아프리카·유럽 등지에 널리 분포되어, 6억 이상의 신도를 가지고 있다.

더 알아보기

- **코란(Koran)** … 이슬람교의 경전으로, 마호메트가 천사 가브리엘을 통하여 계시를 받아 알라신의 말씀을 기록한 것이다. 전 30권 114장으로 되어 있으며, 신자가 지켜야 할 6가지 신앙대상(六信)과 5가지의 의무(五行)가 기록되어 있다.
- **수니파(sunni 派)·시아파(shia 派)** … 수니파는 이슬람교의 다수파로, 마호메트 혈통이 아닌 자의 칼리프 선출을 인정하는 우마이야왕조를 정통으로 보는 갈래이다. 시아파는 이슬람교의 소수파로, 알리를 정통으로 보는 갈래이다. 시아파는 이슬람교도의 90%를 차지하는 수니파의 박해의 대상이 되어 왔다.
- **라마단(ramadan)** … 회교력(回敎曆)의 9월. 약 1400년 전 이슬람 창시자인 무함마드가 아라비아 반도 서부의 동굴에서 알라로부터 코란의 계시를 받은 것을 기려 이 달의 시작을 알리는 초승달이 뜬 다음날부터 한 달 동안 이어지는 회교도들의 전통적인 종교행사이다. 라마단 기간 중에 신도들은 신앙고백, 기도, 희사(喜捨), 메카 순례, 단식의 5대 의무를 지켜야한다.
- **하지(hajj)** … 이슬람 신도가 지켜야 할 5대 의무 가운데 하나로 이슬람교에서 말하는 성지 메카를 순례하며 정해진 의식을 치르는 것을 말한다. 순례기간은 이슬람력의 마지막 달인 순례의 달(12월) 8일부터 12일까지이다. 순례자들은 의식 첫날 예언자 무하마드가 했던 것처럼 메카에서 미나평원으로 이동, 기도를 드리며 다음날 12㎞를 걸어 무하마드가 마지막 설교를 한 아라파트동산에 올라 해질 때까지 기도한다. 코란암송의 시문이나 장기간의 행사를 치르는 고난이 따르기 때문에, 이 행사를 완수한 사람은 고향에 돌아가서도 존경을 받고, 집 주위에 하지임을 나타내는 문자나 그림을 붙인다.
- **메카(mecca)** … 이슬람교의 마호메트의 출생지로, 이슬람교 최고의 성지(聖地)이다. 사우디아라비아의 서쪽 홍해에 가까운 헤자즈(Hejaz) 지방의 도시이다. 메카에 대한 순례는 이슬람교도의 중요한 의무로 해마다 순례의 달 12월에는 약 300만 명의 순례자가 모여든다. 현대에는 동경의 대상, 발상지를 뜻하는 말로도 사용된다.

✳ 힌두교(hinduism) *

5세기경 인도의 굽타왕조 때 브라만적 전통에 민간신앙이 혼합된 전형적인 다신교로, 창시자나 통일된 교리의식이 없다. 현재 인도 국민 대다수는 비슈누, 시바 등 2대 종파를 신봉하고 있다.

✳ 라마교(lamaism) *

티베트에 옛날부터 있었던 주술적인 본(Bön)교와 인도에서 건너온 밀교가 결합하여 설립된 것으로 티베트불교라고도 한다. 티베트를 비롯하여 만주·몽고·네팔 등지에 퍼져 있다. 8세기 중엽 인도에서 전해진 대승불교의 비밀교가 티베트 재래의 풍속·신앙과 동화되어 발달한 종교로서, 티베트왕이 창시했다.

✱ 조로아스터교(zoroastrianism) *

기원전 6세기경 조로아스터가 창시한 페르시아의 고대종교이다. 아베스타를 경전으로, 교의의 중심은 아후라 마즈다(善神, 광명신)와 아리만(惡神, 암흑신)과의 대결·항쟁에 입각한 이원론이다. 근검역행의 노력주의에 의해 악신을 극복하고 선신의 승리를 기함으로 교지(敎旨)로 삼는다. 불을 신성시한데서 배화교라고도 하며, 5세기 무렵 중국으로 건너가서 요교(祆敎)라고도 불렀다.

✱ 해방신학(解放神學) **

제2차 세계대전 후 중남미에서 시작하여 제3세계로 퍼지고 있는 민중해방운동에 바탕을 둔 신학을 말한다. 유럽의 전통적인 신학에 도전하여 피억압자나 차별받는 자의 입장에 선다. 인간을 죄악과 정치적·경제적 탄압으로부터 해방시키는 것을 성서의 기본원리로 하는 실천신학 또는 행동신학이라할 수 있으며, 구스타보 구티에레즈신부가 체계화하였다. 대표적인 신학자는 브라질의 레오나르도 보프신부이다.

✱ 불교(佛敎) **

BC 5세기경 인도의 싯다르타(釋迦募尼)가 베푼 설법을 믿는 종교이다. 그의 가르침에는 3법인·4제·5온·12인연·3사생염설·8정도 등이 있다. 이 가르침은 자기 개인만이 아닌 중생을 구원하여 열반의 피안에 옮겨 성불시키려는 보살의 법문인 대승불교와, 역사상의 석가를 신봉하며 자기의 해탈만을 구하는 법문인 소승불교로 나뉘었는데, 우리나라에 전파된 것은 대승불교이다.

더 알아보기

① 불교의 사상
- 3법인 … 불교의 진실된 세 가지의 진리로, 제행무상(諸行無常)·제법무아(諸法無我)·일체개고(一切皆苦)를 말한다.
- 4성제 … 번뇌를 끊고 열반에 들어가는 네 가지 진리로, 고(苦)·집(集)·멸(滅)·도(道)를 말한다.
- 8정도 … 해탈에 이르기 위한 여덟 가지의 실천적 수양방법으로, 정견(正見)·정사유(正思惟)·정어(正語)·정업(正業)·정명(正命)·정정진(正正進)·정념(正念)·정정(正定)을 말한다.

② 조계종·천태종

구분	조계종	천태종
개창	고려 후기 신종 때 보조국사 지눌	고려 전기 숙종 때 대각국사 의천
기반사찰	송광사(松廣寺)	국청사(國淸寺)
교리	정혜쌍수(定慧雙修), 돈오점수(頓悟漸修) 참선(수행)의 강조	교관겸수(敎觀兼修) 이론·실천의 양면 강조
지지세력	최씨 무신정권의 정책적 비호	왕실과 귀족의 비호
특징	조계종으로 교선을 통합(선종 중심) 수선사 운동	화엄종으로 교선을 통합(교종 중심) 백련사 결사 운동

3 교육 · 심리

✱ 교육행정정보시스템(NEIS : National Education Information System) **

1만여 개 초 · 중 · 고 · 특수학교, 178개 교육지원청, 16개 시 · 도교육청 및 교육과학기술부가 모든 교육행정 정보를 전자적으로 연계 처리하며, 국민 편의 증진을 위해 행정안전부(G4C), 대법원 등 유관기관의 행정정보를 이용하는 종합 교육행정정보시스템이다.

✱ 에듀넷(edunet) *

컴퓨터를 통해 각종 교육관련 정보를 제공하는 국내 최초의 교육정보 종합서비스시스템이다. 1996년 9월 11일 개통되었으며 교사 · 학부모 · 학생들이 컴퓨터통신망을 통해 국내외의 학습 · 학술자료와 교육 · 행정 등 모든 교육 관련 정보를 한눈에 알 수 있는 '교육정보고속도로'라 할 수 있다. 에듀넷 운영을 담당할 국가 멀티미디어 교육지원센터는 각종 교육 데이터베이스의 정보를 공급하는 한편 인터넷 · 인공위성 등 첨단 통신망으로 받아들인 국내외 교육기관의 정보도 서비스한다.

✱ CAI(Computer Assisted Instruction) *

컴퓨터를 응용하는 자동교육시스템을 의미한다. 컴퓨터로 많은 사람을 가르치면서, 동시에 개인의 적성이나 이해력에 즉응(卽應)하는 개별교육까지 실시하는 프로그램학습이다. 교사는 학생에게 교재나 문제를 제시하여 그에 대한 학생의 반응을 살피고 이를 평가해서 다음 교육활동을 하게 되는데, 그와 같은 교사의 활동을 컴퓨터가 가지고 있는 대량정보처리능력을 이용하여 대행시키는 것이다.

✱ GDLN(Global Development Learning Network) *

세계은행이 구축한 세계개발교육네트워크이다. 세계적인 인적자원개발과 지식격차 해소를 통해 인류 공동번영을 실현하기 위해 2002년에 시작한 세계 최대 교육지식정보 네트워크 구축사업으로, 원격교육은 물론 영상회의 시스템을 구축하고 있어 각 국가 간의 지식교류가 가능해졌다.

✱ 교육인프라(education infra) **

교육활동을 수행하기 위해 기본적으로 필요한 구조적인 틀을 의미한다. 협의로 학교건물이나 교실 · 설비 · 각종 교육기자재 등의 하드웨어적 부분과 교육목표 · 내용 · 교사 · 제도 · 정책 등 소프트웨어적인 부분을 포함하는 개념이다. 광의로는 국가교육제도, 교육기관조직, 학제 등을 말하며 정보사회가 되면서 각종 정보통신매체와 전자적 네트워크의 구성도 이에 포함된다.

Q 인간의 전면적인 발달을 목적으로 하는 교육은?

✱ 교육의 3不 정책 ***

1999년에 도입된 대한민국의 대학 입시제도 및 공교육 제도의 근간을 형성하는 교육 정책으로 고교등급제, 기여입학제, 본고사의 3가지를 금지하는 것을 말한다.

구분	내용
고교등급제	모든 고등학교를 대학 입학 결과 등으로 나눠 등급화 한 다음, 그 결과를 입시에 반영하는 제도
기여입학제	대학에 일정한 돈을 주고 특례입학을 하는 제도
본고사	대학에서 자체적으로 주요과목에 대한 시험(면접, 논술, 실기시험 등 대학별고사 제외)을 실시하여 신입생을 선발하는 제도

✱ 전인교육(全人敎育) **

인간의 전면적인 발달을 목적으로 하는 교육으로, 조기교육이나 영재교육에 반대되는 개념이다. 현대사회에 있어서 전인교육은 사회로부터 고립된 개인이 아니라 사회인으로서의 기능을 수행할 수 있는 측면도 포함해야 한다. 대표적 사상가로는 페스탈로치와 로크(J. Locke)가 있다.

☆☆☆ 페스탈로치의 3H 조화⋯ 'Head(知)', 'Heart(情)', 'Hand(技)'가 조화롭게 인간을 양성하는 것이 교육의 목표라고 하였다.

더 알아보기

- **평생교육(平生敎育)** ⋯ 한 개인의 생존기간 전체에 걸쳐서 이루어지는 교육과정의 수직적 통합과, 가정·학교·사회에서 이루어지는 교육체계의 수평적 연결을 강조한 개념이다. 1965년 UNESCO에서 채택되었다.
- **생활교육(生活敎育)** ⋯ 아동들로 하여금 그들의 실생활에서 흥미를 느끼게 하고 이를 발전시키려는 교육방법을 말한다. 스위스의 유명한 교육자 페스탈로치(J. H. Pestalozzi)가 최초로 주장한 것으로, '생활에 의한, 생활을 위한 교육'을 슬로건으로 한다.
- **보상교육(報償敎育)** ⋯ 가정의 문화결손으로 인한 유아의 지적·사회적·정서적 발달의 손실을 보다 조기에 보상해 주려는 교육계획으로서, 취학 전 아동의 문화적 피해를 극소화시키기 위한 미국의 헤드스타트 계획(headstart project)이 대표적이다.

✱ 국제연합교육과학문화기구(UNESCO : United Nations Educational Scientific and Cultural Organization) **

유네스코라고도 하며 교육, 과학, 문화의 보급 및 교류를 통하여 국가 간의 협력증진을 목적으로 설립된 국제연합전문기구이다. 1945년 영국과 프랑스의 공동주체로 런던에서 열린 유네스코 창설준비 위원회에서 44개국 정부대표에 의해 유네스코헌장이 채택되었으며, 1946년 20개 서명국가들이 헌장 비준서를 영국 정부에 기탁함으로써 최초의 국제연합전문기구로 발족했다. 인종이나 성별, 정교에 차별 없이 모든 사람을 위한 평생교육 및 인류에 기여하는 과학·세계유산보호, 창의성을 바탕으로 하는 문화발전, 정보·정보학의 기반구축을 활동의 주목표로 한다. 본부 소재지는 프랑스 파리에 있고 우리나라는 1950년 파리총회에서 가입하였다.

✳ 세종대왕상(King Sejong Prize) **

매년 문맹퇴치사업에 공이 많은 개인이나 단체를 뽑아 시상하는 유네스코의 문맹퇴치 공로상이다. 1989년 우리나라의 제안에 따라 국제연합교육과학문화기구(유네스코) 집행위원회에서 제정, 1990년부터 매년 대상자를 뽑아 '세계 문해의 날'인 9월 8일에 수여한다. 상은 본상과 장려상의 2부문으로 상금 3만 달러는 우리나라 정부에서 출연한다.

✳ IQ(Intelligence Quotient, 지능지수) *

지능검사의 결과로 얻은 정신연령을 실제 연령으로 나눈 다음 100을 곱한 수이다. 프랑스의 비네박사가 1908년 어린이의 현재상태를 객관적으로 파악하기 위해 개발하였다. 특히 지능발달이 늦은 어린이를 선별하기 위해 이용한 데서 비롯되었다. 지능검사에 IQ가 도입된 것은 1916년으로 미국의 타먼박사가 비네의 검사를 미국인에 알맞게 개량, 140 이상을 천재, 90~110을 보통지능, 70 이상을 지능미숙 등으로 분류했다. 그후 IQ를 지능의 우열을 측정하는 지표로 여기는 경향이 두드러지게 되었다. IQ는 교육환경에 의해 변화되며 검사로는 창조성을 측정할 수 없는 난점도 있어 IQ만으로 지능을 비교함은 무리다.

✳ EQ(Emotional Quotient, 감성지수) *

자신과 다른 사람의 감정을 이해하는 능력과 삶을 풍요롭게 하는 방향으로 감정을 통제할 줄 아는 능력을 의미한다. 미국 예일대 피터 살로베이교수 등이 만들어낸 용어다. IQ처럼 아직 정형화된 테스트방법은 없다. 미국학자들은 친구들과 잘 어울려 놀지 못하는 아이가 학교를 중퇴할 확률이 평균보다 8배나 높다며, 유아기부터 EQ를 키우는 감정교육을 권고한다.

더 알아보기

- CQ(Charisma Quotient) … 지능지수(IQ), 감성지수(EQ)에 이어 인간의 능력을 재는 척도로 새로이 등장한 '성공의 기준'이다. 여기에서 말하는 카리스마란 타인에 대한 흡인력과 공동체 내의 신뢰감, 지도력 등을 포괄적으로 표현하는 말이다. CQ는 최근 홍수처럼 쏟아져 들어오는 각종 정보에 압도되어 점점 판단력을 잃게 되다 보니 자연히 카리스카적 인물을 찾게 되는 데서 기인한다.
- NQ(network quotient) … 함께 살아가는 사람들과의 관계를 얼마나 잘 유지해 나가는가에 관한 능력으로 '공존지수'라고 한다.
- MQ(moral quotient) … 양심에 비춰 행동하는 것으로 '도덕성지수'라고 하며, 부모의 영향력이 크다.
- EnQ(entertainment quotient) … '엔터테인먼트 지수'로 유머와 화술, 개인기 등으로 주위 사람들을 즐겁게 해주는 능력을 말한다.

✳ 대안학교 **

기존의 학교교육에 반기를 들고 나타난 새로운 형태의 학교를 말한다. 교사가 일일이 신경을 쓰기 힘들 정도로 많은 학생수, 암기 위주의 주입식 교과과정, 성적지상주의 등 학교교육이 맞닥뜨린 현

Ⓠ 타인을 이해하고 감정을 통제할 수 있는 능력은?

실을 넘어 서려는 시도다. 미국과 유럽 각국에서 최근 활발한 움직임을 보이고 있다. 우리나라도 여러 형태의 대안학교들이 나타나고 있다. 대안학교의 교육장은 교실에만 머무르지 않는다. 들판을 뛰어다니며 곤충이나 물고기도 잡고 밭에서 농사도 직접 지어본다. 일정한 틀에 얽매이지 않고 하고 싶은 것을 마음대로 하며 공부한다. 지식보다는 인간성과 창의성 등을 강조한다. 집에서 부모가 직접 아이들을 가르치는 홈스쿨링(home schooling)도 대안학교의 일종이다.

✱ 자율형사립고(自律形私立高) **

자사고(自私高)라고도 하며 학생의 학교선택권을 다양화하기 위해 도입한 고등학교의 한 형태이다. 자율형사립고의 도입취지는 고교 교육의 다양화와 특성화로, 정부 규정을 벗어난 교육과정, 교원 인사, 학생 선발 등 학사운영의 자율성을 최대한 보장한다. 그러나 지나친 입시 위주의 교육과 상위권 학생 독식현상으로 인해 고교서열화 등의 문제가 제기되기도 한다.

> **한번 되짚기**
>
> **특목고**
> 특정 분야에 소질이 있는 학생을 선발해 특화된 교육과정을 운영하는 특수 목적 고등학교를 말한다. 공업, 농업, 수산, 해양, 과학, 외국어, 예술, 체육, 국제 등 9가지 계열로 분류되며 전국 16개 시도에 약 110개의 학교가 있다.

✱ 국제고등학교(國際高等學校) *

국제화, 정보화 시대를 선도할 인문·사회계열의 유능한 인재 양성을 위해 설립된 특수 목적 고등학교의 한 형태로, 1998년 부산국제고등학교부터 시작되었으며 청심국제고등학교, 서울국제고등학교, 인천국제고등학교, 동탄국제고등학교, 고양국제고등학교 등이 있다.

☆☆☆ 교육부에서는 2015년까지 자사고·외고·국제고를 일반고로 전환하는 방안을 추진하면서 이슈가 되고 있다.

✱ 특성화고교 *

기존 실업계 고교의 대안적인 학교모형으로 만화와 애니메이션, 영상제작, 요리, 관광, 통역, 금은보석세공, 인터넷, 멀티미디어, 원예, 도예, 공예, 디자인, 골프, 승마 등 다양한 분야에서 재능과 소질이 있는 학생들에게 맞는 교육을 실시하는 학교이다.

✱ 입학사정관제도 **

대학이 대입전형 전문가인 입학사정관을 육성·채용·활용함으로써 대학이나 모집단위별 특성에 따라 보다 자유로운 방법으로 학생을 선발하는 제도이다. 입학사정관(admissions officer)은 고교 및 대학의 교육과정을 분석하여 관련 정보·자료를 축적·관리하고, 효과적 전형방법을 연구·개발하며, 다양한 전형자료를 심사·평가하여 개별 지원자의 입학 여부를 결정하여 입학생 및 재학생의 학업과 학교 적응을 지원한다.

✱ 학점은행제 *

개인사정 등에 의하여 고등교육의 기회를 놓친 사람들이 평가인정된 학습과목을 이수하거나 국가기술자격 취득, 독학학위제 단계별 시험합격 등을 통하여 학점을 인정받아 학점은행제의 표준교육과정에 의하여 일정 학점(학사 140학점, 전문학사 2년제 80학점·3년제 120학점) 이상을 취득하면 대학 또는 전문대학 졸업학력인정과 함께 학위를 받을 수 있는 제도이다.

✱ 그랑제콜 *

우수한 인재만 입학할 수 있는 프랑스의 고등교육기관으로, 프랑스의 각계 인사들을 배출한 곳이기도 하다. 18세기 후반부터 세워지기 시작해 19세기에 파리정치대학, 파리경영대학, 국립행정학교 등으로 세분화됐다. 그랑제콜에 진학하기 위해서는 먼저 바칼로레아 시험에서 우수한 성적을 거둬 그랑제콜 준비반에 들어가야 한다. 그랑제콜 준비반에서 2년 동안 공부를 한 뒤 여러 번의 시험을 통과하면 그랑제콜에 입학할 수 있다. 그랑제콜 시험은 한 번밖에 볼 수 없기 때문에 불합격하면 응시 기회가 사라진다. 입학정원은 200~300명 정도로 매우 적어 경쟁이 치열하다.

✱ 사이버대학(원격대학) *

인터넷을 통해 교수자가 제공한 교육서비스를 학습자가 시간과 공간의 제약을 받지 않고 학습하고, 일정한 학점을 이수하는 경우 전문대학 또는 대학졸업자와 동등한 학력과 학위를 인정하여 주는 평생교육시설을 말한다. 전문학사학위(2년) 과정은 80학점 이상, 학사학위(4년) 과정은 140학점 이상 이수해야 학위가 수여된다.

✱ 로스쿨(law school, 전문법과대학원) **

대학 4년을 졸업해야 입학자격이 주어지며 미국의 로스쿨은 3년제로, 학부에는 법학교육과정이 없다. 케이스 중심의 실무교육을 하는 로스쿨을 졸업하면 각 주의 대법원이 관장하는 변호사시험에 응시한다. 합격률은 80% 정도인데 대체로 최상위 30%는 연방검사 및 주요 법률회사(law firm)로 가고, 10~20%는 주(州)검사 및 기업변호사로, 나머지는 개업한다.

✱ NIE운동(Newspaper In Education) ***

신문을 교육에 활용하자는 운동으로, 1955년 미국 데모인 레지스터신문이 미국교육협의회와 협력하여 처음으로 시작하였다. 청소년의 사회성·인간성함양과 의견개진 및 판단능력제고에 크게 기여하고 있는 것으로 평가되고 있다. 우리나라에서는 중앙일보사가 NIE운동을 적극 펼치고 있다.

✱ 에듀테인먼트(edutainment) **

'교육(education)'과 '오락(entertainment)'의 합성어로 교육용 소프트웨어에 오락성을 가미하여 게임하

Ⓠ 신문을 교육에 활용하자는 운동은?

듯이 하는 학습방법이나 프로그램을 말한다. 일반적으로 멀티미디어 영상을 바탕으로 입체적인 대화형 오락을 통해 학습 효과를 노리는 소프트웨어들로 학습자가 지루함을 느끼지 않고 배울 수 있도록 한다는 것이 특징이다.

✱ 방과후학교 **

기존의 특기적성교육과 방과후교실, 수준별 보충학습을 통합하여 운영하는 교육체제로 2006년부터 초·중·고등학교에서 정규 교육과정 이외의 시간에 다양한 형태의 프로그램으로 도입하여 시행하고 있다. 학습자의 다양한 학습 욕구의 충족과 보육 문제, 사교육비 문제를 해결하고 교육 격차를 완화하는 것을 목적으로 한다.

✱ 스쿨폴리스제도(school police system) ***

학교 폭력을 예방하기 위해 일선 학교에 교원 및 퇴직 경찰관 등을 배치하여 교내·외 학교폭력 예방 활동 및 합동교외지도를 하는 제도이다. 미국이나 오스트레일리아 등의 국가에서 도입하고 있고, 우리나라에서는 학교폭력이 늘어나면서 2005년 부산광역시교육청이 스쿨폴리스제도를 시범 운영하기도 하였다. 그러나 학생과 교사의 인권을 침해할 수 있고, 학교 폭력을 더욱 음지로 몰고 갈 수 있다는 결과도 우려된다.

✱ 델파이기법(Delphy 技法) **

델파이의 어원은 아폴론신전이 있던 고대 그리스의 도시 델포이(Delphoe)로, 신 앞에서 예언가들이 모여 미래의 방향을 점치던 것에서 유래한 것이다. 델파이기법은 미래의 불확실한 상황을 예측하거나 과거에 참고할 만한 자료가 없을 때 도입하는 인문사회과학 분야의 분석기법 중 하나이다.

☆☆☆ 전문가들의 견해를 물어 대체적 윤곽을 알아봄으로써 종합적 상황을 파악할 때 유리하다.

✱ 조건반사설(條件反射說) **

구(舊)소련의 파블로프(I. P. Pavlov)가 발표한 학설로, 어떤 자극에 대해 무조건적으로 일어나는 반응을 무조건반사라고 하는 것에 대하여, 조건반사는 동물 체내에서 어떤 반사작용이 그 반사와는 전혀 관계없는 자극을 반복해 줌으로써 일어난다는 것이다. 개를 대상으로 음식물을 줄 때마다 종을 치면 나중에는 음식물이 없더라도 종소리가 나면 침을 흘리게 되는 것을 통하여 정립한 이론이다. 학습심리학에 있어 중요한 역할을 하고 있다.

> **✓ 상/식/문/제**
>
> 다음 중 조건자극을 무조건자극과 결합시켜 조건반응이 일어나도록 하는 조건반응설을 주장하는 학자는?
>
> ① 블룸　　　② 매슬로
> ③ 파블로프　④ 피아제
> ⑤ 프로이트

06 출제예상문제

1. 다음 중 실크로드(Silk Road)에 대한 설명으로 옳지 않은 것은?

 ① BC 2세기 후반 한무제에 의해서 개척되었다.
 ② 주 무역품이 비단인 것에서 유래된 명칭이다.
 ③ 조로아스터교, 마니교 등이 유래되었다.
 ④ 로마제국이 한나라를 정복하기 위해 군대를 파견할 때 이용되었다.

2. 일본의 메이지유신(明治維新)에 대한 설명으로 옳지 않은 것은?

 ① 시민계급이 대두하였다.
 ② 일종의 시민혁명이었다.
 ③ 입헌군주정치의 기초가 확립되었다.
 ④ 봉건지배계급의 몰락을 배경으로 하였다.

3. 중국의 5 · 4운동을 바르게 설명한 것은?

 ① 지주의 횡포에 항거하여 일어난 농민들의 소작분쟁
 ② 군벌 · 일본세력을 배척한 지식인들의 반제국주의 · 반봉건주의 운동
 ③ 러시아의 남하정책을 반대한 민중봉기
 ④ 아편전쟁 후 맺은 난징조약에 반대한 학생운동

4. 다음 설명 중 옳지 않은 것은?

 ① 장미전쟁은 영국 제후들 간의 전쟁이다.
 ② 중국의 3대 발명품은 종이, 화약, 인쇄술이다.

 ③ 십자군운동의 결과로 촉진된 정치형태는 중앙집권제이다.
 ④ 양무운동은 외국세력을 배척하려는 운동이다.

5. 3C정책에 포함되지 않는 곳은?

 ① 카이로   ② 카사블랑카
 ③ 캘커타   ④ 케이프타운

6. 19세기 말부터 1차 세계대전까지 유지됐던 독일의 제국주의적 근동정책을 일컫는 말은?

 ① 3C정책   ② 3D정책
 ③ 3B정책   ④ 3S정책

7. 미국의 독립이 승인된 조약은?

 ① 베를린조약   ② 파리조약
 ③ 워싱턴조약   ④ 런던조약

8. 비스마르크체제에 대해 잘못 말한 것은?

 ① 비스마르크체제는 기술적 차원에서의 단일체제라고 할 수 있다.
 ② 비스마르크체제는 잠재적인 침략세력도 그 체제 내에 안고 있는 집단안전보장 체제적인 성격을 가진다.
 ③ 비스마르크체제하에서 협상이나 의회기능이 강화되어 갔다.
 ④ 비스마르크체제에 의한 유럽대륙의 안정은 열강에 의한 경쟁적인 식민정책을 유도하였다.

9. 영국의 귀족 성직자들이 존 왕으로부터 왕권을 제한하기 위하여 받은 약정서는?

① 권리청원
② 마그나카르타
③ 권리장전
④ 인신보호율

10. 종교개혁에 대한 설명으로 옳지 않은 것은?

① 마틴 루터는 1517년 면죄부 판매를 비난하는 95개조 반박문을 발표하였다.
② 1555년 보름스(Worms) 종교회의에서 루터파를 선택할 자유가 인정되었다.
③ 루터의 종교개혁과 거의 같은 시기에 스위스의 취리히에서도 츠빙글리가 면죄부의 판매에 반대하여 종교개혁운동을 일으켰다.
④ 칼뱅은 '기독교 강요'를 저술하여 신교체제를 세웠다.

● ANSWER ●

1. 실크로드는 내륙 아시아를 횡단하는 동서통상로로, BC 2세기 후반 한무제에 의해서 개척되었다. 중국에서 수출된 상품이 비단인 데서 유래되었으며 이를 통해 보석, 직물, 유리제품과 같은 서역의 물건뿐 아니라 불교·이슬람교·조로아스터교 등 종교와 사상, 그리고 예술 분야에서의 교류도 자연스럽게 이루어졌다.

2. 메이지유신은 메이지 천황 때 막부체제를 무너뜨리고 왕정복고를 이룩한 변혁과정으로, 국민의 실정을 고려하지 않는 관주도의 일방적 개혁으로 자본주의 육성과 군사적 강화에 노력하였다.

3. 1919년 5월 4일 베이징에서 일어난 중국 민중의 반봉건·반제국주의 운동이다. 파리강화회의에 제출한 중국의 요구가 무시되자 학생과 지식인을 중심으로 일본과 그와 결탁한 군벌에 대한 반대시위로 시작되었다.

4. ④ 양무운동은 청나라가 서양의 문물을 도입하여 근대화를 이루려는 운동이다.

5. 3C정책은 카이로(Cairo)·케이프타운(Capetown)·캘커타(Calcutta)를 연결하는 영국의 아프리카 종단정책이다.

6. ③ 3B정책…1890년 비스마르크 사임 후 빌헬름 2세는 범게르만주의를 표방하는 이른바 세계정책을 통해 국제관계를 긴장시키게 되었다. 특히 베를린·비잔티움·바그다드를 연결하는 3B정책을 추진하였다.

7. 1783년 파리조약의 체결로 아메리카합중국의 독립이 인정되었다.

8. 비스마르크(O. E. Bismarck)는 의회를 탄압하는 정책을 펴나갔다.

9. ② 마그나카르타(magna carta) 대헌장은 1215년 영국 존 왕의 실정에 분격한 귀족·승려가 왕의 권한을 제한하고, 인민의 자유와 권리를 보장하기 위하여 국왕에게 강요하여 받은 약정서이다.
   ① 권리청원…1628년 영국의 찰스 1세가 왕권신수설을 내세우고 전제정치를 하는 데 반발하여, 의회가 제출한 인민의 헌법상 권리를 주장하는 청원서
   ③ 권리장전…국왕은 의회의 동의 없이 법률의 폐지나 과세, 상비군 모집을 할 수 없다는 것과 의회의 언론자유를 보장해야 한다는 것을 주요 내용으로 하는 17세기 영국의 법률
   ④ 인신보호법…1679년 부당한 구금에 따른 인권침해를 방지하기 위해 제정된 영국의 법률로 이유를 명시하지 않은 체포는 위법으로 간주하고, 반드시 인신보호영장을 받는 동시에 피구금자는 신속히 재판을 받게 되어 인권의 보장에 큰 진전을 보게 되었다.

10. ② 루터파가 인정받은 것은 1555년의 아우크스부르크화의에서이다.

11. 제1차 세계대전과 관계없는 것은?

    ① 신성동맹

    ② 연합군과 동맹군의 싸움

    ③ 오스트리아와 황태자 부처 암살

    ④ 범슬라브주의와 범게르만주의와의 대립

12. 길드(guild)란 무엇인가?

    ① 근세 노동자를 협조적인 조합

    ② 근세 기계공업자들의 협조적인 조합

    ③ 중세 상공업자들의 협조적인 조합

    ④ 중세 여행업자들의 협조적인 조합

13. 빈회의와 관계있는 전쟁은 어느 것인가?

    ① 7년 전쟁

    ② 30년 전쟁

    ③ 스페인 계승전쟁

    ④ 나폴레옹전쟁

14. 위그노전쟁을 끝맺고 프랑스가 종교분쟁에서 해방된 것은?

    ① 수장령

    ② 아우구스부르크 종교화의

    ③ 낭트칙령

    ④ 베스트팔렌조약

15. 다음 중 금인칙서와 관계가 없는 것은?

    ① 7인의 대제후   ② 황제 선거권

    ③ 1356년   ④ 프랑스의 분열조장

16. 중국은 대만을 자국 영토의 일부로 간주하지만 대만은 독립국가임을 선언하고 있다. 다음 중 대만이 중국에서 분리된 계기는?

    ① 아편전쟁   ② 러일전쟁

    ③ 청일전쟁   ④ 청프전쟁

17. 영국 민주주의의 발달에 있어서 사건의 시대적 순서가 바르게 나열된 것은?

    ① 마그나카르타 – 청교도혁명 – 권리장전 – 차티스트운동

    ② 권리장전 – 청교도혁명 – 마그나카르타 – 차티스트운동

    ③ 마그나카르타 – 청교도혁명 – 차티스트운동 – 권리장전

    ④ 청교도혁명 – 마그나카르타 – 권리장전 – 차티스트운동

18. 다음의 내용과 관련성이 높은 것은?

> 이것은 고대 그리스에서 크레타 섬을 중심으로 일어난 해양문명으로, 오리엔트문명을 그리스인에게 전해주는 역할을 하였다.

    ① 인더스 문명

    ② 황하 문명

    ③ 그리스 문명

    ④ 에게 문명

19. 다음 중 사서(四書)에 속하지 않는 것은?

① 논어(論語)　　② 시경(詩經)

③ 대학(大學)　　④ 맹자(孟子)

20. 노자(老子)사상에 대한 설명으로 옳지 않은 것은?

① 일체의 사회규범 및 제도를 거부하는 극단적인 개인주의적 요소를 지니고 있다.

② 무위자연의 삶을 이상적인 삶으로 보았다.

③ 인간의 본성은 가치판단으로부터 독립해 있다.

④ 강제는 인간의 자연적 본성에 위배되는 것이다.

● ANSWER ●

11. 제1차 세계대전은 제국주의적 영토재분할전쟁이라고 할 수 있으며, 직접적인 동기는 오스트리아 황태자 부처를 세르비아 청년이 암살하자 오스트리아가 세르비아에 선전포고하여 오스트리아·독일·불가리아 등의 동맹군과 세르비아·러시아·프랑스·영국·일본 등 연합군 간의 세계전쟁으로 확대된 것이다.

12. 길드(guild)는 12세기부터 도시의 상공업자들이 조직한 동업자조합으로 넓게는 공동제사·공동주연·상호부조에 의해 맺어진 중세 초기 고(古) 길드나 정치 길드도 포함한다. 그러나 중세 도시경제에 있어 결정적으로 중요한 뜻을 지니게 된 것은 상인 길드, 수공업 길드에 의해서다.

13. 빈회의는 1814~1815년에 걸쳐 프랑스혁명과 나폴레옹 몰락 후 사태의 수습과 구질서 회복을 목적으로 각국 대표들이 오스트리아 수도 빈에 모여 개최한 회의이다.

14. ③ 낭트칙령…1598년 프랑스의 앙리 4세가 신·구교도의 갈등을 완화시키기 위해 개인의 신앙의 자유와 신·구양교의 정치상 평등권을 인정한 칙령이다.

15. 금인칙서(金印勅書)는 1356년 독일의 황제 카를 4세가 성(聖)·속(俗)의 7선 제후 중에서 황제를 선출할 것이라고 발표한 문서이다.

16. ③ 청일전쟁(淸日戰爭) 후 시모노세키조약(1895)에 의하여 대만은 213년간 계속 되었던 청나라의 통치에서 벗어나 일본 최초의 해외 식민지가 되었다. 그 후 1945년 제2차 세계대전이 끝나고 중국에 복귀할 때까지 대만은 51년간 일본 치하에 놓여 있었으며, 1949년에는 중국 공산당의 내전에 패배한 국민당의 장제수(藏介石)정권이 대만으로 이전하여 그 지배체제가 유지되어 왔다.

17. 마그나카르타(1215) → 청교도혁명(1642~1649) → 권리장전(1689) → 차티스트운동(1837)

18. 에게 문명은 크레타문명 및 미케네문명으로 나뉘며, 크노소스궁전의 벽화나 도기의 무늬 등을 통해 명랑하고 신선한 해양예술의 극치를 느낄 수 있다.

19. 사서오경(四書五經)

구분	내용
사서(四書)	논어(論語), 대학(大學), 맹자(孟子), 중용(中庸)
오경(五經)	시경(詩經), 서경(書經), 역경(易經), 춘추(春秋), 예기(禮記)

20. 노자(老子)는 중국 고대의 사상가이며 도가(道家)의 시조로 무위자연(無爲自然)의 상태를 이상적이라고 본다.

① 장자의 사상에 해당하며, 노자는 이상적인 정치형태로 소국과민을 주장하였다.

21. 다음 중 원효의 사상을 나타낸 말은?

    ① 참된 것은 하늘의 도요, 참되려고 노력하는 것은 사람의 도리이다.
    ② 모순과 대립된 것들도 하나로 합해질 수 있다.
    ③ 사람의 몸이 천지의 몸이요, 사람의 마음이 곧 천지의 마음이다.
    ④ 성은 하늘의 실리요, 마음은 본체이다.

22. 동양도덕의 밑바탕을 이루고 있는 삼강오륜(三綱五倫)에 속하지 않는 것은?

    ① 장유유서(長幼有序)
    ② 군위신강(君爲臣綱)
    ③ 교우이신(交友以信)
    ④ 부부유별(夫婦有別)

23. 주자(朱子)가 '세계의 참모습'을 파악하기 위하여 강조한 것은?

    ① 심즉리설(心卽理說)
    ② 지행합일(知行合一)
    ③ 치양지설(致良知說)
    ④ 격물치지(格物致知)

24. 향약의 4대 강목 중에서 오늘의 복지국가를 위한 사회보장제도와 가장 관계가 깊은 것은?

    ① 덕업상권   ② 과실상규
    ③ 예속상규   ④ 환난상휼

25. 성(誠)과 경(敬)에 관한 설명 중 옳지 않은 것은?

    ① 경(敬)은 실천윤리이니 경을 실천함으로써 성(誠)에 도달할 수 있다.
    ② 율곡 이이는 경(敬)으로써 사사(私邪)를 제거하여 성(誠)에 도달할 것을 역설하였다.
    ③ 퇴계 이황은 모든 일에 조심하고 삼가는 태도를 지녀야 한다며 경(敬)의 실천을 강조하였고, 면학에 있어서도 성(誠)으로써 마음을 주체할 수 있어야 한다고 하였다.
    ④ 동학사상에 있어서 '비성(非誠)이면 무성(無成)'이라 하여 성(誠)을 마음의 근본자세로 삼았다.

26. 성리학에서 말하는 기(氣)의 의미는?

    ① 현실적 모습
    ② 세계의 참모습
    ③ 완전하고 선한 모습
    ④ 알 수 없는 미지의 세계

27. 다음 설명 중 옳지 않은 것은?

    ① 소크라테스는 인간을 보편적 이성을 지닌 존재로 보고, 절대적·객관적 진리가 있음을 확신하였다.
    ② '실존(實存)은 본질(本質)에 앞선다.'는 명제를 제시한 실존주의자는 사르트르(Sartre)이다.
    ③ 대표적 스콜라 철학자는 토마스 아퀴나스이다.
    ④ 벤담(J. Bentham)은 쾌락에 질적인 차이가 있음을 강조하고 자유론을 저술하였다.

28. 그리스철학에 대한 다음 설명 중 옳지 않은 것은?

    ① 피타고라스는 인간은 만물의 척도라고 하였다.
    ② 플라톤은 이상주의철학의 개조로 이데아설을 주장하였다.
    ③ 아리스토텔레스는 세계를 조화된 것으로 보고 중용의 덕을 중요시했다.
    ④ 히피아스는 자연적인(physis) 것과 인위적인(nomos) 것을 대립시켰다.

29. 다음 중 크리스트교를 내용으로 하는 종교적 내란의 형태였으나, 본질은 이민족 청조타도·악습철폐·남녀평등·토지균분·조세경감 등을 주장한 농민전쟁적인 성향을 띠는 것으로 볼 수 있는 것은?

① 태평천국운동   ② 신해혁명

③ 무술정변   ④ 양무운동

• ANSWER •

21. 원효는 어느 특정한 경(經)이나 논(論)에 편중되어 한 종파에 소속됨을 지양하고, 불교의 모든 법문이 하나의 동일한 근원에서 나온 것으로 보아 전체 불교를 모두 융화시키려는 화쟁사상(和諍思想)을 주장하였다.

22. ③ 교우이신(交友以信) … 신라 진평왕 때 원광법사가 화랑에게 일러준 다섯 가지 계명인 세속오계(世俗五戒)에 속한다.

※ 삼강오륜(三綱五倫)

구분	내용
삼강(三綱)	군위신강(君爲臣綱), 부위자강(父爲子綱), 부위부강(夫爲婦綱)
오륜(五倫)	군신유의(君臣有義), 부자유친(父子有親), 부부유별(夫婦有別), 장유유서(長幼有序), 붕우유신(朋友有信)

23. ① 심즉리설(心卽理說) … 인간의 마음인 심(心)이 곧 우주자연의 이법인 이(理)와 같다는 의미이다. 왕양명의 사상이다.

② 지행합일(知行合一) … 인간이 본래부터 타고난 참된 앎인 양지(良知)를 근거로 하여, 양심을 바르게 깨닫고 그에 따라 실천할 것을 강조하였다.

③ 치양지설(致良知說) … 인간이 본래부터 타고난 참된 앎(양지)을 구체적이고 적극적으로 발휘하는 것을 말한다.

④ 격물치지(格物致知) … 인간이 자신을 포함해 세계의 참모습에 대하여 밝게 아는 것을 말한다.

24. ① 덕업상권(德業相勸) … 좋은 일은 서로 권한다.

② 과실상규(過失相規) … 과실은 서로 규제한다(권선징악).

③ 예속상교(禮俗相交) … 예의와 풍속으로 서로 사귄다.

④ 환난상휼(患難相恤) … 어려울 때는 서로 돕는다(상부상조).

25. 성(誠)과 경(敬)은 우리 겨레의 윤리생활의 바탕이 되는 것이다.

구분	내용
성(誠)	하늘의 이법이며 마음의 참모습으로, 참된 것이며 거짓이 없는 것
경(敬)	인간이 성에 다다를 수 있도록 하는 일체의 실천행위

③ 퇴계 이황은 면학에 있어서도 경(敬)으로써 다스려야 한다고 주장하였다.

26. 성리학에서 '이(理)'는 세계의 참모습을 말하며, '기(氣)'는 세계의 현실적인 모습을 구성하는 것이다.

27. ④ 벤담(J. Bentham)은 쾌락이나 행복을 양적으로 계산할 수 있다고 보고, 개인의 쾌락이나 행복을 증대시키는 것이 사회전체의 행복을 증대시키게 된다는 양적 공리주의를 주장했다.

28. ① '인간은 만물의 척도'라고 한 사람은 프로타고라스(Protagoras)이다.

29. 태평천국운동은 1850년 청의 홍수취안(洪秀全)을 중심으로 광시성에서 일어난 농민운동으로, 1864년 지주·상인·외국자본의 연합군에 의하여 진압된 운동이다.

30. 서양의 윤리사상에 대한 설명으로 옳지 않은 것은?

① 칸트가 말하는 최고선이란 선의지에 의한 도덕적 행위와 이에 부응하는 행복과의 합치를 의미한다.
② 공리주의에 의하면 인간에 있어 유일한 선은 쾌락이요, 유일한 악은 고통이다.
③ 실존주의는 구체적인 현실 속에서 진정한 자기를 다시 회복하려는 진지한 사상을 전개한다.
④ 실용주의는 도덕적 타락과 무정부상태를 극복하고 인간정신에 질서를 부여함으로써 사회적 안정과 평화를 꾀하였다.

31. 깨우침에 의해서 고뇌를 넘어선 각자의 평화로운 정신 상태를 일컫는 불교용어는?

① 법신(法身)　　② 열반(涅槃)
③ 윤회(輪廻)　　④ 파문(破門)

32. 세계를 구성하고 지배하는 질서를 의미하는 용어는?

① 로고스　　　② 에토스
③ 파토스　　　④ 에피투미아

33. 서구사상의 2대 정신적 원류는 무엇인가?

① 그리스·로마사상과 크리스트교사상
② 과학사상과 철학사상
③ 그리스사상과 로마사상
④ 합리주의사상과 경험주의사상

34. 경험과 증거를 자료로 사물의 인과관계를 추리하고 법칙을 발견하여 이론을 형성하는 사고방식은?

① 연역적 사고　　② 실증적 사고
③ 실용적 사고　　④ 귀납적 사고

35. 다음 중 소크라테스의 사상으로 적합하지 않은 것을 고르면?

① 자기를 아는 것이 가장 근원적인 문제이다.
② 진리는 상대적이고 주관적이다.
③ 인간의 본질은 이성(理性)에 있으며 이성의 기능은 지혜를 찾는데 있다고 보았다.
④ 대화의 방식으로서 진리를 밝힐 수 있다.

36. 다음은 관계깊은 것끼리 연결해 놓은 것이다. 옳지 않은 것은?

① 프로타고라스 – '인간은 만물의 척도이다.' – 상대주의
② 소크라테스 – '너 자신을 알라.' – 보편적 진리
③ 데카르트 – '의심하는 것은 사유하는 것이고, 사유하는 것은 존재하는 것이다.' – 합리론
④ 밀 – '강제 없는 상태' – 참다운 자유

37. 고대 그리스의 철학자 아리스토텔레스는 인생의 목적을 어디에 두었는가?

① 쾌락의 추구
② 마음의 평정(ataraxia)
③ 행복의 실현
④ 부동심의 경지(apatheia)

38. 다음은 어떤 우상을 경계한 것인가?

용이나 주작 같은 상징적인 동물은 자주 언급되기 때문에 마치 실재하는 것처럼 생각되며, 신이나 천사 등의 개념도 사실은 인간의 사유가 만들어낸 것에 불과하다.

① 종족의 우상　　② 동굴의 우상
③ 시장의 우상　　④ 극장의 우상

39. 다음에 제시된 내용과 사상적으로 통하는 것은?

> 비록 신(神)이 존재하더라도 사람은 자신의 의지를 신의 의지에 예속시킬 필요는 없다. 자신에게 적절한 것을 가장 잘 판단할 수 있는 존재는 바로 자기 자신인 것이다. 즉, 자신에게 좋은 것이란 다름 아닌 자신이 원하는 것이요, 자신에게 이익을 가져다주는 것을 의미한다. 그 누구도 자신에게 좋은 것을 정치적·신화적 또는 사회적 억압 때문에 희생시켜야 할 의무는 없다.

① 너 자신을 알라.
② 인간의 만물의 척도이다.
③ 철학은 신학의 시녀이다.
④ 최대 다수의 최대 행복

● ANSWER ●

30. ④ **실용주의(實用主義)** … 행동본위·실행본위·생활본위·실용본위의 철학으로, 결정론적 세계관을 배격하고 진리의 유용성을 주장

31. ② 모든 번뇌를 해탈하여 불생불멸(不生不滅)의 법을 체득한 경지이다.
  ① 부처의 정법 또는 석가여래 삼신(三神)의 하나이다.
  ③ 몸은 죽어도 영혼은 영원히 살아 여러 생사를 끝없이 되풀이함을 말한다.
  ④ 신도(信徒)로서의 자격을 빼앗아 종문(宗門)에서 축출하는 것을 말한다.

32. ① **로고스(logos)** … 질서, 이성, 논리
  ② **에토스(ethos)** … 성격, 습관
  ③ **파토스(pathos)** … 정념, 감정
  ④ **에피투미아(epithumia)** … 육체적 욕망에 의해서 영위되는 자기본위의 생활

33. 서구사상의 정신적인 2대 원류는 그리스·로마사상을 원천으로 하는 헬레니즘과 크리스트교사상을 원천으로 하는 헤브라이즘이다.

34. ④ **귀납법(歸納法)** 은 각각의 특수한 사실에서 일반적·보편적 원리로 나아가는 추리방법이다.

35. 소크라테스(Socrates)는 고대 그리스의 철학자로 우주의 원리를 묻곤 했던 기존의 철학자들과는 달리 자기 자신과 근원에 대한 물음을 철학의 주제로 삼았다. 또한 소크라테스는 객관적·보편적·절대적 존재를 인정하였다.

36. 밀(J.S. Mill)에 의하면 자유란 강제가 없는 상태를 말하는 것이 아니라, 어떤 일을 할 수 있는 적극적인 힘을 말한다.

37. 아리스토텔레스(Aristoteles)는 인간의 궁극적 목적은 최고선(행복)의 실현이라는 목적론적 세계관을 역설하였다.
  ② **마음의 평정(ataraxia)** … 고대 그리스 철학자들이 말하는 정신적 평화의 상태를 의미한다.
  ④ **부동심의 경지(apatheia)** … 모든 정념(情念)에서 해방된 상태를 가리키는 말로, 스토아학파는 아파테이아의 상태를 이상적이라고 생각하였다.

38. 제시된 내용은 언어를 잘못 사용하거나 그 참뜻을 잘못 이해하는 데서 오는 선입견으로 시장의 우상에 해당한다.
  ① **종족우상** … 모든 현상을 인간 중심으로 해석하려는 편견
  ② **동굴우상** … 개인의 특수한 경험이나 습성에서 오는 편견
  ④ **극장우상** … 전통, 권위, 학설을 무조건 믿고자 하는 편견

39. 제시된 내용은 프로타고라스의 주장으로 '인간은 만물의 척도'라는 표현은 인간 자신이 만물의 여러 현상에 대한 판단의 기준이 됨을 의미한다.

40. 칼뱅이즘(calvinism)의 기본적인 논리가 아닌 것은?

① 부의 축적은 신의 은총이다.

② 근면·검소·기업정신·성실성을 중요한 덕목으로 여긴다.

③ 소비가 미덕이다.

④ 종교적 입장에서 자본주의정신을 확립하고자 한다.

41. 우주만유의 궁극적 실재는 물질이라고 보고, 정신적·관념적인 일체의 현상을 물질로써 파악하고자 하는 철학적 태도를 무엇이라고 하는가?

① 유물론　　　　② 유심론

③ 경험론　　　　④ 관념론

42. 조국의 이익을 위해서는 수단과 방법을 가리지 않으며, 국제정의조차 부정하는 맹목적 애국주의를 뜻하는 말은?

① 쇼비니즘　　　② 페시미즘

③ 니힐리즘　　　④ 다다이즘

43. 마르크스의 유물변증법에 가장 큰 영향을 미친 사람은?

① 칸트　　　　　② 스미스

③ 헤겔　　　　　④ 쇼펜하우어

44. 유물사관의 개조라고 할 수 있는 마르크스의 인간관을 잘못 설명한 것은?

① 인간의 본질을 노동으로 본다.

② 인간의 노동은 사회적 관계 속에서 이루어진다.

③ 인간의 이데올로기는 경제적 생산관계에 영향을 끼친다.

④ 인간은 노동에 의하여 자기를 실현해 나간다.

45. 마르크스주의자는 마르크스의 사회주의를 과학적 사회주의라 한다. 이에 대하여 이전의 사회주의를 무엇이라 부르는가?

① 유심적 사회주의　　② 인도적 사회주의

③ 유도적 사회주의　　④ 공상적 사회주의

46. 사람의 사고, 지각, 기억 등 정신작용을 담당하며 신체적 에너지로 전환되기도 하는 프로이드에 의해 주장된 에너지 체계는?

① 아노미(anomie)　　② 로고스(logos)

③ 이데아(idea)　　　④ 리비도(libido)

47. 칼뱅(J. Calvin)은 근검·절약을 미덕으로 보았다. 초기 크리스트교 교리를 플라톤의 이데아론에 원용하여 체계화시킨 철학사상은?

① 스콜라철학　　　② 교부철학

③ 스토아학파　　　④ 에피쿠로스학파

48. 종교에 대한 다음 설명 중 옳지 않은 것은?

① 바리새파는 기원전 2세기 후반에 모세의 율법 등을 엄수하던 유대교의 한 종파이다.

② 마니교는 3세기 초에 페르시아에서 배화교, 기독교, 불교 및 바빌로니아 원시신앙을 혼성하여 만든 일종의 자연종교이다.

③ 리그베다(rig veda)는 인도의 가장 오래된 종교적인 문헌으로 10권으로 이루어진 불교의 근본성전이다.

④ 성리학은 유교의 한 계통으로 성명(性命)과 이기(理氣)의 관계를 주로 논하였고, 우리나라에는 고려 말에 들어와 조선조 국시가 되었다.

49. 다음 중 불교 발상지인 인도에서 힌두교가 민족 종교로 성장하게 된 배경은?

① 민간신앙과의 결합 및 불교의 장점 흡수
② 철학적 깊이를 강조하지 않는 쉬운 교리
③ 계급 차별을 하지 않는 교리
④ 정치적 불안의 계속으로 통일을 원하는 국민성

50. 다음에서 설명하는 불교윤리사상은?

> 이것이 생(生)하면 저것이 생하고, 이것이 멸(滅)하면 저것이 멸한다.

① 정명정신(正名精神) ② 측은지심(惻隱之心)
③ 연기설(緣起說) ④ 경천애인(敬天愛人)

● ANSWER ●

40. 칼뱅이즘(calvinism)은 종교적 입장에서 자본주의 정신을 합리화 한 것으로 구제예정설과 직업소명설이 주된 내용으로, 칼뱅은 근검·절약을 미덕으로 보았다.

41. ② 유심론 … 실재하는 것을 정신적인 것으로 보고 물질적인 것은 정신의 소산 또는 그 표현으로 보는 입장으로 유물론에 대립된다.
　③ 경험론 … 주로 영국에서 발전된 사상으로 인간의 인식은 감각을 통해 주어진 경험에 의해서 만들어진다는 입장이다.
　④ 관념론 … 존재와 사유의 관계에 있어서 사유를 1차적이며 본원적인 것으로 보는 입장이다.

42. ① 쇼비니즘(chauvinism) … 자기 나라의 이익을 위해서는 수단과 방법을 가리지 않으며, 국제정의조차도 부정하는 배타적 애국주의로 광신적 국수주의를 의미한다. 프랑스 나폴레옹 1세를 숭배하던 병사 쇼뱅(N. Chauvin)의 이름에서 비롯되었다.

43. 마르크스는 헤겔의 관념변증법의 영향을 받아 관념을 물질로 대체하여 유물변증법, 즉 변증법적 유물론을 주장하였다.

44. ③ 이데올로기(ideologie) … 물질적·경제적 하부구조를 반영한 관념적 상부구조로, 정치·경제·법률·예술 등을 기반으로 성립되는 관념형태이다.

45. ④ 공상적 사회주의 … 18세기부터 19세기 중엽까지 프랑스의 생시몽과 푸리에, 영국의 오웬 등에 의해 주창된 사상으로, 인도주의와 사회정책에 의한 재산의 공유 및 부의 평등분배를 인간의 자발적 호응으로 실현하자는 이상론을 펼쳤다.

46. ① 아노미(anomie) … 도덕적·사회적 무질서
　② 로고스(logos) … 세계를 구성하고 지배하는 질서·이성·논리
　③ 이데아(idea) … 사물 또는 현상의 본질

47. ② 교부철학 … 초기 크리스트교 신학자들이 중심이 되어 기독교사상을 합리적·철학적으로 체계화하려 한 철학으로, 플라톤의 이데아 세계관을 주된 연구대상으로 삼았다.

48. ③ 리그베다 … 베다(veda)는 고대 인도 아리아족의 종교인 브라만교의 기본경전으로, 신에 대한 찬가를 모은 성전으로서 최고의 가치를 지닌다. 대표적인 것이 리그베다이다.

49. ① 힌두교는 불교·브라만교의 장점을 취하고 토착신앙과도 결합하여 대중에게 널리 전파되었다.

50. ③ 연기설 … 철저한 상호연계성과 상호의존성을 강조한 불타의 말이다.
　① 정명정신 … 「논어」 안연편에서 강조된 것으로 '임금은 임금다워야 하고, 신하는 신하다워야 하며, 부모는 부모다워야 하고, 자식은 자식다워야 한다(君君, 臣臣, 父父, 子子).'라고 하였다. 정명 정신은 성리학 전성기에 사회적 윤리 기강을 유지하기 위한 하나의 논리라고 할 수 있다.

40.③ 41.① 42.① 43.③ 44.③ 45.④ 46.④ 47.② 48.③ 49.① 50.③

Ⓐ

261

07 문학·한자

문학·한자 단원은 국어 맞춤법 및 표준어, 단위를 나타내는 말, 한자어 읽기 등이 출제 빈도가 높다. 따라서 시험에 자주 출제된 내용을 중심으로 폭 넓게 학습하는 것이 바람직하다.

1 국문학

✻ 상고시가(上古詩歌) ✱✱

삼국시대가 형성되던 시기 이전까지 나타난 일련의 시가를 묶어서 부르는 편의상의 명칭으로 상고가요, 고대가요라고도 한다. 이 시기의 시가에는 주술적 성격을 가진 제의 관련 시가, 생업과 관련된 시가, 전쟁과 관련된 시가, 사랑과 관련된 시가, 고대국가 형성과 관련된 시가 등이 있었을 것으로 추측하지만, 현재 공무도하가(公無渡河歌), 황조가(黃鳥歌), 구지가(龜旨歌)가 전해질 뿐이다.

① 공무도하가(公無渡河歌) … 고조선 때 지어진 4언 고시의 노래로, 악곡명은 공후인이다. 「해동역사」에 실려 있으며 곽리자고의 아내 여옥이 지었다 한다. 남편의 죽음에 대한 슬픔과 남편에 대한 사랑을 주제로 한다.

② 황조가(黃鳥歌) … 고구려 제2대 왕인 유리왕이 지은 서정적인 노래로 「삼국사기」에 한시로 전하고 있다. 꾀꼬리에 빗대어 자신의 외로운 처지를 한탄하는 내용이다.

③ 구지가(龜旨歌) … 일명 '영신군가'라 하며 작자·연대미상의 고대가요이다. 신라 유리왕 19년 가락국의 구간들이 군중들과 함께 구지봉에 모여 수로왕을 맞이하기 위하여 불렀다는 주문적인 노래이다. 「삼국유사」에 실려 있다.

✻ 설화문학(說話文學) ✱

한 민족 사이에 구전(口傳)되어 내려오는 이야기의 총칭으로 크게 신화, 전설, 민담의 세 가지로 구분할 수 있다. 신화는 민족 사이에 전승되는 신적 존재와 그 활동에 관한 이야기며, 전설은 인간과 그 행위를 주체로 하는 이야기로 그것을 증거할 암석·수목 등 증거물이 남아있는 특징이 있다. 민담은 흥미 위주의 일종의 옛이야기다. 설화는 자연적이고 집단적으로 발생하며 주로 민족적이고 평민적인 내용을 담고 있어 그 민족의 생활감정과 풍습을 암시해 준다. 또한 상상적 성격의 내용을 서사 형식으로 담아낸다는 점에서 소설의 모태가 된다. 이러한 설화가 문자로 정착되고, 문학적 형태를 취한 것이 곧 설화문학이다.

Q 설화문학의 세 종류는?

✱ 구비문학(口碑文學) **

말로 된 문학을 의미하며, 기록문학과 반대되는 것으로 구전문학이라고도 한다. 구비와 구전은 대체로 같은 뜻이나 구전은 말로 전함을 뜻하나 구비는 말로 된 비석, 즉 비석에 새긴 것처럼 유형화되어 오랫동안 전승되어 온 말이라는 뜻이다. 우리나라에 한자가 전래되기 이전에 있었던 모든 문학형태는 이에 속한다.

✱ 정읍사(井邑詞) **

현존하는 유일의 백제가요이며 한글로 기록되어 전하는 가요 중 가장 오래된 것이다. 정읍현에 사는 행상인 아내가 남편을 기다리는 간절한 마음을 그린 것으로, 조선 궁중음악으로 쓰였다. 작자·연대는 미상이다.

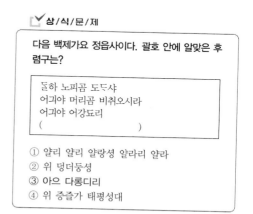

✔ 상/식/문/제

다음 백제가요 정읍사이다. 괄호 안에 알맞은 후렴구는?

> 둘하 노피곰 도드샤
> 어긔야 머리곰 비취오시라
> 어긔야 어강됴리
> (   )

① 얄리 얄리 얄랑셩 얄라리 얄라
② 위 덩더둥셩
③ 아으 다롱디리
④ 위 증즐가 태평성대

✱ 향가(鄕歌) *

신라 때부터 고려 초기까지 향찰(鄕札)로 표기된 우리말 노래를 통틀어 이르는 말로 주로 승려나 화랑 등 당대 지배계층에 의해 창작되었다. 중국 시가에 대한 우리 고유의 시가라는 뜻에서 붙여진 이름으로 「삼국유사」에 14수, 「균여전」에 11수가 전한다.

☆☆☆ 삼대목(三代目) ⋯ 신라 제51대 진성여왕의 명에 따라 각간위홍과 대구화상이 향가를 수집하여 엮은 것으로, 우리나라 최초의 가집(歌集)이다. 삼국사기 신라본기에 이 책에 관한 기록만 실려 있고 현전하지 않는다.

✱ 처용가(處容歌) *

신라향가의 하나로 879년 처용이 지었다고 한다. 삼국유사에 실려 있으며, 내용은 용의 아들인 처용이 경주에서 벼슬을 하는데 어느날 밤 자기 아내를 범하려는 역신에게 이 노래를 지어 불렀더니 역신이 물러났다는 내용이다.

한번 되짚기 ✎

향찰(鄕札)

한자의 음(音)과 훈(訓)을 빌어 우리말을 표기하는 방식인 차자(借字)표기 중의 하나

✱ 서동요(書童謠) *

백제의 서동이 신라 진평왕 때 지었다는 우리나라 최초의 4구체 향가이다. 민요형식의 이 노래는 이두로 표기된 원문과 함께 그 설화가 「삼국유사」에 실려 전한다.

✱ 고려가요(高麗歌謠) **

'속요', '별곡'이라고도 하며 고려시대 평민들이 부르던 민요적 시가를 뜻한다. 향가와 민요의 영향을 받아 형성된 것으로 리듬이 매끄럽고 표현이 소박하면서도 세련된 것이 특징이다. 분절체로 후렴구 발달하였고 3·3·2조(3·3·3조 또는 3·3·4조)의 3음보 음수율로 된 비정형의 형식을 보인다. 주로 남녀상열지사의 내용이 많으며 자연에 대한 예찬, 이별의 슬픔 등 진솔한 감정이 잘 표현되어 있다. 「악학궤범」, 「악장가사」, 「시용향악보」 등에 한글로 기록되어 있다.

더 알아보기

고려가요 주요 작품

작품	내용	특징
사모곡	효심	속칭 '엇노래' → '목주가'와 무관
상저가		방아노래 노동요→백결선생의 '대악'의 후신
동동	송도와 애련	월령체의 효시로 총 13연
정석가	송도	불가능한 상황설정으로 만수무강 송축
처용가	축사	향가 처용가에서 발전한 희곡적인 노래
청산별곡	현실도피	비애, 고독, 도피, 체념을 노래
가시리	이별의 정한	이별의 한, 체념, 기다림의 전통적 여심을 노래
서경별곡		서경을 무대로 한 극적 이별의 노래
쌍화점	솔직 담대한 사랑의 표현 (남녀상열지사)	유녀(遊女)의 노래
만전춘		시조의 형식을 띠고 있는 유녀의 노래
이상곡		유녀의 노래
유구곡	애조	정치풍자

✱ 한문학(漢文學) *

문학의 한 장르를 형성하는 것으로 한시(漢詩)·한문·한학(漢學) 등을 통틀어 이르는 말이기도 하다. 고려시대는 과거 제도의 실시, 불교 문학의 발달, 주자학의 도입, 국자감·수사원의 설치 등으로 국문학사상 한문학이 가장 융성했던 시기이다. 주요 작품으로는 이승휴의 「제왕운기」, 이규보의 「동국이상국집」, 각훈의 「해동고승전」, 이제현의 「소악부」 등이 있다. 조선시대에 와서는 불교적 성격을 띠었던 고려시대의 한문학이 순유교적인 성격으로 변모하였다. 경학을 중시하고 학행일치(學行一致)를 주장하는 도학파와 순수한 시가와 문장을 중시하는 사장파로 대립하는 양상이 벌어지기도 했다. 주요 작품으로는 권근의 「양촌집」, 서거정의 「동문선」, 서경덕의 「화담집」, 이현보의 「농암집」, 이황의 「퇴계전서」, 이이의 「율곡전서」 등이 있다.

Q 소설의 전신이라고 할 수 있는 문학장르로 사물의 의인화 기법이 특징인 문학형태는?

✻ 패관문학(稗官文學) *

고려후기 임금의 정사를 돕기 위해 설화들을 수집하여 엮은 설화문학으로 산문적인 형태로 발전하였다. 박인량의 「수이전」, 이인로의 「파한집」, 최자의 「보한집」, 이규보의 「백운소설」 등이 대표적이다.

✻ 가전체문학(假傳體文學) **

고려 무신정변 이후 문신들의 삶에 대한 깊은 인식을 사물의 의인화 기법을 통하여 표현한 문학형태로, 소설의 직접적 전신이라고 할 수 있다. 인간의 문제를 사물로 가탁한 점은 우화적 성격이나, 일반적으로 우화가 동물이나 식물을 사건이나 대화에 있어서만 의인화한 것이라면 가전체는 그러한 자연물에 직접 인간적인 이름을 붙인 점이 특색이다. 계세징인(戒世懲人), 즉 사회를 풍자하고 비판하며 교훈을 주는 내용이 주를 이룬다.

더 알아보기

가전체 주요 작품

작품	작자	의인화 대상	작품	작자	의인화 대상
국순전	임춘	술	죽부인전	이곡	대나무
공방전	임춘	엽전	저생전	이첨	종이
국선생전	이규보	술, 누룩	정시자전	석식영암	지팡이
청강사자현부전	이규보	거북	준존자전	혜심	대나무

✻ 경기체가(景畿體歌) **

평민문학이었던 속요에 대하여 귀족계층에게 향유된 시가로, 고려 고종 때부터 조선 중종 때까지 계속된 장가의 한 형식이다. 내용은 퇴폐적이고 현실도피적인 생활에서 오는 풍류적 표현이며, 3·3·4조의 운에 '景긔엇더ᄒ니잇고'라는 후렴구가 있다. 대표 작품에는 안축의 관동별곡·죽계별곡, 한림제유의 한림별곡 등이 있다.

더 알아보기

경기체가 주요 작품

작품	작자	내용	출전
한림별곡	한림제유	현실도피적, 향락적, 풍류적(전 8연)	악장가사
관동별곡	안축	관동의 절경을 노래	근재집
죽계별곡	안축	순흥(죽계)의 경치를 노래	근재집

✱ 농가월령가(農家月令歌) **

조선시대의 가사로, 1년 12월 동안 농가에서 할 일을 읊은 노래이다. 농가의 행사를 월별로 나누어 교훈을 섞어가며 농촌풍속과 권농을 노래한 것인데, 당시의 농속(農俗)과 옛말 연구의 귀중한 자료가 되고 있다.

더 알아보기

가사 주요 작품

작품	작자	내용
면앙정가	송순	고향 담양에 면앙정을 짓고 자연과 정취를 노래, 성산별곡에 영향
관서별곡	백광홍	가산별곡과 향산별곡으로 구성, 정철의 관동별곡에 영향
성산별곡	정철	성산의 자연미를 노래, 송강가사에 수록
관동별곡	정철	강원도 관찰사로 부임하여 그곳의 자연을 노래한 기행가사
사미인곡	정철	창평에 귀양가서 지은 충신연주지사
속미인곡	정철	사미인곡의 속편으로, 두 여인의 대화체 형식으로 된 충신연주지사
강촌별곡	차천로	전원의 한정을 노래
규원가	허난설헌	가정에 깊이 파묻혀 있는 여자의 애원을 우아한 필치로 쓴 내방가사

✱ 용비어천가(龍飛御天歌) **

조선 세종 때 지은 악장의 하나로 10권 5책으로 이루어져 있다. 세종 27년(1445)에 편찬되어 세종 29년(1447)에 간행된 노래로, 125장의 서사시이며 한글로 엮어진 책으로는 최초의 것이다. 조선 건국의 유래가 유구함과 선조들의 성덕을 찬송하고, 태조의 창업이 천명에 따른 것임을 밝힌 다음 후세의 왕들에게 경계하여 자손의 보수(保守)와 영창(永昌)을 비는 뜻으로 이루어졌다.

✱ 고대소설(古代小說) **

고전소설이라고 하며 중국소설의 영향으로 발생한 산문문학으로 주로 설화를 내용으로 한다. 발생 초기에는 한문 어투를 사용하였으나 시간이 지나면서 국문 형식으로 자리 잡았다. 고대소설이란 명칭은 갑오개혁 이후 나온 신소설과 구별하기 위한 것으로, 전기·사회·염정·풍자·우화·설화소설 등이 있으며 대표 작가와 작품으로는 김시습의 금오신화, 허균의 홍길동전, 김만중의 구운몽 등이 있다.

✱ 창가(唱歌) **

개화 가사에 기원을 두고 찬송가 및 일본의 영향 아래 새로운 시가 형태를 취한 노래로, 가사에서 신체시로 옮겨 가는 과도기적 시가 형태이다. 창가가사라고도 한다. 주요 작품으로는 이용우의 애국가, 이중원의 동심가, 최병헌의 독립가, 김교익의 신문가, 최남선의 경부철도가(최초의 7·5조 창가)·한양가·세계일주가 등이 있다.

Q 우리나라 한글소설의 효시는?

✻ 금오신화(金鰲神話) ＊＊

조선초기에 김시습이 지은 한문소설집으로, 우리나라 전기체소설의 효시이다. 만복사저포기, 이생규장전, 취유부벽정기, 용궁부연록, 남염부주기 등 5편이 수록되어 있다.

✻ 홍길동전(洪吉童傳) ＊＊

허균이 지은 소설로, 한글소설의 효시이다. 중국소설 수호전에서 영향을 받아 임진왜란 후의 사회제도의 결함, 특히 적서의 신분차별타파와 부패한 정치를 개혁하려는 그의 혁명사상을 작품화한 것이다.

✻ 서포만필(西浦漫筆) ＊＊

조선 숙종 때 대제학을 지낸 서포 김만중의 수필집으로, 2권 2책의 사본이다. 중국 제자백가의 여러 학설 중에서 의문되는 대목을 번역 · 해명하고 신라 이후 조선시대에 이른 명시들을 비평하였다. 특히 송강 정철의 관동별곡과 속미인곡을 평한 문장에서, 우리나라 사람이 국어를 버리고 남의 말을 배우고 있음을 개탄하고 한문 문장에 비해 우리 문학의 우수성을 주장하였다.

> ### 더 알아보기
>
> - **김만중의 소설** … 김만중(金萬重)은 조선 숙종 때의 문신이자 소설가로 소설문학의 선구자이다. 한글로 쓴 문학이라야 진정한 국문학이라는 국문학 사관을 피력하였으며 주요 작품으로 한글소설인 '구운몽', '사씨남정기' 등이 있다.
> - **구운몽(九雲夢)** : 조선 숙종 때 서포 김만중이 지은 고대소설로, 불교의 무상(無想)사상에 입각하여 인간의 부귀영화를 남가일몽으로 돌리려는 의도가 담겨져 있으며, 숙종시대에 몰락하는 귀족들의 회고적인 꿈의 세계가 반영되어 있다. 중국의 당을 무대로 한 웅대한 스케일의 소설이며 환몽구조 소설의 효시이다.
> - **사씨남정기(謝氏南征記)** : 조선 숙종 때 서포 김만중이 한글로 지은 소설로, 숙종이 장희빈에게 빠져서 인현왕후를 쫓아낸 것을 풍자하기 위하여 중국을 배경으로 쓴 작품이다.

✻ 악장(樂章) ＊＊＊

조선 초 궁중의 연락이나 종묘제악에 쓰인 주악의 가사로, 귀족계급(신흥사대부)과 조선건국 사대부가 주로 창작하였다. 주요 작품으로는 정인지 · 안지 · 권제의 용비어천가, 세종의 월인천강지곡, 정도전의 신도가, 권근의 상대별곡, 윤회의 봉황음 등이 있다.

✻ 훈민정음(訓民正音) ＊＊＊

세종이 궁중에 정음청을 두고서 집현전 학자들(성삼문 · 신숙주 · 최항 · 정인지 · 박팽년 등)의 도움을 받아 세종 25년(1443)에 완성하여 세종 28년(1446)에 반포한 국문(國文)글자의 명칭이다. 원본은 제자해, 초성해, 중성해, 종성해, 합자해, 용자해 등 6항 25장으로 되어 있다.

✽ 신체시(新體詩) **

한국의 신문학 초창기에 쓰인 새로운 형태의 시가(詩歌)로 신시라고도 한다. 이전의 창가(唱歌)와 이후의 자유시 사이에 위치하는 것으로, 시조나 가사와는 달리 당대의 속어(俗語)를 사용하며 서유럽의 근대시나 일본의 신체시의 영향을 받은 한국 근대시의 초기 형태이다. 주요 작품으로는 최초의 신체시인 최남선의 해에게서 소년에게(1908) · 신 대한 소년, 구작 3편, 이광수의 우리 영웅 · 옥중호걸 등이 있다.

✽ 주요 현대소설 작가 **

작자	작품 경향
김유정	• 구인회 동인으로 토속적이고 해학적으로 농촌을 묘사하여 골계미가 돋보인다. • 주요 작품 … 봄봄, 동백꽃, 금 따는 콩밭, 소나기, 만무방
채만식	• 초기에는 동반자 작가였으며, 이후 식민지 현실을 풍자적 수법으로 다루었다. • 주요 작품 … 태평천하, 탁류, 치숙, 레디메이드 인생
유진오	• 동반자 작가로 지식인의 고뇌를 표현하였다. • 주요 작품 … 김 강사와 T 교수
이효석	• 인간의 순수성을 서정적 문체로 표현, 소설을 시적 수필의 경지로 승화시켰다. • 주요 작품 … 메밀꽃 필 무렵, 벽공무한, 돈(豚), 산, 들
이상	• 초현실주의 · 심리주의 소설을 주로 썼으며 '의식의 흐름'기법을 사용하였다. • 주요 작품 … 날개, 종생기
계용묵	• 서민의 애환을 관조적이고 방관자적인 입장으로 서술하였다. • 주요 작품 … 백치 아다다
김동리	• 토속적, 무속적, 신비주의적인 작품을 많이 썼다. • 주요 작품 … 무녀도, 황토기, 등신불, 사반의 십자가, 역마, 바위
김정한	• 낙동강 일대를 배경으로 하여 농촌의 현실을 고발하였다. • 주요 작품 … 사하촌
황순원	• 작품을 통해 범생명적인 휴머니즘을 추구하였다. • 주요 작품 … 카인의 후예, 학, 목넘이 마을의 개, 독 짓는 늙은이
정비석	• 순수 소설에서 대중 소설로의 전환점이 되었다. • 주요 작품 … 성황당, 영원의 미소
심훈	• 민족주의 · 사실주의적 경향의 농촌 계몽 소설을 주로 썼다. • 주요 작품 … 상록수, 영원의 미소
안수길	• 민족적 비극을 서사적인 전개로 다루었다. • 주요 작품 … 북간도
조세희	• 한국 사회의 모순을 정면으로 접근하고 있다. • 주요 작품 … 난장이가 쏘아올린 작은 공
이문열	• 현실을 하나의 체계로 인식하고 있다. • 주요 작품 … 우리들의 일그러진 영웅

Q 우리나라 최초의 순수문예동인지는?

✽ 진단학회(震檀學會) **

1934년 5월 11일 한국의 역사·언어·문학 등을 연구하기 위하여 조직된 학술단체로, 한국학자의 힘으로 연구한 결과를 국어로 발표하려는 의도하에 창립되었다. 같은 해 11월 28일에 기관지 진단학보를 창간하여 계간으로 14집까지 계속 출판, 당시 해외학회와 학술잡지를 교환할 정도로 성장하였으나, 1940년 일제 탄압으로 자진해산이라는 형식으로 해체되고 학보간행도 중단되었다.

✽ 소년(少年) **

1908년 11월 1일 창간된 본격적인 월간잡지이다. 근대적 형식을 갖춘 잡지로서는 우리나라 최초의 것으로 톨스토이·바이런 등의 외국문학을 번역·소개하였으며, 특히 창간호에 실린 육당 최남선의 '해에게서 소년에게'는 신체시의 효시로서 문학사적 의의가 크며, 주로 청소년을 대상으로 새로운 지식보급과 계몽, 청년정신 함양에 힘썼다.

> **한번 되짚기** ▸
>
> **창조(創造)**
> 1919년 2월 김동인, 주요한, 전영택 등이 중심이 되어 발행한 우리나라 최초의 순수문예동인지이다. 기성문단에 관하여 비판적 태도를 취하고 반계몽주의적인 경향으로 순수문학을 지향하였다. 언문일치를 완성하였으며, 사실주의를 도입하는 등 현대문학에 크게 공헌하였다.

✽ 주요 문학잡지 **

잡지	연도	발행	특징
시문학	1930	김영랑, 박용철	시의 형식미·음악성 중시, 언어의 조탁
삼사문학	1934	신백수, 이시우	초현실주의 기법(의식의 흐름)
조선문학	1935	이무영	프로문학파의 활동무대
시인부락	1936	서정주, 김동리, 김광균	시전문지로 인간과 생명을 노래
자오선	1937	서정주, 이육사	시전문지로 유파를 초월
문장	1939	이병기, 정지용	신인추천제 실시
인문평론	1939	최재서	월간문예지로 비평 활동에 주력
국민문학	1941	최재서	친일문학의 기관지로 인문평론의 후신
백민	1945	김송	민족주의문학 옹호
문학	1946	조선문학가동맹	'조선문학가동맹' 기관지
사상계	1953	장준하	월간 교양잡지
현대문학	1955~현재	현대문학사	추천제 실시

✱ 순우리말 [**]

순우리말	의미
가늠	목표나 기준에 맞고 안 맞음을 헤아리는 기준. 일이 되어 가는 형편
가말다	일을 잘 헤아려 처리하다.
너나들이	서로 너니 나니 하고 부르며 터놓고 지내는 사이
다락같다	물건 값이 매우 비싸다. 덩치가 매우 크다.
답치기	되는 대로 함부로 덤벼드는 짓. 생각 없이 덮놓고 하는 짓
듬쑥하다	사람의 됨됨이가 가볍지 않고 속이 깊고 차 있다.
마수걸이하다	장사를 시작해 처음으로 물건을 팔다.
맨드리	옷을 입고 매만진 맵시. 물건의 만들어진 모양새
바투	두 물체의 사이가 썩 가깝게. 시간이 매우 짧게
살갑다	(집이나 세간 따위가) 겉으로 보기보다 속이 너르다. 마음씨가 부드럽고 다정스럽다.
살뜰하다	매우 알뜰하다. 규모가 있고 착실하다.
성마르다	성질이 급하고 도량이 좁다.
시나브로	모르는 사이에 조금씩 조금씩
얌생이	남의 물건을 조금씩 훔쳐 내는 짓
열없다	조금 부끄럽다. 겁이 많다.
헤살	짓궂게 훼방함. 또는 그러한 짓

✱ 주의해야 할 맞춤법과 표준어 [***]

맞춤법		표준어	
바른 표기	잘못된 표기	바른 표기	잘못된 표기
깍두기	깍뚜기	사글세	삭월세
가까워	가까와	강낭콩	강남콩
오뚝이	오뚜기	수꿩	숫꿩
일찍이	일찌기	수놈	숫놈
깨끗이	깨끗히	숫염소	수염소
심부름꾼	심부름군	깡충깡충	깡총깡총
맞추다	마추다	냄비	남비
법석	법썩	풋내기	풋나기
핑계	핑게	위층	웃층
게시판	계시판	웃어른	윗어른
무늬	무니	끄나풀	끄나플
닐리리	늴리리	돌	돐
미닫이	미다지	셋째	세째
예삿일	예사일	나무라다	나무래다
살코기	살고기	허드레	허드래

Ⓠ '모르는 사이에 조금씩'이라는 의미의 순우리말은?

✳ 주의해야 할 외래어 표기법***

바른 표기	잘못된 표기	바른 표기	잘못된 표기
가톨릭	카톨릭	심벌	심볼
데뷔	데뷰	탤런트	탈렌트
바바리	버버리	스펀지	스폰지
바비큐	바베큐	소시지	소세지
배지(badge)	뱃지	로터리	로타리
백미러(back mirror)	백밀러	파일럿	파일롯
밸런스	발란스	샌들	샌달
보디(body)	바디	소파	쇼파
뷔페	부페	시그널	시그날
블록	블럭	리더십	리더쉽
비스킷	비스켓	라벨	레이블
비즈니스	비지니스	스태미나	스테미너
샹들리에	상들리에	타깃	타겟
센티미터	센치미터	심포지엄	심포지움
알코올	알콜	난센스	넌센스
액세서리	악세사리	색소폰	색스폰
액셀러레이터	악셀레이터	마사지	맛사지
앰뷸런스	앰블란스	피에로	삐에로
어댑터	아답터	메시지	메세지
엔도르핀	엔돌핀	팸플릿	팜플렛
재킷	자켓	카탈로그	카달로그
주스	쥬스	인디언	인디안
초콜릿	초콜렛	워크숍	워크샵
카펫	카페트	윈도	윈도우
캐러멜	카라멜	트리(tree)	추리
커피숍	커피샵	지그재그	지그자그
케이크	케잌	스티로폼	스치로폼
케첩	케찹	데생	뎃생
코미디언	코메디언	밸런타인데이	발렌타인데이
콤플렉스	컴플렉스	새시(sash)	샤시
클라이맥스	클라이막스	요구르트	요쿠르트
프라이팬	후라이팬	파일	화일
피날레	휘날레	다이내믹	다이나믹
필름	필림	앙케트	앙케이트

2 세계문학

✻ 문예사조의 두 근원[**]

구분	헬레니즘(hellenism)	헤브라이즘(hebraism)
근원	그리스의 정신과 문화	헤브라이인적 사상과 문화
특징	인간 중심, 보편성, 이성, 육체적, 본능적, 현실적	신 중심, 개성, 감성, 영혼적, 금욕적, 이상적
관련사조	문예부흥, 고전주의, 사실주의, 자연주의, 주지주의	낭만주의, 상징주의

✻ 서구 문예사조[***]

① 고전주의(古典主義, classicism) … 17~18세기 아리스토텔레스의 '시학'에 대한 면밀한 주석과 함께 시작되었고, 고대 그리스 · 로마의 고전 작품들을 모범으로 삼고 거기에 들어 있는 공통적인 특징들을 재현하려는 경향이다.

② 낭만주의(浪漫主義, romanticism) … 고전주의의 몰개성적 성격에 반발하여 독일, 프랑스에서 일어나 영국으로 전파되었다. 이성적이기보다는 감정적이고, 객관적이기보다는 주관적이며, 현실적이기보다는 낭만적인 경향을 띤다.

③ 사실주의(寫實主義, realism) … 낭만주의의 비현실적 성격에 반발하여 19세기에 일어난 사조로, 사물을 있는 그대로 정확하게 관찰하고 객관적으로 묘사하려는 경향이다.

④ 자연주의(自然主義, naturalism) … 19세기 사실주의의 급진적인 경향으로 자연 과학적 결정론에 바탕을 두고 있다. 인간도 자연물처럼 인과율이라는 자연 법칙에 따라 환경 본능 유전 인자 등에 의해 그 일생이 운명적으로 결정된다고 보는 사상을 배경으로 한다.

⑤ 상징주의(象徵主義, symbolism) … 19세기 말에서 20세기 초에 걸쳐 프랑스에서 일어난 사조로, 사물, 정서, 사상 등을 상징을 통해 암시적으로 표현하려는 경향이다.

⑥ 유미주의(唯美主義, aestheticism) … 미의 창조를 목표로 19세기 후반에 나타난 사조이고, 이는 탐미주의라고도 하며 넓은 의미의 낭만주의에 포함된다.

⑦ 초현실주의(超現實主義, surrealism) … 프로이드의 정신분석학의 영향으로, '자동기술법'을 바탕으로 하여 무의식의 세계를 표출하려는 경향인 초현실주의가 다다이즘을 흡수하여 일어났다.

⑧ 실존주의(實存主義) … 전후의 허무 의식에서 벗어나려는 실존적 자각(자아 발견)과 건설적인 휴머니즘을 추구한다.

⑨ 다다이즘(dadaism) … 20세기에 들어와서 현실적 속박으로부터 해방되려는 의지를 보인 사조로, 현대 지식인의 정신적 불안과 공포에 대한 저항이 프랑스를 중심으로 전개되었다.

⑩ 모더니즘(modernism) … 19세기 말엽부터 유럽의 소시민적 지식인들 사이에 일어나 20세기 이후에 크게 성행한 사조로서 기존의 사실주의와 유물론적 세계관, 전통적 신념으로부터 벗어나려는 전반적인 새로운 문화 운동으로 극단적인 개인주의, 도시 문명이 가져다 준 인간성 상실에 대한 문제의식 등에 기반을 둔 다양한 문예 사조를 통칭한다.

Q 셰익스피어의 4대 비극작품은?

✱ 르네상스 문학 [**]

유럽 중세로부터 근세에 이르는 과도기 동안 인간중심주의를 구가하는 그리스 · 로마의 고전주의 정신에 입각하여 일어난 문학으로, 중세를 통하여 동로마 제국과 접촉을 가졌던 이탈리아에서 먼저 일어나, 전 유럽에 파급되었다. 중세는 그리스 · 로마 문학에 대하여 그리 무지하였던 것은 아니고, 특히 13세기에는 고대를 알고자 하는 상당한 노력을 기울였다. 그러나 그것은 어디까지나 그리스도교를 통하여 본 고대였고, 인간의 육체나 감각을 멸시해온 중세는 고대의 예술미를 인식하는 안목은 지니지 못한 한계를 보였다.

✱ 국제펜클럽(International PEN) [**]

문학을 통하여 상호 이해를 촉진하려는 국제적인 문학가단체이다. 'PEN'은 극작가 · 시인(playwright, poet)의 P, 수필가 · 편집자(essayist, editor)의 E, 소설가(novelist)의 N을 가리키며, 나아가 전체로서는 '펜(pen)'을 의미한다. 문필생활에 있어서의 정치 · 사상 · 신앙에 의한 차별을 부정하고 자유를 주장하고 있다.

✱ 셰익스피어의 4대 비극 [***]

셰익스피어의 4대 비극에 해당하는 작품은 햄릿, 오셀로, 리어왕, 맥베스이다.

① 햄릿(Hamlet) ⋯ 주인공을 통해 사색과 행동, 진실과 허위, 신념과 회의 등의 틈바구니 속에서 삶을 초극하고자 하는 모습이 제시되었다.

② 오셀로(Othello) ⋯ 흑인 장군인 주인공의 아내에 대한 애정이 이아고(Iago)의 간계에 의해 무참히 허물어지는 과정을 그린 작품이다.

③ 리어왕(King Lear) ⋯ 늙은 왕의 세 딸에 대한 애정의 시험이라는 설화적 모티브를 바탕으로 하고 있으나, 혈육 간의 유대의 파괴가 우주적 질서의 붕괴로 확대되는 과정을 그린 비극이다.

④ 맥베스(Mecbeth) ⋯ 권위의 야망에 이끌린 한 무장의 왕위찬탈과 그것이 초래하는 비극적 결말을 그린 작품이다.

✱ 세계 3대 단편작가 [**]

작가	특징
애드가 앨런 포 (1809~1849)	미국의 시인, 소설가, 비평가로 활동했으며 대표작으로 주미주의 시 「애너벨 리」, 괴기추리소설 「어셔가의 몰락」, 상징주의 시론 「시의 원리」 등이 있다.
모파상 (1850~1893)	프랑스의 자연주의 소설가로 객관적 묘사와 명확하고 솔직한 문장이 특징적이다. 대표작으로 「목걸이」, 「여자의 일생」 등이 있다.
안톤 체호프 (1860~1904)	러시아의 소설가, 극작가로 활동했으며 특히 지식층의 단면을 간결한 문체로 표현하였다. 대표작으로 「광야」, 「초원」, 「갈매기」 등이 있다.

☆☆☆ 우리나라 3대 단편작가 ⋯ 김동인, 현진건, 이효석

✱ 동반자문학(同伴者文學) **

러시아혁명(1917)년 이후부터 신경제 정책(NEP)이 끝날 때까지 문단의 큰 세력을 이뤘던 러시아의 우익문학이다. 혁명에는 찬성하지만 마르크스주의나 프롤레타리아 문학에는 적극적으로 가담하지 않는 자유주의적 성향을 보인다.

☆☆☆ 개인주의를 중시하며 작품의 주인공으로 인텔리를 등장시키는 특징이 있다.

✱ 쉬르레알리즘 문학(surrealism literature) **

초현실주의 문학으로 제1차 대전 이후 다다이즘에 뒤이어 태동한 전위적 예술운동이다. 전통적 예술형식과 인습적 사회 관념을 부정하는 다다이즘의 정신을 이어받았으며, 꿈과 무의식의 내면세계에서 떠오르는 비합리적 이미지를 그대로 기술하는 자동기술을 도입했다. 앙드레 브르통이 제창했으며 엘뤼아르, 아라공, 콕토 등을 대표적 초현실주의자로 꼽을 수 있다.

✱ 정오(正午)의 문학 *

프랑스의 실존주의작가 카뮈의 사상으로, 살려고 하는 육체의 요구와 절대를 추구하는 정신의 요구 중 어느 한쪽으로도 쏠리지 않는 긴장의 모럴·절도의 모럴·한계의 모럴을 표현하는 것이다. 모순의 명석한 인식과 부조리에 대한 올바른 반항을 중추로 하는 사상이다.

✱ 하드보일드(hard-boiled)문학 **

1930년을 전후하여 미국문학에 등장한 새로운 사실주의수법이다. 원래 '계란을 완숙하다'라는 뜻의 형용사이지만, 전의(轉意)되어 '비정' 또는 '냉혹'이란 뜻의 문학용어가 되었다. 개괄적으로 자연주의적·폭력적인 테마나 사건을 무감정의 냉혹한 자세로, 또는 도덕적 판단을 전면적으로 거부한 비개인적인 시점에서 묘사하는 것이다. 헤밍웨이의 「무기여 잘 있거라」, D. 해밋의 「플라이 페이퍼」 등이 대표적이다.

✱ 해빙기문학(解氷期文學) **

20세기 중반 구소련의 공식적이고 형식적인 당문학에 반발하여 자유주의적인 사조를 펼치며 독재주의정책을 비난하고 개성을 살린 소련 현역작가들의 작품활동이다. 대표작품에는 에렌부르크의 「해빙기」, 솔제니친의 「이반데니소비치의 하루」, 파스테르나크의 「닥터 지바고」 등이 있다.

✱ 페미니즘(feminism)문학 *

남성위주로 성립된 사회체제가 주는 억압으로부터 여성을 해방시키는 것을 목적으로 하는 사상적 조류에서 비롯된 문학이다. 우리나라에서는 1980년대 후반 여성해방문학론의 전개에 따라 활발한 논의를 보게 되었다.

✻ 아스팔트(asphalt)문학 *

나치스가 정권을 잡게 되자 문학의 숙청을 단행하였는데, 이때 반나치적인 문학에 대해 나치스측에서 붙인 명칭이다. 당시의 사회주의적 내지는 국제적 · 세계주의적 경향의 문학에 대하여 향토감 · 국가관이 결여된 문학이라는 이유로 나치스측이 그렇게 명명하여 금지시켰다.

✻ 레지스탕스(resistance)문학 **

제2차 세계대전 중 프랑스의 반나치스 저항문학으로, 초기에는 패전의 슬픔만을 표현하다가 저항의 자세가 적극적인 표현으로 바뀌면서는 비합법적 출판에 의존하게 되었다. 이런 상황하에서 집필 · 출판되었기 때문에 인쇄가 용이하고 운반이 간편한 시나 단편, 중편소설이 주를 이루었다. 시집에는 「아라공의 엘사의 눈동자」, 소설에는 「트리오레의 아비뇽의 연인들」 등이 있다.

✻ 앙가주망(engagement) **

'자기구속' 또는 '사회참여'를 뜻하는 프랑스 실존주의학파의 용어로, 사회참여문학을 말한다. 제2차 세계대전 때 자신들의 신념에 따라 사회적 투쟁에 참가한 레지스탕스문학이 그 대표적인 예이다.

✻ 카타르시스(catharsis) **

아리스토텔레스의 시학 제6장 비극의 정의 가운데 부분에서 나오는 용어이다. 비극이 그리는 주인공의 비참한 운명에 의해서 관중의 마음에 두려움과 연민의 감정이 격렬하게 유발되고, 그 과정에서 이들 인간적 정념이 어떠한 형태로든지 순화된다고 하는 일종의 정신적 정화작용이다.

✻ 트리비얼리즘(trivialism) *

평범하고 통속적인 일을 의미하는 것으로, 쇄말주의라고도 번역되며 일상생활에서 별로 쓸모없는 평범한 사상을 샅샅이 그리는 문학을 경멸해서 하는 말이다.

✻ 패러디(parody) *

원작을 풍자적으로 비평하거나 익살스럽게 하기 위해 문체 · 어구 등을 흉내낸 작품으로, 어떤 음률에 다른 가사를 붙여 부르는 노래인 경우에도 지칭된다. 때로는 원작의 명성에 편승하여 자기의 의도를 효과적으로 표현하기 위해 사용되기도 한다.

✻ 알레고리(allegory) *

'풍유' 또는 '우유'로 번역될 수 있는 말로, 표면적으로는 인물과 배경 · 행위 등 통상적인 이야기요소를 다 갖추고 있으면서 그 이면에는 정신적 · 도덕적 · 역사적 의미가 전개되는 이중구조로 된 글이나 작품을 말한다. 스펜서의 「페어리 퀸」, 버니언의 「천로역정」 등이 대표적인 작품이다.

3 한자

✽ 육서(六書)[**]

한자(漢字)가 어떻게 만들어졌고, 어떤 짜임새를 갖고 있는가에 대한 이론, 즉 글자가 만들어진 제자원리(制字原理)를 육서라고 한다.

① **상형 문자(象形文字)** ⋯ 구체적인 사물의 모양을 본떠서 만든 글자를 말한다.
  예 日, 月, 山, 人, 木, 水, 手, 足, 鳥 등

② **지사 문자(指事文字)** ⋯ 추상적인 생각이나 뜻을 점이나 선으로 나타낸 글자를 말한다.
  예 一, 二, 三, 四, 五, 七, 八, 九, 上, 中, 下, 本, 末, 天 등

③ **회의 문자(會意文字)** ⋯ 둘 이상의 글자를 뜻끼리 모아 새로운 뜻을 나타낸 글자를 말한다.
  예 信 , 東, 好, 林, 休, 男 등

④ **형성 문자(形聲文字)** ⋯ 뜻을 나타내는 글자와 음을 나타내는 글자를 합쳐 새로운 뜻을 나타낸 글자를 말한다.
  예 心(뜻) + 生(음) = 性(성품 성), 門(음) + 口(뜻) = 問(물을 문)

⑤ **전주 문자(轉注文字)** ⋯ 이미 만들어진 글자를 가지고 유추하여 다른 뜻으로 쓰는 글자를 말한다.
  예 相 : 서로(상), 재상(상), 도울(상), 지팡이(상)
    樂 : 풍류(악), 즐거울(락), 좋아할(요)

⑥ **가차 문자(假借文字)** ⋯ 이미 있는 글자의 뜻과는 관계없이 음이나 형태를 빌려다 쓰는 글자를 말한다.
  예 음만 빌리는 경우 : 印度(인도 – India), 亞細亞(아세아 – Asia)
    형태만 빌리는 경우 : 弗(불 – $)

  ☆☆☆ 한자의 3요소 ⋯ 한자는 표의 문자로 모양(形), 소리(音), 뜻(意)의 3요소를 갖추고 있다.

✽ 한자어의 구성[**]

① **병렬 관계(竝列關係)** ⋯ 같은 품사를 가진 한자끼리 연이어 결합된 한자어의 짜임을 말한다.
  ㉠ **유사 관계(類似關係)** : 뜻이 같거나 비슷한 한자끼리 연이어 결합된 한자어의 짜임
    예 家屋(가옥), 群衆(군중), 星辰(성신), 土地(토지), 海洋(해양), 繪畵(회화), 到達(도달), 引導(인도), 販賣(판매), 巨大(거대), 美麗(미려), 寒冷(한랭)
  ㉡ **대립 관계(對立關係)** : 뜻이 서로 반대 또는 상대되는 한자끼리 연이어 결합된 한자어의 짜임
    예 賞罰(상벌), 上下(상하), 善惡(선악), 因果(인과), 陰陽(음양), 天地(천지), 加減(가감), 開閉(개폐), 强弱(강약), 高低(고저)
  ㉢ **대등 관계(對等關係)** : 뜻이 서로 대등한 한자끼리 연이어 결합된 한자어의 짜임
    예 父母(부모), 松柏(송백), 仁義(인의), 忠孝(충효), 眞善美(진선미), 紙筆硯墨(지필연묵)

Q 구체적인 사물의 모양을 본떠서 만든 한자는?

② 첩어 관계(疊語關係) : 똑같은 글자가 겹쳐 이루어진 한자어의 짜임

    예 代代(대대), 年年(연년), 正正堂堂(정정당당)

⑩ 융합 관계(融合關係) : 한자의 뜻이 융합되어 쪼갤 수 없는 관계

    예 光陰(광음), 琴瑟(금실), 春秋(춘추)

ⓑ 일방 관계(一方關係) : 한자가 병렬되었으나 한쪽의 뜻만 나타내는 말

    예 國家(국가), 多少(다소) – 조금(少의 뜻만 작용), 緩急(완급) – 위급함(急의 뜻만 작용)

② **수식 관계(修飾關係)** … 꾸미는 말과 꾸밈을 받는 말로 결합된 한자어의 짜임을 말한다.

  ㉠ 관형어(冠形語) + 체언(體言)

    예 家事(가사), 城門(성문), 吉夢(길몽), 明月(명월), 外貨(외화), 流水(유수)

  ㉡ 부사어(副詞語) + 용언(用言)

    예 廣告(광고), 徐行(서행), 雲集(운집), 疾走(질주), 必勝(필승)

③ **주술 관계(主述關係)** … 주어와 서술어의 관계로 결합된 한자어의 짜임을 말한다. 주어는 행위의 주체가 되고 서술어는 행위, 동작, 상태 등을 나타낸다. 문장의 조건을 갖추었으면서도 한자어의 역할을 한다.

    예 國立(국립), 夜深(야심), 人造(인조), 日出(일출), 年少(연소), 品貴(품귀)

✱ 한자의 품사*

구분			내용
실사	명사		사물의 이름을 나타내는 품사
	대명사	인칭대명사	我 · 吾 · 子(1인칭), 汝 · 女 · 子(2인칭), 彼 · 他(3인칭) 등
		지시대명사	是 · 此 · 之 · 彼 · 其 등
		의문대명사	誰 · 孰 · 何 · 焉 · 胡 · 奚 · 曷 등
	동사		동작이나 상태를 나타내는 품사
	형용사		사물의 형상, 상태, 성질을 나타내는 품사
허사	보조사		가능(可 · 能 · 得), 부정(不 · 非), 금지(勿 · 無), 사동(使 · 令 · 敎), 피동(被 · 見 · 所) 등
	부사		정도(最 · 甚 · 宜), 시간(方 · 始 · 且), 의문(何 · 豈 · 安), 가정(若 · 雖 · 如), 강조(且 · 尙 · 亦)
	접속사	병렬	吾與汝皆學生也(나와 너는 다 학생이다)
		순접	學而時習之不亦悅乎(배우고 때로 익히면 또한 기쁘지 아니한가)
		역접	良藥若於口而利於病(좋은 약은 입에는 쓰나, 병에는 이롭다)
	전치사		어구의 앞에 놓여서 뒷말과의 관계를 맺어 주는 품사(以 · 於 · 于 · 自 · 至 등)
	종결사		문장 끝에서 종결을 나타내는 품사(也 · 矣 · 乎 · 哉 · 耳 · 己 등)
	감탄사		감탄을 나타내는 품사(嗚 · 呼 · 噫 등)

* **동음이의어(同字異音語)**[**]

覺	깨달을 각	覺醒(각성)
	꿈깰 교	覺眼(교안)
乾	하늘 건	乾坤(건곤)
	마를 간	乾物(간물)
見	볼 견	見學(견학)
	드러날 현	謁見(알현)
串	익힐 관	串柿(관시)
	땅이름 곶	虎尾串(호미곶)
龜	거북 귀	龜趺(귀부)
	땅이름 구	龜浦(구포)
	터질 균	龜裂(균열)
內	안 내	室內(실내)
	궁궐 나	內人(나인)
溺	오줌 뇨	血溺(혈뇨)
	빠질 닉	耽溺(탐닉)
丹	붉을 단	丹靑(단청)
	꽃이름 란	牡丹(모란)
單	홀로 단	簡單(간단)
	오랑캐임금 선	單于氏(선우씨)
讀	읽을 독	讀書(독서)
	귀절 두	句讀(구두)
樂	즐길 락	娛樂(오락)
	좋아할 요	樂山(요산)
	풍류 악	音樂(음악)
木	나무 목	草木(초목)
	모과 모	木瓜(모과)
復	회복할 복	復舊(복구)
	다시 부	復活(부활)
北	북녘 북	南北(남북)
	패할 배	敗北(패배)
狀	형상 상	狀態(상태)
	문서 장	賞狀(상장)

降	내릴 강	降下(강하)
	항복할 항	降伏(항복)
更	다시 갱	更新(갱신)
	고칠 경	變更(변경)
句	글귀 구	文句(문구)
	글귀 귀	聖句(성귀)
廓	둘레 곽	胸廓(흉곽)
	넓힐 확	廓大(확대)
洞	동리 동	洞里(동리)
	구멍 동	洞窟(동굴)
	밝을 통	洞察(통찰)
金	쇠 금	金庫(금고)
	성씨 김	金氏(김씨)
屯	진칠 둔	駐屯(주둔)
	어려울 준	屯險(준험)
宅	집 댁	宅內(댁내)
	집 택	住宅(주택)
度	법도 도	制度(제도)
	헤아릴 탁	度地(탁지)
率	비례 율, 률	比率(비율)
	거느릴 솔	統率(통솔)
說	말씀 설	說明(설명)
	달랠 세	遊說(유세)
	기쁠 열	說樂(열락)
反	돌이킬 반	反擊(반격)
	뒤침 번	反畓(번답)
否	아닐 부	否定(부정)
	막힐 비	否運(비운)
寺	절 사	寺刹(사찰)
	내관 시	內侍(내시)
索	찾을 색	搜索(수색)
	적막할 삭	索莫(삭막)

Q '樂'자의 세 가지 훈과 음은?

• 家 집 가	— 屋 집 옥		• 歌 노래 가	— 爭 노래 요
• 監 볼 감	— 視 볼 시		• 巨 클 거	— 隔 큰 대
• 居 살 거	— 住 살 주		• 健 굳셀 건	— 大 편안할 강
• 境 지경 경	— 界 지경 계		• 競 다툴 경	— 備 다툴 쟁
• 計 셈할 계	— 算 셈할 산		• 階 섬돌 계	— 層 층 층
• 雇 품살 고	— 傭 품팔 용		• 攻 칠 공	— 擊 칠 격
• 恭 공경할 공	— 敬 공경할 경		• 空 빌 공	— 虛 빌 허
• 貫 꿰뚫을 관	— 徹 뚫을 철		• 敎 가르칠 교	— 訓 가르칠 훈
• 救 구원할 구	— 濟 건널 제		• 規 법 규	— 則 법칙 칙
• 技 재주 기	— 藝 재주 예		• 饑 주릴 기	— 饉 주릴 근
• 段 층계 단	— 階 섬돌 계		• 斷 끊을 단	— 絕 끊을 절
• 談 말씀 담	— 話 말씀 화		• 到 이를 도	— 達 통달할 달
• 徒 무리 도	— 黨 무리 당		• 道 길 도	— 路 길 로
• 末 끝 말	— 端 끝 단		• 末 끝 말	— 尾 꼬리 미
• 勉 힘쓸 면	— 勵 힘쓸 려		• 滅 멸망할 멸	— 亡 망할 망
• 毛 털 모	— 髮 터럭 발		• 模 본뜰 모	— 範 법 범
• 茂 성할 무	— 盛 성할 성		• 文 글월 문	— 章 글 장
• 返 돌이킬 반	— 還 돌아올 환		• 法 법 법	— 式 법 식

✽ 반의어 ***

• 強 굳셀 강	↔ 弱 약할 약		• 開 열 개	↔ 閉 닫을 폐
• 去 갈 거	↔ 來 올 래		• 建 세울 건	↔ 壞 무너뜨릴 괴
• 傑 뛰어날 걸	↔ 拙 못날 졸		• 儉 검소할 검	↔ 奢 사치할 사
• 結 맺을 결	↔ 離 떨어질 리		• 謙 겸손할 겸	↔ 慢 거만할 만
• 京 서울 경	↔ 鄕 시골 향		• 輕 가벼울 경	↔ 重 무거울 중
• 慶 경사 경	↔ 弔 조상할 조		• 曲 굽을 곡	↔ 直 곧을 직
• 屈 굽을 곡	↔ 沆 대항할 항		• 貴 귀할 귀	↔ 賤 천할 천
• 勤 부지런할 근	↔ 怠 게으를 태		• 禽 날짐승 금	↔ 獸 길짐승 수
• 起 일어날 기	↔ 臥 누울 와		• 諾 승락할 낙	↔ 拒 물리칠 거
• 難 어려울 난	↔ 易 쉬울 이		• 濃 짙을 농	↔ 淡 묽을 담
• 斷 끊을 단	↔ 繼 이을 계		• 貸 빌릴 대	↔ 借 빌 차
• 同 같을 동	↔ 異 다를 이		• 鈍 둔할 둔	↔ 敏 민첩할 민
• 得 얻을 득	↔ 失 잃을 실		• 冷 찰 랭	↔ 炎 뜨거울 염
• 露 이슬 로	↔ 霜 서리 상		• 瞭 밝을 료	↔ 曖 희미할 애
• 利 이로울 리	↔ 害 해로울 해		• 漠 아득할 막	↔ 確 확실할 확
• 晩 늦을 만	↔ 早 일찍 조		• 忙 바쁠 망	↔ 閑 한가할 한

✱ 24節氣(절기) ***

계절	절기	날짜(양력)	특징
春	立春(입춘)	2월 4일경	봄의 시작
	雨水(우수)	2월 19일경	봄 기운이 돌고 싹이 틈
	驚蟄(경칩)	3월 6일경	개구리 같은 동물이 겨울잠에서 깨어남
	春分(춘분)	3월 21일경	낮과 밤의 길이가 같아짐
	淸明(청명)	4월 6일경	날씨가 맑고 밝음, 농사 준비
	穀雨(곡우)	4월 20일경	농사비(봄비)가 내려 백곡이 윤택해짐
夏	立夏(입하)	5월 6일경	여름의 시작
	小滿(소만)	5월 21일경	만물이 점차 성장하는 시기로 본격적인 농사가 시작됨
	芒種(망종)	6월 6일경	씨뿌리는 시기
	夏至(하지)	6월 21일경	낮이 가장 긴 시기
	小暑(소서)	7월 7일경	본격적인 더위가 시작되는 시기
	大暑(대서)	7월 23일경	가장 더위가 심한 시기
秋	立秋(입추)	8월 8일경	가을의 시작
	處暑(처서)	8월 23일경	일교차가 커지고 더위가 가시는 시기
	白露(백로)	9월 9일경	가을 기운이 완연해지고 이슬이 내림
	秋分(추분)	9월 23일경	밤이 점차 길어지는 시기
	寒露(한로)	10월 8일경	공기가 차가워지고, 찬 이슬이 맺히는 시기
	霜降(상강)	10월 23일경	서리가 내리는 시기
冬	立冬(입동)	11월 7일경	겨울의 시작
	小雪(소설)	11월 23일경	눈이 오기 시작하며 얼음이 어는 시기
	大雪(대설)	12월 7일경	큰눈이 내리는 시기
	冬至(동지)	12월 22일경	밤이 가장 긴 시기
	小寒(소한)	1월 5일경	겨울 중 가장 추운 시기
	大寒(대한)	1월 20일경	매우 추운 시기

✱ 나이를 나타내는 한자어 ***

- 10세 안팎 ⋯ 沖年(충년)
- 15세 ⋯ 志學(지학)
- 20세 ⋯ 弱冠(약관)
- 30세 ⋯ 而立(이립)
- 40세 ⋯ 不惑(불혹)
- 50세 ⋯ 知天命(지천명)
- 60세 ⋯ 耳順(이순)
- 61세 ⋯ 回甲(회갑), 還甲(환갑)

- 62세 ⋯ 進甲(진갑)
- 70세 ⋯ 古稀(고희), 從心(종심)
- 77세 ⋯ 喜壽(희수)
- 88세 ⋯ 米壽(미수)
- 90세 ⋯ 卒壽(졸수), 耄壽(모수)
- 91세 ⋯ 望百(망백)
- 99세 ⋯ 白壽(백수)
- 100세 ⋯ 期頤之壽(기원지수)

Ⓠ 耳順은 몇 세를 가리키는가?

✱ 가족의 호칭 **

구분	자기		타인	
	생존시	사후	생존시	사후
父(아버지)	家親(가친) 嚴親(엄친) 父主(부주)	先親(선친) 先考(선고) 先父君(선부군)	春府丈(춘부장) 椿丈(춘장) 椿當(춘당)	先大人(선대인) 先考丈(선고장) 先人(선인)
母(어머니)	慈親(자친) 母生(모생) 家慈(가자)	先妣(선비) 先慈(선자)	慈堂(자당)·大夫人(대부인) 母堂(모당)·萱堂(훤당)	先大夫人 (선대부인) 先夫人(선부인)
祖父(할아버지)	祖父(조부) 王父(왕부)	祖考(조고) 王考(왕고)	王尊丈(왕존장) 王大人(왕대인)	先祖丈(선조부장) 先王考丈(선왕고장)
祖母(할머니)	祖母(조모) 王母(왕모)	祖妣(조비)	王大夫人(왕대부인) 尊祖母(존조모)	先王大夫人(선왕대부인) 先祖妣(선조비)
子(아들)	家兒(가아)·家豚(가돈) 豚兒(돈아)·迷豚(미돈)	亡兒(망아)	令郎(영랑) 令息(영식)	
女(딸)	女息(여식)·息鄙(식비)		令愛(영애)·令嬌(영교)	
孫(손자)	孫子(손자)·孫兒(손아)		令抱(영포)·令孫(영손)	

✱ 속담과 관련된 한자 및 한자성어 ***

• 같은 값이면 다홍치마

　同價紅裳(동가홍상) … 이왕이면 좋고 예쁜 것을 취함

• 개밥에 도토리

　拘飯橡實(구반상실) … 따로 돌리어 함께 어울리지 못함

• 고양이 목에 방울 달기

　猫頭縣鈴(묘두현령) … 실현가능성이 없는 일을 계획함

• 그림의 떡

　畫中之餠(화중지병) … 아무리 마음에 들더라도 차지할 수 없는 경우

• 까마귀 날자 배 떨어진다

　烏飛梨落(오비이락) … 어떤 일이 공교롭게 동시에 일어나 남의 오해를 받게 됨

• 낫 놓고 기역자도 모른다

　目不識丁(목불식정) … 아주 무식함을 뜻하는 말

• 내 논에 물 대기

　我田引水(아전인수) … 자기에게만 유리하도록 함

• 내 코가 석 자

　吾鼻三尺(오비삼척) … 내 사정이 급해서 남을 돌볼 여유가 없음

 출제예상문제

1. 다음 중 한글의 연구, 통일 발전을 목적으로 조직된 민간 학술 단체로서, 일제의 탄압 속에서 꾸준히 우리말을 연구 · 보급해왔던 조직의 이름으로 옳지 않은 것은?

   ① 조선어 학회　　② 조선어 연구회
   ③ 한글 학회　　　④ 우리말 학회

2. '앙티로망'이란?

   ① 전통 계승 문학
   ② 사회참여소설
   ③ 저항문학
   ④ 실험적 반(反)소설

3. 하드보일드(hard-boiled)의 대표적 작가는?

   ① 카뮈　　　　　② 아라공
   ③ 헤밍웨이　　　④ 에즈라 파운드

4. 간결한 말 속에 깊은 체험적 진리를 교묘히 표현한 짧은 글을 의미하는 용어는?

   ① scree　　　　　② aphorism
   ③ mores　　　　　④ ghetto

5. 다음 중 데카당스와 관계없는 문예사조는?

   ① 관능주의　　　② 고전주의
   ③ 탐미주의　　　④ 퇴폐주의

6. 다음 중 「비곗덩어리」의 작가는?

   ① 생텍쥐페리　　② 헤르만 헤세
   ③ 헤밍웨이　　　④ 모파상

7. 세계 주요 문학작품 중 작가가 잘못 연결된 것은?

   ① 고도를 기다리며 – 베케트(프랑스)
   ② 이방인, 페스트 – 카뮈(프랑스)
   ③ 보물섬, 지킬박사와 하이드씨 – 스티븐슨(영국)
   ④ 테스, 귀향 – 토마스 만(독일)

8. 1970년대 이후 한국 문단에서는 문학의 순수와 참여의 논쟁이 오래 계속되었는데, 이는 문학의 어떤 두 측면을 얘기하는 것인가?

   ① 교훈과 쾌락　　② 현실과 이상
   ③ 역사성과 교훈성　④ 서정성과 예술성

9. 다음 중 송강 정철의 작품이 아닌 것은?

   ① 관동별곡　　　② 사미인곡
   ③ 훈민가　　　　④ 청산별곡

10. 다음 중 연결이 옳지 않은 것은?

   ① 최초의 가사 – 상춘곡
   ② 최초의 순(純)문예동인지 – 폐허
   ③ 최초의 한문소설 – 금오신화
   ④ 최초의 한글소설 – 홍길동전

11. 2019년 노벨 문학상을 수상한 작가는?

① 조이스 캐럴 오츠

② 아시아 제바르

③ 앨리스 먼로

④ 페터 한트케

● ANSWER ●

1. 1921년 처음 '조선어 연구회'가 조직되어 1931년 '조선어 학회'로, 1948년 '한글 학회'로 명칭이 바뀌었다. 한글 맞춤법 통일안, 표준어 제정, 외래어 표기법의 통일 및 우리말 큰 사전을 편찬하는 등의 활동을 하였다.

2. 앙티로망(anti-roman)은 전통적인 수법을 부정하는 새로운 형식의 반(反)소설 또는 비(非)소설로, 일종의 실험소설이다.

3. 하드보일드문학은 비정형·냉혹형으로 불리는 문학형식으로 1차 세계대전 후 사실주의 문학경향을 말하며, 전쟁에 대한 회의·불신·파멸을 무자비하게 묘사하고 있다. 대표적 작가로는 헤밍웨이, 더드 페서스, 대쉬얼 헤밋 등이 있다.

4. ② 아포리즘(aphorism) … 그리스어에서 유래된 말로 깊은 체험적 진리를 간결하고 압축된 형식으로 나타낸 짧은 글을 말한다. 금언·격언·잠언·경구 등이 이에 속한다.

5. 데카당스(decadence)는 19세기 후반의 회의적인 사상과 퇴폐적인 경향이 문학에 반영된 세기말적 문학을 말한다. 관능적인 미를 추구하고 예술지상주의적, 탐미적 문학의 특징을 갖는다.

6. 「비곗덩어리」는 모파상의 중편소설작품으로, 프로이센군에 점령된 루앙으로부터 디에프로 가는 역마차 안에서 생긴 일을 그린 작품이다. 뚱뚱해서 비곗덩어리라는 별명이 붙은 창녀가 합승객의 희생이 되어 프로이센 장교에게 몸을 맡기는데, 일이 끝나자 합승객은 절박한 고비에서 구조를 받은 은혜도 잊고서 그녀를 경멸하고 멀리한다는 이야기이다. 모파상의 작품은 이외에도 「여자의 일생」, 「목걸이」 등이 유명하다.

7. ④ 「테스」, 「귀향」은 토마스 하디(영국)의 작품이다. 토마스 만은 독일의 소설가이자 평론가로 독일의 소설예술을 세계적 수준으로 높였다. 1929년 「바이마르 공화국의 양심」으로 노벨문학상을 받았다.

8. 순수·참여논쟁은 문학의 현실문제에 대한 대응방법을 놓고 전개된 것으로 참여론자들은 현실외면의 이유로 순수 문학을 부정, 순수론자들은 문학의 정치에의 예속화를 우려하고 있다.

9. 송강 정철은 조선 중기 문신 겸 시인으로 당대 가사문학의 대가이다. 시조의 윤선도와 함께 한국 시가사상 쌍벽으로 일컬어지며 대표작으로는 관동별곡, 성산별곡, 사미인곡, 속미인곡, 훈민가 등이 있다.
④ 청산별곡은 고려가요의 하나로 악장가사에 실려 전하며 작자·연대는 미상이다.

10. ② 「폐허」는 1920년대 초 문학동인지로, 독일의 시인 실러의 "옛 것은 멸하고 시대는 변한다. 새 생명은 이 폐허에서 피어난다."라는 시구에서 따온 것으로 부활과 갱생을 의미한다. 동인으로 김억, 남궁벽, 오상순, 염상섭 등이 참여하였으며 이들의 문학적 경향은 퇴폐적 낭만주의였다.
※ 창조(創造) … 1919년에 창간된 최초의 순(純)문예동인지로 김동인, 주요한, 전영택 등이 주요 동인이다. 계몽 문학을 배척하고 순수 문학을 지향하였다.

11. 2019년 노벨 문학상 수상자는 오스트리아의 페터 한트케이다. 한트케는 희곡 「관객모독」으로 유명하다. 참고로 2018년 미투 파문으로 시상을 건너 뛴 지난해 수상자는 토카르추크를 선정했다.

1.④ 2.④ 3.③ 4.② 5.② 6.④ 7.④ 8.② 9.④ 10.② 11.④ Ⓐ

12. 향가에 대한 설명이 아닌 것은?

① 신라 진평왕 때부터 고려 광종 때까지 약 4세기 동안 계승·발전하였으며, 향찰문자로 표기된 신라의 노래이다.
② 일명 사뇌가라고 한다.
③ 삼국사기에 20여수가 전해진다.
④ 형식으로는 4구체·8구체·10구체가 있으며 대부분 10구체 향가이다.

13. 고려가요 가운데 가시리와 같이 이별을 주제로 한 노래는?

① 청산별곡 　② 쌍화점
③ 유구곡 　② 서경별곡

14. 우리나라 최초의 국문소설은?

① 박지원의 양반전 　② 김시습의 금오신화
③ 허균의 홍길동전 　④ 박인량의 수이전

15. 신재효가 정리한 판소리 여섯마당 중에서 오늘날 불리지 않는 것은 어느 것인가?

① 변강쇠타령 　② 적벽가
③ 수궁가 　④ 심청가

16. 다음 설명 중 옳은 것은?

① 훈민정음으로 적은 최초의 작품은 월인천강지곡이다.
② 가사문학의 효시는 정철의 사미인곡이다.
③ 우리나라 최초의 향가집은 삼대목이다.
④ 장지연의 시일야방성대곡이란 논설로 유명한 신문은 한성순보이다.

17. 윤선도의 오우가 중에 나오는 벗에 포함되지 않는 것은?

① 달 　② 소나무
③ 돌 　④ 별

18. 다음 중 우리말의 뜻풀이가 옳지 않은 것은?

① 주접들다 : 잔병이 많아 자라지 못하다.
② 흐드러지다 : 바람에 한들한들 흔들거린다.
③ 반지빠르다 : 못된 것이 언행이 교만스러워 얄밉다.
④ 홑지다 : 복잡하지 않고 단순하다.

19. 다음 중 현행 맞춤법에 어긋나는 표기는?

① 회수(回數) 　② 도와주다
③ 더욱이 　④ 빛을

20. 다음 글에서 밑줄 친 낱말의 품사는?

다른 동물들도 자신의 소리로써 그 나름의 신호(信號)를 교환한다.

① 접사 　② 자립명사
③ 의존명사 　④ 지시대명사

21. 다음 중 순우리말 뜻이 잘못 짝지어진 것은?

① 핫어미 : 남편이 있는 여자
② 척지다 : 서로 원한을 품게 되다.
③ 곰살갑다 : 성질이 싹싹하고 다정스럽다.
④ 가멸다 : 비교하다

22. 밑줄 친 단어가 외래어표기법에 맞게 표기된 것은?

① 구조대원들이 생존자를 <u>앰블런스</u>로 옮겼다.

② 내가 지은 <u>꽁트</u>는 매우 재미있다.

③ 이번에 '국민 의식 개혁'에 관한 <u>심포지움</u>을 개최하고자 한다.

④ 어제 실험을 하기 위하여 <u>알코올램프</u>를 샀다.

23. 우리나라 최초로 신인추천제를 실시하였으며 많은 현대시조 작가를 배출한 순수문예지는?

① 문장   ② 소년

③ 청춘   ④ 인문평론

● ANSWER ●

12. ③ 향가는 삼국유사에 14수, 균여전에 11수 등 도합 25수가 전해지고 있다.

13. ① 삶의 고단함과 그것을 극복해보고자 하는 노래이다.
② '남녀상열지사' 또는 '음사'라 하여 배척된 노래이나 당시의 현실 풍자와 상징성이 돋보이는 창작 시이다.
③ 비둘기와 뻐꾹새를 빌어 잘못된 정치를 풍자한 노래이다.

14. 우리나라 최초의 한문소설은 금오신화이며, 최초의 국문소설은 홍길동전이다.

15. 신재효는 조선 후기의 판소리 이론가이자 작가로 종래 계통 없이 불러 오던 광대소리를 통일하여 6마당으로 체계를 이루고 독특한 판소리 사설문학을 이룩하였다. 그 중 현전하는 판소리 다섯마당은 적벽가, 수궁가, 심청가, 춘향가, 흥부가이다.

16. ① 용비어천가 ② 상춘곡 ④ 황성신문

17. 윤선도의 오우가는 물(水), 돌(石), 소나무(松), 대나무(竹), 달(月)의 다섯 벗을 등장시켜 자연에 대한 사랑과 관조의 경지를 표현한 연시조이다.

18. ② 흐드러지다 … 썩 탐스럽다. 아주 잘 익어서 무르녹다(흐무러지다).

19. ① 한자어와 한자어 사이에는 사이시옷을 쓰지 못하나 곳간(庫間), 셋방(貰房), 숫자(數字), 횟수(回數), 찻간(車間), 툇간(退間) 등은 예외적으로 사용된다.

20. ③ 의존명사 … 명사의 성격을 띠면서도 그 의미가 형식적이어서 관형어 아래에서만 쓰이는 명사를 말한다.

21. ④ '업신여기다'라는 뜻의 말이다.

22. ① 앰뷸런스 ② 콩트 ③ 심포지엄 ⑤ 타깃

23. ① 문장 … 1939년 창간되어 1941년 폐간된 시·소설 중심의 순문예지이다. 신인추천제로 발굴된 대표적인 시조시인으로는 김상옥과 이호우 등이 있으며, 시인으로는 청록과 시인 박목월, 조지훈, 박두진 등이 있다.
② 소년 … 1908년 11월 최남선이 창간한 한국 최초의 월간 잡지로 주로 청소년을 대상으로 새로운 지식의 보급과 계몽, 강건한 청년정신의 함양에 힘썼다. 1911년 5월 종간되었다.
③ 청춘 … 1914년 10월에 창간된 한국 최초의 본격적인 월간 종합지로 일반교양을 목표로 펴낸 계몽적 대중지다. 인문·사회, 자연·과학 전반의 내용을 다루었으며, 문학 부문에 비중을 두어 준문학지 성격을 띠었다.
④ 인문평론 … 1939년 10월 최재서(崔載瑞)가 창간한 문학잡지로 창간호의 권두언에서 문학가들도 건설 사업에 협력해야 한다고 주장하여 일본의 침략전쟁을 긍정하고 합리화하는 데 앞장섰다. 1941년 4월 폐간되었다.

24. 서간문에서 '인사를 줄인다'는 뜻으로 쓰이는 것은?

① 除煩　　　② 就白

③ 不備　　　④ 閣筆

25. 공자가 '從心所慾不踰矩(종심소욕불유구)'라 하여 마음먹은 대로 해도 법도에 벗어남이 없다고 한 나이는?

① 40세　　　② 50세

③ 60세　　　④ 70세

26. 노인의 장수를 기원하는 뜻으로 춘추의 숫자를 높여 부르는 표현 중 옳지 않은 것은?

① 71세 – 望八　　② 88세 – 米壽

③ 91세 – 望百　　④ 99세 – 百壽

27. 十二支 중 午는 어떤 동물에 해당하는가?

① 말　　　② 닭

③ 소　　　④ 양

28. 二十四節氣 순서상 시기가 가장 앞선 것은?

① 亡種　　　② 白露

③ 淸明　　　④ 立夏

29. 다음 중 밑줄 친 한자어의 쓰임이 옳은 것은?

① 새로운 논문을 공포했다.

② 사고 안전 대책을 마련해라.

③ 그는 기량이 뛰어난 선수이다.

④ 증세가 많이 개선되어 퇴원하였다.

30. 다음 한자를 순서대로 바르게 읽은 것은?

㉠ 斡旋	㉡ 懦弱

① 간선, 나약　　② 알선, 나약

③ 간선, 유약　　④ 알선, 유약

31. 다음 독음(讀音)이 바른 것은?

① 執拗 – 집유　　② 遊說 – 유설

③ 標識 – 표식　　④ 暇疵 – 가비

32. 다음 중 '不'을 모두 '부'로 읽어야 하는 것은?

① 不渡, 不德, 不同, 不知

② 不信, 不使, 不正, 不敬罪

③ 不全, 不辛, 不自由, 不道德

④ 不當, 不適, 不景氣, 不調和

33. 한자의 독음(讀音)이 모두 맞게 짝지어진 것은?

① 猜忌(시기), 木瓜(모과)

② 釀出(거출), 未洽(미흡)

③ 改悛(개준), 更迭(경질)

④ 撒布(산포), 不朽(불후)

34. 다음 글의 밑줄 친 부분의 한자어의 표기가 바르지 않은 것은?

위로부터의 조직화에 의한 ㉠여론(輿論) 형성은 여러 문제점을 ㉡내포(內包)하게 되는데, 그 하나가 여론 과정이 고전적 이론의 예정된 통합적 기능보다도 ㉢분열(分裂)과 대립의 기능을 보다 많이 수행하게 되는 위험성이다. 즉 그곳에서는 예리하게 대립하는 주도적 의견을 중심으로 하여 그 동조자가 결집하는 결과 상호 간의 대화와 매개가 더 한층 ㉣곤란(困亂)하게 되는 ㉤경향(傾向)이 나타난다는 점이다.

① ㉠　　　② ㉡

③ ㉢　　　④ ㉣

56. '膠柱鼓瑟'에 비유되는 사람은?

① 신중하지 못한 사람

② 융통성이 없는 사람

③ 책임감이 없는 사람

④ 정직하지 못한 사람

57. '흠 잡을 데 없이 완벽한 솜씨'의 한자성어는?

① 畵龍點睛   ② 同工異曲

③ 天衣無縫   ④ 梁上君子

● ANSWER ●

45. '여수장우중문시'는 현전하는 우리나라 최고(最古)의 한시로 을지문덕이 적장 우중문을 조롱하는 내용이다.
神策究天文(신책구천문) 신기한 계책은 하늘의 형상을 다하였고
紗算窮地理(묘산궁지리) 오묘한 계획은 땅의 이치를 다했도다.
戰勝功旣高(전승공기고) 전쟁에서 이긴 공이 이미 높으니
知足願云止(지족원운지) 족함을 알고 그만두기를 바란다.

46. ① 三顧草廬(삼고초려) … 유비가 세 번이나 초가집으로 제갈공명을 찾아갔다는 고사에서 유래된 말로, 인재를 맞아들이기 위하여 참을성 있게 마음을 쓰는 것을 일컫는다.

47. ④ 斷機之戒(단기지계) … 맹자가 공부를 중단하고 돌아오자 그의 모친이 짜고 있던 베를 잘라 훈계한 데서 유래한 것으로 학문을 중단하는 것은 베를 중간에 자르는 것과 같이 아무 이익도 없음을 의미한다. 유사한 표현으로는 斷機之敎, 孟母斷機 등이 있다.
① 관포지교 ② 단금지교 ③ 문경지우 … 두터운 우정을 의미하는 한자성어 ④ 금란지교

48. 指鹿爲馬(지록위마) … 중국 진나라의 조고가 왕에게 일부러 사슴을 말이라고 속여 바친 고사에서 유래한 말이다.
① 적반하장 ② 좌정관천 ④ 촌철살인

49. 龍門(용문)은 중국 황하 상류에 있는 급류로, 물이 험하여 올라갈 수 없으나 잉어가 뛰어오르면 용이 되어 하늘에 오른다는 데서 나온 말이다.

50. 刻舟求劍(각주구검)과 같은 의미로 쓰이는 한자성어는 尾生之信(미생지신), 膠柱鼓瑟(교주고슬), 守株待兎(수주대토) 등이 있다.

51. 月落洞庭湖(월락동정호) … 동정호(洞庭湖)는 중국에서 가장 큰 호수로, 많은 시인들에 의하여 읊어진 명승지이다.

52. 韋編三絶(위편삼절)은 책을 여러 번 뒤적여 읽는다는 뜻으로, 공자가 주역을 애독하여 책을 맨 끈이 세 번이나 끊어졌다는 고사에서 유래되었다.

53. ② 麥秀之嘆(맥수지탄) … 기자(箕子)가 은나라가 망한 후에도 보리가 잘 자람을 보고 한탄했다는 고사에서 온 말이다.
① 望洋之歎(망양지탄) … 다른 사람의 뛰어남을 보고 자신의 부족함을 부끄러워한다는 의미이다.
③ 亡羊之歎(망양지탄) … 학문의 범위가 넓고 갈래가 많아 길을 잡기 어려움을 이르는 말이다.
④ 髀肉之嘆(비육지탄) … 재능을 발휘할 기회를 갖지 못하고 헛되이 세월만 보냄을 탄식하는 말이다.

54. ① 양의 창자처럼 꼬불꼬불하고 험한 산길을 말한다.

55. ① 변변치 못한 음식
②, ③, ④ 호화로운 생활

56. ② 膠柱鼓瑟(교주고슬) … 아교로 붙이고 거문고를 탄다라는 뜻으로 고지식하여 조금도 융통성이 없음을 비유

57. ③ 天衣無縫(천의무봉) … 선녀가 입는 옷은 바느질 자국이 없다는 뜻으로, 시나 문장이 너무 자연스럽고 조금도 흠이 없는 것을 말한다.
① 화룡점정 ② 동공이곡 ④ 양상군자

45.② 46.① 47.④ 48.③ 49.② 50.① 51.④ 52.③ 53.② 54.① 55.① 56.② 57.③ **A**

08 매스컴

매스컴 단원은 전문 용어가 차지하는 비중이 매우 높아 해당 용어의 의미를 정확하게 파악하는 것이 학습의 관건이라 할 수 있다.

1 매스컴일반

✱ 매스컴(masscom) *

대량전달이라는 의미의 매스 커뮤니케이션(mass communication)의 약칭으로, 불특정 다수의 대중을 대상으로 전달하는 대량의 사회정보 및 전달상황을 말한다.

☆☆☆ 퍼스널 커뮤니케이션(personal communication) … 지식·판단·감정·의지와 같은 의식의 전달이 개인적, 면접적인 상호 작용을 통해 이루어지는 것

✱ 커스컴(cuscom) *

단골을 뜻하는 'custom'과 통신을 뜻하는 'communication'이 합해진 용어로 커스텀 커뮤니케이션이라고도 한다. 매스컴이 다수의 사람들에게 정보를 전달하는 것을 목적으로 한다면 커스컴은 유선방송이나 케이블TV처럼 그 매체를 접하고자 하는 정해진 소수의 사람들을 상대로 정보를 전달하는 것을 목적한다.

✱ 프리츠커상 **

1979년 하얏트 재단 회장인 제이 A.프리츠커 부부가 제정한 '건축계의 노벨상'이라고 불리는 건축 분야 최고 권위 상이다. 건축을 통해 인류와 환경에 공헌한 건축가에게 매년 수여되는 상이다. 2018년 3월 7일 미국 하얏트재단은 '2018년 프리츠커상'에 인도 건축가 발크리시나 도시를 선정했다. 하얏트 재단은 발크리시나 도시의 건축이 기후와 입지 특성, 지역적 맥락을 깊이 있게 이해하고 기술과 장인정신을 녹여내 선정했다고 밝혔다.

✱ 국제언론인협회(IPI : International Press Institute) *

1951년 자유주의국가 언론인들이 상호 간의 협조와 권익옹호를 위해 결성한 국제단체이다. 개인자격으로 가입하며, 언론의 자유를 수호하고, 교류를 촉진하여 편집 실무를 개선함을 목적으로 한다. 본부는 오스트리아 빈에 있으며, 우리나라는 1960년 12월에 가입하였다.

ⓠ 매스 커뮤니케이션의 전달 매체는?

✱ 매스컴의 효과이론 ***

매스미디어를 통해 전달되는 정보는 사회구성원들에게 긍정적 또는 부정적으로 영향을 미친다. 매스미디어의 효과는 시대에 따라 대효과·소효과·중효과 이론으로 변천했다. 대효과이론은 영화나 라디오가 대중화되기 시작한 1920~40년대에 이르기까지 주장되었던 이론으로 매스미디어가 사람들의 태도나 의견을 쉽게 변화시킬 정도로 힘이 막강하다는 의견이다. 소효과이론은 1940~60년대에 유행한 이론으로 매스미디어의 영향이 수용자의 태도를 변화시킬 만큼 강하지 않다는 제한적 효과이론이다. 그리고 1970~80년대에는 매스미디어의 효과가 제한적이지 않으며 장기간에 걸쳐 대중의 의식형성에 상당한 영향을 미칠 수 있다고 보는 중효과이론이 주류를 이뤘다.

더 알아보기

① 대효과이론

탄환이론 (bullet theory)	매스커뮤니케이션에 약한 일반대중은 총에서 발사되는 탄환이 목표물에 명중되는 것과 같이 대중매체가 수용자에게 메시지를 주입하면 효과가 강력하고 직접적으로 나타난다는 이론이다. 피하주사식이론, 언론매체의 강효과이론 혹은 기계적 자극반응이론이라고도 한다.
의존효과이론 (dependency theory)	일반적으로 대중들의 미디어에 대한 의존성의 정도는 다양하게 나타난다. 대중매체의 효과는 대중매체를 신뢰하며 의존성이 높을 때, 대중매체가 정보기능을 성공적으로 수행할 때, 사회의 갈등 폭이 클 때 효과가 커진다.
침묵의 나선형이론	노엘레 노이만이 주장한 것으로 일반적인 사람은 타인으로부터 고립되는 것을 두려워하므로, 특정 문제에 대한 여론을 세심하게 관찰하여 자신과 다수의 의견이 일치하면 의견을 말하나 소수의 의견에 해당할 경우 침묵하게 된다는 이론이다. 이러한 소수의견의 침묵은 계속 이어지게 되어 결국 침묵의 나선효과는 가속화된다는 것이다.
문화적 규범이론 (문화계발 효과이론)	언론매체가 현실세계에 대한 정보를 수용자에게 전달하여 강력하고 직접적인 영향력을 행사한다는 이론이다. 현실세계에 대한 수용자의 이미지는 대중매체를 통해 전달받은 것으로 이에 의하면 지속적으로 대중매체에 노출된 결과이다.

② 소효과이론

선별효과이론	매스미디어의 효과는 강력하지 않고 획일적이지 않으며, 직접적이지도 않아 그 효과가 수용자 개인들의 사회 계층적 영향, 심리적 차이, 사회적 관계 등에 의해 제한을 받아서 단지 선별적이고 한정적으로 나타난다는 이론이다.
2단계 유통이론	의견지도자를 거쳐 정보나 영향력이 궁극적인 수용자들에게 전달된다는 이론이다. 라자스펠트의 '국민의 선택'이라는 연구보고서에서 처음으로 제시된 것으로 매스미디어가 유권자의 투표행위에 지배적인 영향을 미치지 않는다고 밝혀냈다.

③ 중효과이론

이용과 충족이론	능동적인 수용자들은 자신의 동기나 욕구를 충족시키기 위하여 매스미디어를 활용한다는 이론이다.
의제설정이론	매스미디어는 특정 주제를 선택하고 반복함으로써 이를 강조하여 수용자가 중요한 의제로 인식하게 한다는 이론으로 이에 의하면 대중매체가 강조하는 정도에 따라 수용자가 인식하는 정도가 달라질 수 있다.

✱ 세계신문협회(WAN : World Association of Newspapers) [*]

1948년 유럽 언론사가 중심이 되어 국제신문발행인협회(FIEJ)로 발족하였으며 1996년 5월 총회에서 WAN으로 개칭하였다. 세계 언론의 자유보장 및 회원 간 교류를 통한 언론의 발전을 추구하며 국제연합과 유네스코의 자문기관이기도 하다. 본부는 프랑스 파리에 있으며, 우리나라는 1971년에 가입하였고, 회원국은 93개국, 1만 7천 여 개의 신문·통신사가 회원으로 가입되어 있다.

✱ 국제기자기구(IOJ : International Organization of Journalists) [**]

1946년 덴마크 코펜하겐에서 결성된 조직으로 미국을 중심으로 한 보수적인 국제기자연맹(IFJ)과는 달리 진보적이며, 민주적인 저널리즘을 추구하는 동유럽과 제3세계 국가까지 포괄하는 세계 최대의 국제언론인기구이다. 본부는 에스파냐 마드리드에 위치하며 120개국 250만 명이 회원으로 가입되어 있다.

✱ 국제기자연맹(IFJ : International Federation of Journalists) [*]

IOJ에서 탈퇴한 미국과 영국 등 14개국 서방 자본주의 언론단체들이 중심이 되어 1952년에 결성하였다. 언론의 자유와 언론인들의 권익을 옹호하고 직업상의 윤리규정 확보를 목적으로 일선기자들로 구성되었다. 본부는 벨기에 브뤼셀에 있으며, 우리나라는 관훈 클럽이 준회원으로(1964), 한국기자협회가 정회원으로(1966) 가입하였다.

✱ 관훈클럽 [**]

1957년 언론인들의 친목과 언론의 향상을 위해 설립된 현존하는 우리나라 최고(最古)의 언론단체이다. 1977년부터 각계의 지도자를 초빙하여 의견을 듣는 관훈토론회를 개최하였으며, 해마다 가장 뛰어난 언론인에게 관훈언론상도 시상한다.

✱ 아웃링크(outlink) [*]

포털사이트가 아닌 뉴스사이트에서 직접 뉴스를 보는 방식을 말한다. 국내의 네이버·다음 같은 포털사이트에서는 인링크(네이버 화면 안에서 뉴스를 보는 방식)로 뉴스를 제공하고 있다. 반면 외국의 구글이나 페이스북은 아웃링크 방식으로, 이용자가 기사를 선택하면 해당 언론 사이트로 넘어가 기사를 보게 된다. 예컨대 포털에서 '남북정상회담'을 검색하면 네이버나 다음이 아니라 해당 언론사로 넘어가 뉴스를 보고 댓글을 다는 방식이다. 최근 '드루킹 사건'으로 포털사이트 뉴스 댓글 조작에 대한 경각심이 커지면서 정치권은 '아웃링크'를 도입하는 방안을 본격적으로 검토하고 있다. 언론사들로서는 포털에 뺏겼던 클릭 수를 찾아올 수 있어 선호하지만, 소비자들은 플로팅 광고(인터넷 사이트 전체나 일부를 뒤덮는 광고 기법)때문에 불편을 겪을 수 있다.

✱ 방송통신위원회(KCC : Korea Communications Commission) **

방송위원회(KBC)의 방송 정책 및 규제, 정보통신부의 통신서비스 정책과 규제를 총괄하는 대통령 직속 기구이다. 방송과 통신의 융합 현상에 능동적으로 대응하고 방송의 자유와 공공성·공익성을 보장하며, 방송·통신 간 균형 발전을 위해 방송·통신 관련 인허가 업무, 각종 정책 수립 등의 역할을 담당한다. 위원장 1명을 포함, 5명의 상임위원으로 구성되는데 대통령이 2인을 임명하고 그중 1명을 위원장으로 삼으며 나머지 위원 3명은 국회에서 추천한다.

☆☆☆ **방송통신심의위원회** … 방송의 공공성과 공정성을 보장하고, 정보 통신의 건전한 문화를 창달하며 올바른 이용 환경을 조성하기 위하여 설치된 기관이다.

✱ 맥루한의 미디어결정론 ***

맥루한은 저서 「미디어의 이해(Understanding Media)」에서 '미디어는 메시지이다(media is message).'라고 강조하였다. 미디어가 전달하는 것은 그 내용과 전혀 다른, 즉 미디어 그 자체의 특질 내지 형태라고 주장하였다. 또한 미디어의 커뮤니케이션 과정상 다른 모든 요소에 영향을 끼치는 것을 강조하고, 메시지와 채널의 결합으로 발생하는 결과적 영향을 감각

상/식/문/제

다음 중 캐나다의 미디어 학자인 마셜 맥루한(M. Mcluhan)과 관련이 가장 적은 것은?

① 미디어는 메시지이다.(media is massage)
② 지구촌(global village)
③ 문화제국주의(cultural imperialism)
④ 쿨미디어(cool media)와 핫미디어(hot media)

을 불러일으키는 '미디어는 마사지(massage)이다.'라고 표현했다. 매체발달단계에서 텔레비전의 출현으로 시작되는 제3단계는 개별적 국가 단위에서 벗어난 전체적인 특성을 지닌다.

✱ 세계 4대 통신사 ***

① AP(Associated Press) … 1848년 헤일(D. Hale)의 제안으로 결성된 미국 연합통신사이다. 신문사·방송국을 가맹사로 하는 협동조직의 비영리법인 UPI와 함께 세계최대통신사이다.

② UPI(United Press International) … 1958년에 UP가 경영난에 빠진 INS(International News Service) 통신사를 병합하여 설립한 영리법인이다.

③ AFP(Agence France Press) … 아바스(C. Havas)가 만든 외국신문 번역통신사의 후신으로 전 세계에 100여개의 지국을 설치하고 서유럽적 입장에서 논평과 보도를 한다.

④ 로이터(Reuters) … 1851년 독일인 로이터가 영국에 귀화하여 런던에 설립한 영국의 국제 통신사로 전 세계적인 통신망을 구축하여 국제 신문계의 중심을 이루고 있으며 특히 경제·외교기사 통신으로 유명하다.

✱ 미국의 4대 방송 **

① NBC(National Broadcasting Company) … 1926년에 설립된 미국 내셔널 방송회사로 우리나라에서 개최된 88올림픽의 중계를 맡았으며, 미국 방송조직 중 가장 크다.

② CBS(Columbia Broadcasting System) … 미국의 콜롬비아 방송회사로 1927년 설립되었다. 라디오 · 텔레비전 망을 보유한 민간회사로 시류에 민감하여 기획과 실시의 면에 있어서 활발한 기동성을 가지고 있다.

③ ABC(American Broadcasting Company) … 미국에서 세 번째로 방대한 텔레비전 네트워크를 가진 아메리칸 방송회사로 1944년에 설립되었다.

④ MBS(Mutual Broadcasting System) … 4개의 방송국이 연합하여 1934년에 설립한 것으로 전국적인 규모의 라디오 전문 네트워크로 소규모 라디오 방송국의 형태로 방송국 상호 간에 프로그램을 제공한다.

✱ 적대언론(adversary journalism) *

어떤 성격의 정부이든 정부나 권력자에 적대적인 입장에 서서 항상 비판적인 자세를 유지하고 완고한 감시자 역할을 수행하는 언론이다. 적대언론의 언론인은 객관성과 냉정성을 최대한 유지하지만 정부나 권력에 대해 영원한 반대자로 남는다. 이런 점에서 적대언론은 언론이 정치권력에 비판적인 국가의 제4부가 되어야 한다는 자유민주주의의 전통적인 언론이념과 관련있다. 그러나 어떤 정부이건 무조건 적대하는 언론을 적대언론이라고 정의한다면, 과연 그러한 언론이 바람직스러운 언론이냐에 대해서는 많은 사람이 회의적이며, 또 그런 의미의 적대언론은 역사상 한 번도 존재했던 적이 없다고 보여진다.

✱ 발전언론 *

국가의 자주성 보전과 문화적 주체성을 확립하기 위해 언론이 국가발전에 긍정적 역할을 수행해야 한다고 보는 보호개발도상국의 언론이념이다. 개발도상국에서 언론은 개개인의 자유가 아닌 총체적인 국가목표를 강조하므로 언론의 자유는 하위에 있게 된다. 반전언론은 언론의 자유를 전적으로 부정하지 않으나 국가발전이 언론의 자유보다 우위에 있으므로 현실적으로 독재정권의 나팔수로 전락되는 경우가 많다.

✱ 클리킹 현상(리모컨에 의한 텔레비전 시청형태) *

① Soft Clicking … 보고 있던 프로그램이 재미가 없기 때문에 채널을 바꾸는 현상

② Hard Clicking … 언제 보아도 재미없는 프로그램에 제재를 가하는 현상

③ Lovely Clicking … 여러 프로그램에 매력을 느껴 어느 것도 놓치지 않으려고 이리저리 채널을 바꾸는 현상

④ Rational Clicking … 이리저리 돌리다 선택을 한 다음 채널을 바꾸는 현상

☆☆☆ 재핑(Zapping) … 광고를 보지 않기 위해서 리모컨을 이용해 여러 채널을 옮겨 다니는 행위이다.

Q 저속하고 선정적인 흥미위주의 기사를 보도하는 저널리즘은?

✱ 저널리즘(journalism) **

매스미디어를 통해 공공의 사실이나 사건에 관한 정보를 보도하고 논평하는 활동으로 시사적 문제의 보도와 논평의 사회적 전달 활동을 의미한다.

더 알아보기

저널리즘의 종류

구분	특징
옐로저널리즘 (yellow journalism)	저속하고 선정적인 기사로 대중의 흥미를 위주로 보도하는 센세이셔널리즘 경향을 띠는 저널리즘을 의미한다.
블랙저널리즘 (black journalism)	공개되지 않은 이면적 사실을 밝히는 정보활동을 말한다. 개인이나 특정의 약점을 이용하여 이를 발표하겠다고 협박하거나, 보도해서 이익을 얻고자 하는 신문 · 서적 · 잡지 등에 의해 행해지는 저널리즘 활동을 말한다.
퍼블릭저널리즘 (public journalism)	취재원을 다양화하여 여론 민주화를 선도함으로써 선정주의를 극복하고자 하여 고급지의 새로운 방법으로 시민이 참여하는 민주주의과정을 활성화시키자는 것이다. 즉, 언론인 스스로가 지역사회의 일원으로 행동하고 시민들이 공동관심사에 참여하도록 주선해 주는 것으로 시빅저널리즘(civic journalism)이라고 한다.
포토저널리즘 (photo journalism)	사진으로 사실이나 시사적인 문제를 표현하거나 보도하는 저널리즘이다.
팩저널리즘 (pack journalism)	자의적 · 제도적 제한 및 안이한 편집. 취재방법이나 취재시각 등이 획일적인 개성이 없는 저널리즘으로 인간 · 정치 · 사건에 대해 취재가 단편적으로 이루어지고 있는 언론 상황을 뜻한다.
경마저널리즘 (horse race journalism)	공정한 보도보다는 단순한 흥미 위주로 경마를 취재하는 기사처럼 누가 이기는가에 집착하여 보도하는 형태로 특정 상황만을 집중적으로 보도하는 것이다.
수표저널리즘 (check journalism)	방송이나 신문사가 유명인사의 사진 또는 스캔들 기사, 센세이셔널 한 사건의 당사자 증언 등을 거액을 주고 사들여 보도하는 것을 의미한다.
파라슈트저널리즘 (parachute journalism)	낙하산 언론으로 현지 사정은 알지 못하면서 선입견에 따라 기사를 작성하는 것이다.
하이프저널리즘 (hipe journalism)	오락만 있고 정보가 없는 새로운 유형의 뉴스를 말한다.
뉴저널리즘 (new journalism)	1960년대 이후 새롭게 등장한 보도 및 기사를 작성하는 방법으로, 기존의 속보성 · 단편성 · 객관성의 관념을 극복하고, 구체적 묘사와 표현을 목표로 사건과 상황에 대해 독자에게 실감나게 전달하고자 한다.
제록스저널리즘 (xerox journalism)	극비문서를 몰래 복사하여 발표하는 것으로 문서를 근거로 한 폭로기사 일변도의 안이한 취재방법과 언론경향을 비판하는 표현이다.
그래프저널리즘 (graph journalism)	사진을 중심으로 하여 편집된 간행물로 다큐멘터리를 중심으로 사회 문제 및 패션, 미술, 영화의 소재까지 다룬다.

✱ 프레임업(frame up) *

날조라는 뜻으로, 정적(政敵)을 대중으로부터 고립시켜 탄압하고 공격하기 위한 구실로 삼기 위해 만들어 내는 사건이다. 일정한 기성사실을 왜곡 변조하여 이용하는 경우와 스파이 등을 이용하여 사실을 날조하는 경우가 있다.

2 매스미디어

✱ 퍼블릭 액세스 **

퍼블릭 액세스 채널은 시민사회의 미디어 액세스 요구를 제도화한 것이다. 방송사뿐 아니라 일반 시민도 방송에 접근할 권리가 있다는 것을 제도적으로 인정한 사례라 할 수 있다. 시민의 미디어 액세스는 다양한 의견 개진으로 민주적 토론 문화를 만들어 간다는 점에서 민주주의의 발전을 위한 필수 장치라고 할 수 있다. 민주적 헌법이 있는 국가에서 시민의 미디어 액세스는 당연한 기본권으로 인정받아야 한다.

✱ 디지털방송 **

기존의 아날로그방송과는 달리 정보의 신호를 부호화하여 기록하는 디지털 형태로 텔레비전 신호를 압축하여 내보내는 방송을 의미한다. 아날로그방송은 하나의 전파에는 하나의 영상밖에 실을 수 없어 음성은 다른 전파로 보내야 한 것에 비해 디지털방송은 하나의 전파에 다수의 영상이나 음성 등을 실을 수 있고, 질을 떨어뜨리지 않고 정보를 압축할 수 있어 1개의 아날로그방송 주파수대에 4~8개의 채널을 설정할 수 있다. 또한 컴퓨터를 사용하여 정보를 관리하기 쉽고 시청자가 주문하는 정보도 내보낼 수 있는 쌍방향 방송도 가능하다.

☆☆☆ 디지털TV … 디지털 방송을 수신할 수 있는 TV수상기로 기존 아날로그방송 대신에 디지털방송의 고화질, 고음질을 구현해 기존 아날로그TV보다 5배 선명한 화질과 CD 수준의 음질을 보장한다.

✱ 재핑 효과(zapping effect) **

채널을 바꾸다가 중간에 있는 다른 채널의 시청률이 높아지는 현상을 의미한다. 사람들이 채널을 바꾸는 이유는 자신이 보고 있던 프로그램의 광고를 피하기 위함이다. 대부분의 광고는 많은 사람들이 자신에게는 필요가 없는 것이라 생각하기 때문에 그 시간을 허비하기 싫어 다른 채널로 이동하는 것이다. 이렇게 딱히 다른 채널을 보기 위한 의도가 없었음에도 불구하고 짧은 순간에 지나가려던 채널에 관심을 빼앗겨 버리면 그 채널에서 오히려 더 많은 시간을 할애하게 되는 것이 바로 재핑 효과이다. 이는 다른 채널에서 때마침 자신의 관심사 혹은 자신의 취향과 맞는 방송이 송출되고 있을 경우 크게 발생하게 된다.

✱ CATV(Cable / Community Antenna TV) **

공동시청안테나TV로 난시청 문제를 해결하기 위해 1948년 미국에서 시작되었다. TV전파가 잘 잡히는 높은 언덕이나 산 위에 설치한 우수한 성능의 안테나로부터 TV전파를 수신하여 증폭한 다음, 유선으로 각 가정의 TV수신기로 분배하는 유선TV이다. CATV는 난시청 해소는 물론 무선공중전파에 의한 TV방송에 비해 유선으로 신호를 전달하기 때문에 선명한 화면을 제공할 수 있고, 다양한 서비스가 가능하여 사회적인 영향력도 매우 크다. 우리나라는 1995년 3월 1일 케이블TV 방송을 시작하였다.

☆☆☆ 케이블TV의 3주체 … 전송망사업자, 프로그램공급자, 방송국

Q 이동통신과 방송이 결합된 이동 멀티미디어 방송서비스는?

✱ 인포데믹스(Infodemics) *

정보(information)와 전염병(epidemics)의 합성어로 부정확한 정보가 확산되어 발생하는 각종 부작용을 일컫는 말이다. IT기술이 발전하면서 잘못된 정보나 소문이 미디어와 인터넷, SNS를 통해 확산되면서 정치, 경제, 사회, 안보 등에 치명적인 위기를 초래하게 되는 경우가 종종 발생하게 된다.

✱ DMB(digital multimedia broadcasting) ***

이동통신과 방송이 결합된 이동 멀티미디어 방송서비스를 의미한다. 휴대폰이나 PDA, 차량용 리시버를 통해 이동하면서도 다채널 멀티미디어 방송을 볼 수 있다. 전송 방식과 네트워크 구성에 따라 지상파 DMB와 위성 DMB로 구분된다.

✱ HDTV · IPTV **

HDTV는 고선명 텔레비전(high definition television)의 약칭으로 35mm 영화 급의 화질과 CD 수준의 음질을 제공하는 TV 기술이며, IPTV는 인터넷 프로토콜 텔레비전(Internet Protocol Television)의 약칭으로 초고속 인터넷을 이용하여 정보 서비스, 동영상 콘텐츠 및 방송 등을 텔레비전 수상기로 제공하는 서비스를 말한다.

✱ CCTV(Closed Circuit TV) *

폐쇄회로TV이다. 동일 건축물이나 특정 시설 등에서 유선TV를 사용하여 방영하는 방식으로, 빈 채널을 이용해 스폰서가 있는 프로그램을 방송하는 이점이 있다.

✱ 코드커팅(Cord-Cutting) *

지상파나 케이블에 가입해 TV를 시청하던 사람들이 가입을 해지하고 인터넷 TV나 OTT(Over-The-Top) 등 새로운 플랫폼으로 이동하는 현상을 말한다. 한국에서는 코드커팅보다 가정에 TV가 없다는 뜻으로 '제로TV(Zero-TV)'를 주로 사용한다. 코드커팅이나 제로TV 현상은 스마트폰 등 모바일 기기 등 기술의 발전으로 빠르게 확산하고 있다. 이런 코드커팅이 가속화하자 미국의 넷플릭스 등 온라인 스트리밍 서비스가 성장하고 있다. 한국은 KBS, SBS, MBC가 함께 투자하여 설립한 콘텐츠 연합 플랫폼의 푹(POOQ)과 CJ E&M의 티빙(TIVING)이 인기를 얻고 있다.

✳ 네트워크(network) **

두 개 또는 그 이상의 방송국들이 동일시각에 같은 프로그램을 동시에 방영하는 것이다. 상호관계가 있는 여러 방송국이 같은 시간에 같은 프로그램을 방송할 수 있게 되어 있는 조직망으로 선로망, 회선망, 결선망이라고도 한다. 일반적으로 라디오의 경우에는 유선으로, 텔레비전의 경우에는 특수 동축케이블 또는 마이크로 파장중계로 연결되어 있다. 현재에는 그 의미를 확대하여 녹음테이프나 녹화필름 또는 텔레필름의 배포를 받아서 이에 의해 동일프로그램을 방송하게 되는 경우처럼 특수한 관계에 있는 방송국도 그 방송망 내의 국(局)으로 포 함해서 부르는 경우가 있다.

더 알아보기

방송의 종류

구분	특징
AM방송	가장 널리 쓰이는 방송방식으로 진폭변조방식에 의한 방송이다. 음성전류의 변화에 따라 음파의 진폭을 변화시킨다.
FM방송	주파수변조방식에 의한 방송으로 초단파와 극초단파를 사용하며 AM에 비해 음질이 좋고 혼선되지 않아 주로 음악방송에 활용된다.
유선방송	광케이블이나 동축에 영상·음성 및 데이터와 같은 수많은 정보를 주파수 분할 다중방식을 채택하여 가입자 단말기까지 전송하는 전송방식이다.
음성다중방송	주로 TV에서 많이 현재의 TV방송에 덧붙여 스테레오 방송이나 문자정보, 정지화면방송 등을 하는 것이다.
문자다중방송	TV전파의 사용하지 않는 부분을 이용하여 일반 TV방송의 상영과 동시에 문자나 도형으로 된 프로그램을 보내는 방송방식이다.
다원방송	두 지점 이상을 하나로 묶어서 방송하는 것으로 행사나 운동경기중계, 선거개표실황 등이 이에 해당된다.

✳ 핫 · 쿨 미디어(hot · cool media) **

맥루한(M. Mcluhan)에 의한 분류로 영화 · 라디오 · 신문 등과 같이 정보량이 많은 매체를 핫미디어, TV · 전화 · 만화 등과 같이 정보량은 적으나 고도의 몰입성을 요구하는 매체를 쿨미디어라고 한다. 따라서 핫미디어는 수신자측의 참가의식이 약하나, 쿨미디어는 수신자측의 보완부분이 크다.

✳ 프라임타임(prime time) *

시청률이 가장 높은 시간대로, 대개 오후 7시에서 9시 사이를 말한다. A타임 또는 골든아워(golden hour)라고도 하며, 광고효과가 높기 때문에 방송국에서 프로그램 편성에 가장 중점을 둔다.

✳ 무크(Mook) **

잡지(Magazine)와 단행본(Book)의 합성어로 잡지와 단행본의 성격을 가진 부정기적인 간행물을 의미한다. 1971년 런던에서 개최된 국제잡지협회의 제18차 회의에 제출된 보고서에서 처음 사용되었다. 미국에서는 부커진(Bookazine) 또는 매거북(Magabook)이라고 부른다.

Q 대개 오후 7~9시 사이로 시청률이 가장 높은 시간대는?

❋ 퀄리티 페이퍼 **

발행부수는 적지만 독자가 사회의 지식층이므로 정보와 논평에 주안을 두는 사회적 영향력이 강한 고급지의 신문으로서 교양있는 인사, 지배계층을 대상으로 한 권위있는 신문을 말한다. 이는 대중지와 대조되며, 중요한 사안에 대한 상세한 기록, 고도의 논평을 이루고 센세이셔널리즘을 피한다. 또 국제적인 성가를 얻고 있다는 의미에서 세계신문이라고도 부른다.

❋ MPEG(moving picture experts group) **

1988년에 설립된 동영상 전문가 그룹으로 동영상을 압축하고 코드로 표현하는 방법을 표준화 하는 것을 목적으로 한다. 정지된 화상을 압축하는 JPEG(제이펙)과는 달리, 시간에 따라 연속적으로 변화하는 동영상 압축과 전송을 연구한다.

❋ NOD(news on demand) *

주문형 뉴스라고도 하며 이용자의 컴퓨터를 연결하여 신문의 뉴스를 새로운 지면 형태로 볼 수 있게 한다. 문자, 그림, 사진뿐만 아니라 텔레비전 뉴스와 같이 동화상 뉴스도 서비스한다.

❋ 광고의 종류 **

구분	특징
배너 광고	인터넷 홈페이지에 뜨는 막대모양의 광고
타이업(tie-up) 광고	영화의 명장면을 이용해 인지도를 높이는 광고
제휴광고	두 기업이 절반 이하의 비용으로 두 배 이상의 효과를 보는 광고
멀티스폿 광고	비슷한 줄거리에 모델을 달리해서 여러 편을 한꺼번에 내보내는 광고
네거티브 광고	죽음, 성, 혐오동물, 범죄 등 부정적인 소재를 활용하는 광고
DM광고	광고주가 예상되는 고객에게 우편으로 직접 송달하여 선전하는 광고
애드버토리얼	'advertisement(광고)'와 'editorial(편집기사)'의 합성어로 신문, 잡지에 기사형태로 실리는 PR광고
애드버커시 광고	기업의 활동과 실태를 홍보하여 기업을 지지도를 높이는 광고
티저(teaser) 광고	상품 자체는 감추어 호기심을 갖게 함으로써 상품에 대한 관심이나 지명도를 높이는 광고
POP 광고	point of purchase의 약자로 소매점이나 가두매점 등에서 소비자가 상품을 구매하는 그 시점에 이루어지는 광고
PPL	영화, 드라마 등에 자사의 특정 제품을 등장시켜 광고하는 것.
키치 광고	설명보다는 기호, 이미지 등을 중시하여 언뜻 보아 무슨 내용인지 감이 안 잡히는 광고
레트로 광고	회고광고 또는 추억광고라고도 하며 고객에게 추억의 향수를 불러일으킴으로써 상품에 대한 이미지를 높이는 광고

출제예상문제

1. 발행부수공사기구(Audit Bureau of Circulations)에 대한 다음 설명 중 옳지 않은 것은?

   ① 광고주, 광고회사, 신문사 등을 회원으로 한다.
   ② 신문이나 잡지 등의 발행, 판매부수를 조사해서 인증하는 기구이다.
   ③ 세계 최초로 이것을 설립한 나라는 미국이다.
   ④ 우리나라는 광고시장의 확대에도 불구하고 이것이 아직 창립되어 있지 않다.

2. 언론이 물리적 대량화·대중화되면서 매스미디어가 사회적으로 유리된 개인으로서의 수용자 구성원들에게 직접 영향을 주는 것을 무엇이라 하는가?

   ① 피라미드모형
   ② 피하주사모형
   ③ 의제설정이론
   ④ 이용과 충족이론

3. 블랭킷 에어리어(blanket area)란?

   ① 송수신 자유 지역
   ② 수신범위가 넓은 지역
   ③ 잡음이 전혀 없는 지역
   ④ 방송 난시청지역

4. PR(Public Relations)을 바르게 설명하고 있는 것은?

   ① 기업체, 정부단체 등에서 자기회사 제품이나 정부시책·방침 등을 대중에게 알리는 것
   ② 국민의 일상생활을 개선하기 위하여 신문사, 방송국 등에서 행하는 여론조사
   ③ 정당이나 사회단체 등이 내거는 생활목표·지침
   ④ 매스미디어를 감독·지휘하는 단체

5. 언론의 4이론 중 1947년 허친스 위원회의 보고서에 처음 제시된 이론은?

   ① 권위주의이론
   ② 공산주의이론
   ③ 자유주의이론
   ④ 사회책임주의이론

6. 여론의 형성과정에서 개인이 다른 사람들의 의견이 자신의 의견과 다르다고 오판하여 자신의 의견을 억제하고 다른 사람들의 의견을 추종하는 현상을 무엇이라 하는가?

   ① 다원적 무지
   ② 침묵의 나선
   ③ 제3자 효과
   ④ 정태적 합의

7. 수용자들이 매스미디어의 메시지를 선택적으로 노출·지각·기억한다고 설명한 이론은?

   ① 선별효과
   ② 피파주효과
   ③ 항상효과
   ④ 제한효과

8. 다음 중 '여론'이란 개념을 최초로 사용한 사람은?

   ① 밀턴
   ② 루소
   ③ 헤겔
   ④ 제퍼슨

1. 발행부수공사기구는 신문·잡지의 광고 요금을 적정하게 정하기 위해, 신문·잡지의 판매, 분포, 부수를 조사, 인증하는 기관으로 광고주, 광고회사, 신문사, 잡지사를 회원으로 하는 비영리단체이다.
   ④ 우리나라는 1989년 ABC협회가 만들어져서 활동하고 있다.

2. ② **피하주사모형** … 미디어가 수동적이고 원자화된 수용자에게 직접적으로 강력한 효과를 발생시킨다고 보는 관점에서 비롯된 이론이다.
   ③ **의제설정이론** … 능동적인 수용자들은 자신의 동기나 욕구를 충족시키기 위하여 매스미디어를 활용한다는 이론이다.
   ④ **이용과 충족이론** … 매스미디어는 특정 주제를 선택하고 반복함으로써 이를 강조하여 수용자가 중요한 의제로 인식하게 한다는 이론이다.

3. 블랭킷 에어리어(blanket area)란 '담요로 둘러싸인 지역'이란 뜻으로, 두 개의 방송국이 내보내고 있는 전파가 중첩되어 양쪽 또는 어느 한쪽의 방송이 잘 들리지 않는 지역 또는 한 방송국의 전파가 너무 강해서 다른 방송국 전파가 수신이 안 되는 난시청지역을 말한다.

4. PR(Public Relations)은 원래는 관청이나 기업체 등에서 그 사업내용이 공공의 이익을 위하는데 있음을 대중에게 알리는 것이었으나, 오늘날에는 생산업체나 기업체가 고객에게 상품을 자세히 설명함으로써 수입을 늘리기 위한 목적으로 행해진다.

5. ④ **사회책임주의이론**(social responsibility theory) … 언론의 4이론 중에서 가장 최근에 대두된 이론으로서, 언론은 정부로부터 자유로우면서도 국민에 대해서는 책임을 져야 한다는 이론이다.
   ※ 언론의 4이론

권위주의	• 16, 17세기 영국에서 발생하였으며, 오늘날은 독재정권에서 적용하고 있다. • 정치권력구조에 의해 결정되는 매스미디어의 기능은 집권층의 정책을 지지하고 발전시키며, 국가에 봉사하는 것이다. • 정부의 특허, 길드인가, 상황에 따른 검열 등을 통해 언론을 통제한다. • 집권층과 관료에 대한 비판은 금지된다.
자유주의	• 권위주의적 통제에 반대하는 입장으로 언론의 자유를 정부가 보장해야 한다는 것이다. • 정보제공, 보도, 판매 및 오락뿐만 아니라 진리탐구 협조 및 정부를 감시하는 것 등의 목적을 가지며, 언론을 행정부, 입법부, 사법부에 이어 '제4부'로 여긴다. • 자유로운 사상의 시장에서 자동 조정 작용이나 법정에 의해 언론이 통제된다. • 언론의 자유가 보장되더라도 명예훼손, 외설이나 음란, 전시하의 치안방해 등과 관련된 정보의 유포는 금지된다.
공산주의	• 마르크스의 이론을 배경으로 레닌이 제도적 특징을 마련하고 스탈린이 실질적으로 운영하였다. • 당의 산하기관으로 소비에트 사회주의체제의 목적 달성과 유지, 당의 독재에 공헌하는 것을 목적으로 한다. • 레닌은 언론을 조작자, 집단적 선전자, 선동가라고 표현하였다.
사회책임주의	• 1947년 자유롭고 책임 있는 언론에 대한 허친스위원회의 보고서에서 처음 제시되었다. • 보도 및 오락의 제공과 판매뿐만 아니라 언론이 주로 토론의 장이 되어 심층적 논쟁을 일으키는 것을 목적으로 한다. • 지역사회의 의견이나 소비자의 행위 등이 언론을 통제하게 된다. • 공인된 개인의 권리와 발달한 사회적 이익에 대한 침해 등은 금지된다.

6. ① **다원적 무지**(多元的 無知) … 여론형성과정에서 다른 사람들의 의견이 자신과 다르다고 오판하여 자신의 의견을 억제하고 다른 사람의 의견을 추종하는 현상, 즉 많은 사람들이 개인적 의견을 서로 교환하지 않으면서 그 자신들은 스스로를 다수의견집단이 아닌 반대적인 소수의견집단에 속한다고 느끼는 상황으로 '다수의 침묵과 비슷한 현상이다.

7. ④ **제한효과이론** … 매스미디어는 기존의 태도나 가치·신념을 강화시키는 제한적 효과가 있을 뿐이라는 이론적 관점으로, 매스미디어의 영향력이 그렇게 크지 않으며 한정되어 있다는 이론이다.

8. ② 루소(J. J. Rousseau)는 국민의 총의(general will)에 기초한 통치권의 중요성을 강조하였다.

9. DBS(Direct Broadcasting by Satellite)에 대한 설명으로 옳지 않은 것은?

① 방송위성을 이용하여 직접 가정의 수신기에 전파를 보낸다.

② 산악지역 등 난시청지역의 해소에 도움을 준다.

③ 세계 최초로 실용방송위성을 발사한 나라는 미국이다.

④ 현재 TV에 사용되는 VHF, UHF보다 높은 SHF 주파수대가 사용된다.

10. 신문의 자유와 이익을 옹호하고 신문제작의 경제적·기술적 국제협력을 도모하며 새로운 신문제작에 필요한 통계 및 자료의 작성·발표·보관 등을 목적으로 설립된 단체는?

① IPI ② OANA

③ IOJ ④ FIEJ

11. 특종기사란?

① 게이트키퍼(gate keeper)

② 스쿠프(scoop)

③ 오프 더 레코드(off the record)

④ 엠바고(embargo)

12. 다음 중 J. 퓰리처와 함께 Yellow Journalism을 만들어 낸 언론인은?

① 스크립스(E. W. Scripps)

② 허스트(W. R. Hearst)

③ 하워드(R. W. Howard)

④ 딜레인(J. T. Delane)

13. 세계 최초로 발행된 일간신문은?

① 라이프치거 차이퉁겐(Leipziger Zeitungen)

② 더 타임즈(The Times)

③ 르 몽드(Le Monde)

④ 뉴욕 타임즈(New York Times)

14. 뉴미디어가 많이 출현해도 신문의 존재가 흔들리지 않는 기능상 주된 이유는?

① 정보전달의 기능

② 보도·논평의 기능

③ 속보의 기능

④ 수요자에 대한 서비스의 기능

15. 신문·잡지의 특정한 난을 담당하여 집필하는 사람을 가리키는 말은?

① 데스크 ② 컬럼니스트

③ 카피라이터 ④ 스폰서

16. "나는 신문 없는 정부보다 정부 없는 신문을 택하겠다."고 말한 사람은?

① 제퍼슨 ② 케네디

③ 프랭클린 ④ 라이샤워

17. 다음 중 신문기사의 내용과 관련된 용어가 아닌 것은?

① 스쿠프 ② 헤드라인

③ 칼럼 ④ 데드라인

18. 현실세계에 대한 수용자의 이미지는 대중매체를 통해 전달받은 것으로 이에 의하면 지속적으로 대중매체에 노출된 결과와 관련된 이론은?

① 의존효과이론

② 문화적 규범이론

③ 탄환이론

④ 선별효과이론

9. 직접방송위성(DBS : Direct Broadcasting by Satellite)은 적도상공 약 36,000km의 정지위성궤도에 쏘아 올린 방송위성을 이용하여 TV방송 등 각종 방송을 행하는 것이다. SHF주파수를 사용하기 때문에 전용파 문자다중방송·다채널정지화면방송·PCM방송·HDTV방송 등 새로운 서비스가 가능하다. 직접위성방송의 개발과 실용화에 앞장선 국가로는 일본을 꼽을 수 있다. 우리나라는 1992년부터 도입되었다.
   ③ 일본은 세계 최초의 실용방송위성인 BS-2a를 발사하였다(1984).

10. ④ FIEJ(Federation International des Editeurs de Journaux et Publications) … 국제신문발행인협회로 1948년 각국 신문협회를 회원으로 결성되었으며, 본부는 파리에 있다.
   ① IPI … 국제언론인협회(International Press Institute)
   ② OANA … 아시아통신사연맹(Organization of Asian News Agencies)
   ③ IOJ … 국제기자기구(International Organization of Journalists)

11. ① 보도 전에 정보를 취사선택하고 검열하는 직책 또는 그 기능
   ③ 비보도를 전제로 한 비공식적 발언
   ④ 일정 기간의 보도금지

12. 옐로 저널리즘은 J. 퓰리처의 '뉴욕월드'에 게재한 '옐로키드'만화 작가를 허스트의 '뉴욕모닝저널'에서 매수하여 신문에 게재한 데서 비롯되었다. 본능을 자극하고 선정주의적 경향을 띠는 저널리즘이다.

13. ① 1660년에 창간된 세계 최초의 일간신문(독일)
   ② 1785년 창간된 영국의 일간신문
   ③ 1944년 창간된 프랑스의 석간신문
   ④ 1851년 창간된 미국의 일간신문

14. 신문의 기능은 보도·논평·오락·광고기능 등이 있다. 최근 뉴미디어의 발달로 신문의 속보성은 감소된 반면, 해설과 심층보도기능이 중요시되는 경향을 보이고 있다.

15. ① 사건담당 책임기자
   ③ 광고문안 작성자
   ④ TV, 라디오, 신문 등의 광고주

16. ① 제퍼슨(T. Jefferson)은 미국의 제3대 대통령으로서, 언론자유의 중요성을 강조하였다.

17. ④ 데드라인 … 기사최종마감시간
   ① 스쿠프 … TV, 신문·잡지 등의 보도기관에서 타사를 앞질러 독점 보도하는 특종기사
   ② 헤드라인 … 독자의 눈길을 끌기 위하여 기사의 내용을 압축해서 내세우는 일종의 제목
   ③ 칼럼 … 시사평론·단평란 등의 특정 기사

18. 문화적 규범이론은 언론매체가 현실세계에 대한 정보를 수용자에게 전달하여 강력하고 직접적인 영향력을 행사한다는 이론이다.

19. 다음 중 유러비전이란?

① 유럽과 미국을 연결하는 방송망이다.
② 유럽의 큰 TV방송국이다.
③ 유럽과 러시아를 연결하는 방송망이다.
④ 유럽 국가 사이에 진행되고 있는 TV프로그램 교환중계방송이다.

20. 현지에서 일어난 사실을 녹음을 섞어가며 편집, 구성하는 생생한 방송을 무엇이라 하는가?

① 핫뉴스(hot news)
② 르포(reportage)
③ 다큐멘터리(documentary)
④ 애드버토리얼(advertorial)

21. 교육방송의 장점이라고 생각되는 것은?

① 학습자의 개인적 요구에 순응 가능
② 양질의 교육기회를 많은 사람에게 제공
③ 교사와 학생 간의 상호작용 활발
④ 학습활동의 자율성과 다양성

22. HUT란?

① 스포츠경기를 전문으로 방송하는 미국의 케이블TV
② TV프로그램이나 영화의 끝 장면에 나오는 타이틀
③ 미국의 흑인이 백인음악과의 접촉을 통해 낳은 도시형 음악
④ 일정 지역 내에서 일정 기간 TV수상기를 켜고 있는 TV 소유세대의 백분율

23. 연습되지 않은 실제 사건의 재현이나 기록으로 기록영화·실록소설 등을 뜻하는 것은?

① 홈드라마　　　② 다큐멘터리
③ 멜로드라마　　　④ 르포르타주

24. 다음 중 네임애드(name ads)에 관한 설명으로 옳지 않은 것은?

① 제2차 세계대전 이후 미국에서 처음으로 시도되었다.
② 광고의 목적은 기업의 이미지 개선과 소비자의 호의를 확립하는 데 있다.
③ 기업PR 또는 기업광고라고도 한다.
④ 새로운 상품소개를 목적으로 한다.

25. 커스컴(cuscom)이란?

① 법과 같은 강제력을 가지는 언론의 윤리관
② 컴퓨터를 이용해서 주고받는 정보체계
③ 사회의 관습, 풍습, 관례에 따른 개인적 습관
④ 유선방송처럼 특정 소수의 사람들을 상대로 전달되는 통신체계

26. 텔레비전을 발명한 사람은?

① 릴리엔탈　　　② 에디슨
③ 베어드　　　④ 디포우

27. 다음 중 유선방송의 특성을 설명한 것이 아닌 것은?

① 난시청지역 해소
② 전문프로그램 편성
③ 일방향통신
④ 시청자의 세분화

28. 뉴미디어 수용자의 변화로 옳지 않은 것은?

① 탈대중화의 특성으로 수용자가 개인화된다.
② 쌍방향성으로 인해 수신자 주도형에서 송신자 주도형으로 바뀌었다.
③ 매스컴 시스템의 조절을 메시지 제작가가 아닌 미디어 사용자가 한다.
④ 보다 편리한 가정생활이 가능하게 된다.

29. 스필오버(spillover)현상이란?

① 도시가 급격히 팽창함에 따라 도시 주변지역이 무질서하게 확산되는 현상
② 컴퓨터 등 첨단사무기기의 사용자에게 나타나는 각종 신체적·정신적 장애
③ 국정 정체상태를 기우뚱거리며 걷는 오리에 비유한 말로, 통치력 누수현상
④ 방송위성의 전파가 영역을 넘어 주변국까지 미치는 것

30. 다음 중 대중매체가 강조하는 정도에 따라 수용자가 인식하는 정도가 달라질 수 있다고 보는 이론은?

① 침묵의 나선형이론
② 이용과 충족이론
③ 의제설정이론
④ 2단계 유통이론

● ANSWER ●

19. 유러비전(Eurovision)는 유럽방송연맹(EBU)이 운영하는 서·북유럽 국가 간의 TV프로그램 국제중계조직이다.

20. ① 현장에서 바로 취재해 온 최신뉴스를 말하며, 방송의 경우 현장에서 직접 보도하는 뉴스를 말한다.
③ 기록영화나 실록소설·사실적인 방송을 말한다.
④ 'advertisement(광고)'와 'editorial(편집기사)'의 합성어로 논설 광고를 말한다.

21. ② 매스컴을 통해 대량범위의 전달이 가능하다.

22. HUT는 Household Using Television의 약자이다.

23. 다큐멘터리(documentary) … 문장이나 방송, 영상매체 등을 활용하여 제작 또는 구성하는 주제와 줄거리가 있는 기록물을 의미한다.

24. 네임애드(name ads)는 기업광고 또는 기업PR이라고도 하며, 대중매체를 통해 특정 제품의 광고보다는 기업의 이미지를 좋게 하고 소비자의 호의를 확립하는 것이 목적인 광고이다.

25. 커스컴(cuscom)은 'custom(단골)'과 'communication(전달)'의 조합어로, 특정 소수를 상대로 전달되는 통신체계를 말한다.

26. ③ 베어드(J. L. Barid) … 영국의 전기기술자이자 발명가로 1925년 세계 최초로 TV를 발명하였다. 그의 TV발명으로 인하여 1929년에 BBC방송이 처음으로 텔레비전방송을 할 수 있었다.

27. 유선방송(Cable TV)은 광케이블이나 동축에 영상·음성 및 데이터와 같은 수많은 정보를 주파수 분할 다중방식을 채택하여 가입자 단말기까지 전송하는 전송방식이다.
③ 쌍방향통신이 가능하다.

28. ② 송신자 주도형에서 수신자 주도형으로 바뀌었다.

29. ① 스프롤(sprawl)
② VDT증후군
③ 레임덕(lame duck)

30. 의제설정이론에서 매스미디어는 특정 주제를 선택하고 반복함으로써 이를 강조하여 수용자가 중요한 의제로 인식하게 한다는 이론이다.

31. 다음 중 언론중재위원회의 업무에 대한 내용이 아닌 것은?

① 방송·뉴스·통신·정기간행물의 피해에 의한 구제는 가능해졌으나, 인터넷신문으로 인한 피해 구제는 아직 규정되지 않았다.
② 민간언론피해상담센터가 무료로 운영되고 있다.
③ 신청기간은 보도가 있음을 안 날부터 3개월 이다.
④ 불공정 선거기사의 대해 사과문, 정정보도문, 경고문 게재 또는 권고, 주의, 경고 등의 결정을 내린다.

32. 피플미터(people meter)방식에 대한 설명으로 옳은 것은?

① 프로그램 방송 중에 표본가정에 전화를 걸어 시청률을 조사하는 방법이다.
② 표본세대 내 특정 구성원에게 시청 상황에 대한 일지를 책임지고 작성하게 하는 방법이다.
③ 개별방문면접에 의해 전날 또는 수 시간 전의 시청 상황을 생각하게 하는 조사하는 방법이다.
④ 표본추출방식에 의해 뽑힌 일정 수 가구의 텔레비전 수상기에 피플미터장치를 달아 측정한다.

33. POP광고와 거리가 먼 것은?

① 옥외광고
② 상품존재의 고지
③ 구매욕구 유발
④ 월 디스플레이(wall display)

34. UHF의 주파수 범위는?

① 30~300MHz
② 30~3,000MHz
③ 300~3,000MHz
④ 300~30,000MHz

35. 다음 중 디지털방송에 대한 내용으로 틀린 것은?

① 다채널 서비스와 고음질·고화질 영상의 수신이 가능하다.
② 디지털방송 수신에 대한 비용이 없다.
③ 주파수의 효율적 이용이 가능하다.
④ 디지털 케이블 데이터방송의 규격은 OCAP이다.

36. 다음 중 드라마 등급제의 내용이 아닌 것은?

① 연속극은 방영분마다 등급이 달라질 수 있다.
② 드라마 방영 중간에 10분마다 30초 이상 내보내야 하다.
③ 모든 연령, 7세 이상, 12세 이상, 19세 이상 시청가 등이며, 15세 이상을 운용할 수 있다.
④ 19세 이상 등급은 청소년 보호시간대엔 방송 내내 나이표시자막을 내보내야 한다.

37. 다음 중 광고기법인 티저광고(teaser advertising)에 대한 설명으로 옳지 않은 것은?

① 티저광고란 '지분거리다, 애태우게 하다'라는 단어 'tease'에서 유래된 말이다.
② 내용을 한꺼번에 보여주지 않고 호기심을 유발하여 극적 효과를 노리는 기법이다.
③ 국내에서는 '곰바우 소주' 광고가 이 기법에 속한다.
④ 티저기법의 효시는 미국 담배 '캐멀(Camel)'로 알려졌다.

38. 다음 중 AE제도를 바르게 설명한 것은?

① 방송국에서 스폰서 없이 자주적으로 프로그램을 만드는 것
② 신문, 잡지 등 인쇄매체에 의한 광고제도
③ 라디오, TV 등 전파매체에 의한 광고제도
④ 광고주의 광고를 광고대행업체가 맡아 하는 제도

39. 광고와 홍보의 차이를 좁혀 소비자의 신뢰를 높이려는 새로운 광고형태로 소위 '기사형식 광고'라 불리는 것은?

① 인포모셜(informercial)
② R&D(Research and Development)
③ AI(Appreciation Index)
④ 애드버토리얼(advertorial)

40. 다음 중 유선방송사업자에 포함되지 않는 것은?

① AE(Account Executive)
② SO(System Operator)
③ NP(Network Provider)
④ PP(Program Provider)

● ANSWER ●

31. 언론중재제도는 사법적 판단의 전치제도로서, 신속하게 언론에 의한 피해를 구제하려는 장치이다. 우리나라는 개인이나 법인이 언론에 의해 피해를 당하였을 때 정정 보도를 청구할 수 있는 언론중재제도를 두고 있으며, 1981년 설립된 법정기구인 언론중재위원회에서 담당하고 있다.
　① 인터넷신문으로 인한 피해 회복도 가능하다.

32. 피플미터(people meter)는 미국의 여론조사기관인 A. C. 닐슨사(社)에 의해 개발된 시청률 조사수단으로, 과학적인 표본추출방식에 의해 뽑힌 일정 수 가구의 텔레비전 수상기에 이 장치를 달면 중앙의 메인컴퓨터에 수상기 작동방식 · 채널변경 등이 초단위로 자동 기록된다.

33. POP(Point Of Purchase)광고는 광고상품이 소비자에게 최종적으로 구입되는 장소, 즉 소매점이나 가두매점 등에서 이루어지는 광고로, 직접적인 광고효과를 얻게 하는 구매시점광고이다.

34. UHF(Ultra High Frequency)는 극초단파로 VHF(초단파)보다 파장이 짧고 직진성이 강하기 때문에 도달범위는 제한되나 보다 많은 채널을 가질 수 있다.

35. 디지털방송은 기존의 아날로그방송과는 달리 정보의 신호를 부호화하여 기록하는 디지털 형태로 텔레비전 신호를 압축하여 내보내는 방송을 의미한다. 아날로그방송은 하나의 전파에는 하나의 영상밖에 실을 수 없어 음성은 다른 전파로 보내야 한 것에 비해 디지털방송은 하나의 전파에 다수의 영상이나 음성 등을 실을 수 있고, 질을 떨어뜨리지 않고 정보를 압축할 수 있어 1개의 아날로그방송 주파수대에 4~8개의 채널을 설정할 수 있다.
　② 디지털방송을 수신하려면 여러 장비가 필요하므로 설치비용이 추가된다.

36. ④ 19세 이상 등급은 청소년 보호시간대(평일 오전 7~9시 및 오후 1~10시, 토요일 · 공휴일과 방학기간에는 오전 7시~밤 10시)에는 방송할 수 없다.

37. 우리나라에서는 여성전용사이트인 Miclub에서 '선영아 사랑해'로 이 티저기법을 사용하여 주목을 받았다. 티저란 본래 '남자를 애타게 하는 여자'라는 뜻으로, 처음에는 상품명이나 광고주를 알아볼 수 있는 메시지를 피하고 서서히 밝혀나가든가, 아니면 특정 시점에서 그 베일을 벗기는 광고방법이다.

38. AE제도(Account Executive)란 광고주의 광고활동 일체를 전문대행업체가 맡아서 하는 제도이다.

39. ④ 애드버토리얼은 advertisement(광고)와 editorial(편집기사)의 합성어로 신문광고나 잡지광고에서 언뜻 보기에 편집 기사처럼 만들어진 논설 또는 사설 형식의 광고이다.

40. ① AE는 광고대행제도이다.
　② SO는 지역 종합유선방송사업자이다.
　③ NP는 ISP(Internet Service Provider)와 같은 의미의 용어로, 개인이나 기업에게 인터넷 접속 서비스 및 웹사이트 구축 서비스 등을 제공하는 회사이다.
　④ PP는 프로그램공급자이다.

09 문화·예술·스포츠

문학·예술·스포츠 단원은 특히 사회적으로 이슈가 되는 문화 현상이나 스포츠 경기에 대한 상식은 반드시 학습하고 넘어가야 한다.

1 문화

✱ 세계문화유산목록(世界文化遺産目錄) ***

국제연합 교육과학문화기구(유네스코)가 보존활동을 벌이는 문화유산과 자연유산의 목록이다. 세계유산목록이 만들어지게 된 것은 1960년 이집트의 아스완댐 건설로 누비아유적이 수몰위기에 빠지자 세계적으로 인류유산보호에 대한 여론이 제기되면서부터이다. 유네스코는 1972년 세계유산협약을 채택, 세계의 문화유산과 자연유산을 보호하기 시작했다. 이 협약에 근거해 설립된 정부간 기구인 세계유산위원회는 세계유산목록을 만들어 이들 유산보존활동을 활발히 벌이고 있다.

더 알아보기

- **세계기록유산** ··· 유네스코가 세계적인 가치가 있다고 지정한 귀중한 기록유산으로, 1995년 선정기준 등을 마련하여 1997년부터 2년마다 국제자문위원회(IAC : International Advisory Committee)의 심의·추천을 받아 유네스코 사무총장이 선정한다. 기록유산은 단독 기록 또는 기록 모음일 수도 있으며, 기록을 담고 있는 정보나 그 기록을 전하는 매개물일 수도 있다. 세계유산 및 세계무형유산과는 구별되어 별도로 관리한다.
- **세계무형유산** ··· 2001년 인류 문화의 다양성과 창의성을 존중하기 위해 유네스코에서 제정한 제도로, 전 세계의 전통 춤, 연극, 음악, 놀이, 의식 등 구전(口傳)되는 문화재나 무형문화재 가운데 보존 가치가 있는 것을 선정한다. 정식명칭은 인류무형유산이다.
- **우리나라의 유산 등록현황**

구분	내용
세계 유산	종묘(1995), 해인사 장경판전(1995), 불국사·석굴암(1995), 창덕궁(1997), 수원화성(1997), 경주 역사유적지구(2000), 고창·화순·강화 고인돌유적(2000), 조선 왕릉 40기(2009), 하회·양동마을(2010), 남한산성(2014), 백제역사유적지구(2015), 산사 ; 한국의 산지 승원(2018), 제주도 화산섬 및 용암동굴(2007), 한국의 서원(2019)
세계기록유산	훈민정음·조선왕조실록(1997), 직지심체요절·승정원일기(2001), 해인사 대장경판 및 제경판·조선왕조의궤(2007), 동의보감(2009), 5·18 광주민주화운동 관련 기록물·일성록(2011), 난중일기, 새마을 운동 기록물(2013), 유교책판·KBS특별생방송 '이산가족을 찾습니다.'기록물(2015), 국채보상 운동 기록물(2017), 조선통신사에 관한 기록(2017), 조선왕실 어보와 어책(2017)
인류무형유산	종묘제례 및 종묘제례악(2001), 판소리(2003), 강릉단오제(2005), 강강술래·남사당놀이·영산재·제주칠머리당영등굿·처용무(2009), 가곡·대목장·매사냥(2010), 택견·줄타기·한산모시짜기(2011), 아리랑(2012), 김장문화(2013), 농악(2014), 줄다리기(2015), 제주 해녀문화(2016), 씨름(2018)

Q 우리나라 국보 1호는?

✱ 국보(國寶) · 보물(寶物) *

국가가 지정하는 문화재는 국보, 보물, 중요민속자료, 사적 및 명승, 천연기념물, 중요무형문화재로 분류할 수 있다. 이 중 보물은 건조물, 전적, 서적, 고문서, 회화, 조각, 공예품, 고고자료, 무구 등의 유형문화재 중 중요도가 높은 것을 선정하는 것으로 문화재청장과 문화재위원회의 심의를 거친다. 보물에 해당하는 문화재 중 인류문화의 관점에서 볼 때 역사적, 학술적, 예술적 가치가 크고 그 시대를 대표하거나 제작기술이 특히 우수하여 그 유래가 드문 것을 국보로 정한다.

구분	내용
국보	1호 : 숭례문(남대문), 2호 : 원각사지 10층 석탑, 3호 : 진흥왕 순수비
보물	1호 : 흥인지문(동대문), 2호 : 보신각종, 3호 : 대원각사비
사적	1호 : 포석정지, 2호 : 김해 봉황동 유적, 3호 : 수원화성
무형문화재	1호 : 종묘제례악, 2호 : 양주 별산대놀이, 3호 : 남사당놀이
천연기념물	1호 : 달성의 측백수림, 2호 : 합천 백조 도래지, 3호 : 맹산의 만주 흑송수림

✱ 세계지적재산기구(WIPO : World Intellectual Property Organization) **

지적재산권의 국제적 보호 촉진과 국제협력을 위해 설립한 국제기구로 세계지적소유권기구라도고 한다. 세계지적재산권기구설립조약(1970년 발효)을 근거로, 저작권을 다루는 베른조약(1886년 발효)과 산업재산권을 다루는 파리조약(1883년 발효)의 관리와 사무기구상의 문제를 통일적으로 처리할 목적으로 설립하였으며 1974년 유엔전문기구가 되었다.

✱ 지적소유권(知的所有權) **

음반 및 방송, 연출, 예술가의 공연, 발명 · 발견, 공업디자인, 등록상표, 상호 등에 대한 보호 권리와 공업 · 과학 · 문학 또는 예술 분야의 지적활동에서 발생하는 모든 권리(지적재산권)를 말한다. 산업발전을 목적으로 하는 산업재산권과 문화 창달을 목적으로 하는 저작권으로 분류할 수 있는데 인간의 지적 창작물을 보호하는 무형재산권이라는 점과 그 보호기간이 한정되어 있다는 점에서 동일하지만, 저작권은 출판과 동시에 보호되는 것에 비해 산업재산권은 특허청의 심사를 거쳐 등록해야만 보호된다. 보호기간도 저작권은 저작자 사후 70년으로 상당히 긴 데 반해 산업재산권은 10~20년으로 짧은 편이다.

한번 더짚기

저작권법(copyright law)

문학, 학술, 미술, 사진, 음악, 각본, 지도, 도형저작물, 컴퓨터프로그램저작물 등의 창작물을 보호하기 위한 법률로 보호기간은 저작자 생존 동안과 사후 70년까지이다. 공동저작물의 저작재산권은 맨 마지막으로 사망한 저작자의 사망 후 70년간 존속한다.

✳ 베른조약(Berne Convention) **

'문학 및 미술 저작물 보호에 관한 조약'으로 1886년 스위스의 수도 베른에서 체결되어 베른조약이라고 부른다. 만국저작권 보호동맹조약이라고도 하며 저작물을 국제적으로 보호할 것을 목적으로 한다. 가맹국은 다른 가맹국 국민들의 저작물을 자국민의 저작물과 동등하게 대우하며 저작권의 효력은 등록 등의 절차를 필요로 하지 않고 저작사실 자체로 효력을 발생하는 발생주의에 따르며, 저작권은 저작자의 생존기간 및 사후 50년 동안 보호하는 것을 원칙으로 한다.

✳ 문화다양성협약(Protection of the Diversity of Cultural Contents) *

정식 명칭은 '문화콘텐츠와 예술적 표현의 다양성을 위한 협약'으로 세계 각국의 문화적 다양성을 인정하는 국제협약이다. 1999년 유네스코 총회에서 제안된 것으로 프랑스 등 유럽 국가들이 미국 문화의 범람에 맞서 자국의 문화를 지키자는 취지였다. 이후 2001년 11월 프랑스 파리에서 '세계 문화다양성 선언'이 채택되었고 2002년에는 5월 21일을 '세계 문화다양성의 날'로 선포했으며, 2007년 3월부터 발효되었다.

✳ 다다이즘(dadaism) *

제1차 세계대전 중 1920년대에 걸쳐 유럽의 여러 도시에서 일어난 반예술운동이다. 인간생활에 대한 항의아래 재래 의미의 법칙이나 사회조직 등 일체의 전통적인 것을 부정하고 허무·혼란·무질서한 것 그대로를 표현하려는 과도기의 사상으로, 2차대전 후에는 전후 고조되고 있던 기계문명·인간소외 등의 이유에서 '네오다다'라는 명칭으로 부활되었다.

✳ 아방가르드(avant-garde) **

원뜻은 전위(前衛)로 제1차 세계대전 때부터 유럽에서 일어난 예술운동이다. 기성관념이나 유파를 부정하고 새로운 것을 이룩하려 했던 입체파·표현주의·다다이즘·초현실주의 등의 혁신예술을 통틀어서 일컫는 말이다. 모호성·불확실성의 역설과 주체의 붕괴, 비인간화 등의 특징은 근대 산업화과정과 밀접한 관계가 있다.

더 알아보기

- **아방게르(avant-guerre)** … 전전(戰前)이란 뜻의 프랑스어로, 본래는 제1차 세계대전의 예술운동을 가리켰는데 나중에 제2차 세계대전 전의 사조·생활태도 또는 그 시대에 산 사람들을 뜻하게 되었다. 인상주의, 자연주의, 현실주의 등을 가리킨다. 아프레게르와 상대되는 말이다.
- **아프레게르(après-guerre)** … 전후(戰後)를 의미하는 프랑스어로, 다다이즘·쉬르리얼리즘 등의 전위적인 예술로 나타났다. 원래는 제1차 세계대전이 끝난 뒤 프랑스의 젊은 예술가들이 전통적인 모든 가치체계를 부정하면서 새로운 예술을 창조한 시대사조를 가리키는 말이었는데, 최근에는 '전후문학'이라고 하면 제2차 세계대전 후만을 의미하게 되었다.

✱ 리리시즘(lyricism) *

예술적 표현의 서정적 · 주관적 · 개성적인 정서를 표현하고 추구하는 정신 또는 문체를 말한다. 용솟음치는 인간적인 기쁨 · 고뇌 · 분노 · 평온 등의 심정고백이고 자아의 투영이므로 리드미컬한 음악성을 수반하며, 모티브는 생과 사 · 사랑 · 자연 등이 많다. 풍경묘사에 있어서도 객관적 설명보다는 심상풍경으로서의 상징성이 강해진다.

✱ 매너리즘(mannerism) *

예술의 창작이나 그 발상면에서 독창성을 잃고 평범한 경향으로 흘러, 표현수단의 고정과 상식성으로 인하여 예술의 신선미와 생기를 잃는 일을 일컫는 말이다. 현상유지의 경향이나 자세를 가리키기도 한다.

✱ 모더니즘(modernism) **

제1차 세계대전 후의 근대주의 · 현대주의를 의미한다. 넓은 의미로는 교회의 권위 또는 봉건성에의 반항, 과학이나 합리성을 중시하고 널리 근대화를 지향하는 것을 말하지만 좁은 의미로는 기계문명과 도회적 감각을 중시하여 반전통 · 반예술을 주장하며, 이른바 현대풍을 추구하는 것을 뜻한다. 미래파 · 표현파 · 다다이즘 · 주지파 등을 포괄한다.

✱ 포스트모더니즘 **

현대 또는 근대주의를 가리키는 모더니즘에서 벗어난다는 탈(脫)과 지속한다는 뜻인 접두어 post가 붙어 생긴 말로 모더니즘으로부터의 단절과 지속적인 성격을 동시에 지니고 있다. 제1차 세계대전후 모더니즘은 독창성과 고상함을 중요시여기고 합리주의 · 기능주의와 연결되어 비교적 단순하고 증명력 있는 것을 추구하였던, 반면에 제2차 세계대전 이후 생명 등에 대한 가치관이 흔들리던 후기 자본주의 시대의 포스트모더니즘은 모더니즘의 단절만을 의미하는 것이 아니라 이질적인 요소를 서로 중첩하거나 과거의 작품에서 인용하는 등 절충주의적 경향을 보인다.

✱ 삼재(三災) **

9년을 주기로 돌아오는 3가지 재난 혹은 화를 말한다. 이 '삼재' 동안에는 사고나 화를 당하지 않기 위해 매사에 조심해야 한다는 말들이 전해지고 있다. 삼재는 보통 도병재, 역려재, 기근재로 나뉜다. 도병재는 장비나 연장, 무기 등에 입는 화로 교통사고나 상해를 의미하며, 역려재는 전염병으로 인해 입게 되는 화로 건강문제가 생길 수 있음을 의미한다.

✱ 광군제 ***

중국에서 11월 11일을 가리키는 말로, 독신절(솔로데이)이라고도 한다. '광군'은 중국어로 홀아비나 독신남, 또는 애인이 없는 사람을 뜻하는 말로, '1'자의 모습이 외롭게 서 있는 사람 모습과 비슷하다고 해서, 솔로를 챙겨주는 문화가 확산되기 시작했다. 혼자를 의미하는 '1'이 두 개가 겹친 1월 1일을 소(小)광군제, 세 개인 1월 11일과 11월 1일은 중광군제, 4개가 겹친 11월 11일은 대광군제라고 부른다. 이날은 젊은층의 소개팅과 파티, 선물 교환 등이 주요 이슈를 이룬다. 특히 2009년 광군제를 맞아 중국의 최대 전자상거래 기업인 알리바바그룹이 자회사인 타오바오몰을 통해 독신자를 위한 대대적 할인행사를 시작하면서 광군제는 중국 최대 쇼핑일로 탈바꿈했다. 이후 대부분의 온라인 쇼핑몰이 이 할인행사에 동참하면서 미국의 최대 쇼핑시즌인 '블랙 프라이데이'나 '사이버 먼데이'를 능가하는 최고의 소비시즌으로 자리잡게 되었다.

✱ 싼커 ***

'싼커'는 '개별 손님'이라는 뜻으로 단체 관광이 아닌 자유 여행으로 우리나라를 방문하는 중국인 관광객들을 지칭하는 말이다. 이들은 한국의 브랜드 명품샵, 화장품 전문 매장 등을 돌아다니며 적게는 수십만 원에서 많게는 몇 천만 원에 이르는 금액을 지불한다고 한다. 이러한 탓에 우리나라 쇼핑몰에서도 자체 어플리케이션을 만들어 모바일 쿠폰, 와이파이 접속 등 여러 혜택을 제공하여 싼커를 고객으로 만드는 추세이다.

✱ 반달리즘(vandalism) *

도시의 문화·예술이나 공공시설을 파괴하는 행위를 말한다. 중세초기 유럽의 민족대이동 때 아프리카에 왕국을 세운 반달족이 지중해 연안에서 로마에 걸쳐 약탈과 파괴를 거듭했던 데서 유래한다.

✱ 아우라(aura) **

예술작품에서 풍기는 흉내 낼 수 없는 고고한 분위기를 뜻하는 말로 독일의 철학자 발터 벤야민의 예술 이론이다. 1934년 벤야민은 논문 「기술복제시대의 예술작품」에서 기술복제시대의 예술작품에 일어난 결정적인 변화를 '아우라의 붕괴'라고 정의하였다. 이는 사진이나 영화와 같이 복제되는 작품에는 아우라가 생겨날 수 없다는 관점으로 기술주의적 사고라는 비판을 받기도 한다.

✱ 서브컬처(subculture) *

하위문화(下位文化) 또는 부차적 문화라고도 하며 어떤 사회의 주가 되는 중심 문화에 대비되는 개념이다. 즉, 한 사회에서 일반적으로 볼 수 있는 행동양식과 가치관을 전체로서의 문화라고 할 때, 그 전체적인 문화 내부에 존재하면서도 독자적인 특징을 보이는 부분적인 문화가 곧 서브컬처라고 할 수 있다. 상류계층문화, 화이트칼라문화, 농민문화, 도시문화, 청소년문화 등이 그 예이다.

Q 작품에서 풍기는 고고한 분위기를 칭하는 용어는?

✻ 팬덤(fandom) *

특정한 인물이나 분야를 열성적으로 좋아하는 문화 현상 또는 그런 사람들을 지칭하는 말로 광신자를 뜻하는 'fanatic'의 'fan'과 영지·나라 등을 뜻하는 접미사 '-dom'이 합성된 용어다. 텔레비전과 인터넷의 보급으로 대중문화가 확산되면서 나타난 현상으로 팬덤이 문화적 영향력을 행사하면서 '팬덤문화'라는 신조어도 등장했다.

한번 되짚기 ▲

팬픽(fanfic)

'팬(fan)'과 '픽션(fiction)'의 합성어로 자신이 좋아하는 가수나 영화, 게임, 만화, 소설, 드라마 등을 팬들이 자신의 뜻대로 패러디하거나 재창조하는 작품 활동을 말한다.

✻ 사이버펑크(cyberpunk) *

1970년대 이후 저항 문화와 그러한 성향을 가진 집단을 가리키는 용어로 사용된 '펑크(punk)'에 '사이버(cyber)'를 결합한 합성어로, 컴퓨터로 대표되는 정보기술에 지배되는 사회에 저항하는 사람들, 또는 그러한 문제를 다루는 문화를 말한다.

✻ 워킹홀리데이(working holiday) *

해외여행 중인 사람이 방문한 나라에서 일할 수 있도록 특별히 허가받는 제도로, 해외여행 중 방문국에서의 노동이 금지되어 있는 통상의 관광비자와는 달리 워킹홀리데이비자는 방문국에서의 노동이 가능하다. 이는 자금이 부족한 젊은 층에게도 해외여행의 기회를 넓히고 국제친선에 기여함을 목적으로 한다. 연령은 대개 18~25세이고 6개월 체류를 원칙으로 하고 있다.

✻ 맥거핀효과(macGuffin effect) *

영화에서 중요한 것처럼 등장하지만 실제로는 줄거리에 영향을 미치지 않는 극적 장치를 뜻하는 말로, 영화의 전개와는 무관하지만 관객들의 시선을 집중시켜 의문이나 혼란을 유발하는 장치 또는 구성상의 속임수를 의미하며 연극이나 극에서의 복선과 반대되는 의미이다.

✻ 그래미상(Grammy award) **

전미국레코드 예술과학아카데미(NARAS)가 주최하는 1년간의 우수한 레코드와 앨범에 주어지는 상이다. 미국 제일의 규모와 권위로 영화계의 아카데미상에 비견된다. 그래미는 그래머폰(gramophone, 축음기)에서 온 애칭으로 수상자에게는 나팔이 부착된 축음기 모양의 기념패가 주어진다. 5,000명 이상의 심사위원이 수차에 걸친 투표를 해서 선정하며 대상은 레코드·앨범·가곡·신인의 종합 4상이 있다. 이외에 녹음기술, 재킷디자인, 비디오 부문까지 세세한 항목으로 나뉘어 있다.

✻ 세계 3대 영화제 ***

베니스, 칸, 베를린 영화제를 말하는 것으로 세계 4
대 영화제라고 할 경우 모스크바영화제를 포함한다.
베니스영화제가 가장 오랜 역사를 지녔지만, 일반적
으로 칸영화제를 가장 권위 있는 영화제로 생각한다.

✻ 베니스영화제 **

이탈리아 베니스(venice)에서 매년 개최되는 최고(最古)의 국제 경쟁영화제로 1932년 5월 창설되었
다. 매년 8월 말에서 9월 초에 열리며 수상 부문으로 작품상, 남녀배우상 등이 있으며 그랑프리는
'산마르코 금사자상(황금사자상)'이라고 부른다. 타 영화제 출품작을 제외한 일반 극영화만 출품이 가
능하다는 특징이 있다. 우리나라의 수상 내역으로는 강수연[여우주연상, '씨받이(1987)'], 이창동·문소
리[감독상·신인여배우상, '오아시스(2002)'], 김기덕[감독상, '빈집(2004)'], 김기덕[황금사자상, '피에타
(2012)'], 채수응[베스트 VR 경험상, '버디 VR(2018)'] 등이 있다.

✻ 칸영화제 **

1946년 프랑스 국립영화센터에서 관광휴양지인 칸(cannes)에 설립한 국제 경쟁영화제이다. 최고의
권위를 인정받고 있는 국제영화제로 황금종려상, 심사위원 대상, 남녀배우주연상, 감독상, 각본상 등
의 경쟁부문과 주목할 만한 시선, 황금카메라상, 시네파운데이션 등 비경쟁부문으로 나누어 시상한
다. 우리나라의 수상 내역으로는 이두용[특별부문상, '물레야 물레야(1984)'], 임권택[한국영화사상 최초
경쟁부문 진출, '춘향뎐(1999)'], 임권택[감독상, '취화선(2002)'], 박찬욱[심사위원 대상, '올드보이(2004)'],
전도연[여우주연상, '밀양(2007)'], 박찬욱[심사위원상, '박쥐(2009)'], 이창동[각본상, '시(2010)'], 홍상수
[주목할 만한 시선 부문 대상, '하하하(2010)'], 김기덕[주목할 만한 시선 부문 대상, '아리랑(2011)'], 문병
곤[황금종려상(단편 경쟁 부문), '세이프(2013)'], 봉준호[황금종려상, '기생충(2019)'] 등이 있다.

✻ 베를린영화제 **

1951년 서베를린(berlin)시 시장이었던 빌리 브란트가 세계의 평화와 우애를 지향하고자 창설한 국제
영화제로 금곰상(최우수작품상), 은곰상(심사위원 대상, 감독상, 남녀배우상 등), 알프레드바우어상, 블
루엔젤상, 평생공로상 등이 있다. 우리나라의 수상 내역으로는 강대진[은곰상, '마부(1961)'], 장선우
[알프레드바우어상, '화엄경(1994)'], 김기덕[감독상, '사마리아(2004)'], 임권택[명예황금곰상, 아시아최초
(2005)], 박찬욱[알프레드바우어상, '사이보그지만 괜찮아(2007)'], 양효주[은곰상(단편 부문), '부서진 밤
(2011)'], 나영길[황금곰상(단편 부문), '호산나(2015)'], 이동하[파노라마 관객상, '위켄즈(2016)'], 김민희[은
곰상(여자연기자상), '밤의 해변에서 혼자(2017)'] 등이 있다.

✳ 골든글로브상(golden globe prize) ✱

세계 84개국의 신문 및 잡지기자 114명으로 구성된 헐리우드 외국인기자협회가 그해 최우수영화의 각 부문과 남녀배우에게 수여하는 상으로, 아카데미상을 시상하기 전에 시상한다.

✳ 모스크바영화제 ✱

1959년에 창설된 공산권 최대 규모의 영화제로 베니스, 칸, 베를린 영화제와 더불어 세계 4대 국제 영화제로 홀수 년도 6월경에 열린다. 시상은 대상(금게오르기상), 심사위원 특별상(은게오르기상), 남녀주연상(동게오르기상)으로 나누어 하며 우리나라 수상 내역으로 강수연[여우주연상, '아제아제바라아제(1989)'], 이덕화[남우주연상, '살어리랏다(1993)'], 장준환[감독상, '지구를 지켜라(2003)'], 정영헌[감독상, '레바논 감정(2013)'], 김윤하[최우수 단편영화상, '스나이퍼 관찰법(2015)'], 김종관[국제영화비평가연맹상, '최악의 여자(2016)'], 윤재호[다큐멘터리 경쟁 부문 최고상, '마담 B. 탈북 여성의 이야기(2016)'], 손현주[남우주연상, '보통사람(2017)'], 김기덕[월드시네마 공로상(2019)] 등이 있다.

더 알아보기

- **몬트리올영화제** … 1977년 캐나다 몬트리올에서 창설된 국제영화제로 매년 8월 말~9월 초에 일반 극영화 및 TV용 영화 등이 출품하여 경쟁을 벌인다.
- **낭트3대륙영화제** … 1979년 프랑스 낭트에서 창설된 국제영화제로 아시아, 아프리카, 남미의 3대륙 영화제라 할 만큼 제3세계 영화 소개에 치중하며 매년 11월 말~12월 초 개최한다.
- **로카르노국제영화제** … 스위스 로카르노시에서 1949년 창설된 신인영화제로 2편 이내의 영화를 만든 신인 감독을 대상으로 매년 8월경에 열린다. 스위스영화협회가 주관하는 이 영화제의 시상 부문은 금표범상, 은표범상, 동표범상, Ernest Artaria 기념상, 심사위원 특별상 등 5개 부문이다.
- **선댄스영화제** … 세계에서 가장 권위 있는 독립영화제로 1984년 미국의 감독 겸 명배우 로버트 레드포드가 할리우드의 상업주의에 반발, 독립영화 제작에 활기를 불어넣기 위해 설립했다.

✳ 대종상(大鐘賞) ✱

우리나라 영화산업의 육성과 영화인들의 의욕을 고취시키고자 당시 문화공보부가 1962년에 설립한 상으로, 작품상 · 남녀주연상 · 촬영상 · 음악상 · 미술상 등 여러 부문에 걸쳐 해마다 시상되고 있다.

✳ 아카데미상(Academy award) ✱✱

미국의 영화예술과학아카데미협회가 시상하는 영화상으로, 오스카 금패가 수여되어 오스카상이라고도 한다. 1927년 5월에 창설되었으며, 1928년부터 매년 우수영화 · 영화인에게 수여해 온 세계적으로 권위있는 영화상이다. 수상부문은 작품 · 감독 · 주연 남녀배우 · 조연 남녀배우 · 음악 · 촬영상 등 16개 부문에 시상한다.

✳ 옴니버스(omnibus)영화 ✱

옴니버스란 합승버스를 뜻하는데, 서로 독립된 여러가지의 스토리를 한편의 영화로 만든 것을 말한다. 그 전형적인 작품으로는 미국의 보카치오 70과 우리나라의 유현목 감독의 작품 한(恨) 등이 있다.

✱ 3D영화(three dimension film) *

'3차원 영화'라는 뜻으로, 흔히 입체영화라고 부른다. 시차를 이용하여 두 개의 화상(畵像)을 융합함으로써 입체감을 내는 스테레오식과, 시야 각도에 가까운 화상을 볼 때의 3차원적 착각을 이용한 시네라마식으로 나누어진다.

✱ 시네라마(cinerama) *

'cinema'와 'panorama'의 합성어로 와일드 스크린영화의 일종이다. 1952년 9월 뉴욕의 브로드웨이극장에서 최초로 공개되었다. 이 영화는 3개의 렌즈와 필름을 사용하여 동시에 촬영하며, 3대의 영사기로 보통 영화의 스크린에 비하여 6배의 면적을 가지는 대형 스크린에 화상을 영사하여 상영한다. 음향은 마그네틱 테이프 6개의 트릭으로 6종류의 음향을 내는 완전입체음향이다.

✱ 컬트(cult)무비 *

일반영화와는 달리 상업·흥행성을 배제한 독립된 제작시스템과 파격적인 대사·구성 등을 특징으로 하는 영화이다. 1960년대를 전후로 서구, 특히 미국에서 반문화(counter culture)운동의 일환으로 유행하게 되었다.

✱ 인디즈(indies) **

독립(independents) 영화의 약칭으로 대형 영화사에 의존하지 않고 작은 독립프로덕션이 제작한 영화를 말한다. 대형 영화자의 자본 지원을 받지 않기 때문에 흥행에 대한 부담이 없어 감독의 개성이 충분히 발휘된 작품이 많다. 할리우드적인 발상을 지양하며 뉴욕을 본거지로 하는 뉴욕 인디즈의 활동이 특히 활발하다.

✱ 필름 느와르(film noir) **

범죄와 폭력의 세계를 다룬 영화로 '검은'이라는 뜻의 불어 'noir'가 붙은 것이다. 이 용어는 프랑스의 영화전문지인 까이에 뒤 시네마(Cahiers du Cinema)에서 처음 사용되었다. 2차 대전 이후 프랑스에 소개된 일련의 할리우드 영화들 중 어두운 분위기의 범죄·스릴러 영화가 여기에 해당하며 1940년대부터 1960년대에 걸쳐 프랑스에서도 많이 제작되었다.

> ▷ 한번 되짚기 ✎
>
> **필름 다르(film d'art)**
> 영화의 오락성과 상업성에 환멸을 느낀 프랑스 영화 작가들이 문학작품이나 연극에서 소재를 차용하여 영화의 예술성 향상을 도모한 운동이다. 초기에는 호평을 받았지만 점점 연극과 문학에 치우치면서 관객들에게 외면당하기 시작했다.

✱ 누보시네마(nouveaux cinema) *

제2차 세계대전 직후 비판적 리얼리즘의 시각에서 제작된 영화들을 일컫는다. 전후의 폐허에서 살아가는 서민들의 애환과 레지스탕스의 저항정신 등을 주로 다루었다. 이탈리아의 자전거 도둑, 영국의 콰이강의 다리, 미국의 셰인 등이 이에 속한다.

....

Q 영화제작 과정에 대한 궁금증 해소를 위해 제작되는 필름은?

✳ 제3세계 영화 *

세계 영화시장을 지배하고 있는 헐리우드 영화에 반기를 들고 제3세계 각국에서 제작되는 영화를 일컫는다. 1960년대 중엽부터 브라질, 아르헨티나 등 각국에서의 독자적인 영화제작이 활발해졌다.

✳ 누벨 바그(nouvelle vague) ***

'새로운 물결'이란 뜻으로, 제2차 세계대전 후 프랑스 영화계에서 침체상태를 극복하고 일어난 신인들의 활동을 가리키는 말이다. 이제까지의 이야기 본위의 영화작법에 대하여 영상의 주체성을 주장한 이 새로운 운동은 각국의 영화계에 큰 자극을 주었다. 이들은 줄거리보다 표현에 중점을 두어 현실과 카메라의 직접적인 접촉을 중요시했다.

☆☆☆ 대표적인 작가로는 네 멋대로 해라의 고다르, 어른들은 모른다의 트뤼포 등이 있다.

✳ 네오리얼리즘 *

신사실주의라는 의미로 제2차 세계대전 이후 이탈리아에서 발생한 영화운동이다. 파시스트 선전영화와 인위적인 영화에 대한 반동으로 대표작에는 무방비의 도시, 구두닦이, 자전거 도둑 등이 있다.

✳ 메이킹 필름(making film) **

일명 영화 제작 다큐멘터리로 영화를 만드는 과정과 제작 뒷이야기에 대한 궁금증을 풀어주기 위해 제작한다. 최근에는 메이킹 필름 제작이 세계적인 추세로, 영화의 기획 단계에서부터 촬영현장, 제작자들의 고민, 배우의 인터뷰 등 다양한 내용을 담는다.

더 알아보기

리덕스 필름(redux film) … 과거에 개봉한 작품을 재편집해 만든 영화를 말한다. 리덕스는 라틴어로 '회귀'란 뜻으로 리덕스 필름이 만들어지는 이유는 제작자가 감독의 뜻과 다르게 영화를 편집해 개봉하는 경우가 많기 때문이다. 그 예로 상영 시간에 맞추려고 잘라냈던 필름을 복구(uncut version)하는 것을 들 수 있다.

✳ 몽타주(montage) **

'조립하는 것'을 의미하는 프랑스어 '몽테르(monter)'에서 파생된 말로 촬영된 필름의 단편을 창조적으로 편집하거나 배열하여 극적인 영화적 시·공간을 만들어 내는 기법이다. 특히, 무성영화(無聲映畵)시대에는 이 이론이 전(全)영화이론의 골격을 이루었으며, 러시아의 예이젠시테인의 '전함 포템킨', 푸돕킨의 '어머니' 등에서 잘 나타나고 있다.

✳ 카메오(cameo) *

영화나 방송국에서 직업 연기자가 아닌 유명인사가 잠시 얼굴을 비추거나 배우가 평소 자신의 이미지에 걸맞지 않는 단역을 잠시 맡는 것, 또는 그 역할을 말한다. 감독의 자기작품 카메오 출연은 이미 흔한 일이고, 극중에 실제 모델이나 가수 등이 직접 출연하여 자신의 콘서트 모습을 보이는 자기복제 카메오도 있다. 카메오는 스타의 되풀이되는 이미지에 식상한 관객들에게 색다른 느낌과 여유를 맛보게 해준다.

2 예술

✱ 오페라(opera) ***

가극(歌劇)으로 음악적인 요소는 물론 대사를 통한 문학적 요소, 연극적 요소, 무대·의상 등의 미술적 요소들이 종합된 대규모의 종합무대예술이다. 레시터티브·아리아·중창 등으로 구성되어 있다. 관현악은 반주뿐만 아니라 서곡·간주곡·종곡 등을 연주한다. 대표적 작품으로는 모차르트의 피가로의 결혼·돈지오반니, 베르디의 아이다·리골레토·춘희, 푸치니의 토스카·라보엠, 비제의 카르멘 등을 들 수 있다.

> **더 알아보기**
>
> • **오페라 부파**(opera buffa) ··· 경쾌한 음악을 주로 하고 중창이 많으며, 익살과 풍자적인 줄거리를 가진 오페라이다.
> • **오페라 코미크**(opera comique) ··· 대사를 넣은 가극으로, 비제의 카르멘과 같이 비극적인 계통도 포함된다.

✱ 오페레타(operetta) *

형식은 오페라와 비슷하면서 군데군데 대사의 삽입방법과 목적에 다소 차이가 있는 곡으로, 경쾌하고 알기 쉬우면서도 유머가 곁들인 줄거리를 통속적이고 대중적인 음악으로 연출하는 음악극이다. 천국과 지옥, 보카치오, 박쥐 등이 유명하다.

✱ 프리마돈나(prima donna) *

오페라의 여주인공역을 맡은 소프라노 가수를 칭하는 말로서 '제1의 여인'이라는 뜻이다. 이에 해당하는 남자가수를 프리모우모(primo uomo)라 한다.

✱ 아리아(aria) **

성악곡이나 기악곡의 소멜로디를 뜻하기도 하고 화성부·반주부에 대한 멜로디부를 뜻하기도 하지만, 주로 오페라에서 레시터티브에 대하여 음악적 매력에 주안을 둔 독창곡을 말하며 영창이라고 번역된다. 바흐의 G선상의 아리아가 유명하다.

> **상/식/문/제**
>
> 다음 중 아리아 '별은 빛나건만'이 삽입된 오페라는?
>
> ① 푸치니의 토스카
> ② 모차르트의 돈 조반니
> ③ 베르디의 아이다
> ④ 모차르트의 마적

✱ 카스트라토(castrato) **

여성이 무대에 오르지 못했던 18세기 바로크시대의 오페라에서 여성의 음역을 노래한 남성가수를 말한다. 카운터테너(가성을 사용하여 소프라노의 음역을 구사하는 남성 성악가)에서 소프라노까지 오

Q 바로크시대의 오페라에서 여성 음역을 노래한 남성가수는?

르내리는 3옥타브 반의 목소리를 내기 위해 변성기 전인 소년시절에 거세당했고, '신의 목소리'라고 불렸다.

✱ 갈라 콘서트(gala concert) *

갈라는 이탈리아 전통 축제의 복장 'gala'에 어원을 두고 있으며, '축제', '잔치'라는 사전적 의미를 지니고 있다. 클래식 음악에서는 흔히 아리아와 중창 등 약식으로 꾸며진 오페라에 붙이지만, 격식을 갖추지 않은 축하 공연 등을 통칭하는 용어로 사용된다.

✱ 퓨전음악(fusion music) **

제3세계의 토속음악과 서구의 팝음악이 접목된 새로운 장르의 음악을 일컫는다. 아프리카 원주민들의 토속음률에 서구의 펑크, 록 등이 한데 어우러지는 특징을 보인다. 융합을 뜻하는 '퓨전'이란 말처럼 지역이나 관습적인 배경을 달리하는 음악들의 만남으로 국경을 뛰어 넘는 음악의 새 지평을 열었다고 볼 수 있다.

> **한번 되짚기** ↗
>
> **크로스오버 음악(crossover music)**
> 한 장르에 다른 장르의 이질적인 요소가 합해져서 만들어진 음악을 말한다. 현재는 음악뿐 아니라 대중문화 전반에 걸쳐 넘나드는 크로스오버 현상이 나타난다.

✱ 인상파음악 *

19세기 말에 프랑스에서 일어난 음악상의 작풍으로 처음에는 회화세계에서 사용되었으나, 드뷔시의 독창과 오케스트라 봄에 대하여 비판적으로 쓰이고부터 음악세계에서도 쓰이게 되었다. 환상적이며 빛·바람과 같은 끊임없이 변화하는 것이 자아내는 자연의 아름다움에 대한 순간적 인상을 감각적으로 음색에 정착시키려 했고, 각종 병행화음 등을 사용하여 새로운 감각을 나타냈다. 대표적인 작곡가로는 드뷔시, 라벨을 꼽을 수 있다.

✱ 표제음악(program music) **

곡의 내용을 자의적으로 해석하는 것을 막기 위해 표제를 붙인 음악이다. 표제음악은 14세기 일부 성악곡에서 볼 수 있으며 낭만파 음악시대에서 성행하였다. 창시자는 슈만이며, 표제음악의 새로운 분야를 개척한 베를리오즈의 환상교향곡이 대표적인 작품이다.

✱ 구체음악(具體音樂) *

제2차 세계대전 후 프랑스에서 일어난 음악의 한 경향이다. 종래의 음처럼 인성(人聲)이나 악기의 구사로 음악을 이루는 것이 아니라 자연음(새·물·바람소리 등)을 혼합·응결시킨 음악이다. 구상음악이라고도 하며, 프랑스의 샤플레(P. Schafler) 등이 제창하였다.

✴ 무조음악(無調音樂) *

조성을 부정하는 음악의 기법으로, 1921년 쇤베르크(Schönberg)에 의해 창시되었다. 조성음악에서는 조의 중심으로서 으뜸음이 우위를 차지하고 딸림음·버금딸림음이 으뜸음의 기능 속에 흡수되어 안정된 속에서 끝나는데 반해, 12음기법에서는 각 음 사이에 그와 같은 주종관계 또는 기능관계를 인정하지 않는다.

☆☆☆ **다조음악(多調音樂)** … 각기 다른 조를 동시에 여러개 사용하는 방법으로, 몇 개의 화성이나 선율이 동시에 나오는 것을 말한다. 무조음악과 함께 현대음악에서 나타난다.

✴ 관현악(orchestra) ***

현악기·관악기·타악기로 연주하는 규모가 가장 큰 연주형태로, 목관악기의 수에 따라 규모의 크기를 결정한다. 2관 편성시 60~70명, 4관 편성시에는 100명 정도가 필요하다.

더 알아보기

• **악기의 분류**

구분	정의	종류
금관악기	금속으로 만든 관악기	호른, 트럼펫, 트롬본, 튜바 등
목관악기	목질의 관으로 된 악기	플루트, 오보에, 클라리넷, 바순, 색소폰, 대금·중금·소금·피리·퉁소·단소 등
현악기	현을 활용하여 음을 내는 악기	바이올린, 비올라, 첼로, 콘트라베이스, 하프, 거문고, 가야금, 우쿨렐레, 만돌린 등
타악기	손이나 채 등으로 두드려서 소리를 내는 악기.	음정이 있는 것 … 비브라폰, 실로폰, 마림바, 벨, 팀파니
		음정이 없는 것 … 큰북, 작은북, 심벌즈, 트라이앵글, 탬버린, 캐스터네츠 등
건반악기	건반을 지닌 악기의 총칭	피아노, 첼레스타, 오르간, 아코디언 등

• **기악의 연주 형태** … 독주는 혼자서 악기를 연주하는 것이고, 중주는 두 사람 이상이 각기 다른 종류의 악기를 연주하는 것이다.

구분	종류		구분	종류	
2중주	바이올린-피아노, 첼로-피아노, 플루트-피아노, 클라리넷-피아노 등		4중주	피아노 4중주	피아노, 바이올린, 비올라, 첼로
				현악 4중주	제1, 2바이올린, 비올라, 첼로
				목관 4중주	플루트, 오보에, 클라리넷, 바순
3중주	피아노 3중주	피아노, 바이올린, 첼로	5중주	피아노 5중주	피아노, 제1, 2바이올린, 비올라, 첼로
	현악 3중주	바이올린, 비올라, 첼로		현악 5중주	제1, 2바이올린, 비올라, 첼로, 더블베이스
	클라리넷 3중주	클라리넷, 바이올린, 피아노		목관 5중주	플루트, 오보에, 클라리넷, 바순, 호른

✴ 카덴차(cadenza) *

장식악절이란 뜻으로 어떤 악곡에 있어서 독창자 또는 독주자의 기교를 마음대로 화려하게 발휘할 수 있도록 작곡된 반주없는 부분, 또는 그러한 노래를 부르는데 알맞은 성음을 말한다.

Q 피아노 3중주에 사용되는 악기는?

✳ 가곡(lied) *

예술가요를 뜻하는 것으로, 시(詩)의 내용을 가장 충실하게 표현한 것이다. 반주는 시의 음악적 표현을 뒷받침하는 것으로, 시와 멜로디와 반주의 완전 결합에서 이루어진 예술적 가치가 큰 독창곡을 말한다. 슈베르트의 겨울 나그네가 유명하다.

✳ 칸타타(cantata) **

독창(아리아 · 레시터티브) · 중창 · 합창으로 구성되는 형식의 하나이다. 17세기의 모노디(monodie)에 그 근원을 두고 있는데, 오라토리오와 마찬가지로 종교적인 것과 세속적인 것이 있다. 종교적인 것으로는 바흐의 작품이 대표적이며, 세속적인 것에는 브람스의 운명의 노래, 애도가 등이 유명하다. 또한 칸타타는 극적인 점이 없다는 것이 가극과 구별된다.

✳ 오라토리오(oratorio) *

독창 · 합창 · 관현악을 구사하여 레시터티브와 아리아를 설정하는 등 매우 극적으로 만들어져 있는, 장엄하면서도 대규모인 서사적 악곡으로 성담곡이라고도 불린다. 헨델의 메시아 · 이집트의 이스라엘, 하이든의 천지창조 · 사계절 등이 유명하다.

✳ 소나타(sonata) **

4악장으로 된 기악독주곡으로 제1악장 소나타형식, 제2악장 가요형식 또는 변주곡 형식, 제3악장 미뉴에트 또는 스케르초, 제4악장 론도 또는 소나타형식 등으로 구성된다. 베토벤의 피아노 소나타 월광 등이 유명하다.

✳ 푸가(fuga) *

소나타형식이 화성적 음악의 가장 완전한 형식이라면, 푸가는 대위법적 음악의 가장 완전한 형식이다. 한 개의 주제를 가진 3부분 형식의 악곡이다. 바흐의 작품이 대표적이다.

✳ 교향곡(symphony) **

관현악(orchestra)을 위한 소나타로, 관현악단에 의해 연주되는 대규모의 기악곡이다. 보통 4개의 악장으로 구성된다. 창시자는 하이든, 완성자는 베토벤이다.

✳ 협주곡(concerto) *

피아노 · 바이올린 · 첼로 등 독주악기와 관현악을 위한 악곡이다. 독주자만이 연주하는 카덴차(장식악절) 부분이 있어 독주자의 연주기교를 충분히 발휘할 수 있게 작곡된 곡이다.

✽ 변주곡(varition) *

주어진 주제에 따라서 그 멜로디의 모양을 바꾼다든지 리듬이나 화성을 변화시키든지 또는 느낌이나 성격을 바꾸어서 이를 예술적인 구상에 의해 배열한 곡으로, 모양을 바꾸어서 반복하는 것이다.

☆☆☆ 샤콘느(chaconne) ··· 대위법적 변주를 특색으로 하는 변주곡 형식으로, 템포가 느린 4분의 3박자의 스페인 민속무곡이다. 바흐의 바이올린을 위한 샤콘느, 베토벤의 C단조 변주곡, 쇼팽의 자장가 등이 유명하다.

✽ 실내악(chamber music) *

작은 규모로 연주되는 2중주, 3중주, 4중주 또는 5중주 등을 가리킨다. 즉, 몇 개의 독주악기가 연주하는 소나타이다. 바로크 시대의 통주저음 양식이 쇠퇴함과 동시에 종래의 트리오 소나타(제1 바이올린 · 제2 바이올린 · 비올라 · 첼로 또는 통주저음 악기)를 주체로 하는 합주체에서 제1 바이올린 · 제2 바이올린 · 첼로로 이루어지는 현악 4중주로 중심이 바뀌었다.

☆☆☆ 이 형식은 하이든에 의하여 확립되었으나, 고전파의 실내악을 예술적 최고봉으로 이끈 사람은 베토벤이다.

✽ 서곡(overture) *

오페라 또는 발레의 막이 오르기 전에 연주하는 음악으로, 악곡의 주요한 멜로디로 엮어 나가거나 또는 전혀 다른 멜로디로 줄거리나 분위기를 암시하기도 한다. 대개는 소나타형식이 사용되나 엄격하지 않고 표제음악과 같은 경향으로 구성하게 된다. 이외에 독립된 악곡에 서곡이라는 이름을 붙일 때도 있다. 이때는 곡 자체가 표제음악적인 요소를 지니게 되는데, 차이코프스키의 1812년 서곡과 브람스의 대학축전 서곡 등이 대표적이다.

✽ 랩소디(rhapsody) *

광상곡으로 대개 자유로운 형식의 기악곡이다. 민족적 또는 서사적인 성격을 가지며 일정한 형식없이 환상적이고 자유로운 악장으로 발전시킨 악곡이므로 광시곡이라고도 한다. 리스트의 헝가리 광상곡이 대표적이며, 랄로 · 드보르작 · 에네스코 · 바르톡 등의 작품도 있다.

✽ 야상곡(nocturne) *

조용한 밤의 기분을 나타내는 서정적인 피아노곡을 가리킨다. 박자나 형식은 따로 없고, 3부분 형식 또는 작은 론도(rondo)형식을 따른다. 쇼팽의 녹턴 19곡이 가장 유명하다.

✽ 미뉴에트(minuet) **

프랑스의 고전춤곡이다. 이것은 모음곡의 일부분으로 남아 있을 뿐 아니라 소나타 또는 교향곡의 중간 악장으로도 쓰여지고 있다. 미뉴에트의 형식은 처음에는 두도막 형식이 많았지만, 하이든 · 모차르트 이후의 미뉴에트는 중간부인 트리오를 사이에 끼는 겹세도막 형식을 취하고 있으며 4분의 3박자의 우아한 리듬이 특징이다.

✳ 마주르카(mazurka) *

폴란드의 민속적인 춤곡으로, 왈츠와 같은 4분의 3박자이나 왈츠와는 리듬이 아주 다르다. 점음표의 리듬을 많이 쓰며, 첫박을 굴리거나 둘째박에 액센트를 붙이는 것이 특징이다. 이 춤곡을 고도로 예술화한 사람은 쇼팽이다.

✳ 볼레로(bolero) *

4분의 3박자의 스페인 춤곡으로, 그리 빠르지 않은 반주부분의 리듬과 케스터네츠의 사용이 특징이다. 악곡으로는 라벨의 볼레로가 유명하다.

✳ 플라멩코(flamenco) *

스페인 남부 안다루시아주의 전통적인 민요와 향토무용, 그리고 기타반주의 3자가 일체가 되어 형성하는 민족예술로서 이 지방의 개성적인 민족감정과 기백이 풍부하고 힘차게 표현된 고도의 민족예술이다. 본래는 콰드로 플라멩코라 하여 옆에서 장단을 맞추어 소리지르는 관중도 역시 플라멩코를 구성하는 한 요소로 되어 있다.

✳ 탱고(tango) *

4분의 2박자 또는 8분의 4박자의 무곡으로, 20세기초 아르헨티나로부터 유럽을 거쳐 전세계로 퍼졌다. 매우 육감적이고 로맨틱하며 스페인 탱고와 아르헨티나 탱고, 프랜치 탱고가 있다.

✳ 룸바(rumba) *

4분의 2박자의 리듬으로 마디마디 형태가 달라지면서 반복되는 것이 특징인 쿠바 원산의 댄스음악이다. 악기로는 라틴아메리카 음악 특유의 타악기인 봉고·콩가·마라카스·크라베스 등이 사용되며, 시보네 등이 대표적인 곡이다.

✳ 하바네라(habanera) *

아프리카 흑인들의 노래와 춤을 토대로 쿠바 태생 음악가인 크레오르가 쿠바인에게 적합하도록 만든 새로운 감각의 음악을 말한다. 비제의 가극 카르멘 제1악장의 하바네라가 유명하다.

✳ 레게(reggae)음악 *

자메이카의 토속음악으로, 4분의 2박자의 리듬으로 강약이 변화를 이루면서 경쾌한 분위기를 내는 것이 특징이다. 영·미 팝계에서는 1970년대 자메이카 출신의 밥 말리가 등장한 이후 주요 장르로 잡았다.

✱ 칸초네(canzone) *

이탈리아의 민요로서, 14세기에서 18세기에 걸쳐 이탈리아에서 유명한 세계적인 시에 곡을 붙인 가곡이다. 칸초네는 프랑스의 샹송과 같은 위치를 차지하고 있지만, 이탈리아의 뜨거운 태양이 길러낸 듯한 활달하고 솔직한 밝음이 있다.

✱ 빠르기 말 ***

곡 전체 또는 한 부분을 얼마나 빠르게 연주해야 하는지 나타내기 위해 사용하는 문자를 말한다. 이와 구분하여 빠르기를 숫자로 표현한 것을 빠르기표 또는 메트로놈(Metronom) 기호라 한다.

구분	매우 느리게	느리게	조금 느리게	보통 빠르게	조금 빠르게	빠르게	매우 빠르게
용어	largo(라르고) lento(렌토) adagio(아다지오)	andante (안단테)	andantino (안단티노)	moderato (모데라토)	allegretto (알레그레토)	allegro (알레그로)	vivo(비보) vivace(비바체) presto(프레스토)

더 알아보기

- **나타냄말** … 곡의 전체 또는 일부의 성격이나 표정을 표시하기 위하여 여러 가지 말을 이른다. affettuoso(애정을 담아), con anima(활기있게), appassionato(열정적으로), cantabile(노래하듯이), dolce(부드럽게), elegante(우아하게), energico(정력적으로) 등이 있다.
- **셈여림표** … 강약기호라고도 하며 악곡의 부분 또는 전반에 걸친 음의 셈과 여림의 정도를 나타낸다. 피아니시모(pp, 매우 여리게) – 피아노(p, 여리게) – 메조피아노(mp, 조금 여리게) – 메조포르테(mf, 조금 세게) – 포르테(f, 세게) – 포르티시모(ff, 매우 세게), 크레셴도(cresc, 점점 세게) – 디크레셴도(decresc, 점점 여리게), 스포르찬도(sf, 특히 세게), 포르테피아노(fp, 세게 곧 여리게) 등이 있다.

✱ 메트로놈(metronome) *

17세기에 독일의 멜첼(J. Malzel)이 발명한 음악의 속도조절기이다. 정확한 숫자에 의한 빠르기를 정할 수 있게 한 것으로, 메트로놈에 의한 빠르기 표시는 1분 동안에 소리내는 표준음표의 숫자를 적는다.

✱ 토카타(toccata) *

17세기부터 18세기 전반에 걸쳐 전성기를 이룬 건반악기를 위한 곡의 일종이다. 폭넓은 화음과 빠른 음표로 된 악구의 교체, 모방양식으로 된 푸가적 부분, 분명한 주제성격을 가지지 않는 음형의 반복 등이 특징이다. 형식이 자유로우며 즉흥적인 요소가 강하다.

✱ 트레몰로(tremolo) **

이탈리아어의 'tremare(떨린다)'에서 유래한 말로서, 음을 급속히 반복하는 주법이다. 음표의 기둥에 짧은 사선을 부가해서 지시하는데, 원칙적으로 사선의 수가 많을수록 횟수도 반복되어 많아진다.

Q 'andante'의 빠르기는?

✻ 피치카토(pizzicato) ***

현악기 특유의 주법으로서, 현을 활로 켜는 것이 아니라 손가락으로 퉁겨 음을 내는 것을 말한다. 활로 연주할 것을 특히 지시하려고 할 때에는 '아르코(arco, 이탈리아어로 활이란 뜻)'라고 한다.

✻ 골든디스크(golden disk) ***

100만장 이상 팔린 레코드를 가리킨다. 미국 레코드협회에서 100만장 이상 팔린 레코드에 대해 금빛 레코드를 시상한 데서 비롯된 말이다. 밀리언 셀러 레코드(million seller record)라고도 부른다.

✻ 국악의 음계 ***

우리가 국악의 5음계로 알고 있는 궁, 상, 각, 치, 우는 중국에서 사용하는 음계이며, 「세종실록」에 기록된 고대 악보에 따르면 우리 국악의 기본 음계는 12음률인 것을 알 수 있다. 12율명(十二律名)은 황종, 대려, 태주, 협종, 고선, 중려, 유빈, 임종, 이칙, 남려, 무역, 음종이로 악보에 표기할 때는 앞 글자만 따서 사용한다. 가장 많이 쓰이는 선법은 서양의 장조에 해당하는 평조와 단조에 해당하는 계면조로, 평조의 경우 황, 태, 중, 임, 남을 계면조의 경우 황, 협, 중, 임, 무를 기본 음계로 한다.

✻ 우리나라 3대 악성 ***

조선 세종 때 궁중음악인 아악의 기초를 확립한 박연, 고구려 때 칠현금에 능했던 왕산악, 12월을 상징하여 가야금을 만든 우륵을 지칭한다.

✻ 산조(散調) **

삼남지방에서 성행하였고 특히 전라도에서 발달한 우리나라 민속음악의 하나이다. 병창과 대(對)를 이루며 장구를 반주로 가야금 · 거문고 · 해금 · 피리 · 저 · 단소 · 퉁소 등의 악기로 처음에는 진양조로 느리게 시작하다가 점차 급한 중모리 · 자진모리 · 휘모리로 바꾸어 연주한다.

☆☆☆ 우조와 계면조가 있고 감미로운 가락과 처절한 애원조의 소리도 있다.

✻ 아악(雅樂) *

우리나라의 궁중음악으로 조선 세종이 박연에게 명하여 송나라에서 들여온 대성악을 조선 고유의 아악으로 새로 완성시켰다. 제례악(문묘제례악 · 종묘제례악), 연례악(여민락 · 보허자 · 낙양춘), 군례악(대취타), 정가(가사 · 시조) 등이 있다.

✳ 향악(鄕樂) *

당악이 들어오기 이전 삼국시대부터 지금까지 내려오는 음악을 말하며, 대개 한국 고유음악이다. 넓은 의미의 향악은 아악·당악을 제외한 제례악이나 연례악·정악·민속음악을 통틀어 말하는데, 고문헌에 보이는 향악 혹은 속악은 흔히 정악을 가리키는 수가 많다. 백제의 정읍사, 고려의 가곡, 조선의 여민락 등이 이에 속한다.

✳ 범패(梵唄) **

불교음악의 총칭으로, 부처님의 공덕을 찬양하며 절에서 재(齋)를 지낼 때 부르는 노래이다. 우리나라에는 신라시대에 전래되어 가곡, 판소리와 함께 우리나라 3대 성악곡으로 발전하였다.

✳ 판소리 ***

중요 무형문화재 제5호로 지정된, 광대의 소리와 대사를 통틀어 일컫는 말이다. 남도의 향토적인 선율을 토대로 진양조, 중모리, 중중모리, 자진모리, 휘모리, 엇모리, 엇중모리 등의 장단에 따라 변화시키고 아니리(말)와 발림(몸짓)으로 극적 효과를 높였다.

더 알아보기

• **판소리의 소릿제** … 판소리가 전승되면서 전승 계보에 따라 음악적 특성에 차이가 생기게 되었는데, 이를 '소릿제'라 한다. 크게 섬진강을 중심으로 동쪽지역인 전라도 동북 지역의 소리인 동편제(東便制)와 서쪽지역인 전라도 서남 지역의 소리인 서편제(西便制) 그리고 경기도와 충청도 지역의 중고제(中高制)로 구분된다.

구분	특징
동편제	남성적 성향이 짙어 장단을 길게 빼지 않고 짧고 분명하게 끊으며, 리듬 또한 단조롭고 담백하다.
서편제	여성적인 면이 있는 소리로, 수식과 기교가 많아 애절하고 섬세한 특성을 갖는다.
중고제	동편제와 서편제의 중간적 특성을 보이지만, 동편제 쪽에 가깝다고 볼 수 있다.

• **판소리 용어**

구분	특징
더늠	독창성 있는 대목이나 스타일
바디	판소리의 전체적인 법제, 혹은 어느 전승 계보의 텍스트
발림	창자가 소리의 극적인 전개를 돕기 위해서 하는 몸짓
아니리	가락을 붙이지 않고 말하듯이 엮어가는 사설
시김새	화려함이나 멋을 더하기 위해 어느 음에 붙는 표현기능, 발성기교
추임새	창자의 흥을 돋우기 위해 고수나 청중이 중간에 곁들이는 감탄사

✳ FIAC(Foire Internationale d'Art Contemporain) ***

프랑스에서 열리는 국제적인 현대 예술품 박람회로 스위스의 '바젤 아트페어', 미국의 '시카고 아트페어'와 함께 세계 3대 아트페어로 꼽힌다. 1974년 침체기를 걷던 세계 현대미술을 활성화시키고자 프랑스 내 80여 화랑과 출판업자들이 모여 출범했다.

Q 판소리에서 창자의 흥을 돋우기 위해 곁들이는 감탄사는?

✳ 바우하우스(Bauhaus) **

1919년 건축가 발터 그로피우스(Walter Gropius)가 미술학교와 공예학교를 병합하여 설립한 종합조형학교 겸 연구소이다. 주된 이념은 건축을 주축으로 예술과 기술을 종합하려는 것으로 기능적·합목적적인 새로운 미를 창조하여 현대 조형에 큰 영향을 미쳤다. 클레, 모홀리나기, 파이닝거, 칸딘스키 등이 바우하우스 출신이다.

✳ 소호(SOHO) *

'South of Houston'의 약자로 뉴욕의 하우스톤가와 커널가 사이에 화랑이 밀집하여 있는 지역을 이르는 말이다. 원래 공장지대였던 이 지역은 1950년대부터 화가들이 모이기 시작하면서 현재는 예술과 패션의 거리로 많은 사람이 찾는 명소가 되었다.

✳ 비엔날레(biennale) ***

2년마다 열리는 국제적인 미술전람회로, 베니스비엔날레·파리비엔날레·상파울루비엔날레 등이 있다. 특히 베니스비엔날레전은 1895년에 창립된 세계 최고(最古)·최대의 국제미술전으로 이탈리아의 베니스에서 열리며, 회화 및 조각·판화·데생 등 각 부문에 시상한다.

> **한번 되짚기**
>
> **트리엔날레(triennale)**
> 3년마다 열리는 국제적 미술전람회로, 밀라노트리엔날레전이 유명하다. 1912년에 창립된 디자인 미술 중심의 국제전으로, 최근에는 가구·실험가옥에서 극장·기계·열차에 이르기까지 온갖 새로운 디자인이 출품되고 있다.

✳ 대한민국 미술대전 **

문화관광부 주체로 해마다 열리는 미술발전을 위한 전국미술전람회(국전)로, 1982년 대한민국 미술대전으로 개칭되었다. 한국문화예술진흥원의 후원으로 비구상과 구상으로 나누어 봄, 가을에 실시한다.

✳ 옵 아트(Op Art) **

광학미술(Optical art)로, 팝 아트에 이어 등장한 기하학적 구성이 주류인 추상미술의 경향이다. 정서적·사상적인 면보다는 형식적인 면에 치중하여 색면의 대비와 조화, 선의 운동과 구성 등의 착시효과와 같은 모든 광학적인 효과를 화면에 채용하여 새로운 이미지로 구성한다.

✳ 앙데팡당(independants) ***

1884년부터 프랑스에서 아카데미즘에 반대하는 화가들에 의하여 개최되어 온 자유출품제로서, 심사나 시상을 하지 않는 미술전람회를 말한다.

✱ 근대미술사조 ***

구분	특징
신고전주의 (neo-classicism)	• 18세기 중엽~19세기 중엽에 걸쳐 유럽에서 형성된 미술양식 • 형식의 통일과 조화, 표현의 명확성, 형식과 내용의 균형 • 다비드 '나폴레옹 대관식', 앵그르 '목욕하는 여인' 등
낭만주의 (romanticism)	• 19세기 전반 유럽에서 회화를 비롯하여 조각 등에 나타난 미술양식 • 합리주의에 반대해서 객관보다는 주관을, 지성보다는 감성을 중요시 • 들라크루와 '키오스섬의 학살' 등
사실주의 (realism)	• 19세기 중엽 사물, 자연의 상태를 그대로 표현하고자 한 미술형식 • 프랑스에서 활동한 풍경화가들의 모임인 '바르비종파' • 밀레 '이삭줍기', '만종', 쿠르베 '돌 깨는 사람들' 등
인상주의 (impressionism)	• 19세기 말에 일어난 프랑스 청년화가들의 경향 • 빛의 효과를 강조하고 밝은 색깔로 그림을 그리려는 운동 • 마네 '풀밭 위의 점심', '발코니', 모네 '인상 – 해돋이', 드가 '압생트', 르누아르 '뱃놀이 점심' 등
신인상주의 (neo-impressionism)	• 19세기 말에 대두한 미술사조로 인상주의에 과학성을 부여하고자 함. • 무수한 색점을 사용하여 색을 분할하는 기법 • 쇠라 '아니에르에서의 물놀이', 시냐크 '마르세유항의 풍경' 등
후기인상주의 (post-impressionism)	• 19세기 말~20세기 초 인상파의 색채기법을 계승 • 견고한 형태, 장식적인 구성, 작가의 주관적 표현을 시도한 화풍 • 고흐 '해바라기', '감자 먹는 사람들', 고갱 '타히티의 여인', 로댕 '생각하는 사람' 등

✱ 현대미술사조 ***

구분	특징
야수파 (fauvism)	• 20세기 초의 젊은 화가들과 그들의 미술경향 • 원색을 쓴 대담한 그림으로 야수의 그림 같다는 비평을 받음 • 마티스 '후식', 루오 '미제레레', 드랭, 블라맹크 등
입체파 (cubism)	• 1910년경 프랑스를 중심으로 야수파의 뒤를 이어 일어난 유파 • 물체의 모양을 분석하고 그 구조를 점과 선으로 구성 · 연결 • 피카소 '아비뇽의 처녀들', '게르니카', 브라크 '카드가 있는 정물' 등
표현주의 (expressionism)	• 20세기 전반에 독일을 중심으로 하여 전개된 예술운동 • 자연묘사에 대응하여 감정표현을 중심으로 주관의 표현을 강조 • 뭉크 '절규', 샤갈 '바이올린 연주자', 클레 '월출과 일몰' 등
미래파 (futurism)	• 20세기 초 이탈리아에서 일어난 전위예술운동 • 현대생활의 역동하는 감각을 표현하고자 함 • 보초니 '탄생', 세베리니 '물랭루주의 곰춤', 라의 '롯의 딸들' 등
초현실주의 (surrealisme)	• 다다이즘 이후 1920~1930년에 걸쳐 유럽에서 일어난 미술운동 • 무의식이나 꿈, 공상 등을 중요시 • 달리 '해변에 나타난 얼굴과 과일의 환영', 마그리트 '가짜거울' 등

Q 20세기 초 원색을 사용하여 대담한 그림을 그린 젊은 화가들의 미술경향은?

✳ 팝아트(pop art) **

1960년을 전후하여 추상미술에 대한 반동으로 일어난 미술의 한 유형으로, 특히 미국에서 거대 도시문명을 배경으로 확산되었다. 일명 뉴리얼리즘(신사실주의)라고 불리는 이 파의 화가들은 추상을 거부하고 현대문명의 산물인 공업제품을 작품 속에 그대로 끌어들여 대중적인 이미지를 화면에 재현시켰다.

✳ 비구상(non-figuratif) *

19세기의 극단적인 자연주의에 대한 반동으로 일어난 미술의 한 경향이다. 현실의 재현을 추구하는 구상을 부정하고 대상의 본질적 특징을 형상화하려는 경향이다. 순수하게 기하학적 형태로 구성하는 양식주의적인 경향과 자유로운 형태로서 정신적 표현을 추구하는 표현주의적 경향으로 크게 나눌 수 있다.

✳ 아르누보(art nouveau) **

'신(新)미술'이라는 뜻으로, 19세기 말에서 20세기 초에 걸쳐 유럽에서 개화한 예술운동이다. 아르누보의 탄생은 유럽의 전통적 예술에 반발하여 예술을 수립하려는 당시 미술계의 풍조를 배경으로 하고 있으며, 전통으로부터의 이탈과 새 양식의 창조를 지향하여 자연주의·자발성·단순성·기술적인 완전을 이상으로 했다.

✳ 캐리커처(caricature) **

사람이나 사물을 과장하되 그 성격을 풍자적이고 희극적으로 표현한 만화·풍자화·회화 등을 말한다. 고야, 도미에 등이 유명한 화가이다.

☆☆☆ 크로키(croquis) … 화가가 움직이고 있는 대상의 한 순간의 모습을 짧은 시간에 재빨리 그리는 것을 말한다.

✳ 미니어처(miniature) *

일반적으로 세밀화로 불리는 소형의 기교적인 회화이다. 초상화 등을 주로 하는 작은 화면의 회화를 뜻하는 것으로, 16세기 초에서 19세기 중엽에 이르기까지 주로 유럽에서 많이 제작되었다. 본래는 사본(寫本)에 쓰여진 붉은 식자를 뜻했으나, 요즘에는 메달·보석·시계상자의 뚜껑장식 등에 그리는 장식화를 뜻하게 되었다.

✳ 아라베스크(arabesque) *

아라비아 사람들이 만든 장식무늬의 하나이다. 이슬람교에서는 우상과 비슷한 것은 회화나 조각에 쓰지 않았으므로 기하학적인 모양이나 당초(唐草)모양이 연구되었는데, 그중에도 아라비아 문자의 끝부분을 잎모양으로 도안한 것을 아라베스크라 하였다.

✳ 올림픽경기대회(olympic games) ***

국제올림픽위원회(IOC)가 4년마다 개최하는 국제스포츠대회이다. 본래 올림픽 경기는 고대 그리스인들이 제우스신에게 바치는 제전(祭典) 성격의 경기로 종교, 예술, 군사훈련 등이 일체를 이룬 헬레니즘 문화의 결정체다. 고대올림픽은 정확히 언제부터 시작되었는지 알 수 없지만, 문헌상의 기록을 근거로 통상 BC 776년을 원년으로 본다. 이후 1,200여 년 동안 계속되다가 그리스가 로마인의 지배를 받으면서 약 1,500년 동안 중단되었던 고대올림픽 경기는 프랑스의 피에르 쿠베르탱(Pierre de Coubertin)의 노력으로 1894년 6월 23일 파리의 소르본 대학에서 열린 국제스포츠대회에서 근대올림픽으로 시작되었다. 1896년 '인류평화의 제전'이라는 거창한 구호를 걸고 그리스의 아테네에서 개최된 제1회 대회는 참가자가 13개국, 311명으로 매우 작은 규모였으며, 올림픽이 국제대회로서 면모를 갖춘 것은 1908년 제4회 런던대회 때부터라고 볼 수 있다. 런던 올림픽에서 각국이 처음으로 국기를 앞세우고 참가하였으며 경기규칙 제정, 본격적인 여자경기종목 채택, 마라톤 코스의 확정 등의 체계가 갖추어졌다. 오늘날 세계 각국의 스포츠인들은 근대올림픽이 창설된 6월 23일을 '올림픽의 날'로 정하여 기념하고 있다. 우리나라는 1988년 제24회 서울올림픽이 개최된 바 있다.

더 알아보기

- **올림픽 표어** … '보다 빠르게(citius), 보다 높게(altius), 보다 힘차게(fortius)'로 프랑스의 디동 신부가 제창하고 1926년 IOC가 정식으로 채택하였다.
- **오륜기** … 흰 바탕에 왼쪽부터 파랑, 노랑, 검정, 초록, 빨강의 5색 고리를 위 3개, 아래 2개로 엮은 모양이다. 쿠베르탱이 창안하여 1914년의 IOC 창립 20주년 기념식전에 처음으로 선보였으며, 동그란 5개의 고리는 5개의 대륙을 상징한다.
- **동계올림픽** … 4년마다 개최되는 국제겨울스포츠대회로 1924년 프랑스 샤모니에서 최초로 열렸다. 겨울 스포츠가 눈 또는 얼음 위에서 열린다는 것이 특징이며, 그 종목으로 알파인 스키, 바이애슬론, 봅슬레이, 크로스컨트리, 컬링, 피겨 스케이팅, 프리스타일 스키, 아이스하키 등이 있다.
- **차기 올림픽 개최지** … 2020년 일본 도쿄(하계), 2022년 중국 베이징(동계)

✳ 프레올림픽(pre-olympic) **

올림픽대회가 열리기 1년 전에 그 경기시설이나 운영 등을 시험하는 의미로 개최되는 비공식경기대회이다. 국제올림픽위원회(IOC)에서는 올림픽이 4년마다 열리는 대회라는 이유로 프레올림픽이라는 명칭의 사용을 금하고 있으나, 국제스포츠계에 잘 알려진 관용명칭이 되어 있다.

✳ 패럴림픽(paralympic) **

신체장애자들의 국제경기대회로서 장애자 올림픽이라고도 한다. 'paraplegia'와 'olympic'의 합성어로, 정식으로는 1948년 휠체어 스포츠를 창시한 영국의 신체장애자의료센터 소재지의 이름을 따 국제스토크 맨데빌 경기대회(International Stoke Mandeville Games for the Paralysed)라 한다. 1952년부터 국제경기대회로 발전하여 4년마다 올림픽 개최국에서 개최된다.

✻ 월드컵(world cup) ***

FIFA(국제축구연맹)에서 주최하는 세계 축구선수권대회이다. 1930년 우루과이의 몬테비데오에서 제1회 대회가 개최된 이래 4년마다 열리는데, 프로와 아마추어의 구별없이 참가할 수 있다. 2년에 걸쳐 6대륙에서 예선을 실시하여 본선대회에는 개최국과 전(前)대회 우승국을 포함한 24개국이 출전한다. 제1회 대회 때 줄리메가 기증한 줄리메컵은 제9회 멕시코대회에서 사상 최초로 3승팀이 된 브라질이 영구보존하게 되어, 1974년 뮌헨에서 열린 제10회 대회부터는 새로 마련된 FIFA컵을 놓고 경기를 벌인다.

더 알아보기

• 역대 월드컵 개최지와 우승국

개최연도	개최지	우승국	개최연도	개최지	우승국
제1회(1930)	우루과이	우루과이	제12회(1982)	스페인	이탈리아
제2회(1934)	이탈리아	이탈리아	제13회(1986)	멕시코	아르헨티나
제3회(1938)	프랑스	이탈리아	제14회(1990)	이탈리아	서독
제4회(1950)	브라질	우루과이	제15회(1994)	미국	브라질
제5회(1954)	스위스	서독	제16회(1998)	프랑스	프랑스
제6회(1958)	스웨덴	브라질	제17회(2002)	한국·일본	브라질
제7회(1962)	칠레	브라질	제18회(2006)	독일	이탈리아
제8회(1966)	잉글랜드	잉글랜드	제19회(2010)	남아프리카공화국	스페인
제9회(1970)	멕시코	브라질	제20회(2014)	브라질	독일
제10회(1974)	서독	서독	제21회(2018)	러시아	프랑스
제11회(1978)	아르헨티나	아르헨티나	제22회(2022)	카타르	

• 우리나라의 월드컵 참가 역사 … 우리나라는 1954년 제5회 스위스 월드컵에 처음으로 참가했고 이후 제13회 멕시코 월드컵부터 제19회 남아프리카공화국 월드컵까지 7회 연속 진출로 아시아 처음 통산 8회 월드컵 진출이라는 기록을 세웠다. 2002년 제17회 한국·일본 월드컵에서 4위의 성적을 거두었고, 2010년 제19회 남아프리카공화국 월드컵에서 원정 첫 16강에 진출하였다.

✻ FIFA(Federation Internationale de Football Association) **

국제축구연맹으로 세계 축구경기를 통할하는 국제단체이다. 국제올림픽위원회(IOC), 국제육상경기연맹(IAAF)과 더불어 세계 3대 체육기구로 불리며 각종 국제 축구대회를 주관한다. 즉, 각 대륙별 연맹이 원활하게 국제 경기 등을 운영할 수 있도록 지원·관리하는 세계축구의 중심체인 것이다. 1904년 프랑스의 단체 설립 제창으로 프랑스, 네덜란드, 덴마크, 벨기에, 스위스, 스웨덴, 스페인의 7개국이 프랑스 파리에서 모여 국제 관리기구로서 국제축구연맹(FIFA)을 탄생시켰다.

☆☆☆ 세계청소년축구선수권대회 … FIFA(국제축구연맹)에서 주관하는 청소년경기로 만 나이 기준 20세 이하의 선수들만 참가하는 U-20대회와 17세 이하 선수들만 참가하는 U-17대회의 2종류다.

✽ 4대 메이저 대회 ***

골프나 테니스 분야에서 세계적으로 권위를 인정받고 있으며 상금액수도 큰 4개의 국제대회를 일컫는 용어이다. 골프의 4대 메이저 대회는 마스터골프대회, US오픈골프선수권대회, 브리티시오픈, 미국PGA선수권대회를 말하며 여자골프 4대 메이저 대회는 크래프트나비스코챔피언십, 맥도날드LPGA챔피언십, US여자오픈, 브리티시여자오픈이 해당한다. 4대 메이저 테니스 대회는 호주오픈, 프랑스오픈, 윔블던, US오픈을 포함한다.

☆☆☆ 오픈 선수권⋯골프, 테니스 등에서 아마추어와 프로가 함께 겨루어 대표를 뽑는 경기

✽ 월드베이스볼클래식(WBC : World Baseball Classic) *

세계 각국이 참가하는 프로야구 국가대항전으로, 2006년부터 시작하여 올림픽이 열리는 해를 피해 4년마다 개최하되 시기는 메이저리그 정규시즌 일정을 고려해 조정한다. 1회 대회는 2006년 3월 3일 일본 도쿄돔에서 아시아 예선을 시작으로 그 막을 올렸으며 한국, 일본, 중국, 대만, 미국, 캐나다 등 총 16개국이 참가하였다. 메이저리그 구장에서 열린 8강 조별리그를 거쳐 4강에 진출한 국가는 한국, 일본, 쿠바, 도미니카 공화국이었으며, 일본이 우승을 차지했다. 우리나라는 2009년에 열린 2회 대회에서 준우승을 차지했다.

✽ F1 그랑프리 **

월드컵, 올림픽에 이어 전세계에서 인기를 끌고 있는 3대 국제스포츠행사의 하나인 세계 최고의 자동차경주대회를 의미한다. 매년 3월부터 10월까지 스페인·프랑스·영국·독일·헝가리·호주·일본 등 대륙을 오가며 17차례 경기를 펼쳐 점수를 합산해 종합우승자를 가린다.

✽ 보스톤 마라톤대회 *

미국 독립전쟁 당시 보스톤 교외의 콘크드에서 미국민병이 영국군에게 승리한 것을 기념하기 위하여 1897년 이래 보스톤시에서 매년 4월 19일에 거행하는 대회로, 아메리칸 마라톤이라고도 한다.

✽ 세계피겨스케이팅 선수권대회(World Figure Skating Championships) **

국제빙상경기연맹(ISU : International Skating Union)이 주관하는 피겨스케이팅의 국제대회이다. 이 대회는 피겨스케이팅에서 올림픽과 더불어 ISU가 주최하는 국제대회 중 가장 비중이 높은 대회이며 종목은 남녀 싱글, 페어, 아이스댄싱의 네 가지로 구성되어 있다. 매년 시즌이 마무리되는 3~4월경에 열리며 2020년 대회는 캐나다 몬트리올에서 개최된다.

✽ 메이저리그(MLB : Major League Baseball) ***

미국 프로야구의 아메리칸리그(American League)와 내셔널리그(National League)를 합쳐서 부르는 말로, '빅 리그'라고도 한다. 아메리칸리그 소속 15개 팀과 내셔널리그 소속 15개 팀이 각각 동부·중부·서부지구로 나뉘어 정규 시즌을 치른다.

Q 세계 각국이 참가하는 프로야구 국가대항전은?

✱ 윔블던 테니스대회 *

테니스계에서 가장 오랜 역사를 가지고 있는 대회로, 1877년 영국 국내선수권대회로 개최되었으며 1883년부터 국제대회가 되었다. 정식명칭은 전영오픈 테니스선수권대회로 매년 영국 런던 교외의 윔블던에서 열린다. 1968년부터 프로선수의 참가가 허용되었다.

더 알아보기

데이비스컵(Davis Cup)·페더레이션컵 테니스대회
데이비스컵 테니스대회는 1900년 미국의 테니스선수였던 데이비스가 기증한 순은제컵을 놓고 영·미대항으로 개최되던 테니스시합이 1904년부터 국제대회로 발전한 것이다. 페더레이션컵 테니스대회는 여자들만 참가하는 대회로, 남자들만이 펼치는 데이비스컵 대회에 자극받아 오스트레일리아의 호프만 부인이 1963년 세계 테니스연맹에 컵을 기증하여 창설되었다.

✱ 수퍼볼(super bowl)대회 *

미국 프로미식축구의 양대 리그인 AFC(아메리칸 풋볼 콘퍼런스)와 NFC(내셔널 풋볼 콘퍼런스)의 우승팀 간에 그 해 최정상을 가리는 대회로, 1966년 창설되었다.

✱ 샐러리캡(salary-cup) ***

스포츠스타 선수들의 몸값을 제한하기 위한 팀연봉상한제를 말한다. 샐러리캡은 물가인상 등을 고려해 매 시즌마다 바뀔 수 있다.

☆☆☆ 스토브리그(stove league) … 겨울철에 벌어지는 스포츠팀들의 불꽃튀는 스카우트 열전 및 팀과 선수들 간의 연봉협상을 말한다.

✱ 프리에이전트(Free Agent) **

자신이 속한 팀에서 일정기간 동안 활동한 뒤 자유롭게 다른 팀과 계약을 맺어 이적할 수 있는 자유계약선수 또는 그 제도를 일컫는 말이다. 자유계약선수 제도 하에서는 특정 팀과의 계약이 만료되는 선수는 자신을 원하는 여러 팀 가운데에서 선택하여 아무런 제약조건 없이 팀을 이적할 수 있다. 이와 반대로 선수가 먼저 구단에 계약해지를 신청한 임의탈퇴선수는 다른 구단과 자유롭게 계약할 권한이 없다.

✱ 드래프트시스템(draft system) **

신인선수를 선발하는 제도로, 일정한 기준아래 입단할 선수들을 모은 뒤 각 팀의 대표가 선발회를 구성하여 일괄적으로 교섭하는 방법이다. 우수선수를 균형있게 선발해 각 팀의 실력평준화와 팀 운영의 합리화를 꾀하는데 목적이 있다.

✱ 그랜드슬램(grand slam) [***]

야구경기에서 1루에서 3루까지 주자가 있을 때 친 홈런으로 만루홈런이라고도 한다. 골프에서는 1930년 미국의 보비 존스가 전미국·전영국의 오픈 아마추어 선수권의 4대 타이틀을 휩쓸었을 때 붙여진 존칭이다. 현재는 영미의 양 오픈과 전미국 프로, 마스터즈의 4대 타이틀 획득자에게 수여된다. 테니스에서는 한 해에 전영국, 전미국, 전호주, 전프랑스의 4대 토너먼트 단식(單式)에서 모두 우승하는 것으로, 남자로는 1938년의 버지, 1962년과 1969년의 레이버가 기록했고, 여자로는 1953년의 코널리, 1970년의 코트, 1988년 그라프가 기록했다.

✱ 플레이오프(play off) [*]

프로야구에서 시즌이 끝난 뒤 승률이 같은 경우 벌이는 우승결정전을 말한다. 골프에서는 경기가 정해진 홀 수에서 동점이 됐을 경우 연장전으로 우승자를 결정하는 것을 가리킨다.

✱ 사이클히트(cycle hit) [**]

야구용어로 올마이티히트라고도 한다. 야구경기에서 타자가 한 게임에서 1루타, 2루타, 3루타, 홈런을 모두 친 것을 말하며 순서는 무관하다.

☆☆☆ 드래그히트(drag hit) … 야구에서 배트를 밀어내 가볍게 공을 맞춤으로써 기습히트를 노리는 공격타법을 말한다.

✱ 드래그번트(drag bunt) [*]

야구경기에서 번트는 대부분 이미 나가 있는 주자의 진루를 돕기 위한 희생타인데 비해, 드래그번트는 타자도 살기 위해 왼쪽 타자는 1루 쪽으로, 오른쪽 타자는 3루 쪽으로 공을 끌어서 굴리는 번트이다.

✱ 매직넘버(magic number) [*]

프로야구의 종반에 승수를 다투고 있을 때 2위팀이 모두 이기더라도 1위팀의 우승이 거의 확정적일 경우 1위팀의 나머지 승수의 숫자를 말한다.

✱ 핫코너(hot corner) [*]

야구에서 3루를 말하는데, 강하고 불규칙한 타구가 많이 날아와 수비하기가 까다롭고 어렵기 때문에 생긴 이름이다.

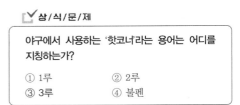

상/식/문/제

야구에서 사용하는 '핫코너'라는 용어는 어디를 지칭하는가?

① 1루   ② 2루
③ 3루   ④ 불펜

✱ 라인업(line up) [*]

야구에서는 출전하는 선수들의 배트를 치는 순서나 배치를 말하며, 축구에서는 시합개시 때의 선수들의 정렬상태를 나타낸다.

Q 야구에서 3루를 일컫는 별칭은?

✱ 사이영상(Cy Young award) **

미국 프로야구에서 22년 동안 활약한 투수 사이 영을 기념하여 그해의 최우수 투수에게 주는 상 투수들만의 MVP라고 할 수 있다. 1956년부터 1966년까지는 내셔널리그와 아메리칸리그에서 한 명의 선수만을 뽑아 수여했는데 1967년부터는 각각 한 명의 선수를 뽑는다.

✱ 럭키존(lucky zone) *

외야가 넓은 야구장 펜스를 줄였을 경우 원 펜스와 줄인 펜스 사이를 말한다. 만일 펜스를 줄이지 않았다면 2~3루타 정도의 안타로 처리될 것이 줄임으로써 홈런이 되었기 때문에 그 지역을 행운의 지대란 뜻으로 럭키존이라 부른다.

☆☆☆ 텍사스존(texas zone) … 야구에서 수비하기 까다로운 내야와 외야의 중간

✱ 골프타수의 명칭 ***

명칭	내용
보기(bogey)	그 홀의 파보다 1타 많은 타수로 홀아웃 한 경우
더블 보기(double bogey)	파보다 2타 많은 타수로 홀아웃 한 경우
트리플 보기(triple bogey)	파보다 3타 많은 타수로 홀아웃 한 경우
파(par)	한 홀의 표준타수(우리나라의 정규 18홀은 모두 파 72)
버디(buddy)	파보다 1타 적은 타수로 홀아웃 한 경우
이글(eagle)	파보다 2타 적은 타수로 홀아웃 한 경우
더블 이글(double eagle)	파보다 3타 적은 타수로 홀아웃 한 경우
홀인원(hole-in-one)	1타로 홀컵에 볼을 넣은 경우

☆☆☆ 세계 3대 골프국가대항전 … 라이더컵(ryder cup), 프레지던츠컵(the presidents cup), 월드골프챔피언십(WGC … World Golf Championship)

✱ 퍼펙트게임(perfect game) *

야구에서 상대편에게 안타를 주지 않을 뿐 아니라 포볼이나 데드볼도 허용하지 않아, 타자가 1루도 밟아보지 못하게 하는 완전한 공격의 봉쇄를 말한다.

☆☆☆ 노히트노런게임(no-hit no-run game) … 야구에서 투수가 상대방 선수들에게 단 하나의 안타와 득점도 허용하지 않고 이기는 무안타 무득점 경기를 말한다.

✱ 스테로이드 *

스포츠와 관계가 깊은 의약품으로, 자연에서 얻을 수 있는 중요한 화합물로서 가장 풍부한 동물 스테로이드는 콜레스테롤이다. 콜레스테롤은 몸 속에서 합성되기도 하지만 음식물을 먹은 후에 생성되기도 한다. 이 콜레스테롤이 분해되면 중요한 스테로이드가 생성되는데, 특히 황소로부터 얻은 아나볼릭 스테로이드나 화학적으로 합성한 스테로이드 약품은 육체적 기능을 증진시키거나 근육의 발달을 돕는 작용이 있기 때문에 운동 선수들이 복용하는 사례가 있다.

출제예상문제

1. '다음 중 포트폴리오에 대한 설명으로 옳지 않은 것은?

① 자산을 가장 유리하게 투자 및 배분할 수 있는 방법 중 하나이다.

② 분산투자의 경우 증권 간의 상관관계가 클수록 포트폴리오 효과가 크게 나타난다.

③ 다양한 투자 대상에 자금을 분산 투입하여 운용하는 것을 말한다.

④ 둘 이상의 투자자산(증권)을 결합하여 포트폴리오를 구성할 경우 한 자산의 위험 일부가 다른 자산의 위험에 의해 상쇄되어 위험이 줄어드는 효과가 있다.

2. 다음 중 종래의 미술개념을 거부하는 입장에서 엄격하고 비개성적이며 소극적인 화면을 구성하고자 한 미술경향으로 알맞은 것은?

① 에어 아트

② 라테 아트

③ 미니멀 아트

④ 미디어 아트

3. 다음 중 연극의 3대 요소가 아닌 것은?

① 배우

② 관객

③ 무대

④ 희곡

4. 1932년 창설된 영화제로 매년 8월~9월에 걸쳐 개최되며, 강수연이 '씨받이'로 최우수 여우주연상을 받은 적이 있는 국제영화제는?

① 모스크바영화제

② 선댄스영화제

③ 베를린영화제

④ 베니스영화제

5. 제1차 세계대전 때부터 유럽에서 일어난 예술운동이 아방가르드(avant-garde)이다. 아방가르드에 속하지 않는 것은?

① 입체파

② 다다이즘

③ 초현실주의

④ 센세이셔널리즘

6. 다음 중 1960년대의 프랑스 누벨바그운동에 참여한 감독이 아닌 사람은?

① 샤브롤

② 루이 말

③ 프랑소와 트뤼포

④ 장 자크 아노

7. 다음 중 영화와 감독의 연결이 바르지 못한 것은?

① 붉은 10월 – 세르게이 에이젠슈테인
② 마리아 브라운의 결혼 – 라이너 베르너 파스 빈더
③ 하얀전쟁 – 정지영
④ 그 섬에 가고 싶다 – 박광수

8. 다음 중 가면극의 명칭과 지역이 올바르게 연결된 것은?

① 영남지방 – 들놀이
② 경북지방 – 탈춤
③ 경기지방 – 잡색놀이
④ 해서지방 – 산대놀이

● ANSWER ●

1. 각각의 자산을 개별적으로 보면 위험이 존재하고 있지만 이들을 결합했을 경우 위험이 없는 포트폴리오로 구성하게 된다. 분산투자효과는 상관관계가 낮을수록 커진다.

2. ① 에어 아트 : 환경예술과 키네틱 아트의 한 종류로서 압축 공기나 자연적인 바람을 이용하여 부풀리거나 혹은 띄워 올리는 여러 가지 구조물 및 그것에 뒤따르는 광범위한 행위를 포함하는 개념을 말한다.
② 라테 아트 : 커피에 스팀우유를 이용하여 다양한 예술적 작품을 만들어내는 것을 말한다.
④ 미디어 아트 : 매체예술이라고도 하며, 사진, 전화, 영화 등의 신기술을 활용하는 예술을 통틀어 일컫는다.

3. 연극의 요소는 보통 3대 요소와 4대 요소로 나뉘는데, 3대 요소는 희곡, 배우, 관객이고, 4대 요소는 3대 요소에 무대가 포함된다.

4. ④ 베니스영화제 … 이탈리아의 베니스에서 매년 개최되는 영화제로 가장 오랜 역사를 갖고 있는 국제영화제이다. 1932년 5월에 창설되었으며 그랑프리는 '산마르코 금사자상'이라 불린다.

5. 전위예술이라고도 부르는 아방가르드(avant-garde)는 기성관념이나 유파를 부정하고 새로운 것을 이룩하려 했던 입체파, 표현파, 다다이즘, 추상파, 초현실주의 등의 혁신예술을 통틀어 일컫는다.
④ 센세이셔널리즘(sensationalism) … 인간의 본능과 호기심을 자극하여 대중의 인기를 끌어보려는 보도 경향으로, 철학과 문학에서 유래하였으나 언론에서는 대중을 대상으로 하는 염가신문이 등장하면서부터 대중적으로 사용되었다.

6. 누벨바그(nouvelle vague)는 영화가 완성되기까지에 있어 영화감독의 창조적 역할이 가장 결정적이라는 작가주의 운동으로, 이를 주창한 대표적인 감독으로는 장 뤽 고다르, 프랑소와 트뤼포, 루이 말, 샤브롤, 에릭 로메르 등이 있다.

7. ① 붉은 10월은 존 맥티어난 감독의 1990년 작품이며 세르게이 에이젠슈타인의 주요 작품으로는 전함 포템킨(1925), 10월(1927) 등이 있다.

8. ① 들놀이는 들에서 행하는 가면극의 하나로 들놀음이라고도 한다. 부산 동래를 중심으로 정월 대보름에 얼굴에 가면을 쓰고 이 놀이를 즐겼다.
② 경북지방 … 하회별신굿놀이
③ 경기지방 … 양주별산대놀이
④ 해서지방 … 강령 · 봉산 · 해주탈춤

9. 다음의 상황을 설명해 줄 수 있는 용어는?

> 인터넷의 발달로 사람들은 시·공간적 제약을 뛰어넘어 소통할 수 있게 되었지만 이로 인한 신종 범죄 행위들도 늘어난 것이 사실이다. 아직 현행 법률에 규정되지 않은 범죄들이 등장하면서 그에 따른 처벌 등에 대한 논의가 시급해졌다.

① 문화충격
② 문화전파
③ 문화지체
④ 문화이동

10. 현재 저작권이 보호되는 기간은 저작자 사후 몇 년 동안인가?

① 20년
② 40년
③ 50년
④ 70년

11. 다음 중 신(新) 세계 7대 불가사의에 속하는 것으로 바른 것은?

① 이집트 쿠푸왕의 피리미드, 이탈리아 피사의 사탑, 델포이 아폴로 신전
② 예루살렘 바위의 돔 사원, 브라질 예수상, 바빌론 공중정원
③ 올림피아 제우스상, 영국 스톤헨지, 이스탄불 성 소피아 성당
④ 중국 만리장성, 인도 타지마할, 페루 맞추픽추

12. 저작권 소유자가 모든 이용자에 대해 자신의 창작물을 사용·변경·재배포 하는 것을 무상으로 허용하는 것을 일컫는 용어는?

① 카피라이트(copyright)
② 카피레프트(copyleft)
③ 카피다운(copydown)
④ 카피프리(copyfree)

13. 서브컬처(subculture)에 해당하지 않는 것은?

① 화이트칼라문화
② 엘리트문화
③ 농촌문화
④ 대중문화

14. 노벨상을 시상하는 부문이 바르게 묶인 것은?

① 평화, 문학, 물리학, 사회학, 경제학
② 문학, 경제학, 수학, 생리의학, 화학
③ 문학, 평화, 경제학, 사회학, 수학
④ 문학, 화학, 평화, 생리의학, 경제학

15. 퓰리처(Pulitzer)상과 관계있는 것은?

① 저널리스트
② 올림픽
③ 비엔날레
④ 국제영화제

16. 견고한 형태, 장식적인 구성, 작가의 주관적 표현을 시도한 화풍의 근대미술사조는?

① 인상주의
② 후기인상주의
③ 신고전주의
④ 사실주의

17. 영화에 대한 설명으로 잘못된 것은?

① 1927년 미국 워너브러더스사에서 토키(talkie)를 창안, 유성영화시대가 개막되었다.

② 한국 무성영화시대의 대표적 영화인은 나운규이며, 그의 대표작은 아리랑이다.

③ 에미상은 1948년 미국에서 시작된 국제영화제이다.

④ 한국에는 1903년부터 외국영화가 소개되었으며, 최초의 영화사는 윤백남 프로덕션이다.

9. ③ 문화지체 … 1922년 미국의 사회학자 오그번(W. F. Ogburn)이 「사회변동론」에서 주장한 이론으로, 급속도로 변화하는 기술과 양적인 누적으로 인한 물질문화의 발달 속도를 비물질 문화(가치관, 신념, 법규, 제도 등)가 따르지 못하는 것을 말한다.

10. ④ 저작권법 제39조(보호기간의 원칙) … 저작재산권은 특별한 규정이 있는 경우를 제외하고는 저작자의 생존하는 동안과 사망 후 70년간 존속한다.

11. 세계 7대 불가사의는 지구상에서 불가사의한 것으로 여겨지는 7가지 사물의 총칭으로 고대 7대 불가사의, 신(新) 세계 7대 불가사의, L. 코트렐의 세계 7대 불가사의 등이 있다.

고대 7대 불가사의	이집트 쿠푸왕의 피라미드, 알렉산드리아 파로스 등대, 올림피아의 제우스신상, 할리카르나소스의 마우솔레움, 에페소스의 아르테미스 신전, 바빌론의 공중정원, 로도스섬의 콜로서스
신(新) 세계 7대 불가사의	중국의 만리장성, 이탈리아의 콜로세움, 페루의 마추픽추, 인도의 타지마할, 요르단의 고대도시 페트라, 멕시코의 치첸이트사, 브라질의 예수상
L. 코트렐의 세계 7대 불가사의	크레타섬의 미노스 궁전, 이집트 테베 네크로폴리스, 이집트 왕가의 계곡, 시리아의 팔미라 고도, 예루살렘 바위의 돔 사원, 시리아의 십자군 성채, 델포이의 아폴로 신전

12. ② 카피레프트 … 프리웨어(freeware)라고도 하며, 저작권(copyright) 소유자가 모든 이용자에 대해 자신의 창작물을 사용 · 변경 · 재배포하는 것을 무상으로 허용하는 것을 말한다. copy 'right'과는 달리 이용자의 자유를 보장하기 위해 저작권을 사용한다는 점에서 copy 'left'라고 부른다.

13. 서브컬처(subculture)는 하위문화(下位文化) 또는 부차적 문화라고도 하며 어떤 사회의 주가 되는 중심 문화에 대비되는 개념이다. 상류계층문화, 화이트칼라문화, 농민문화, 도시문화, 청소년문화 등이 그 예이다.

14. 노벨상(Nobel prize)은 스웨덴의 화학자 알프레드 노벨의 유산을 기금으로 하여 1901년에 제정된 상으로, 해마다 물리학, 화학, 생리의학, 경제학, 문학, 평화의 6개 부문에 수여한다.

15. 퓰리처상(Pulitzer prize)은 미국에서 가장 권위 있는 보도, 문학, 음악상으로 언론인 J. 퓰리처의 유산을 기금으로 하여 1917년에 창설되었다. 언론 분야는 뉴스 · 보도사진 등 14개 부문, 문학 분야는 시 · 소설 등 5개 부문, 드라마 1개 부문, 음악 분야는 1개 부문에서 수상자를 선정한다.

16. 후기인상주의는 19세기 말~20세기 초 인상파의 색채기법을 계승하였으며, 견고한 형태, 장식적인 구성, 작가의 주관적 표현을 시도한 화풍이다.

17. ③ 에미상은 미국의 TV부문 아카데미상이다.

18. 다음 중 종합예술에 속하지 않는 것은?

① 음악　　　　② 무용

③ 영화　　　　④ 연극

19. 다음 중 사진촬영기법을 표현하는 말이 아닌 것은?

① 패닝

② 블러링

③ 닷징

④ 줌밍

20. 뮤지컬 아가씨와 건달들에서 스카이와 도박꾼들이 부르는 노래는?

① What I Did For Love

② Luck Be a Lady

③ Singing in the Rain

④ Memory

21. 다음 중 합창, 중창, 독창 등으로 구성된 대규모의 성악곡은?

① 세레나데　　　　② 칸초네

③ 랩소디　　　　④ 칸타타

22. 다음 설명 중 옳지 않은 것은?

① 아악 – 궁중음악

② 사물놀이 – 꽹과리, 징, 장구, 북 등을 치며 노는 농촌의 민속놀이

③ 시나위 – 우리나라 북쪽지방에서 발달한 합창곡

④ 산조 – 특히 전라도에서 발달한 기악독주음악의 한 갈래

23. 다음 중 슈베르트의 작품이 아닌 것은?

① 겨울 나그네

② 백조의 노래

③ 군대 행진곡

④ 한여름 밤의 꿈

24. 혼성 4부 합창의 구성은?

① 소프라노, 알토, 테너, 바리톤

② 소프라노, 알토, 테너, 베이스

③ 알토, 테너, 베이스, 바리톤

④ 소프라노, 알토, 바리톤, 베이스

25. 아카펠라(a cappella)란?

① 무반주 노래　　　　② 공연실황

③ 전자음악　　　　④ 지정좌석제

26. 다음 설명에 부합한 것은?

- 삼남지방에서 형성되었으며, 특히 전라도에서 발달한 우리나라 민속음악의 하나이다.
- 병창(竝唱)과 대(對)를 이루며, 장구를 반주로 삼아 가야금·거문고·피리·대금·저·퉁소·단소 등의 악기로 연주된다.
- 우조와 계면조가 있으며, 감미로운 가락과 처절한 애원조의 소리도 있다.
- 처음에는 느린 진양조로 시작하여 점차 급한 중모리, 자진모리, 휘모리로 바뀌어 가며 병창과 대를 이루어 진행된다.

① 아악　　　　② 여민락

③ 대취타　　　　④ 산조

27. 다음 중 음(sound)을 형성하는 3요소가 아닌 것은?

① 강약　　　　② 장단

③ 진동수　　　　④ 음색

18. 종합예술이란 여러 분야의 예술을 혼합하여 창조하는 하나의 통일적인 예술을 일컫는다. 시간예술과 공간예술 등 개개의 예술을 종합한 대규모 예술의 성격을 가진다.
　　① 음악은 시간예술에 해당된다.

19. ③ 닷징(dodging) … 인화할 때 확대기에서 나오는 빛을 가림으로써 기대할 수 있는 인화기법
　　① 패닝(panning) … 좌우로 속도를 가진 피사체를 따라가면서 찍는 촬영기법
　　② 블러링(bluring) … 셔터 스피드가 느림에서 오는 떨림 현상
　　④ 줌밍(zooming) … 초점거리 변화로 일어나는 피사체의 상이 큰 데에서 작은 데로, 반대로 작은 데에서 큰 데로 나타나는 현상

20. '아가씨와 건달들(Guys & Dolls)'은 뉴욕 나이트클럽을 배경으로 도박꾼 나싼과 그의 약혼녀 아들레이드, 내기꾼 스카이와 선교단의 사라를 중심으로 이야기가 펼쳐지는 뮤지컬이다. 1951년 미국 브로드웨이에서 초연된 이래 뮤지컬의 고전이 된 작품으로 국내에서도 1983년 처음 공연된 뒤 거의 매년 무대에 올려졌다. 브로드웨이 무대에 다시 올려진 92년에는 토니상 7개 부문(최우수연출상 등)과 드라마데스크상 등을 석권했다.
　　① 코러스 라인(A Chorus Line)
　　③ 싱잉 인 더 레인(Singing in the Rain)
　　④ 캣츠(Cats)

21. ④ 칸타타(cantata)는 종교적인 요구에 의해 작곡되는 대규모의 서정적 성악곡이다.
　　① 세레나데 … '저녁의 음악'이란 뜻으로 애정이나 존경을 품은 사람에게 바치는 노래를 통칭하여 일컫는다.
　　② 칸초네 … 샹송과 같은 위치의 이탈리아 민요를 일컫는 말
　　③ 랩소디 … 광상곡으로 대개 일정한 형식이 없이 환상적이고 자유로운 기악곡이다.

22. ③ 시나위 … 경기 남부, 충청도, 전라도, 경상도 서남부 등에서 굿을 할 때 무가(巫歌)나 무무(巫舞)의 반주음악으로 연주하는 무악장단에 육자배기소리로 된 허튼 가락을 얹어 연주하는 기악합주음악이다.

23. 슈베르트(Franz Peter Schubert)는 오스트리아의 초기 독일 낭만파의 대표적 작곡가로 '가곡의 왕'이라고 불린다. 주로 빈에서 활동하며 다양한 장르의 작품을 남겼고 가곡을 독립된 주요한 음악의 한 부문으로 끌어올려 독일 가곡에 큰 영향을 주었다. 주요작품으로는 '아름다운 물방앗간의 처녀', '겨울 나그네', '죽음과 소녀' 등이 있다.
　　④ 멘델스존의 작품이다.

24. 합창의 구성

여성 2부 합창	소프라노, 알토
여성 3부 합창	소프라노, 메조소프라노, 알토
남성 2부 합창	테너, 베이스
남성 3부 합창	테너, 바리톤, 베이스
혼성 3부 합창	소프라노, 알토(테너), 베이스
혼성 4부 합창	소프라노, 알토, 테너, 베이스

25. 아카펠라(a cappella)는 원래 '예배당 또는 성당식으로'라는 뜻으로 16세기경의 교회용 합창곡의 무반주 폴리포니 양식을 일컫는 말이지만 오늘날에는 교회음악 외에서도 반주가 없는 합창곡을 통칭하는 용어로 사용된다.

26. ① 아악 … 우리나라의 궁중음악으로, 제례악, 연례악, 군례악, 정가 등이 있다.
　　② 여민락 … 7장으로 구성된 합주곡 용비어천가 1~4장과 그 끝장의 가사를 사용한 악곡이었다.
　　③ 대취타 … 임금의 거동이나 고관의 행차 또는 군대행진에 쓰이는 행진곡을 가리키는 말이다.

27. 음의 특징을 구성하는 요소에는 음의 높이, 음의 크기, 음색 이 세 가지가 있다.
　　② 장단은 음을 형성하는 요인으로는 볼 수 없고, 음의 성질로 볼 수 있다.

28. 다음 중 경기도 민요는?

① 밀양아리랑   ② 도라지타령
③ 한오백년   ④ 몽금포타령

29. 오라토리오에 관한 설명으로 옳지 않은 것은?

① 종교음악으로서 진혼곡으로 번역되기도 한다.
② 성서, 신화 등 주로 종교적·도덕적인 소재가 쓰였다.
③ 헨델의 메시아, 하이든의 사계, 천지창조가 대표적이다.
④ 독창, 중창, 관현악 등을 써서 연주되는 대규모의 성악곡이다.

30. 다음은 음악의 나타냄말이다. 그 연결이 옳지 않은 것은?

① 아지타토(agitato) – 흥분하여
② 코모도(commodo) – 평온하게
③ 돌체(dolce) – 똑똑하고 세게
④ 브릴란테(brillante) – 화려하게

31. 폴란드의 춤곡으로 4분의 3박자의 민속춤곡은?

① 폴카   ② 볼레로
③ 마주르카   ④ 왈츠

32. 다음 중 금관악기가 아닌 것은?

① 트럼펫(trumpet)   ② 튜바(tuba)
③ 트럼본(trombone)   ④ 색소폰(saxophone)

33. 다음 중 교향시 형식을 체계화한 사람은?

① 하이든   ② 리스트
③ 쇼팽   ④ 바흐

34. 다음은 어떤 양식의 음악을 설명한 것인가?

> 낭만파시대의 후기에 러시아, 핀란드, 노르웨이 등에서 일어났으며 그 나라나 민족의 독특한 음악적인 색채를 담아 표현하려 한 음악으로 시벨리우스의 핀란디아, 스메타나의 나의 조국, 그리그의 페르귄트 등이 대표적이다.

① 고전파 음악   ② 국민악파 음악
③ 인상주의 음악   ④ 표현주의 음악

35. 다음 중 연결이 옳지 않은 것은?

① 슈베르트 – 가곡의 왕 – 겨울 나그네
② 슈트라우스 – 왈츠의 왕 – 황제의 원무곡
③ 브람스 – 대학축전 서곡 – 헝가리 무곡
④ 쇼팽 – 피아노의 시인 – 소녀의기도

36. 다음 중 야수파 화가가 아닌 사람은?

① 몬드리안   ② 마티스
③ 블라맹크   ④ 루오

37. 화가와 그의 작품을 연결한 것 중 옳지 않은 것은?

① 밀레 – 만종
② 레오나르도 다 빈치 – 최후의 만찬
③ 세잔 – 목욕하는 여인
④ 라파엘로 – 예수 승천

38. 다음 중 '앙데팡당'이란?

① 제1차 세계대전 이후 파리에서 미술활동을 한 외국화가들
② 러시아의 부르주아 귀족문화에서 발생한 퇴폐적인 예술운동
③ 1884년부터 프랑스에서 아카데미즘에 반대하는 화가들에 의해 생겨난 미술전람회
④ '신(新)미술'의 뜻으로 19세기 말에 유럽 및 미국에서 유행한 장식양식의 하나

39. 종이 사이에 물감을 떨어뜨리고 종이를 접어서 눌렀다가 종이를 펴보면 대칭형의 무늬가 나타난다. 이러한 기법은?

① 프로타주   ② 데칼코마니

③ 마블링   ④ 몽타주

● ANSWER ●

28. 경기도 민요는 가락이 맑고 부드러우며 경쾌하고 서정적이다. 대표적으로 '닐리리야', '도라지 타령', '아리랑', '풍년가' 등이 있다.

① 경상남도 ③ 강원도 ④ 황해도

29. 오라토리오(oratorio)는 독창, 합창, 관현악을 구사하여 레시터티브와 아리아를 설정하는 등 매우 극적으로 만들어져 있는 서사적 악곡으로 성담곡이라고도 불린다.

① 레퀴엠에 대한 설명이다.

30. ③ 돌체 … 부드럽게

31. ③ 마주르카(Mazurka) … 3/4박자의 폴란드 민속춤곡이다. 쇼팽은 농민들이 즐기던 민속적인 마주르카를 예술적인 피아노 음악으로 승화시키기도 하였다.

① 폴카 … 2/4박자의 보헤미아 춤곡

② 볼레로 … 3/4박자의 스페인 춤곡

④ 왈츠 … 3/4박자의 오스트리아 춤곡

32. ④ 색소폰은 플루트, 피콜로, 오보에, 클라리넷, 바순 등과 함께 목관악기에 속한다.

33. 교향시(symphonic poem)는 시적인 내용이나 회화적인 내용의 관념을 추상적으로 표현한 관현악곡이다. 19세기에 리스트(Liszt)에 의하여 창시된 것으로, 음악의 흐름의 바탕을 시상에 두기 때문에 그 시적 내용에 따라 자유로운 형식으로 작곡되며 표제음악의 한 종류이다.

34. ② 국민악파 음악가 … 그리그, 시벨리우스, 스메타나, 드보르작, 러시아 6인조(글린카, 보로딘, 퀴, 발라키레프, 무소르그스키, 림스키코르사코프) 등이 있다.

35. ④ 소녀의 기도는 폴란드의 여류 작곡가이자 피아니스트인 테클라 바다르체프스카의 대표곡이다. 쇼팽의 대표작으로는 녹턴, 즉흥환상곡 등이 있다.

36. 야수파(포비즘)는 원색을 써서 대담한 그림을 그린 20세기 초의 젊은 화가들 또는 그들의 경향을 가리킨다. 대표적인 인물로는 마티스, 블라맹크, 루오, 아르케, 드랭 등이 있다.

① 몬드리안은 추상파에 속하며 작품 '차가운 추상'으로 유명하다.

37. ③ '목욕하는 여인'은 르누아르의 작품이다. 근대 회화의 아버지로 불리는 폴 세잔의 작품으로는 '목맨 사람의 집', '카드놀이 하는 사람들', '목욕하는 여인들', '생트 빅투아르 산' 등이 있다.

38. 앙데팡당(independants)은 1884년부터 프랑스에서 아카데미즘에 반대하는 화가들에 의해 개최된 자유출품제로, 심사나 시상을 하지 않는 미술전람회이다.

① 에콜 드 파리(ecole de Paris)

④ 아르 누보(art nouveau)

39. ① 실물 위에 종이를 놓고 크레파스나 연필로 문질러 표현한다.

③ 물에 유성 잉크를 떨어뜨리고 저은 후 종이를 얹어 찍어낸다.

④ 실물 사진이나 달력, 그림 등을 붙여 구성한다.

28.② 29.① 30.③ 31.③ 32.④ 33.② 34.② 35.④ 36.① 37.③ 38.③ 39.②

40. 크로키의 주된 표현요소는?

① 명암   ② 질감

③ 양감   ④ 동세

41. 조선후기 일하는 농상공인의 생활모습을 그려 새로운 화풍을 개척한 화가는?

① 정선   ② 김홍도

③ 신윤복   ④ 장승업

42. 데포르마시옹이란?

① 표현방법을 아주 새롭게 바꾼 것이다.

② 표현대상을 변형 · 왜곡하는 표현기법이다.

③ 표현기법의 한계선이다.

④ 표현기법을 사실적으로 묘사하는 것이다.

43. 다음 중 생활주변의 제요소에 대한 미적 가치의 창출 및 종합적인 조화를 추구하는 디자인은?

① 산업디자인   ② 환경디자인

③ 응용디자인   ④ 구조디자인

44. 찰흙으로 속이 비게 만들어 불에 구운 것은?

① 토르소   ② 클레이

③ 스태빌   ④ 테라코타

45. 미술에서 에튀드(etude)란?

① 질감   ② 소묘

③ 습작   ④ 소조

46. 다음 우리나라 미술의 역사적 성격을 설명한 것 중 잘못된 것은?

① 신라의 미술은 불교의 탑 조형물을 중심으로 섬세하고 우아한 미가 특징이다.

② 고구려의 미술은 벽화 등을 중심으로 남성적인 특색을 보여주고 있다.

③ 고려의 미술은 귀족들의 생활 기구를 중심으로 한 공예품의 발달을 보여주고 있다.

④ 조선의 미술은 유교적인 영향을 받아 사대부의 생활상을 보여주는 것이 대부분이다.

47. 1919년 독일 바이마르에 종합조형학교 겸 연구소인 바우하우스를 세워 예술과 기술의 종합을 시도함으로써 기능주의 건축을 확립한 사람은?

① 클레   ② 칸딘스키

③ 쉘템머   ④ 그로피우스

48. 다음 설명에 해당하는 것은?

- 기독교의 내용과 동양적인 장중함, 신비감을 합한 독특한 미술
- 돔(Dome) 지붕과 모자이크화로 장식된 건축
- 대표적인 건축물은 성 소피아 성당이 있음

① 초기 기독교 미술   ② 비잔틴 미술

③ 로마네스크 미술   ④ 고딕 미술

49. 17세기 인도의 건축물로서 돔 형식의 지붕과 첨탑들로 이루어진 좌우 대칭의 백색 대리석 건물은?

① 앙코르와트   ② 콜로세움

③ 타지마할   ④ 카타콤

50. 현대생활의 역동하는 감각을 표현하고자 하는 현대 미술사조는?

① 미래파

② 야수파

③ 입체파

④ 초현실주의

40. 크로키(croquis)는 움직이는 동물이나 사람의 형태를 짧은 시간에 스케치하는 기법으로, 대상의 특징이나 움직임의 요점을 빨리 정확하게 포착하여 실감나게 표현하는 것이 중요하다.

41. ② 김홍도는 조선 초기의 문인 화가로 산수화, 인물화, 신선화(神仙畵), 불화(佛畵), 풍속화 등 다양한 장르에 모두 능했고, 특히 산수화와 풍속화에 새로운 경지를 개척했다고 평가된다. 대표작으로 '씨름', '대장간', '서당' 등의 풍속화가 유명하다.

42. 데포르마시옹(deformation)은 표현대상을 사실적으로 그리지 않고 의식적으로 확대하거나 변형시켜 묘사함으로써 작품의 본질을 명확히 하거나 미적 효과를 올리는 표현기법이다.

43. 디자인의 종류

구분	특징
시각디자인 (visual design)	이미지나 심벌 등과 같이 시각에 호소함으로써 실용적인 정보 전달을 목적으로 한 디자인
산업디자인 (industrial design)	산업 활동에 의해 대량으로 생산되는 공산품의 형태적인 여러 특질을 결정하는 것을 목적으로 하는 디자인
환경디자인 (environment design)	자연을 보존·개발하여 생활환경을 자연과 조화시킴으로써 인간성 회복을 꾀할 목적의 디자인
공공디자인 (public design)	공공장소의 여러 가지 장비 및 장치를 보다 합리적으로 꾸미기 위한 디자인

44. ④ 테라코타(terra cotta)는 점토를 구워서 만든 도기를 통틀어 일컬으며 주로 흉상, 세공품, 건축 장식 등이 많고 장기간 보존이 가능하다는 장점이 있다.
   ① **토르소** … 목, 손, 발 따위가 떨어져 없어진 고대의 몸뚱이 또는 그 조각
   ③ **스태빌** … 모빌의 상대어로 철사, 금속판 따위로 만든 움직이지 않는 추상 조각

45. ① 마티에르(Matiere)
   ② 데생(dessin) 또는 드로잉(drawing)

46. ④ 조선의 미술은 초·중기에는 사대부 중심으로 전개되었지만, 후기에 접어들면서 서민예술이 발달하게 된다.

47. 바우하우스(Bauhaus)는 그로피우스가 설립한 근대 디자인에 지대한 영향을 미친 독일의 미술학교이다. 공업기술과 예술과의 결합을 목표로 기능적·합목적적인 새로운 미의 창조를 시도했고, 각 분야에서 현대조형에 큰 영향을 미쳤다.

48. ① 카타콤(지하묘지) 미술로, 기독교 승인 때까지 계속되었다.
   ③ 로마 건축양식을 본떠 아치형 창을 만들었으며 젖은 회벽에 수성물감으로 그림을 그려 스며들게 하는 프레스코 벽화가 발달하였다.
   ④ 높은 첨탑, 아치형 입구, 스테인드글라스가 특징이며, 대표적인 건축물로는 노트르담 성당과 사르트르 성당 등이 있다. 주로 성모상 조각이 많다.

49. ③ 타지마할은 백색 대리석 건물로 좌우 대칭의 양파형 돔(onion dome)과 조화를 이룬 둥근 지붕, 첨탑이 특징이다.
   ① **앙코르와트** … 앙코르 지방에 있는 힌두교 사원으로 앙코르기 미술을 대표하는 건조물
   ② **콜로세움** … 로마의 포로 로마노 동쪽에 있는 로마 세계 최대의 암피테아트룸(원형투기장)

50. 미래파는 20세기 초 이탈리아에서 일어난 전위예술운동으로 현대생활의 역동하는 감각을 표현하고자 하였다.

51. 씨름기술 중 덧걸이에 대한 맞는 설명은?

① 자기의 오른쪽 무릎으로 상대의 오른쪽 무릎을 밀어 넘어뜨리는 기술
② 자기의 오른쪽 발목 뒤축으로 상대의 오른쪽 발목 뒤축을 걸어 당겨 넘어뜨리는 기술
③ 자기의 오른다리를 상대의 왼다리 밖으로 감아 넘어뜨리는 기술
④ 자기의 오른손으로 상대의 오른다리를 들어 넘어뜨리는 기술

52. 테니스에서 한 선수가 1년 동안 세계 4대 선수권대회를 모두 우승하는 경우에 쓰는 용어는?

① 버터플라이   ② 코르비용컵
③ 데이비스컵   ④ 그랜드슬램

53. 야구의 20 · 20클럽이란?

① 홈런, 타점 20개 이상을 기록
② 홈런, 2루타 20개 이상을 기록
③ 홈런, 3루타 20개 이상을 기록
④ 홈런, 도루 20개 이상을 기록

54. 다음 중 야구에서의 그랜드슬램이란?

① 한 선수가 한 경기에서 매번 진루하는 것
② 만루 홈런
③ 경기장 담을 넘어 밖으로 나가는 장외홈런
④ 한 번의 수비로 3명의 공격수를 아웃시키는 것

55. 다음 중 야구와 관련이 없는 것은?

① 더블헤더   ② 삼관왕
③ 레인코트 프로그램 ④ 트래픽 존

56. 다음 중 테니스 경기의 스코어를 부르는 방법으로 옳지 않은 것은?

① 0-Love
② 1-Fifteen
③ 2-Thirty
④ 3-Fortyfive

57. 육상경기 중 필드 종목에 해당하지 않은 것은?

① 허들
② 장대높이뛰기
③ 창던지기
④ 투포환

58. 다음 중 유도의 굳히기와 관련이 없는 것은?

① 조르기
② 지르기
③ 꺾기
④ 누르기

59. 배드민턴의 기초 기술에 대한 설명이 바른 것은?

① 푸시 - 네트 앞에서 손목의 힘을 이용하여 밀듯이 친다.
② 클리어 - 결정타로서 득점을 위해 강하게 내려친다.
③ 헤어핀 - 셔틀콕을 상대 코트의 끝까지 높고 길게 친다.
④ 스매시 - 네트 가까이로 온 셔틀콕을 네트에 닿을 듯 짧게 넘긴다.

51. 덧걸이는 씨름의 발 기술 중 하나로 자신의 다리로 상대편의 다리를 바깥쪽에서 걸어 당기면서 가슴으로 상대편의 몸을 밀어 넘어뜨리는 기술을 말한다.

씨름의 기술

손(팔)기술	앞무릎치기, 앞무릎치기 되치기(잡채기), 비켜 앞무릎치기, 연속 앞무릎치기, 뒷무릎치기, 뒷무릎치기 되치기(발다리), 오금당기기 등
발(다리)기술	발다리치기, 발다리후리기, 안다리걸기, 안다리되치기(빗장걸이), 안다리 걸어 돌리기, 호미걸이, 덧걸이, 발다리배지기 등
들(허리)기술	들배지기, 엉덩배지기, 돌림배지기, 이중배지기, 들어 주저앉히기, 들어 잡채기, 들어 앞무릎치기, 밀어치기 등
혼성(종합)기술	잡채기, 차돌리기, 등쳐 발다리, 등쳐 돌리기, 정면뒤집기, 팔 걸어 뒤집기, 목말아 뒤집기 등

52. 세계 4대 테니스선수권대회는 전미오픈대회(US오픈대회), 전영오픈대회(윔블던대회), 프랑스오픈대회(롤랑카르스), 호주오픈대회로 그 해에 열리는 이 대회에서 모두 우승하는 경우 그랜드슬램을 달성했다고 칭한다.

53. 20 · 20클럽은 한 시즌에 한 선수가 홈런과 도루 20개 이상을 기록하는 경우를 의미한다.

54. 야구의 그랜드슬램이란 만루 홈런을 의미한다.

55. ④ 트래픽 존 … 주로 골밑 근처로 선수들이 가장 많이 밀집된 지역을 이르는 농구용어이다.
   ① 더블헤더(double header) … 야구 경기에서 더블헤더는 동일한 두 팀이 같은 날 같은 구장에서 연속해서 두 번 하는 경기를 말하며, 우리말로 연속 경기라고 순화한다.
   ② 삼관왕(triple crown) … 타자의 경우 '타율 + 홈런 + 타점'의 3가지 세부 기록에서 타이틀을 차지할 때 인정되며, 투수의 경우 '다승 + 평균 자책 + 탈삼진'에서 타이틀을 차지하면 트리플 크라운으로 인정한다.

56. ④ 3점은 40점으로 forty라고 부른다.

57. 육상경기의 종목

필드경기 (field events)	도약경기	멀리뛰기, 장대높이뛰기, 높이뛰기, 세단뛰기 등
	투척경기	창던지기, 원반던지기, 포환던지기, 해머던지기 등
트랙경기 (track events)	단거리	100m, 200m, 400m
	중장거리	남자 800m, 1,500m, 5,000m, 10,000m 여자 800m, 1,500m, 3,000m, 10,000m
	이어달리기	4명씩 조를 이루는 100m, 400m
	장애물경기	허들경주

58. 유도의 굳히기는 상대편을 넘어뜨린 후 덮쳐누르거나 조르거나 꺾어서 상대를 제압하는 기술을 통틀어 이르는 말이다.
   ② 지르기는 상대방의 급소를 치거나 차는 기술로 현재 시합에서는 사용되지 않는다.

59. 배드민턴의 기초기술

구분	특징
클리어(clear)	셔틀콕이 상대방 백 바운드 라인까지 포물선을 그리며 날아가 수직낙하 하는 것
스매시(smash)	높이 떠오는 셔틀콕을 강한 힘으로 스피드 있게 상대방 코트로 넣는 기술
드롭샷(drop short)	백 바운드 가까이에 진행된 셔틀콕을 네트 상단에 겨우 넘겨 곧바로 상대방 네트 너머로 떨어지게 하는 스트로크
드라이브(drive)	셔틀콕이 네트 상단을 거의 스칠 정도로 강타하여 코트의 방향과 평행하게 비행하는 스트로크
푸시(push)	네트 상단으로 넘어오는 셔틀콕을 손목의 힘을 이용하여 빠르고 강하게 상대방 코트에 떨어뜨리는 스트로크
헤어핀(hair)	네트 바로 밑으로 낙하하는 셔틀콕을 다시 네트 상단을 살짝 넘겨 상대방의 코트로 넘기는 헤어핀 숏과 대각선상으로 떨어뜨리는 크로스 헤어핀이 있다.

한국사에서 다루고 있는 영역은 역사의 학습 목적뿐만 아니라 고대에서부터 현대에 이르는 정치·경제·사회·문화 등 전반적인 한국사의 이해로 구성되어 있다. 한국사에 대한 전반적인 이해를 바탕으로 역사의 개념과 전개과정을 체계적으로 파악할 수 있어야 한다.

Part

II

한국사

선사시대 문화와 국가의 형성

유적 및 유물 등을 통하여 구석기·신석기 시대 사람들의 생활모습을 추정·파악하며, 청동기·철기시대의 사회변화와 고대국가의 형성에 대해서 이해하고 넘어가야 한다.

1. 우리나라의 선사시대

(1) 구석기 시대

① 시기 : 약 70만 년 전

② 도구 : 뗀석기(사냥도구 - 찍개·찌르개, 조리도구 - 긁개·밀개, 주먹도끼, 뼈도구)
　ㄱ 전기 : 큰 석기 한 개를 여러 가지 용도로 사용
　ㄴ 중기 : 큰 몸돌에서 떼어 낸 돌조각인 격지들로 석기를 만듦
　ㄷ 후기 : 돌날격지, 슴베찌르개, 이음도구

③ 생활모습
　ㄱ 경제 : 채집, 사냥, 어로
　ㄴ 주거 : 동굴, 바위그늘, 강가의 막집 등에서의 이동 생활
　ㄷ 사회 : 평등 사회

④ 종교와 예술
　ㄱ 시체 매장
　ㄴ 동굴 벽화
　ㄷ 다산과 풍요를 기원함

⑤ 유적지
　ㄱ 경기 연천 전곡리
　ㄴ 평남 상원 검은모루 동굴
　ㄷ 충북 단양 금굴
　ㄹ 충남 공주 석장리

(2) 신석기 시대

① 시기 : 기원전 8,000년경 시작

Q 토기를 사용하여 음식물을 조리하거나 저장한 시기는?

② 도구

　　㉠ 간석기 : 사용 목적에 따라 돌을 갈아서 사용

　　㉡ 토기 : 음식을 조리하거나 식량을 저장(빗살무늬 토기, 이른 민무늬 토기, 덧무늬 토기, 갈돌과 갈판)

③ 생활모습

　　㉠ 경제 : 신석기 혁명

　　　　• 농경과 목축을 통해 정착 생활의 시작

　　　　• 조 · 피 · 기장 등의 곡물 재배

　　㉡ 주거 : 움집 거주, 정착 생활

　　㉢ 사회

　　　　• 씨족 간의 통합으로 부족 형성

　　　　• 평등 사회 : 지배와 피지배의 개념이 형성되지 않음

④ 종교와 예술

　　㉠ 애니미즘 : 태양, 바위, 나무 등 자연에 영혼이 존재한다고 생각하는 신앙

　　㉡ 토테미즘 : 특정 동물이나 식물이 자기 부족과 관련이 있다고 믿으며 숭배하는 신앙

　　㉢ 샤머니즘 : 무당과 주술을 통해 영혼이나 하늘과 연결된다고 믿는 신앙

⑤ 유적지(주로 강가나 바닷가에 분포)

　　㉠ 서울 암사동

　　㉡ 부산 동삼동

　　㉢ 양양 오산리

　　㉣ 경남 김해 등

2. 국가의 형성

(1) 고조선과 청동기 문화

① 시기 : 기원전 2,000년부터

② 도구

　　㉠ 청동기 : 금속 무기의 등장(비파형 동검, 거친무늬 거울)

　　㉡ 석기 : 반달 돌칼, 홈자귀

　　㉢ 토기 : 미송리식 토기, 민무늬 토기, 붉은 간토기

③ 생활모습

　　㉠ 경제 : 벼농사 시작, 조 · 피 · 보리 등도 여전히 재배

　　㉡ 주거 : 강 주변 야산이나 구릉지대의 움집(직사각형이나 원형)에 거주

ⓒ 사회
- 계급 사회의 성립 : 농업 생산력 증대 → 잉여 생산물과 사유 재산 등장 → 빈부의 격차 발생 → 계급 사회 성립
- 군장의 등장 : 제정일치 사회

④ 종교와 예술
ⓐ 선민사상
ⓑ 사후세계를 믿어서 고인돌, 돌널무덤 등 제작

⑤ 유적지
ⓐ 충남 부여 송국리
ⓑ 전남 순천 대곡리
ⓒ 평북 의주 미송리

⑥ 고조선
ⓐ 청동기 문화를 바탕으로 단군왕검이 기원전 2333년에 건국
ⓑ 건국 설화 : 환인과 환웅의 후손(선민사상), 곰 부족을 숭배하고 호랑이 부족은 연합에서 배제(토테미즘), 농사에 필요한 비, 바람, 구름을 주관(농경 중시)
ⓒ 건국 이념 : 홍익인간(널리 인간을 이롭게 한다.) → 민족의 자긍심을 일깨워줌
ⓓ 변천과정 : 중국의 연과 대립으로 쇠퇴 → 철기 도입 → 위만조선 건국(기원전 194년) → 철기와 중계무역으로 성장 → 한의 침입으로 멸망
ⓔ 의의 : 민족사의 유구성과 독자성

더 알아보기

고조선의 8조의 법
ⓐ 사람을 죽인 자는 즉시 죽인다. → 생명과 노동력 중시
ⓑ 남에게 상처를 입힌 자는 곡물로써 갚는다. → 사유 재산 인정, 농경 사회
ⓒ 도둑질한 자는 그 집의 노비로 삼는다. 단, 노비를 면하고자 할 때에는 많은 돈을 내야 한다. → 사유 재산 인정, 계급 사회, 화폐 사용
ⓓ 8조의 법은 현재 중국의 「한서지리지」를 통해 전해지고 있다.

(2) 철기의 사용과 여러 나라의 등장

① 철기의 사용
ⓐ 철제 농기구 사용 : 농업 생산량과 인구 증가,
ⓑ 철제 무기 사용 : 주변 부족을 정복하거나 연합하며 국가로 발전
ⓒ 명도전, 반량전, 오수전(화폐) 등을 통해 중국과 교류

② 철기 시대의 사회
ⓐ 무덤 : 널무덤, 독무덤
ⓑ 토기 : 민무늬 토기, 덧띠 토기, 검은 간토기 사용

Q 청동기 문화를 바탕으로 단군왕검이 기원전 2333년에 세운 나라는?

③ 여러 나라의 등장
  ㉠ 부여
    • 정치 : 5부족 연맹 왕국, 왕 아래 마가·우가·저가·구가 등이 사출도를 다스림
    • 경제 : 밭농사와 목축
    • 풍속 : 순장, 엄격한 법률, 흰옷을 즐겨 입음, 우제점복(소의 굽으로 점을 침)
    • 제천행사 : 영고(12월)
  ㉡ 고구려
    • 정치 : 5부족 연맹 왕국, 왕 밑에 대가들이 각자의 지역을 통치
    • 경제 : 산간 지역이라 농토 부족, 적극적인 대외 정복 활동
    • 풍속 : 무예 숭상, 사냥과 씨름 대회, 서옥제(데릴사위제)의 결혼 풍습
    • 제천행사 : 동맹(10월)

더 알아보기

부여와 고구려의 공통점
㉠ 부여족의 자손으로 5부족연맹체를 이루었다.
㉡ 군장과 관리의 명칭에 가(加)와 사자(使者)가 있다.
㉢ 하호가 생산을 담당하였다.
㉣ 1책 12법이 행하여졌다.
㉤ 우제점법(점복)이 행하여졌다.

  ㉢ 옥저와 동예
    • 옥저 : 해산물 풍부, 농경 발달, 고구려의 지배를 받음(어물, 삼베 등을 바침), 민며느리제
    • 동예 : 단궁(활), 과하마(작은 말), 반어피(바다표범 가죽) 등의 특산물이 유명
    • 풍속
      − 책화 : 다른 읍락의 경계를 침범할 경우 노비나 소, 말 등으로 보상
      − 족외혼 : 같은 씨족끼리 혼인하지 않음
    • 제천행사 : 동예 − 무천(10월)
  ㉣ 삼한 : 마한·진한·변한
    • 정치 : 군장(신지, 읍차 등)이 다스림
    • 경제 : 벼농사를 중심으로 한 농업 발달, 저수지 풍부, 변한은 철이 풍부해 낙랑·왜 등에 수출, 철을 화폐처럼 사용함
    • 풍속 : 천군(제사장)이 소도라는 특별 구역에서 제천 행사 주관
    • 제천행사 : 계절제(5월, 10월)

출제예상문제

1. 다음이 설명하고 있는 시대는?

> • 빙하기가 지나고 기후가 따뜻해지면서 동식물이 번성하였다.
> • 큰 짐승 대신에 작고 빠른 짐승을 잡기 위한 활과 잔석기가 사용되었다.
> • 식물의 채취와 고기잡이가 성행하였다.

① 구석기   ② 중석기
③ 신석기   ④ 청동기

2. 고조선의 세력범위는 비파형동검이 출토되는 지역과 거의 일치한다. 이를 추측으로 고조선은 어떤 문화를 기반으로 성립되었다고 볼 수 있는가?

① 구석기문화   ② 신석기문화
③ 청동기문화   ④ 철기문화

3. 신석기시대의 사회모습으로 옳은 것은?

① 지배계급의 발생
② 사유재산의 형성
③ 농경생활의 시작
④ 정복활동의 활발

4. 구석기시대 사람들의 생활 모습을 가장 잘 나타낸 것은?

① 사냥과 채집활동을 위해 이동생활을 하였다.
② 여가시간을 이용하여 많은 장식용 조각품을 제작하였다.
③ 농경생활의 시작으로 정착생활을 하게 되었다.
④ 정치와 종교의식을 주관하는 정치적 지배자가 출현하였다.

5. 다음 중 신석기시대의 사회에 대한 설명으로 옳은 것은?

① 우경을 이용하는 벼농사가 이루어지고 있었다.
② 계급사회가 형성되면서 군장이 등장하고 있었다.
③ 움집에 취사와 난방을 위한 화덕이 있는 걸로 보아 정착생활을 하고 있었다.
④ 부족간의 정복활동이 활발해졌으며 우세한 부족은 선민사상을 가지기 시작하였다.

6. 다음 구석기 시대의 뗀석기에 관한 내용 중 그 성격이 나머지 셋과 다른 하나는?

① 주먹도끼
② 찍개
③ 긁개
④ 밀개

7. 다음과 같은 유물을 사용했던 시기의 사회상을 바르게 말한 것은?

> 빗살무늬토기, 가락바퀴

① 제천의식을 담당하는 족장
② 뼈바늘을 이용하여 그물을 손질하는 여성
③ 고인돌을 옮기는 사람들
④ 가축을 이용하여 밭을 가는 남성

8. 신석기시대에 애니미즘이 생겨나게 된 요인이 된 것은?

① 사냥
② 석기 만들기
③ 농경생활
④ 집단생활

9. 다음 중 신석기 시대의 생활상과 가장 관련성이 적은 것은?

① 불의 사용
② 간석기의 사용
③ 정착생활의 시작
④ 농경 및 목축

● ANSWER ●

1. 중석기시대의 특징
   ㉠ 사냥·고기잡이·자연채집에 기초를 둔 경제활동을 하였다.
   ㉡ 석기를 만드는 재료와 힘을 덜 들이면서 섬세한 작업을 할 수 있는 잔석기를 많이 만들었다.
   ㉢ 개를 사육하기 시작해 사냥에 이용하거나, 적의 침입을 방어할 수 있었다.
   ㉣ 활·화살·창·작살 등의 사냥도구의 발명으로 무리사냥은 물론 개인사냥이 많이 행해졌다.
   ㉤ 고기잡이에도 낚시와 그물을 사용해 많은 어획을 하였다.
   ㉥ 기후가 온난해지면서 강·바닷가에 대량으로 나타난 어패류 등과 야생식물을 식용으로 활용하였다.

2. 비파형동검은 고인돌, 미송리식 토기와 함께 청동기시대를 특징짓는 유물 중 하나이다.

3. ③ 우리나라의 신석기시대는 기원전 8,000년경부터 시작되었으며, 이때부터 농경생활이 시작되었다. 봉산 지탑리와 평양의 남경유적에서는 탄화된 좁쌀이 발견되었다.

4. 구석기인들은 사냥과 채집생활을 하면서 사냥의 대상이 되는 동물의 번성을 비는 주술적 의미의 조각품을 제작하였다.

5. ① 청동기 시대에 벼농사가 본격화되고 철제 농구와 우경에 의한 농경이 발전하였다.
   ② 신석기시대는 씨족을 단위로 한 부족사회이며 권력자가 출현하지 않는 평등한 공동체사회였다.
   ④ 선민사상은 청동기시대에 나타나는 특징이다.

6. 뗀석기 시대의 도구는 사냥도구 및 조리도구 등으로 나뉘어지는데, 이 중 ①③④는 조리도구에 해당하며, ②는 사냥도구에 해당한다.

7. 빗살무늬토기와 가락바퀴는 신석기시대의 대표적인 유물로, 빗살무늬토기는 음식물을 조리하거나 저장하는데 사용되었고 가락바퀴는 실을 뽑는 데 사용된 도구로 옷이나 그물을 만들었음을 알 수 있다.

8. 선사시대의 인간은 농경생활을 하게 되면서 농사에 큰 영향을 미치는 해, 구름, 비, 천둥, 우박과 같은 자연현상이나 산이나 하천 같은 자연물에 정령이 있다는 것을 믿음으로써 재난을 피하려 하거나 풍요를 기원하는 애니미즘이 생겨나게 되었다.

9. 구석기인들은 불을 사용할 줄 알았으며 먹을 것을 찾기 위해 이동생활을 하였다.

10. 다음 글에 대한 설명으로 옳은 것은?

> 농경과 정착생활을 시작하면서 인간은 자연의 섭리를 생각하게 되었다. 그리하여 농사에 큰 영향을 끼치는 자연현상이나 자연물에도 정령이 있다는 믿음이 생겨났다.

① 태양이나 물의 숭배가 대표적이다.
② 구석기시대에 나타난 종교생활이다.
③ 곰과 호랑이를 부족의 수호신으로 섬겼다.
④ 우세한 부족이 스스로 하늘의 후손이라고 주장하였다. 점을 주목하면 태양과 물이 농사에 필수적인 요소였다는 것을 생각할 수 있다.

11. 다음 시기와 관련이 깊은 사실을 모두 고르면?

> 지배자와 피지배자의 분화가 촉진되어 평등사회는 계급사회로 바뀌어 갔고, 족장(군장)이라 불리는 지배자가 나타났다.

> ㉠ 빗살무늬토기의 사용
> ㉡ 농사의 시작
> ㉢ 고인돌의 제작
> ㉣ 선민사상의 대두

① ㉠㉡   ② ㉡㉢
③ ㉡㉣   ④ ㉢㉣

12. 다음 중 청동기의 보급으로 일어난 변화로 옳지 않은 것은?

① 청동제 농기구를 제작하였다.
② 사유재산제도가 생겨났다.
③ 무덤의 양식이 변화하였다.
④ 정복활동이 활발해졌다.

13. 다음 중 청동기시대의 경제활동에 대한 설명으로 옳지 않은 것은?

① 한반도에서는 처음으로 저습지에서 벼농사가 이루어졌다.
② 다양한 간석기의 사용으로 생산경제가 발달하게 되었다.

③ 농업은 조, 콩, 수수 등을 경작하는 밭농사가 중심을 이루었다.
④ 명도전, 반량전과 같은 교환수단이 사용되었다.

14. 청동기와 철기시대에 계급이 발생하게 된 이유로 가장 옳은 것은?

① 많은 가옥이 밀집되어 취락형태를 이루게 되었다.
② 농경도구의 발전으로 농업생산력이 증대하였다.
③ 비파형 동검이 세형 동검으로 발전하였다.
④ 선민사상이 생겨나게 되었다.

15. 다음에서 설명하는 시대의 특징이 아닌 것은?

> • 사유재산제도와 계급이 나타나게 되었다.
> • 일부 저습지에서는 벼농사가 이루어졌다.
> • 금속제 무기를 사용하여 활발한 정복활동을 하였다.
> • 미송리식 토기와 민무늬토기가 고인돌에서 발견되었다.

① 비파형 동검을 사용하던 시대이다.
② 반달돌칼, 바퀴날도끼 등의 농기구가 사용되었다.
③ 군장세력이 출현하여 국가전체를 지배하였다.
④ 촌락이 배산임수의 지형에 위치하고 있었다.

16. 다음과 같은 사회현상을 바탕으로 일어난 역사적 사실은 무엇인가?

> 이 시기에는 크고 작은 고인돌들이 많이 만들어졌다. 무게가 수십 톤 이상인 덮개돌을 채석하여 운반하고 무덤을 설치하기까지는 많은 인력이 필요하였다. 따라서 이같은 무덤을 만들 수 있는 강력한 세력이 나타났음을 알 수 있다.

① 제정분리의 심화
② 선민사상의 대두
③ 보편종교의 탄생
④ 사유재산제도의 형성

17. 다음 중 철기의 보급으로 나타난 변화로 옳은 것은?

① 철제 농기구의 사용으로 농업생산이 활발하였다.
② 가축은 사육하지 않았으며, 육류는 주로 사냥을 통해 획득하게 되었다.
③ 철제 도구의 사용으로 석기는 사라지게 되었다.
④ 청동기는 주로 무기와 농기구로 사용되었다.

18. 우리 민족의 역사적 철기문화의 발달과정을 바르게 설명한 것을 모두 고르면?

> ㉠ 부여, 고구려는 철기문화를 바탕으로 성립하였다.
> ㉡ 외부의 영향 없이 한반도에서 독자적으로 발달하였다.
> ㉢ 위만 조선의 성립 이후 철기문화가 한반도 전역으로 확산되었다.
> ㉣ 고조선은 철기문화를 배경으로 성립하였음을 고고학 발굴을 통해 알 수 있다.

① ㉠㉡   ② ㉠㉢
③ ㉡㉣   ④ ㉢㉣

10. 제시된 글은 애니미즘에 대한 설명으로, 자연계의 모든 사물에 생명이 있고, 따라서 영혼이 깃들어 있다고 생각하여 생겨났다. 특히 '농사에 큰 영향을 끼치는 자연현상이나 자연물이라는 점'을 주목하면 태양과 물이 농사에 필수적인 요소였다는 것을 생각할 수 있다.

11. 제시된 내용은 생산경제가 발달하여 사유재산이 발생함에 따라 빈부의 격차가 생기고 계급이 형성되었으며 지배자가 등장한 청동기시대에 대한 설명이다. 고인돌은 강력한 지배계급의 발생을 보여 주는 것이며, 선민사상은 정치권력이나 경제력이 우세한 부족이 스스로 하늘의 후손이라고 주장한 것으로 군장세력이 성장하는 과정에서 나타났다. ㉠㉡ 신석기시대에 해당하는 사실이다.

12. ① 청동기시대의 농기구는 돌도끼, 홈자귀, 팽이, 반달돌칼 등의 석기가 중심이 되었다.

13. ④ 명도전, 반량전, 오수전을 사용한 것은 철기시대부터였으며, 이는 중국과의 교역을 말해주는 유물이다.

14. 농사기구가 발달함에 따라 농업생산력이 증가하여 잉여생산물의 축적과 재산의 개인적 소유가 생겨났으며 이를 통해 빈부의 격차와 계급의 분화가 이루어졌다.

15. ③ 군장세력은 청동기문화의 발전과 함께 등장하였으나 국가 전체를 지배하게 된 것은 고대국가단계에서이다.

16. 청동기시대에는 거대한 고인돌 무덤을 만들 수 있을 정도로 상당한 정치권력과 경제력을 갖춘 지배자가 나타났다. 이는 사유재산제도와 계급이 발생하면서 나타났으며, 부족 내에서 족장세력이 성장하여 세력이 약한 다른 부족을 통합하면서 국가가 성립되기 시작하였다. 정치 · 경제적 영향력이 강한 부족에서는 이를 미루어 스스로 하늘의 자손이라 칭하는 선민사상이 나타나게 되었다.

17. ① 철기시대에는 보습, 쟁기, 낫 등의 철제 농기구를 사용함으로써 농업생산력이 증대하게 되었다.
② 사냥이나 고기잡이도 여전히 하고 있었지만, 농경의 발달로 점차 그 비중이 줄어들고 돼지, 소, 말 등 가축의 사육은 이전보다 늘어났다.
③ 간석기가 매우 다양해지고 기능도 개선되어 농경을 더욱 발전시켰다.
④ 청동기는 의식용 도구로 변하였다.

18. 철기는 중국에서 전래되었고, 고조선은 청동기문화를 배경으로 성립하였다.

02 고대의 정치·경제·사회·문화

고구려, 백제, 신라의 삼국시대에서부터 신라의 삼국 통일과 분열을 거쳐 후삼국에 이르기까지 각 국의 정치·경제·사회·문화의 주요 특징을 중점적으로 학습해야 한다.

1. 고대의 정치활동

(1) 고구려의 건국과 성장

① 고구려의 건국(B.C. 37)
   ㉠ 부여 출신의 주몽이 이끈 이주민이 압록강 유역의 토착민과 함께 졸본 지방에서 건국
   ㉡ 국내성 천도 : 유리왕 때 압록강 중류의 국내성으로 천도

② 고구려의 성장
   ㉠ 태조왕(1세기 후반) : 중앙 집권 국가의 기틀 마련, 옥저와 동예 정복, 요동 지방으로 진출, 5부 체제 확립, 계루부 고씨의 왕위 독점 세습
   ㉡ 고국천왕(2세기 후반) : 부족적 성격의 5부→행정 구역 성격의 5부로 개편, 부자 상속제 확립, 진대법 실시
   ㉢ 미천왕(4세기 초반) : 대동강 유역 확보(낙랑군 몰아냄), 요동 지역으로 세력 확대(서안평 점령)
   ㉣ 고국원왕(4세기 중반) : 전연의 침입, 백제 근초고왕의 공격으로 전사→국가적 위기
   ㉤ 소수림왕(4세기 후반) : 불교 수용, 율령 반포, 태학 설립→중앙 집권 체제 강화

③ 고구려의 전성기
   ㉠ 광개토 대왕의 영토 확장
   • 백제를 공격하여 한강 이북 차지, 신라에 침입한 왜 격퇴(호우명 그릇의 기록)
   • 거란, 후연 격파해 요동 반도 차지, 만주 대부분 차지함→광개토 대왕릉비(장수왕이 광개토 대왕의 업적을 기록하여 세움)
   • '영락' 연호 사용, 스스로를 '성왕·태왕'으로 부르게 함
   ㉡ 장수왕의 남진 정책
   • 대외교류 : 중국의 남북조와 각각 교류하면서 고구려의 안정을 꾀함
   • 평양성 천도(427) : 국내성→평양성, 백제와 신라가 이에 대항하기 위해 나·제동맹 체결
   • 남진정책 : 백제를 공격하여 한성함락, 한강 유역 차지→한반도 중부 지방까지 진출
   • 중원고구려비 : 장수왕의 업적을 기록, 고구려의 한강 유역 진출을 보여줌

④ 고구려의 정치제도
   ㉠ 수상, 관등 : 수상-대대로, 관등-10여 등급
   ㉡ 행정구역 : 수도 5부, 지방 5부

Q 낙동강 하류의 변한에서 철기 문화를 바탕으로 성립한 국가는?

ⓒ 귀족대표자 회의 : 제가 회의

② 지방 장관(욕살) : 중앙에서 파견, 행정 · 군사 업무 담당

(2) 백제의 건국과 성장

① 백제의 건국(B.C. 18)

ㄱ 건국세력 : 한강 유역의 토착민과 고구려 계통의 유이민이 함께 위례성에서 건국

ⓒ 특징 : 한강 유역은 철기 문화와 농경 문화 발달, 중국의 선진 문물 수용에 유리

② 백제의 성장

ㄱ 고이왕(3세기 중반)

　◦ 목지국 병합 : 한반도 중부 차지

　◦ 중앙 집권 국가의 기틀 마련 : 관등제 마련, 관복제 제정, 율령 제정

ⓒ 근초고왕(4세기 중반)

　◦ 백제의 전성기

　◦ 영토 확장 : 마한 전 지역 정복, 평양성을 공격하여 황해도 일부 지역 차지, 낙동강 유역의 가야에 대해 지배권 행사

　◦ 대외 진출 : 중국의 요서 · 산둥 지방과 일본의 규슈 지방에 진출, 중국의 동진 · 왜와 교류하여 고구려 견제함

　◦ 왕권 강화 : 왕위 부자 상속 확립

ⓒ 침류왕(4세기 후반) : 중국의 동진으로부터 불교 수용(384)

③ 백제의 중흥

ㄱ 웅진성 천도(475) : 고구려 장수왕의 공격 → 한강 유역 빼앗김(개로왕 전사) → 문주왕이 웅진성(공주)으로 천도

ⓒ 무령왕, 성왕

무령왕(5세기 후반)	• 중국 남조의 양과 문화 교류 • 22담로에 왕족을 파견하여 지방 통제 강화 • 고구려와 가야에 적극적인 공세를 펼침 → 백제 중흥의 발판 마련
성왕(6세기 중반)	• 사비성(부여)으로 천도, 국호를 '남부여'로 개칭 • 중앙에 22부의 실무 관청 설치, 수도 5부 - 지방 5방 • 불교 장려, 중국의 양과 교류확대, 일본에 불교 전래(노리사치계) • 관산성 전투에서 성왕 전사 → 나 · 제 동맹 결렬

④ 백제의 정치 제도

ㄱ 수상, 관등 : 수상-상좌평, 관등-16등급

ⓒ 행정구역 : 수도 5부, 지방 5방 22담로

ⓒ 귀족대표자 회의 : 정사암 회의

② 지방장관(방령) : 중앙에서 파견, 행정 · 군사 업무 담당

(3) 신라의 건국과 성장

① 신라의 건국(B.C. 57)

    ㉠ 진한의 여러 소국 중 사로국에서 박혁거세가 건국함

    ㉡ 박, 석, 김의 3성이 교대로 왕위 차지, 각 부족의 대표들이 모여 회의를 통해 나라 운영

    ㉢ 신라의 발전이 늦은 이유

        • 왕권이 약하고 귀족이 독자적 세력을 유지하여 국가 통합이 늦어짐

        • 지리적으로 한반도 동남쪽에 치우쳐 중국의 선진 문물 수용이 어려움

        • 가야와 왜의 잦은 침입

② 신라의 왕호 변천 : 거서간 → 차차웅 → 이사금 → 마립간 → 왕

③ 신라의 정치 제도

    ㉠ 수상 : 상대등 ↔ 집사부의 시중(중시)

    ㉡ 관등 : 17등급(골품제와 결합)

    ㉢ 행정구역 : 수도 6부, 지방 5주

    ㉣ 귀족대표자 회의 : 화백 회의(만장일치 제도)

    ㉤ 지방 장관(군주) : 중앙에서 파견, 행정·군사업무 담당

    ㉥ 신라의 주요 왕들

        • 내물왕(4세기 후반)

          – 김씨의 왕위 세습, 왕의 칭호를 마립간으로 바꿈

          – 낙동강 동쪽의 진한 지역 장악

          – 광개토 대왕의 도움으로 왜 격퇴 → 정치·군사적으로 고구려의 영향을 받음(호우명 그릇에 기록)

        • 눌지왕(5세기) : 나·제 동맹 결성, 왕위 부자 상속 확립

        • 지증왕(6세기 초)

          – 국호를 '신라'로 정함, 중국식의 '왕' 칭호 사용

          – 우산국(울릉도) 정복

          – 지방을 주·군으로 나누어 관리 파견

          – 우경을 통해 농업 생산력 향상, 순장 금지

        • 법흥왕(6세기 전반)

          – 율령 반포(울진 봉평 신라비), 17관등과 관리의 공복 제정(골품제 정비), 병부 설치(군사권 장악), 상대등 설치

          – 불교 공인 : 이차돈의 순교

          – 영토 확장 : 김해의 금관가야 정복

          – '건원' 연호 사용 → 중국과 대등한 자주의식 표현

        • 진흥왕(6세기 중반)

          – 신라의 전성기

Q 고구려의 을지문덕 장군이 수나라의 대군을 크게 물리친 전쟁은?

- 불교 장려 : 황룡사 건축, 불교 교단을 정비하여 사상 통일
- 화랑도 개편 : 화랑도를 국가적인 조직으로 개편하여 인재 양성
- 영토 확장 : 한강 유역 장악, 고령의 대가야 정복, 당항성을 통해 중국과 직접 교류, 단양 적성비와 4개의 순수비를 세워 기념함

(4) 가야의 성립과 발전

① 가야의 성립 : 낙동강 하류의 변한에서 철기 문화를 바탕으로 성립, 철기 수출, 일본의 스에키 토기에 영향

㉠ 금관가야 : 전기 가야 연맹 주도, 신라 법흥왕에 의해 멸망(532)

㉡ 대가야 : 후기 가야 연맹 주도, 신라 진흥왕에게 멸망(562)

② 멸망한 이유 : 연맹 왕국에서 중앙 집권 국가로 발전하지 못하고 백제와 신라의 압박을 받음

(5) 대외 항쟁과 신라의 삼국 통일

① 수·당의 침입과 살수 대첩

㉠ 수나라의 침입

- 수가 고구려에 신하의 예를 갖출 것을 요구 → 고구려(영양왕)가 요서 지방을 선제공격 함
- 수 문제의 침입 : 수 문제가 30만 대군으로 고구려 침략 → 고구려 승리
- 수 양제의 침입 : 수 양제가 113만 대군을 이끌고 요동성, 평양성 공략
- 결과 : 이후 수는 여러 차례 고구려 재침입 → 무리한 전쟁으로 인한 국력 소모와 내부 반란으로 수 멸망

㉡ 당의 침입과 안시성 싸움

- 당 태종 즉위 후 고구려는 국경 지역에 천리장성을 축조하여 당의 침입에 대비함
- 연개소문의 정변을 구실로 당의 고구려 침략 → 양만춘 장군의 활약 + 안시성 군민들이 당의 군대를 막아냄 → 당군 퇴각(645)

  ☆☆☆ 남북 세력과 동서 세력의 대립 : 6세기 말~7세기 초, 한반도에서는 한강유역을 차지한 신라를 견제하여 고구려와 백제가 연합하고 있었다(여·제 동맹). 이 당시 동북아시아에서는 '돌궐·고구려·백제·왜를 연결하는 남북 세력과 신라·수·(당)를 연결하는 동서 세력 간 대립 구도가 나타났다.

㉢ 수·당의 침략을 물리친 고구려

- 고구려 승리의 원동력 : 강한 군사력, 요동 지방의 풍부한 철, 뛰어난 전술(공성전, 청야전술) 등
- 결과 : 고구려뿐만 아니라 한반도 전체를 보호함. 고구려의 동아시아 강국 지위 유지, 계속된 전쟁으로 국토 황폐화와 국력 약화

② 신라의 삼국 통일 과정

㉠ 백제와 고구려의 멸망

- 백제의 멸망(660)

  - 원인 : 의자왕의 실정, 지배층의 향락으로 국방 소홀
  - 과정 : 신라군이 황산벌에서 계백의 결사대 격퇴 → 나·당 연합군의 사비성 함락 → 백제 멸망
  - 결과 : 당이 백제 지역에 웅진 도독부 설치

- 고구려의 멸망(668)
  - 원인 : 계속된 전쟁으로 국력 약화, 연개소문 사후 권력 다툼
  - 과정 : 나·당연합군의 평양성 함락→고구려 멸망
  - 결과 : 당이 고구려 지역에 안동 도호부 설치
- 백제와 고구려의 부흥운동
- 백제 부흥 운동 : 복신과 도침(주류성), 흑치상지(임존성)가 왕자 부여풍을 왕으로 추대하여 부흥 운동을 일으켰으나 백강 전투에서 패배
  - 고구려 부흥 운동 : 검모잠과 안승(한성), 고연무(오골성)가 신라의 도움을 받아 평양성을 탈환하기도 하였으나 지도층의 내분으로 실패
- ⓛ 나·당 전쟁
  - 원인 : 당이 웅진도독부(백제), 안동도호부(고구려), 계림도독부(신라)를 설치하고 대동강 이남 지역의 한반도에 대한 간섭 확대
  - 신라의 대응
    - 고구려 부흥 운동 지원→안승이 금마저(익산)에 보덕국 건립
    - 당군이 주둔하던 사비성 공격→웅진도독부 함락, 옛 백제 땅 지배
  - 결과 : 매소성(675)·기벌포(676) 전투에서 승리→당 세력을 대동강 이남 지역에서 완전히 축출→삼국 통일 완성(676)
③ 삼국 통일의 의의와 한계
  - ㉠ 의의 : 자주적인 통일 달성, 최초의 민족 통일 → 민족문화 발전의 계기 마련
  - ㉡ 한계 : 통일 과정에서 외세의 도움, 대동강 이남에 한정된 불완전한 통일

(6) 통일 신라와 발해의 발전

① 왕권의 전제화
  - ㉠ 무열왕
    - 최초의 진골 출신 왕→이후 무열왕의 직계 자손이 왕위 독점
    - 불교식 왕명을 버리고 중국식 시호를 사용
  - ㉡ 문무왕 : 당을 몰아내고 삼국 통일 완성→왕권 강화
  - ㉢ 신문왕
    - 진골 세력의 반란(김흠돌의 난) 진압
    - 9주 5소경(지방행정조직), 9서당 10정(군사조직) 완비
    - 유학사상을 강조하고 국학 설립
    - 관료전 지급, 녹읍 폐지하여 귀족의 경제 기반 약화→전제 왕권 확립
  - ㉣ 성덕왕 : 농민들에게 정전 지급→백성에 대한 국왕의 지배력 강화

② 새로운 제도의 정비
  ㉠ 중앙 정치 제도 : 집사부(아래에 13부)와 그 장관인 시중(중시)의 권한 강화, 화백 회의와 상
    대등의 권한 축소
  ㉡ 지방 행정 조직
    • 9주 : 전국을 9주로 나누고 주 아래에 군과 현 설치
    • 주·군·현 : 중앙에서 파견한 지방관이 통치
    • 상수리 제도 : 지방 세력 견제 목적, 지방 세력가의 자식을 일정 기간 금성에 머무르게 함
    • 5소경 : 주요 지역에 일부 중앙 귀족, 옛 삼국 귀족을 옮겨 살게 함 → 지방 세력 견제, 수도
      금성이 한반도 남동쪽에 치우친 약점 보완
  ㉢ 군사 제도
    • 중앙군(9서당) : 수도와 궁궐 담당, 고구려·백제·말갈인 포함
    • 지방군(10정) : 주마다 1개의 정 배치, 국경 지방인 한주에는 2개의 정 배치
③ 발해의 성립과 발전
  ㉠ 발해 건국 : 대조영이 고구려 유민과 말갈인을 이끌고 지린성의 동모산에서 발해 건국(698)
  ㉡ 발해 건국의 형태와 특징
    • 형태 : 통일 신라와 발해가 양립하는 남북국의 형세를 이룸
    • 특징
      – 고구려 계승의식 : 일본에 보낸 외교문서에 고려 국왕의 명칭 사용
      – 당과 대등한 나라임을 강조
      – 소수의 고구려인이 지배층, 다수의 말갈인이 피지배층
      – 말갈인의 토착 문화 존중
  ㉢ 발해의 발전
    • 고왕(대조영) : 발해 건국, 초기 혼란 수습, 당과 평화적 외교 관계 수립
    • 무왕(대무예)
      – 당·신라와 적대 관계, 돌궐·왜와 친선관계 → 세력 균형 유지
      – 당이 신라·흑수부 말갈을 이용하여 발해 견제 → 당의 산둥 지방 공격
    • 문왕(대흠무)
      – 당과 친선 관계 수립, 당의 문물·제도 수용
      – 신라와 교류(신라도), 일본과 교류(교통로 개설), 상경으로 천도
    • 선왕(대인수)
      – 말갈의 여러 부족 복속, 옛 고구려 영역의 대부분 차지
      – 지방제도 정비(5경 15부 62주)
      – 중국에서 발해를 해동성국이라 부름
  ㉣ 발해의 멸망(926) : 귀족들의 권력 투쟁으로 국력 약화 → 거란에 멸망

④ 발해의 통치 제도
  ㉠ 중앙 정치 제도 : 3성 6부
    • 3성 : 정당성, 선조성, 중대성−국가의 중요한 일은 정당성에 모여 회의를 열어 결정, 정당성의 장관인 대내상이 국가 행정 총괄
    • 6부 : 정당성 아래 설치, 행정 실무 담당, 유교 덕목을 6부의 명칭으로 사용(충·인·의·지·예·신부)
  ㉡ 지방 행정 구역 : 5경 15부 62주
    • 5경 : 지방을 다스리는 거점 지역, 상경을 중심으로 5개의 교통로로 연결됨
    • 15부 : 지방 행정의 중심지, 아래 주현을 두고 지방관 파견
    • 촌락 : 대부분의 주민이 말갈인, 부족 간 조화를 위해 말갈 추장인 수령이 촌락을 다스리게 함
  ㉢ 군사 조직
    • 10위 : 왕궁과 수도 경비
    • 지방군 : 지방관이 지휘

(7) 신라의 동요와 후삼국의 성립
① 왕권의 약화와 내부의 분열
  ㉠ 중앙 정치의 동요
    • 배경 : 녹읍 부활(경덕왕) → 귀족들의 토지·노비·사병 소유 확대 → 세력 강화 → 소수 진골 귀족들의 권력 독점(8세기 후반)
    • 왕위 다툼 : 혜공왕 살해(무열왕계 왕위 세습 단절) → 왕위 쟁탈전 심화
  ㉡ 지방에 대한 통제력 약화
    • 김헌창의 난 : 9세기 전반 웅주(공주) 도독 김헌창이 아버지 김주원이 왕이 되지 못한 것에 불만을 품고 난을 일으킴
    • 장보고의 난 : 청해진을 기반으로 서남해 해상 무역권을 장악하고 중앙의 왕위 쟁탈전에 가담함
② 농민 봉기의 발생
  ㉠ 9세기 말 진성 여왕 시기 극심함
  ㉡ 주요 농민 봉기 : 원종과 애노(신라 말 최초의 농민 봉기), 양길, 기훤, 견훤, 궁예 등 → 일부 반란 세력은 지방 세력가로 성장함
③ 지배층의 분열과 새로운 사상의 유행
  ㉠ 골품제의 모순 : 중앙 귀족이면서도 관직 승진에 제한 → 진골 위주의 지배 체제에 불만
  ㉡ 신라 말 진골 귀족의 권력 독점 : 6두품의 역할 축소 → 당에 유학하여 학문 활동에 몰두하거나 골품제의 모순을 비판함(예 : 최치원의 시무 10조)

더 알아보기

골품제의 모순
최치원이 서쪽으로 당에 가서 벼슬을 하다가 고국에 돌아왔는데 전후에 난세를 만나서 처지가 곤란하였으며 걸핏하면 모함을 받아 죄에 걸리게 했으므로 <u>스스로 때를 만나지 못한 것을 한탄하고 다시 벼슬할 뜻을 두지 않았다.</u> 그는 세속과 관계를 끊고 자유로운 몸이 되어 숲 속과 강이나 바닷가에 정자를 짓고 소나무와 대나무를 심으며 책을 벗하여 자연을 노래하였다.
— 「삼국사기」 —

    © 새로운 사상의 유행

      • 선종

        − 정신 수양을 통해 누구나 부처가 될 수 있다고 주장

        − 전통적 권위 부정

        − 개인주의적 성향

        − 호족과 백성의 환영(↔교종 : 경전과 교리를 강조)

      • 풍수지리설

        − 산세나 지형이 인간 생활에 영향을 끼친다는 사상

        − 도선에 의해 널리 보급

        − 경주 중심의 지리관에서 벗어나 지방의 중요성을 강조→호족과 백성의 관심

      • 유교 : 6두품에 의해 정치이념으로 발달

④ 후삼국의 성립

    ㉠ 후백제

      • 상주 농민 출신이자 군인인 견훤이 황해안의 해상 세력과 농민 봉기 세력을 군사 기반으로 완산주(전주)지역에 후백제 건국(900)

      • 발전

        − 옛 백제 지역(전라도, 충청도) 차지→곡창 지대 확보로 경제력 상승

        − 남중국의 오월·일본과 교류, 신라 공격

    ㉡ 후고구려

      • 궁예 : 신라 왕족 출신인 궁예가 양길의 부하로 있다가 독립, 송악(개성)을 도읍으로 건국 (901)

      • 발전과 쇠퇴

        − 철원으로 천도→국호를 마진·태봉으로 고침

        − 강원도·경기도·황해도 일대까지 영역 확장

        − 궁예는 점차 미륵불을 자처, 가혹한 통치로 민심 잃음

2. 고대의 경제생활

(1) 삼국의 경제생활

① 삼국의 경제 정책

    ㉠ 수취체제의 정비

      • 초기 : 농민으로부터 전쟁물자 징수, 군사 동원→농민의 토지 이탈 발생

      • 수취체제의 정비 : 노동력의 크기로 호를 나누어 곡물·포·특산물 등을 징수, 15세 이상 남자의 노동력 징발

    ㉡ 철제 농기구를 농민에게 보급, 우경이나 황무지 개간 권장, 저수지 수리

    ㉢ 고구려 : 진대법 실시(고국천왕)

② 신라 : 경주에 시장과 동시전(시장을 감독하는 관청)을 설치함(509)
⑩ 국제무역 : 왕실과 귀족의 수요품을 중심으로 공무역의 형태
   - 고구려 : 남북조와 북방민족과 무역
   - 백제 : 남중국, 왜와 무역
   - 신라 : 한강 유역 차지 이전에는 고구려, 백제와 교류 → 한강 확보 이후에는 당항성을 통해 중국과 직접 교역

② 귀족의 경제생활
   ㉠ 고리대를 통해 풍족하고 화려한 생활
   ㉡ 녹읍 : 국가에서 관료 귀족에게 지급한 토지, 조세 수취 및 그 토지에 딸린 노동력의 징발 가능
   ㉢ 식읍 : 국가에서 왕족, 공신 등에게 준 토지와 가호로서 조세 수취, 노동력 징발 가능

③ 농민의 경제생활
   ㉠ 자기 소유의 토지(민전)나 남의 토지를 빌려 경작
   ㉡ 각종 노역에 동원
   ㉢ 전쟁에 군사로 참여

(2) 남북국 시대의 경제적 변화

① 통일 신라의 경제 정책
   ㉠ 조세는 1/10 수취, 공물은 촌락단위로 그 지역의 특산물 징수, 역은 16세에서 60세까지의 남자 대상
   ㉡ 민정문서 : 서원경(청주) 부근의 4개 촌의 촌주가 3년마다 작성
      - 내용 : 토지크기, 인구수, 소와 말의 수, 토산물 등을 기록
      - 목적 : 조세·공물·부역을 징수하기 위함
      ☆☆☆ 민정문서…이 고을의 사해점촌을 조사해 보았는데 지형은 산과 평지로 이루어져 있으며 마을의 크기는 5,725보(步), 공연(孔烟) 수는 합하여 11戶가 된다. 계연(計烟)은 4, 나머지는 3이다. 이 가운데 중하연이 4호, 하상연이 2호, 하하연이 5호이다.
      － 「신라장적(新羅帳籍)」 －

   ㉢ 토지 제도의 정비
      - 목적 : 국가 재정 강화, 귀족들의 경제 기반 약화
      - 관료전 지급, 녹읍 폐지(신문왕) → 귀족들의 반발로 녹읍 부활(경덕왕)
      - 농민들에게 정전 지급(성덕왕) → 농민들은 국가에 조세 납부

② 무역의 발달
   ㉠ 대당 무역 : 산둥 반도와 양쯔 강 하류에 신라방+신라촌(거주지)·신라소(관청)·신라관(여관)·신라원(절) 설치
   ㉡ 장보고 : 완도에 청해진을 설치하고 해적을 소탕하였고 황·남해의 해상 무역권을 장악하여 당·일본과의 무역을 독점
   ㉢ 이슬람 상인이 울산을 내왕함

③ 발해의 경제활동

    ㉠ 농업 : 밭농사 중심, 일부 지역에서 벼농사

    ㉡ 경제활동 : 수렵 활발, 목축 발달, 어업 발달, 수공업, 상업(현물 화폐를 사용했으나 외국의 화폐도 사용)

    ㉢ 대외무역 : 산둥반도와 덩저우에 발해관 설치, 당과의 무역, 일본과의 무역 활발

3. 고대의 사회모습

(1) 삼국의 신분

① 신라의 골품제 : 지배층 내부를 서열화한 신라의 신분제

    ㉠ 구분 : 성골 · 진골, 6 · 5 · 4두품

    ㉡ 특징 : 골품에 따라 관직 승진 제한, 일상생활 제한

② 삼국의 신분별 생활모습

    ㉠ 귀족 : 높은 관직 차지, 지위를 세습하여 사회 · 경제적 특권 누림, 토지(녹읍 · 식읍)와 노비 소유, 고리대, 기와집, 비단옷 등을 갖추고 화려한 생활

    ㉡ 평민 : 대부분 농민→전세 · 공물 · 역 등을 부담

    ㉢ 천민 : 대부분 노비로 구성→왕실, 관청, 귀족에 소속되어 자유롭지 못함. 재산으로 여겨져 매매 증여 상속의 대상, 세금을 내지 않음

(2) 삼국의 사회

① 법률 정비 : 통치 질서 유지와 지배층의 특권 유지 목적

② 고구려의 진대법 : 봄에 곡식을 빌려 주었다가 가을에 수확한 것으로 갚게 함→빈민 구제가 목적

③ 신라의 화랑도(청소년 수련단체)

    ㉠ 구성 : 화랑(진골 귀족 자제)과 낭도(평민 포함)로 구성→신분 간 대립 완화 역할

    ㉡ 특징 : 진흥왕 때 국가 조직으로 발전, 원광의 세속 5계를 지킴, 삼국통일에 공을 세움

(3) 통일 신라의 사회

① 귀족의 생활

    ㉠ 국가에서 녹읍 또는 녹봉 지급

    ㉡ 대규모 토지와 노비 소유

    ㉢ 고리대를 통해 재산을 늘림

② 골품제의 변화

    ㉠ 성골의 소멸

    ㉡ 3~1두품은 평민화 됨

③ 농민의 생활

    ㉠ 세금 부담 : 국가에서 정전을 지급받은 대가로 세금 납부, 특산물 · 노동력 부담

    ㉡ 신라 촌락 문서 : 토지 면적과 인구 등의 경제 상황을 알려주는 문서

(4) 발해의 사회

① **지배층** : 왕족인 대씨와 귀족인 고씨 등 고구려계가 대부분을 구성

② **피지배층** : 대부분 말갈인으로 구성

③ **대외활약상** : 당나라의 빈공과(당에서 외국인을 대상으로 실시한 시험)에서 발해인들은 신라인과 수석을 다투기도 함

4. 고대의 문화예술

(1) 고대의 유학

국가	교육 기관	주요 내용
고구려	태학, 경당	• 광개토 대왕릉비와 중원고구려비에서 한학 수준 짐작 • 「유기」, 「신집」
백제	5경 박사	• 북위에 보낸 국서의 세련된 문장 • 「서기」 - 고흥
신라	-	• 임신서기석을 통해 화랑의 유교 경전 학습 • 「국사」 - 거칠부
통일신라	국학	• 강수(외교 문서), 설총(이두 정리) • 독서삼품과(원성왕)
발해	주자감	정효공주 묘비에 4·6변려체 문장

(2) 고대의 고분과 건축

국가	고분	건축과 탑
고구려	• 돌무지무덤(장군총) • 굴식 돌방무덤(무용총)	주로 목탑 → 현존하지 않음
백제	• 한성 시기 : 계단식 돌무지무덤(고구려의 영향) • 웅진 시기 : 벽돌무덤(무령왕릉, 남조의 영향) • 사비 시기 : 굴식 돌방무덤(능산리 고분)	• 미륵사지 석탑(백제 최초의 석탑, 목탑과 석탑의 과도기적 형태) • 정림사지 5층 석탑
신라	-	• 황룡사 9층 목탑(현존하지 않음) • 분황사 석탑
통일신라	• 화장 유행(불교의 영향) • 둘레돌(12지 신상)	• 불국사, 석가탑, 다보탑 • 감은사지 3층 탑 • 승탑과 탑비 유행(선종)
발해	• 정혜공주 묘(굴식 돌방무덤) • 모줄임 천장	상경(당의 장안성 주작대로의 영향 받음)

(3) 불교 사상의 발달과 풍수지리설

① 통일 신라 중대
  ㉠ 원효
    • 일심(一心)사상 : 다른 종파들과 대립을 조화시키고 분파 의식을 극복하려고 노력
    • 아미타 신앙 : 서방 정토(西方淨土)에 있다고 하는 대승불교의 부처 가운데 가장 널리 신봉되는 부처를 믿는 사상
  ㉡ 의상
    • 화엄 사상 : 모든 존재가 상호 의존적 관계가 있으면서 서로 조화를 이루고 있다
    • 관음 신앙 : 현세에서 고난을 구제받자는 사상
    • 일즉다 다즉일(一卽多 多卽一) : '하나가 모든 것이고, 모든 것은 하나이다.' → 하나 속에 우주 만물을 아우르자는 사상

② 통일 신라 하대
  ㉠ 선종의 유행 : 통일 전후에 전래
  ㉡ 호족 출신이 많음
  ㉢ 참선 중시, 호족과 결합(9산 선문)
  ㉣ 지방 문화 역량 증대
  ㉤ 풍수지리설 유행(신라 말 도선) : 산세 · 수세로 도읍, 주택 · 묘지 등을 선정하는 인문지리학, 국토의 효율적인 이용과 관련(지방의 중요성 자각)

(4) 삼국 문화의 일본전파

① 고구려
  ㉠ 담징 : 종이와 먹 제조 방법, 호류사 벽화
  ㉡ 혜자(쇼토쿠 태자의 스승) : 수산리 고분벽화(다카마쓰 고분 벽화에 영향)

② 백제
  ㉠ 아직기, 왕인(한자, 유학), 노리사치계(불교 보급)
  ㉡ 오경박사, 의박사, 역박사, 공예 기술자 등의 활약
  ㉢ 일본 아스카 문화에 영향

③ 신라
  ㉠ 배 만드는 기술
  ㉡ 둑 쌓는 기술 전래

④ 가야
  ㉠ 제철기술
  ㉡ 스에키 토기에 영향

 **출제예상문제**

1. 신라 중대에 나타난 역사적 사실이 아닌 것은?

   ① 왕권의 전제화
   ② 집사부 시중의 권한 강화
   ③ 녹읍의 폐지와 관료전 지급
   ④ 6두품 세력의 반신라적 태도

2. 광개토대왕비의 비문을 통하여 알 수 있는 역사적 사실로 옳은 것은?

   ① 고구려가 신라와 가야에 침입한 왜구를 몰아 내었다.
   ② 고구려가 수의 침입을 격퇴하였다.
   ③ 고구려가 일본에 여러 문물을 전해 주었다.
   ④ 고구려가 남한강까지 진출하였다.

3. 다음 중 발해의 5경이 아닌 것은?

   ① 상경   ② 중경
   ③ 동경   ④ 북경

4. 가야에 대한 다음 설명 중 옳은 것을 모두 고르면?

   > ㉠ 가야왕 하지가 중국 남제에 사신을 보낸 적이 있다.
   > ㉡ 한 군현, 왜와의 중계무역을 통해 많은 이득을 얻었다.
   > ㉢ 진한이 6가야연맹으로 발전하였다.
   > ㉣ 철기문화와 벼농사가 발달한 부족연맹국가였다.

   ① ㉠㉣   ② ㉠㉡㉣
   ③ ㉢㉣   ④ ㉡㉢㉣

5. 삼국의 성립에 대한 설명으로 옳은 것은?

   ① 초기의 고구려는 졸본성에서 주변 소국을 통합 하고, 국내성으로 도읍을 옮기며 성장하였다.
   ② 초기의 백제는 지배층인 한강 유역의 토착민 과 피지배층인 고구려 계통의 북방 유이민의 결합으로 성립되었다.
   ③ 초기의 신라는 박·석·김의 세 집단의 합의 를 통해 왕을 추대하고, 주요 집단들의 독자 적 세력을 억압하면서 발전하였다.
   ④ 초기의 가야는 낙동강 하류 변한지역에서 청 동기문화를 토대로 농업생산력이 증대되어 등장한 정치집단들에 의해 성립되었다.

6. 중앙집권국가의 특징에 해당하는 것을 모두 고르 면?

   > ㉠ 영토확장을 위한 정복사업
   > ㉡ 왕위의 부자세습
   > ㉢ 권력의 집권화
   > ㉣ 관료제와 유연한 신분제도
   > ㉤ 율령반포와 불교수용

   ① ㉠㉡㉢
   ② ㉠㉡㉢㉤
   ③ ㉠㉡㉣㉤
   ④ ㉠㉡㉢㉣㉤

7. 다음 중 통일 이후 신라 농민에 대한 설명으로 옳은 것은?

> ㉠ 촌에 거주하면서 중앙에서 파견된 촌주의 행정적 지배를 받았다.
> ㉡ 귀족들이 고리로 빌려 준 곡물을 갚지 못하면 노비로 전락하였다.
> ㉢ 국가로부터 정전을 지급받아 경작하면서 국가에 조를 바쳤다.
> ㉣ 향, 부곡 등에 거주하는 농민들은 노동력 징발에서 제외되었다.

① ㉠㉡　　　　　② ㉠㉣
③ ㉡㉢　　　　　④ ㉢㉣

8. 다음 중 백제의 근초고왕과 관련한 내용으로 가장 옳지 않은 것은?

① 마한 전 지역의 정복
② 왕위 부자 상속 확립
③ 백제의 전성기
④ 율령의 반포

● ANSWER ●

1. ④ 6두품 세력이 반신라적 태도를 보인 것은 신라 하대의 일이며, 신라 중대의 6두품 세력은 전제왕권을 뒷받침하고 학문·종교 분야에서 활약하였다.

2. 광개토대왕비는 만주 집안현 통구에 있는 광개토왕의 비석으로 장수왕이 414년에 세운 것이다. 비문에는 고구려의 건국 내력, 고구려·신라·가야 3국이 연합하여 왜군과 싸운 일, 왕의 일생사업이 기록되어 있다. 우리나라 최대의 비석이며, 일본이 비문을 날조하여 임나일본부설의 근거로 삼고 있는 것이기도 하다.

3. 발해의 선왕(818~830)은 광대한 영토를 효율적으로 통치하기 위하여 지방행정구역을 5경(京)·15부(府)·62주(州)로 편제하였다. 그 중 5경은 상경(용천부)·중경(현덕부)·동경(용원부)·남경(남해부)·서경(압록부)으로 이루어져 있었다.

4. 3세기 중엽 변한 12국이 금관가야를 주축으로 6가야연맹으로 발전하였다.

5. ② 백제는 우수한 철기문화를 보유한 고구려 계통의 북방 유이민이 지배층을 형성하였다.
   ③ 신라는 박·석·김의 세 집단이 번갈아 왕위를 차지하였다. 주요 집단들의 독자적인 세력 기반을 유지하면서 유력 집단의 우두머리가 왕(이사금)으로 추대되었다.
   ④ 가야는 낙동강 하류 변한지역에서 철기문화를 토대로 농업생산력이 증대되어 등장한 정치집단들에 의해 성립되었다.

6. 중앙집권국가의 특징
   ㉠ 영토확장을 위한 정복사업　㉡ 왕위의 부자세습　㉢ 권력의 중앙집권화
   ㉣ 관료제와 엄격한 신분제도　㉤ 율령반포　㉥ 불교수용

7. 신라 농민은 촌에 거주하면서 토착세력인 촌주가 군이나 현의 지방관의 통제를 받으면서 다스렸다. 또한 성덕왕 때 16~60세의 정남은 정전을 지급받아 경작하여 국가에 조를 바쳤다.

8. 율령의 반포는 고이왕에 해당하는 내용이다.

---

9. 다음 중 통일신라의 토지제도 변천과정에 대한 설명으로 옳지 않은 것은?

① 신문왕은 왕권강화를 위해 관료전을 지급하고 녹읍제를 폐지하였다.

② 성덕왕은 농민의 토지가 점탈되는 것을 막고 국가의 수취기반을 확보하기 위해 백성들에게 정전을 지급하고 국가에 조를 바치게 하였다.

③ 경덕왕 시기에는 귀족들의 반발로 관료전의 녹봉을 차등적으로 지급하게 되었다.

④ 녹읍이 부활과 사원 면세전의 계속적인 증가로 귀족중심의 체제가 심화되자 국가재정이 위태롭게 되었다.

10. 다음에서 발해의 경제생활에 대한 설명으로 옳은 것은?

> ㉠ 밭농사보다 벼농사를 주로 하였다.
> ㉡ 제철업이 발달하여 금속가공업이 성행하였다.
> ㉢ 어업이 발달하여 먼 바다에 나가 고래를 잡기도 하였다.
> ㉣ 가축의 사육과 함께 모피, 녹용, 사향 등이 생산되었다.

① ㉠㉡ 　　　　　② ㉠㉡㉢
③ ㉠㉡㉣ 　　　　④ ㉡㉢㉣

11. 다음 중 삼국의 국제무역에 대한 설명으로 옳지 않은 것은?

① 삼국의 국제무역은 낙랑군이 소멸된 4세기 이후 발달하였다.

② 백제는 남중국, 일본과 교류하였다.

③ 고구려는 남·북중국, 북방민족과 교류하였다.

④ 신라는 삼국을 통일한 이후부터 중국과 자유로운 무역을 할 수 있었다.

12. 다음 중 발해의 대외무역활동으로 옳지 않은 것은?

① 대당 무역은 조공무역이 위주였으나 민간무역도 존재하였다.

② 당과의 무역이 주를 이루었다.

③ 수입품은 불상, 유리잔, 자기, 직물, 책 등 공예품이었다.

④ 수출품은 주로 모피, 삼, 금, 말, 은 등의 토산품이었다.

13. 다음 중 삼국통일 후 신라 농민에 대한 설명으로 옳은 것은?

> ㉠ 촌에 거주하면서 중앙에서 파견된 촌주의 행정적 지배를 받았다.
> ㉡ 귀족들이 고리로 빌려 준 곡물을 갚지 못하면 노비로 전락하였다.
> ㉢ 국가로부터 정전을 지급받아 경작하면서 국가에 조를 바쳤다.
> ㉣ 향, 부곡 등에 거주하는 농민들은 노동력 징발에서 제외되었다.

① ㉠㉡ 　　　　　② ㉠㉣
③ ㉡㉢ 　　　　　④ ㉢㉣

14. 다음과 같은 기록이 남겨져 있는 사회의 모습에 대한 설명으로 옳은 것은?

> 이 고을의 사해점촌을 조사해 보았는데, 지형은 산과 평지로 이루어져 있으며 마을의 크기는 5,725보, 공연의 수는 합하여 11호가 된다. 3년간에 다른 마을에서 이사온 사람은 둘인데 추자가 1명, 소자가 1명이 있다.

① 골품제도로 능력보다 신분이 중시되었다.

② 호구조사는 20년마다 이루어졌다.

③ 장례는 유교전통에 따라 치루어졌다.

④ 자연재해시 왕이 교체되기도 하였다.

15. 다음에서 신라말기의 사회모습을 바르게 설명한 것으로 골라 묶으면?

> ⊙ 지방행정력이 약해지자 많은 농민들이 조세를 부담하지 않았다.
> ⓒ 귀족들의 정권 다툼과 대토지 소유 확대로 백성들의 생활이 곤궁해졌다.
> ⓒ 지방의 토착세력과 사원들은 대토지를 소유하면서 유력한 세력으로 성장해 갔다.
> ② 지방의 자영농들은 중앙정부의 통제력이 약해진 틈을 타서 토지 소유를 확대하였다.

① ㉠ㄴ
② ㄴㄷ
③ ㄴㄹ
④ ㄷㄹ

16. 다음 중 삼국시대의 신분에 대한 내용으로 옳지 않은 것은?

① 고구려인 A는 빚을 갚지 못해 노비로 전락하게 되었다.

② 고구려인 B는 3월에 빌린 곡식을 추수기인 10월에 갚을 생각이다.

③ 백제인 C는 도둑질을 하여 귀양을 가게 되었다.

④ 신라인 D은 6두품 아찬으로 자색 공복을 입는다.

17. 다음에서 발해 사회의 모습을 바르게 설명한 것으로만 골라 묶으면?

> ⊙ 말갈인은 지배층에 편입되지 않았다.
> ⓒ 지배층은 주로 고구려계 사람들로 구성되어 있었다.
> ⓒ 주민 구성의 대다수를 차지한 것은 말갈인이었다.
> ② 하층사회에서는 고구려 사회의 전통적인 생활모습이 보존되지 못했다.

① ㉠ㄴ
② ㉠ㄷ
③ ㄴㄷ
④ ㄷㄹ

9. ③ 경덕왕 때에는 귀족의 반발로 관료전이 폐지되고 다시 녹읍제가 부활되었다.

10. 발해는 일부 논농사도 하였으나 기후조건의 한계로 주로 밭농사를 하였고 목축과 수렵, 어업, 금속가공업, 직물업, 도자기업 등 다양한 분야가 발달하였다.

11. 신라는 지리적 위치 때문에 중국과의 교역에서 고구려, 백제를 통한 무역을 할 수 밖에 없었으나 진흥왕시기 한강 하류 진출 후 직접교역로 확보하여 자유로운 무역이 가능해졌다.

12. ③ 발해의 대당 무역에서 수출품은 불상, 자기, 유리잔과 같은 수공업품과 모피, 삼, 말, 금, 은과 같은 토산품이었으며 수입품은 비단, 책 등이었다.

13. 신라 농민은 토착세력인 촌주의 지배를 받았으며 정전을 지급받아 경작하여 국가에 조를 바쳤다.

14. 제시된 내용은 통일신라시대의 민정문서로 촌주가 3년마다 작성했고, 장례는 불교전통에 따랐으며, 골품제도로 능력보다 신분이 중시되었다.

15. ⊙ 중앙정부의 통치력 약화로 대토지 소유자들은 세금을 부담하지 않는 대신 농민들이 더 많은 조세를 감당하게 되었다.
② 지방의 자영농들은 귀족들의 농장이 확대되면서 몰락해갔다.

16. 신라는 골품에 따라 가옥의 규모, 장식물, 복색, 수레 등에 제한을 두었다.
④ 관등명 아찬은 6두품으로 비색 복색을 입었다.

17. ⊙ 말갈인은 고구려 전성기 때부터 고구려에 편입된 종족으로 발해 건국 후 일부는 지배층이 되거나 자신이 거주하는 촌락의 우두머리가 되어 국가 행정을 보조하였다.
② 하층사회에서는 고구려나 말갈 사회의 전통적인 생활모습을 오랫동안 유지하고 있었다.

18. 다음에서 설명하는 신라의 제도는?

> • 씨족사회의 전통을 발전시켰다.
> • 사회적 대립과 갈등을 조절하였다.
> • 민간문화의 수준을 한층 높였다.
> • 계급간의 대립과 갈등을 완화하였다.

① 화랑도
② 골품제
③ 화백제
④ 집사부

19. 다음 중 삼국의 문화에 대한 설명으로 옳지 않은 것은?

① 불교와 한자를 바탕으로 하였다.
② 민족문화의 첫 출발이란 점에서 역사적 의의를 갖는다.
③ 강력한 왕권과 귀족층을 중심으로 한 귀족적 문화이다.
④ 삼국은 지리적·역사적 환경을 달리하나 그 문화의 표현은 모두 동일한 성격을 지닌다.

20. 다음 중 고구려 문화의 영향을 받은 나라를 모두 고르면?

> ㉠ 백제   ㉡ 신라
> ㉢ 발해   ㉣ 일본

① ㉠
② ㉠㉡
③ ㉠㉡㉢
④ ㉠㉡㉢㉣

21. 다음 중 신라의 법흥왕에 관련된 사항이 아닌 것은?

① 상대등 설치
② 불교의 공인
③ 율령의 반포
④ 화랑도의 개편

22. 다음은 의상대사가 지은 「화랑일승법계도」의 일부이다. 이를 통해 의상의 화엄사상이 신라 사회에 미친 영향은 무엇인가?

> 하나 안에 일체가 있고, 다양한 현상 안에 하나가 있으며, 하나는 곧 일체요, 다양한 현상이 곧 하나이다. 한 작은 티끌 속에 우주만물을 머금고, 일체의 티끌 속에 또한 이와 같다.

① 불교의 대중화
② 전제왕권의 강화
③ 호족세력의 성장
④ 선종의 유행

23. 고대 삼국의 교육기관에 대한 설명으로 옳지 않은 것은?

① 고구려는 수도에는 태학을 지방에는 경당을 설립하였다.
② 백제에는 5경박사, 역박사, 의박사 등이 존재했던 걸로 보아 교육기관도 존재했음을 추측할 수 있다.
③ 신라에서는 청년들이 유교경전을 공부하였다.
④ 통일신라는 주자감이라는 교육기관을 통해 유학을 보급하였다.

24. 다음 중 통일신라의 문화에 대한 내용으로 옳은 것은?

① 원효는 불교 이해의 기준을 확립하였다.
② 최치원은 「화랑세기」 등을 통해 독자적 작품 경향을 나타내었다.
③ 풍수지리사상의 유행으로 신라 정부의 권위는 강화되었다.
④ 도교와 노장사상의 유행으로 귀족들은 더욱 향락적인 생활을 하였다.

18. **화랑도** … 원시사회의 청소년 집단에서 유래하였다. 귀족의 자제 중에서 선발된 화랑을 지도자로 삼고 귀족은 물론 평민까지 많은 낭도들이 따랐다. 여러 계층이 같은 조직에서 일체감을 갖고 활동함으로써 계층 간의 대립과 갈등을 조절하고 완화시켰다.

19. ④ 민족문화의 첫 출발인 삼국의 예술은 그 지리적·역사적 환경에 따라 약간의 상이한 성격을 가졌다. 고구려의 웅장미와 문화 중개성, 백제의 온화미와 일본 문화 전파성, 신라의 후진성 등이 그것이라 할 수 있다.

20. **고구려 문화의 영향을 받은 나라**
    ㉠ 백제의 고분벽화는 고구려의 영향을 받았다.
    ㉡ 신라의 미술은 초기에 고구려의 영향을 많이 받았다.
    ㉢ 발해의 미술은 고구려 미술이 계승되어 어느 정도 부드러워지면서도 웅장하고 건실한 기풍을 나타낸다.
    ㉣ 일본 쇼토쿠 태자의 스승은 고구려의 승려 혜자였다. 혜관은 삼론종을 전파했으며, 도현은 「일본세기」를 저술하였다. 또 담징은 유교의 5경과 그림을 가르쳤고 종이와 먹의 제조방법까지 전해주었으며, 호류사의 금당벽화를 그렸다.

21. 화랑도의 개편은 진흥왕에 해당하는 내용이다.

22. 하나 속에 우주의 만물을 아우르려는 화엄사상은 전제왕권을 옹호하는 체계를 지닌다.

23. ④ 주자감은 왕족과 귀족을 대상으로 하는 발해의 교육기관이다.

24. ① 원효는 「금강삼매경록」, 「대승기신론소」, 「십문화쟁론」 등의 저서를 통해 불교의 사상적 이해 기준을 확립하였다.
    ② 「화랑세기」의 저자는 김대문이고, 최치원의 작품으로는 「계원필경」, 「낭혜화상비」가 대표적이다.
    ③ 풍수지리사상의 유행으로 신라 정부의 권위는 약화되었다.
    ④ 도교와 노장사상은 신라말기에 불교의 퇴폐적인 풍조에 반항하는 은둔적 사상이었다.

중세의 정치·경제·사회·문화

고려의 건국과 여러 왕들의 정책, 문벌귀족사회, 거란·여진·몽골 등과의 대외관계를 중심으로 고려 사회의 전반적인 체계를 이해한다.

1. 중세의 정치활동

(1) 고려의 건국과 후삼국 통일

① 고려 건국
- ㉠ 왕건의 성장 : 궁예의 부하로서 금성(나주)을 점령하는 등 큰 공을 세움
- ㉡ 후고구려의 변화 : 궁예의 거듭된 실정으로 민심을 잃음
- ㉢ 고려 건국(918) : 신하들이 왕건을 국왕으로 추대 → 고구려를 계승한다는 의미에서 국호를 고려라 함, 송악(개성)으로 천도
- ㉣ 고려 초기의 정치 안정
  - 확고한 토착 세력 기반(송악), 세금 감면 정책으로 민심 수습
  - 중국 5대의 여러 나라와 외교 관계를 통해 국제적 위상을 높임

② 민족의 재통일과 태조의 정책
- ㉠ 고려의 후삼국 통일
- ㉡ 고려의 외교 정책 : 신라에는 우호적, 후백제와는 대립 → 고창 전투에서 후백제군 격파
- ㉢ 훈요 10조 : 태조가 후대 왕들에게 남긴 고려의 기본 통치 방향
- ㉣ 태조의 정책
  - 북진 정책
    - 고구려 계승(국호를 고려라 칭함), 서경(평양)을 북진 정책의 전진 기지로 삼음, 거란을 적대함
    - 영토 확장 : 청천강~영흥만
  - 민생 안정 정책
    - 백성의 생활 안정을 위해 조세 감면
    - 가난 때문에 노비가 된 자들을 평민으로 해방함
  - 호족 포섭 정책
    - 회유 : 혼인정책(여러 호족의 딸과 결혼), 관직과 토지 지급, 왕씨 성 하사
    - 견제 : 기인제도, 사심관 제도
  - 민족 통합 정책 : 통일 신라, 고구려, 백제출신을 지배 세력으로 수용, 발해 유민 포용
  - 문화 정책 : 불교, 유교, 도교, 풍수지리설 등 다양한 사상 수용, 주체적인 관점에서 외래문화 수용

Q 고려 초기 광종 때 호족들이 불법으로 소유하던 노비를 양인으로 해방시킨 법은?

(2) 통치 체제의 정비

① 왕권의 안정

　㉠ 광종

　　* 노비안검법 실시 : 호족들이 불법 소유하던 노비를 양인으로 해방→호족의 경제 기반 약화
　　* 과거제 실시 : 유교적 학식과 능력을 갖춘 새로운 인재 등용
　　* 호족 세력 숙청 : 개혁에 불만을 가진 공신이나 호족 세력 숙청
　　* 기타 : 관리의 공복 제정, 황제 칭호 사용, 연호 사용(광덕, 준풍)

　㉡ 성종

　　* 최승로의 시무 28조 수용 : 유교 정치사상을 통치 이념으로 삼음
　　* 제도 정비 : 연등회 · 팔관회 폐지, 지방관 파견, 중앙 관제 마련(2성 6부)

② 통치 조직의 정비

　㉠ 중앙 정치 조직의 정비 : 당의 3성 6부제 실시→2성 6부제로 운영

　　* 중서문하성 : 국정 전반 관장, 중요 정책 심의 결정
　　* 상서성 : 6부 관할, 정책 집행
　　* 도병마사, 식목도감 : 중서문하성과 중추원의 재상들이 모여 국가의 중요 정책을 논의하는 회의 기구
　　* 중추원 : 군사 기밀, 왕명 전달, 궁궐 숙위
　　* 어사대 : 관리의 비리 감찰. 풍기 단속
　　* 삼사 : 화폐와 곡식의 출납과 회계 담당(↔조선 시대의 삼사는 언론기관임)

　㉡ 지방 행정 조직의 정비

　　* 경기 : 수도 개경과 그 주변을 묶은 지역
　　* 5도 : 일반 행정 구역, 안찰사 파견, 도 아래 주 · 부 · 군 · 현 설치, 주현에는 지방관 파견, 속현에는 지방관이 파견되지 않으며 주현을 통해 간접 지배, 향리가 지방 행정 실무 담당
　　* 양계 : 북계와 동계(국경 지대)→병마사를 파견하여 관리, 군사 요충지에 도호부 · 진 등 설치
　　* 3경 : 개경, 서경(평양), 동경(경주)→후에 동경 대신 남경(한양)
　　* 특수행정구역 : 관리의 비리 감찰. 풍기 단속

　㉢ 군사 제도의 정비

　　* 중앙군 : 2군−궁궐과 왕실 수비, 6위−수도와 국경 지역 방어
　　* 지방군 : 5도의 주현군, 양계의 주진군

　㉣ 교육과 관리 등용 제도

　　* 교육기관 : 국학−국자감(중앙), 향교(지방), 사학−개경의 사학 12도
　　* 관리 등용 : 과거제(제술과 · 명경과 · 잡과 · 승과, 무과는 없음), 음서제(왕족, 국가, 유공자, 5품 이상 고위 관료의 자손을 무시험으로 등용)

ⓜ 토지 제도

- 전시과 : 관직에 복무하는 대가로 관리의 등급에 따라 전지(토지)와 시지(임야) 지급 → 수조
  권만 인정
- 공음전(5품 이상 관료) : 세습 가능, 고려 귀족의 특권 유지 기반

(3) 고려 전기의 대외 관계

① 거란의 침입과 격퇴

- ⊙ 고려의 대 거란정책 : 거란의 세력 확대로 고려의 북진 정책 추진과 충돌, 고려는 발해를 멸망
  시킨 거란을 적대하여 거란의 외교 제의 거절함 → 광군(거란의 침입에 대비한 특수 부대) 조
  직, 청천강~압록강에서 성 축조
- ⓛ 거란의 1차 침입(993) : 소손녕의 침입 → 서희의 외교 담판으로 강동 6주 회복(압록강 유역까
  지 영토 확대), 거란과 교류 맺음
- ⓒ 거란의 2차 침입(1010) : 강조의 정변을 구실로 침입하여 개경 함락하고 강화 체결함, 양규가
  물러가는 거란군 격파
- ⓔ 거란의 3차 침입(1018) : 고려의 강동 6주 반환 거부로 소배압이 다시 침입하였으나 강감찬이
  귀주에서 거란군 대파(귀주 대첩)
- ⓜ 거란과의 전쟁 결과
  - 정세 변화 : 고려와 송, 거란 사이에서 세력 균형 → 평화 관계 유지
  - 전후 대책 : 강감찬의 건의에 따라 개경에 나성을 쌓아 수도 경비 강화, 국경 지역에 천리장
    성(압록강~도련포) 축조

② 여진의 성장과 동북 9성

- ⊙ 고려의 대 여진정책 : 회유와 동화 정책을 병행하여 여진을 포섭
- ⓛ 여진 정벌 : 윤관이 별무반을 이끌고 여진 정벌(1107) → 동북 9성을 쌓아 군대를 주둔시킴 →
  여진의 반환 요구 → 방어 및 유지가 어려워 돌려줌
- ⓒ 여진의 금 건국
  - 여진의 번성 : 금 건국(1115) → 거란 정복, 북중국 · 만주 일대 차지
  - 금의 압력 : 거란을 멸망시킨 뒤 고려에 사대 관계 요구 → 이자겸이 금의 요구 수용 → 고려
    의 북진 정책 중단

(4) 흔들리는 고려 귀족 사회

① 이자겸의 난(1126)

- ⊙ 왕실과 거듭된 혼인 관계를 통해 경원 이씨 가문이 유력한 문벌 가문으로 성장 → 이자겸 세
  력의 권력 독점
- ⓛ 인종의 이자겸 제거 시도 → 이자겸의 난 → 인종의 척준경 회유 → 척준경의 이자겸 제거
- ⓒ 결과 : 왕실의 권위 하락, 문벌 귀족 사회 동요

Q 금나라 정벌과 서경으로의 천도를 주장한 고려의 승려는?

② 묘청의 서경 천도 운동(1135)
　　㉠ 배경 : 문벌 귀족의 횡포에 반대함, 사대주의에 대한 불만, 풍수지리설 성행
　　㉡ 중심 세력 : 묘청, 정지상 등의 서경길지(吉地)파
　　㉢ 주장 : 금을 정벌할 것, 서경으로 도읍을 옮길 것
　　㉣ 결과 : 김부식 등의 개경세력에 의해 진압됨, 고려인의 자주 의식 확인

> **더 알아보기**
>
> **신채호의 묘청의 서경 천도운동 평가**
>
> ('역사상 일천년래 제일대 사건'이라 칭함)
>
> 묘청의 천도 운동의 실상은 낭가와 불교 대 유교의 싸움이며, 국풍파 대 한학파의 싸움이며, 독립당 대 사대당의 싸움이며, 진취 사상 대 보수 사상의 싸움이니, 묘청은 전자의 대표요 김부식은 후자의 대표였던 것이다.
>
> － 「조선사연구초」 －

③ 무신 정변(1170)
　　㉠ 배경 : 문벌 귀족의 권력 독점, 국왕(의종)의 사치와 향락 생활, 무신에 대한 차별대우
　　㉡ 과정 : 정중부 · 이의방 등의 정변(1170) → 문신 제거 · 의종 폐위 → 무신 정권 수립
　　㉢ 정권 교체 : '이의방 → 정중부 → 경대승 → 이의민 → 최충헌' 순으로 집권자 변천
　　㉣ 최충헌의 집권(1196) : 4대 60여 년간 최씨 정권 유지
　　　• 명종에게 사회 개혁안 제시(봉사 10조) : 최충헌이 권력 유지에만 치중하여 제대로 실시하지 않음
　　　• 군사적 기반 : 도방, 삼별초
④ 문신들의 반란
　　㉠ 김보당의 난 : 정중부와 이의방을 몰아내고 의종을 다시 추대하려다 관군에 진압당함
　　㉡ 조위총의 난 : 서경에서 무신 정권에 대한 저항 운동을 전개하였으나 관군에 진압당함
⑤ 농민과 천민의 저항 운동
　　㉠ 망이 · 망소이의 봉기(공주 명학소) : 일반 군현보다 무거운 조세 부담과 부역에 반발 → 한때 충청도 일대 점령
　　㉡ 김사미(운문)와 효심(초전)의 봉기 : 지방관의 가혹한 수탈에 반발
　　㉢ 만적의 봉기(개경) : 노비의 신분 해방운동
　　　☆☆☆ 만적의 난(1198) … 경계란(庚癸亂) 이후 국가의 공경대부는 전부 천예(賤隷)에서 나왔다. 장상(將相)이라고 어찌 처음부터 씨가 다를까 보냐. 때가 오면 누구든지 할 수 있는 것이다. 그러므로 우리는 각기 상전을 죽이고 노예 문적을 불살라 삼한에 천인을 없게 하자.

> **더 알아보기**
>
> **무신 집권기의 지배 기구**
>
> | 이의방 | 정중부 | 경대승 | 이의민 | 최충헌 | 최우 | 최항 | 최의 | 김준 | 임연 | 임유무 |
> |---|---|---|---|---|---|---|---|---|---|---|
> | | | 도방 | | 도방 | 도방 · 삼별초 | | | | | |
> | 중방 | | | | 교정도감 | 교정도감 · 정방 | | | | | |

(5) 대몽 항쟁과 공민왕의 개혁

① 몽골과의 전쟁

    ㉠ 몽골의 1차 침입(1231)

        • 배경 : 몽골의 막대한 공물 요구→몽골 사신 피살 사건→외교 단절, 고려 침략

        • 고려의 항전 : 귀주성에서 몽골군 격퇴(박서), 충주성 항전(관노비)

        • 결과 : 강화를 맺고 몽골의 요구 수용→몽골군은 고려에 다루가치를 두고 철수

    ㉡ 몽골의 2차 침입(1232)

        • 몽골의 2차 침입 : 몽골의 내정 간섭 강화→최우의 강화도 천도(1232)→고려 재침략

        • 처인성 전투 : 김윤후와 처인 부곡민이 몽골군 사령관 살리타 사살

    ㉢ 팔만대장경 조판 : 최씨 정권이 민심을 모으고 부처의 힘으로 몽골을 물리치기 위해 강화도에서 제작

    ㉣ 문화재 소실 : 초조대장경 판목(대구 부인사), 황룡사 9층탑(경주)

    ㉤ 삼별초의 항쟁(1270~1273)

        • 무신 정권의 군사적 기반이었던 삼별초의 개경 환도 거부

        • 강화도→진도→제주도로 옮겨가며 항전(여ㆍ몽 연합군에 의해 진압당함)

        • 고려인의 자주성을 보여 줌

② 원의 내정 간섭

    ㉠ 국왕을 통한 간접 지배

    ㉡ 관청과 왕실 용어의 격식을 낮춤

    ㉢ 몽골풍(몽골의 풍습을 따라함), 고려양(고려의 풍속이 원나라에서 유행)

    ㉣ 정동행성 설치 : 일본 원정을 위해 충렬왕 때 설치→고려의 내정 간섭 기구로 변질

③ 권문세족의 성장 : 원 간섭기에 원의 세력을 등에 업고 성장한 세력(친원파, 부원파)이며 고위 관직을 독점하고 음서로 신분을 세습함, 대농장을 경영하여 국가의 조세 수입 감소시킴

④ 공민왕의 개혁 정치

    ㉠ 반원 자주 정책

        • 정동행성 폐지, 영토 회복(쌍성총관부를 공격해 철령 이북 지역을 회복함)

        • 친원파 숙청(기철 제거), 관제와 복식 회복, 몽골풍 금지

    ㉡ 왕권 강화 정책

        • 신돈 등용, 전민변정도감 운영→불법적인 농장 폐지, 억울하게 노비가 된 자를 양인으로 회복

        • 정방 폐지→신진 사대부 등용

    ㉢ 개혁 실패의 원인 : 권문세족의 반발과 개혁 추진 세력의 미약, 홍건적과 왜구의 침입으로 국내외 정세 불안

Q 전민변정도감을 운영하고 정방을 폐지하여 신진 사대부를 등용하는 등의 왕권 강화 정책을 펼친 고려의 왕은?

(6) 고려의 멸망과 조선의 건국

① 신진 사대부와 신흥 무인 세력
   ㉠ 신진 사대부의 성장
   - 지방의 향리, 중소 지주 출신
   - 성리학 지식을 바탕으로 과거를 통해 중앙 관리로 진출→공민왕의 개혁 추진 과정에서 정계 진출 확대
   ㉡ 신흥 무인세력의 성장 : 이성계(황산대첩), 최무선(진포대첩), 최영(홍산대첩), 박위(쓰시마 섬 토벌)→신진사대부와 신흥 무인세력의 연합
② 고려의 멸망과 조선의 건국 : 명의 철령 이북 땅 요구→이성계의 위화도 회군(1388)→과전법 제정(1391)→반대파 제거→조선 건국(1392)→한양 천도(1394)

2. 중세의 경제생활

(1) 대외 교류와 경제 활동

① 개방적인 대외 정책 : 송, 거란(요), 여진(금), 일본, 아라비아 상인 등과 교류→벽란도(개경의 외항)가 국제 무역항으로 번성
② 송과의 교류
   ㉠ 송 : 고려의 대외 무역에서 가장 큰 비중 차지
   ㉡ 수입품 : 서적, 비단, 자기 등 귀족의 수요품
   ㉢ 수출품 : 인삼, 종이, 먹, 금·은 등
③ 여러 나라와의 교류
   ㉠ 거란과 여진 : 농기구·곡식 수출, 은·모피 수입, 불교 서적 등 교류
   ㉡ 일본 : 수은·유황 등 수입, 식량·인삼·서적 등 수출
   ㉢ 아라비아 : 수은·향료를 팔고 금·비단을 사감, 아라비아 상인에 의해 고려가 '코리아(Corea)'로 서방에 알려짐
④ 수공업과 상업의 발달
   ㉠ 관영 수공업 : 관청에 등록된 수공업자가 국가에서 필요로 하는 물품 생산
   ㉡ 수공업품 생산 : 무기, 금·은 세공품, 화폐 등 생산
   ㉢ 상업의 발달 : 개경·서경·동경 등 대도시를 중심으로 발달, 지방에서는 농민·수공업자들이 관아 근처에서 일용품 판매
   ㉣ 화폐의 사용 : 건원중보, 삼한통보, 활구(은병)제작→일반 농민들은 여전히 곡식이나 삼베로 거래함

(2) 전시과 제도와 토지 소유

① 전시과 제도 : 전지(곡물 수취 가능한 토지)+시지(땔감을 얻을 수 있는 토지) 지급→수조권(收租權) – 소유 개념이 아닌 세금을 거둘 수 있는 권리, 세습 불가

② 토지제도의 정비과정
- ㉠ 역분전(태조) : 통일과정에서 공을 세운 사람들에게 충성도와 인품에 따라 경기지방에 한하여 지급
- ㉡ 시정전시과(경종) : 관직이 높고 낮음과 함께 인품을 반영하여 역분전의 성격을 계승하면서 전국적 규모로 정비
- ㉢ 개정전시과(목종) : 관직만을 고려하여 지급하는 기준안을 마련하고, 지급량도 재조정, 문관을 우대, 군인전도 전시과에 규정
- ㉣ 경정전시과(문종) : 현직 관리에게만 지급하고, 무신에 대한 차별대우 시정
- ㉤ 녹과전(원종) : 무신정변으로 전시과체제가 완전히 붕괴하면서 관리에게 생계보장을 위해 지급
- ㉥ 과전법(공양왕) : 권문세족의 토지를 몰수하여 공전에 편입하고 경기도에 한해 과전을 지급. 신진사대부의 경제적 토대가 마련됨.

3. 중세의 사회모습

(1) 고려의 신분 구조

① 고려의 신분
- ㉠ 신분 구조 : 지배층(귀족, 중류층)과 피지배층(평민, 천민)으로 구분
- ㉡ 특징 : 신분의 세습, 이동 가능

② 귀족
- ㉠ 구성 : 지방 호족과 신라 6두품 세력이 새로운 지배층으로 성장
- ㉡ 사회적 지위 : 최고 신분, 5품 이상 고위 관료→음서와 공음전의 혜택을 받는 특권층
- ㉢ 특징 : 과거·음서를 통해 관직 독점, 주로 개경에 거주하며 부유한 생활을 함
- ㉣ 문벌 귀족의 형성 : 여러 세대에 걸쳐 고위 관료 배출→왕실이나 비슷한 가문끼리 폐쇄적 혼인 관계를 맺어 권력 독점

③ 중류층
- ㉠ 구성 : 서리(중앙 행정 실무), 남반(궁중 실무), 향리(지방 행정 실무), 군반(하급 장교), 기술관 등
- ㉡ 사회적 지위 : 귀족과 평민 사이의 계층, 말단 행정 실무 담당, 직역 세습, 토지를 받아 생활

④ 평민 : 농민, 상인, 수공업자, 향·부곡·소 및 진·역의 주민

⑤ 농민 : 자기 소유의 땅이나 다른 사람의 토지를 빌려 경작→조세(토지세), 공납(특산물), 역(노동력 제공)의 의무

⑥ 천민 : 대다수는 노비, 고려 사회의 가장 낮은 신분

　　㉠ 공노비 : 궁중이나 관청에 소속된 노비

　　㉡ 사노비 : 개인이나 사원에 속한 노비

　　㉢ 노비의 사회적 지위 : 매매·상속·증여의 대상, 부모 중 한쪽이 노비이면 그 자식도 노비가
　　　됨, 혼인도 노비끼리만 가능

(2) 농민과 여성의 생활

① 농민의 공동 조직 및 사회제도

　　㉠ 향도

　　　• 불교의 신앙 조직으로 매향 활동을 하는 무리

　　　• 마을의 공동체 생활을 주도하는 농민조직으로 발전함

　　㉡ 의창 : 평시에 곡물을 비치하였다가 흉년에 빈민을 구제하는 춘대추납 제도(고구려의 진대법
　　　을 계승함)

　　㉢ 상평창 : 물가조절기관으로 개경과 서경 및 각 12목에 설치

　　㉣ 제위보 : 기금을 조성하여 이자로 빈민을 구제

② 혼인과 여성의 지위

　　㉠ 혼인 : 일부일처제가 일반적, 외가와 처가의 차별을 두지 않음(사위나 외손자도 음서의 혜택)

　　㉡ 여성의 지위 : 여성도 호주 가능, 호적에 출생순으로 기재, 재산의 남녀 균등 상속, 딸도 제사
　　　지낼 수 있었음, 여성의 재가가 비교적 자유로움

4. 중세의 문화예술

(1) 고려 전기의 문화

① 유교 : 정치 이념으로 발달

　　㉠ 광종 : 과거제 실시→유교적 지식을 갖춘 관리 등용

　　㉡ 성종 : 최승로의 시무 28조 수용, 유교 정치 이념 확립, 개경의 국자감, 지방의 향교에서 유
　　　교 교육 실시

　　㉢ 사학의 발전 : 중기 이후 최충의 9재 학당 등 사학 12도 융성→관학 위축

　　㉣ 예종 : 관학 진흥책→국자감에 전문 강좌(7재)를 만들어 진흥 노력

　　㉤ 역사서 편찬 : 김부식의 「삼국사기」→유교적 합리주의 사관, 신라 계승 의식

② 불교 : 종교 이념, 국가의 지원→왕실뿐 아니라 백성도 널리 믿음

　　㉠ 불교 정책 : 훈요 10조, 팔관회와 연등회 개최, 승과 설치, 국사·왕사 제도

　　㉡ 불교 통합 운동 : 귀족의 지지로 교종(화엄종과 법상종) 발달→종파 간 대립 심화→의천이
　　　천태종 창시(교종 중심으로 선종통합, 교관겸수 강조)

☆☆☆ 교관겸수 … 교관겸수(教觀兼修)란 고려 대각국사 의천의 주장으로, 불교에서 교리체계인 교(教)와 실천수행법인 지관(止觀) 을 함께 닦아야 한다는 사상. 교관병수(教觀併修)라고도 한다.

③ 도교와 풍수지리설

  ㉠ 도교 : 불로장생과 현세의 복 추구, 궁중의 초제, 도교 풍습 유행

  ㉡ 풍수지리설 : 도읍 · 묘지 · 절터 선정, 도참사상과 결합하여 유행 → 북진 정책과 묘청의 서경 천도 운동에 영향

④ 고려 예술의 발달

  ㉠ 불교문화

  • 불상 : 조형미가 다소 부족한 대형 불상(광주 춘궁리 철불, 관촉사 석조 미륵보살 입상)

  • 석탑 : 다각 · 다층탑(월정사 8각 9층 석탑), 승탑(고달사지 승탑)

  ㉡ 인쇄술의 발달

  • 목판 인쇄술 : 고려 대장경의 판목

  • 금속활자 인쇄술 : 상정고금예문(1234)은 서양보다 200여 년이나 앞서 이루어진 것(현존하지 않음), 직지심체요절(1377)은 현존하는 세계 최고(最古)의 금속 활자본

  • 팔만대장경 : 원 간섭기에 제작된 목판 인쇄술

⑤ 귀족 문화의 발달

  ㉠ 고려자기 : 12세기 중엽에는 상감 청자 발달, 귀족의 생활용품 · 불교 의식용 도구 제작

  ㉡ 나전 칠기 : 옻칠을 한 위에 자개를 붙여 무늬를 냄

  ㉢ 청동 은입사 기술 발달 : 청동의 표면을 얇게 파낸 후 은을 박아 장식

  ㉣ 글씨, 그림, 음악

  • 글씨 : 구양순체 유행, 탄연의 글씨 유명

  • 그림 : 직업적 화원, 문인, 승려 등의 작품

  • 음악 : 궁중 음악(아악 − 송의 대성악 영향), 속악(향악 − 당악 영향) 유행

(2) 고려 후기의 문화

① 그림 · 건축 · 역사서

  ㉠ 그림 : 혜허의 관음보살도, 공민왕의 천산대렵도

  ㉡ 건축 : 봉정사 극락전, 부석사 무량수전, 수덕사 대웅전 → 주심포 양식, 경천사 10층 석탑

  ㉢ 역사서

  • 「동명왕편」 − 이규보, 「삼국유사」 − 일연, 「제왕운기」 − 이승휴 : 자주적 의식 강조

  • 「사략」 − 이제현 : 성리학적 유교 사관 반영

② 불교계의 변화
  ㉠ 지눌의 수선사 결사 운동 : 불교의 세속화를 비판, 승려 본연의 자세로 돌아가 경과 선 수행, 노동 강조
  ㉡ 사상
    • 정혜쌍수(定慧雙修) : 참선과 경전 공부를 함께 수행해야 함
    • 돈오점수(頓悟漸修) : 선종 중심으로 교종 결합
③ 성리학의 전래 : 충렬왕 때 안향이 고려에 처음 소개→충선왕이 원의 수도에 만권당 설립→공민왕 때 성균관을 발전시킴
④ 화약과 목화의 전파
  ㉠ 화약 : 최무선이 화약 제조법을 개발하여 화통도감을 설치→왜구 격퇴에 기여
  ㉡ 목화 : 문익점이 목화씨를 들여옴→의생활의 변화

출제예상문제

1. 다음 정책들을 추진한 고려시대 광종의 의도로 알맞은 것은?

> • 노비안검법
> • 과거제도
> • 공복제정

① 왕권 강화　　② 북방 개척
③ 민생 안정　　④ 인재 육성

2. 다음은 고려의 대외관계와 관련된 사건이다. 시대 순으로 바르게 배열한 것은?

> ㉠ 몽고와의 전쟁
> ㉡ 홍건적과 왜구의 침입
> ㉢ 금의 사대요구 압력
> ㉣ 거란의 침입과 귀주대첩

① ㉠→㉡→㉢→㉣
② ㉢→㉣→㉠→㉡
③ ㉣→㉢→㉠→㉡
④ ㉣→㉢→㉡→㉠

3. 다음 중 고려의 대간제도에 대한 설명으로 옳은 것은?

① 왕권 보좌의 역할만을 담당하였다.
② 서경과 간쟁의 권한을 행사하였다.
③ 재신과 추밀들로 구성되었다.
④ 법제 · 격식문제를 협의하였다.

4. 다음 중 고려초기의 기인제도에 대한 설명으로 옳지 않은 것은?

① 신라말의 상수리제도에 그 기원을 둔 것이라 할 수 있다.

② 기인은 조선시대에 와서도 그 용어 자체가 남아 고려시대와 같은 임무를 맡았다.
③ 고려초 지방향리세력의 통제를 위하여 실시한 것이다.
④ 향리의 자제를 인질로 삼아 수도에 머물게 하고 그 지방에 대한 고문으로 세운 자를 기인이라 한다.

5. 태조 왕건이 실시한 정책들이다. 이러한 정책 추진의 목적은?

> • 전국의 20여 호족과 혼인관계를 맺었다.
> • 유력 호족에게 왕씨 성을 하사하였다.
> • 「정계」, 「계백료서」를 지어 신하의 규범을 밝혔다.
> • 사심관제도를 두어 향리를 규찰하게 하였다.

① 군현제도를 실시하여 중앙집권체제를 확립한다.
② 신흥사대부를 등용하여 왕권을 강화한다.
③ 무인세력을 등용하여 북진정책의 세력으로 삼는다.
④ 호족세력을 통합하여 집권체제를 안정시킨다.

6. 다음 중 고려시대 국가재정의 운영에 관한 설명으로 옳지 않은 것은?

① 정확한 수취를 위하여 양안과 호적을 작성하였다.
② 왕실 및 관리들에게 조세를 수취할 수 있는 권한을 부여하였다.
③ 재정은 녹봉과 일반 비용, 국방비, 왕실 경비 등으로 지출되었다.
④ 국가재정에 필요한 수입은 오로지 중앙정부에서만 거둘 수 있었다.

7. 다음 중 고려 광종에 대한 내용으로 바르지 않은 것은?

　① 관리의 공복 제정
　② 과거제 실시
　③ 중원고구려비의 건립
　④ 노비안검법 실시

8. 고려시대 무역의 발달에 대한 설명으로 옳지 않은 것은?

　① 송나라와 가장 활발하게 교역하였으며 주로 왕실과 귀족의 수요품을 수입하고, 종이나 인삼 등의 수공업품과 토산물을 수출하였다.
　② 거란이나 여진은 은과 농기구, 식량 등을 교환하였다.
　③ 일본은 14세기 후반부터 본격적으로 교역하였으며 교역량은 송, 거란보다 많았다.
　④ 아라비아 상인은 고려에 수은·향료·산호 등을 팔고 이들을 통해 고려의 이름이 서방에 알려지게 되었다.

1. ① 제시된 정책들은 광종 때 왕권 강화를 이룩하고 국가기틀을 마련하기 위해 실시되었다.

2. 거란의 침입과 귀주대첩(11세기) → 금의 사대요구 압력(12세기) → 몽고과의 전쟁(13세기) → 홍건적과 왜구의 침입(14세기)

3. ① 왕권의 보좌뿐 아니라 견제의 역할까지 담당하였다.
　③ 도병마사와 관련있다.
　④ 식목도감에서 담당하였다.

4. 기인제도는 지방호족을 견제하기 위해서 그들의 자제를 수도에 오게 하여 왕실 시위를 맡게 한 제도였는데, 초기에는 볼모적인 성격이 강하였지만 이 기회를 이용해 교육을 받고 과거를 거쳐 중앙관리로 편입되기도 했다.

5. 태조 왕건에게는 후삼국 사회의 분열을 극복하고 통치체제를 재정비하는 것이 시급한 문제였다. 그는 중앙집권체제를 정비하는 데 있어 지방의 독자적인 세력인 호족들을 집권체제 안으로 통합하는 일이 가장 중요한 과제였다.

6. ④ 고려는 재정을 운영하는 관청으로 호부와 삼사를 두어 인구와 토지를 관리하고 재정과 관련된 사무를 처리하였다. 각 관청은 관청운영경비로 사용할 수 있는 토지를 지급받았으나 경비가 부족할 경우에는 필요한 경비를 각 관청에서 스스로 마련하기도 하였다.

7. 중원고구려비는 장수왕의 업적을 기록한 것으로써 고구려의 한강 유역 진출을 보여준다.

8. ③ 일본과는 11세기 후반부터 김해에서 교역하였으며 수은·유황을 식량·인삼·서적과 교환하였다.

1.① 2.③ 3.② 4.② 5.④ 6.④ 7.③ 8.③ Ⓐ

9. 고려시대 상업과 금융에 대한 설명으로 옳지 않은 것은?

① 수도에는 시전상업이 행해졌다.

② 경시서에서 상행위를 감독하였다.

③ 화폐가 교환의 주된 수단이 되었다.

④ 고리대의 성행에 대응하여 각종 보(寶)가 설립되었다.

10. 다음 중 고려시대 수공업자의 활동에 대한 설명으로 옳지 않은 것은?

① 고려 전기에는 관청수공업과 소 수공업이 중심이 되어 발달하였다.

② 고려 후기에는 유통경제의 성장으로 수공업품의 수요가 증가되고, 소 수공업이 쇠퇴하여 민간 수공업을 중심으로 수공업이 크게 발달하였다.

③ 관청 수공업은 공장안에 등록된 수공업자와 농민부역으로 운영되며 칼·창·활 등 무기류와 금·은 세공품을 생산함을 말한다.

④ 사원 수공업은 사원경제의 발달로 기술이 좋은 승려와 노비가 삼베, 모시, 기와, 술 등을 생산함을 말한다.

11. 다음 중 고려시대의 화폐에 대한 설명으로 옳지 않은 것은?

① 은을 무게로 달아서 쇄은이라 하여 사용하기도 하였다.

② 전기에는 곡물과 베가 주로 사용되었으나, 중기 이후에는 화폐가 전국적으로 크게 유통되었다.

③ 성종 때에는 철전, 숙종 때에는 동전과 은병 등을 주조하였다.

④ 지식인 중에서 화폐유통의 필요성을 인식하여 주전론을 주장하기도 하였다.

12. 다음은 고려사의 일부분이다. 글을 읽고 나눈 대화로서 견해가 타당하지 않은 사람은?

김돈중 등이 절의 북쪽 산은 민둥하여 초목이 없으므로 그 인근의 백성들을 모아 소나무, 잣나무, 삼나무, 전나무와 기이한 꽃과 이채로운 풀을 심고 단을 쌓아 임금의 방을 꾸몄는데 아름다운 색채로 장식하고 대의 섬돌은 괴석을 사용하였다. 하루는 왕이 이곳에 행차하니 김돈중 등이 절의 서쪽 대에서 잔치를 베풀었다. 휘장, 장막과 그릇이 사치스럽고 음식이 진기하여 왕이 재상, 근신들과 더불어 매우 흡족하게 즐겼다.

① 상길 – 글을 읽어보니 고려 지배층의 생활에 대한 내용을 알 수 있겠어.

② 금우 – 사치스럽고 음식이 진기하다니 고려의 귀족층은 화려한 생활을 했었구나.

③ 상건 – 고려시대의 귀족이라면 경제기반은 대대로 물려받은 토지나 노비였겠네.

④ 일미 – 맞아! 국가에서도 귀족들의 생활을 보장해 주기 위해 사원전이나 공해전을 지급했었지.

13. 다음 글의 (   ) 안에 들어갈 내용이 바르게 짝지어진 것은?

(   )은(는) 과거와 (   )를(을) 통하여 관직을 독점하고, 정치권력을 장악하였다. 또한 관직에 따라 과전을 받고, (   ) 및 사전의 혜택을 받은데다가, 권력을 이용하여 불법적으로 개인이나 국가의 토지를 겸병하였다.

① 문벌귀족 – 음서 – 공음전

② 무신 – 음서 – 과거

③ 권문세족 – 공음전 – 음서

④ 신진사대부 – 공음 – 음서

14. 다음 연표의 A시기에 집권하였던 세력에 대하여 설명한 것으로 적절하지 못한 것은?

① 음서를 통하여 관인 신분을 획득하였다.

② 성리학을 수용하고 불교를 배척하였다.

③ 도평의사사를 독점하여 정권을 장악하였다.

④ 방대한 농장과 많은 노비를 소유하였다.

15. 다음 내용에 해당하는 고려시대의 사회기구로 옳은 것은?

> 풍년에 곡가가 하락하면 관에서 시가보다 높게 미곡을 매입하여 저축하였다가 흉년에 곡가가 등귀하면 시가보다 저렴하게 미곡을 방출하여 풍·흉간에 곡가를 조절함으로써 백성들의 생활을 돌본다.

① 의창   ② 제위보

③ 경시서   ④ 상평창

16. 다음은 고려의 문벌귀족을 3가지 유형으로 분류한 것이다. 이를 분석하여 고려 지배층의 성격을 제시한 것으로 가장 적절한 것은?

> • 호족세력이 중앙집권화 정책에 의해 중앙관리로 진출한 경우
> • 개국공신 계열이 정치를 주도하면서 주요 세력을 이룬 경우
> • 신라 6두품 계열의 지식인들이 과거를 통해 정치세력에 편입된 경우

① 신라에 비해 개방적인 성격을 지녔다.

② 학자적 관료집단을 형성하였다.

③ 계층간의 신분 이동은 불가능하였다.

④ 혈통보다는 개인의 능력을 중시하였다.

9. ③ 고려는 농업 중심의 경제구조였기 때문에 상업은 부진하였으며, 현물이 교환의 매개 수단으로 널리 활용되었다.

10. ② 고려 후기에는 사원 수공업과 민간 수공업이 발달하였으나 여전히 수공업의 중심은 관청 수공업이었으며 고려 전기에 비하여 수공업이 발달하지는 못하였다.

11. ② 성종 때 건원중보(최초의 화폐), 숙종 때 해동통보, 해동중보, 삼한통보, 활구(은병)를 만들었으나 대부분의 농민들은 자급자족을 하였고 곡식이나 베가 유통의 매개가 되어 유통이 부진하였다.

12. ④ 사원전은 사원의 운영을 위해 지급한 토지였으며 공해전은 중앙과 지방의 관청운영을 위해 지급한 토지이다.

13. ① 문벌 귀족은 과거와 음서를 통하여 관직을 독점하고 정치권력을 장악하였다.

14. ② 고려후기의 지배세력은 권문세족이었다. 무신정변(1170)에 의하여 문벌귀족이 몰락하고 무신이 집권세력이 되었으나, 무신정권이 붕괴(1270)된 후에는 새로운 권문세족이 새로운 지배세력으로 대두하였다. 권문세족은 자신의 지위를 세습하기 위하여 과거보다는 음서제를 활용하였기 때문에 일반적으로 문학적 또는 유학적 소양과는 거리가 멀었다. 뿐만 아니라 권문세족들 가운데는 친원적 성향을 띠면서 원의 앞잡이가 되어 고려에 폐해를 끼친 자들이 많았다. 그리고 이들은 수단·방법을 가리지 않고 불법적으로 토지를 겸병하여 대토지를 소유함으로써 국가재정을 약화시켰다.

15. 상평창은 가을에 양곡을 매수하여 봄에 저렴한 가격으로 판매하는 물가조절기관이다. 즉, 곡식의 수급을 조절해 빈민을 구제한 기구이다.

16. 고려 사회에서는 지방호족이나 유교적 지식인들이 새로운 지배층으로 등장하여 종래의 진골중심체제를 벗어나 보다 개방적인 사회로 발전하게 되었다.
   ② 학자적 관료집단은 고려후기에 등장한 신진사대부에 해당하는 설명이다.
   ③ 고려의 신분제도는 엄격하여 대대로 세습되었지만, 동시에 부단한 사회 변동이 일어나고 있었다는 점에 유의해야 한다. 그 예로 향리로부터 문반직에 오르는 경우와 군인이 군공을 쌓아 무반으로 출세하는 경우를 들 수 있다. 고려후기에는 향·소·부곡의 주민들이 양인과 같은 지위로 승격되어 갔고, 외거노비 중에서 재산을 모아 양인의 신분을 얻는 자도 있었다.
   ④ 지배층이 신라에 비하여 개방적 성격을 가진 것은 분명하지만 개인의 능력보다 가문을 중시하는 풍조는 여전하였다.

17. 다음 중 고려말 농장에 대한 설명으로 옳지 않은 것은?

① 농장의 경작인은 모두 노비였다.
② 농장은 면세, 탈세, 면역과 관련이 깊었다.
③ 농장은 무인정권과 몽고지배하에서 더욱 확대되었다.
④ 농장은 부역동원과 국가재정에 많은 지장을 초래하였다.

18. 다음 중 고려시대의 법속으로 옳지 않은 것은?

① 상장제례는 유교적 규범에 따라 시행했다.
② 반역죄와 불효죄는 중죄며 유교원리를 중시했다.
③ 지방관은 중요한 사건 외에는 관습법으로 다스렸다.
④ 근친혼과 동성혼이 유행하여, 후기에 금지령을 내렸다.

19. 고려시대에 활동한 다음 인물들의 공통점을 바르게 설명한 것은?

> 최언위, 최승로, 김심언, 최량

① 자주적이고 주체적인 유학을 발전시켰다.
② 집권세력의 안전을 도모하는 보수적 경향이 강하였다.
③ 종래의 훈고학적 유학을 철학적인 유학으로 발전시켰다.
④ 유교적인 역사의식에 입각하여 고대의 역사를 정리하였다.

20. 다음에 해당하는 유학이 고려에 수용된 후 나타난 문화현상으로 옳지 않은 것은?

> • 우주의 근원과 인간의 심성문제를 철학적으로 규명하려는 학문이다.
> • 불교의 선종사상을 유학에 접목한 것으로, 5경보다는 사서를 중시한 학문이다.

① 소학과 주자가례에 대한 인식이 새롭게 강조되었다.
② 훈고학적인 유학이 철학적인 유학으로 바뀌게 되었다.
③ 가묘의 건립과 유교의식을 보급하려는 노력이 행해졌다.
④ 선종을 중심으로 교종을 통합하려는 움직임이 나타나게 되었다.

21. 다음의 시책들을 추진하게 한 배경으로 옳은 것은?

> ⊙ 일종의 장학재단인 양현고를 설치하였다.
> ⊙ 국학에 7재를 두어 유학교육을 강화하였다.
> ⊙ 서적포를 설치하여 도서출판을 활발히 하였다.
> ⊙ 개경에 6학의 제도를 정하고, 향교교육을 강화하였다.

① 국가의 유학 장려
② 왕권강화정책
③ 9재학당 등 사학의 발달
④ 학문연구의 장려

22. 중세 시대의 경제생활에서 송과의 교류품목 중 그 성격이 다른 하나는?

① 서적
② 인삼
③ 종이
④ 먹

23. 다음 중 고려시대 과학의 발달에 대해 설명한 것으로 옳지 않은 것은?

① 고려시기에는 제지술이 발달하여 종이 전담 관서를 설치하였다.
② 향약구급방으로 자주적인 의학이 발달했음을 알 수 있다.
③ 인쇄술이 발달하여 주자소를 설치하였고 갑인자를 주조하였다.
④ 문익점이 목화씨를 들여옴으로 의생활에 큰 변화가 나타났다.

24. 다음 중 「삼국사기」와 「삼국유사」에 대한 비교로서 옳지 않은 것은?

① 전자는 관찬사서이고, 후자는 사찬사서이다.
② 전자에 비하여 후자는 민족의식이 강하게 나타났다.
③ 두 사서는 삼국시대의 역사만 다룬 점에서 일치한다.
④ 전자는 정치사 중심이고, 후자는 문화사적인 내용을 많이 다루었다.

17. ① 농장의 경작은 노비뿐만 아니라 토지를 잃은 농민이나 군역을 피하려는 사람들이 농장에 들어감으로써 농장의 소작인이 되었다. 그들은 귀족의 비호 아래 군역, 요역 등이 면제되었으므로 국가재정을 파탄시켰다.

18. ① 상장제례는 유교적 규범을 시행하려는 정부의 의도와는 달리 대개 토착신앙과 융합된 불교의식과 도교신앙의 풍속을 따랐다.

19. 최언위, 최승로, 김심언, 최량 등은 6두품 출신의 유학자로 자주적이고 주체적인 유학을 발전시켰다.

20. ④ 제시된 내용은 성리학에 관한 것이며, 성리학의 영향으로 불교는 인륜에 어긋나는 도라 하여 배척당하였다.

21. 제시된 내용은 관학진흥책으로서 이러한 시책을 추진하게 된 것은 이 시기 사학의 과도한 발달때문이었다.

22. 송과의 교류에서 ①은 수입품에 해당하며, ②③④는 수출품에 각각 해당한다.

23. ③ 주자소 설치와 갑인자 주조는 조선시대의 일이다.

24. ㉠ 「삼국사기」 : 인종 때 김부식이 중국 「사기」의 체제를 모방하여 유교사관의 입장에서 삼국시대의 역사를 정리한 것이다. 정사체인 기전체 사서로 본기·열전·지·표로 구분 저술하였는데, 삼국 가운데 신라를 정통으로 삼았다(전 50권으로 사대주의적 기술).
    ㉡ 「삼국유사」 : 충렬왕 때(1285) 일연이 불교사의 입장에서 저술한 것으로 단군의 이야기를 최초로 수록하여 민족의 자주성을 강조하였다. 향가 14수가 수록되었으며 「삼국사기」에서 찾아볼 수 없는 고대문화에 관계되는 중요한 사실을 수록하고 있다.

04 근세의 정치·경제·사회·문화

붕당정치를 바탕으로 조선시대의 흐름을 이해하고, 임진왜란과 병자호란을 통해 조선의 대외관계를 파악한다.

1. 근세의 정치활동

(1) 통치 제도의 정비

① 중앙 정치 기구
  ㉠ 의정부 : 국정 총괄, 3정승(영의정, 우의정, 좌의정)의 합의 하에 정책 심의·결정
  ㉡ 6조 : 이·호·예·병·형·공조
  ㉢ 3사 : 언론 기능 및 왕권 견제
    • 사헌부 : 관리의 비행 감찰
    • 사간원 : 왕에게 바른 정치를 할 것을 조언(간쟁)
    • 홍문관 : 왕의 정치 자문, 왕명 작성, 경연 주관
  ㉣ 승정원과 의금부 : 왕권 강화
    • 승정원 : 왕의 비서 기관, 왕명 출납
    • 의금부 : 왕의 직속 사법 기관

② 지방 행정 제도
  ㉠ 수령 : 모든 군·현에 파견, 지방의 행정·군사·사법 업무 담당
  ㉡ 향리 : 고려 시대보다 권한 약화, 수령 보좌 및 지방 행정 실무 담당
  ㉢ 유향소 : 지방의 양반 자치 기구, 수령 자문·향리 감찰·백성 교화

③ 군사 및 교통·통신제도
  ㉠ 16세~60세의 양인 남자에게 군역 부과
  ㉡ 조운제도 : 조운선을 이용해 수로와 해로를 통해 세곡 운송
  ㉢ 역원제도 : 물자 수송과 통신을 위해 주요 지역에 역·원 설치
  ㉣ 봉수제도 : 군사적 위급 사태 시 산봉우리에 불을 피워서 전달

④ 인재 등용 제도
  ㉠ 과거 : 문과(양반 자제), 무과(양반, 향리 및 상민 자제), 잡과(중인) → 원칙적으로 양인 이상
  ㉡ 음서 : 공신이나 2품 이상 관료의 자손을 시험 없이 관리로 뽑음

(2) 사림의 성장과 성리학적 사회 질서

① 훈구와 사림
  ㉠ 훈구 : 조선 건국에 참여한 공신들로 세조 집권 이후 실권 장악 → 대토지와 노비 소유, 중앙 집권 추구

Q 1592년(선조 25) 왜군의 침략으로 일어난 전쟁은?

ⓛ 사림 : 조선 건국에 반대한 고려말 온건파 사대부를 계승→지방 중소 지주, 향촌 자치 및 왕
도 정치를 추구

② 사림의 정계 진출 : 성종 때 훈구세력 견제를 위해 등용→주로 3사의 언관직에 진출

③ 붕당의 형성 : 이조 전랑 임명 문제를 둘러싼 사림 내부의 대립→동인·서인으로 분열

④ 성리학적 사회 질서의 확산

ⓐ 서원 : 선현 제사 및 학문 연구, 제자 양성 기능 담당(사립 교육 기관), 붕당의 근거지

ⓛ 백운동 서원 : 최초의 서원(주세붕 건립), 퇴계 이황이 명종으로부터 '소수 서원'현판을 받아
최초의 사액 서원이 됨

ⓒ 향약 : 유교 윤리를 토대로 백성을 교화, 중국의 여씨 향약을 최초 보급, 향약을 통해 백성에
대한 사림의 통제력을 강화함

ⓔ 성리학적 윤리 보급 :「소학」,「주자가례」

⑤ 이황과 이이

ⓐ 이황 : 이상주의적,「성학십도」,「주자서절요」

ⓛ 이이 : 현실 정치와 개혁에 관심,「성학집요」,「동호문답」

⑥ 사화의 발생 : 훈구와 사림의 대립으로 사림이 피해를 입음

ⓐ 무오사화 : 김종직의 조의제문이 발단→사림 큰 피해

ⓛ 갑자사화 : 연산군 생모 폐비사건이 구실→사림+훈구 피해

ⓒ 기묘사화 : 조광조를 비롯한 사림세력 축출

ⓔ 을사사화 : 외척 간의 권력 다툼으로 인한 사림+훈구 피해

(3) 왜란과 호란의 극복

① 왜란의 극복

ⓐ 왜란 이전의 국내·외 정세

• 조선 : 정치 기강의 해이로 국방력 약화

• 중국 : 명의 통제력 약화→여진족의 세력 확장

• 일본 : 도요토미 히데요시의 전국 시대 통일→대륙 진출의 야욕으로 조선 침략 준비

ⓛ 왜란의 전개(1592) : 명을 정벌하기 위해 길을 빌려달라는 구실로 일본군 침략→부산진·동
래성 함락

ⓒ 조선의 반격

• 수군 : 이순신

• 의병 : 곽재우·고경명·조헌·휴정·유정의 활약

• 관군 : 김시민·권율의 활약

ⓔ 정유재란(1597~1598) : 휴전 협상 실패, 일본군이 다시 침입→이순신의 명량해전 승리

ⓜ 전쟁의 종결(1598) : 도요토미 히데요시 사망→일본군 철수

② 왜란의 영향

　　㉠ 조선 : 인구 감소, 국토 황폐화, 국가 재정 악화, 신분제의 동요, 문화재 소실(불국사, 사고 등) 도자기, 서적 등 많은 문화재 약탈

　　㉡ 일본 : 도쿠가와 이에야스의 에도 막부 성립, 조선의 많은 기술자가 포로로 잡혀가서 일본 문화 발전의 토대가 됨

　　㉢ 중국 : 명의 국력 약화, 여진족의 세력 확장(누르하치의 여진족 통일→후금 건국)

③ 국교재개와 통신사 파견

　　㉠ 일본 에도 막부의 요청으로 파견 : 조선인 포로 귀환(유정)

　　㉡ 국교 재개 : 일본 문화 발전에 기여

④ 광해군의 중립 외교

　　㉠ 후금의 명 위협→명의 원군 요청→강홍립을 명에 파견하여 실리적인 중립 외교로 후금과의 전쟁을 피함

　　㉡ 인조반정 : 광해군의 중립 외교 정책과 인목 대비 폐위 및 영창대군 살해 등에 대한 반발로 일어남→서인 세력이 주축이 되어 광해군을 쫓아내고 인조를 왕으로 추대

⑤ 호란의 극복과 북벌 운동

　　㉠ 정묘호란(1627)

　　　• 배경 : 정권을 잡은 서인의 친명배금 정책→후금 자극

　　　• 경과 : 이괄의 난(1624)으로 인한 조선 사회 혼란→후금이 황해도 지역까지 침입

　　　• 결과 : 관군, 의병, 정봉수 등의 항쟁→강화 체결, 후금 철수

　　㉡ 병자호란(1636)

　　　• 배경 : 후금이 국호를 '청'으로 바꾼 후 조선에 군신 관계 요구→조선 정부의 거절

　　　• 경과 : 청태종의 침략→조선 정부의 남한산성 피란, 항전→삼전도에서 청과 굴욕적인 강화 체결(인조), (최명길 : 주화↔김상헌 : 척화)

　　　• 결과 : 서북 지역 황폐화, 왕자와 신하들이 청에 인질로 끌려감(소현세자, 봉림대군)

　　㉢ 북벌 운동과 나선 정벌

　　　• 효종의 북벌 추진(송시열·이완 등의 주도) : 실행에 옮기지 못함

　　　• 북학 운동(18세기 후반) : 청의 선진 문물을 받아들이자는 움직임

　　　• 나선 정벌(1654~1658) : 청과 러시아 사이의 국경 분쟁을 원인으로 두 차례에 걸쳐 청과 함께 러시아에 조총 부대를 파견하여 승리를 거둠

(4) 양 난 이후의 제도 개혁

① 통치 체제의 정비

　　㉠ 비변사의 기능 강화(외교·재정·인사 등 국정 총괄) : 의정부와 6조의 권한 약화(=왕권 약화)

　　㉡ 군사 제도의 변화

　　　• 중앙군 : 궁궐과 수도 방어, 5위→5군영으로 개편

　　　－ 기존의 5위가 제 기능을 발휘하지 못하자 훈련도감 설치

Q 영·정조대에 당쟁을 막기 위해 당파 간의 정치세력에 균형을 꾀하려 한 정책은?

- 5군영 구성 : 훈련도감(직업 군인, 삼수병제), 어영청, 총융청, 수어청, 금위영 → 단계적으로 설치
- 지방군 : 속오군 편성
  - 양반부터 노비까지 모든 신분으로 구성
  - 평상시 생업에 종사, 유사시 지역 방어(예비군의 성격)

② 붕당 정치의 변질과 탕평책의 실시
  ㉠ 초기의 붕당 정치 : 서인이 정치 주도, 남인이 정치에 참여하며 정국 운영 → 상대 붕당을 인정, 상호 비판과 견제하며 합리적 정책 제시
  ㉡ 붕당 정치의 변질
  - 예송논쟁
    - 원인 : 효종과 효종비의 죽음 후 대비의 상복 기간 논쟁
    - 내용 : 서인과 남인의 학문적 논쟁 및 정치적 대립
  - 환국
    - 원인 : 서인과 남인 간의 권력 투쟁 (장희빈파 – 남인, 인현왕후파 – 서인)
    - 내용 : 숙종이 세 차례의 환국 주도
    - 결과 : 상대 당의 존재 부정 → 서인의 분열(노론과 소론) → 노론의 일당 전제화
  ㉢ 탕평 정치의 시행
  - 탕평책 : 영·정조대에 당쟁을 막기 위해 당파 간의 정치세력에 균형을 꾀하려 한 정책 → 숙종 때 탕평론을 처음 제기
  - 영조의 탕평책과 개혁 정치
    - 탕평책 : 자신의 정책을 지지하는 탕평파 중심으로 정국 운영, 탕평비 세움 → 왕권 강화
    - 붕당 기반 약화 : 서원 정리, 이조전랑의 권한 약화
    - 민생 안정 : 균역법 실시, 가혹한 형벌 약화, 신문고 부활
    - 문물·제도 정비 : 「속대전」, 「속오례의」, 「동국문헌비고」 편찬
  - 정조의 탕평책과 개혁 정치
    - 탕평책 : 서인과 남인 등 각 붕당을 고루 등용, 외척 세력 제거
    - 정치 기반 육성
      - 규장각 설치 : 국왕의 정책을 뒷받침하는 정치 기구로 육성
      - 초계문신제도 : 37세 이하의 관리 중 몇 명을 선발하여 규장각에서 연구에 전념하도록 한 제도
      - 화성 축조 : 개혁 정치의 기반 도시로 육성(정약용의 거중기 사용)
    - 군사 기반 육성 : 장용영(국왕의 친위 부대) 설치
    - 문물·제도 정비
      - 통공 정책 : 금난전권을 폐지하고 사상의 자유로운 상업 활동 허용
      - 서얼과 노비에 대한 차별 개선
      - 「대전통편」, 「동문휘고」, 「탁지지」 편찬

(5) 세도 정치의 전개

① 세도 정치
　　㉠ 시기 : 순조, 헌종, 철종의 3대 60여 년간(순조 · 철종 – 안동 김씨. 헌종 – 풍양조씨)
　　㉡ 배경 : 왕실과 혼인 관계를 맺은 가문이 권력 독점
　　㉢ 세도 정치의 폐단 : 세도 가문의 주요 관직 독점, 과거 제도 문란, 매관매직 성행, 부정부패의
　　　　만연과 삼정(전정, 군정, 환곡)의 문란으로 전국적인 농민 봉기 발생

② 새로운 사상과 종교의 유행
　　㉠ 예언 사상의 유행
　　　• 배경 : 정치 질서의 문란, 지배층의 비리와 수탈, 자연재해 → 백성의 삶이 더욱 어려워짐
　　　• 예언 사상 : 새로운 사상이 오기를 바라는 민중의 소망 반영 → 비기, 도참, 정감록, 미륵신
　　　　앙, 무속신앙 등 유행
　　㉡ 천주교의 수용과 확산
　　　• 전래 : 17세기(학문), 18세기(신앙)
　　　• 확산
　　　　– 이승훈이 청에서 서양 신부에게 세례를 받고 신앙 활동 시작
　　　　– 천주교의 평등사상, 내세 사상 → 중인 · 상민 · 부녀자들에게 환영
　　㉢ 동학의 성립
　　　• 창시 : 경주의 몰락 양반인 최제우가 창시
　　　• 성격 : 서학에 반대, 봉건적 폐습의 개혁
　　　• 교리 : 인내천 사상 – '사람이 곧 하늘'이라는 의미, 신분과 계급을 초월하여 모든 인간이 평
　　　　등하다고 봄 (「동경대전」, 「용담유사」)
　　　• 정부의 탄압 : 혹세무민의 죄를 물어 1대 교주인 최제우 처형
　　　• 교단재정비 : 2대 교주 최시형이 교세 확장

③ 농민 봉기
　　㉠ 홍경래의 난(1811)
　　　• 원인 : 정부의 가혹한 수탈, 평안도민에 대한 차별 대우
　　　• 주도세력 : 몰락 양반 홍경래, 신흥 상공업자 · 광부 · 농민 등 참여
　　　• 경과 : 청천강 이북 지역 장악 → 관군의 진압 → 정주성 싸움 패배
　　　• 의의 : 이후 농민 봉기에 큰 영향
　　㉡ 임술 농민 봉기(1862)
　　　• 원인 : 삼정의 문란, 탐관오리의 수탈
　　　• 시작 : 진주 농민 봉기, 철종 때 전국 70여 곳에서 발생
　　　• 주도세력 : 몰락 양반 유계춘
　　　• 경과 : 삼남 지방을 중심으로 전국으로 확대
　　　• 정부의 대책 : 암행어사 파견, 삼정이정청 설치 → 성과 없음
　　　• 의의 : 농민의 사회의식 성장

Q 인내천 사상을 기본 교리로 하는 동학의 창시자는?

2. 근세의 경제활동

(1) 수취체제의 확립과 개편

① 수취체제의 확립

　㉠ 과전법의 시행과 변화

　　• 시행 배경 : 국가의 재정 기반과 신진사대부의 경제기반을 확보하기 위해 시행

　　• 성격 : 경기지방의 토지에 한정, 토지의 일부는 수신전, 휼양전, 공신전 형태로 세습

　　　☆☆☆ 수신전과 휼양전
　　　　　㉠ 수신전 : 관리가 죽은 후 재혼하지 않은 미망인에게 지급
　　　　　㉡ 휼양전 : 사망한 관리의 어린 자식에게 지급

　　• 과전법의 변화

　　　– 직전법(세조) : 현직 관리에게만 수조권 지급

　　　– 관수관급제(성종) : 관청에서 수조권 행사

　　　– 직전법의 폐지(16세기) : 수조권 지급 제도가 없어짐

　㉡ 전분6등법 · 연분9등법(세종) : 1결당 최고 20두에서 최하 4두 징수

　　(전분6등법 – 토지의 비옥한 정도에 따라, 연분9등법 – 한 해의 풍흉에 따라 토지를 구분하여
　　과세)

　㉢ 조세 운송

　　• 군현에서 거둔 조세는 조창을 거쳐 경창으로 운송함

　　• 잉류지역 : 평안도와 함경도의 조세는 군사비와 사신접대비로 사용(제주도는 수취하기에 멀
　　고 불편하여 해당 지역에서 거두지 않음)

② 조세 제도의 개편

　㉠ 배경 : 양 난 이후 토지 감소, 토지 대장 소실 → 국가 재정 고갈

　㉡ 정부 대책 : 토지 개간 장려, 양전 실시, 조세 제도 개편

　㉢ 전세 · 공납 · 군역의 개혁

전세	영정법 실시	• 내용 : 토지에 부과하는 전세를 풍흉에 관계없이 토지 1결당 쌀4두~6두로 고정 • 결과 : 토지세 부담 감소, 소작 농민에게는 큰 도움이 안 됨
공납	대동법 실시	• 배경 : 방납의 폐단 → 농민의 부담 증가 • 내용 : 토산물 대신 쌀 · 면포 · 동전으로 징수, 토지 1결당 쌀12두 징수 • 결과 : 토지 없는 농민의 부담 감소, 공인 등장
군역	균역법 실시	• 배경 : 5군영 운영에 따른 재정 증가(직업 군인의 급료), 양반 증가(군포 면제) → 농민의 부담 증가 • 내용 : 군포를 2필에서 1필 부과 • 결과 : 농민의 부담이 일시적으로 감소했으나 지주가 결작을 소작농에게 전가해 다시 농민의 부담 증가함

@ 군역의 변질
- 군역의 요역화 : 농민 대신에 군인을 각종 토목 공사에 동원하여 군역의 기피 증가
- 대립제 : 사람을 사서 군역을 대신하는 현상
- 군적수포제 : 대립제를 양성화시켜 장정에게 군포를 받아 그 수입으로 군대를 양성(직업군인제)

(2) 농업과 상업 · 수공업의 변화

① 농업기술의 발달
　㉠ 밭농사 : 조 · 보리 · 콩의 2년 3작 일반화
　㉡ 논농사 : 남부지방에 모내기법 보급, 벼와 보리의 이모작 → 생산량 증대
　㉢ 시비법 발달 : 거름을 주어 휴경지 소멸
　㉣ 농기구 : 쟁기, 써레, 호미 등의 농기구 개량
　㉤ 상품 재배 : 목화재배가 확대되어 의생활 개선, 약초와 과수 재배 확대
　㉥ 농민의 계층 분화
　　- 배경 : 경작지 확대, 농업 기술 발달, 상품 작물 재배
　　- 영향 : 부농의 등장, 가난한 농민의 농촌 이탈 → 임노동자로 전락

② 상업의 발달
　㉠ 배경 : 농업 생산력 증대, 도시 인구 증가, 대동법의 실시 등
　㉡ 공인의 활동 : 왕실과 관청에 물품 납부 → 대동법 실시로 활발
　㉢ 사상의 성장
　　- 배경 : 정부의 금난전권 폐지(통공정책, 1791)로 사상의 자유로운 상업 활동 보장 → 18세기 이후 도고로 성장
　　- 사상의 활동
　　　- 송상(개성) : 인삼 재배 판매, 청과 일본의 중계 무역
　　　- 만상(의주) : 청과의 무역
　　　- 내상(동래) : 일본과의 무역
　　　- 경강상인 : 운송업, 한강을 무대로 활동
　　- 장시 발달 : 한성 · 평양 · 개성에 상설 시장 등장, 보부상의 활동(전국의 장시를 연결하여 유통망 형성)
　　- 포구 성장 : 배를 이용한 대규모 거래로 포구가 상업 중심지로 성장, 선상(경강상인 등) · 객주(상품 매매 중개, 운송 · 숙박 · 금융 업무)활동
　㉣ 화폐의 유통 : 17세기 후반 상평통보 발행, 전국적으로 유통
　㉤ 대외 무역 발달 : 개시 무역(공적 무역)과 후시 무역(사적 무역) 발달, 송상, 만상, 내상 등 참여

③ 수공업과 광업의 발달
 ㉠ 수공업의 변화
 * 조선 전기 : 관영 수공업(관청에 소속되어 국가의 통제를 받으며 물품 제작)발달
 * 조선 후기 : 민영 수공업(세금을 부담하고 자유롭게 제품을 생산)발달
 ㉡ 광업의 발달
 * 광산 개발 방식의 변화 : 민간인의 광산 개발 허용→세금 징수
 * 광산 개발 증가 : 수공업의 발달로 인한 광산물 수요 증가, 청과의 무역으로 은의 수요 증가, 전문 경영자인 덕대가 광산 경영
 * 잠채 : 몰래 채굴하는 잠채 성행

3. 근세의 사회모습

(1) 조선의 신분 제도

① 법적인 구분 – 양천제
 ㉠ 양인 : 조세 · 부역, 관직 진출 가능
 ㉡ 천민 : 조세 의무 제외, 비자유민
② 실질적인 구분
 ㉠ 양반 : 과거 · 음서 · 천거를 통해 주요 관직 독점, 군역 등 각종 부역 면제
 ㉡ 중인 : 기술관, 하급관리, 서얼(문과 응시 금지) 등 – 직역을 세습함
 ㉢ 상민 : 농민, 상인, 수공업자 – 조세 · 공납 · 역 부담
 ㉣ 천민 : 노비, 무당, 백정, 광대 등(솔거노비 – 주인과 함께 거주, 외거노비 – 독립된 생활, 신공을 바침)

(2) 조선 후기 사회 구조의 변화

① 신분제의 동요
 ㉠ 양반층의 분화 : 붕당 정치의 변질→권력을 가진 일부 양반과 대다수 몰락하는 양반(잔반, 농민과 다름없는 처지)으로 분화
 ㉡ 중인 계층의 신분 상승 : 신분 상승 운동 전개(집단 상소 등)
 * 서얼 : 양 난 이후 신분 차별 완화→중앙 관직 진출 확대(정조 때)
 * 기술직 중인 : 전문 지식과 실무 능력을 바탕으로 신분 상승 추구
 * 역관 : 사신과 함께 중국 왕래→새로운 문물 수용 주도
 ㉢ 상민의 신분 상승 : 납속책, 공명첩, 양반의 족보 · 호적 위조→상민의 수가 줄고 양반의 수가 크게 증가

ㄹ 노비의 감소
　　　　• 신분 상승 방법 : 도망(불법), 군공과 납속(합법)을 통해 신분 해방
　　　　• 정부의 노비 정책 변화 : 국가 재정과 군역 대상자 확보를 위해 노비 해방→노비종모법 실
　　　　　시(어머니가 노비인 경우만 자식이 노비가 됨), 공노비 해방(순조 때)
　　② 향촌 사회의 변화
　　　　㉠ 양반의 권위 약화 : 몰락 양반 증가, 부농층의 영향력 강화
　　　　㉡ 수령·향리의 권한 강화 : 세도 정치 시기 농민 수탈 심화

4. 근세의 문화예술

(1) 조선 전기의 문화

역사서	「조선왕조실록」·「동국통감」·「고려사」·「고려사절요」
지도, 지리서	혼일강리역대국도지도·「세종실록지리지」·「동국여지승람」·「팔도지리지」
의례서	「국조오례의」·「삼강행실도」
농서	「농사직설」
천문학·역법	천상열차분야지도·혼천의·간의·측우기·앙부일구·자격루·인지의·「칠정산」·「농사직설」
의학	「향약집성방」·「의방유취」
인쇄	계미자·갑인자
그림	고사관수도(강희안)·몽유도원도(안견)·산수화·사군자화
음악	아악(궁중음악) 정리, 「악학궤범」 간행 종묘제례악 : 종묘와 영녕전의 제향에 쓰이는 음악
공예	분청사기 → 백자

(2) 조선 후기의 문화

① 문화·예술
　　㉠ 진경산수화 : 우리나라의 산천을 사실적으로 표현(정선의 인왕제색도)
　　㉡ 민화 : 작자 미상의 그림으로 서민들의 생활공간 장식
　　㉢ 풍속화 : 생활모습을 생동감 있게 표현(김홍도, 신윤복)
　　㉣ 서체 : 김정희의 추사체 확립
　　㉤ 건축 : 법주사 팔상전, 수원 화성
　　㉥ 공예 : 백자, 청화백자(흰 바탕에 푸른 그림을 그린 자기) 서민들은 옹기 사용, 목공예품은 주
　　　　로 생활용품으로 사용

Q '미인도'를 그린 조선시대의 대표적인 화가는?

② **국학의 발달** : 우리 민족의 전통과 현실에 대한 관심 증대
- ㉠ **역사** : 「성호사설」－이익, 「동사강목」－안정복, 「발해고」－유득공, 「연려실기술」－이긍익, 「해동역사」－한치윤
- ㉡ **지리** : 「택리지」－이중환, 「아방강역고」－정약용, 「동국지도」－정상기, 「대동여지도」－김정호
- ㉢ **한글** : 「훈민정음운해」－신경준
- ㉣ **백과사전류** : 「동국문헌비고」, 「지봉유설」－이수광, 「성호사설」－이익
- ㉤ **의학** : 「동의보감」－허준, 「동의수세보원」－이제마

③ **서양 문물의 수용**
- ㉠ 「하멜 표류기」, 「곤여만국전도」
- ㉡ 홍대용 : 지전설 주장

④ **서민 문화의 발달**
- ㉠ **배경** : 신분제 동요, 상민층의 경제력과 사회적 지위 향상, 서당의 보급→서민의 사회의식 성장
- ㉡ **양반의 위선과 부조리 비판** : 판소리와 탈춤 등에서 서민들의 감정 표현 및 현실 풍자
- ㉢ **시사**(詩社, 시를 짓고 즐기기 위하여 모인 모임) 조직

(3) 실학의 등장

① **배경** : 조선 후기의 사회·경제적 변화, 성리학에 대한 비판과 반성, 청의 고증학의 영향을 받음

② **성격** : 현실 문제 해결 위해 실증적 연구

③ **중농학파** : 토지 제도 개혁 주장
- ㉠ 유형원 : 균전론(신분별 토지 재분배, 자영농 육성), 양반·과거·노비 제도 비판, 「반계수록」 저술
- ㉡ 이익 : 한전론(생계유지에 필요한 최소한의 토지를 영업전으로 정해 매매 금지), 「성호사설」 저술
- ㉢ 정약용 : 여전론(마을 단위의 공동 소유, 수확물 공동 분배), 「목민심서」 저술

④ **중상학파**(북학파) : 상공업 진흥, 청의 선진 문물 수용 주장
- ㉠ 유수원 : 사농공상의 직업적 평등 주장, 「우서」 저술
- ㉡ 홍대용 : 기술 혁신, 문벌제도 폐지 주장, 「의산문답」 저술
- ㉢ 박지원 : 수레와 선박의 이용, 화폐 유통의 필요성 강조, 양반 제도 비판, 「열하일기」, 「양반전」 저술
- ㉣ 박제가 : 소비를 자극하여 생산 확대, 청과의 활발한 교류, 수레와 선박의 이용 주장, 「북학의」 저술

⑤ **실학의 의의와 한계**
- ㉠ **의의** : 개혁적, 근대 지향적→19세기 후반 개화사상에 영향
- ㉡ **한계** : 개혁안이 정책에 직접 반영되지 못함

출제예상문제

1. 다음 내용과 관련이 있는 조선시대의 군사조직은?

> • 전직관료, 향리, 서리, 노비 등으로 조직
> • 유사시 향토방위를 맡은 일종의 예비군

① 삼별초
② 잡색군
③ 총융청
④ 훈련도감

2. 다음 중 광해군이 추진한 정책으로 알맞지 않은 것은?

① 대외적으로 친명배금정책을 실시하였다.
② 질병이 만연되자 동의보감을 편찬하게 하였다.
③ 성곽과 무기를 수리하는 등 국방에 힘을 기울였다.
④ 국가수입 증대를 위해 양안과 호적을 작성하였다.

3. 다음 자료에 서술된 농업기술에 대한 설명으로 옳지 않은 것은?

> 이 농법은 제초에는 편하나 만일 한 번만 가뭄을 만나면 실수하니 농가에 위험한 일이다.

① 조선 후기에 처음 시작하였다.
② 다수의 농민들은 경작권을 잃었다.
③ 농민들의 계급분화를 촉진하였다.
④ 한 사람이 농사지을 수 있는 면적이 늘어났다.

4. 조선을 다른 시대와 구분하여 근세라고 부르는 근본적인 이유는?

① 양인의 수가 더욱 증가하고 권익이 더욱 신장되었다.
② 강한 민족의식이 성장하였다.
③ 모든 지역에 지방관을 파견하여 중앙집권적 통치를 하였다.
④ 민족의 독창적 문화를 형성하였다.

5. 다음 중 조선 태종의 치적이 아닌 것은?

① 신문고를 설치하였다.
② 호패법을 실시하였다.
③ 직전법을 실시하였다.
④ 주자소를 설치하여 계미자를 만들었다.

6. 다음 조선 건국 후의 지방행정에 관한 내용에서 추론할 수 있는 사실로 옳은 것은?

> • 모든 군현에 수령을 파견하여 속현이 소멸되고 향리의 지위가 격하되었다.
> • 향·소·부곡이 소멸되고 면·리제를 편성하여 향민 중에서 책임자를 선임, 수령의 명령을 집행하게 하였다.

① 백성들은 지방세력가의 임의적인 지배에서 벗어나게 되었다.
② 성문화된 법전이 정비되어 법치주의 이념이 구현되었다.
③ 사림세력이 크게 성장하고 향약이 널리 보급되었다.
④ 향촌자치를 광범위하게 허용하였다.

7. 다음 중 사화에 관한 내용으로 부적절한 것은?

① 무오사화 – 김종직의 조의제문이 발단이며 사림이 큰 피해를 입었다.

② 갑자사화 – 연산군 생모 폐비사건이 구실이 되었으며 사림 및 훈구파가 피해를 입었다.

③ 기묘사화 – 조광조를 비롯한 훈구세력이 축출되었다.

④ 을사사화 – 외척 간 권력 다툼으로 인해 사림 및 훈구파가 피해를 입었다.

● ANSWER ●

1. **잡색군** … 세종 때 지방에 설치하였으나 세조 때 한성에 설치한 일종의 예비군이다. 서리, 잡학인, 신량역천인, 노비 등으로 구성되어 있으며 농민은 편성되지 않았다. 평상시에는 본업에 종사하면서 일정 기간 군사훈련을 받았고, 유사시에는 향토방위의 임무를 맡았다.

2. ① 광해군은 명과 후금 사이에서 실리적인 중립외교를 추진하였다.

3. ① 제시된 글은 이앙법에 대한 것으로 고려시대 때부터 시행된 농법이기는 하지만 수리시설의 미비로 일부 지역에서만 시행되었고 전국적으로 보급된 것은 임진왜란 이후부터였다.

4. ① 봉건적 중세사회와 비교해 볼 때 조선을 근세사회로 구분 지울 수 있는 가장 근본적인 이유는 양인의 수적 증가와 권익신장이다.
   ※ 근세사회의 특징
   ㉠ 정치면
   • 왕권중심으로 권력구조를 바꾸고, 중앙집권적으로 제도를 개편하여 관료체제의 기틀을 마련하였다.
   • 중앙집권체제의 원만한 운영을 위해 왕권과 신권의 조화에 노력하여 모범적인 유교정치를 추구하였다.
   ㉡ 사회면
   • 양인의 수가 증가하고 양인의 권익이 더욱 신장되었을 뿐 아니라, 자영농의 수가 전보다 더 늘어났고, 경작권이 보장되었다.
   • 과거제도가 정비되면서 능력이 보다 존중되었다.
   ㉢ 문화 : 교육의 기회가 확대되었고, 민족적 자각을 바탕으로 민족문화의 확고한 기반을 마련하였다.

5. **태종의 개혁** … 사병제도 폐지, 의정부 권한 축소, 승정원과 의금부 설치, 6조직계제 실시, 신문고의 설치, 양전사업의 실시, 호패법 시행, 사원경제 개혁, 주자소 설치(계미자 주조), 5부학당의 설치 등
   ③ 직전법은 세조 12년(1466)에 실시된 것으로 현직자에 한하여 과전을 지급하던 토지제도이다.

6. ① 지방에 관리를 파견하고 제도를 정비함으로써 중앙집권체제가 완성되었다.

7. 기묘사화 – 조광조를 비롯한 사림세력이 축출되었다.

8. 조선의 상업 활동에 대한 설명으로 옳은 것은?

① 난전은 정부에서 종로거리에 설치한 상점으로 난전 상인은 국가에 점포세와 상세를 내야했다.

② 금난전권으로 인해 육의전이 발달하지 못하였다.

③ 저화와 조선통보는 쌀과 무명을 대신하여 상거래에 활발히 사용되었다.

④ 장시는 농업생산력 발달에 힘입어 서울 근교와 지방에서 정기 시장으로 정착되었다.

9. 다음 중 조선 전기의 상업에 대한 설명으로 옳지 않은 것은?

① 조선시대에는 고려시대 보다 상업 활동에 대한 통제가 더욱 강해졌다.

② 조선 전기에는 화폐의 유통이 활발해져 전국적으로 화폐의 사용이 보편화되었다.

③ 시전상인은 관수품의 공급 및 독점 판매권의 특권을 가진 어용상인이었다.

④ 장시는 15세기 후반 등장하였으며 16세기 전국적으로 확대되었다.

10. 다음 중 근세 시대의 중앙정치기구를 잘못 설명한 것은?

① 사헌부 – 왕에게 올바른 정치를 할 것을 조언

② 홍문관 – 왕의 정치 자문, 왕명의 작성, 경연의 주관

③ 승정원 – 왕의 비서 기관, 왕명의 출납

④ 의금부 – 왕의 직속 사법 기관

11. 다음 조선초기의 상업에 대한 내용을 토대로 당시 조선의 상업정책을 바르게 파악한 것은?

• 경시서에서 도량형 검사와 물가조절 담당
• 시전 상인들이 특정 상품에 대해 독점판매권 행사
• 관허 상인인 보부상에 의해 장시의 물품 유통

① 농업생산력의 증대와 맞추어 상공업을 장려하였다.

② 저화, 조선통보 등의 화폐가 교역의 주된 매개체였다.

③ 지방의 장시에서는 자유로운 상업행위가 권장되었다.

④ 상업은 전반적으로 국가의 통제하에 운영되었다.

12. 15세기 중엽 전분6등법과 연분9등법의 시행으로도 농민의 부담이 가벼워진 것은 아니었다. 많은 농민들이 전세개혁의 혜택을 받지 못한 이유로 옳은 것은?

① 현물로 납부하였기 때문에

② 땅을 소유하지 못하였기 때문에

③ 관리들의 부정 때문에

④ 해마다 풍년이 들었기 때문에

13. 다음 중 조선시대의 중인에 관한 설명으로 옳은 것은?

㉠ 과거, 음서, 천거를 통해 관직에 진출하였다.
㉡ 주로 전문기술이나 행정실무를 담당하였다.
㉢ 지방에 파견되어 향촌사회를 지배하기도 하였다.
㉣ 양반과 상민의 중간신분계층이라는 의미를 갖고 있다.

① ㉠㉡   ② ㉡㉢
③ ㉡㉣   ④ ㉢㉣

14. 다음 중 조선초기의 농민에 관한 설명으로 옳은 것은?

① 과전법에 의거하여 민전을 지급받고 국가에 조를 납부하였다.

② 향교의 입학과 과거응시가 허용되었으나, 실제로는 관직 진출이 어려웠다.

③ 생활이 어려운 농민은 본가나 처가로 자유롭게 이주하여 생계를 꾸려 나갔다.

④ 유향소에 참여하여 향촌의 일을 자치적으로 처리할 수 있는 기회가 주어졌다.

15. 조선시대에 농민생활의 안정을 위해서 실시한 다양한 사회제도의 근본배경으로 옳은 것은?

① 농민은 천민보다 사회적인 지위가 높았다.

② 농민은 양반으로 상승할 자격이 있었다.

③ 상공업자들은 농업에 종사할 수 없었다.

④ 농민이 조세, 공납, 역을 부담하였다.

16. 다음 중 조선시대 사법제도에 대한 설명으로 옳지 않은 것은?

① 지방수령이 재판을 담당하였으며, 재판결과에 불복할 때는 항소할 수 있었다.

② 재산소유권의 분쟁은 문건에 의한 증거주의를 존중하였다.

③ 사법기관과 행정기관이 원칙적으로 구분되어 있었다.

④ 경국대전이 기본법전이었다.

● ANSWER ●

8. ① 시전에 대한 설명이다.
   ② 시전 상인은 왕실이나 관청에 공급하는 특정 상품의 독점판매권(금난전권)을 획득하였으며, 이로 인해 육의전(명주, 종이, 어물, 모시, 삼베, 무명을 파는 점포)이 번성하였다.
   ③ 농민에게는 여전히 쌀과 무명이 화폐역할을 하여, 조선 최초의 지폐인 저화와 조선통보는 유통이 부진하였다.

9. ② 조선 전기에는 화폐 유통의 부진으로 쌀·무명 등이 교환수단으로 사용되었다.

10. 사헌부는 관리들의 비행을 감찰한 기관이다.

11. 조선시대 경제의 중심은 토지에 있었다. 지배층의 유교적 농본사상은 농업을 본업으로, 상공업을 말업으로 취급하여 농업을 장려하고 상공업을 억제하였고 상공업을 국가가 통제하지 않으면 사치와 낭비가 조장되며 농업이 피폐하여 빈부의 격차가 커진다고 생각하였다. 상업은 국가 통제하에 있는 시전을 중심으로 이루어졌는데, 경시서는 이러한 시전을 감독하기 위해 설치된 기구이다. 장시에서는 정부의 허가를 받은 보부상이 활동하였다.

12. 조선시대 토지소유자는 국가에 조세를 납부할 의무가 있었다. 그러나 토지소유자인 지주들은 소작농민에게 그 세금을 대신 납부하도록 강요하는 경우가 많았다.

13. ㉠㉢ 양반에 대한 설명이다.

14. 농민은 교육과 과거를 통해 정치적으로 출세할 수 있는 자격이 있었으나, 교육과 과거 준비에는 많은 시간과 비용이 들었으므로 실제 그렇게 되기는 어려웠다.

15. ④ 농민이 국가재정의 대부분을 부담하였기 때문에 이들의 생활안정이 무엇보다 중요시되었다.

16. ③ 조선시대에는 사법기관과 행정기관이 분리되지 않았으며, 동일 관청에서 행정권과 사법권을 동시에 관장하였다.

17. 조선초기의 가족제도에 대한 설명으로 옳은 것은?

① 주부는 자녀의 교육과 혼인, 제사의 주재와
   같은 가사문제를 전담하여 처리하였다.
② 학업과 생산활동 종사로 인하여 혼인은 대개
   만혼(晚婚)이 일반적이었다.
③ 가정 내의 민사와 관계되는 분쟁은 대개 성
   문법에 의거하여 처리되었다.
④ 처첩의 구분이 엄격하였으며 그 소생은 사회
   생활에서 차별을 받았다.

18. 다음의 글과 관련이 있는 사실이 아닌 것은?

> 3년에 한 번씩 호적을 개편하여 호조와 한성부,
> 본도와 본고을에 둔다. 서울과 지방은 5호로써 1
> 통을 삼고 통주가 있다. 지방에는 5통마다 이정
> (里正)이 있고 1면마다 권농관이 있다. 서울에는
> 1방마다 관령이 있다. 사대부와 서민은 모두 집이
> 있는 곳에 따라 통을 만든다. 남자 장정으로서 16
> 세 이상이면 호패를 찬다. 서울에서는 한성부, 지
> 방에서는 각 고을의 해당 관리가 도장을 찍어 발
> 급한다.
>
> － 경국대전 －

① 농민들을 효과적으로 통제하기 위해 실시한
   제도이다.
② 호패는 신분에 따라 만드는 재료가 달랐으며
   일종의 신분증명제도였다.
③ 이러한 제도를 시행함으로 농민생활은 안정
   을 찾게 되었다.
④ 반면 이러한 제도는 인징(隣徵)의 근거가 되
   기도 했다.

19. 조선시대의 사회시설과 정책에 대한 설명이 옳지
   않은 것은?

① 정부는 농민생활의 안정을 위해 의창, 상평
   창 등의 환곡제를 실시하였다.
② 동·서 대비원은 유랑자의 수용과 구출을 담
   당하였다.
③ 혜민국은 수도권의 서민환자의 구제를 담당
   하였다.
④ 형법은 민법이 기본법이며 대명률을 적용한다

20. 다음 중 16세기 사림의 동향과 관계 깊은 것은?

① 전통적인 민간신앙을 보호하였다.
② 경학을 배격하고, 사장을 숭상하였다.
③ 성리학 이외의 학문을 폭넓게 수용하였다.
④ 도덕적 원리에 대한 인식과 실천을 중시하였다.

21. 다음의 내용이 지적하고 있는 정치세력에 대한 설
   명 중 가장 옳은 것은?

> • 성종의 인재등용정책에 편승하여 정계에 진출하
>   였다.
> • 고려 왕실에 절의를 지켜 조선 왕조의 개창에
>   불참하였다.

① 경학보다는 사장을 중시하였다.
② 성리학보다는 훈고학을 중시하였다.
③ 왕도정치보다는 패도정치를 중시하였다.
④ 물질문화보다는 정신문화를 중시하였다.

22. 다음 조선전기 문화에 관한 사항 중 그 연결이 바
   르지 않은 것은?

① 역사서 － 조선왕조실록, 동국통감, 고려사,
   고려사절요
② 농서 － 농상집요
③ 의례서 － 삼강행실도, 국조오례의
④ 의학 － 향약집성방, 의방유취

23. 조선시대 성리학의 수용과 정착과정에 대한 설명
   중 옳지 않은 것은?

① 조선초기의 집권층은 부국강병보다 성리학의
   융성에 힘썼다.
② 성리학은 조선의 건국의 사상적 기반이 되었다.
③ 15세기 관학파는 성리학 이외의 학문과 사상
   에 포용적이었다.
④ 사림학파는 당시의 시대모순을 성리학적 이
   념을 통해 극복하고자 하였다.

24. 역사 서술의 형식과 대표적인 사서가 바르게 짝지어진 것은?

① 강목체 – 고려사

② 편년체 – 삼국사기

③ 기전체 – 동국통감

④ 기사본말체 – 연려실기술

25. 조선초기의 국가시책과 관련하여 편찬한 다음 서적들의 편찬의도는?

• 효행록	• 삼강행실도
• 경국대전	• 국조오례의

① 부국강병의 추구

② 유교적 질서의 확립

③ 농촌사회의 안정

④ 향촌자치제의 강화

● ANSWER ●

17. ① 가사에 대한 권한은 가장에게 있었다.

　② 많은 출산을 위해 조혼이 유행하였다.

　③ 민사분쟁은 관습법에 따랐다.

18. 제시문은 오가작통법과 호패법에 대한 글이다. 이러한 제도를 통해 조선은 촌락 주민에 대한 지배를 원활히 하고자 하였으며, 호패법도 농민 이동을 억제하여 효과적인 조세수취와 유민의 방지를 기한다는 공통적인 목적이 있다.

　③ 오가작통법과 호패법은 농민생활의 안정이 아닌 통제책이었다.

19. ② 동서대비원은 수도권 서민 환자의 구제를 담당하였다.

　※ 조선시대 사회시설

　　㉠ 혜민국 : 약재 판매

　　㉡ 동 · 서 대비원 : 서민환자 구제

　　㉢ 제생원 : 지방민의 구호 및 진료

　　㉣ 동 · 서 활인서 : 유랑자 수용 · 구휼

20. ① 민간신앙을 배격하였다.

　② 사림은 경학에 치중하고, 인간의 심성을 연구하는 성리학을 주류로 삼았다.

　③ 성리학 이외의 학문과 사상을 이단으로 배격하였다.

21. 제시된 내용은 사림파와 관련된 사실이다.

　①③ 조선시대 훈구파와 관련된 사실이다.

　② 고려시대의 문벌귀족, 권문세족과 관련된 사실이다.

22. 조선 전기의 농서는 농사직설이며, 농상집요는 고려 때 이암(1297~1364)이 원(元)나라로부터 수입한 농서(農書)를 의미한다.

23. ① 조선초기의 집권층은 성리학보다 부국강병에 관심이 많았다.

24. ① 고려사 – 기전체 ② 삼국사기 – 기전체 ③ 동국통감 – 편년체

25. 각종 윤리서와 법전은 유교적인 질서를 확립하기 위해 편찬되었다.

17.④ 18.③ 19.② 20.④ 21.④ 22.② 23.① 24.④ 25.②　**A**

409

05 근대의 정치 · 경제 · 사회 · 문화

흥선대원군의 개혁정치, 강화도 조약, 개화사상, 갑신정변, 동학농민운동과 의병운동 등 주요 사건들을 중심으로 근대사의 전반적인 흐름을 파악한다.

1. 근대의 정치활동

(1) 흥선대원군의 개혁 정치

① 19세기 국내외 정세
- ㉠ 국내 : 세도 정치로 인한 정치 혼란, 삼정의 문란으로 농민 봉기 발생, 이양선이 근해에 나타나 통상 요구
- ㉡ 국외 : 청과 일본의 문호 개방, 영국과 프랑스의 베이징 점령, 러시아의 연해주 차지 → 위기의식 확산

② 흥선대원군의 개혁 정치
- ㉠ 통치 체제 정비 : 왕권 강화, 국가 재정 확보 목적
  - 정치 개혁 : 안동 김씨 세력 축출, 비변사 폐지(의정부의 기능 회복), 능력에 따라 인재 등용, 「대전회통」, 「육전조례」 편찬
  - 경제 개혁 : 양전(토지 측량) 실시, 호포제 실시(양반에게도 군포 부과 → 양반층 불만), 사창제 실시(환곡제 폐지), 서원 정리
- ㉡ 경복궁 중건 : 왕실의 권위를 세우기 위한 목적 → 원납전 징수 · 당백전 발행, 많은 백성 동원 → 양반과 농민들의 불만이 커짐
- ㉢ 서원 정리 : 전국에 47곳만 남기고 정리 → 민생 안정, 왕권 강화

③ 통상 수교 거부 정책
- ㉠ 천주교 박해와 병인양요
  - 병인박해(1866) : 러시아 견제를 위해 프랑스 세력을 끌어들이려 하였으나 실패 → 흥선대원군이 프랑스 선교사와 천주교 신자들 처형
  - 병인양요(1866) : 병인박해를 구실로 프랑스 함대의 강화도 침략 → 문수산성(한성근 부대)과 정족산성(양헌수 부대)에서 프랑스군 격파 → 퇴각하던 프랑스군이 외규장각 도서와 문화재 약탈
- ㉡ 오페르트 도굴사건(1868) : 독일 상인 오페르트가 남연군의 묘 도굴 시도, 실패 → 서양 세력에 대한 조선인의 반감 고조
- ㉢ 신미양요(1871)
  - 제너럴 셔먼호 사건(1866) : 미국 상선 제너럴 셔먼호가 통상을 요구하며 약탈 자행 → 평양 관군과 주민들이 제너럴 셔먼호를 불태워 침몰시킴

Q 조선 후기 고종을 대신하여 섭정을 맡으며 쇄국정책을 펼친 사람은?

- 신미양요(1871) : 제너럴 셔먼호 사건을 구실로 미국 함대의 강화도 침략 → 어재연이 이끄는 수비대의 저항(광성보 전투) → 미군 퇴각
- ㉣ 척화비 건립 : 전국 각지에 척화비를 세워 통상 수교 거부 의지를 알림
- ㉤ 의의와 한계 : 외세의 침입을 일시적으로 막음(자주적 성격), 조선의 근대화가 늦어짐

(2) 조선의 개항과 근대적 개혁의 추진

① 개항의 배경
- ㉠ 집권 세력의 변화 : 흥선대원군이 물러남 → 민씨 정권의 통상 수교 거부 정책 완화
- ㉡ 통상 개화론의 대두 : 박규수, 오경석, 유홍기 등이 문호 개방 주장

② 강화도 조약의 체결(1876)
- ㉠ 배경 : 일본의 문호 개방 요구 거절 → 운요호 사건(1875년, 일본이 운요호를 보내 조선에 통상 강요 → 강화도의 초지진 포대가 운요호에 경고 사격)을 빌미로 조약 체결 강요
- ㉡ 내용
  - 제1관 : 조선국은 자주국이며, 일본국과 평등한 권리를 가진다.
    → 청의 간섭 차단하기 위한 목적
  - 제4관 : 조선국은 부산 이외 두 곳의 항구(원산·인천)를 개항하고 일본인이 왕래 통상함을 허가한다.
  - 제7관 : 조선국 연해의 섬과 암초는 극히 위험하므로 일본국의 항해자가 자유롭게 해안을 측량하도록 허가한다.
    → 해안측량권 인정
  - 제10관 : 일본국 인민이 조선국이 지정한 각 항구에서 죄를 범할 경우 일본국 관원이 재판한다.
    → 치외법권 인정(일본인들이 조선에서도 일본의 법에 의해 보호를 받게 됨)
- ㉢ 성격 : 조선이 외국과 맺은 최초의 근대적 조약, 불평등 조약

③ 서양 열강과의 수교
- ㉠ 통상 조약 체결 : 조선에서 일본의 영향력 확대를 견제하려는 청이 조선과 미국의 수교 주선 → 조·미 수호 통상 조약 체결(1882) → 이후 영국, 러시아, 독일 등과 통상 조약 체결
- ㉡ 성격 : 치외법권과 최혜국 대우를 규정한 불평등 조약

④ 근대적 개혁의 추진
- ㉠ 개화파의 형성과 개화 정책의 추진
  - 개화사상의 성립 : 북학파 실학사상의 영향을 받음, 개화 정책으로 근대 국가를 수립할 것을 주장
  - 개화파의 형성 : 김옥균, 박영효, 김윤식 등이 정치 세력으로 성장 → 임오군란 이후 분화
  - 개화정책의 추진
    - 통리기무아문 설치 : 개화 정책 추진, 개화파 등용
    - 시찰단과 유학생 파견 : 일본에 수신사와 조사 시찰단 파견(정부 기관과 산업 시설 등 근대화된 문물과 제도 시찰), 청에 영선사 파견(무기 제조 기술과 군사 훈련법 습득), 미국에 보빙사 파견
    - 별기군 창설 : 일본인 교관의 훈련을 받은 신식 군대 양성

ⓛ 위정척사 운동의 전개
　　　　• 위정척사 사상 : 양반 유생층 중심, 성리학적 전통 질서를 지키고 외세의 침략을 물리칠 것을 주장
　　　　• 위정척사 운동 : 서양과 일본의 경제적 군사적 침략에 맞선 반외세 · 반침략적 민족 운동 전개

(3) 임오군란과 갑신정변

① 임오군란(1882)
　　　ⓐ 배경 : 별기군과 구식 군대에 대한 차별 대우
　　　ⓛ 전개 : 밀린 급료로 겨와 모래가 섞인 쌀을 받은 분노한 구식 군인들이 봉기함 → 일본 공사관과 궁궐 습격, 정부 고관과 일본인 교관 살해 → 흥선대원군의 재집권 → 청이 흥선 대원군을 납치함 → 민씨 정권의 재집권
　　　ⓒ 결과 : 청의 내정 간섭 심화('조 · 청 상민 수륙 무역 장정'의 체결로 청 상인의 특권을 인정), 일본과 제물포 조약 체결(일본에 배상금 지불, 일본군의 서울 주둔 허용)

② 갑신정변(1884)
　　　ⓐ 배경 : 청의 내정 간섭 심화, 정부의 소극적인 개화정책에 불만
　　　ⓛ 전개 : 일본의 지원을 약속받은 김옥균, 박영효 등의 급진개화파가 우정총국 개국 축하연을 이용해 정변을 일으킴 → 14개 조 정강 발표, 개혁 추진 → 청군의 개입으로 3일 만에 실패 → 김옥균, 박영효 등 일본 망명
　　　ⓒ 결과
　　　　• 한성조약(조선 – 일본) : 일본에 배상금 지불
　　　　• 톈진조약(청 – 일본) : 조선에서 청 · 일 양국의 군대 철수, 조선에 파병 시 상대국에게 미리 알릴 것을 약속
　　　ⓓ 의의 : 근대 국가 건설을 목표로 한 최초의 정치 개혁 운동
　　　ⓔ 한계 : 외세 의존적, 위로부터의 개혁으로 백성의 지지를 얻지 못함

③ 거문도 사건(1885~1887)
　　　ⓐ 배경 : 갑신정변 이후 심해진 청의 내정 간섭에서 벗어나기 위해 조선 정부가 러시아를 끌어들임
　　　ⓛ 전개 : 러시아의 남하를 견제하기 위해 영국이 거문도를 불법 점령 → 조선을 침략하지 않겠다는 러시아의 약속을 받고 영국 퇴각
　　　ⓒ 결과 : 조선을 둘러싼 열강의 대립 격화 → 유길준, 독일 부영사 부들러 등이 조선을 중립국으로 만들자는 주장 제기

(4) 동학 농민 운동과 갑오개혁

① 동학 농민 운동(1894)
  ㉠ 배경 : 청과 일본의 경제 침탈 심화, 탐관 오리들의 횡포, 정부에 대한 불만 고조
  ㉡ 동학의 교세 확산 : 평등사상과 외세 배척 강조로 농민들 사이에 확산
    • 전라도 삼례 집회 : 교조 최제우의 명예 회복과 동학 박해 중지 요구
    • 충청도 보은 집회 : 탐관오리 처벌과 외세 배척 주장
  ㉢ 동학 농민 운동의 전개
    • 고부 농민 봉기(1894) : 전라도 고부 군수 조병갑의 부정과 비리 → 전봉준이 농민들을 이끌고 고부 관아 습격 → 정부의 주도자 탄압 → 전봉준, 김개남 등이 '보국안민'과 '제폭구민' 구호를 내걸고 백산에서 농민군을 조직하여 봉기
    • 농민군의 전주성 점령 : 황토현 전투 승리 → 전주성 점령 → 정부가 청에 원군 요청 → 톈진 조약에 근거하여 일본이 군대파견 → 폐정 개혁을 조건으로 정부와 전주 화약 체결, 농민군 자진 해산 → 전라도 각지에 집강소 설치
  ㉣ 농민군의 재봉기 : 일본의 경복궁 점령, 청일전쟁 발발 → 일본을 물리치기 위해 동학 농민군 봉기 → 공주 우금치 전투에서 정부군 일본군에게 패배 → 전봉준 등 지도자 체포, 처형
  ㉤ 동학 농민 운동의 의의 : 반봉건(신분 차별 철폐, 봉건적 폐습 타파 주장) · 반외세의 민족 운동, 농민군의 개혁 요구가 갑오개혁에 일부 반영됨
② 갑오개혁(1894)
  ㉠ 1차 개혁 : 일본의 개혁 강요 → 조선 정부의 거부 및 교정청 설치 → 일본이 김홍집 내각 구성, 군국기무처를 신설하여 1차 개혁 진행
  ㉡ 2차 개혁 : 일본이 개혁에 개입(군국기무처 폐지, 김홍집 · 박영효 연립 내각 구성), 고종이 홍범 14조와 교육입국조서 발표
  ㉢ 갑오개혁의 내용
    • 정치 : 개국 연호 사용, 과거제 폐지, 왕실과 정부의 사무 분리
    • 경제 : 재정 기관의 일원화, 조세의 금납화, 도량형의 개정 · 통일, 은 본위 화폐제도 채택
    • 사회 : 신분제 폐지, 과부의 재가 허용, 조혼 금지, 재판소 설치
  ㉣ 의의와 한계 : 정치 · 경제 · 사회 각 분야의 근대화에 기여, 일본의 간섭하에서 추진, 군사와 토지분야의 개혁 미흡

(5) 을미사변과 아관파천

① **삼국 간섭(1895)** : 청·일 전쟁에서 승리한 일본이 랴오둥 반도 차지→러시아, 프랑스, 독일이 랴오둥 반도 반환 요구→일본 굴복

② **을미사변(1895)** : 민씨 일파가 러시아 세력을 이용하여 일본의 간섭을 약화하고자 함→친러 세력 형성→일본이 명성 황후 시해

③ **을미개혁(1895)** : 을미사변으로 조선에 대한 영향력을 회복한 일본이 개혁 추진→태양력 사용, '건양' 연호 제정, 종두법 시행, 우편제도 실시, 단발령 실시

④ **을미의병(1895)** : 을미사변과 단발령 실시에 대한 반발→유생들의 주도로 항일 의병 운동 전개

⑤ **아관파천(1896)** : 일본의 위협을 피해 고종이 러시아 공사관으로 처소를 옮김→을미개혁 중단

(6) 독립협회와 대한제국

① **독립협회(1896~1898)**
　㉠ 배경 : 아관파천 이후 서양 열강의 이권 침탈 심화
　㉡ 설립 : 서재필이 정부의 지원을 받아 독립신문 창간→개화파 지식인들과 독립협회 조직(자주 독립의 목적), 청나라 사신을 모시던 영은문 자리에 독립문 건립
　㉢ 활동
　　• 만민 공동회 개최 : 각 계층의 시민들이 자발적으로 참여, 자주국권운동 전개, 근대적인 정치 개혁 요구
　　• 관민 공동회 개최 : 정부 대신들의 참여, 헌의 6조 제시→근대적 의회 설립 추진
　　• 자유 민권 운동 전개 : 언론 집회의 자유, 국민의 신체와 재산권 보호 등 요구

② **대한제국(1897~1910)**
　㉠ 배경 : 자주성 회복을 위해 고종의 환궁을 주장하는 국민 여론 고조→고종이 1년 만에 러시아 공사관에서 경운궁(덕수궁)으로 환궁
　㉡ 대한제국 수립(1897) : 연호를 '광무', 국호를 '대한제국'으로 정함→대한제국이 자주 국가임을 국내외에 선포함
　㉢ 대한국 국제 제정(1899) : 군 통수권, 입법권, 사법권, 외교권 등의 모든 권한을 황제에게 집중시킨 전제 정치 체제 마련
　㉣ 광무개혁 : 구본신참(舊本新參)의 원칙에 따라 점진적 개혁 실시
　　• 군사 : 서울의 시위대와 지방의 진위대 증강
　　• 경제 : 양전 실시, 지계 발급(토지의 소유권을 법적으로 인정하는 문서나 문권)
　　• 산업 : 상공업 진흥 정책 추진, 근대적 시설 마련, 근대적 회사와 공장 설립(섬유·철도·전기·해운·금융 등)
　　• 교육 : 실업학교, 외국어학교 등 각종 학교 설립, 외국에 유학생 파견
　　• 의의 : 교육·과학·기술의 성장, 상공업 진흥, 근대적 토지 소유 제도 확립
　　• 한계 : 지배층의 보수적 성향(전제 군주제 강화, 독립 협회 탄압), 열강의 간섭

Ⓠ 만민공동회를 개최한 단체는?

(7) 일제의 국권 침탈과 국권 수호 운동

① 러 · 일전쟁(1904~1905) : 만주와 한반도를 둘러싼 러시아와 일본의 대립 심화→일본이 영국과 동맹 체결 후 러시아 공격→일본 승리, 포츠머스 조약 체결(1905)→일본이 대한제국에 대한 우월적인 지위 획득

② 을사조약(1905) : 일본이 군대를 동원하여 강압적으로 조약 체결
  ㉠ 내용 : 대한제국의 외교권 박탈, 통감부 설치(초대 통감 : 이토 히로부미)→일본이 내정 전반을 간섭
  ㉡ 저항 운동 : 유생들의 상소, 학생들의 동맹 휴학, 상인들의 철시, 장지연이 '시일야방성대곡' 발표, 민영환과 조병세의 자결, 을사의병
  ㉢ 고종의 노력 : 헤이그에서 열린 만국 평화 회의에 특사 파견(1907)

③ 고종의 퇴위와 한 · 일 병합
  ㉠ 고종 퇴위(1907) : 헤이그 특사 파견을 구실로 일본이 고종을 강제 퇴위
  ㉡ 국권 피탈 : 한 · 일 신협약(=정미7조약) 체결(1907, 행정 각부의 차관에 일본인 임명), 군대 해산→사법권(1909)과 경찰권(1910) 장악→한 · 일 병합조약 체결(1910. 8)

④ 독도와 간도
  ㉠ 독도의 역사 : 삼국시대 이래 우리 민족의 영토로 인식→조선 숙종 때 안용복이 일본 어민들을 쫓아냄→대한 제국 때 칙령을 발표하여 독도를 관할 관리
  ㉡ 일제의 독도 침탈 : 러 · 일 전쟁 중에 일본이 자국 영토로 편입
  ㉢ 간도의 역사 : 조선 숙종 때 백두산정계비 건립(1712)→비석 내용 중 '토문강'을 우리나라는 쑹화강으로, 중국은 두만강으로 해석
  ㉣ 간도 협약(1909) : 대한 제국의 외교권을 강탈한 일본이 청과 간도 협약 체결→남만주의 철도 부설권 등을 얻는 조건으로 간도를 청의 영토로 인정

⑤ 국권 수호 운동
  ㉠ 항일 의병 운동 : 위정척사를 주장하였던 양반 유생층이 주도
   • 을미의병(1895) : 명성황후의 시해와 단발령 실시에 반발→단발령 철회와 고종의 해산 권고로 해산
   • 을사의병(1905) : 을사조약 체결에 반발→민종식, 최익현, 신돌석(평민) 등이 의병장으로 활약
   • 정미의병(1907) : 고종의 강제 퇴위와 군대 해산에 반발→해산된 군인들이 의병 합류→의병의 조직력, 전투력 강화
   • 서울 진공 작전(1908) : 13도 창의군 결성(총대장 이인영)→서울 진공작전 시도→이인영의 부친상으로 해산, 실패
   • 의병 운동의 위축 : 일본의 토벌 작전→국내의 의병 활동 위축→국권 피탈 이후 만주 · 연해주 등지로 이동하여 독립군으로 활동
  ㉡ 의거 활동 : 이재명(이완용 습격), 나철 · 오기호(5적 암살단 조직), 전명운 · 장인환(외교 고문 스티븐슨 사살), 안중근(이토 히로부미 사살)

ⓒ 애국 계몽 운동 : 민족의 실력을 길러 국권을 회복하자는 운동

  • 애국 계몽 단체
    - 보안회 : 일본의 황무지 개간권 요구 저지
    - 헌정 연구회 : 입헌 군주제 도입을 목표로 정치 개혁 주장
    - 대한 자강회 : 고종의 강제 퇴위 반대 운동 전개
    - 신민회
      - 조직 : 안승훈·이승훈·양기탁 등이 비밀 단체로 조직(1907)
      - 활동 : 공화정 수립을 목표로 활동
      - 민족 교육 실시(오산학교, 대성학교 설립)
      - 민족 자본 육성(태극 서관, 자기 회사 운영)
      - 만주 삼원보에 독립운동 기지 건설(신흥 무관 학교 설립) → 일제가 조작한 105인 사건으로 해체(1911)
  • 국채 보상 운동(1907) : 국가의 빚을 갚아 국권을 지키자는 운동, 대구에서 시작 → 금주 금연을 통한 모금 → 통감부의 탄압으로 중단

(8) 일제의 식민지 지배 정책

① 무단 통치 시기(1910년대)

  ㄱ 목적 : 일제의 식민지 지배에 순종하는 한국인 양성
  ㄴ 내용
    • 조선 총독부 설립 : 육·해군 대장 출신 중에서 임명, 입법·행정·사법·군 통수권 등 절대 권력 행사
    • 헌병 경찰 통치 : 헌병이 경찰 업무까지 수행, 재판 없이 한국인 처벌, 조선 태형령 발표(1912)
    • 민족 운동 탄압 : 한국인의 언론·출판·집회·결사의 자유 박탈, 한국인의 정치·사회단체 해산
    • 교육 정책 : 일본어 중심의 교육, 초등 교육과 실업 교육만 실시, 교원들에게도 제복을 입히고 칼을 차게 함

② 민족 분열 통치 시기(1920년대) (→표면적 문화 통치)

  ㄱ 배경 : 3.1운동을 통해 무단 통치의 한계 절감
  ㄴ 목적 : 친일 세력을 길러 우리 민족을 분열시킴, 독립운동 약화
  ㄷ 내용
    • 보통 경찰제 : 실제로는 경찰 인원 3배 이상 증가, 치안유지법(1925)시행
    • 문관 총독 임명 허용 : 실제로는 문관 총독이 임명되지 않음
    • 언론·집회·결사의 자유 허용 : 실제로는 검열을 통해 신문 내용을 삭제·정간·폐간함
    • 교육 기회의 확대 : 실제로는 초등 기술 교육 위주, 고등 전문 교육 제한

③ 민족 말살 통치(1930년대~광복)
   ㉠ 배경 : 경제 대공황의 여파로 일본에서 군국주의 수립→일제의 침략 전쟁 확대 · 만주사변 (1931) → 중 · 일 전쟁(1937) → 태평양 전쟁(1941~1945)
   ㉡ 목적 : 우리의 민족정신을 말살→침략 전쟁에 필요한 인적 · 물적 자원을 수탈하고자 함
   ㉢ 내용
     • 내선일체(內鮮一體) : '일본과 조선이 동일' 하다는 사상
     • 일선동조(日鮮同祖) : '일본과 조선의 조상이 하나의 민족'이라는 사상 강조
     • 창씨개명, 신사 참배, 궁성요배 강요, 황국 신민서사 암기
     • 우리말 · 우리역사 교육 금지, 조선일보와 동아일보 등 한글 신문 폐간, 한글 잡지 발행 금지, 조선어 학회 해산
   ㉣ 병참 기지화 정책
     • 한반도를 대륙 침략 전쟁의 물자 보급 기지로 이용, 중화학 공업 육성(군수 공업 위주), 지하자원 약탈, 북쪽 지방의 개발에 치중
     • 인적 물적 자원 수탈
       − 국가 총동원법(1938) 실시 : 많은 청년들을 침략 전쟁에 투입
       − 강제 징용 : 광산이나 공장에서 전쟁물자 생산을 위한 노동을 강요
       − 여성 인력 착취 : 근로정신대(군 위안부)라는 이름으로 많은 여성을 희생시킴
       − 공출 제도 : 식량을 비롯하여 고철, 놋그릇, 수저 등 무기로 쓸 수 있는 모든 재료를 가져감
④ 3 · 1 운동
   ㉠ 배경
     • 국내 : 강압적인 무단 통치에 대한 저항, 고종 황제의 독살설
     • 국외
       − 파리 강화 회의에서 윌슨이 '민족 자결주의' 제창
       − 신한청년당이 파리 강화회의에 김규식을 파견하여 독립 의지를 알림
       − 2 · 8독립선언 : 도쿄에서 유학생들이 독립 선언서 발표
   ㉡ 전개
     • 과정 : 민족 대표 33인이 태화관에서 독립선언식, 학생과 시민들이 탑골 공원에서 시위 전개 → 전국으로 확대, 농민 · 노동자 · 상인 등 다양한 계층 참여→ 해외까지 확산
     • 결과 : 일제의 무력 탄압→유관순의 순국, 화성 제암리 주민 학살 사건의 발생
   ㉢ 의의 및 영향
     • 의의 : 모든 계층이 단결하여 참여한 민족 최대 규모의 독립운동, 우리 민족의 자주독립 의지를 전 세계에 알림
     • 영향 : 대한민국 임시정부의 수립, 일제의 통치 방식이 문화통치로 변화, 중국의 5 · 4운동과 인도의 비폭력 · 불복종 운동에 영향

(9) 대한민국 임시 정부의 수립 및 민족의 독립운동

① 임시 정부의 수립 : 한성 정부(서울), 임시 정부(상하이), 대한 국민 의회(블라디보스토크) 등의 임시 정부 존재→3 · 1 운동 이후 한성 정부를 계승한 대한민국 임시 정부가 상하이에서 출범(1919. 9)

② 임시 정부 체제 : 민주 공화정 체제

    ㉠ 정부 구성 : 대통령－이승만, 국무총리－이동휘

    ㉡ 헌법 제정 : 삼권 분립에 기초→임시 의정원(입법) · 국무원(행정) · 법원(사법) 구성

    ㉢ 상하이 지역은 일제의 영향력이 약하고 외교활동에 유리함

③ 임시 정부의 활동과 분열

    ㉠ 활동 : 조직적 독립운동 전개

      • 외교 활동 : 파리 강화 회의에 김규식을 파견하여 독립 청원서 제출, 미국에 구미위원부 설치(이승만)→한국 독립 문제를 국제 여론화하려 노력

      • 연통제(독립운동 자금 마련), 교통국 운영(국내의 독립운동 연결)

      • 독립신문 간행 : 독립운동 소식을 전하고 방향 제시

      • 한 · 일 관계 사료집 간행 : 독립운동 자료 소개→민족의 투쟁 의식 고취

      • 군무부 설치 : 만주 지역의 독립군과 연계

    ㉡ 임시 정부의 분열 : 민족 지도자들 사이의 사상적 갈등과 독립운동 방법에 대한 의견 차이→국민대표 회의를 소집하여 방향 모색→김구를 중심으로 체제를 정비하여 꾸준히 독립운동 전개

④ 국외의 독립운동

    ㉠ 의열 투쟁 전개

      • 의열단(김원봉이 조직) : 김익상(조선 총독부), 김상옥(종로 경찰서), 나석주(동양 척식 주식 회사) 등에 폭탄 투척

      • 한인 애국단(김구가 조직) : 이봉창(일본 국왕 처단 시도), 윤봉길(상하이 홍커우 공원에 도시락 폭탄 투척→중국이 임시 정부 지원하는 계기가 됨)

    ㉡ 무장 독립 전쟁

      • 1920년대 : 3 · 1 운동 이후 만주, 연해주 지역에서 무장 투쟁 활발, 국내로 진입하여 일본 관공서 습격, 군대 · 경찰 공격

      － 봉오동 전투(1920. 6) : 홍범도의 대한 독립군이 일본군에게 승리

      － 청산리 대첩(1920.10) : 김좌진의 북로군정서군과 독립군 연합 부대가 일본군에게 큰 승리를 거둠

      － 간도참변(1920) : 독립군의 활약에 대한 일제의 보복으로 만주에 사는 조선인 학살

      － 자유시 참변(1921) : 대한 독립 군단이 소련의 적색군에 의해 배신당해 자유시에서 학살당함→만주로 돌아와 재정비, 3부(참의부 · 정의부 · 신민부) 형성

※ 1930년대

– 만주

3부→
- 북만주 - 혁신 의회 → 한국 독립군 조직(지청천) → 쌍성보 전투 승리
- 남만주 - 국민부 → 조선 혁명군 조직(양세봉) → 영릉가 전투 승리

– 중국 관내

중·일 전쟁(1937) → 민족 혁명당(조선 의용대) →
- 조선 독립 동맹(화베이) - 조선 의용군
- 임시 정부(충칭) - 한국 광복군

⑤ 대한민국 임시 정부와 한국광복군의 활동
  ㉠ 임시 정부 개편 : 한국광복군 창설(충칭), 김구가 주석, 삼균주의(정치·경제·교육의 평등)에 기초한 건국 강령 발표
  ㉡ 한국광복군(1940)의 활동 : 조선의용대를 흡수하고 중국 국민당과 협조하여 대일 선전 포고 (1941), 인도와 미얀마 전선에 참전, 미군(OSS)과 함께 국내 진공 작전 계획 → 일제의 패망으로 실패
  ㉢ 독립운동의 의의 : 카이로 회담, 포츠담 회담에서 한국의 독립 보장
  ㉣ 조선 건국 동맹 : 여운형 등 사회주의 세력, 국내에서 광복 준비

2. 근대의 경제생활

(1) 열강의 경제 침탈

① 개항기의 경제적 침투
  ㉠ 강화도 조약(1876) : 부산·원산·인천 개항, 거류지 무역
  ㉡ 조·청 상민 수륙 무역 장정(1882) : 청 상인들이 개항장 밖 내륙까지 무역(최혜국 규정) → 청 상인과 일본 상인의 상권 경쟁 심화
  ㉢ 청·일 전쟁 이후(1894) : 일본 상인들이 주도권 장악

② 제국주의 열강의 경제적 침투 : 아관 파천 이후 열강의 이권침탈은 극심해져 철도부설권, 광산채굴권, 삼림채벌권 등이 일본 러시아·미국·영국 등에 넘어감

③ 경제적 침탈에 대한 저항
  ㉠ 방곡령 시행 : 일제의 미곡 유출에 대항하여 함경도, 황해도에서 방곡령 실시(조병식)
  ㉡ 상권 수호 운동 : 황국중앙총상회 조직(서울 상인), 증기선 도입(경강 상인)

④ 화폐 정리 사업(1905) : 일본 재정 고문관인 메가다의 주도로 일본 제일 은행권을 본위 화폐로 삼음 → 기존의 상인들이 사용하던 백동화의 가치 절화로 많은 손실을 보게 됨

⑤ 국채 보상 운동(1907) : 대구에서 시작(서상돈) → 서울에서 국채 보상 기성회 설립, 언론 기관(대한 매일 신보)의 도움 → 통감부가 지도자인 양기탁을 구속하는 등의 탄압으로 인해 실패

(2) 일제의 식민지 경제 체제의 구축

① 토지 조사 사업(1912~1918)

　　㉠ 목적

　　　• 토지세의 공정한 부과, 근대적 토지 소유권 확립(명분)

　　　• 식민 통치 기초 자료 및 총독부 재정 기반 마련(실질)

　　㉡ 내용 : 정해진 기간에 토지 신고 원칙, 신고기간이 짧고 절차가 복잡하여 신고의 기회를 놓친 사람들은 모두 토지 상실

　　㉢ 결과 : 지주제 강화, 소작농 증가, 농민층 몰락

② 산업 침탈 : 회사령, 광업령, 어업령, 산림령 등 실시

　　㉠ 회사령 공포(1910) : 회사 설립 시 조선 총독의 허가를 받도록 규정→민족 자본 성장 억압 조선을 일본의 상품 판매 시장화

　　㉡ 전매 제도 실시 : 인삼, 소금, 담배 등→조선 총독부의 수입 증대

　　㉢ 각종 시설 설치 : 철도, 도로, 항만 등→자원 수탈과 대륙 침략 기반 마련

　　㉣ 결과 : 민족 산업 침체, 조선 총독부와 일본인이 경제권 장악

③ 산미 증식 계획

　　㉠ 목적 : 일본의 식량 부족 문제를 한반도에서 해결하고자 함

　　㉡ 내용 : 품종 개량, 수리 시설 확충, 개간 등을 통해 논농사 중심의 구조로 쌀 증산

　　㉢ 결과 : 생산량은 증가하였지만 목표량에는 미치지 못함→증산량보다 많은 쌀을 일본으로 가져가서 조선의 식량난이 가중되고 농민이 몰락하게 됨

④ 경제 침탈의 확대

　　㉠ 회사령 철폐(1920년대) : 일본 기업이 한국에 자유롭게 투자할 수 있도록 신고제로 변경, 관세 폐지→한국의 값싼 노동력 이용

　　㉡ 신은행령(1928) : 한국인 소유의 은행을 강제 합병→민족 자본 억제 목적

　　㉢ 결과 : 한국은 일본에 값싼 노동력과 원료를 제공하고 일본 상품을 소비하는 시장으로 전락→일본의 식민지 경제 체제 속으로 편입

3. 근대의 사회모습

(1) 근대의 사회모습

① 신분제의 폐지 : 공노비 해방(1801) → 서얼·중인을 비롯한 모든 계층의 관직 진출 허용(1882) → 노비 세습제 철폐(1886) → 신분제 폐지(1894)

② 일상생활의 변화

   ⊙ 도시 성장 : 개항장, 공업중심지를 토대로 도시 형성

   ⓒ 교통·통신 : 철도 개통(식민 지배의 중심 역할), 전차 이용, 우편·전산망 발달

   ⓒ 의식주 : 양복·양장·단발머리 유행, 빵·커피·겸상 풍습, 개량 한옥·서양식 주택·콘크리트 빌딩 등 등장

   ⓔ 여성 : 신교육을 받은 여성들이 늘어남 → 여성의 사회 진출 확대

   ⓜ 대중문화 : 서양 문화 유행, 영화(나운규의 아리랑), 대중가요 유행, 스포츠 보급

(2) 민족 운동과 사회주의 사상

① 실력 양성 운동(1920년대) : 경제·교육·문화 방면에서 운동 전개

   ⊙ 물산 장려 운동 : 경제적 자립을 위해 국산품 애용을 통해 민족의 경제력을 기르자는 운동

   ⓒ 민립 대학 설립 운동 : 우리 힘으로 대학을 설립하자는 운동

   ⓒ 농촌 계몽 운동 : 브나로드 운동(동아일보), 문맹 퇴치 운동(조선·동아일보)

   ⓔ 사회 차별 철폐 운동 : 형평 운동

   ⓜ 학생들의 민족 운동

      • 6·10 만세 운동(1926) : 순종의 장례일에 학생들이 독립 만세 시위 주도 → 시민 합세

      • 광주 학생 항일 운동(1929) : 광주에서 한·일 학생 간 일어난 충돌이 계기 → 민족 차별 철폐 주장 → 3·1운동 이후 최대 항일 운동(신간회가 진상 조사단을 파견)

② 사회주의 사상의 유입

   ⊙ 사회주의 사상의 유입 : 1920년대 학생·지식인들에게 확산

   ⓒ 농민(소작쟁의)·노동자 운동(노동 쟁의)에 영향 → 항일 민족 운동으로 발전

③ 신간회의 성립 : 국내 최대 규모의 항일 단체

   ⊙ 구성 : 자치에 반대하는 비타협적 민족주의 세력 + 사회주의 세력

   ⓒ 활동 : 전국에 지회 설치, 민중 계몽 강연, 농민·노동 운동 지원, 광주 학생 항일 운동 지원, 근우회(여성 자매단체)에 영향

4. 근대의 문화예술

(1) 근대의 교육·언론·시설·문예

① 근대 교육의 시작
- ㉠ 개항 초기
  - 원산 학사 : 함경도 덕원 주민들이 설립
  - 동문학·육영 공원 : 정부가 설립 → 신지식과 외국어 교육
  - 배재 학당·이화 학당 등 : 개신교 선교사가 설립 → 신지식과 외국어, 개신교 교육
- ㉡ 갑오개혁 시기
  - 교육입국 조서 반포(1895)
  - 소학교, 사범학교, 외국어 학교 설립

② 언론 활동
- ㉠ 한성순보 : 최초의 신문, 박문국에서 발행, 정부의 개화 정책 홍보
- ㉡ 독립신문 : 한글·영문판으로 발행, 근대적 지식과 국내외의 정세 전달
- ㉢ 황성신문 : 을사조약 비판, 장지연의 '시일야방성대곡' 게재
- ㉣ 제국신문 : 서민과 부녀자 대상, 자주독립과 개화 강조
- ㉤ 대한매일신보 : 영국인 베델이 발행인으로 참여, 국채 보상 운동 홍보, 외국인이 창간하여 일제의 간섭을 덜 받음

③ 근대 시설
- ㉠ 박문국 : 출판 인쇄
- ㉡ 기기창 : 무기 제조
- ㉢ 전환국 : 근대적 화폐 발행
- ㉣ 우정총국 설립 : 근대적 우편 제도 실시
- ㉤ 근대 의료 시설 설립 : 광혜원 등
- ㉥ 전화 설치, 전차 가설, 철도 개통 : 경인선, 경부선, 경의선 등

④ 문예
- ㉠ 신체시 : 해에게서 소년에게
- ㉡ 신소설 : 혈의 누, 금수회의록
- ㉢ 번역 문학 발달 : 걸리버 여행기, 로빈슨 표류기
- ㉣ 창가 유행
- ㉤ 원각사 설립

Q 낭가사상을 강조하며 조선상고사, 조선사연구초 등을 저술한 사람은?

(2) 민족 문화 수호 운동

① 국어
   - ㉠ 조선어 연구회 : 한글날 제정, 한글 잡지 발행
   - ㉡ 조선어 학회 : 한글 강습회 개최, 한글 맞춤법 통일안과 표준어 제정, 「우리말 큰사전」 편찬 시도→실패

② 국사
   - ㉠ 민족주의 사학 : 박은식 · 신채호 등 – 민족정신 · 주체적 발전 강조
   - ㉡ 백남운 : 한국사가 세계사의 보편 법칙에 따라 발전했음을 강조
   - ㉢ 실증 사학 : 이병도, 손진태 등, 진단학회 조직, 한국사의 실증적 연구에 힘씀

③ 종교
   - ㉠ 불교 : 한용운(불교 유신론)을 중심으로 민족 불교의 전통을 계승
   - ㉡ 대종교 : 나철이 창시, 만주에서 무장 투장 전개(북로군정서군)
   - ㉢ 천도교 : 농촌 계몽 운동, 「개벽」 창간
   - ㉣ 천주교 : 민중 계몽 운동, 만주에서 무장 항일 투장 전개
   - ㉤ 개신교 : 교육 사업에 힘씀, 일제 말기 신사 참배 거부 운동
   - ㉥ 원불교 : 저축 · 근로 중시, 새생활 운동(남녀평등, 허례허식 폐지)

④ 문화
   - ㉠ 문학 : 이육사, 윤동주, 한용운 등이 민족의식 고취, 일제에 저항
   - ㉡ 영화 : 나운규의 '아리랑'(민족 저항 의식과 한국적 정서 부각)

 **05 출제예상문제**

1. 조선 후기 향촌사회는 다음과 같은 변화가 일어났다. 그 결과로 옳은 것은?

   > • 부농층은 관권과 결탁하여 성장의 기반을 굳건히 하면서 향안에 참여하는가 하면 향회를 장악하고자 하였다.
   > • 향회는 주로 수령이 세금을 부과할 때 의견을 물어보는 자문기구로 그 기능이 변하였다.
   > • 수령과 향리 중심의 지배체제가 강화되었다.

   ① 수령의 권한 약화
   ② 향리의 세력 강화
   ③ 농민의 향촌자치 실현
   ④ 향회의 기능 강화

2. 다음의 가족 제도가 확산되었던 시기로 알맞은 것은?

   > • 부계 중심이 강화되었다.
   > • 양자를 들이는 것이 일반화되었다.
   > • 윤리 덕목으로 효와 정절을 강조하였다.

   ① 고려 전기
   ② 고려 후기
   ③ 조선 전기
   ④ 조선 후기

3. 다음 글과 같은 맥락에서 추진한 정책은?

   > 저들의 종교는 사악하다. 하지만 저들의 기술은 이롭다. 잘 이용하여 백성들이 잘 살게 할 수 있다면 농업, 잠업, 의학, 병기, 배, 수레에 관한 기술을 꺼릴 이유가 없다. 종교는 배척하되 기술은 본받자는 것은 함께 할 수 있다.
   > 「고종실록」

   ① 영선사 파견
   ② 척화비 건립
   ③ 공노비 해방
   ④ 중추원 관제 도입

4. 다음은 당파들이 설치한 군영이다. 이를 통한 군영의 성격은?

   > • 훈련도감 – 현종대 남인
   > • 금위영 – 숙종대 노론
   > • 어영청, 총융청, 수어청 – 인조대 서인

   ① 당파의 군사적 기반 확대와 관련
   ② 북벌운동 추진과 관련
   ③ 성리학적인 국방론과 관련
   ④ 왕권과 양반관료의 정권 장악과 관련

5. 다음 중 조선후기의 군사제도에 대한 설명으로 옳은 것은?

   ① 수어청은 숙종때 수도방위를 위해 설치되었다.
   ② 병력의 부족으로 속오군과 잡색군을 조직하였다.
   ③ 속오군은 양·천 혼성군으로 편제되었다.
   ④ 지방군제는 진관체제, 속오군체제, 제승방략체제의 순서로 변천하였다.

6. 다음의 사실들을 통하여 알 수 있는 사항으로 옳은 것은?

   > • 장인들은 납포장으로 자유롭게 제품생산에 전념하게 되었다.
   > • 정부는 18세기 말에 장인들의 등록명부인 공장안을 폐지하였다.
   > • 부역제의 변동과 상품화폐경제의 진전으로 관영수공업이 쇠퇴하기 시작하였다.
   > • 전문적 수공업자인 장인들은 가급적 관청에 등록하기를 기피하였다.

   ① 독립적인 민영수공업이 발달하게 되었다.
   ② 수공업자는 관장으로 변신하게 되었다.
   ③ 수공업자는 정부를 지배하게 되었다.
   ④ 관영수공업장은 완전히 폐쇄되었다.

7. 다음 중 조선시대의 세제에 대한 설명으로 옳지 않은 것은?

① 대동법 및 균역법이 실시됨으로써 전지에 부과되는 세액은 모두 20.2두가 되었다.
② 효종 때에 이르러 공법을 폐지하고 영정법으로 개정함으로써 1결당 세액은 4두가 되었다.
③ 16세기에 이르러 병작제 및 지주전호제의 일반화에 따라 조와 세의 구별은 없어지게 되었다.
④ 세종 때에 제정된 공법에서는 비척에 따라 전지를 6등으로 구분하고 1결당 세액을 최고 20두에서 최하 4두로 정하였다.

8. 일제의 토지조사사업의 결과로 가장 옳지 않은 것은?

① 농민층의 몰락
② 소작농의 증가
③ 지주제의 강화
④ 총독부 재정 상실

1. 조선 후기에 정부는 지방통치체제를 강화하기 위해 수령의 권한을 강화하고 지방사족의 세력을 약화시키고자 하였다. 이 과정에서 수령을 행정적으로 보좌하던 향리층의 권한도 강화되었다.

2. 조선후기 가족제도의 변화
   ㉠ 부계 중심의 가족제도가 더욱 강화되었으며 양자입양도 일반화되었다.
   ㉡ 부계 위주로 족보가 편찬되고 동성 마을이 형성되기도 하였다(종중의식이 확산).
   ㉢ 효자와 열녀를 표창하는 등 효와 정절을 강조하였으며 과부의 재가는 금지되었다.
   ㉣ 일부일처를 기본으로 하였으나 남자의 축첩은 허용되었다.
   ㉤ 서얼의 차별이 있었으며 혼사는 가장이 결정하였다.

3. 제시된 글은 '구본신참'으로 옛 것을 근본으로 해서 새로운 것을 참작 또는 참조한다는 뜻이다. 고유의 전통문화와 사상·제도를 유지하면서 점진적으로 서구문물을 받아들이자는 이론이다. 영선사는 선진 문물(무기 제조법)을 견학하기 위해 젊은 유학생들로 중국에 견학한 사신이다.

4. 각 당파들은 정권을 유지하기 위한 군사적 기반으로 새로운 군영을 설치하고 이를 장악하였다.

5. ③ 속오군은 양천혼성군으로서, 농한기에 훈련하며 유사시 동원되었다.
   ① 수어청은 정묘호란 후 인조 때 설치되어 남한산성을 개축하고 이를 중심으로 남방을 방어하기 위해 설치되었다.
   ② 잡색군은 조선전기에 있었던 향토방위군으로 전직 관료, 서리, 향리, 교생, 노비 등 각 계층의 장정들이 참여, 본업에 종사하면서 유사시 향토방위를 하였다.
   ④ 지방군제는 진관체제 → 제승방략체제 → 속오군체제로 변천되었다.

6. 조선후기 상품화폐경제의 발달로 시장판매를 위한 수공업제품의 생산이 활발하였고, 민간수공업자들은 장인세만 납부하면 자유로운 생산활동을 할 수 있었으며 그들의 제품은 품질과 가격면에서 경쟁력도 있었다.

7. ② 세종 때 만들어진 공법(전분6등법, 연분9등법)이 제대로 운용되지 못하자 인조 때에 조세를 1결당 4두로 감하여 영정법을 실시하였다.

8. 일제의 토지조사사업으로 인해 농민층이 몰락하고 그로 인해 소작농이 증가하였으며 지주제가 강화되게 되었다.

9. 다음 중 조선후기의 경제생활에 대한 설명으로 옳지 않은 것은?

① 도고상인을 위해 통공정책이 실시되었다.
② 17세기 후반에 상평통보가 발행되었다.
③ 군역의 합리적인 시행을 위해 호포법을 실시하였다.
④ 이앙법이 널리 보급되었다.

10. 다음 중 조선후기의 대외무역을 시장별로 설명한 것으로 옳지 않은 것은?

① 회령개시 – 춘추 2회 열리며, 공무역과 사무역이 자유무역으로 변했다.
② 회동관후시 – 조공사가 북경에서 하는 밀무역으로 병기, 사서, 비단 등이 거래되었다.
③ 책문후시 – 밀무역이기에 과중한 세금을 부과하고 단련사가 단속했다.
④ 중강후시 – 중강개시인 공무역이 밀무역으로 변질된 것이다.

11. 조선 후기 사상과 그에 대한 설명이 바르지 않은 것은?

① 개성의 송상 – 인삼의 재배 및 판매를 독점하였다.
② 동래의 내상 – 일본과의 무역을 주도하였다.
③ 의주의 만상 – 중국과의 무역을 주도하였다.
④ 경강상인 – 청·일 간의 중계무역에 종사하였다.

12. 다음 중 조선후기 자본주의적 생산관계의 발생에 대한 설명으로 옳지 않은 것은?

① 시전 상인들의 금난전권은 영조 때에 가서 신해통공으로 붕괴되었다.
② 국가의 제반 수취가 전세화되는 경향을 보였다.
③ 상업이 발달하여 상업자본을 축적한 사상들이 나타났다.
④ 수공업분야에서 민영수공업이 발달하였으며, 부분에 따라서는 공장제수공업의 형태로까지 발전하였다.

13. 다음 중 조선후기 농업기술의 발달과 관련이 깊은 신분제도의 변화로 옳은 것은?

① 소작농인 甲은 군공 양반이 되었다.
② 중인인 乙은 납속으로 양반이 되었다.
③ 병작농인 丙은 남의 집 머슴으로 전락하였다.
④ 지주였던 丁은 농사를 망쳐 토지를 처분하였다.

14. 19세기 전반기의 신분제도에 대한 설명으로 옳은 것은?

① 공노비와 사노비가 국가에 의해 해방되었다.
② 특권 양반신분이 새롭게 형성되었다.
③ 생산활동이 중시되어 상민층이 크게 늘어났다.
④ 경제적인 부가 신분의 이동에 큰 역할을 하였다.

15. 다음 중 조선후기 노비에 대한 설명으로 옳은 것은?

① 군공을 세우거나 납속을 통해 상민이 되는 경우가 많아졌다.
② 농민층의 몰락으로 노비의 수가 급증하여 국가재정에 타격을 주었다.
③ 사노비는 상전에게 강하게 예속되었으며 상민과의 구별이 더욱 엄격해졌다.
④ 정부는 국가재정상, 국방상의 이유로 노비수를 늘리기 위한 노력을 기울였다.

16. 다음의 내용을 통해서 조선후기 시대상황을 옳게 추론한 것은?

- 설점수세정책이 실시되었다.
- 공장안 등록제도가 폐지되었다.
- 양인장정들이 납포군으로 바뀌었다.

① 인력의 동원력이 약화되었다.
② 민간 주도의 경제체제가 확립되었다.
③ 봉건적인 신분질서가 붕괴되었다.
④ 국가재정의 부족사태가 발생하였다.

17. 다음 중 19세기 농민항거의 배경으로 옳은 것은?

> ⊙ 유교적 왕도정치가 점차 퇴색되어 갔다.
> ⓒ 대동법과 균역법의 실시로 농민부담이 가중되
> 었다.
> ⓒ 동학이 창시되어 세상이 어지러워지고 백성들
> 이 현혹되었다.
> ⓔ 삼정의 문란으로 극에 달한 수령의 부정이 중
> 앙권력과 연계되었다.

① ⊙ⓒ 　　　　　　② ⊙ⓒ
③ ⊙ⓔ 　　　　　　④ ⓒⓔ

18. 다음 조선후기 사회의 동요 속에서 나타난 결과의
공통적인 성격으로 옳은 것은?

> • 소청운동 　　　　• 벽서사건
> • 항조운동 　　　　• 민란

① 잔반들이 정권을 장악하고자 한 것이다.
② 서얼들이 지위를 향상시키고자 한 것이다.
③ 농민들이 현실 문제를 타개하고자 한 것이다.
④ 노비들이 신분을 해방시키고자 한 것이다.

● ANSWER ●

9. ③ 조선후기 군역제도의 개편방법으로 영조와 일부 관료들이 호포론을 제기하였다. 군포를 양반층을 포함하여 전
국의 모든 가호에게 부과하자는 주장으로 대다수의 양반들은 양반이 군역을 지면 반상의 신분적 구분이 없어진다
고 반대하여 시행되지 못하였다.

10. ② 회동관후시는 조선에서 중국으로 사신을 보낼 때 북경에 있는 회동관(조공사신의 숙소)에서 이루어지는 사무역
이다.

11. ④ 청·일 간의 중계무역에 종사한 것은 개성의 송상이다.
　※ 경강상인 … 대표적인 선상으로서 경강과 서남 연안의 포구를 중심으로 운송업에 종사하였다. 한강을 중심으로
활동하였으며 운수와 조선뿐만이 아니라 소금·어물 등의 물품을 판매하여 막대한 이득을 취하기도 하였다.

12. ① 조선후기에 들어와 사상층의 도전을 받은 시전상인들은 금난전권을 행사하여 사상들의 자유로운 상업 활동을 막
지 못하고, 정조 1791년 신해통공 조치로 육의전을 제외한 나머지 시전상인의 금난전권을 인정하지 않게 되었다.

13. ③ 농민은 경제적으로 지주의 토지를 병작하고, 경제 외적으로 지주의 지배를 받는 노비와 크게 다를 바 없는 존
재였다.

14. 조선초기의 양천제는 사림이 성장하던 16세기 경부터 양반, 중인, 상민, 노비로 분화되어 유지되다가 19세기를 전
후해서 양반의 인구가 점차 늘고, 상민과 노비의 인구가 줄어드는 경향을 보였는데, 이러한 현상에 결정적인 역할
을 한 것은 경제적인 부였다. 즉, 부유한 농민이 납속에 의한 합법적인 방법으로 양반신분을 사거나 족보를 위조
하는 경우가 대표적이다.

15. 부를 축적한 농민은 지위를 높이고 역 부담을 모면하기 위해 신분을 사거나 족보를 위조하여 양반이 되었고 노비
또한 도망, 상민과의 결혼, 군공이나 납속을 통해 상민이 되었다. 이러한 상민의 감소와 양반 수의 증가는 국가재
정상·국방상 많은 지장을 초래하였다. 국가에서는 국가재정의 기반이 되는 상민의 수를 늘리기 위해 공노비를 단
계적으로 해방시켰다.

16. 조선후기에는 상인과 농민층의 불만과 반발로 인하여 인력의 강제동원력이 약화되었다.

17. 19세기에 사회불안이 점차 고조되자 명목상이나마 유지되던 유교적 왕도정치는 점차 퇴색하였다. 또한 세도정치로
국가기강이 해이해진 틈을 타서 지방의 탐관오리가 중앙권력과 결탁하여 부정과 탐학을 저질렀고 이에 농민생활은
더욱 피폐해졌다.

18. 세도정치로 인해 삼정의 문란, 정치의 혼란이 일어나면서 농촌사회는 극도로 피폐해졌다. 이에 농민들은 모순을
타파하고자 그 대응책으로 소청운동, 벽서운동, 항조운동, 민란을 일으키게 되었다.

---

19. 다음 중에서 19세기 전반에 일어난 홍경래의 난의 원인으로 옳은 것은?

> ㉠ 지역 차별　　㉡ 외세의 침탈
> ㉢ 지주제의 모순　㉣ 붕당간의 차별
> ㉤ 세도정권의 부패

① ㉠㉡㉢
② ㉠㉢㉤
③ ㉡㉢㉣
④ ㉢㉣㉤

20. 다음 중 실학의 성립배경이 되는 것은?

① 보국안민을 내세워 서양과 일본 세력을 배척하기 위하여
② 성리학을 배척하고 양명학을 수용할 필요가 없었기 때문에
③ 유교적 입장을 견지하면서 물질문화의 긍정적인 면은 수용할 필요가 있었기 때문에
④ 천주교를 배척하고 성리학을 옹호할 필요가 있었기 때문에

21. 다음 중 근대 언론활동에 관한 내용으로 연결이 바르지 않은 것은?

① 한성순보 - 최초의 신문, 정부의 개화 정책 홍보
② 독립신문 - 국채보상운동홍보, 외국인이 창간해 일제의 간섭을 덜 받음
③ 황성신문 - 을사조약 비판
④ 제국신문 - 서민과 부녀자들 대상, 자주독립과 개화 강조

22. 다음의 사상과 관련된 것으로 옳지 않은 것은?

> 인간의 마음이 곧 이(理)라는 심즉리(心卽理)를 바탕으로, 인간이 상하 존비의 차별 없이 타고난 천리로서의 양지를 실현하여 사물을 바로잡을 수 있다는 치양지설(致良知說), 앎은 행함을 통해서 성립한다는 지행합일설(知行合一說) 등을 근간으로 하고 있다.

① 정제두는 연구와 제자 양성에 힘써 강화 학파라는 하나의 학파를 이루었다.
② 성리학의 교조화와 형식화를 비판하였으며 실천을 강조하였다.
③ 일반민을 도덕 실천의 주체로 보고 양반 신분제 폐지를 주장하기도 하였다.
④ 기술의 혁신과 문벌 제도 철폐 및 성리학의 극복을 주장하였다.

23. 다음은 어느 실학자의 글의 일부이다. 이와 같은 입장을 가진 실학자들의 개혁사상으로 옳지 않은 것은?

> 지금 우리나라의 큰 폐단은 가난입니다. 어떻게 해야 가난을 면할 수 있는가 하면, 중국과 통상하는 길 밖에 없습니다. 지금 당장 중국으로 사신을 보내어 통상하기를 요청하면, 중국 사람들은 반드시 아침에 청한 것을 저녁에 허락할 것입니다.

① 화폐유통의 필요성을 강조하였다.
② 사·농·공·상의 직업적 평등화와 전문화를 주장하였다.
③ 소비를 권장하여 생산을 자극시킬 필요성을 주장하였다.
④ 농병일치의 군사조직과 사농일치의 교육제도를 확립해야 한다고 믿었다.

24. 조선후기 실학자 중 상공업 중심의 개혁사상가들에 대한 설명으로 옳은 것은?

① 상공업의 발달을 위하여 자유방임정책을 주장하였다.

② 신분질서를 그대로 유지하려는 보수적 측면이 있었다.

③ 문호를 개방하여 외국과 통상할 것을 주장한 사람도 있었다.

④ 그들의 궁극 목표는 유교적 이상국가를 건설하는 데 있었다.

25. 다음의 사서들이 갖는 공통점으로 옳은 것은?

• 동사강목
• 해동역사
• 연려실기술

① 실증적인 연구를 바탕으로 서술하였다.

② 고조선부터 조선시대까지 저술하였다.

③ 존화주의적 역사인식을 토대로 서술하였다.

④ 조선 왕조 개창에 대한 정당성을 부여하는 입장에서 편찬되었다.

19. 홍경래의 난(1811)은 봉건체제의 모순의 격화, 서북인에 대한 정치적 차별, 수령권에 대한 봉기, 세도정치로 인한 민심의 이반 등을 원인으로 일어났다.

20. 왜란과 호란 이후 일부 유학자들은 사림문화의 한계성을 인식하고 사회현실에 대한 반성과 극복의 길을 모색하였다. 또한 서양문물의 전래와 고증학의 영향으로 종래의 학문에 대해 비판이 일어났다.

21. ② 대한매일신보에 관한 내용이다.

22. 제시된 글은 양명학에 대한 설명이다. 양명학은 중종 때에 전래되어 명과의 교류가 활발해지면서 주로 서경덕 학파와 종친들 사이에서 확산되었다.
    ④ 북학파 홍대용의 주장이다.

23. 중국과의 교역을 주장하고 있는 위 글은 중상주의 입장으로 박제가의 글이다.
    ④ 중농주의 입장인 유형원의 주장이다.

24. ③ 상공업 중심의 개혁사상가에는 유수원·홍대용·박지원·박제가 등이 있으며, 문호개방과 통상을 주장한 사람은 박제가로서 소비를 권장하였다.

25. 조선후기의 사서들로 이 시기의 역사학의 특징은 실증적·객관적 서술, 국사에 대한 독자성·전통성 강조, 고대사·문화사에 관심을 기울인 점 등을 들 수 있다.

현대사회의 발전

광복과 대한민국의 수립, 6·25전쟁, 민주화 운동 등 현대사회로의 발전 과정을 체계적으로 정리하여 이해할 수 있도록 한다.

1. 민주주의의 시련과 발전

(1) 대한민국의 수립과 6·25 전쟁

① 광복과 통일 정부 수립 노력
  ㉠ 광복(1945. 8. 15)의 배경
    • 제2차 세계대전에서의 연합군 승리, 일본 패배
    • 우리 민족의 꾸준한 독립운동→연합국의 독립 약속(카이로 선언과 포츠담 선언)
  ㉡ 분단의 시작 : 미국과 소련의 이념 대립 심화로 분단 고착화
    • 남한 : 미군정의 지배, 좌·우익 대립 격화
    • 북한 : 소련의 지원으로 사회주의 세력이 권력 장악

② 신탁 통치 문제와 통일 정부 수립 노력
  ㉠ 모스크바 3국 외상 회의(1945. 12) : 미·소·영의 외무 대표들이 모스크바에 모여 한반도의 문제 논의
    • 한국에 임시 민주 정부 수립 논의
    • 미·소 공동 위원회 설치
    • 미·영·중·소에 의한 최대 5년간의 신탁 통치 결정
  ㉡ 모스크바 3국 외상 회의 결정을 둘러싼 갈등
    • 민족주의 진영(우익) : 신탁 통치 반대 운동 전개
    • 사회주의 진영(좌익) : 신탁 통치 반대→회의 결정 지지로 바꿈

③ 미·소 공동 위원회(1차 : 1946. 3, 2차 : 1947. 7)
  ㉠ 미·소의 주장
    • 소련의 주장 : 모스크바 회의 결정을 지지하는 단체만 정부 구성에 참여할 것
    • 미국의 주장 : 참가를 희망하는 모든 단체를 포함할 것
  ㉡ 결과 : 미·소의 합의 실패, 냉전의 심화로 결렬

④ 통일 정부 수립을 위한 노력
  ㉠ 좌우 합작 위원회 : 1차 미·소 공동위원회 결렬 후 김규식, 여운형을 중심으로 구성(1946. 7)
    →좌·우익의 의견 차이를 좁히지 못함→정읍 발언(1946. 6.3, 이승만이 남한만의 단독정부 수립을 공식적으로 주장)

Q 이승만이 남한만의 단독정부 수립을 주장한 사건은?

ⓒ 통일 정부 수립 노력 : 2차 미·소 공동위원회 결렬→한국 문제의 유엔 상정→유엔이 남북한 총선거를 통한 정부 수립 결의→유엔 한국 임시 위원단 파견(1947. 11), 소련이 위원단의 방북 거부→유엔 소총회에서 남한만의 총선거 결정→남북 협상 추진(김구와 김규식을 중심으로 1948년 4월 평양에서 남북 지도자 회의 참석→미·소 양국의 대립 속에 성과 없이 끝남)

ⓒ 좌·우익 대립 격화 : 제주 4·3사건, 여수·순천 10·19 사건 발생

⑤ 남·북한 정부의 수립

ⓐ 대한민국 정부의 수립 : 5·10 총선거 실시(1948)→제헌 국회 구성→제헌 헌법 제정 및 공포(1948. 7. 17)→초대 대통령에 이승만 선출→대한민국 정부 수립(1948. 8. 15)

ⓒ 북한 정부의 수립 : 북조선 임시 인민 위원회 구성(1946)→무상·몰수, 무상·분배에 의한 토지 개혁 및 산업 국유화(사회주의 체제 기반 강화, 5정보 상한)→북조선 인민 위원회 설립(1947)→조선 최고 인민 회의에서 헌법 제정→김일성을 수상으로 선출→조선 민주주의 인민 공화국 수립(1948. 9. 9)

⑥ 6·25 전쟁

ⓐ 배경 ㅁ

• 남한 : 미군 철수, 좌익의 반정부 시위, 정당과 사회단체의 난립

• 북한 : 소련과의 군사 협정 체결 및 군사력 증강→남침 준비

• 미국 : 주한 미군 철수, 애치슨 선언(1950.1)

☆☆☆ 애치슨 선언…미국 국무장관 애치슨이 미국의 일차적인 태평양 방위선이 알류샨 열도, 일본 오키나와, 필리핀으로 이어 진다고 선언한 것으로, 미국의 극동 방위선에서 한반도가 제외되어 북한 남침의 계기가 되었다.

ⓒ 전쟁의 전개

• 전쟁 발발 : 북한군의 남침(1950. 6. 25)→서울 함락→국군의 병력 부족으로 한 달 만에 낙동강 부근까지 후퇴→부산을 임시 수도로 정함

• 남한의 반격 : 정부의 도움 요청으로 유엔군 파병→국군과 유엔군의 인천 상륙 작전(1950. 9. 15)으로 전세 역전→서울 수복→압록강까지 진격

• 중국군 개입 : 북한의 요청으로 중국군 개입→서울 다시 함락(1·4 후퇴)→이후 서울 재탈환 등 3·8도선 부근에서 치열한 공방전 전개

• 휴전 성립(1953. 7. 27) : 전쟁 장기화에 따른 부담 발생→2년간의 협상 끝에 휴전 협정 체결

ⓒ 6·25 전쟁의 영향

• 인적 피해 : 사상자·전쟁 고아·이산 가족 발생

• 물적 피해 : 생산 시설의 42% 파괴, 인플레이션 가속, 물자 부족

• 정신적 피해 : 민족 간의 적대감 심화, 분단의 고착화 및 남북의 이질감 증대

• 정치적 변화

 – 남한 : 이승만 정부가 반공 체제를 이용하여 권력 유지

 – 북한 : 김일성이 반대파를 제거하고 독재 체제 강화

(2) 민주주의의 시련과 발전

① 4 · 19 혁명(1960) : 이승만 정부의 부정부패, 경제 위기 상황에서 장기 집권 시도(사사오입 개헌, 발췌 개헌)

② 박정희 정부의 유신 체제

　㉠ 박정희 정부의 출범 : 5 · 16 군사 정변으로 정권 장악→국가 재건 최고 회의 구성→군정 실시→헌법 개정(대통령 중심제, 단원제 국회)→박정희 당선(1963)

　㉡ 박정희 정부의 정책 : 정부 주도의 경제 성장, 민주주의 탄압

　　• 한일 협정 체결(1965. 6) : 한 · 일 국교 정상화 추진→국민들의 격렬한 반대에도 불구하고 한 · 일 협정 체결

　　• 베트남 파병

　　－ 목적 : 공산주의 확산 방지, 한 · 미 동맹 강화, 경제 이득 등

　　－ 결과 : 외화 획득, 파병 군인들의 희생 초래

　　• 유신 체제의 장기 집권 시도 : 3선 개헌(1969)

　　－ 유신 헌법 : 통일 주체 국민 회의에서 간접 선거로 대통령 선출, 대통령 중임 제한 철폐, 대통령의 권한 확대(국회 해산권, 국회 의원 1/3 임명권, 긴급 조치권 부여)

　　－ 유신 반대 운동 : 언론계 · 노동계 · 종교계 등의 반정부 시위, 3 · 1 민주 구국 선언(1976), YH 무역 사건(1979), 부 · 마 민주화 운동(1979)

　㉢ 붕괴 : 10 · 26 사태(1979, 박정희 대통령 피살)로 붕괴

③ 전두환 정부와 5 · 18 민주화 운동(1980)

　㉠ 배경 : 12 · 12 사태로 신군부의 정권 장악→국민들이 유신 철폐와 신군부 퇴진 운동 전개→계엄령 전국 확대

　㉡ 전개 : 광주 학생들의 비상 계엄령 확대 저항 시위(5.18)→신군부의 무력 진압→광주 시민들의 시민군 조직→계엄군의 무력 진압

　㉢ 성립 : 전두환이 대통령에 당선

　　• 강압 통치 : 언론 통제 및 민주화 운동 탄압, 삼청교육대 운영 등

　　• 유화 정책 : 3S 정책(sex, screen, sports), 야간 통행금지 해제, 교복 자율화, 해외여행 자유화 조치 등

④ 6월 민주 항쟁(1987)

　㉠ 배경 : 전두환 정부의 강압 통치, 정권의 부도덕성(박종철 고문치사 사건)이 드러남

　㉡ 전개 : 대통령 직선제 개헌 및 민주화를 요구하는 시위 지속→4 · 13 호헌 조치→대통령 직선제 개헌 요구의 대규모 집회(6 · 10)→대통령 직선제를 수용하는 6 · 29 민주화 선언 발표→5년 단임의 대통령 직선제 개헌→노태우 대통령 당선

⑤ 6공화국 이후의 변천 과정

　㉠ 노태우 정부(1988~1993) : 북방 외교를 통해 사회주의 국가와 수교, 남북한 유엔 동시 가입, 서울 올림픽 대회 개최

　㉡ 김영삼 정부(1993~1998) : 문민정부, 금융 실명제 실시, 전면적인 지방 자치 제도 실시, 역사 바로 세우기 운동 전개, 금융 위기로 국제 통화 기금(IMF)의 지원을 받음

　㉢ 김대중 정부(1998~2003) : 최초의 평화적 정권 교체, 경제 위기 극복, 교육 및 사회 개혁 실시, 대북 화해 협력 정책 추진, 제1차 남북 정상 회담 개최

　㉣ 노무현 정부(2003~2008) : 권위주의 청산, 과거사 정리 작업 및 시민과의 소통과 참여 강조, 제2차 남북 정상 회담 개최

2. 경제발전과 사회문화의 변화

(1) 경제 성장과 사회 변화

① 광복 이후

　㉠ 산업 시설 미비, 인구 증가, 생필품 부족, 물가 폭등으로 혼란

　㉡ 정부 수립 이후 : 유상 매수·유상 분배 원칙의 농지개혁법 시행(1950), 1가구당 3정보 상한으로 토지 소유 제한, 경자유전의 원칙

　㉢ 6·25 전쟁 이후 : 경제 원조를 바탕으로 경제 재건 노력→삼백 산업과 같은 소비재 공업 발달, 미국의 값싼 농산물 유입으로 국내 농촌 피해, 1950년대 후반 미국의 무상 원조가 유상 차관 방식으로 전환(→기업 파산, 실업률 증가)

② 1960년대 이후의 경제 성장

　㉠ 1960년대 : 노동 집약적 산업 및 경공업 육성(→수출 증가), 외국의 차관 및 베트남 전쟁 특수로 외화 유입(→경제 성장의 토대), 5년 단위로 경제 개발 계획의 추진

　㉡ 1970년대 : 철강·기계·화학·조선 공업 등 중화학 공업 육성→'한강의 기적'이라고 불릴 만큼 고도의 경제 성장, 석유 파동으로 타격

　㉢ 1980년대 : 경제 위기 극복, 중화학 공업에 대한 투자 조정, 부실기업 정리, '3저 호황'으로 수출 증대

　㉣ 1990년대

　　• 경제 협력 개발 기구(OECD) 가입, 반도체·전자·자동차 등 기술 집약 산업으로 다양화

　　• 외환 위기(1997년 말) : 대기업의 과잉 투자, 외채 증가 등으로 외환 보유고 부족→국제 통화 기금(IMF)의 긴급 구제 금융→김대중 정부의 구조 조정, 외국 자본 유치 등으로 극복(2001)

　㉤ 2000년대 이후 : 중화학 공업과 첨단 산업에 주력, 여러 나라와 자유 무역 협정(FTA) 체결

③ 사회 변화

   ㉠ 일상생활의 변화 : 핵가족의 보편화, 반일 생활권화(고속 국도의 확대와 고속철도의 개통), 휴대전화와 컴퓨터 사용 일반화, 교육 수준 향상, 의학 기술 및 생활 수준 향상에 따른 평균 수명 증가

   ㉡ 농촌 · 노동 문제

       • 농촌 문제 : 이촌 향도 현상에 따른 노동력 부족, 도시와의 소득 및 문화 격차 심화, 고령화 현상 발생, 1990년대 이후 외국 농축산물 개방으로 타격

       • 노동문제 : 산업화에 따른 노동자 증가→저임금, 장시간 노동에 시달림

       • 전태일 분신 사건(1970) : 근로 조건 개선(근로기준법 준수) 주장→이후의 노동 운동에 영향을 미침

   ㉢ 복지 제도의 확대와 시민운동의 발전 : 사회 보장 정책(국민연금 제도, 기초 생활 보장 제도)실시, 의무 교육 실시에 따른 교육 수준의 향상, 민주화 성장 이후 다양한 분야의 시민단체(NGO) 활동

   ㉣ 언론과 대중문화의 발전

       • 언론 : 6월 민주 항쟁 이후 언론의 자유 신장

       • 대중문화 : 라디오 · 텔레비전 · 인터넷 등 대중 매체 보급→다양한 대중문화 발달

(2) 통일을 위한 노력과 주변국과의 관계

① 북한 독재 체제의 확립

   ㉠ 김일성 중심의 독재 체제

       • 1960년대 이후 : 중국과 소련 간에 사회주의 분쟁 발생→독자 노선 모색→주체사상을 유일 사상으로 채택, 김일성 우상화 작업 시작

       • 1970년대 이후 : 사회주의 헌법 공포(1972)→주체사상을 통치 이념으로 공식화, 주석제 도입→김일성 1인 독재 체제 확립

   ㉡ 독재의 세습

       • 김정일 세습 : 김정일의 3대 혁명 소조 운동 주도(1973) →1980년 김정일 세습체제 공식화 →합영법(1984)→국방위원회 위원장 취임(1993, 주석제 폐지 후 군사권 장악)→김일성 사후 최고 권력자로 등장

       • 김정은 세습 : 3대 권력 승계

② 북한의 정치 · 경제 변화

   ㉠ 1960년대 : 천리마 운동 실시→사회주의 경제 체제 확립, 4대 군사노선과 주체노선 강조

   ㉡ 1970년대 : 경제 개발 계획의 지속적 추진→주민들의 궁핍한 생활 지속, 강경노선 완화, 실무형 관료와 혁명 2세대 등장

ⓒ 1980년대 : 소련과 동유럽 사회주의 국가들의 붕괴 등으로 경제 위기

ⓔ 1990년대 이후 : 나진·선봉 자유 무역 지대 개설(1991), 금강산 관광 사업·개성 공단 건설 등 교류 확대→기술 낙후, 물자 부족, 국제적 고립 등으로 빈곤 상황 지속

③ 통일 정책의 변화

ⓐ 1960년대 : 중립화 통일론·남북협상론 제기→5·16 군사정변으로 진전되지 않음

ⓑ 1970년대 : 냉전의 완화로 인해 '7·4 남북공동성명' 발표→'자주·평화·민족적 대단결'의 통일원칙을 내세움

ⓒ 1980년대 : 남한의 '민족화합 민주통일방안'과 북한의 '고려민주주의 연방공화국 방안' 제시

ⓔ 1990년대 : 남·북한 간에 '화해와 불가침 및 교류 협력에 관한 합의서' 채택, '한반도 비핵화 공동선언' 채택

☆☆☆ 푸에블로호 납치 사건…미 해군정보함이 북한의 영해를 침범하자 1968년 1월 23일 미해군 정보수집함 푸에블로호(Pueblo 號)가 북한 원산항 앞 공해 상에서 북한으로 납치되었다. 미국은 미 승무원 82명과 유해 1구의 송환을 위해 푸에블로호의 북한 영해침범을 북한에 시인·사과하는 내용의 문서에 서명하였는데, 이는 후일 미국의회에서 정치문제가 되기도 하였다.

④ 남북 관계의 진전

ⓐ 노태우 정부 : 사회주의 국가와 수교(북방 외교), 남북한 유엔 동시 가입(1991), '남북 기본 합의서'와 '한반도 비핵화 공동 선언' 채택

ⓑ 김영삼 정부 : '화해와 협력→남북 연합→통일 국가 완성'의 3단계 민족 공동체 통일 방안제(1994) 발표

ⓒ 김대중 정부 : 대북 화해 협력 정책 추진, 금강산 관광 성사, 남북 정상 회담(2000)을 통해 '6·15 남북 공동 선언' 발표

ⓔ 노무현 정부 : 대북 화해 협력 정책 계승, 제2차 남북 정상 회담 개최(2007)

⑤ 영토 문제와 역사 갈등

ⓐ 일본의 독도 영유권 주장 : 러·일 전쟁 중 독도를 일본 영토로 불법 편입→광복 이후 반환 →일본의 독도 영유권 주장→국제 사법 재판소를 통해 국제 분쟁화→'시마네 현의 고시' 등 끊임없는 도발

ⓑ 중국의 동북 공정 : 중국 동북 지방의 역사를 중국의 역사로 편입하려 함→고구려와 발해를 중국의 지방 정권의 하나라고 주장→사료 확보, 국력 강화를 통해 대처해야 함

 **06 출제예상문제**

1. 다음 취지문을 발표하고 활동한 단체로 옳은 것은?

> 우리는 운동상(運動上) 실천으로부터 배운 것이 있으니 우리가 실지로 우리 자체를 위하여 우리 사회를 위하여 분투하려면 우리 조선 자매 전체의 역량을 공고히 단결하여 운동을 전반적으로 전개하지 아니하면 아니 된다. 일어나라! 오너라! 단결하자! 분투하자! 조선의 자매들아! 미래는 우리의 것이다.
>
> 「한국 근대 민족 해방 운동사」

① 근우회   ② 신간회
③ 일진회   ④ 조선 광문회

2. 단발령과 함께 유생 중심의 최초 항일의병이 일어나게 된 계기는?

① 아관파천   ② 을미사변
③ 을사조약   ④ 정미조약

3. 다음은 강화도조약 이후 조선과 일본과의 관계를 설명한 것이다. 가장 늦게 일어난 것은?

① 전국의 황무지개간권을 요구하였다.
② 일본 화폐의 유통과 양곡의 무제한 유출을 허용하였다.
③ 공사관 보호를 위한 일본 군대를 주둔할 수 있게 하였다.
④ 지조법 개정, 경찰제 실시를 주장하는 개혁안을 발표하게 하였다.

4. 다음의 조·일통상규정(1876)의 내용을 통해 추론한 것 중 옳은 것은?

> • 화물의 출입에는 특별히 수년간의 면세를 허용한다.
> • 일본 정부에 소속된 모든 선박은 항구세를 납부하지 않는다.
> • 일본인은 모든 항구에서 쌀과 잡곡을 수출할 수 있다. 단, 재해시 1개월 전에 통고하고 방곡령이 가능하다.

① 조선에 대한 일본의 경제원조가 시작이 되었다.
② 조선과 일본은 자유무역을 통하여 상호이익을 얻었다.
③ 조선 정부는 방곡령을 통해 미곡의 유출을 방지할 수 있었다.
④ 일본으로 양곡이 무제한 유출되어 조선의 농촌경제는 피폐해졌다.

5. 다음 중 외세의 직접적인 개입으로 실패한 운동에 대한 설명으로 옳은 것을 고르면?

① 반봉건적, 반침략적 근대민족운동의 성격을 띠었다.
② 자주권, 행정·재정·관리 임용, 민권 보장의 내용을 규정한 국정 개혁의 강령을 발표하였다.
③ 민중적 구국운동을 전개하며 외세의 이권 침탈을 배격하였다.
④ 일제의 황무지개간권 요구에 반대운동을 벌였다.

6. 근세 조선이 외국과 근대적 조약을 체결한 올바른 순서는?

① 일본 – 청 – 영국 – 미국 – 프랑스 – 독일
② 일본 – 미국 – 영국 – 독일 – 러시아 – 프랑스
③ 청 – 일본 – 화란 – 프랑스 – 미국 – 영국
④ 영국 – 일본 – 미국 – 독일 – 러시아 – 프랑스

7. 다음 중 방곡령 선포에 관련된 내용으로 옳지 않은 것은?

① 일본 상인들이 농촌시장으로 침투하여 지나친 곡물을 반출해가자 곡물가격이 폭등하게 되었다.
② 방곡령은 흉년이 들면 중앙정부에서 직접 실시하였다.
③ 방곡령을 실시하기 1개월 전에 통고해야하는 조·일통상정정의 의무를 어겨 외교문제가 되었다.
④ 결국 방곡령을 철회하고 배상금을 지불하였다.

● ANSWER ●

1. **근우회** … 일제 강점기 중반에 조직된 여성 단체이다. 1927년 한국의 여성운동가들이 좌우를 초월하여 설립한 단체이며 신간회의 외곽 지원 단체였다. 김활란, 고황경, 박차정, 정칠성, 박순천 등이 주동 인물이었다. 근우회는 전국적 규모의 대중 조직이었다.
② 1920년대 후반에 좌우익 세력이 합작하여 결성된 대표적인 항일단체로서 근우회는 신간회의 자매단체이다.
③ 구한말의 송병준이 설립한 대한 제국 시대의 친일단체이다(1904~1910).
④ 1910년에 설치된 한국 고전 연구기관이다.

2. **을미의병** … 을미사변(1895, 명성왕후시해사건)과 단발령으로 유생층의 불만이 최고조에 이르렀고 농민과 동학농민군까지 가세하여 전국적으로 확대되었다. 아관파천(1896) 이후 단발령이 철회되고, 고종의 해산 권고로 자진해산을 하게 되었다.

3. ① 러·일전쟁 이후(1904~1905) ② 강화도조약(1876) ③ 제물포조약(1882) ④ 갑신정변(1884)

4. 조·일통상장정은 일본이 조선에 대한 경제적 침략을 용이하게 하기 위해 맺은 것으로서, 이 조약 이후 일본 상인의 곡물 유출이 심각하여 조선은 식량난을 겪게 되었다. 이에 대한 저항책으로 방곡령을 선포하였으나 배상금을 물어 주는 등 실패로 돌아갔다.

5. 외세의 직접적인 개입으로 실패한 것은 동학농민운동이다.
① **동학농민운동(1894)** : 반봉건적, 반침략적 성격의 동학농민운동은 폐정개혁안 12조를 주장하였으나 관군과 일본군과의 우금치전투에서 패하면서 실패하였다.
② **갑오개혁(1894)** : 온건개화파들이 국왕의 명을 받아 교정청을 설치하여 자주적 개혁을 추진하였다. 이는 비록 일본의 강아병 의한 타율적 성격도 있으나 조선인의 개혁의지가 일부 반영된 근대적 개혁이었다.
③ **독립협회(1896)** : 과거의 개혁이 민중의 지지를 얻지 못해 실패한 것을 깨닫고 민중계몽에 힘썼으나 입헌군주제를 반대하던 보수세력이 황국협회를 이용하여 탄압하였으며 결국 해산되었다.
④ **보안회(1904)** : 일제가 황무지개간권을 요구하자 보안회는 이를 저지하기 위해 가두집회를 열고 반대운동을 하여 결국 일본의 요구를 철회시켰다.

6. 우리나라의 근대적 조약은 일본과 1876년 2월 처음으로 맺음을 계기로 1882년 3월 미국, 1882년 4월 영국, 1882년 5월 독일, 1884년 5월 이탈리아, 1884년 6월 러시아, 1886년 5월 프랑스와 각각 수교를 맺었다.

7. ② 방곡령은 흉년이 들면 지방관의 직권으로 실시할 수 있었다.

8. 다음 중 (나)시기에 해당하는 것은?

① 회사령을 발표하여 민족기업을 억압하였다.
② 산미증식계획의 추진으로 이농민이 증가하였다.
③ 토지조사사업을 실시하여 토지를 약탈하였다.
④ 공업원료 증산을 목적으로 남면북양정책을 추진하였다.

9. 일제의 통치정책 중의 일부이다. 이와 같은 내용을 모두 포괄하는 일제의 식민통치방법은?

- 일본식 성명의 강요
- 신사참배의 강요
- 징병·징용제도의 실시
- 부녀자의 정신대 징발

① 문화통치
② 헌병경찰통치
③ 민족말살통치
④ 병참기지화정책

10. 광복 후의 우리나라 농지개혁에 대한 설명으로 옳은 것은?

① 농지개혁으로 모든 농민들이 영세농에서 벗어나게 되었다.
② 지주의 농지를 유상으로 매수하여 소작인에게 무상으로 분배하였다.
③ 미 군정기에 실시되었다.
④ 국가가 매수한 토지는 영세농민에게 유상으로 분배하였다.

11. 1880～1890년대에 일어난 경제 자주권 수호운동이 아닌 것은?

① 상회사의 설립운동
② 함경도와 황해도의 방곡령
③ 과세자주권 확보의 노력
④ 일제의 황무지개간권 요구에 대한 반대 투쟁

12. 다음 중 베트남 파병의 목적으로 보기 어려운 것은?

① 한미동맹의 강화
② 경제 이득
③ 세계적인 사회주의 전파
④ 공산주의 확산의 방지

13. 다음 중 민족기업에 관한 설명으로 옳지 않은 것은?

① 민족기업은 순수한 한국인만으로 운영되었다.
② 지주 출신 기업인이 지주와 거상의 자본을 모아 대규모 공장을 세웠다.
③ 대규모 공장은 평양의 메리야스 공장 및 양말 공장, 고무신 공장들이었다.
④ 3·1운동 이후 민족 산업을 육성하여 경제적 자립을 도모하려는 움직임이 고조되어 갔다.

14. 다음 중 사회주의가 반대한 것은?

① 신간회
② 소작쟁의
③ 물산장려운동
④ 노동쟁의

15. 다음을 바탕으로 정부가 추진한 시책을 바르게 추론한 것은?

- 국민교육헌장을 선포하여 새로운 정신지표를 제시하였다.
- 근면, 자조, 협동을 기본이념으로 새마을운동을 전개하였다.

① 복지사회의 건설
② 정의사회의 구현
③ 국민의식의 개혁
④ 소득격차의 완화

16. 다음의 사회교육활동을 시대순으로 바르게 나열한 것은?

> ㉠ 멸공필승의 신념과 집단안보의식의 고취
> ㉡ 국민교육헌장 선포
> ㉢ 홍익인간의 교육이념 수립
> ㉣ 재건국민운동의 추진

① ㉠㉢㉣㉡
② ㉠㉣㉢㉡
③ ㉢㉠㉣㉡
④ ㉢㉣㉡㉠

17. 갑오개혁, 을미개혁을 통해 이루어진 근대적 개혁 내용 중 가장 소홀하였던 분야는?

① 과거제의 폐지와 새로운 관리임용제의 실시
② 훈련대 창설과 사관양성소를 통한 군사력 강화
③ 행정권과 사법권의 분리를 통한 행정업무의 개선
④ 신분제의 타파와 연좌법의 폐지 등 봉건적 폐습 타파

● ANSWER ●

8. ② 일제의 식민지 경제약탈은 ㈏의 시기에는 부족한 식량을 우리나라에서 착취하려는 산미증식계획(1920 ~ 1935)이 대표적이다.
   ① 회사령(1910)
   ③ 토지조사사업(1912 ~ 1918)
   ④ 남면북양정책은 산미증식계획 실패 이후의 일이다.

9. 일제는 태평양전쟁 도발 후, 한국의 인적·물적 자원의 수탈뿐 아니라 민족문화와 전통을 완전히 말살시키려 하였다. 우민화정책과 병참기지화정책도 민족말살통치의 하나이다.

10. 농지개혁법은 1949년에 제정되어 1950년에 실시되었고, 유상매수·유상분배의 원칙을 적용하였다. 하지만 지주 중심의 개혁과 한국전쟁으로 인하여 철저한 개혁이 이루어지지 못하였다.

11. ④ 일제의 황무지개간권 요구는 러·일전쟁 중인 1904년에 일어난 것으로서, 국민들의 반발을 불러 일으켜 결국 보안회의 주도로 요구는 철회되었다.

12. 베트남 파병의 목적으로는 공산주의 확산의 방지, 경제 이득, 한미 동맹의 강화 등이 있다.

13. ③ 메리야스 공장, 양말 공장 등은 서민 출신의 상인들이 1 ~ 2대에서 3 ~ 4대의 기계로 제품을 생산하는 정도에 불과하였다.

14. 사회주의 사상은 청년·지식인층을 중심으로 청년운동, 소년운동, 여성운동, 농민운동, 노동운동 등 각 방면에 걸쳐 우리 민족의 권익과 지위 향상을 위한 활동을 하였다.

15. 국민교육헌장의 선포와 새마을운동은 국민들의 의식개혁과 민족의식을 높이려는 목적에서 전개되었다.

16. ③ 홍익인간의 교육이념 수립(정부 수립 후) → ㉠ 멸공 필승의 신념과 집단안보의식의 고취(6·25 중) → ㉣ 재건 국민운동의 추진(5·16 후) → ㉡ 국민교육헌장 선포(1968)

17. ② 갑오·을미개혁은 봉건적 전통질서를 타파하려는 제도면에서의 근대적인 개혁이었으나 군사적인 개혁에는 소홀하였다. 한때, 훈련대의 창설·확충과 사관 양성소의 설치 등이 시도되었으나 큰 성과는 없었다.

---

18. 다음의 내용과 관련된 조직을 바르게 나열한 것은?

> 동일한 목적, 동일한 성공을 위하여 운동하고 투쟁하는 혁명가들은 반드시 하나의 기치 아래 모이고, 하나의 호령 아래 모여야만 비로소 상당한 효과를 얻을 수 있음은 더 말할 나위가 없다.

① 물산장려회 조직
② 조선어학회와 진단학회 조직
③ 신간회와 조선어학회 조직
④ 신간회와 근우회의 조직

19. 다음 중 1920년대 초에 유입된 사회주의 사상의 영향으로 활발하게 전개된 운동을 바르게 고른 것은?

> ㉠ 소작쟁의   ㉡ 노동쟁의
> ㉢ 청소년운동   ㉣ 물산장려동
> ㉤ 6 · 10만세운동

① ㉠㉡㉢㉣
② ㉠㉡㉢㉤
③ ㉠㉡㉣㉤
④ ㉠㉢㉣㉤

20. 갑신정변과 동학농민운동의 공통점으로 옳지 않은 것은?

① 평등사회를 추구하였다.
② 외세의 개입이 결정적인 실패원인이었다.
③ 민중들의 광범위한 지지를 받았다.
④ 양반 중심의 지배질서가 동요되는 가운데 전개되었다.

21. 다음 중 신간회의 기본강령으로 옳은 것은?

① 민족산업의 육성운동 전개
② 민립대학 설립운동 전개
③ 여성 노동자의 권익 옹호 새 생활개선
④ 민족의 단결, 정치 · 경제적 각성 촉구

22. 다음 글과 관련이 있는 것은?

> 우리 민족은 맨 손으로 일어섰고 붉은 피로 독립을 구하여 세계 혁명의 역사에 있어 서 하나의 새로운 세계를 열었다. 기미(1919) · 경신(1920) 이후로는 이러한 움직임이 더욱 치열하고 그 진행이 계속되었다. 오히려 죽음의 세계에 도달하는 것은 반드시 이루어야 할 목적으로 삼았다. 그러므로 나의 역사 서술은 마땅히 '통사(通史)'에 이어 독립을 완성하는 날로 획린(獲麟)의 시기를 삼아야 할 것이며, 광복의 역사에 이르러서는 나의 능력 있는 벗에게 부탁함이 옳을 것이다.

① 사회경제 사학
② 실용과학 사학
③ 민족주의 사학
④ 실증주의 사학

23. 다음의 근대적 시설들을 통해 공통적으로 파악되는 사실은?

> • 전신   • 철도
> • 전화   • 전차

① 부국강병에 기여
② 민족교육에 기여
③ 대외진출에 공헌
④ 외세의 침탈도구로 이용

24. 1960년대 이후의 국내경제성장으로 잘못 설명한 것은?

① 1970년대 – 노동집약적 산업 및 경공업 육성
② 1980년대 – 중화학 공업에 대한 투자 조정, 부실기업의 정리
③ 1990년대 – 경제협력개발기구 가입, 외환 위기 초래
④ 2000년대 이후 – 중화학 공업 및 첨단산업에 주력

25. 다음에 나타난 공통적인 의의와 목표는?

> • 신채호는 「독사신론」을 지어 민족주의 사학의 방향을 제시하였다.
> • 역사상 외국의 침략에 대항하여 승리한 전쟁영웅들의 이야기나, 외국의 건국 또는 망국의 역사를 번역하여 소개하였다.
> • 최남선과 박은식은 조선광문회를 조직하였다.
> • 지석영과 주시경 등은 국문연구소를 설립하였다.

① 성리학적 정통성을 계승하고자 하였다.
② 민족의식을 고취하여 국권을 회복하고자 하였다.
③ 서양의 선진문물을 수용하여 근대화를 앞당기고자 하였다.
④ 서양의 민권의식을 바탕으로 민주운동을 전개하고자 하였다.

● ANSWER ●

18. 1920년대에 들어와 사회주의 사상이 유입되면서 민족의 독립운동에 이념적인 갈등이 초래되었다. 이러한 문제를 해결하기 위해 민족주의계와 사회주의계의 통합이 논의되었고, 그 결과 결성된 단체가 신간회와 근우회였다.

19. ② 물산장려운동은 지주자본가 계층이 중심이 되어 민족자본의 형성을 목표로 일으킨 경제적 민족운동이다.

20. ③ 갑신정변 당시의 민중들은 개화당의 개혁의지를 이해하지 못하였고, 오히려 이들을 적대시하였다.

21. 신간회 강령
   ㉠ 정치적 · 경제적 각성을 촉구함
   ㉡ 단결을 공고히 함
   ㉢ 기회주의를 일체부인함

22. ③ 한말의 역사학은 민족의 정통성을 찾고 외국의 침략으로부터 국권을 수호하려는 강력한 민족주의 사학이 발달하였다.

23. 근대적 시설은 민중들의 사회 · 경제적 생활개선에 도움을 주었으나, 외세의 이권과 침략의 목적으로 이용되기도 하였다.

24. 1970년대에는 철강 · 기계 · 화학 · 조선공업 등의 중화학 공업을 육성하였다. ①은 1960년대에 관한 내용이다.

25. 계몽사학, 민족주의 사학, 민족 고전의 정리 및 발간, 한글연구의 공통적 목표는 일본 침략에 대항한 국권회복이 있다.

MEMO

MEMO

여러분을 응원합니다

수험서 전문출판사 **서원각**

목표를 위해 나아가는 수험생 여러분을 성심껏 돕기 위해서 서원각에서는 최고의
수험서 개발에 심혈을 기울이고 있습 니다. 희망찬 미래를 위해서 노력하는 모든
수험생 여러분을 응원합니다.

공무원 대비서

취업 대비서

군 관련 시리즈

자격증 시리즈

동영상 강의

서원각 동영상강의와
도전하라!

자 격 증

건강운동관리사
사회복지사 1급
사회조사분석사 2급
임상심리사 2급
관광통역안내사
청소년상담사 3급

군 관 련 (부사관/장교)

육군부사관
공군장교
공군 한국사
육군·해군 근현대사

공 무 원

소방공무원 소방학개론
소방공무원 생활영어
9급 기출해설(국어/영어/한국사)
9급 파워특강(행정학개론/교육학개론)
기술직 공무원(물리·화학·생물)

BIG EVENT

시험 보느라 고생한 수험생 여러분들께 서원각이 쏜다! 쏜다!
네이버 카페 기업과 공사공단에 시험 후기를 남겨주신 모든 분들께 비타 500 기프티콘을 드립니다!

선물 받는 방법

① 네이버 카페 검색창에서 [기업과 공사공단]을 검색해주세요.

② 기업과 공사공단 필기시험 후기 게시판에 들어가 주세요.

③ 기업체 또는 공사·공단 필기시험에 대한 후기 글을 적어주세요.

자격증 BEST SELLER

매경TEST 출제예상문제

TESAT 종합본

청소년상담사 3급

임상심리사 2급 필기

유통관리사 2급 종합기본서

직업상담사 1급 필기 · 실기

사회조사분석사 사회통계 2급

초보자 30일 완성 기업회계 3급

관광통역안내사 실전모의고사

국내여행안내사 기출문제

손해사정사1차 시험

건축기사 기출문제 정복하기

건강운동관리사

2급 스포츠지도사

택시운전 자격시험 실전문제

수산물품질관리사